天津市

东丽年鉴

DONGLI YEARBOOK

2021

天津市东丽区地方志编修委员会办公室　编

天津出版传媒集团

天津人民出版社

图书在版编目(CIP)数据

天津市东丽年鉴. 2021 / 天津市东丽区地方志编修委员会办公室编. --
天津 : 天津人民出版社, 2021.12
ISBN 978-7-201-17838-7

Ⅰ. ①天… Ⅱ. ①天… Ⅲ. ①东丽区—2021—年鉴
Ⅳ. ①Z522.13

中国版本图书馆CIP数据核字(2021)第231772号

天津市东丽年鉴2021

TIANJINSHI DONGLI NIANJIAN 2021

出　　版　天津人民出版社
出 版 人　刘　庆
地　　址　天津市和平区西康路35号康岳大厦
邮政编码　300051
邮购电话　(022)23332469
电子信箱　reader@tjrmcbs.com

策划编辑　韩玉霞
责任编辑　杨　轶
装帧设计　汤　磊

印　　刷　天津海顺印业包装有限公司
经　　销　新华书店
开　　本　880毫米×1230毫米　1/16
印　　张　31.25
插　　页　4
字　　数　700千字
版次印次　2021年12月第1版　　2021年12月第1次印刷
定　　价　680.00元

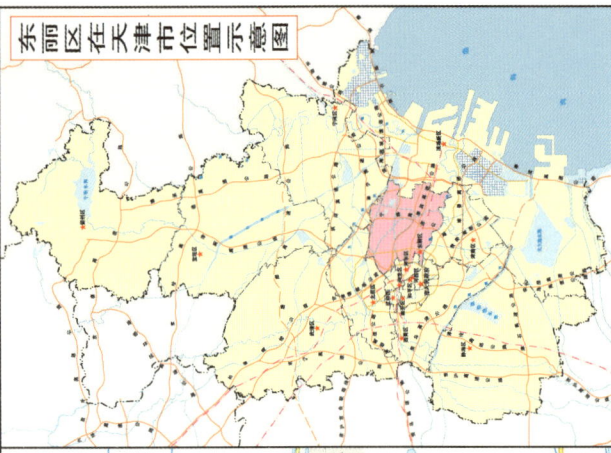

天津市东丽区地图

津宁高速公路

京津高速公路

津汉公路

东湖

明湖

欢乐谷

东丽湖旅游度假区

金钟河右堤段

金钟河

永和大桥

金钟海湖

东丽湖

宁静高速公路

华新街

卓苑村

天津港保税区空港经济区

津汉公路

机场大道

津北公路

杨北公路

金钟河道型桥

西堤头镇

山深线

津静高速公路

大兴水库

北辰科技园区（南区）

京津塘高速公路

金钟公路

外环线

京津塘高速公路（南区）出入口

北

宁河

逯甲城镇

七里海

西七里海

潘庄农场

京环线

引水渠

山深线

大张庄村

津围公路

京蓟线

北

区

审图号：津S（2021）027 天津市测绘院有限公司编制

东丽城区图

图 例

比例尺 1:115000(区域) 1:35000(城区)

- 区政府驻地
- 乡、镇、街道办驻地
- 行政村、自然村
- 快速路
- 主要道路
- 次要道路
- 乡村路
- 一般铁路
- 高速铁路
- 高速公路与出入口
- 主要桥、科技加油站
- 国道及国道编号
- 省、市铁道路
- 河流及水池塘
- 区界
- 乡、镇、街界

图内各级界线权仅供参考，不作行政区划法律依据

主要地名：东丽区、滨海新区、津南区、西青区、北辰区

京津塘高速公路、津滨高速公路、长深高速公路、津晋高速公路、东丽经济开发区、津南经济开发区、天津经济技术开发区

地区生产总值（亿元）

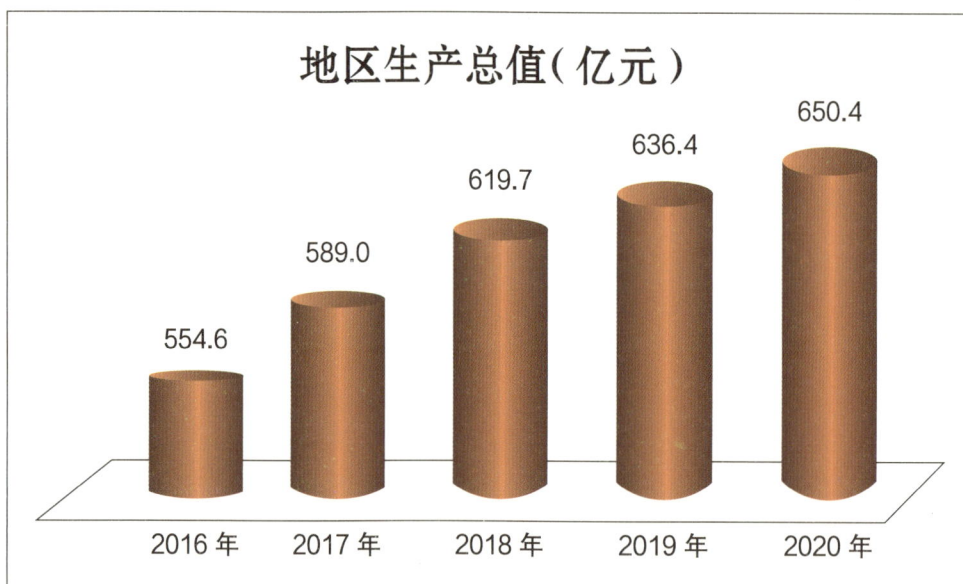

2016 年	2017 年	2018 年	2019 年	2020 年
554.6	589.0	619.7	636.4	650.4

2020 年三次产业比重

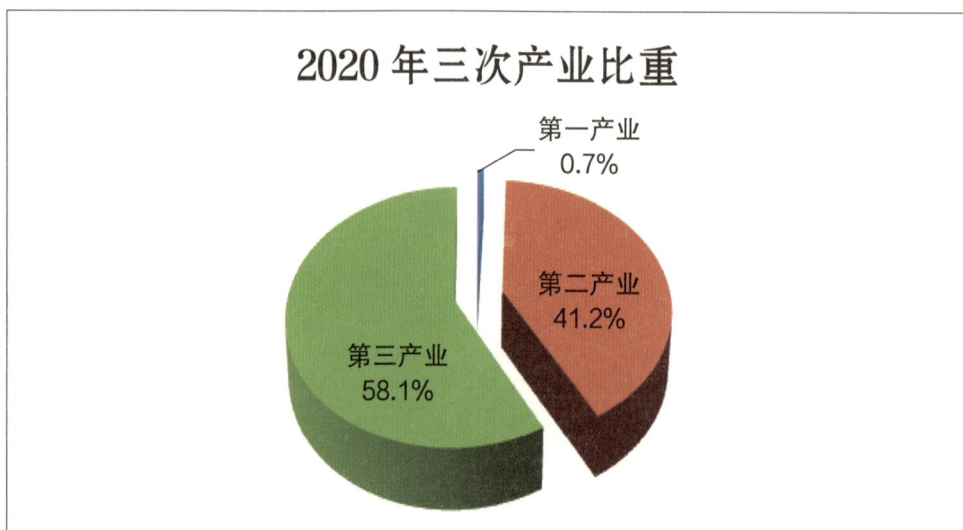

第一产业 0.7%
第二产业 41.2%
第三产业 58.1%

公共财政收入（亿元）

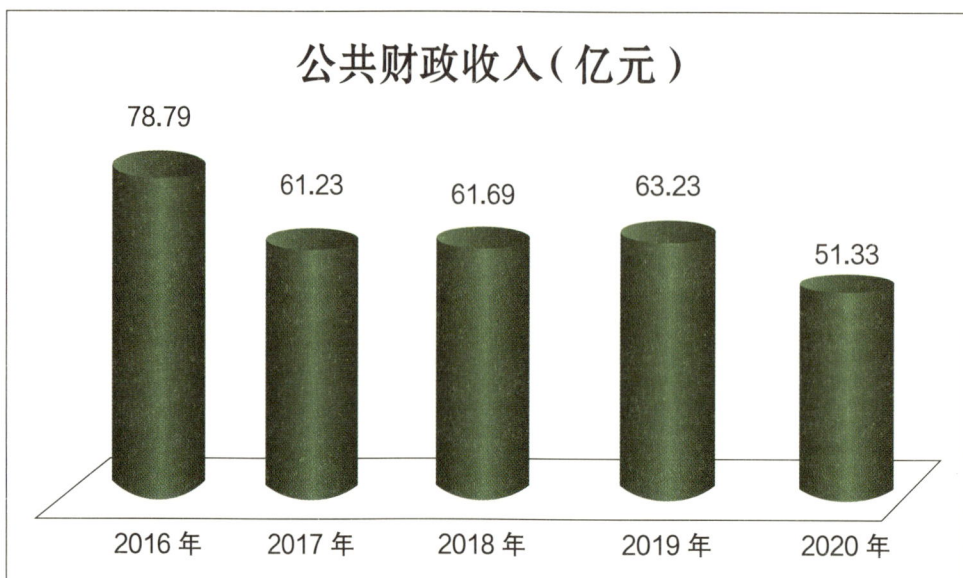

2016 年	2017 年	2018 年	2019 年	2020 年
78.79	61.23	61.69	63.23	51.33

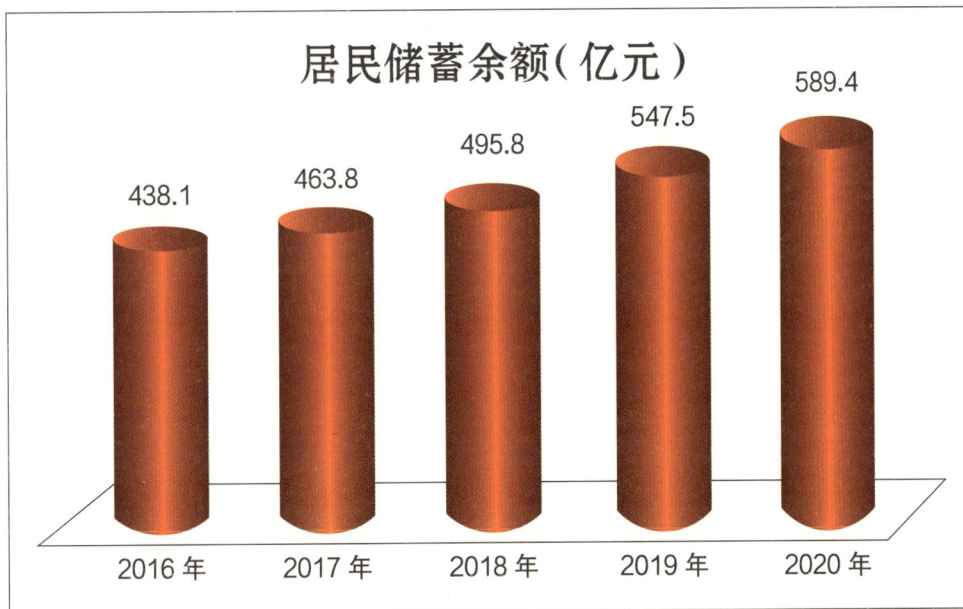

居民储蓄余额（亿元）

438.1　463.8　495.8　547.5　589.4

2016 年　2017 年　2018 年　2019 年　2020 年

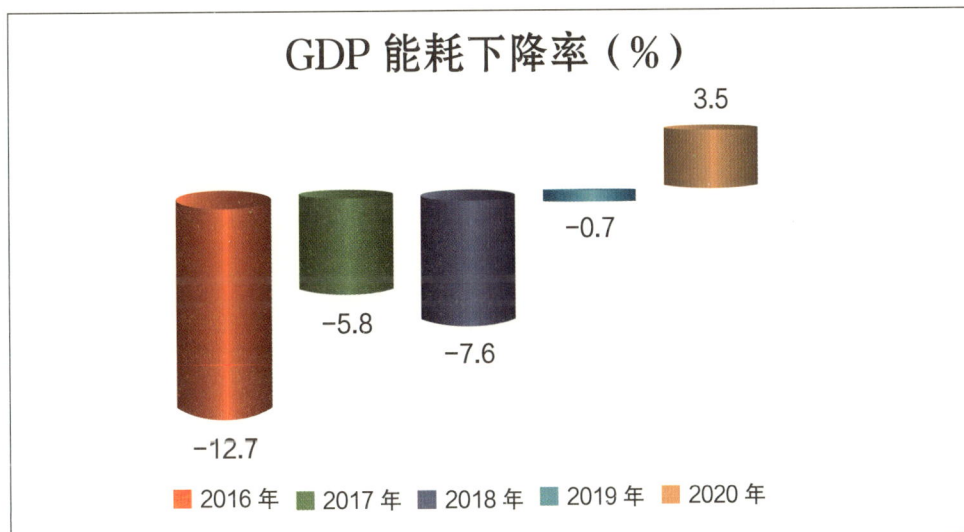

GDP 能耗下降率（%）

3.5　−0.7　−5.8　−7.6　−12.7

2016 年　2017 年　2018 年　2019 年　2020 年

▲ 2020 年 1 月 2 日，中共东丽区委十一届十一次全体会议

▲ 2020 年 1 月 4 日，中国人民政治协商会议天津市东丽区第九届委员会第六次会议

▲ 2020 年 1 月 5 日，天津市东丽区第十七届人民代表大会第七次会议

▲ 2020 年 8 月 13 日，中共东丽区委十一届十二次全体会议

（区融媒体中心　提供）

东丽区新冠

要把人民群众生命安全和身体健康放在第一位，制定周密方案，组织各方力量开展防控，采取切实有效措施，坚决遏制疫情蔓延势头。

——习近平

动员部署

肺炎疫情防控

驰援武汉

2020 年 1 月 22 日，东丽区委、区政府按照中央和市委、市政府部署要求，坚决贯彻习近平总书记"坚定信心、同舟共济、科学防治、精准施策"的疫情防控总要求，全面落实天津市重大突发公共卫生事件一级响应的各项举措，严格落实"四个战时"要求，始终贯穿"快速、联动、务实、创新"的工作理念，部署周密，指挥高效，落实迅速。

社区防控

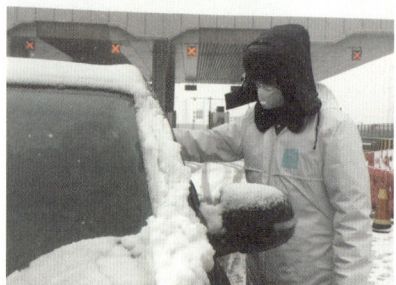

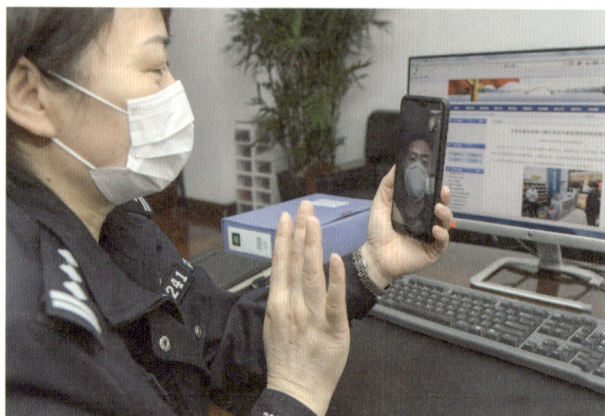
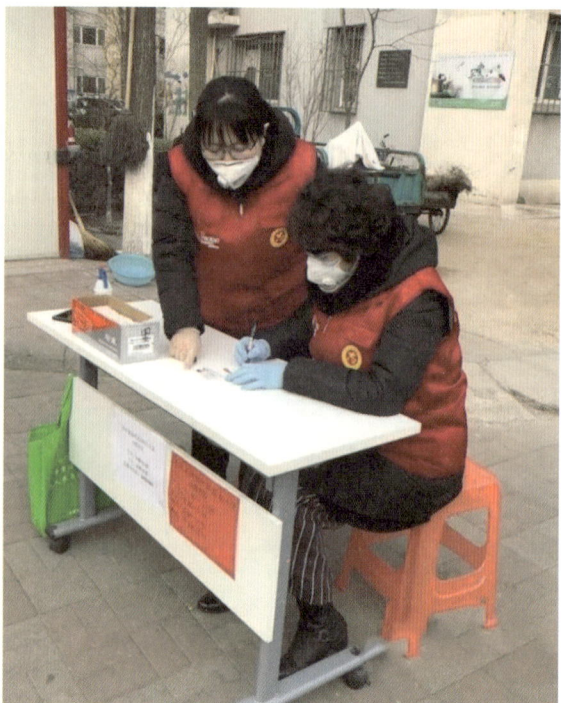

复工复产复课

留观隔离

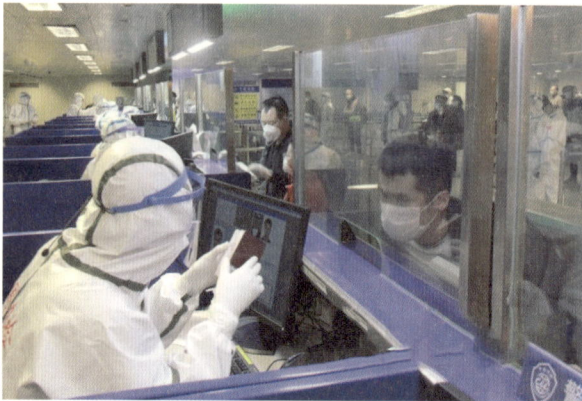

处置马印航空 OD688

　　2020 年 1 月 25 日晚 11 点 50 分左右，由马来西亚沙巴飞往天津的 OD688 航班上，1 名来自武汉的男性乘客发热发烧，后确定为新型冠状病毒感染者，根据中国相关法律及天津市启动重大突发公共卫生事件一级响应的措施，天津市相关部门对此航班全部乘客和机组人员进行隔离，13 名马来西亚籍机组成员、3 名玻利维亚籍乘客以及 71 名中国乘客被安置在酒店进行集中隔离。2 月 9 日，87 名人员解除集体隔离，13 名外籍机组人员乘坐飞机返回马来西亚。

（东丽区疫情防控指挥部　提供）

① ②

③

▲ 2020 年 5 月 13 日，天津市东丽区东西部扶贫协作对口帮扶甘谷签约仪式 ①

（阎世元 摄）

▲ 2020 年 6 月 10 日，精准扶贫对接会议 ②

（阎世元 摄）

▲ 2020 年 9 月 25 日，东丽区丽景小学与甘肃省临潭县术布乡中心小学举行视频交流活动 ③

（区教育局 提供）

▲ 2020 年 9 月 8 日，天津市第一百中学为西藏自治区尖扎县 2020 年首届天津异地高中班学生举行开班典礼

（区教育局 提供）

▲ 2020年6月21日，"六进社区"服务暨动员社会力量助力脱贫攻坚大型公益活动
（区文化旅游体育局　提供）

2020年，东丽区实施134个帮扶项目，拨付财政帮扶资金1.97亿元，企业投资到位1.49亿元，落实消费扶贫2.54亿元。构建全方位帮扶体系，广泛动员全社会参与，皋兰县、甘谷县、临潭县、承德县全部脱贫摘帽，东西部扶贫协作和支援合作工作全市领先。

▼ 2020年4月27日，东丽区调研德胜科技农业　①
（魏郁琪　摄）

▼ 2020年7月15日，东丽区与甘谷县产业合作调研对接　②
（魏郁琪　摄）

▼ 2020年7月14日，全国溯源农场专题扶贫　③
（区融媒体中心　提供）

①　②

③

2020 世界智

2020 年 6 月 23 日至 24 日，2020 世界智能驾驶挑战赛在东丽区举办。本届大赛的主题为智能新时代：创新、赋能、生态。作为世界智能大会的重要组成部分，赛事采用"云上"办赛形式，拓展自动驾驶算法、智能零部件融合等新领域，全力构建具有国际影响力的技术测试规范与标准先行先试平台，推动自动驾驶新技术转化应用与产业融合发展。

能驾驶挑战赛

（区融媒体中心　提供）

航空航天人才创新创

①

②

2020 年 12 月 31 日，天津市航空航天人才创新创业联盟在东丽区举行成立大会，本次大会主题为：临空会聚英才 逐梦航空航天。联盟旨在推动国家和天津市航空航天产业高质量发展，实现高校、院所、企业、东丽区合作共赢，促进人才链、产业链、项目链、技术链、资本链"五链"融合，助力打造天津市航空航天产业集群和人才高地。

③

业联盟

④

⑤

⑥

（①②王辰　摄，③④⑤⑥区融媒体中心　提供）

土地招商

2020 年 9 月 3 日，东丽区土地招商推介会在东丽湖召开。招商会推出金钟街、新立街、军粮城街、东丽湖街四大片区共 17 宗地块，土地总面积 144.2 公顷，总建筑面积 230 万平方米。

（区土地整理中心　提供）

城市化建设

2020 年，东丽区把高质量还迁作为民生基本盘，全年竣工还迁房 103 万平方米，2.3 万名群众喜迁新居，群众居住环境得到进一步改善。

①

②

③

④

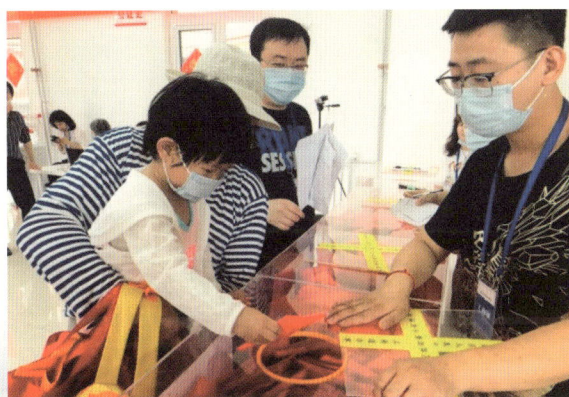

⑤

⑥

（①沈忱　摄，②陈占彬　摄，③④⑤⑥区融媒体中心　提供）

农业生产

　　2020 年，东丽区围绕"提高农业综合亩均效益"为目标，调整产业发展方向以及产品结构，促进小农户与现代农业有机衔接，完成军粮城街道高标准农田建设，启动金钟街道欢坨村高标准农田，打造华明街道永和生态水稻种植基地。

▲ 军粮城二村待收的水稻

▲ 永和村水稻插秧

▲ 范庄机播

▲ 大棚种植

▲ 金针菇工业化生产

▲ 春耕生产

▲ 范庄玉米收割

（区农业农村委　提供）

▲ 2020 年 7 月 21 日，东丽区三下乡活动送文化进基层暨庆祝建党 99 周年群众文艺展演　①

▲ 2020 年 6 月 23 日，东丽区树文明新风，创文明城区志愿服务活动　②

▲ 2020 年 9 月 16 日，2020 年东丽区中国农民丰收节暨胡张庄葡萄文化节　③

▲ 2020 年 8 月 30 日，东丽湖文化旅游体育节碧溪苑社区展演　④

▲ 2020 年 11 月 11 日，2020 年京津冀优秀文化交流展演（相声专场）

▲ 2020 年 1 月 21 日，"华明之春 时代礼赞"华明街 2020 年"向群众汇报"迎新春汇演

① ②

③ ④

▲ 2020 年 10 月 20 日，东丽区科协举办重阳节老年益智科普志愿活动 ①

▲ 2020 年 10 月 29 日，东丽区举行插花活动 ②

▲ 2020 年 11 月 19 日，东丽区社区公园健身活动 ③

▲ 2020 年 10 月 23 日，东丽区开展"情暖社区 爱在重阳"主题活动 ④

▲ 2020 年 9 月 30 日，东丽区科协举办"迎国庆·科普创意校园行"活动

▲ 2020 年 1 月 20 日，东丽区老干部活动中心书画活动

▲ 2020 年 1 月 9 日，东丽区总工会开展"送福进企业"活动 　　　　　（区融媒体中心　提供）

▲ 2020 年 8 月 21 日，创建全国全民运动健身模范区 I 游天津·东丽湖·文化旅游体育节开幕　①②③

▲ 2020 年 6 月 20 日，天津欢乐谷玛雅海滩水公园

▲ 2020 年 10 月 19 日，东丽区举行第十届全民健身大赛

▲ 2020 年 8 月 8 日，东丽区 2020 年"全民健身日"系列活动

①

②

③

④

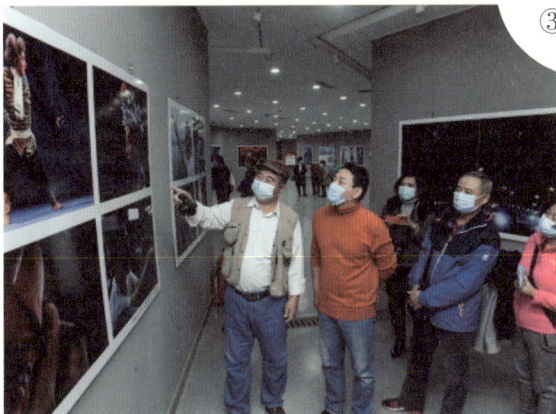

▲ 2020年12月2日，东丽区开展"垃圾分类举手之劳　循环利用变废为宝"志愿服务活动　①

▲ 2020年12月14日，东丽区华明街道组织开展垃圾分类大讲堂　②

▲ 2020年11月16日，东丽区文化馆群众摄影学院精品展　③

▲ 2020年5月9日，东丽区科协举办青少年机器人竞赛线上培训　④

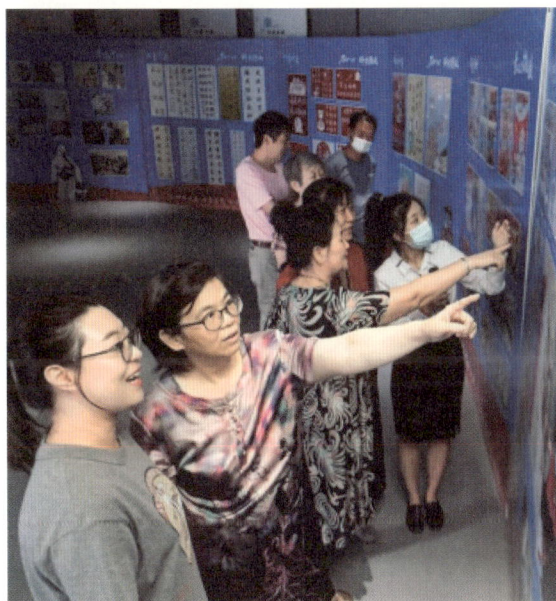

▲ 2020年7月1日，东丽区科协举办"记录感动、众志成城、战疫有我"全域防疫科普作品展

▶ 2020年11月11日，"传恩孝　倡文明"寒衣节集体共祭活动

（区融媒体中心　提供）

（区融媒体中心　提供）

2021年东丽区地方志编修委员会

主　任　贾　堤

副主任　闫　峰　唐茂华　孔宪义　郑　立

委　员　张俊河　韩孝堂　耿俊杰　韩爱玲　李树起　彭　湃

　　　　王绍森　张建东　赵洪茂　袁　力　刘湘会　于国娟

　　　　蒋文会　杜学涛　黄佩玲　李春捷　刘桂斌　边仕苓

　　　　孙合明　刘巨胜　任国宏　郝宝杰　滕人瑶　王志超

　　　　杨海良　袁茂霞　刘俊岭　张志兰　刘凤喜　吴晓春

　　　　魏俊香　王恩俊　路四江　李汝海　柴　梅　姜　涛

　　　　毕家顺　于　滨　刘　萍　朱德勇　陈　杰　徐思静

　　　　汤海燕　曹砚海　马权岭　孙敏英　张玉国　王永平

　　　　徐　瑾　章　锐　王海龙　魏媛媛　于莉丽　高蕴浩

　　　　冯宏磊　刘伟强　刘善祥　王盛春　宁书岗　张晓楠

　　　　张玉明　安　战

《天津市东丽年鉴（2021）》编辑部

主　　编　张玉明

副主编　安　战

编　　辑　吴俊侠　刘秀芹　曹心慧

英文编辑　王　强

《天津市东丽年鉴(2021)》供稿单位统稿人

（以姓氏笔画为序）

丁长伟	丁爱双	马丽	马俊	马娜	马赫	马竞怡
公维宇	牛丽霞	王旭	王沄	王凯	王娇	王珂
王浩	王琳	王楠	王颖	王鹏	王黎	王书侠
王月然	王长宜	王宇飞	王旭英	王聿晶	王丽丹	王建花
王振全	冯皓	卢斌	宁甫明	由麒聪	石孝义	任丽敏
任慧慧	刘嵩	刘会静	刘秀芹	刘若珊	刘思岐	刘莎莎
刘喜全	刘新宇	刘馨悦	孙悦	孙甜	孙文真	孙永顺
孙全顺	安杨	祁兵	许倩	许甜甜	邢维维	宋忠全
张策	张瑜	张永娜	张光洁	张妮妮	张姝娴	张莹莹
张淑妹	李阳	李成明	李育荣	李雨阳	李树刚	杜智燕
杨君	杨召东	沈小媛	沈月荣	迟瑶	邵志伟	林慧
郑鹏	郑国义	姜皓严	柏雪	荣芳	赵青	赵少罕
赵啟志	赵善辉	郝鹏	郝轶茹	徐思勇	敖祖东	袁丁
郭学成	郭春岭	郭秋实	郭莹莹	顾明正	高志明	康磊
曹子畅	黄喆	黄灵霞	程鹏	韩洁	韩林彤	韩康宁
窦秀礼						

编辑说明

一、《天津市东丽年鉴》是在中共东丽区委的领导下,由东丽区人民政府主办,东丽区地方志编修委员会办公室组织编纂的大型年度资料性文献。2009年首次编纂出版,2018年开始公开出版发行,本卷为第13部。

二、《天津市东丽年鉴(2021)》以马克思列宁主义、毛泽东思想、邓小平理论、"三个代表"重要思想、科学发展观、习近平新时代中国特色社会主义思想为指导,深入贯彻党的十九大精神和市、区重要会议精神,坚持解放思想、实事求是的原则,坚持辩证唯物主义和历史唯物主义观点,全面、客观、系统地记载2020年东丽区政治、经济、文化和社会发展等各个领域的基本情况,为各级领导决策提供科学依据,为广大读者了解东丽区提供基本信息资料。

三、本年鉴记述的时限为2020年1月1日至2020年12月31日,为保证资料的完整性和事务的连续性,适当做了上溯或下延。

四、本年鉴采用分类编辑法,由类目、分目、条目三个层次组成,框架内容基本延续以往,对部分类目、分目做了适当调整。全书设区情概况、大事记、特载、专记、新冠肺炎疫情防控、中共东丽区委员会、东丽区人民代表大会、东丽区人民政府、政协东丽区委员会、中共东丽区纪律检查委员会·东丽区监察委员会、法治、民主党派·工商联、人民团体、军事、城市建设、生态建设、区域经济、经济管理、财政税收、交通运输、应急救援、区属国有公司、园区建设、科技教育卫生、社会生活、街道、金融业、邮政·电力、专文、统计资料、光荣榜、附录等33个类目。

五、本年鉴设有中英文目录;书后备有索引,按条目首字的汉语拼音字母排序;本书附有光盘,方便读者查阅。

六、本年鉴采用的资料、图片均由全区所属各单位、各部门及驻区企事业单位提供。全区人口、社区居委会(党群服务中心)等数据,均由区统计局、区民政局、公安东丽分局及各街道提供。全区国民经济和社会发展资料情况由区统计局提供。部分条目中的数据,因统计口径、统计方法和统计时间不同而略有差异。数据采用法定计量单位,个别单位遵从习惯用法。

目　录

新冠肺炎疫情防控

中共东丽区委员会

东丽区人民代表大会

东丽区人民政府

政协东丽区委员会

中共东丽区纪律检查委员会
东丽区监察委员会

法　治

军　事

城市建设

生态建设

交通运输

应急救援

区属国有公司

园区建设

科技教育卫生

社会生活

邮政·电力

专　文

统计资料

光荣榜

附　录

索　引

Table of Contents

Mass Bodies

Military Affairs

Urban Construction

Biological Construction

Regional Economy

Economic Administration

Finance and Taxation

Traffic Transportation

Emergency Management

District's State-owned Companies

Construction of Economic Areas

Science & Technology, Education and Public Health

Social Life

Subdistricts

Appendices

Index

区情概况

Introduction to the District

2020年东丽区情概况

【建置沿革】 早在春秋战国时期,东丽区境内已有人聚居生息,当时为燕国辖地;在张贵庄地区曾出土战国古墓。秦汉时,属渔阳郡泉州县,建有漂榆邑城。北魏时,属雍奴县。唐天宝元年(742年)改雍奴县为武清县。北宋时属辽,为析津府武清县。南宋时属金,由大兴府武清县管辖,境内属辽国。元延祐三年(1316年),属海津镇。明永乐二年(1404年),属顺天府天津卫管辖。清雍正九年(1731年),军粮城、李庄、赤土村一带,属宁河县管辖,其余由天津县管辖。解放初期,归属宁河县管辖。1949年9月,分属天津县和宁河县管辖。1953年5月,划归天津市管辖,建立津东郊区。1955年5月,更名为东郊区。1958年10月,改称新立村人民公社,并入河东区,由河东区管辖。1962年2月,由河东区划出,恢复东郊区建制。1992年3月,东郊区更名为东丽区。

【行政区划】 东丽区地处津滨发展主轴,东接滨海新区核心区,西连中心城区,境域地理坐标为北纬39°00′—39°14′,东经117°13′—117°33′之间。全区总面积477.34平方千米,其中225平方千米纳入滨海新区。辖张贵庄、丰年村、无瑕、万新、新立、金钟、华明、军粮城、金桥、东丽湖和华新11个街道,103个党群服务中心(社区居委会),1个城市公司。

【气候】 东丽区境内地势平坦,西高东低,间有洼地和堤状带,平均海拔1.9米,属温带半湿润大陆性季风气候,年平均气温14.2℃,年降水总量602.5毫米,无霜期293天。

【人口与民族】 东丽区总人口868182人,其中户籍人口430551人。常住人口出生4217人,人口出生率7.26‰,人口死亡率2.93‰,人口自然增长率4.33‰,人口进入低速增长期。区内居住有汉族、回族、满族、朝鲜族、蒙古族、壮族等42个民族,少数民族人口13940人。其中,回族8073人、满族4690人、蒙古族1557人、朝鲜族1331人、土家族232人、壮族168人、苗族105人,其他少数民族人口均在百人以下。

【交通】 东丽区地理位置优越,水陆空交

通便捷,境内有津山、北环、大北环、蓟港、津秦客运、京津城际延长线等铁路线路;有津滨轻轨、京津高速公路、京津塘高速公路、津蓟高速公路、津宁高速公路、津滨高速公路、津塘公路、津塘二线、津汉公路、杨北公路、津芦公路、津北公路与外环东路、东沽路、东金路等;拥有200余条国际、国内航线的天津滨海国际机场坐落区内;紧靠中国北方最大的国际贸易港口——天津港,海河、金钟河在南北两端穿过,区内形成公路、铁路、水路、航空立体交通网络。

【旅游项目建设】 东丽区成功创建东丽湖自然艺苑AAA级景区。天津欢乐谷二期项目玛雅水公园建设完成,并对外开放。完善旅游公共服务设施,扩建游客中心1个。按照A级厕所标准要求,新建A级旅游厕所9座。

【地热资源】 东丽区地热资源十分丰富,地热面积337平方千米。主要利用地热井作为供热源,应用到建筑供暖、温泉旅游、农业种植养殖、医疗保健、制冷项目等方面,开采模式为地热梯级循环利用、群井联动集约开发。东丽湖位于山岭子地热田的东北部,构造位置位于Ⅲ级构造单元沧县隆起之Ⅳ级构造单元潘庄凸起的西缘。附近由地温梯度等值线圈闭的地热异常区主要受NNE向沧东断裂带控制,主体方向沿NNE向展布,以断裂带为中轴向两侧低温梯度值逐渐降低,由5℃/100m降低至3℃/100m。在工作区内北部靠近造甲城一带,地温梯度值达到5℃/100m。东丽湖区域建成地热井34眼、换热站30座,最高出水温度108℃,最大出水量140m³/h。东丽湖地区利用地热供暖面积达220万平方米。

【经济社会发展】 2020年,东丽区实现地区生产总值增长5%,高于年初制定的增长目标,增幅位居全市前列;一般公共预算收入51.3亿元;固定资产投资增长3%;居民人均可支配收入增长3.4%。

新冠肺炎疫情防控迅速有力。落实"四战"(战时状态、战时机制、战时思维、战时方法)要求,第一时间启动一级响应,建立集中指挥、快速反应、应急处置等机制,坚决遏制疫情扩散蔓延。抓紧抓实抓细外防输入、内防反弹各项措施,从应急处置马印航空人员转运留观,到"铁桶般无缝管道式"闭环管理入境人员,从严防死守社区、商超、交通干道等防疫关口,到有序组织复工复产复商复市,以工作的确定性应对疫情的不确定性,全区没有出现一例本地传播病例,没有出现大范围隔离,为经济社会秩序加快恢复创造了有利条件。

产业结构调整优化。实现规上工业产值822亿元、增长4.4%,战略性新兴产业占比提高4个百分点,工业增加值率提高2.1个百分点。服务业增加值增长4.5%,现代物流、检验检测等新兴服务业引领作用显著增强。都市农业提质增效,葡萄等特色果蔬品牌效益凸显,建成国家级农产品质量安全区。

项目建设提质提速。扎实开展"招商和项目建设年"攻坚行动,实施"园区吹哨、部门报到,园区举手、政府协调,区长调度、定期督查"项目推动机制,重大项目监督管理系统上线运行,有效打通项目建设各环节堵点,乾顺永磁等40个项目开工建设,永昌特种焊材等27个新项目投产运营。

城市环境不断改善。基础设施逐步完善,20条道路竣工通车,新立、金钟污水主管线建成投用,完成海绵城市改造8.87平方千米、雨污分流改造1.44平方千米,绿色生态屏障1.56平方千米古海岸湿地绿廊对外开放。城市管理效能提升,区生活垃圾综合处理厂等一批设施投入使用,资源化消纳利用建筑垃圾362.5万立方米,存量建筑垃圾清零,生活垃圾分类处置全覆盖。基层治理持续加强,沙柳北路"64排"、东窑洼等51个"飞地"(隶属本区行政管辖但不与本区毗连的土地)治理工作全部完成,盆景园治理经验在全市推广。

脱贫攻坚任务圆满完成。实施134个帮扶项目,拨付财政帮扶资金1.97亿元,企业投资到位1.49亿元,落实消费扶贫2.54亿元。构建全方位帮扶体系,广泛动员全社会参与,甘肃省皋兰县、甘肃省甘谷县、甘肃省临潭县、河北省承德县全部脱贫摘帽,东西部扶贫协作和支援合作工作全市领先。东丽区困难村结对帮扶任务全面完成。

污染防治成效明显。"园区围城"[2017年中央环保督察对天津工业园区(集聚区)提出"建设水平低、零散分布且存在市政配套设施不完善"等问题,要求开展"园区围城"专项治理]治理,撤销取缔12个村级工业园区(集聚区)圆满收官,"钢铁围城"(2017年中央环保督察组反馈意见中指出天津市长期以来产业结构偏重、排污强度较大,钢铁企业分散,形成"钢铁围城"现象)治理有效推进,$PM_{2.5}$平均浓度下降7.8%、年均值排名全市第三,达标天数比率增加5个百分点。全域黑臭水体基本消除,地表水环境质量改善率达30.6%,考核断面达标率100%。第二轮中央生态环保督察34项边督边改任务全部按要求落实,督察期间29批134件群众信访件全部办结。

民生实事全面落实。把高质量还迁作为东丽区民生基本盘,全年竣工还迁房103万平方米,2.3万名群众喜迁新居,完成84个小区684万平方米还迁房住用安全维修,维保电梯900余部,新立示范镇(新示镇)、军粮城示范镇(新市镇)引进品牌物业服务,群众居住环境进一步改善。聚焦群众诉求,建立问题解决"513"(完善为民服务事项办理流程,建立"普通事件5天办结、复杂事件1个月办结、协调市级部门事件3个月办结")工作机制,8890便民服务专线考评成绩跃居全市前列。全力兑现向群众的庄严承诺,20大项46小项民心工程完成42项。

社会事业加快发展。千方百计稳就业,新增就业2.7万人,困难人员安置率达95%以上。优化保障救助体系,各项政策惠及困难群众44万人次。促进教育优质均衡发展,实施新时代立德树人工程,推进实验小学集团化办学,建成4所中小学、12所幼儿园。公共服务不断加强,新建5家卫生服务站、5家老年日间照料中心,新增3处健身场所、50个社区健身园,23家机关事业单位停车场向公众错时开放,新增停车场11座泊位3340个,建成公交首末站3处,调整优化公交线路12条,贵环小区26年无"气"可用问题彻底解决。退役军人工作深入开展,东丽区荣获"全国双拥模范城"八连冠。

党的建设取得新成效。以担当铸就忠诚,始

终对"国之大者"心中有数,巩固深化"不忘初心、牢记使命"主题教育成果,全力推进习近平新时代中国特色社会主义思想落地生根。自觉接受监督,广泛听取意见,认真办理建议提案139件,满意率100%。加强法治政府建设,强化行政复议、行政应诉规范化管理,行政执法"三项制度"(行政执法公示制度、行政执法全过程记录制度、重大执法决定法制审核制度)落实落细,完成"七五"普法任务。坚持真过紧日子,行政运行支出压降15%,挤出更多资金落实"六保"(保居民就业、保基本民生、保市场主体、保粮食能源安全、保产业链供应链稳定、保基层运转)任务。聚焦薄弱环节,出台土地管理"八严禁"(严禁任何单位和个人侵占集体土地以及村集体经济组织未经公开合法程序处置集体土地;严禁擅自或变相将设施农用地用于非农建设;严禁占用耕地建窑、建坟或者擅自在耕地上建房;严禁未经审批擅自在耕地取土及破坏种植条件;严禁随意倾倒、抛洒或者堆放各类建筑垃圾;严禁随意倾倒、抛洒或者堆放生活垃圾;严禁私自启用政府依法关停的闲置厂房;严禁烧荒等一切露天焚烧行为)等一批管用制度,开展"小金库"专项治理,堵塞一批风险漏洞。抓实作风建设,严格落实中央八项规定精神,驰而不息反对"四风"(形式主义、官僚主义、享乐主义和奢靡之风),强化成事标准、实干导向,工作更加务实、举措更加精准、办事更加高效,风清气正、昂扬奋进的氛围愈加浓厚。

本篇责任编校　吴俊侠

大事记

Events

2020年东丽区大事记

1月

2日 中国共产党天津市东丽区第十一届委员会第十一次全体会议在区会议中心召开。

4-6日 政协东丽区第九届委员会第六次会议在区委党校举行,会议听取和审议政协东丽区第九届委员会常务委员会工作报告;听取和审议政协东丽区常务委员会关于区政协九届五次会议以来提案工作情况的报告。列席东丽区第十七届人民代表大会第七次议,听取并讨论东丽区人民政府工作报告及其他报告。补选政协东丽区第九届委员会常务委员会委员。审议通过政协东丽区第九届委员会第六次会议关于常务委员会工作报告的决议;审议通过政协东丽区第九届委员会第六次会议政治决议;审议通过政协东丽区第九届委员会提案委员会关于政协九届六次会议提案审查情况的报告。

5-7日 东丽区第十七届人民代表大会第七次会议在区会议中心举行,会议听取和审议东丽区人民政府工作报告、东丽区人大常委会工作报告、东丽区人民法院工作报告和东丽区人民检察院工作报告;审查和批准东丽区2019年国民经济和社会发展计划执行情况与2020年国民经济和社会发展计划草案的报告;批准东丽区2020年国民经济和社会发展计划;审查和批准东丽区2019年财政预算执行情况及2020年预算草案的报告;批准东丽区2020年预算;审议通过东丽区2020年民心工程项目人大代表票决办法和东丽区第十七届人民代表大会有关专门委员会更名的决定,表决通过有关决议。票决产生29项东丽区2020年民心工程项目。

8日 天津市信通滨丽投资合伙企业将持有的天津市滨丽小城镇建设开发有限公司的45.05%股权无偿划转至天津东方财信投资集团。股权划转后,天津东方财信投资集团持有天津市滨丽小城镇建设开发有限公司45.05%股权,债权债务随之转移。

11日 东丽区"不忘初心、牢记使命"主题教育总结大会在区会议中心召开,会议认真贯彻落实习近平总书记重要讲话精神,按照中央和市委主题教育总结大会部署,全面总结全区推动主题教育的经验做法和工作成效,进一步深化、固化、转化主题教育成果,持续推进习近平新时代中国特色社会主义思想向深里走、向心里走、向实里走。市委第四巡回指导组组长许红星,区委书记夏新,区委副书记、区长谢元,区人大常委会主任孙富霞,区政协主席李大勇,区委副书记刘伟等出席。

13日 国家禁毒委副主任曾伟雄督导检查东丽区禁毒工作,来到天津市鉴开中学禁毒宣教馆,进行现场督导检查,走进宣教馆实地察看仿真毒品展示、影视视频等,观看东丽区四合庄小学学生演唱的禁毒歌曲《我想》、"红烛"禁毒志愿者表演的禁毒快板《禁毒古今篇》,听取东丽区禁毒工作相关情况汇报。国家禁毒办常务副主任、公安部禁毒局局长梁云,国家禁毒办副主任、公安部禁毒局巡视员安国军,市禁毒委副主任兼办公室主任、市公安局副局长李明,市禁毒办常务副主任、市公安局禁毒总队队长周勇,副区长、公安东丽分局局长王岫遐等陪同。

14日 东丽区青少年科技冬令营在区科技馆开营,200余名青少年参与。

同日 东丽区文化馆主办、东丽区美术馆承办的"向群众汇报"东丽区第五届美在东丽——美术书法摄影作品展在区美术馆开幕。作品展征集书画、摄影作品260余件,最终展出精品佳作130件。

15日 位于东丽区万新街道的京津文化创意产业园举办首届年货大集。会场展示大红福字春联、服装鞋帽、糖果糕点、烟酒茶叶等名优百货特产。

16日 沃尔玛(天津)商业零售有限公司山姆会员店项目落户东丽区万新街道成湖C2地块。

17日 位于东丽区万新街道、金桥街道、丰年村街道的3座"阅东方"24小时城市书房正式面向群众免费开放。

18日 2020年东丽区冬季冰雪活动启动仪式在天津冰雪嘉年华举行。

20日 全国新型冠状病毒感染的肺炎疫情防控工作电视电话会议暨天津市新型冠状病毒感染的肺炎疫情防控工作会议在天津大礼堂召开。

同日 东丽医院第一发热门诊投入使用。

22日 东丽区委、东丽区人民政府主办,东丽区委宣传部、东丽区文化旅游体育局、东丽区文学艺术界联合会共同承办的2020年春节联欢会在东丽礼堂举行。区委书记夏新、区政协主席李大勇、区委副书记刘伟等区级领导和驻区部队官兵、道德模范、企业代表、中国好人、社区网格员代表和扶贫干部代表等基层先进人物代表观看演出。

同日 东丽区委书记夏新,区委副书记、区长谢元,区政协主席李大勇,区委副书记刘伟等区级领导,分别带队走访慰问驻区部队官兵、复员退役军人和优抚对象,代表区委、区人大常委会、区政府、区政协和全区人民,向他们致以节日的祝福和亲切的问候。

24日 天津市疫情防控领导小组决定,自2020年1月24日零时起,启动天津市重大突发公共卫生事件一级响应。

同日 东丽区成立新型冠状病毒感染的肺炎防控工作领导小组和新型冠状病毒感染的肺炎防控工作指挥部。

25日 东丽区疾控中心实验室开始接受疑似新型冠状病毒肺炎标本检测。

26日 天津市新冠防控指挥部副总指挥、市卫生健康委党委书记、主任王建国到天津滨海国际机场现场指挥,顺利将马印航空OD688航班乘客转运至留观点。

同日 东丽区委紧急召开新型冠状病毒感染的肺炎疫情防控工作专题会议,传达习近平总书记在中央政治局常委会上研究新型冠状病毒感染的肺炎疫情防控工作的重要讲话精神;传达市委、市政府1月24日疫情防控视频会议和市委、市政府专题会议精神。区委书记夏新,区委副书记、区长谢元,区人大常委会主任孙富霞,区委副书记刘伟等参加。

29日 天津市副市长康义到东丽区田立禾养老中心、金钟养老中心实地检查疫情防控落实情况,听取养老机构负责人的工作汇报;到金钟农贸批发市场检查农产品保供稳价和食品安全工作。副区长李光华陪同。

同日 天津市文化和旅游局局长姚建军到东丽区留观点进行检查。区委副书记、区长谢元,区委常委、区委统战部部长王玉凤等陪同。

同日 东丽区国防教育基地隔离观察点改造工程基本完成,可使用隔离房间56间。

2月

2日 天津市委副书记阴和俊到东丽区调研新型冠状病毒疫情防控工作,对四合庄村、宝元村、小东庄村、大郑村进行实地调研,并在区委818会议室召开会议,提出工作要求。

3日 天津市外办主任李旭炎到东丽区疫情防控指挥部专题研究马印航空OD688航班机组人员提出返国留观情况,经市外办与市疫情防控指挥部联系,决定继续留观,不同意返回。

5日 东丽区抽调30名科主任、护士长和院感人员参加第一批市级医疗队。

7日 国务院督导组检察京津塘高速公路机场出口疫情防控工作。副区长刘兰凤陪同。

同日 天津市委常委、市纪委书记、市监委主任邓修明到东丽区指导疫情防控工作。

9日 天津市委常委、市委教育工委书记于立军在《关于拟对马印航空OD688航班机组人员及外籍乘客解除医学隔离观察事》一文中作出批示:"14天的坚持,谢谢东丽!"天津市副市长曹小红批示:"向东丽区所做的大量工作表示感谢!"

同日 东丽区疫情防控指挥部转市疫情防控指挥部第21号令,要求对前期推送的宝坻百货大楼新冠肺炎疫情高危人员分析数据开展登记排查工作,推送东丽区67人。

同日 东丽区在万新格林豪泰留观点为83名解除留观人员(包括马印航空OD688航班13名马来西亚机组成员和3名玻利维亚籍等16名外籍

人员)举行简短送行仪式并派车送站。

同日 东丽区选派10名医护人员(医生5名,护士5名)加入天津市第五批援助武汉医疗队。

11日 东丽区派出首批3名疾控专业人员对口支援湖北恩施。

15日 东丽医院第二发热门诊投入使用。门诊总面积3000平方米,共有床位22张,配备医护人员55名。

16日 东丽区开通二类医疗器械经营备案审批通道,按照容缺机制现场办理2家医疗器械企业二类医疗器械经营备案凭证审批。

17日 按照天津市委统一部署,152名市级机关干部下沉到东丽区19个社区支援一线疫情防控工作。

18日 天津市委副书记阴和俊到东丽区调研疫情防控工作,就贯彻落实习近平总书记重要讲话精神、市委常委扩大会议精神、市下派干部使用、企业复工复产、春耕备耕、菜篮子和物资保障等工作提出要求。市委副秘书长、市委办公厅副主任刘钊,区委书记夏新,区委副书记、区长谢元,区委副书记刘伟,区委常委、区委组织部部长郝树民等参加。

19日 首批78名天津海河医院医护人员入住东丽湖恒大酒店开展疗养。

21日 东丽区开展重点项目网络签约活动,通过远程网络视频方式与海航集团、万达集团、国开东方等21家企业完成签约。区委书记夏新,区委副书记、区长谢元,副区长李光华、闫峰,区政协副主席郑立参加。

22日 东丽区第一台方舱CT在东丽医院第二发热门诊投入使用。

23日 东丽区区域内9个高速公路卡口检疫站全部撤销。

24日 东丽区召开第十七届人民代表大会常务委员会第三十次会议,会议审议通过《区人大常委会2020年度工作要点》,通过《关于学习贯彻市人大常委会〈关于依法做好新型冠状病毒肺炎疫情防控工作,切实保障人民群众生命健康安全的决定〉〈关于禁止食用野生动物的决定〉的通知》。

25日 天津市城市管理委员会主任刘峰到东丽区义务植树现场研究指导植树准备工作,并召开座谈会,就义务植树活动和东丽生活垃圾综合处理厂项目疫情防控及复工准备情况进行现场调研指导。区委副书记、区长谢元陪同。

同日 东丽经济技术开发区管委会推动企业做好复工复产准备,协调相关部门现场验收。"电装电机"项目成功获批复工,成为东丽区第一个复工的工地。

26日 武警天津市总队司令员鲍迎祥到东丽区万新街道军产小区警苑公寓检查指导疫情防控工作,慰问奋战在防控一线的社区志愿者、物业工作人员以及总队值班人员,就军产小区"十二条"刚性规定、网格化封闭管理等与社区进行深入交流。

同日 东丽区出台关心关爱一线医护人员及其家属八项举措。

27日 东丽区双拥办募集总价60万余元的

医用防护服、医用手套、医用鞋套、医用口罩等医疗物资支援湖北荣军医院、雷神山医院。

28日 东丽区"口罩进万家"暖心行动正式启动,采取"线上预约、公证摇号、线下购买领取"方式,分批次面向本区居民投放一次性口罩,缓解居民购买口罩难问题。

29日 天津市委常委、市委教育工委书记于立军到天津滨海国际机场现场部署航班入境人员疫情防控工作。区委书记夏新,区委副书记、区长谢元,副区长李光华参加。

3月

1日 东丽区组织开展第一批"口罩进万家"暖心行动,采取预约购买的方式,面向本区居民投放一次性口罩5万片。

3日 天津市纪委第七执纪监督室主任于涌到东丽区督导检查疫情防控一线医务人员及其家属保障和关爱工作落实情况,与东丽区疫情防控指挥部办公室、区卫生健康委、区总工会、团区委座谈了解情况。区委常委、区纪委书记、区监委主任陈媛参加。

同日 CA802航班上157名乘客和机组人员,除2名涉及东丽的隔离人员在都市花园隔离点集中隔离外,其余155人解除在东丽区集中隔离,由各相关城区接返进行居家隔离。

5日 天津市人大常委会秘书长贾凤山到东丽区无瑕街道、天津钢管制造有限公司和天津航动分布式能源动力有限公司看望下沉一线驻企干部,调研了解企业复工复产情况和疫情防控工作

情况。

6日 东丽区组织开展第二批"口罩进万家"暖心行动,采取预约购买的方式,面向本区居民投放一次性口罩5万片。

9日 东丽区召开疫情防控工作优秀网格长和网格员视频表彰会,会议表彰疫情防控工作中表现突出的15名网格长和100名优秀网格员。区委书记夏新,区委副书记、区长谢元,区人大常委会主任孙富霞,区政协主席李大勇,区委副书记刘伟参加。

10日 国务院新冠肺炎联防联控机制第二工作指导组组长、国家卫生健康委卫生发展研究中心党委书记、主任傅卫到天津滨海国际机场和天津平高智能电气有限公司调研出入境、企业外地返津员工疫情防控工作。区委副书记、区长谢元等陪同。

同日 天津市政府合作交流办公室党组书记、主任张庆恩到东丽区就扶贫协作和招商引资工作进行调研,实地查看扶贫展销情况,座谈研究东丽区扶贫协作和招商引资工作。区委书记夏新、区委副书记刘伟陪同。

同日 东丽医院11名驰援武汉医疗队队员经过一个月奋战,顺利完成方舱医院支援任务。3名党员护士进驻武汉协和医院西院重症病区继续参与救治任务,其他人员原地休整等待其他任务。

11日 天津市退役军人事务局党组书记、局长王宝强到东丽区调研统筹推进疫情防控和退役军人事务工作,先后来到安达集团和军粮城街道退役军人之家,实地查看基层退役军人服务站建

设情况,并听取相关情况汇报。

12日 天津市安委会第七检查推动组组长、市消防救援总队总队长张福好到东丽区检查安全生产集中整治工作,采取实地查看与召开座谈会的形式向东丽区反馈检查情况。区委书记夏新陪同。

14日 天津市委统战部副部长、市侨办主任唐瑞生到东丽区侨资企业宜垦集团,就企业复工复产情况进行调研。市侨联常务副主席陈钟林,区委常委、区委统战部长王玉凤陪同。

同日 东丽区组织"口罩进万家"暖心行动暨第三批口罩投放工作,面向本区居民预约购买口罩10万片。

17日 天津市委常委、常务副市长马顺清到博奥赛斯生物科技公司、阳光新业广场(东丽店)现场查看防控措施和复工复产情况。区委副书记、区长谢元,副区长李光华陪同。

同日 东丽医院支援武汉医务人员8人返津,其余3人在武汉协和医院西院重症区继续参加疫情防控工作。

同日 中国500强企业泰州市扬子江投资有限公司在东丽经济技术开发区注册全资子公司,公司注册资本1000万元,开展医药的营销、研发、宣传、结算中心等业务。

18日 天津市委副书记、市长张国清到华明高新区调研小微企业疫情防控和复工工作,了解有关惠企政策落实情况,帮助企业纾难解困、渡过难关、加快发展。市政府秘书长孟庆松,区委副书记、区长谢元,华明高新区主要负责人参加。

同日 东丽区正式执行首都机场入境返津人员接驳留观任务,接回4名首都机场入境返津人员并送至留观地点。

21日 天津市委常委、市委教育工委书记于立军到天津滨海国际机场查看首都机场入境航班处置工作。市卫生健康委党委书记、主任王建国等陪同。

同日 天津市副市长连茂君到东丽区调研企业复工复产情况,并出席东丽区人民政府与中国汽车技术研究中心有限公司签约仪式。中国汽车技术研究中心有限公司党委书记、董事长、总经理安铁成,市工信局副局长刘启阁,市科技局副局长祖延辉,区委书记夏新,区委副书记、区长谢元陪同。

26日 国务院第一工作指导组到东丽医院、常远酒店、华明锦江之星酒店指导检查疫情防控工作。区委书记夏新,区委常委、区委统战部部长王玉凤等陪同。

同日 天津市委常委、市委组织部部长喻云林到东丽区就基层治理空白点排查情况进行调研。区委书记夏新,区委副书记、区长谢元,区委常委、区委组织部部长郝树民参加。

27日 东丽区协助市疫情防控指挥部完成CA984、SU204、CA932、CA938、CA880、CA982等6个航班1677名乘客的分流留观,医学留观点接收从天津医科大学总医院空港医院以及机场转运来的密切接触者49人。

29日 天津市副市长曹小红到格林豪泰酒店、优品酒店指导检查东丽区留观点工作准备情况。

同日 天津市副市长、市公安局局长董家禄到天津滨海国际机场检查入境北京航班天津机场分流工作。副区长、公安东丽分局局长王岫遐陪同。

同日 东丽区疫情防控指挥部召开视频培训会，区卫生健康委负责人讲解湖北来津人员居家隔离医学观察注意事项和企业集中隔离医学观察注意事项以及如何进行预防性消毒。

31日 东丽区携手美团点评集团，上线启动安心消费惠民活动，推动餐饮服务业复工复产。

是月 根据中共东丽区委、东丽区人民政府《东丽经济技术开发区改革实施方案》，军粮城工业园区纳入以东丽经济技术开发区为主体机构的管理形式，撤销军粮城工业园区管委会机构。

4月

2日 东丽区召开2020年农村工作会议，就疫情防控期间做好农村工作作出安排部署。区委书记夏新，区委副书记刘伟，区委常委、区委组织部部长郝树民，副区长刘兰凤参加。

3日 东丽区召开形式主义官僚主义、不作为不担当问题专项治理工作推动会，通报疫情防控期间不作为不担当案例。

8日 在东丽湖恒大酒店举行支援湖北恩施医护人员返津疗养欢迎仪式。市委副书记、市长张国清，副市长曹小红，区委副书记、区长谢元参加。

同日 东丽区委平安建设领导小组扩大会议暨区委政法工作会议召开，会议传达习近平总书记对政法工作重要指示精神和中央、天津市委政法工作会议精神，总结2019年政法工作，部署2020年工作任务。区委书记夏新，副区长、公安东丽分局局长王岫遐，区人民法院院长袁新利，区人民检察院检察长吉树海出席。

同日 天津东方财信投资集团有限公司将持有的天津滨农投资有限公司100%股权无偿划转至天津市滨丽小城镇建设开发有限公司。股权划转后，滨丽小城镇建设开发有限公司持有天津滨农投资有限公司100%股权，债权债务随之转移。

11—20日 东丽区人力社保局联合区退役军人事务局举办退役军人网络招聘会。组织用人单位40家，提供就业岗位122个。561人参加网络招聘会，投递简历299份，达成就业意向188人。

13日 欧冶链金再生资源有限公司落地东丽经济技术开发区，欧冶链金是中国宝武一级子公司，属于中国宝武"一基五元"中资源环境重要支柱产业。

17日 天津市委教育工委常务副书记、市教委党组书记、主任荆洪阳到东丽区调研指导复课开学相关工作。副区长张庆岩陪同。

同日 天津瑞意瑞美生物技术有限公司国际标准兽药自动化厂房建设项目取得《建设用地规划许可证》。该项目北至二纬路、南至渤海纸业、东至新逸路、西至六经路。项目将建设3.5万平方米的生产车间，计划生产以乳酸菌为主的系列微生态制剂产品，一期项目建成后，可实现年微生态制剂产品10000吨的生产能力，达产后实现销售额2亿元,利税5000万元。

20日 东丽区初三年级、高三年级复课开学。

同日 博奥赛斯实验室经市卫生健康委审批,被确定为天津市新冠肺炎康复者血浆治疗病情的监测和评估,成为全市民营机构中唯一一家被允许进行血浆监测的企业。

21日 天津市疾控中心专家团队对东丽区复课防控工作进行检查督导。

同日 天津市科技局党委书记、局长戴永康到华明高新区执信科技企业孵化器和天创科技孵化器,对疫情期间小微企业的生产经营情况进行调研。区政协副主席、华明街道党委书记郑立,区科技局、华明高新区负责人参加。

27日 天津市将重大突发公共卫生事件应急响应级别由一级调整为二级。

28日 东丽区万新街道沙柳南路东侧,编号为津东丽悦(挂)2020-005号的经营性用地被天津成茂置业有限公司以8.15亿元摘得,出让面积5.03万平方米。出让地块位于东丽区沙柳南路与悦山道交口,四至范围东至雪山路、南至方山道、西至沙柳南路、北至悦山道。

29日 东丽区召开第十七届人大常委会第三十一次会议,会议审议通过区人大常委会代表资格审查委员会关于代表出缺情况报告;听取和审议《关于我区环境质量状况和环境保护目标完成情况的报告》《关于加强知识产权保护工作促进我区绿色高质量发展情况的报告》《关于区政府东西部扶贫协作和支援合作情况的报告》。

30日 天津市水务局党组书记、局长张志颇

检查东丽区安全防范措施及防汛备汛任务等落实情况。先后来到东丽区防汛物资仓库、新立泵站、中河泵站以及海河左堤泥窝段、新袁庄段等点位,查看东丽区防汛物资储备、泵站运行以及海河险工险段处置等相关情况,并对防汛要求进行再部署再强调。副区长闫峰陪同。

5月

7日 共青团东丽区委在区委党校举办"绽放战疫青春·坚定制度自信"纪念五四运动101周年座谈会,会议观看东丽青年抗击新冠肺炎疫情风采展示片,通报2020年东丽青年荣获团中央、团市委表彰奖励情况,宣读《关于命名东丽区"十佳青年突击队""优秀青年突击队"和2019年度"东丽区优秀共青团员""优秀共青团干部""五四红旗团组织"的决定》等。团市委副书记王凤,区委书记夏新,区委副书记刘伟出席。

8日 东丽区金融局联合区工信局、区商务局组织开展的中小微企业银企对接会。

10日 天津市委政法委副书记、市扫黑办副主任张健到东丽区对扫黑除恶专项斗争开展督导。

15日 东丽经济技术开发区与斯坦德检测集团股份有限公司举行签约仪式,斯坦德检测集团北方总部项目正式落户。该项目拟投资4.5亿元,投资强度不低于人民币700万元/亩,建设生态环境、生命科学和综合贸易类高级别实验室,开展基因检测、临床医学、高端装备为主导的检验检测业务。

17-23日 甘肃省皋兰县教育系统选派45名干部教师来东丽区开展为期一周的学习培训活动,促进两地教师的交流。

18日 东丽区小学四年级、五年级、六年级和初高中非毕业年级复课开学。

同日 东丽区社会矛盾纠纷调处中心和11个街道矛盾纠纷调处中心正式挂牌成立。

22日 中航装甲科技有限公司航空发动机关键制件基地项目举行开工仪式。副区长李光华、北京航空材料研究院副院长唐斌、中航装甲科技有限公司总经理王旭东共同按动项目启动球。

25日 中汽中心新能源汽车检验中心项目建设在东丽经济技术开发区氢能产业园正式启动。中汽中心党委书记、董事长安铁成,副市长金湘军,区委书记夏新,区委副书记、区长谢元等出席。

同日 西青区委副书记、区长白凤祥到东丽区参观考察。西青区副区长张海英,东丽区委副书记、区长谢元,东丽区委常委、常务副区长陈友东,东丽区副区长李光华等陪同。

26日 东丽区与国网天津市电力公司签署《推进新型基础设施建设 助力能源转型升级战略合作框架协议》。副区长李光华参加。

28日 天津市妇联主席戴蕴到东丽区调研社区妇联工作和女性社会组织建设工作,并为东丽区新冠肺炎疫情防控工作天津市三八红旗手和红旗集体送去奖牌和证书。

同日 东丽区科协举办"科技为民、奋斗有我—东丽科技志愿服务行动"启动仪式。市科协

党组成员、副主席夏秋雨,区人大常委会副主任武广华,区政协副主席田先钰等出席。

30日 东丽区举办临空经济区企业恳谈会暨跨境电商和重点企业颁照签约活动。市商务局局长张爱国,区委书记夏新,区委副书记、区长谢元,副区长李光华、闫峰,华南等地区跨境电商代表团、临空经济区重点企业、天津跨境电商协会、金融服务单位参加。

6月

3日 东丽区人民政府与国家开发银行天津市分行签署金融服务战略合作协议。市政府副秘书长朱峰,国家开发银行天津市分行行长武靖人,区委书记夏新,区委副书记、区长谢元出席。

同日 天津市生命科学及医疗器械产业技术创新战略联盟在东丽经济技术开发区成立。首批联盟单位成员包括天津大学精密仪器与光电子工程学院、天津医科大学生物医学工程与技术学院等5所高校及30余家企业及专业检测机。

5日 东丽区召开第十七届人大常委会第三十二次会议,会议审查通过《关于批准开发建设项目补充纳入东丽区2020年国民经济和社会发展计划的决议》。

10日 天津市人大常委会执法检查组第三小组组长苏智就东丽区《天津市文明行为促进条例》贯彻执行情况进行执法检查。

同日 天津市工商联企业家代表团和东丽区"万企帮万村"专项工作组赴河北省承德县开展精准扶贫行动。承德市委常委、副市长杨春武,承德

市政协副主席、市工商联主席董旭明,天津市委统战部副部长、市工商联党组书记、常务副主席王禹,东丽区委常委、区委统战部部长王玉凤参加。

11日 东丽区与中国联通2020合作项目集中签约活动在区科技金融大厦举办,活动集中签约新基建产业项目6个,涉及电厂大数据中心、通信网络安装维护等领域。中国联通天津分公司党委书记、董事长王鑫,华电集团运营有限公司副总经理王志浩,区委书记夏新,区委副书记、区长谢元出席。

16-17日 天津市人大常委会主任段春华深入东丽区就天津市生活垃圾管理条例制定工作进行立法调研。市人大常委会秘书长贾凤山、区人大常委会主任孙富霞陪同。

22日 东丽区召开第十七届人大常委会第三十三次会议,会议听取和审议《东丽区"七五"普法工作情况报告》《关于落实京津冀协同发展要求有关项目实施情况的报告》《天津市东丽区绿色生态屏障规划(2018—2035年)编制工作报告》《关于我区贯彻实施〈中华人民共和国建筑法〉〈天津市建设工程质量管理条例〉情况的执法检查报告》。

23日 东丽区政法系统举办2020年第一期政治轮训暨深入贯彻落实《政法工作条例》培训班。副区长、公安东丽分局局长王岫遐,区人民法院院长袁新利,区人民检察院检察长吉树海出席。

24日 2020世界智能驾驶挑战赛在东丽区开幕,本届大赛作为第四届世界智能大会的重要组成部分,以"智能新时代:创新、赋能、生态"为主题。天津市副市长孙文魁,中国汽车技术研究中心有限公司党委副书记、董事高和生,中国工程院院士倪光南、沈昌祥、李骏,联合国智能交通及自动驾驶技术总监弗朗索瓦·吉查德,澳大利亚驻沪总领事馆商务领事李丹,世界道路协会ITS(智能交通系统)分会原主席雅克·埃利希,中国生产力促进中心协会理事长刘玉兰,区委书记夏新,区委副书记、区长谢元,副区长李光华、闫峰参加。

29日 东丽区文化旅游体育局与河北省承德县召开扶贫旅游线路视频对接会,双方就如何利用目前承德县的旅游资源带动贫困户脱贫进行交流沟通,并制定切实可行的旅游线路。

是月 东方财信集团收购民营企业天津市大顺国际花卉有限公司,更名为天津市东信国际花卉有限公司。

7月

1日 新立示范镇(新市镇)还迁工作进入分房抓取房号阶段,2.8万居民将陆续迁入新居。

2日 东丽区召开2020年拆还迁工作现场推动会。区委书记夏新,区委副书记、区长谢元等参加。

6日 辽宁省大连市委常委、副市长骆东升到东丽区华明街道就新型城镇化建设工作进行调研,先后来到世博华明馆、民俗博物馆、清华大学天津高端装备研究院和执信天津科技企业孵化器有限公司,详细了解华明示范镇新型城镇化建设的基本思路和做法。天津市发展改革委副主任刘东水,东丽区委常委、常务副区长陈友东陪同。

同日 天津市副市长曹小红到天津市第一百中学检查高考考点准备及疫情防控工作。

8日 东丽区与甘肃省皋兰县扶贫协作座谈会暨皋兰县产业园招商引资推介会在区科技金融大厦召开。皋兰县委书记康石、东丽区委书记夏新出席。

14日 东丽区与中国农业发展银行天津市分行战略合作协议签约仪式在区会议中心举行。中国农业发展银行天津市分行行长、党委书记刘文平,区委书记夏新,区委副书记、区长谢元等出席。

16日 河北省承德县委副书记、县长刘志琦到东丽区对接交流东西部扶贫协作工作。东丽区委常委、区委统战部部长王玉凤参加。

17日 甘肃省临潭县委副书记、县长杨永红与东丽区委副书记、区长谢元召开座谈会,双方就进一步推动两地合作、加强对口帮扶和扶贫协作深入交流。东丽区委常委、区委统战部部长王玉凤,东丽区副区长李光华参加。

22日 天津市第七次全国人口普查综合试点启动仪式在东丽区万新街道举行。市第七次全国人口普查领导小组副组长、市统计局党组书记、局长冯嘉强,区委副书记、区长谢元出席。

31日 东丽区召开第十七届人大常委会第三十五次会议,会议审议通过区人大常委会代表资格审查委员会《关于东丽区人民代表大会代表资格审查报告》、区人大常委会代表资格审查委员会《关于代表出缺情况报告》《关于召开天津市东

丽区第十七届人民代表大会第八次会议的决定》、天津市东丽区第十届人民代表大会第八次会议有关事项。会议听取和审议区政府《关于推动绿色生态屏障建设情况的工作报告》。

是月 东丽区丰年村街道新泰道社区联合天津纯懿公益帮扶服务中心共同创办成立主打儿童参与建设的书屋——新泰道社区图书室。

8月

4日 东丽区人大常委会主任孙富霞带领主任会议成员对东丽区贯彻落实《天津市文明行为促进条例》(垃圾分类投放专题)情况进行执法检查,深入张贵庄街道津门里社区、万新街道海颂园社区、东丽经济技术开发区博德尔大件垃圾处理中心、鸿达精工机械有限公司等,就老旧小区、还迁小区的居民生活垃圾分类情况、垃圾处理中心设备运行情况和厨余垃圾处理项目进行检查,听取相关负责人工作汇报。

6日 东丽区第十七届人大常委会召开2020年中期全体代表会议,区委书记夏新出席,区委副书记、区长谢元通报上半年经济社会发展情况和下半年主要工作安排,区人大常委会主任孙富霞、区政协主席李大勇、区委副书记刘伟出席。

6-7日 东丽区第十七届人民代表大会第八次会议在区会议中心召开,补选东丽区第十七届人大常委会副主任、委员;审议通过东丽区第十七届人大设立社会建设委员会、农业农村委员会和有关专门委员会更名的决定;表决通过东丽区第十七届人大有关专门委员会组成人员。

8日　东丽区文化旅游体育局、东丽区总工会、东丽区教育局、东丽区卫生健康委联合主办的"推动全民健身 助力全面小康"2020年东丽区"全民健身日"系列活动暨创建全国全民运动健身模范区东丽区第十届全民健身大会首届网络智力运动会启动仪式在东丽体育馆举行。

11日　天津市卫生健康委与东丽区人民政府签署战略合作框架协议,将在东丽区建设天津市第三中心医院改扩建工程。市卫生健康委党委书记、主任王建国,市卫生健康委副主任王浩,市第三中心医院党委书记、院长李彤,区委书记夏新,区委副书记、区长谢元出席。

13日　中国共产党天津市东丽区第十一届委员会第十二次全体会议在区会议中心召开。

17日　天津市政协主席盛茂林来东丽区调研区政协工作,先后来到张贵庄街道政协委员学习活动室和詹滨西里社区党群服务中心,分别与区政协委员、社区干部和社区群众亲切交谈,了解委员在社区开展工作、加强学习的情况等。市政协秘书长高学忠、区委书记夏新、区政协主席李大勇等陪同。

21日　创建全国全民运动健身模范区I游天津·东丽湖·文化旅游体育节在东丽湖街道开幕。市体育局局长李克敏、区政协主席李大勇等出席。

22日　东丽区与甘肃省甘谷县东西部扶贫协作座谈会在华明高新区管委会召开。甘谷县委书记申君明,东丽区委副书记、区长谢元,东丽区委常委、区委统战部部长王玉凤,东丽区副区长李光华等参加。

23日　天津市东丽区农村社会经济调查队更名为天津市东丽区社会经济调查综合服务中心,作为天津市东丽区统计局管理的事业单位,规格为副处级,经费形式为财政补助,划入公益一类。天津市东丽区统计局普查中心并入天津市东丽区社会经济调查综合服务中心。撤销天津市东丽区农村社会经济调查队、天津市东丽区统计局普查中心。

27日　天津市委常委、市委统战部部长冀国强到东丽区召开"双城间绿色生态屏障建设"专项民主监督工作中期推动会。区委书记夏新,区委副书记刘伟等参加。

28日　东丽区第十七届人大常委会三十六次会议在区会议中心举行,会议审议通过《区人大常委会关于解决"社区之表、农村之实"问题加快推进基层社会治理现代化的决定》《关于落实区人大常委会审议意见的工作程序》;听取和审议关于2020年东丽区上半年国民经济和社会发展计划执行情况报告、东丽区2019年区级决算草案及2020年上半年全区预算执行情况报告、关于2019年东丽区财政预算执行和其它财政收支情况的审计工作报告;审查批准《关于开发建设项目补充纳入东丽区2020年国民经济和社会发展计划的决议》、东丽区2019年区级财政决算;听取审议东丽区公立医院建设发展工作报告,关于东丽区贯彻实施《天津市学校安全条例》和《天津市预防和治理校园欺凌若干规定》情况执法检查报告。

31日　天津市东丽区公路建设养护中心挂牌成立。

9月

1日 天津中医药大学与东丽区人民政府在区会议中心签署战略合作协议,就中医发展和提升中医药服务能力进行座谈交流。市卫生健康委副主任张富霞、天津中医药大学党委书记李庆和、区委书记夏新等出席。

3日 2020天津·东丽区土地招商推介会在东丽湖召开。

4日 吉林省长春市委常委、市委统战部部长、天津市政府副秘书长刘德生先后到中航装甲科技有限公司、天津海顺印业集团有限公司、苏州医工所天津工程技术研究院、天津智能网联汽车产业研究院、平高集团和执信医疗孵化器进行参观考察。长春市发展改革委副主任、天津市经济发展研究院副院长王雷,东丽区副区长李光华参加。

同日 甘肃省政协副主席、天水市委书记王锐到东丽区参观考察,首先来到清华大学天津高端装备研究院,详细了解了校地合作建院的背景、运营机制等情况,并在成果展区听取清华大学天津高端装备研究院在机器人与智能制造、生物医药制造与大健康、高端装备等领域众多团队的技术和产业化成果介绍。在天津机床博物馆暨扶贫车间产品展销中心,参观扶贫车间产品展销中心和天津机床博物馆的产品展示。在博奥赛斯天津生物科技有限公司,详细了解企业的创业成长历程、目前开发的主要产品和未来发展规划,参观企业研发车间、生产车间和实验室,并听取企业负责

人关于企业在医学检测领域的技术研发、产品应用等情况。天水市副市长逯克宗,天津市合作交流办党组书记、主任张庆恩,东丽区委副书记刘伟陪同。

8日 东丽区第三批区级非物质文化遗产代表性项目授牌暨第一批区级非物质文化遗产传承保护示范基地授牌仪式在区文化旅游体育局举行。长祥高跷、津派国画等7个项目被认定为东丽区第三批非物质文化文化遗产代表性项目,天津汇香源食品有限公司、天津市金全聚香斋清真食品专业合作社、天津市东丽区大郑慧源剪纸有限公司等7个单位被认定为第一批区级非物质文化遗产传承保护示范基地。

9日 天津市东丽区物流行业商会第一次会员代表大会暨商会成立大会在东丽区会议中心举行。市委统战部副部长、市工商联党组书记王禹,区委书记夏新,区委常委、区委统战部部长王玉凤,副区长刘兰凤,区物流行业商会会员代表,各街道商会代表120人参加。

10日 东丽区第34届科技周、全国科普日暨科普集中宣传月启动仪式在区科技馆举行。市科协党组成员、副主席夏秋雨,区委副书记刘伟,区人大常委会副主任武广华,区政协副主席田先钰出席。

12日 东丽区文化旅游体育局、东丽湖街道办事处主办的汉服嘉年华在东丽湖盛大开演。

16日 东丽区第九期全民健身志愿者培训班暨第二十一期社会体育指导员培训班开班。

18日 东丽区举办第八届大中城市联合招

聘高校毕业生专场活动，以"城市联动、精准服务、搭建平台、促进就业"为主题，组织用工单位60家，提供就业岗位800余个。现场前来求职人数300余人，达成就业意向65人。

20日 东丽区在华新实验学校开展大规模人群新冠肺炎病毒核酸检测筛查演练。

22日 东丽区组织部分离退休区级老干部参观考察经济社会发展情况。先后到东丽区网格化管理中心、京东"亚洲一号"天津东丽物流园、国家知识产权局专利局专利审查协作天津中心、华明街道第三社区和胡张庄乡村振兴示范区，听取区经济社会发展、城市化建设和各重点项目建设的情况介绍。区委书记夏新，区委副书记、区长谢元，区人大常委会主任孙富霞，区委副书记刘伟等陪同。

23日 东丽区在东丽广场举办2020年房地产项目展示会。展示会汇聚万科、金茂、中房、中建五局、金融街地产等开发商，城东春晓、新立一号、金茂智慧科学城等大批精品楼盘亮相，产品业态涵盖高层、洋房、大平层、车库车位等，满足市民多元化置业需求。

同日 东丽区委书记夏新，区委副书记、区长谢元，区人大常委会主任孙富霞等区级领导到天津市烈士陵园，同驻区部队官兵、军休老干部、退役战士和少先队员代表一起向革命先烈敬献花篮，缅怀革命先烈，追思不朽功绩，接受灵魂洗礼，弘扬烈士精神。

25日 中央第二生态环境保护督察组组长焦焕成到东丽区开展督察调研，实地了解新东郊污水处理厂搬迁扩容提标改造情况，现场调研东丽湖生态环境保护和胡张庄乡村振兴示范区规划建设情况。副市长金湘军、区委书记夏新、副区长闫峰参加。

26日 地铁11号线一期工程首台盾构机"通生号"在东丽区外环辅道站率先始发，标志着地铁11号线全面进入施工阶段。项目建设期4年，西起南开区复康路与水上公园西路交口的水上公园站，东至东丽经济技术开发区六经路站（津塘二线与六经路交口），线路全长22.6千米，共设21座车站。

28日 中国（天津）跨境电商生态发展大会在东丽湖恒大世博中心开幕。副市长金湘军，eBay全球副总裁、跨境贸易事业部中国区总经理郑长青，商务部驻天津特派办特派员乌海宇，市商务局局长张爱国，区委书记夏新，区委副书记、区长谢元等出席。

同日 天津市人大常委会副主任王小宁到东丽区就贯彻落实《中华人民共和国土壤污染防治法》《天津市土壤污染防治条例》情况开展执法检查。东丽区人大常委会主任孙富霞陪同。

29日 在第20届山东中国花卉博览交易会上，申报的"宝莲灯"被评为2020年全国盆栽花卉最高奖"金花奖"，作为中国唯一花卉品牌入选中央电视台《中国品牌档案》栏目。

是月 东丽区万新街道公调对接人民调解委员会正式挂牌成立。

10月

14日 中国农业发展银行总行党委委员、副行长赵鹏到东丽区调研,先后来到东丽湖自然艺苑区、新立示范镇社区文化中心和丽尚华庭小区,听取有关情况介绍。中国农业发展银行天津分行党委书记、行长刘文平,区委副书记、区长谢元,副区长闫峰陪同。

同日 天津市委副书记、市长廖国勋赴东丽区调研,来到天津电装电机有限公司,与企业负责人深入交流,详细了解企业需求、技术研发、市场份额、本地配套率等情况,对企业扎根天津、服务天津,为天津市汽车产业发展作出的积极贡献给予充分肯定。市政府秘书长孟庆松参加。

17日 东丽区文化旅游体育局主办的"创建全国全民运动健身模范区·东丽区第十届全民健身大会系列赛"启动仪式在东丽体育中心隆重举行。

26日 乾顺永磁研发总部基地项目启动仪式在东丽区华明高新区举行,乾顺永磁董事长刘文轩,区委副书记、区长谢元,副区长李光华等出席。

27日 第十届美好家园暨"扶贫路上一起走"天津东丽、甘肃皋兰、河北承德三地摄影交流展于在东丽区美术馆展出,旨在促进东丽区与皋兰县、承德县三地间的群众文化交流。

27—29日 东丽区组织16家企业赴甘肃省临潭县、甘谷县、皋兰县举办劳务协作专场招聘会,提供岗位近500个,吸引当地建档立卡贫困劳动力、退役军人、大学生等各类群体入场求职800余人,现场达成初步就业意向162人。

29日 东丽区召开第十七届人大常委会第三十七次会议,会议听取和审议区人大常委会执法检查组关于检查《天津市文明行为促进条例》《天津市优化营商环境条例》实施情况报告,并对优化营商环境工作进行专题询问。听取和审议2019年度全区企业国有资产管理情况专项报告和2019年度全区国有资产管理情况综合报告。

30日 东丽区丰年村街道组织街道机关、社区、丰年派出所、新立卫生服务中心部分工作人员150余人,在东丽体育中心开展核酸检测筛查实战演练。

11月

1日 第七次全国人口普查正式开启现场登记。

5日 天津市委常委、市委教育工委书记于立军到东丽区调研全域科普工作,分别到万新街道海颂园社区、东丽区丽泽小学、滨航腾云创意园区等点位进行调研指导。市科协党组书记、常务副主席陆为民,区委副书记刘伟参加。

8日 2020年天津市青少年篮球锦标赛在静海区团泊体育中心篮球馆落下帷幕。东丽区女子U15、女子U12组获得冠军,女子U18组获得亚军,男子U12组获得第四名;篮球教练员石金勇获得"十佳优秀教练员"称号。

12日 天津市委常委、市委政法委书记赵飞到东丽区调研督办"飞地"治理专题工作。市委政法委副书记张健,市规划和自然资源局总经济师岳玉贵,市应急管理局副局长、消防救援总队总队长张福好,区委副书记刘伟等出席。

同日 东丽养老中心组织开展新冠肺炎疫情应急处置演练。

同日 天津市东丽城市基础设施投资集团有限公司与滨丽公司合并组成新天津市东丽城市基础设施投资集团有限公司。

同日 东丽区举办2020年"海河工匠杯"技能大赛第九届职业技能竞赛中式烹调师决赛暨闭幕式。本次大赛分为焊工、美容师和中式烹调师3个项目,1100余人报名参赛。评选出一、二、三等奖共18名。

13日 天津市政协科技教育委员会主任李宝纯到东丽区就科技型企业知识产权保护工作进行调研,先后到金桥焊材集团股份有限公司和瑞普(天津)生物药业有限公司,实地了解企业专利申请、运用促进与保护工作情况,听取企业汇报知识产权(专利)工作推进过程中存在的问题和困难。区政协主席李大勇、区政协副主席田先钰等陪同。

22-23日 东丽区委组织部、东丽区委宣传部、东丽区网格化管理中心、东丽区融媒体中心联合举办第一届东丽区2020年度金牌网格员技能大赛。

25日 天津市政府新闻办召开东丽区"携手奔小康"专题新闻发布会。区委书记夏新介绍东丽区近年来开展东西部扶贫协作和支援合作工作情况。

26日 东丽区召开十七届人大常委会第三十九次会议,会议听取和审议区政府关于2020年人大代表票决民心工程项目和代表建议办理工作报告;审议关于东丽区2019年度财政预算执行审计结果整改落实情况的报告。

30日 东丽区网格化管理中心成为中国通信工业协会网格化分会理事单位。

12月

2日 东丽区2020年度双拥工作领导小组组长办公会在区会议中心召开。区委书记夏新,区委副书记、区长谢元等参加。

同日 天津市委副秘书长、市信访办主任路艳青到东丽区调研指导集中治理重复信访工作。副区长、公安东丽分局局长王岫遐,区信访办、公安东丽分局等相关部门负责人参加。

6日 东丽区召开天津市精细化工和生物医药人才创新创业联盟筹备座谈会。区委书记夏新,区委常委、区委组织部部长郝树民,副区长李光华参加。

9日 天津市航空航天人才创新创业联盟筹备会议在中国民航大学学术交流中心召开。中国民航大学党委书记曹胜利,中国民航大学校长丁水汀,区委书记夏新,区委副书记、区长谢元,区委常委、区委组织部部长郝树民等参加。

同日 国务院发布《国务院办公厅关于建设第三批大众创业万众创新示范基地的通知》,天津东丽区正式获批建设全国双创示范基地,精益创业工作受国务院认可。

11日　天津市人大东丽代表组对东丽区经济社会发展有关情况进行会前集中视察,先后到安达集团厨余垃圾处理项目、国家知识产权局专利局专利审查协作天津中心、清研同创机器人(天津)有限公司、博奥赛斯(天津)生物科技有限公司和海顺印业包装有限公司,听取各企业负责人有关情况介绍。市科协党组书记、常务副主席陆为民,区委书记夏新,区人大常委会主任孙富霞等市人大代表参加,区领导孔宪义、武广华、李洪艳、李光华陪同。

14日　东丽区人民政府与中国铁建投资集团战略合作座谈会在区会议中心举行。中国铁建投资集团党委副书记、总经理李卫华,中国铁建投资集团党委副书记、工会主席亓超,区委副书记、区长谢元,副区长闫峰等出席。

同日　中汽传媒(天津)有限公司在东丽经济技术开发区正式成立。

16日　清华大学未来科技班企业家代表团来东丽区参观考察,先后参观华明高新区、执信孵化器、国家知识产权局审协天津中心、清华大学天津高端装备研究院,详细了解了企业运营状况、核心产品亮点以及未来发展规划等方面的情况,并举行"清华大学天津高端装备研究院科技园"建设工作座谈会及签约仪式。区委副书记、区长谢元,副区长李光华参加。

21日　天津市副市长康义走访清研同创机器人(天津)有限公司,了解企业发展情况,解决企业融资问题。市政府副秘书长朱峰、市金融局副局长黎红、浦发银行天津分行副行长刘毅、北京银行天津分行行长霍向辉、天津银行董事长孙利国、天津市中小企业信用融资担保中心主任杨东祥、副区长闫峰等参加。

同日　《人民日报》刊登《天津东丽区探索网格员专职化管理——流动的网格,实打实的贴心(基层治理新实践)》一文。

同日　宝能集团高级副总裁、中国区总裁、宝能城发集团董事长邹明武与东丽区委书记夏新在东丽区华明高新区进行会谈,双方就进一步深化项目合作等事宜进行交流对接。区委常委、常务副区长陈友东,副区长李光华等参加。

22日　创建国家食品安全示范城市市级初评评审组对东丽区开展市级初评。区委副书记、区长谢元,副区长李光华,区有关部门、各街道、园区负责人参加。

23日　全国全域科普工作和基层科协组织建设现场会到东丽区进行交流研讨和现场观摩。中国科协书记处书记、副主席孟庆海在万新街道海颂园社区了解社区"大科普服务"以及社区引进社会组织、建立长效机制、推动科普参与社区治理等经验做法,听取区科协主席曹砚海的全域科普特色工作的汇报和科普组织体会分享。中国科学技术协会党组成员、书记处书记束为到张贵庄街道詹滨西里社区调研,听取社区书记祁香关于老年人科普工作特色做法的汇报,参观社区科普体验室。

同日　东丽区召开社区矫正委员会第一次会议,对当前及今后一个时期的社区矫正工作进行研究部署。副区长、公安东丽分局局长、区社区矫正委员会主任王岫遐,委员会全体成员参加。

24日 中共东丽区纪委十一届九次全会召开,会议主要任务是深入学习贯彻党的十九大和十九届二中、三中、四中、五中全会以及中央纪委十九届四次全会精神,落实市委十一届九次全会,市纪委十一届七次、八次全会,区委十一届十二次全会部署,坚持和完善党和国家监督体系,大力推进党内监督,开展专题述责述廉,压实各级党组织主体责任,推动全面从严治党向纵深发展。

同日 由天津电装电机有限公司投资建设的新能源汽车驱动电机及逆变器生产项目完成联合验收并开始进行内部设备安装调试。项目位于东丽经济技术开发区五经路以东、先锋东路以北、六经路以西、丽南路以南。项目占地面积3.8万平方米,总建筑面积3.2万平方米。

29日 东丽区2021年基层组织换届工作部署会在区会议中心召开,会议深入学习贯彻习近平总书记关于农村和城市基层党建的重要指示精神,贯彻落实全国村、社区"两委"换届工作电视电话会议精神,对搞好东丽区2021年社区和集体经济组织"两委"换届工作进行部署。区委书记夏新,区委副书记刘伟,区委常委、区委组织部部长郝树民等参加。

31日 天津市航空航天人才创新创业联盟成立大会在东丽湖恒大酒店召开。市委常委、市委组织部部长、市人才工作领导小组组长喻云林,市工业和信息化局局长尹继辉,区委书记夏新,区委副书记、区长谢元等出席。

同日 东丽经济技术开发区由天津华测检测认证有限公司投资建设的仪器仪表制造项目部分楼栋完成封顶建设。项目位于东丽经济技术开发区五经路以西、四纬路以北、规划机场大道以东、天津金彩美术印刷有限公司以南,占地面积1.81万平方米,总建筑面积5.41万平方米。

同日 东丽区召开第十七届人民代表大会常务委员会第四十次会议,会议听取和审议《区人大常委会关于代表建议督办情况报告》《区政府关于绿色高质量发展指标体系阶段目标落实情况的报告》;审查批准《关于东丽区2020年区级预算调整方案》;表决通过东丽区第十七届人大常委会第四十次会议补选办法;审议通过区人大常委会代表资格审查委员会关于代表出缺情况报告,表决通过东丽区第十七届人民代表大会代表补选办法;审议通过关于召开天津市东丽区十七届人民代表大会第九次会议的决定和天津市东丽区第十七届人民代表大会第九次会议有关事项;审议区人大常委会2020年工作报告。

是月 东丽区万新街道养老服务中心建成,面积1097平方米。

是年 东丽区丰年村街道新泰道社区图书室在天津市示范农家书屋城市书吧评选活动中荣获"天津市特色书屋书吧"荣誉称号。

是年 东丽区丰年村街道新泰道社区、新立街道秀欣园社区、金钟街道新城社区、华新街道顶秀欣园、华新街道华富家园社区,被天津市民政局命名为"天津市美丽社区"。

本篇责任编校　吴俊侠

特　载

Features

在中共东丽区委十一届十一次全体会议上的讲话

区委书记　夏新

（2020年1月2日）

同志们：

今天我们召开区委十一届十一次全会，主要任务是深入学习贯彻习近平新时代中国特色社会主义思想和党的十九大以及十九届二中、三中、四中全会精神，认真落实中央经济工作会议和市委十一届八次全会暨经济工作会议部署，全面总结分析2019年工作，研究部署2020年主要任务，进一步明确工作思路、目标和举措，动员全区党员干部务实笃行守初心，凝心聚力担使命，推动东丽绿色高质量发展再上新水平。

刚才，我就提交全会审议的《中共天津市东丽区委关于发扬斗争精神，提高治理能力，夯实绿色高质量发展组织保障和人才支撑的实施意见》作了说明。这个《实施意见》，同《区委常委会2019年工作报告》《区委2020年工作意见》，是区委在广泛调研和征求全区各方面意见的基础上，进行多次修改后形成的，涵盖全区工作的方方面面。《工作报告》总结了一年来全区工作的亮点、特色和经验，集中反映了东丽绿色高质量发展取得的

成效；《工作意见》对东丽发展全面性、紧迫性、关键性任务做了安排部署，提出了明确要求，必须坚决贯彻落实；《实施意见》立足绿色高质量发展，围绕建设高水平干部和人才队伍进行了部署。对这三个文件，希望同志们认真讨论审议，提出意见建议，共同把文件修改好。下面，我代表区委常委会，再强调四个方面的意见。

一、准确把握形势任务，坚定绿色高质量发展的信心和决心

区委十一届九次全会以来，在区人大、区政府、区政协和各级领导干部和广大群众的共同努力下，我们深入学习贯彻党的十九大精神，以习近平总书记对天津工作提出的"三个着力"重要要求和一系列重要指示批示统领各项工作，奋力推动习近平新时代中国特色社会主义思想的东丽实践，各项工作不断取得新成效，人民生活不断发生新变化，绿色高质量发展展现出巨大潜力。全区经济实力进一步增强，预计地区生产总值同比增长4%，在环城四区中名列第一，稳中求进态势得

到巩固。一般预算收入增长2.4%，比年初确定目标提高了近4倍，固定资产投资同比增长25%，增幅排名全市前列。战略性新兴产业、高端服务业项目加速聚集，新落地680个优质项目，万达广场、华测检测等23个重点项目开工建设，核兴航材、北车扩建等37个大项目竣工投产，新的经济增长点正在形成。产业布局更加合理，产业结构不断优化，以东丽开发区、临空经济区、华明高新区、东丽湖科技创新区为支点的经济布局日趋完善，东丽获批"国家知识产权运营服务体系建设重点城市"。城市化逐步由全域向全面跨越，新增1.8万人还迁，完成老旧小区改造45万平方米。智慧党建统领智慧社会建设全面铺开，城市基础设施更加完善，管理水平进一步提升，基层社会治理能力得到加强，城乡居民收入和保障水平进一步提升，公共服务事业全面发展，城市文明程度和群众文明素质不断提高。

东丽经济社会发展取得的成绩，是全区上下共同奋斗的结果，是我们在思路创新、理念创新、方法创新、制度创新上的积极实践，探索的一条符合中央精神、符合市委要求、符合东丽实际、符合群众期盼的发展道路。

——我们着力推动思路创新。始终坚持"生态优先、产业高端、创新发展"，区委十一届九次全会将"美丽东丽"的奋斗目标具体化，审议通过《中共天津市东丽区委关于加快绿色高质量发展的意见》，提出推动绿色高质量发展的新思路，统筹经济、城市化、民生、社会治理等各项重点工作，全力推动稳增长、调结构、转动力、提质量，在极端困难

的情况下2019年实现了超常规的发展。特别是面对经济下行与隐性债务的双重压力，我们不彷徨、不懈怠，不动摇、不放弃，加快拆迁还迁，加快土地出让，优化债务结构，抢抓金融政策窗口期，树牢"过紧日子"思想，全力以赴抓收入、减支出，以强大的工作定力、精准的研判预警、科学的统筹调度、有效的应对举措，平稳度过了一个又一个偿债高峰，实现了政府隐性债压减126亿元，稳住了大势、稳住了心神、更稳住了信念。

——我们着力推动理念创新。坚持清单化、项目化、市场化管理，不断激发干事创业动力、不断集聚优质资源，形成了创新发展的新路径。"理念一变天地宽"。我们大力推动工作落实清单化管理，抓住精准拆迁这个关键工序，列出目标清单、责任清单、时序清单，"以需定拆"、关死后门，2019年实现月度任务应拆尽拆，拆出了气场，拆出了精气神，更拆出了我们干部的政策水平。我们大力推动重点任务项目化管理，把创卫目标层层分解、压实责任，实现了全区环境面貌的整体改观，创卫工作顺利通过国家暗访验收，进入技术评估阶段，为创建成功奠定了坚实基础。我们大力推动服务供给市场化，顺利完成全区供热社会资本运作，把累计亏损一个多亿的"包袱"变成了年盈利2000万元的"财源"。西片区环卫一体化正在招标，预期在不提高费用的情况下，城市环境卫生水平将得到大幅度提升。社会化、专业化、标准化服务为我们城市管理提供了强大的支撑，也为我们如何当好"裁判员"提出了巨大的考验。这些都是我们理念创新的成果。

——我们着力推动方法创新。坚持问题导向、目标导向、责任导向、效果导向，切实强化底线思维，坚持一切工作高标准，逐级"升温加压"，以高质量的作为推动高质量的发展。我们开展专项活动，制定领导干部"两个清单"，健全主体责任体系，着力破解"层层上热不足"问题，区级领导带头包街道社区、包重点企业、包拆迁还迁，推动主责主业一体谋划、一体推动、一体落实，切实解决了一大批历史遗留问题，以服务基层、服务企业、服务群众的实际行动，在全区营造出知责明责、履责尽责的良好氛围。特别是我们的智慧党建统领智慧社会建设改革工作，始终把群众满意作为目标，着力解决基层治理中的难点难题，压实"四级书记"责任，建立"513"问题解决机制，健全完善"向群众汇报"制度，基层党组织的存在感和影响力极大增强、基层干部的责任感极大增强、广大群众的获得感极大增强，取得了突出成效。

——我们着力推动制度创新。认真落实党的十九届四中全会精神，召开区委十一届十次全会，审议通过《中共东丽区委关于坚持和完善中国特色社会主义制度，把制度优势转化为绿色高质量发展治理效能的实施意见》，把制度执行同落实发展第一要务结合起来、同实现人的全面城市化结合起来、同改善民计民生结合起来、同提升治理能力结合起来，健全完善现代化经济体系、文明城区文化强区推进制度体系、惠民富民安民制度体系、现代化基层治理制度体系，切实把制度优势转化为绿色高质量发展的治理效能，为提高基层治理现代化水平提供了思想支撑、理论支撑、制度支撑、实践支撑。

这些工作成效和经验，是过去一年来全区各级干部群众心血、汗水和智慧的结晶，是一笔宝贵的财富，必须始终坚持、持续巩固、不断深化，不负时代召唤、不负人民重托，以永不懈怠的精神状态和一往无前的奋斗姿态，不用扬鞭自奋蹄、撸起袖子加油干，为实现东丽绿色高质量发展而继续奋斗。

二、清醒认识风险挑战，着力提高绿色高质量发展成效

2020年是"十三五"收官之年，是实现全面建成高质量小康社会的关键之年，我们肩负的任务更重，面临的挑战更多。我们提出地区生产总值增长4.5%，奋斗目标5.1%；一般公共预算收入增长2%，奋斗目标3%；固定资产投资增长12%，奋斗目标15%；居民人均可支配收入增速高于经济增长速度；单位GDP能耗降低率完成市下达节能减排任务；债务风险平稳可控。以上这些指标是按照在全市各区做表率的标准确定的，任务异常繁重。中国特色社会主义进入新时代，东丽发展进入新时期，最突出的特征就是经济、城市与社会治理形态的全面转型，最大的风险就是隐性债务风险、社会稳定风险和领导干部精神滑坡的风险。历史总是在矛盾运动中前进的，挑战中蕴含着机遇，风险也意味着收获。只要我们闯过了"关山"、渡过了"险滩"，东丽必将迎来绿色高质量发展的美好前景。我们要牢牢把握区域经济发展规律，以"逆周期"作为对冲周期效应，做好足够的思想准备、工作准备，以解放思想、创新理念、担当作为的新姿态,勇于知难而进、善于化危为机,创造绿色高质量发展的新业绩。

一要积极应对经济转型升级的新挑战。经济转型是东丽绿色高质量发展必然要渡过的一关,这是规律、也是要求,更是我们的责任。要坚持把贯彻新发展理念作为经济工作的首要重点,把创新、协调、绿色、开放、共享理念贯穿绿色高质量发展全过程,以落实成效检验党员领导干部践行"两个维护"的坚定性和自觉性。要坚持把融入京津冀协同发展作为经济工作的重要任务,按照"五大协同"要求落实"协同发展行动指南",实施京津冀协同发展攻坚行动,确定今年为"招商和项目建设年",全面拓展承接北京资源的深度和广度,让东丽成为非首都功能疏解的"第一选择"。要强化协同意识,深刻认识东丽是天津的东丽、是京津冀的东丽,我们的一切工作是协同发展国家战略的组成部分。要紧紧抓住京津冀机场群"三地四场"建设这个机遇,用好北京院所、北京项目在东丽落地的资源优势,在主动融入上下更大功夫,在主动承接上见更大成效,在联动发展上求更大突破,把服务协同发展转化为推动东丽发展的巨大动能。要把实体经济振兴作为经济工作的用力方向,发挥国家级经济技术开发区、临空经济区、华明高新区、东丽湖科技创新区和"设计之都"先行区的区位优势,打造高端装备、智能网联汽车、生物医药等先进制造产业集群,提升产业整体现代化水平。要把科技创新作为经济工作的强大支撑,围绕科技成果转化、研发平台建设、高端人才引进等,壮大高新技术企业规模,做到"智慧东丽,产业先

行"。要把优化营商环境作为经济工作的有力保障,实施优化营商环境攻坚行动,积极践行"产业第一、企业家老大"理念,树立"痛快办事,快乐服务"理念,强化服务企业"没有权利说不"理念,把解决难题作为制度创新、管理创新的机遇。要做到敢"亲"敢"清"多服务,赢得企业家的信任,创造企业发展的机遇,激发全社会发展活力。要把防范化解债务风险作为经济工作的"头等大事",实施债务风险化解攻坚行动,用好市场资源,加快土地出让,严控基本支出,让机关过"紧日子",让企业过"好日子",开源、节流两手抓两手都要硬,确保隐性债务增量为"零"、存量压减,牢牢守住不发生系统风险的底线,为绿色高质量发展保驾护航。

二要积极应对城市化由全域向全面转型的新挑战。推进全域城市化向全面城市化转型,是我区在城市化建设后期必须承担起的历史性重大任务,更是促进人的全面发展、提升城市文明水平的必然要求。要打牢全域城市化安居工程建设这个根基,持续推进拆迁工作,加快建设进度,稳妥有序推动还迁安置,确保滞留户和双倍租房费动态为"零",让每一名群众都能享受到城市化带来的成果。要紧盯"补短板"工作,优化基础设施和公共服务设施布局,对标对表现代城市要求,切实解决好道路不通、污水外溢、环境脏乱以及出行难、上学难、就医难、买菜难等民生痛点,打造清新靓丽、大气洋气的都市新区。要抓实创文创卫这个载体,实施创文创卫攻坚行动,决战创文创卫,关键是建立健全全民参与、齐抓共管的长效机制,既要实现城市物质形态的转变,更要推动群众思想

形态的跃升,把社会主义核心价值观、现代城市生活新风尚融入东丽人的灵魂深处,提高城市文明程度和群众文明素质,共建共享美好城市生活。

三要积极应对基层治理现代化的新挑战。推动基层治理现代化,是区委十一届十次全会确定的新任务,今年既是开局年、也是关键年。推动基层治理,重点在"治理"、难点在基层。从实践来看,东丽"社区之表、农村之实"的区情还没有得到根本性改变,突出表现在解决还迁居民转移就业、自主创业的产业导向、政策导向、工作导向不够鲜明,群众增收渠道窄、路径少,这也是社会稳定问题频发的主要原因之一。要解决这些问题,我们必须深化基层治理体系改革创新,努力实现群众收入大幅增加、集体经济经营模式良性转变、社区管理模式不断完善、群众思维理念全面改观。要深化经济治理方式改革创新,把促进就业作为产业发展的重要目标,以实施乡村振兴战略和大力发展现代服务业为抓手,适当引进发展吸纳就业人口较多的劳动密集型产业项目,提高产业项目带动就业的综合水平。要深化居民就业机制改革创新,积极创造层次多样、需求广泛的就业岗位,加大培训工作力度,鼓励群众自主创业,切实转变群众生产方式。要深化集体经济组织改革创新,推进土地经营权集中流转,实施集体经济市场化运营,确保群众收益股份化,实现集体经济集约化、市场化发展。要深化基层社会治理体制改革创新,在完善社区网格化治理机制的基础上,在农区、园区全面推行网格化管理,配备专职网格员,维护农区安全稳定,全域优化发展环境。要打出

调整产业结构和增强群众就业能力的组合拳,确保群众生活质量有效提升,切实增强广大群众"城市居民"的身份认同感,不断推进"人的全面城市化"。

三、增强斗争精神,提高领导绿色高质量发展的能力水平

实现东丽绿色高质量发展,迫切需要一支在大是大非面前立场坚定、坚持原则,在改革发展中解放思想、创新理念、担当作为,在急难险重任务面前挺身而出、攻坚克难,在平凡岗位和基层一线默默奉献、埋头苦干的干部队伍,迫切需要一支领军型民营企业家、创新型高端人才、技能型工匠人才、紧缺型社会事业人才队伍,夯实组织保障和人才支撑的基础。

一要抓好选育管用各个环节。坚持"精准选",全面贯彻好干部标准,严把政治首关,坚持事业为上、以事择人,为事业选、为事业用,大力选拔政治过硬、肩膀过硬、能力过硬、业绩过硬的干部,树立起"谁有本事谁来、谁能成事谁干、谁先成才谁上"的鲜明导向。坚持"全程育",主动为干部赋能,加强思想淬炼、政治历练、实践锻炼、专业训练,为干部固根本、补短板、强弱项搭建平台,以担当之能激发担当之勇、成就担当之绩。坚持"统筹用",秉持大视野、大格局、大气度,探索在更大范围统筹调配干部的办法,放眼各条战线、各个领域、各个行业,打破干部地域分割、部门所有、系统限制,加大干部交流力度,切实把最优秀的干部放到最重要的岗位上。要建立国有企业经理人社会选聘制度,畅通国有企事业单位和社会组织干部

人才进入党政机关渠道,探索市场化选聘、公开招聘、聘任制公务员等方式,把急需紧缺的人才充实到干部队伍中来,提高干部专业化程度。坚持"科学管",树立严管就是厚爱的理念,既要敢抓敢管、严抓严管,体现组织的力度,又要撑腰鼓劲、关爱宽容,体现组织的温度。对担当作为的干部,要大胆容错、放手支持,以"组织为干部担当",促进"干部为事业担当",真正让干部放心、安身、立业;对精神状态不佳、履职成效不好、工作作风不实的干部,该问责的问责、该处分的处分,必要的还要做出"下"的处理;对问责后知耻后勇、重振精神、再立新功的干部,我们还要高看一眼,及时大胆使用,表现突出的还要按规定提拔或进一步使用。

二要提高领导干部综合能力。面对实现绿色高质量发展过程中的风险和挑战,迫切需要广大领导干部做到"八个强化",提升"八种能力",努力成为驾驭复杂形势、解决实际问题、推动科学发展的行家里手。强化专业思维,增强学习能力,必须把学习作为治心养性、提高本领的重要途径,时刻保持"本领恐慌"的危机感,及时掌握科技发展前沿动态和新兴产业发展趋势,加强对互联网、大数据、云计算、人工智能、企业经营管理、社会管理等新知识的学习,努力成为工作领域的专家能手、内行领导。强化政治意识,增强政治领导能力,必须把深入学习贯彻习近平新时代中国特色社会主义思想作为首要政治任务,把"两个维护"作为根本政治任务,把握政治方向,涵养政治定力,善于从政治上分析问题、解决问题,提高把握方向、把握大势、把握全局的能力,始终同以习近平同志为核心的党中央保持高度一致。强化市场思维,增强改革创新能力,必须强化发展理念、市场理念,打开脑袋上的"津门",加快建立适应绿色高质量发展的制度体系,推动营商环境、发展环境全面改善。强化统筹思维,增强科学发展能力,必须强化发展第一要务意识,牢固树立系统化思维,提升科学谋划、系统推动、统筹运作的水平,切实将新发展理念转化为东丽绿色高质量发展的强大动力。强化法治思维,增强依法执政能力,必须坚持依法办事,做到法无授权不可为、法定职责必须为,坚决纠正有法不依、执法不严、违法不究、滥用职权等现象。强化宗旨意识,增强群众工作能力,必须主动深入群众,真诚倾听群众呼声,真情关心群众疾苦,真实反映群众愿望,自觉落实领导包联、定期接访、"向群众汇报"等制度,切实解决好与群众生产和生活息息相关的实际问题。强化担当意识,增强狠抓落实能力,必须以"功成不必在我"的博大胸怀、功成必定有我的强烈担当,在严峻复杂的斗争一线、急难险重任务中磨砺意志,认准目标、迅速行动、雷厉风行,在绿色高质量发展的征程上不断取得新成绩。强化底线思维,增强驾驭风险能力,必须树立忧患意识,发扬敢打敢拼、战之能胜的"亮剑精神",对各种可能的风险要做到心中有数、对症下药、综合施策,既要打好防范和抵御风险的有准备之战,也要打好化险为夷、转危为机的战略主动战,坚决守住底线。

三要集聚高端人才资源。创新是第一动力,人才是第一资源。人才工作是战略性、基础性、制度性、根本性、长远性的工作。各级各部门要认真贯彻落实习近平总书记关于人才工作的重要论述,充分认识人才工作的极端重要性和紧迫性,把人才工作摆到我区发展战略全局的高度,真正树立起"大人才观",打响东丽人才工作品牌,为绿色高质量发展提供强大支撑。要培育企业家队伍,大力倡导企业家精神,优化企业家成长环境,实施新型企业家培养工程,培养一批勇于创新、敢于挑战的创新型企业家。要建立企业家荣誉制度,每年对税收贡献大、创新能力强、发展效益好的企业和优秀企业家开展表彰奖励,激励企业家积极开拓创新,推动企业做大做强。要壮大创新人才队伍,着眼各条战线、各个领域、各个行业,不拘一格引进我区急需的各类优秀人才,形成有利于人才脱颖而出、施展才能的选人用人机制,进一步激发人才活力,聚天下英才而用之。在市委十一届八次全会上,鸿忠书记提出:"天下才,天津用;天津才,统筹用。"我们要引天下才,东丽用。要构建人才政策体系,尽快形成创业扶持、人才津贴、住房保障、专项配套等系统化支持机制,建设更具吸引力和竞争力的人才高地。我们将设立每年3500万元的人才奖励资金,加大对创新创业人才的扶持力度,调动全社会识才、引才、聚才、用才的积极性。

四、推动全面从严治党向纵深发展,为绿色高质量发展提供坚强政治保证

全区各级党组织要认真贯彻落实新时代党的建设总要求,始终落实管党治党主体责任,以前所未有的力度推进全面从严治党,切实肩负起重大历史责任,为实现绿色高质量发展提供坚强政治保证。

一要落实不忘初心、牢记使命制度,巩固主题教育成果。持续深化"不忘初心、牢记使命"主题教育,把"不忘初心、牢记使命"作为加强党的建设的永恒课题和全体党员、干部的终身课题,系统总结我区主题教育的宝贵经验,并形成长效机制。要把坚决做到"两个维护"作为政治建设、制度建设的首要,坚持"四个服从",推动全体党员坚定自觉地在思想上政治上行动上同以习近平同志为核心的党中央保持高度一致,坚决把维护习近平总书记党中央的核心、全党的核心地位落到实处。要坚持以习近平总书记对天津工作提出的"三个着力"重要要求为元为纲,把习近平总书记一系列重要指示批示作为党内重要政治要件,建立健全严密的制度体系、工作机制和保障系统,确保党中央做出的重大决策部署上传下达迅捷、贯彻执行有力、落地落实见效。

二要狠抓基础工作,提高基层党建水平。要持续深化区、街、社区三级党建联席会议,完善街道"大工委"、社区"大党委"制,切实把各类组织、各支队伍和各类资源凝聚起来,提升社区党组织统筹资源、解决辖区问题能力和水平。要选优配强基层党组织书记,健全完善基层"带头人"队伍教育、培训、管理、监督全过程机制,形成基层党建"书记抓、抓书记"互动链条,让基层书记在基层治理中发挥关键作用、表率作用、带动作用。要建立健全党组织领导,居委会、居务监督委员会、业委会、物业服务企业、群团组织共同参与的基层治理体系,落实各类组织向党组织述职、重大事项报告等制度机制,巩固强化基层党组织在同级各类组织中的轴心作用。要充分发挥党组织政治功能,发挥党员、网格员、志愿者作用,通过喜闻乐见的方式,宣讲党的主张和惠民政策,让群众在润物细无声中理解基层组织、支持基层组织。要严格落实"三会一课"、主题党日、组织生活会、民主评议党员等组织生活制度,加强对党员的政治教育,解决好党员意识和党性觉悟问题,引导党员当先锋、作表率。要强化基层组织服务功能,压实区、街道、基层三级组织主体责任,以人民满意为衡量标准,切实解决好群众的操心事、烦心事、忧心事,不断提升社区党组织的组织力和群众的满意度。

三要强化服务意识,全面转变工作作风。作为党员领导干部,必须强化公仆意识,把服务作为"第一职责",努力实现管理方式从管制型向服务型的转变,为市场主体和人民群众提供更加优质的服务,形成以服务促发展的良好氛围。要大兴调查研究之风,把主题教育中开展调研的好做法好经验常态化、制度化,各级领导干部主动深入基层、深入企业、深入群众,听取意见建议、开展政策宣讲、解决疑难问题。要深化包联工作机制,在坚持区级领导、处级干部包联的基础上,建立科级干部联系企业制度,做到重点企业全覆盖,真正打通企业同政府联系的"绿色通道",把服务贯穿部门履职的全过程。要把真解决、真满意作为检验服务意识的标尺,建立健全"向基层汇报""向企业汇报""向群众汇报"制度,全方位开展满意度测评,

让服务对象评价我们的工作,持续加大"下"考"上"的力度,把抓服务就是抓发展的思想树得更牢。

四要层层压实责任,营造良好政治生态。落实全面从严治党责任制度,压实党委主体责任、党委(党组)书记第一责任人责任、领导班子成员"一岗双责",直面问题、狠抓落实。要锲而不舍落实中央八项规定精神,深化纠治"四风",坚持力度不减、尺度不松,紧盯拆还迁等重点领域腐败问题,精准打击、靶向治疗,坚决打击黑恶势力"保护伞",形成持续震慑。要全面肃清黄兴国恶劣影响,以"白宋"案为警为鉴,进一步深化专项整治制度,推动不作为不担当、形式主义官僚主义、"圈子文化""好人主义""码头文化"等专项整治走向深入,形成作风建设制度体系。要强化以案促教、以案促改、以案促建,常态化开展警示教育,增强党员干部政治定力、纪律定力、道德定力、抵腐定力,做到旗帜鲜明讲政治,坚守政治忠诚,坚定政治信仰,严明政治纪律,强化政治担当,共同营造风清气正的良好政治生态。

同志们,做好2020年工作,始于初心、成于担当。让我们更加紧密地团结在以习近平同志为核心的党中央周围,高举习近平新时代中国特色社会主义思想伟大旗帜,不忘初心、牢记使命,创新竞进、砥砺前行,为推进东丽绿色高质量发展贡献不竭力量!

(区委办公室　提供)

政府工作报告

——2021年1月12日在区第十七届人民代表大会第九次会议上

区长 谢元

各位代表：

现在，我代表区人民政府向大会报告工作，请予审议，并请区政协委员和其他列席人员提出意见。

一、2020年工作和"十三五"发展回顾

2020年是全面建成小康社会和"十三五"规划收官之年。面对错综复杂的形势和艰巨繁重的任务，特别是新冠肺炎疫情的严重冲击，我们坚持以习近平新时代中国特色社会主义思想为指导，坚决贯彻落实党中央、国务院和市委、市政府决策部署，在区委的领导下，团结依靠全区人民，共克时艰、创新实干，疫情防控成效显著，经济发展逆势增长，社会大局保持稳定，圆满完成脱贫攻坚任务，成功创建国家卫生区。预计地区生产总值增长5%，高于年初制定的增长目标，增幅位居全市前列；一般公共预算收入51.3亿元；固定资产投资增长3%；居民人均可支配收入增长3.4%。

（一）统筹推进疫情防控和经济社会发展，"双战双赢"取得显著成果。疫情防控迅速有力。落实"四战"要求，第一时间启动一级响应，建立集中指挥、快速反应、应急处置等机制，坚决遏制疫情扩散蔓延。抓紧抓实抓细外防输入、内防反弹各项措施，从应急处置马印航空人员转运留观到"铁桶般无缝管道式"闭环管理入境人员，从严防死守社区、商超、交通干道等防疫关口到有序组织复工复产复商复市，我们以工作的确定性应对疫情的不确定性，全区没有出现一例本地传播病例，没有出现大范围隔离，为经济社会秩序加快恢复创造了有利条件。助企纾困成效凸显。全力保市场主体，坚持应保尽保、早保快保，努力不让任何一家企业倒在疫情冲击之下。聚焦返工返岗，推出点对点直通车接返补贴政策，为不具备条件的企业安排隔离场所并补贴半数费用，筹集防护物资支援企业生产经营，为企业提早复工复产赢得了时间。聚焦达产满产，深化部门联动和"132"工作机制，协调解决企业实际困难5700个，减免税费1.86亿元、保险13.5亿元、房租1.07亿元，帮助融资184.5亿元，各项政策措施惠及企业8.7万家次。

保障救助精准高效。扎实做好特殊时期民生保障工作，做到凡困必帮、有难必救，坚决防止触及社会道德底线的事件发生。持续关注特困、独居、失能、空巢、留守老人和孤儿、困境、留守、事实无人抚养儿童"五老四小"以及特殊困难人员，建立动态摸排、联系服务、兜底保障等帮扶机制，推出关心照料、困难救助、临时托养等保障措施，走访困难群众8万人次，发放救助金4000万余元。

（二）全力以赴解决突出矛盾问题，发展基础更加稳固。债务风险妥善化解。在极度困难的财政和金融形势下，我们直面历史还款最高峰，与疫情防控同步启动化债战时机制，综合运用缓释、展期、盘活资源资产等途径，精准化解每一笔到期债务。全力争取国家再融资债券，获批240亿元用于置换高息高风险债务，支持力度全国最大，化债方案成为全国样本。经过极为艰辛的努力，未发生一笔债务违约，债务总额实现下降，结构大幅优化，财务成本降幅达18%，系统性金融风险得到极大缓解，债务化解工作取得根本性突破，由应对债务违约风险为主转向平稳化解的新阶段。污染防治成效明显。"园区围城"治理圆满收官，"钢铁围城"治理有效推进，PM$_{2.5}$平均浓度下降7.8%、年均值排名全市第三，达标天数比率增加5个百分点。全域黑臭水体基本消除，地表水环境质量改善率达30.6%，考核断面达标率100%。第二轮中央生态环保督察34项边督边改任务全部按要求落实，督察期间29批134件群众信访件全部办结。平安建设深入开展。推进安全发展，排查整治重点行业领域和消防通道、电动自行车充电、高层建筑消

防等突出安全隐患，消除东郊污水处理厂等4处重大危险源，未发生较大以上生产安全事故，一般生产安全事故下降25%。抓实信访稳定，建立领导干部"四访"工作机制，开展重复信访治理等专项工作，信访形势总体平稳。完善社会治安防控体系，入室盗窃、八类严重刑事案件发案率分别下降71.8%和29%。

（三）着力夯实实体经济发展根基，绿色高质量发展迈出新步伐。产业结构调整优化。实现规上工业产值822亿元、增长4.4%，战略性新兴产业占比提高4个百分点，工业增加值率提高2.1个百分点。服务业增加值增长4.5%，现代物流、检验检测等新兴服务业引领作用显著增强。都市农业提质增效，葡萄等特色果蔬品牌效益凸显，建成国家农产品质量安全区。创新动能加快集聚。深入实施高新技术企业倍增计划，新增国家高新技术企业72家，总量增长18.3%。推进科技成果高效转化，科研院所衍生孵化28家创新型企业，与清华大学签订高端院园深化合作备忘录，构建"一院一园一基金"发展新模式。我区获批国家双创示范基地建设，精益创业工作受国务院认可。暖车众创空间、执信孵化器获评科技部中国百家特色载体。天津市航空航天人才创新创业联盟落户我区，与滨海新区共建生物医药人才创新创业联盟。项目建设提质提速。扎实开展"招商和项目建设年"攻坚行动，实施"园区吹哨、部门报到，园区举手、政府协调，区长调度、定期督查"项目推动机制，重大项目监督管理系统上线运行，有效打通项目建设各环节堵点，乾顺永磁等40个项目开工建

设,永昌特种焊材等27个新项目投产运营。营商环境持续改善。实施优化营商环境攻坚行动,践行亲商承诺。深化"一制三化"改革,事项办理"网上办""一次办"超过98.5%;企业开办网上申报率、审管联动实现率均达100%,审批服务效能居全市前列。

(四)全力抓好社会事业发展,群众幸福指数持续攀升。民生实事全面落实。把高质量还迁作为东丽民生基本盘,全年竣工还迁房103万平方米,2.3万名群众喜迁新居,完成84个小区684万平方米还迁房住用安全维修,维保电梯900余部,新立、军粮城新市镇引进品牌物业服务,群众居住环境进一步改善。聚焦群众诉求,建立问题解决"513"工作机制,"8890"便民服务考评成绩跃居全市前列。全力兑现向群众的庄严承诺,20大项46小项民心工程完成42项,受疫情影响亏进度的4项将于今年上半年完成。城市环境不断改善。基础设施逐步完善,20条道路竣工通车,新立、金钟污水主管线建成投用,完成海绵城市改造8.87平方千米、雨污分流改造1.44平方千米,绿色生态屏障1.56平方千米古海岸湿地绿廊今春将对外开放。城市管理效能提升,区生活垃圾综合处理厂等一批设施投入使用,资源化消纳利用建筑垃圾362.5万立方米,存量建筑垃圾清零,生活垃圾分类处置全覆盖。基层治理持续加强,沙柳北路"64排"、东窑洼等51个"飞地"治理工作全部完成,盆景园治理经验全市推广。社会事业加快发展。千方百计稳就业,新增就业2.7万人,困难人员安置率达95%以上。优化保障救助体系,各项政策惠

及困难群众44万人次。促进教育优质均衡发展,实施新时代立德树人工程,推进实验小学集团化办学,建成4所中小学、12所幼儿园。公共服务不断加强,新建5家卫生服务站、5家老年日间照料中心,新增3处健身场所、50个社区健身园,23家机关事业单位停车场向公众错时开放,新增停车场11座泊位3340个,建成公交首末站3处,调整优化公交线路12条,贵环小区26年无"气"可用问题彻底解决。退役军人工作深入开展,我区荣获全国双拥模范城八连冠。第七次全国人口普查工作顺利开展,民族宗教、妇女儿童、审计、侨务、人防、档案等工作成效显著。

(五)坚定不移推进改革开放,发展活力充分迸发。京津冀协同发展攻坚行动深入落实。狠抓首都外溢资源合作落地,引进北京项目110个,协议投资额142亿元。中汽研新能源汽车检验中心、临空经济区科技创新园纳入国家京津冀协同发展2020年重大工程。各项改革协调推进。"一区多园"改革深入实施,经开区运营机制完成市场化改革,军粮城工业园、无瑕重机工业园、金钟商务科技园管理架构调整完善。临空经济区引入社会力量参与开发建设,规划等前期工作全面展开,盘活载体12万平方米。深化国企改革,全面启动资源资产整合工作,搭建资产运营、开发建设、债务清理等平台架构,注销关停空壳低效企业43家。农村集体产权制度改革全面完成,集体产权交易全部通过市农村产权流转交易市场公开进行,"三资"管理进一步规范。对外合作交流持续加强。招商引资取得实效,落实市外内资172亿

元,注册落地优质项目970个、协议投资额386亿元。新增外商投资企业15家,实际利用外资增长22.8%,外贸进出口额增长3%。成功举办第四届世界智能驾驶挑战赛,开创业内"云赛事"先河,促成了更加广泛合作。脱贫攻坚任务圆满完成。实施134个帮扶项目,拨付财政帮扶资金1.97亿元,企业投资到位1.49亿元,落实消费扶贫2.54亿元。构建全方位帮扶体系,广泛动员全社会参与,皋兰县、甘谷县、临潭县、承德县全部脱贫摘帽,东西部扶贫协作和支援合作工作全市领先。我区困难村结对帮扶任务全面完成。

一年来,政府自身建设取得新成效。以担当铸就忠诚,始终对"国之大者"心中有数,巩固深化"不忘初心、牢记使命"主题教育成果,全力推进习近平新时代中国特色社会主义思想落地生根。自觉接受监督,广泛听取意见,认真办理建议提案139件,满意率100%。加强法治政府建设,强化行政复议、行政应诉规范化管理,行政执法"三项制度"落实落细,圆满完成"七五"普法任务。坚持真过紧日子,行政运行支出压降15%,挤出更多资金落实"六保"任务。聚焦薄弱环节,出台土地管理"八严禁"等一批管用制度,开展"小金库"专项治理,堵塞了一批风险漏洞。抓实作风建设,严格落实中央八项规定精神,驰而不息反对"四风",强化成事标准、实干导向,工作更加务实、举措更加精准、办事更加高效,风清气正、昂扬奋进的氛围愈加浓厚。

各位代表,2020年是新中国历史上极不平凡的一年,也是东丽爬坡过坎、披荆斩棘的一年,我

们抵挡住了百年不遇的疫情冲击,化解了前所未有的债务压力,完成了艰巨繁重的工作任务,在不寻常的年份取得了不寻常的成绩。这让我们更加深刻认识到,制度优势是最大的优势,进一步增强了坚决做到"两个维护"的政治自觉;这让我们更加体会到,只要顽强拼搏、不懈努力,就没有迈不过的坎、解决不了的困难;这让我们更加坚信,只要心里始终装着人民,紧紧团结依靠人民,就一定能在新的历史起点上创造出东丽新的辉煌。

各位代表,2020年是"十三五"收官之年。回顾过去五年,我们深入贯彻新发展理念,坚持正确政绩观,主动调结构、转方式、促转型、补短板,开创性地探索了一批重点改革,实施了一批有效方案,解决了一批突出问题,经济社会发展更加健康、基础更加坚实。五年来,我们坚持稳中求进,创新发展。在全市率先实施国家高新技术企业倍增计划,总数增至"十二五"末的3.6倍。科研院所提质增效,千余家企业创新转型,全社会研发投入强度达3%,战略性新兴产业产值占比提高10个百分点,地区生产总值年均增长4.8%,创新动能快速成长,经济结构深度优化。五年来,我们坚持城乡统筹,协调发展。竭尽全力推进高质量全域城市化,竣工还迁房453万平方米,金钟、新立、军粮城等一批新城拔地而起,7.5万名群众圆了城市梦。建成37条道路,在建及运营轨道交通增至6条,汇城广场等一批商业设施投入使用,衣食住行更方便,城乡旧貌换新颜。五年来,我们坚持生态优先,绿色发展。统筹推进"蓝天、碧水、净土"保卫战,综合整治36个工业园区,PM$_{2.5}$浓度逐年下降,

优良天数逐年上升。146平方千米绿色生态屏障建设全面启动,新增造林1.76万亩,河、湖、林、田相得益彰,天更蓝、地更绿,生态优势更明显。五年来,我们坚持深化改革,开放发展。深入推进京津冀协同发展,举办四届世界智能驾驶挑战赛,取得自贸区独立事权,东丽更有影响力。深入推进"放管服"改革,企业开办1天办结成为现实。大力推进"一区多园"和园区市场化改革,出清180家国有"僵尸企业",资源资产不再"沉睡",园区更有活力,国企更加健康,体制新了、机制顺了,高质量发展的信心决心更足了。五年来,我们坚持惠民富民,共享发展。累计投入615亿元用于改善民生和发展社会事业,居民人均可支配收入增长近40%。51所学校建成投用,65个老旧小区完成提升改造,100大项民心工程接续落实,保障救助政策惠及百万人次,养老机构、卫生服务中心、文化服务中心、全民健身园实现社区全覆盖,网格化治理更贴民心,群众生活更加幸福。

各位代表,五年来我们初心不改、矢志不渝,以越是艰险越向前的逆周期斗志,一步一个脚印往前蹚,渡过了最艰难时刻,迎来了转折向上、越来越好的光明前景,成绩来之不易。这是坚决贯彻落实习近平新时代中国特色社会主义思想的结果,是在市委市政府和区委坚强领导下,在区人大区政协大力支持和有效监督下,全区人民团结一心、奋力拼搏,各位企业家和各界人士辛勤付出、不懈努力的结果。在此,我代表区人民政府向全区人民,向人大代表、政协委员,向各民主党派、工商联、人民团体,向驻区人民解放军、武警官兵,向驻区各企事业单位,向长期以来关心支持东丽发展的各界朋友,表示崇高的敬意和衷心的感谢!

近些年区政府承受着巨大的债务压力,区域城市化进程较快,配套建设和公共服务较为滞后,很多工作与群众期盼相比仍有较大差距,对群众亏欠了很多;基层工作头绪多、任务重,辛苦忙碌成为基层同志的常态,他们克服工作苦、压力大的困难,为东丽群众的美好生活奉献付出了很多。借此机会,我代表区人民政府向广大人民群众和基层同志表示深深的歉意,向大家长期以来的理解、包容、支持表示真挚的感谢!

我们清醒认识到,东丽发展还面临不少困难和挑战:一是受疫情影响,经济下行压力大,新的增长点支撑作用尚不明显,部分企业生产经营困难;二是聚焦经济工作用力不够,抓经济工作氛围不浓,项目"落地难"等突出问题还未彻底解决;三是债务风险虽得以极大缓解,但降总额的压力仍然很大,还要持续过紧日子;四是对照天津双城发展格局,在拓展城市功能、提升城市品质上还有不足;五是有些单位"查漏洞、补短板、还欠账"意识不强,基础工作不扎实、基础管理不到位,存在薄弱环节;六是少数干部不作为慢作为现象仍然存在,不着急、不主动、不深入、不务实问题较为突出。对此,我们要坚持问题导向,加快推动解决。

二、狠抓"十四五"目标任务落实

"十四五"时期是我国全面建成小康社会、实现第一个百年奋斗目标之后,乘势而上开启全面建设社会主义现代化国家新征程、向第二个百年奋斗目标进军的第一个五年。刚刚闭幕的区委十一届十三次全体会议通过了《关于制定东丽区国民经济和社会发展第十四个五年规划和二〇三五年远景目标的建议》，描绘了东丽未来发展的美好蓝图。我们看到了一个崭新的东丽，全域城市化基本完成、融入主城发展节奏加快、城乡展现新面貌；我们看到了一个充满活力的东丽，改革开放力度更大、营商环境更优、要素吸引力更强，处处呈现蓬勃生机；我们看到了一个更有实力的东丽，经济发展动能更足、质量更高、速度更快，领跑势头重现；我们看到了一个更加幸福的东丽，民生福祉达到新水平，治理效能得到新提升。

"十四五"时期经济社会发展总体要求是：高举中国特色社会主义伟大旗帜，坚持以习近平新时代中国特色社会主义思想为指导，深入贯彻党的十九大和十九届二中、三中、四中、五中全会精神，统筹推进"五位一体"总体布局，协调推进"四个全面"战略布局，把握新发展阶段，贯彻新发展理念，抢抓构建新发展格局机遇，围绕天津实现"一基地三区"功能定位、"津城""滨城"双城发展格局、"制造业立市"要求，强化产业高端化、创新生态化、城市品质化三个动力，打造绿色宜居、人才宜业、企业宜商三大环境，全面提升人民群众获得感、幸福感、安全感，建设天津创新创业高地、都市临空经济中心、绿色宜居活力新城，加快实现"科创绿谷·临空新城"定位，为天津全面建设社会主义现代化大都市做出积极贡献。

我们将主动识变应变求变，全力落实推进京津冀协同发展、营造创新创业生态、构建现代产业体系、增强区域发展活力、建设智慧都市新区、增强文化软实力、构筑绿色生态高地、增进民生福祉、建设平安东丽九项重点任务，扎扎实实把党和人民要求的、需要的、希望的事情一件一件办好，以更大的作为推动东丽事业持续向前。

重点把握好五个方面。

（一）聚焦落实，在主动融入中央和市委重大战略部署中实现更大作为。把中央和市委重大战略部署作为东丽发展最大的战略基点和逻辑起点，在深入落实中抢抓新机遇、实现新发展。主动服务新发展格局。立足东丽枢纽优势，大力发展枢纽经济，努力打造国内大循环的天津动力源、国内国际双循环的北方链接点。依托临空经济区，布局京东智能航港产业园等16个特色载体，推进北方跨境数字贸易生态核心区创建，建设天津临空经济中心。提升消费供给水平，聚焦培育新消费热点，以万新、新立、金钟、东丽湖区域为重点，提升打造10个购物便捷、环境舒适、乐活时尚的消费新地标。深入推进京津冀协同发展。精准对接北京非首都功能疏解，瞄准北京创新效应外溢，突出错位发展，加强与北京园区深度协同合作，打造总部集聚区、创新企业加速器、瞪羚企业成长营等10个有灵魂有温度的主题园中园，形成一批能够精准承接的特色产业载体和"微中心"，引进北京项目不少于800个。发挥区位优势，主动对接服务雄安新区。助力实现"一基地三区"目标。坚持产业集群、要素集约、人才集聚、技术集成战略方向，大力发展以制造业为根基的实体经济，实施先进制造产业集群培育计划，围绕国家和天津重大产业布局建链补链，围绕优势产业固链强链，打造独具东丽特色的千亿级新材料产业集群和新一代汽车技术、高端装备制造、生物医药、现代服务业4个百亿级产业集群。全面融入双城发展格局。用好"津城""滨城"双城发展机遇,深度融入"津城",主动承接中心城区功能拓展,努力打造产城融合、宜居宜业、现代服务功能大幅提升的"津城新高地"。积极对接"滨城",以协同滨海新区各功能区为抓手,强化产业互动,吸收产业辐射,发展配套服务,实现合作共赢。

(二)聚焦市场,在提高资源配置效率中构建高水平创新型经济体系。决定地区经济发展质量的不是地理上的纬度,而是市场化的程度,只有市场化的土壤才能孕育出创新的种子、结出高质量发展的硕果。培育更多市场竞争力强的企业主体。把大力发展民营经济作为完善市场体系的重点,落实接链、促需、护企常态化机制,实施创新转型升级、品牌质量提升、融资服务促进等行动计划,培育发展一批领军企业、骨干企业、高成长性企业,加快壮大民营企业规模、大幅提升民营经济比重和贡献率。补齐外向型经济短板,发挥国际航空物流中心协作承载区功能,申请设立综合保税区,搭建跨境电商一站式服务平台。加快国企改革,建立现代企业制度,创新经营管理模式,提高发展质量和运营效率。提升园区资源承载力、要素集聚力、产业竞争力、区域影响力,建设充满活力的企业发展服务平台。打造市场化程度更高的营商环境。充分发挥政府市场"两个作用",推动有效市场和有为政府更好结合。持续深化"放管服"改革,建立公平、开放、透明的市场交易规则,让企业获得要素更容易,时间、成本可预期。加强公正监管,建设信用体系平台,推动守信联合激励和失信联合惩戒机制全面发挥作用。提升企业开办、运营、注销、退出全生命周期服务质效,努力打造服务最好、效率最高的金字招牌。运用市场化手段组织经济工作。推进招商方式市场化,构建主题园区、专业机构、产业基金、商会协会等市场化专业化社会化招商体系,提高招商效率、引资水平。推进科技成果转化市场化,发挥市场对研发方向、路线选择、要素配置的根本作用,搭建一批市场化创新创业服务平台,集聚各类市场要素在平台内交流、融通、碰撞、组合,促进技术集聚向产业集聚转变。推进人才引育服务市场化,制定以市场需求为导向的人才政策,发挥企业引才用才主体作用,建好两个市级人才创新创业联盟,推动建设政策性租赁住房,启动环内和经开区、华明、东丽湖等片区人才公寓建设,提供针对性强的个性化配套服务,打造年轻"新天津人"集聚地。推进载体建设运营市场化,引入社会力量建设运营专业化特色化载体,存量闲置载体全部实现产业化利用。

(三)聚焦活力,在提升城市功能品质中增创发展新优势。深入落实"人民城市人民建,人民城市为人民"的重要理念,致力于满足美好生活需要,全面推动郊区向新城区转型。科学完善城市规划。把高质量规划作为城市工作的"牛鼻子",坚持"紧凑城市""精明增长"理念,编制完善总体规划、专项规划、控制性详规,形成科学、系统、长效的城市规划体系。严格划定开发边界,加快形成"一心一区两带"城市空间格局、"一核三极"产业布局和"一廊两芯两环六片区"生态格局。全力加快城市更新。充分对接国家会展中心和"一环十一园""设计之都"等重大建设布局，把环内片区和经开区作为重中之重，创新市区两级土地收储利用方式，高标准实施轨道交通建设、织密城市路网、完善城市慢行系统、培育新商圈、打造休闲空间、提升配套服务"六大工程"，推动城市功能和承载能力大幅提升。实施更高水平城市管理。把城市管理摆在重要位置，树牢"全周期管理"理念，提升市场化、精细化水平，系统实施生态环境治理、绿化养护提升、公园改造修复、市容市貌整治、停车秩序管理、智慧城市建设"六大行动"，努力创成全国文明城区，打造全市城市管理最优区、品质生活新高地。

（四）聚焦改革，在构建适应新阶段新理念新格局的体制机制中提高综合效能。"社区之表、农村之实"问题不仅仅体现在社区治理上，还体现在我区城市化、现代化的方方面面，要坚决加大深层次改革力度，建立与高质量发展相适应的体制机制。优化城市建设运营机制。坚持精明增长、精准施策、精细管理。实现开发利用方式集中化、专业化、统筹化，推动全域开发建设职能向城投集团集中，运营服务管理职能向东方财信集团集中。优化开发策略，突出重点、集中集约、分期分片、滚动开发，集中要素打造重点片区，确保城市建设经得住历史检验。探索授权经营管理改革，提高公共停车、园林绿化、广告展位、地下管廊等城市资源利用水平。推动资源向基层倾斜。深化区街财

权事权改革，提高街道基本运转和公共服务保障水平，减少街道在基本建设等方面事权，严禁超出自身财力搞建设、严禁举债融资。构建党建引领下的多元化参与、网格化管理、精准化服务、智能化应用"一引四化"基层治理体系，整合政府职能部门信息资源，推动人员、审批、服务等更多资源力量下沉街道社区，提高解决问题、服务群众能力。增强公共服务实效性针对性。以群众使用率、受益面、获得感为根本评价，提升公共服务设施建设效率和利用水平。用好现有资源，更大范围推进学校运动场、机关单位停车场、企业文体设施等向公众错时开放，建设一批微型服务中心，推动医疗、养老、助残等设施空间集中、功能集成、服务延伸，提高就近服务群众能力。引入社会力量，撬动更多社会资源参与公共服务供给，构建多元化供给体系。深入实施乡村振兴战略。挖掘大都市背景下的绿色乡村资源，放大生态优势，坚持农业"六化"发展方向，实施高标准农田、乡村道路、灌溉水系整治计划，打造一批近郊休闲旅游路线，建成胡张庄、欢坨等一批重点片区，实现传统农业向现代生态智慧农业转型。高度重视股份制改革后的新型村级集体经济发展，坚持服务乡村和融入城市相结合，以资本运作为主要方式探索成立投资共同体，建立与城市化相适应的实现形式和运行机制，让群众享受城市化红利。探索失地农民有效保障机制，有序推动集体经营性建设用地入市。

（五）聚焦底线，在持续推进更全面、更深入、更高水平的"查漏洞、补短板、还欠账"中筑牢发展

根基。基础的厚度决定发展的高度,坚持系统观念,全面提升基础工作水平,增强对各类风险矛盾的敏感性、预见性,切实做好防范化解工作。解决突出矛盾问题。把村民实现高质量还迁、群众过上高品质生活作为全面城市化的首要目标。加强质量和进度管控,完成剩余186.4万平方米安居工程建设,实现5万名群众还迁。加强还迁社区管理,市场化标准化规范化实施物业和配套服务,打造高水平居住环境。增强化债工作的严肃性和历史责任感,开源和节流并重,坚持真过紧日子,提升资源资产运作水平,推进市区两级土地开发建设合作,千方百计降总额,力争到"十四五"末债务降至合理水平。守牢城市安全底线。突出"大平安"理念,加强城市规划、设计、建设、运行等各个环节安全管理,维护粮食、能源、资源安全,维护水利、电力、油气、交通等重要基础设施安全,防范化解公共安全风险,提高风险防控和应急处置能力。统筹传统安全与非传统安全,把金融、网络、生物、食药品等领域安全放在突出位置,聚焦各类风险的跨界性、关联性、穿透性、放大性,构建城市安全预防体系,努力创造安业、安居、安康、安心良好环境。夯实基础争创一流。强化基础管理,把做好基础性工作作为极其重要的要求和习惯,聚焦日常工作中底数不清、职责不明、标准不高、把关不严等问题,从管人着手、从责任抓起、从小处用力,补上每一处细小漏洞,解决好每一个具体问题。加强制度建设,立足务实、规范、管用,制定一批补短板还欠账的新制度,完善一批符合新发展理念的好制度,废除一批不合时宜的旧制度。全面对

标一流、勇争先进,紧扣高质量发展主题,以每个人、每个单位、每个行业的奋勇争先汇聚成东丽全面争先创优的强大合力。

三、2021年主要工作安排

今年是"十四五"规划开局之年,是东丽"对标一流、奋勇争先、再创辉煌"的起步之年。做好今年工作,任务艰巨、意义重大。我们要拿出"开局就是决战、起跑就要冲刺"的决心和气势,按照区委"六大战役"部署要求,用尽全力、拼搏全年,确保"十四五"各项工作顺利开局,奋力书写东丽绿色高质量发展新篇章。

今年经济社会发展的主要预期目标是:地区生产总值增长6.7%以上,一般公共预算收入增长20%以上,固定资产投资增长10%以上,居民人均可支配收入增长高于经济增长速度,完成市下达的节能减排任务。努力实现区委确定的奋斗目标。

重点抓好六个方面工作。

(一)加快构建现代产业体系。增强创新发展新动能。支持企业创新升级,吸引30个以上成熟高新技术企业项目落户,净增国家高新技术企业60家,总数达到440家。梯度培育高成长科技企业,认定雏鹰企业248家、瞪羚企业22家。打造双创特色平台,高标准建设民航大学科技园和清华高端院科技园,新增2家创新型特色载体,培育创业项目40项。推进国家知识产权运营服务体系重点城市建设,加强知识产权保护,开展专利导航服务,组建5个重点产业知识产权联盟,建设2家知识产权运营中心。提升主导产业能级。推进制

造业高端化发展,抢抓智能科技产业发展机遇,实施智能制造项目30项,建设智能化数字化工厂3家,打造5个5G应用示范场景。实施规上工业培育计划,入库规上企业20家,规上工业产值增长5.5%。深化服务贸易创新发展,培育信息技术、检验检测、现代物流等新型业态,万达广场、爱琴海购物公园等区域消费中心开业运营,新增规上服务业企业60家,服务业增加值增长7%。加快发展都市农业,启动胡张庄乡村振兴示范区建设,建成高标准农田7800亩,完成"欢坨西红柿"地理标志认证。聚力项目招商建设。深耕"一新三高"项目引进,落实市外优质项目800个,其中投资亿元以上项目50个,实现市外内资到位额172亿元,实际利用外资增长22%。强力推进项目建设,抓好规划、土地、配套等基础性工作,做好要素保障和审批服务,用好重大项目监督管理系统,确保国网二期等34个项目开工建设,普洛斯产业园等19个项目竣工投产。强化招商和项目建设考核鲜明导向,紧盯项目签约率、落地率、开工率、投达产率和综合贡献率,跑出项目招商落地加速度。

(二)着力打造最优发展环境。抢抓京津冀协同发展战略机遇。推进华明-东丽湖协同创新平台、经开区现代制造业平台、临空经济区服务业平台纳入市级承接平台体系。发挥驻京招商服务中心前沿作用,健全"双方定期互访、园区轮岗轮值、部门协调对接、指定人员服务"机制。深化与北京重点园区合作,围绕总部搬迁、成果转化、产业转移等资源,落实北京优质项目150个,实现项目投资额全市排名靠前。配合做好滨海国际机场T3

航站楼、京滨城际铁路等国家重点工程建设。激发园区发展活力。东丽经开区全面启动"二次更新",完成无瑕重机工业园片区规划调整,开工建设中航装甲生产制造基地等一批项目。华明高新区开工建设垠坤、英诺美迪特色产业园,推动联东智能科技产业园等项目落地,支持执信医疗器械产业园创新升级。临空经济区提速临空CBD、科技创新区、物流总部区基础设施建设,完成安必信等5个产业地块出让。东丽湖推进国家地调局3个产业化科研院所加快建设,盘活天安智慧港、宝能科技园等载体2万平方米。推动工信、商务、科技等部门工作力量下沉一线,实施绩效联动,提升工作效能。优化营商环境。深入落实天津市优化营商环境三年行动计划,实施"一制三化"改革3.0版,深化"证照分离""容缺受理"改革举措,一般社会投资工程建设项目从备案到取得施工许可由60个工作日压缩至46个工作日内。加快解决企业"最反感""不痛快"的具体问题,不折不扣兑现承诺,让企业和群众发自内心认为在东丽就是好办事。释放改革内生动力。深化国企改革,加快平台、资源整合进程,形成"3+4"区管企业架构,完成28家低效国企出清,盘活闲置资产6700平方米。加快人才发展体制机制改革,优化住房、教育、交通等配套服务供给,新增两个环内片区人才公寓投入使用。

(三)全面提升城市建设管理水平。加快推进城市化建设。加速全域城市化收边收口,持续推进精准拆迁,着力破解资金、配套难题,确保金钟二期开工,实现竣工60万平方米,完成还迁1万人。启动德翔里等88个还迁小区维修二期工程,完成美爱家园等6个老旧小区13.75万平方米提升改造。加快路网交通建设,打通丽秀路等6条道路,建成智景东道等8条道路,推动津汉公路改建工程全线开工。做好地铁4号线开通运营和10、11号线建设保障工作,新辟优化8条公交线路,新建5处公交首末站。精细做好城市管理。完善生活垃圾分类处置体系,推进建筑垃圾资源化利用,实现随产随清。引进优质市场资源,完成东片区域环卫一体化和公共绿地养护特许经营权改革。提升改造老旧公园、道路节点等10万平方米绿化。充分利用闲置边角地块设置临时停车场,增加停车泊位960个。深化全国文明城区创建工作。持续改善生态环境。实施工程治污,高标准建设生态屏障,完成绿芯、绿廊1.41万亩造林任务,加快海河北岸生态建设、金钟河生态修复、赤土湿地公园建设,实现一级管控区水系连通,蓝绿空间占比提升至85%。强化精准治污,深化重点行业治理,加大扬尘管控力度,严防散煤复烧,严控移动源污染,确保$PM_{2.5}$浓度持续下降。常态化规范化推进河湖"清四乱",巩固黑臭水体治理成果,确保断面考核全部达标。完成中石化聚醚部地块修复,持续提升土壤安全利用水平。

(四)不断改善人民生活品质。推动民生保障更加健全。稳就业和促就业并举,支持创业带动就业,新增就业2万人,推动形成更加充分更高质量就业。落实全民参保计划,扩大城乡居民养老、医疗保险覆盖范围,推进长期护理保险制度试点。精准落实救助政策,启动运行区救助管理站。提升居家养老、社区养老、机构养老服务,推动养老机构医养融合发展,新增养老床位100张,新建老年日间照料中心4所并实现社会化运营。推动公共服务更加优质。优化教育资源配置,建成5所小学、3所中学,增加学位7500个。推进实验小学、一百中学集团化办学,扎实开展义务教育优质均衡发展区创建工作。加强公办、民办幼儿园互助,8所公办幼儿园投入使用、增加学位2400个,普惠性幼儿园覆盖率超过80%。落实健康天津行动,深入开展爱国卫生运动,不断巩固国家卫生区创建成果。建成城市核酸检测基地,完成张贵庄社区卫生服务中心改建项目,推进市三中心医院东丽院区开工建设。实施文化、体育惠民工程,建成120个社区健身园,以庆祝建党100周年为主线举办"东丽杯"文学评选、文化艺术节、全民健身大会等系列活动,创建全国全民运动健身模范区。立足解决群众最急最忧最盼的事,用心办好20项民生实事。巩固拓展脱贫攻坚成果,推动与乡村振兴有效衔接。

(五)坚决守住安全稳定底线。毫不放松抓好常态化疫情防控。始终绷紧疫情防控之弦,持续抓好外防输入、内防反弹各项工作,坚持"人""物"同防,强化入境人员闭环管理,全链条管控冷链物品,严格做好科学监测、物资储备、疫苗接种等工作,坚决巩固来之不易的防控成果。更大力度化解债务。刚性执行年度化债计划,科学精准安排土地出让,加快低效闲置资产出售和经营性资产出租。严格落实"五个压降"支出管控要求,持续加强各领域成本管控。完成全年化债任务,坚决守住风险底线。维护城市安全稳定。深入推进安全生产专项整治三年行动计划,持续开展危险化学品、物流仓储、交易市场等重点领域隐患集中整治。强化全流程、全环节、全要素监管,改造化学品在线监测平台,建立隐患数据库,实现风险隐患分级分类管理和动态监控。持续加强应急体系建设,优化应急指挥中心功能,修订各行业专项预案,开展应急联动演练,提升跨领域、跨部门综合应急能力。强化食品安全监管,深入开展国家食品安全示范区创建工作。落实根治欠薪长效机制,全面保障农民工合法权益。加强社会治理创新。深化"战区制、主官上、权下放"党建引领基层治理体制机制创新,深入推进"一张网格管全域",加大公共服务下放力度,搭建集社情、警情、案情、舆情等于一体的信息共享平台,实现"大事全网联动、小事一格解决"。发挥社区社会组织作用,完善志愿服务机制,讲好社区故事、打造服务品牌。做好社区居委会换届选举工作,引导居民依法行使民主权利。开展好"八五"普法工作。深入推进市域社会治理现代化试点工作,加强区街两级社会矛盾调处中心建设,扎实开展人民调解、法律服务等工作,构筑立体化治安防控体系,深化"无黑"城市创建,建设更高水平的平安东丽。

(六)努力建设人民满意的服务型政府。保持政治坚定。坚持不懈用习近平新时代中国特色社会主义思想武装头脑、指导实践、推动工作,在具体、全面、一以贯之上下功夫,把增强"四个意识"、坚定"四个自信"、坚决做到"两个维护"落实到行动中、体现在成效上。增强政治意识,善于从政治上看问题,善于把握政治大局,不断提高政治判断力、政治领悟力、政治执行力。全面从严治党,强化管党治党主体责任和监督责任,持续纠治形式主义、官僚主义,切实减轻基层负担,强化对权力运行的制约和监督,以零容忍态度惩治腐败,大力营造风清气正的良好政治生态。突出法治诚信。全面开展法治政府建设示范创建,落实重大行政决策程序,严格规范文明执法,加强行政复议规范化建设,提升政务公开工作水平,坚决杜绝行政违法行为,确保行政诉讼案件总量和败诉率双下降。自觉接受人大、政协监督,支持司法监督、舆论监督、社会监督,认真听取社会各界意见,做好建议提案办理工作。推进诚信政府建设,直面困难不回避,认真履行政府合同约定,全力兑现向企业和群众的承诺。坚持求真务实。树牢正确政绩观,强化为民理财意识,一分一厘深知取之于民,半丝半缕恒念物力维艰,欠债还钱本是天经地义,绝不脱离实际任性用钱,绝不盲目攀比铺摊子,绝不追求短期轰动效应,确保花出去的每一分钱都对得起良心、经得住考验。增强工作的主动性、创造性,坚决杜绝等部署、靠上级、要政策,坚决杜绝不操心、不着急、不推不动,坚决反对教条主义、经验主义,坚决反对照搬照抄、上下一般粗。着力练就"事功",树立"干就必须干出成效"的强烈意识,不做"磨磨蹭蹭、拖拖拉拉"的慢功,不做"抓而不实、做而不成"的虚功,更不做"坐而论道、光说不干"的假功,以实绩论英雄。主动担当克难。坚持以上率下,区政府领导班子带头树立正确政绩观、带头振奋精神状态、带头担当作为、带头动真碰硬、带头下落一层干工作,做到一级带一级、层层抓落实。敢于担当责任,勇于纠正错误,牢记"为官避事平生耻",只要是出于人民至上、党性原则、公心公正,就不怕担风险、不怕有矛盾、不怕得罪人,关键的时刻敢拍板、不对的地方敢真管、错了的问题敢纠正。以勤政抓落实,提起心气、打起士气、鼓足勇气,以日复一日的勤奋行动,把"规划图""施工图"变成"实景图",把"计划表""清单表"变成"实效表",勤勤恳恳干工作。

各位代表,时序更替,华章日新,"两个一百年"奋斗目标催人奋进!让我们更加紧密团结在以习近平同志为核心的党中央周围,在市委市政府和区委的坚强领导下,列着整齐的队伍,踏着坚定的步伐,向着"加快建设社会主义现代化都市新区"的宏伟目标奋勇前行!

注释:

(1)"一院一园一基金"发展新模式:推动清华大学天津高端装备研究院创新发展,建设清华高端院科技园,设立科创引导和产业发展基金。

(2)"513"工作机制:完善为民服务事项办理流程,建立"普通事件5天办结、复杂事件1个月办结、协调市级部门事件3个月办结"工作机制。

(3)土地管理"八严禁":严禁任何单位和个人侵占集体土地以及村集体经济组织未经公开合法程序处置集体土地;严禁擅自或变相将设施农用地用于非农建设;严禁占用耕地建窑、建坟或者擅自在耕地上建房;严禁未经审批擅自在耕地取土

及破坏种植条件;严禁随意倾倒、抛撒或者堆放各类建筑垃圾;严禁随意倾倒、抛洒或者堆放生活垃圾;严禁私自启用政府依法关停的闲置厂房;严禁烧荒等一切露天焚烧行为。

(4)"一心一区两带"城市空间格局:环内都市核心区、临空新城中心区和南部新经济创新发展带、北部绿色生态创新发展带。

(5)"一核三极"产业布局:东丽经开区动能转换核心引领区和临空经济区、华明高新区、东丽湖3个新经济增长极。

(6)"一廊两芯两环六片区"生态格局:一廊,古海岸湿地绿廊;两芯,海河生态绿芯、东丽湖湿地蓝芯;两环,南、北两大绿环;六片区,金钟河湿地片区、双湖富氧游憩区、华明有机田园区、文化融合体验区、林水涵养区、环境防护区。

(7)农业"六化"发展方向:园区化、规模化、科技化、品牌化、健康化、融合化发展方向。

(8)"一新三高"项目:新兴产业和高新技术企业、高增加值率企业、高素质人口就业密集企业。

(9)"3+4"区管企业架构:打造东方财信集团、东方国润集团、城投集团3家区管企业和4家区管园区总公司。

(10)"五个压降"支出管控:压降人员支出、压降不必要非急需建设支出、压降不公平不合理过高政策支出、压降没有实际产出效果的扶持政策支出、压降行政运行支出。

（区人大办公室　提供）

本篇责任编校　吴俊侠

专　记

Column on Special Topics

东丽区助力脱贫攻坚

2020年，东丽区持续助力甘肃省皋兰县、甘谷县、临潭县及河北省承德县开展东西部扶贫协作工作。针对决战决胜脱贫攻坚要求及新冠肺炎疫情形势，牢固树立"共同脱贫、产业扶贫、志智双扶"的工作理念，将扶贫协作和支援合作工作引入战时机制，为深化脱贫攻坚工作提供强有力的组织保障。出台《东丽区高质量推进东西部扶贫协作和支援合作助力如期完成脱贫攻坚任务2020年实施方案》，11个专项工作组分别承接专项工作，4个牵头街道对接4个受援地区，77个单位共同参与，建立起强大的组织体系、责任体系、监督体系，形成一级带一级、层层抓落实的责任落实机制，帮助各结对县提前实现贫困人口全部清零的目标。

【干部人才支援】 2020年，东丽区统筹落实干部人才选派任务，大力选派政治上靠得住、工作上有本事、作风上过得硬，有吃苦和奉献精神、对群众有深厚感情的干部，新选派3名党政干部前往甘肃省临潭县、甘谷县、皋兰县。结合受援地对专业技术人才的需求，拓展人才支援多元化领域交流协作，着力选派具有专业能力、专业素养、专业精神的优秀才，选派124名教育、卫生、园区、农业技术等专业技术人才前往对口支援地区，中期轮换援藏专业技术人才人。全年，培训临潭县、甘谷县、皋兰县及承德县各类干部人才1724人次。加强对干部人才的管理和关心关爱，制定《东丽区

关于东西部扶贫协作和支援合作援派干部人才管理办法》《东丽区外地来津挂职干部管理办法》，明确工作汇报、考勤考核、请销假等事项。筹措资金10万元为甘南藏族自治州临潭县援派干部建立人才公寓，努力创造良好环境，确保援派干部安心工作和生活。建立走访慰问和考察考核机制，由区领导带队到受援地开展考察调研，对12名援派期内党政干部进行提拔和晋升职级。与区卫生、教育系统和受援地有效沟通对接，共同做好干部人才支援、培训等扶贫档案材料收集整理工作，助力受援地顺利通过国家脱贫攻坚考核验收。

【扶贫宣传】 2020年，东丽区开展扶贫攻坚工作的宣传报道，积极营造决战决胜扶贫攻坚的良好舆论氛围，努力讲好东丽故事，凝聚扶贫力量。统筹区属一报一台一网一微一端等新闻媒体资源，《天津日报·今日东丽》报开设《决战决胜脱贫攻坚》专栏，东丽电视台开设《对口支援扶贫攻坚》《东西协作扶贫攻坚》两个专栏，天津东丽网站开办《扶贫共发展》专栏，东丽广播电台每天转播电视台脱贫攻坚新闻内容，全媒体开设"走向我们的小康生活"。累计采写报道全区扶贫专题新闻254篇，其中《今晚报》《每日新报》、"学习强国"天津学习平台等市媒刊播发36篇，《人民日报》、新华社客户端、新华网、光明网等中央媒体刊播18篇。安排15名骨干记者深入对口帮扶甘肃省相关地区和承德县开展"温暖的回响"蹲点调研采访，刊播《东丽甘谷帮扶见真情发展产业造血扶贫利长远》《一杯热水改变帮扶地区孩子的生活》等新闻报道。利用网上网下两个宣传阵地，广泛营

造社会氛围,助力完成脱贫攻坚任务。

【社会动员】 2020年,东丽区坚持以战时状态决战决胜脱贫攻坚。举办"六进社区"服务暨动员社会力量助力脱贫攻坚公益活动、"两岸一家亲 关爱留守儿童 助力脱贫攻坚"公益健步行活动等大型活动2场,近3000名干部群众参与。全年,募集款物2781万余元,完成动员社会力量捐款捐物目标任务的214%。制定《东丽区民宗委助力精准扶贫六项举措》,新增6户少数民族贫困户结对认亲,为结对贫困户家庭捐助款物12.77万元。

6月21日,"脱贫攻坚我有责,党的生日我献礼"暨东丽区统一战线"六进社区"服务暨动员社会力量助力脱贫攻坚公益活动 (郭秋实 摄)

【产业扶贫】 2020年,东丽区面对指标压力埋头苦干,克服疫情影响,深挖东西部产业合作契合点,走产业全链条一体化路子,最终在市考区中引导8家企业落户西部,实际投资额1.49亿元,带贫8993人,各项指标超额完成,获全市第一及市考区满分,升级加力满分。在受援县第三方测评时获得"金杯银杯不如东丽发改产业合作的口碑"的评价。全年,走访60余家意向企业,收集项目合作意向30余家,制定2020年东西部产业合作专项工作方案,建立台账、信息报送督促机制,召开

产业合作动员部署会、中期推动会、年终总结会及工作协调视频会等,先后组织企业赴受援县项目精准对接8次,接待受援县来访4次,成为前后方企业及部门之"家"。通过真情实干、倾情付出,精准深度对接及产业一、二、三产多元合作模式,打通产业"全链条",以"创新、协调、绿色、开放、共享"五大发展理念打造西部可持续发展的产业帮扶样板。

【健康扶贫】 2020年,东丽区贯彻落实市卫生健康委关于健康扶贫和支援合作全力打赢脱贫攻坚战的决策部署,与承德县、临潭县、甘谷县、皋兰县医疗机构签订帮扶协议,实现县级医院结对帮扶全覆盖。坚持按需选派的原则,向4个受援县派出长期援助专业技术人员12人,短期专业技术人员21人,短期人才中副高级以上职称占86%。参与举办临潭县专业技术培训班,为县直属医疗机构、19个乡镇卫生院(服务中心)负责人、业务骨干,141个行政村村医分两批共计200余人次开展培训,提高临潭县、乡、村三级医务人员常见病多发病的诊治、基本公共卫生服务、中医药适宜技术运用等方面的能力、水平,拓宽全县医疗卫生干部的眼光视野、工作思路、专业学识及业务能力。东丽区中医医院李修强主任挂职临潭县中医院副院长期间,成立中医康复科,结合临床,传授中医正骨整脊和关节手法复位技术,培养受援医院医师5名,受益群众2000余人。东丽医院帮扶专家陈富杰医师指导临潭县第一人民医院成功开展首例无痛分娩技术,产妇顺利产下一名男婴,母子各项生命体征平稳。此项技术填补临潭县第一人民医院

一项技术空白。

【消费扶贫】 2020年，东丽区克服新冠肺炎疫情的影响，完成消费扶贫25385万元，完成全年任务的230.8%，带动贫困人口数为14438人。新增正达菜市场扶贫专柜、张贵庄第二菜市场扶贫专柜等线下扶贫点位12个；全区建立线下扶贫产品销售网点23个，依托电商平台建立线上扶贫馆6个，基本实现辖区范围全覆盖。针对4个受援县由于疫情造成产品滞销问题，在全区范围内开展滞销扶贫产品认购行动，帮助承德县销售滞销红薯60吨；开展"六进社区"服务暨动员社会力量助力脱贫攻坚大型公益活动；组织区内扶贫馆开展"消费有情，爱心随行"主题活动；积极组织区内扶贫馆参与"东丽区农民丰收节"活动。开设扶贫餐馆连锁店，逐步推动消费扶贫市场化；开展消费扶贫周直播带货活动，直播带货20万元；撮合区跨境电商企业云动力电子商务有限公司与甘谷地区扶贫车间开展合作，签订总值3000万元的合同。

【资金支持】 2020年，东丽区充分发挥财政职能，深化对口帮扶，积极筹措资金，按时、足额拨付帮扶资金，全力支持东西部协作扶贫和对口帮扶工作。安排及拨付对口帮扶资金3418万元，其中河北省承德县对口帮扶资金2100万元；甘肃省临潭县对口帮扶资金1050万元；街道自筹资金投入268万元。对口支援专项上解资金1.39亿元。加强与区合作交流办、对口支援和扶贫协作前方的沟通，采用多种形式掌握帮扶资金的使用情况，督促主管部门及时落实资金分配，加强资金与项目的有机结合，统筹有序地推进项目实施。构建"预算、执行、监管"全过程监管机制。

【劳务支援协作】 2020年，东丽区精准打好就业扶贫组合拳，助推扶贫攻坚。通过定期推送岗位信息，在帮扶县举办专场招聘会，建立扶贫车间等措施，协调推动受援地区人员来津就业、就近就业、省外就业和开展培训。贫困劳动力来津就业292人，完成全年任务的540.7%；就近就地就业5759人，完成全年任务的485.9%；到其他地区就业4057人，完成全年任务的194.4%。培训建档立卡贫困群众1200人，完成全年任务的184.6%；培训致富带头人853人，完成全年任务的123.6%；致富带头人就业创业成功592人，完成全年任务的231.3%。

10月26日，组织企业赴甘肃省甘谷县举办劳务协作专场招聘会
（张洪亮 摄）

【教育扶贫】 2020年，东丽区积极对接受援地区教育部门，了解当地教育实际需求，制定有针对性的帮扶工作方案。采取"请进来""走出去""线上线下"相结合等方式，对受援县教师进行培训，全方位、多途径助力受援县教师教育教学能力提升。受援县19名教育系统干部在天津市第一百中学、天津市鉴开中学、东丽区实验小学等学校

进行为期1~2个月的挂职锻炼。接待受援县三批次106名干部教师来东丽区交流培训。组织10名骨干教师成立"讲师团"赴甘肃省临潭县开展送训活动,培训当地专兼职教研员188人次。以"互联网+教研"为主题,利用腾讯会议等方式开展80余次交流研讨活动,优化双方教学教研方式,实现远程优质资源共享,促进共同发展。通过"互联网+培训"模式,从信息技术能力提升方面对受援县开展培训30余场,培训受援县教师1073人次。巩固与受援县65所职业院校、中小学、幼儿园的结对成果,持续深化结对关系。拓展结对帮扶学校范围,完成承德县2所小学和临潭县15所幼儿园结对帮扶协议签订工作。实施校企合作,以订单培养、定向培养的人才培养模式,招收受援县贫困家庭学生55人。

【文化旅游体育扶贫】 2020年,东丽区借助市旅游资讯中心平台进行宣传推介。将1万份含有宣传对口扶贫地区特色产品和旅游资源的宣传手册,在全市20个重要公共场所展示发放。制作宣传小视频11个并通过抖音和微信平台进行宣传播放,播放量达56.45万次。利用中国旅游产业博览会东丽区云展,将4个对口帮扶地区资源在云上展厅进行展示,实现网上帮扶产品购物。引导天津市金全聚香斋清真食品专业合作社骆驼房子烧鸡企业负责人到受援县考察当地畜牧养殖产业、农产品加工基地等,实现项目落地临潭县。创新思路,采用云会议形式与承德县文旅局召开旅游线路对接会,推动扶贫工作落地。动员文旅体企业为甘肃省临潭县捐赠体育器材,价值158万

元。重新整理承德县旅游资源,将自驾游作为新的旅游线路。依托百日侠企业,在承德县石海森林公园完成跑山营越野跑活动,为宣传承德县当地旅游产业发挥积极作用。加强文化艺术交流活动,扎实推动扶贫与扶志扶智相促进。举办第十届美好家园暨"扶贫路上一起走"天津东丽、甘肃皋兰、河北承德三地摄影交流展,彰显东丽区和受援地区人文、风光魅力,展示扶贫成果,巩固文化共建成果。

【万企帮万村】 2020年,东丽区深入贯彻市委关于决战决胜脱贫攻坚的决策部署,全面落实"万企帮万村"精准扶贫专项工作要求,立足受援县需求,广泛动员民企力量扎实推进"万企帮万村"专项工作。向全区民营企业家发出助力脱贫攻坚倡议,组织博奥赛斯(天津)生物科技有限公司、天津市建城基业集团有限公司、天津市金桥焊材集团有限公司、天津市久益市政工程集团有限公司等20余家企业赴临潭县、甘谷县、皋兰县、承德县走访调研扶贫工作,并与当地贫困村签署"万企帮万村"村企帮扶协议,举行座谈会并组织企业举牌捐赠。全年,组织92家区民营企业帮扶4个受援县贫困村200个,捐赠资金合计541.2万元。设立产业、消费、生活、教育、健康5大扶贫项目,助力受援地区打赢脱贫攻坚战。年内,东丽区工商联获得"全国万企帮万村精准扶贫行动组织工作先进集体"荣誉称号。

【荣 誉】 2020年,东丽区企业家严立森、陈中红被授予"全国脱贫攻坚先进个人"荣誉称号,企业家陈中红、崔凤祥、王起祥,援派干部李修强被评

为"天津市扶贫协作和支援合作工作先进个人";津都科技集团被先后授予"全国脱贫攻坚先进集体""天津市扶贫协作和支援合作先进集体"荣誉称号;区合作交流办被甘肃省委、省政府评为"甘肃省脱贫攻坚先进集体";区工商联被评为"全国万企帮万村精准扶贫行动组织工作先进集体";杨声远、朱德勇、刘善祥分获"甘肃省脱贫攻坚先进个人",刘凤喜荣获承德市委二等功。

(吴俊侠)

东丽区荣获"全国双拥模范城"称号

东丽区秉持"围绕发展抓双拥、抓好双拥促发展"的思路,以持续创建全国双拥模范城为目标,坚持"四个聚焦",着力打造双拥工作升级版。2020年10月,第八次荣获全国双拥模范城,实现"八连冠"。

【聚焦全市一流强领导】 东丽区始终站位全局,加强领导,健全机制。坚持高位推动,加强组织体系建设。区委区政府始终把双拥工作作为"一把手"工程,成立以区主要领导为组长的领导小组,设立区、街、社区和师、团、营、连双拥工作机构67个,配备专兼职干部201人,形成党政军三位一体领导体系,推进落实有机构、有编制、有人员、有经费、有保障的"五有"要求全部到位。坚持高点定位,健全工作推进机制。双拥工作纳入经济社会发展总体规划和年度绩效考核,建立健全党委议军和军地联席会议等制度。每年组织职能部门、街道党工委书记开展双拥和武装工作述职,推

动军地双方工作同部署、问题同解决、任务同落实。坚持高密织网,完善双拥工作网络。注重发挥群团和社会组织作用,建立关爱退役军人协会、企业家拥军协会、学雷锋志愿服务队等拥军优属服务组织,实现双拥网格从区街到社区、从地方到军营、从机关到企业全覆盖,形成层层有人抓、事事有人管的良好局面。

【聚焦全员参与抓宣传】 东丽区始终拓展领域,丰富内涵,注重实效。坚持明确宣教主体,激发双拥热情。充分利用理论学习中心组和"不忘初心、牢记使命"主题教育,组织党员领导干部深入学习领会习近平总书记关于军队和国防建设新思想。重大节日组织开展走访慰问、军民联欢、军营开放日、烈士纪念日等活动。坚持创新载体宣传,强化价值导向。在区融媒体中心开设"奋斗强军路"专栏,成立退役军人志愿服务队,组建军休干部和退役军人宣讲团,建立社区、学校、企业、商户、网点等双拥活动阵地,做实宣传工作。在主干道路设立大型双拥宣传牌,利用大型户外电子显示屏开展双拥宣传。通过选送崔洪金等40名全国最美退役军人候选人、全国退役军人创业就业先进个人、天津市最美退役军人、最美军嫂、双拥模范活动,广泛宣传引导、凝聚双拥共识。坚持突出文化感召,营造浓厚氛围。打造安达集团、国防教育基地、东丽湖街道赏湖苑社区"拥军一条街"等示范点。组织开展为立功受奖军人家庭送喜报,军休干部宣讲、文艺小分队演出进军营进学校进社区进企业等活动,在全区上下营造尊崇英雄、关爱军人的浓厚氛围。

【聚焦部队需求暖兵心】 东丽区面向实战需要，竭力为部队官兵办实事、解难题。坚持项目拥军，做好资金支出保障。每年编列200万元作为拥军支前专项经费，每年超1亿元用于双拥工作和退役军人服务保障，并逐年上调。投入335.7万元支持某部队指挥中心项目建设，投入20万元解决某部队营区生活用水管道老化破裂问题，落实某部队战场及营区建设用地问题，落实某部队进出道路路面修建和拓宽。坚持民生拥军，抓细落实"三后"问题。推进就业创业，千方百计为军人保障后路，军转干部安置到公务员和参公单位；常态化举办退役军人、军嫂专场招聘会，2000余人参加，400余人实现就业意向。全力以赴照顾军人家庭，安置随军随调军人家属7人，出台《东丽区军人随军家属就业安置措施》，确保安置就业和待安置期间基本生活。为退役士兵办理保险补缴，支出经费4478万元。强化教育医疗保障，倾心尽力为军人看护后代，对51名军人子女优先并按需安排公立校（园）就读，为9名军人子女落实中高考优待加分；为620名重点优抚对象提供区级医疗补助等10项优待政策，为农村1~6级无工作单位伤残军人缴纳城职医疗保险等。坚持爱心拥军，弘扬我区光荣传统。"部队训练到哪里，我们就慰问到哪里"，区领导带队先后赴唐山乐亭、沧州青县、张家口怀来县等地慰问驻训官兵5000余人次。疫情期间组织捐款64万余元购买医疗物资驰援湖北省荣军医院，走访慰问军队援鄂抗疫医护人员家属和在津一线抗疫医护

人员370人，发放"抗疫情、心连心"联系卡83张，一对一帮解援鄂军队医务人员家属实际困难4件。全力做好驻区部队重大军事演习交通出行服务保障工作。

【聚焦军民融合求突破】 东丽区驻区部队大力支援地方发展，为建设绿色高质量美丽东丽做出重大贡献。坚持支持军地共建美丽东丽。武警特色医学中心170余名医护人员支援湖北抗击疫情、武警总队医院200余名医护人员在津一线参与抗疫，舟桥部队官兵自发向区红十字会捐款1万余元支援东丽疫情防控。驻区解放军和武警部队积极参加抗洪抢险、脱贫攻坚、创文创卫、平安建设、学生军训等工作，用实际行动体现"人民军队爱人民"的深情厚谊。坚持推动军民融合产业发展。安达集团开发现代化后勤保障平台。华明高新区引进中电46所的高功率光纤激光器产业化项目。东丽湖与中国航天科工三院310所设立航天军民融合成果转化基地。东丽经济技术开发区对接北京航材院，大尺寸石墨烯薄膜、石墨烯复合材料等17个成果转化项目落地，总投资超过30亿元。坚持加强全区征兵工作保障。严把征兵关口，提供高质量兵源；对中国民航大学和天津市电子信息职业技术学院划拨专项宣传经费，构建大学生参军入伍"绿色通道"。区财政累计投入139万元，全面提升区人武部的正规化、标准化建设水平，为部队输送了优秀新兵。

（沈月荣）

东丽区创建国家卫生城区

东丽区以"创卫为民、创卫靠民、创卫惠民"为宗旨,将国家卫生区创建作为优化城市环境、改善城市生活、提升城市颜值、培育城市气质、推进美丽东丽建设的重要举措,加大投入,广泛动员,精心组织,城市基础设施日趋完善,服务功能不断增强,公共卫生与医疗服务水平持续提升,居民健康素养水平稳步提高,走出一条"干净、整洁、规范、有序",具有东丽特色的创卫之路。2020年7月,万新街道、无瑕街道、华明街道、金钟街道、军粮城街道、金桥街道等6个街道被全国爱卫会命名为2017—2019周期国家卫生乡镇(县城)。2021年1月,东丽区被全国爱卫会命名为2018—2020周期国家卫生城市(区)。

【完善组织架构】 东丽区压实"一把手抓创卫"主体责任,实施"党建引领、街道吹哨、部门报道"工作模式,落实四级联签督查制,明确责任到人;召开创卫例会、专业组专题会、重点问题调度会、八大攻坚现场推动会等专项工作会议;发挥8个专业组指导作用和各部门职责,形成"统一领导、部门协调、各负其责、齐抓共管"的工作局面。

【营造创建氛围】 东丽区针对居民普遍缺乏创建国家卫生区的意识,城市居民健康知识知晓率和健康行为形成率低的问题,加强宣传教育,累计开展宣传教育活动20次,参与群众4万人次,制作大型创卫宣传展牌129块、创卫宣传画17万张,发放致居民一封信14万张、致商户

一封信3万张,制作宣传手提袋14万个、宣传垃圾袋8万个,微信公众号发布443篇,下发简报116期。

【抓好整改落实】 东丽区以问题为导向,倒排工期,针对旱厕、无证废品收购站、市容环境、农贸市场、社会大院、拆迁片及老村台、社区单位等难点问题,坚持销号作战,发现问题点位1485个,涉及问题4100个,下发督办单428份,整改问题3895个,整改率达95%以上。

【获得显著成果】 2020年7月23日至8月4日,东丽区顺利通过天津市爱卫办8个专业组单项验收;8月26日通过天津市爱卫办技术评估终审验收;9月25日至27日,一次性通过全国爱卫办技术评估验收。2021年1月6日,东丽区被正式命名为国家卫生城区。

(王 娇)

2020世界智能驾驶挑战赛

2020年6月23—24日,2020世界智能驾驶挑战赛在东丽区举办。本届大赛主题为智能新时代:创新、赋能、生态。赛事采用云上办赛形式,拓展自动驾驶算法、智能零部件融合等新领域,全力构建具有国际影响力的技术测试规范与标准先行先试平台,推动自动驾驶新技术转化应用与产业融合发展。大赛包括云上智能驾驶综合挑战赛、云上新一代汽车智能化发展峰会、自动驾驶推广云专场3项内容。其中,云上智能驾驶综合挑战赛包括无人驾驶挑战赛、信息安全挑战赛和智能

驾驶仿真赛3项比赛。参赛队伍145支,其中参加无人驾驶挑战赛13支队伍,云上信息安全挑战赛40支队伍,云上智能驾驶仿真赛92支队伍。企业及研发机构占比达67%;3位院士、1位国务院参事、6位国外行业专家、97位智能驾驶领域相关专家、企业高管、行业组织参加云上峰会。

【赛事设计创新】 2020世界智能驾驶挑战赛开创全球首个、业内首次云上智能驾驶比赛,总浏览量达1300万余次。云平台兼具赛事展示、智能推广、东丽推介等功能,为常态化办赛提供支撑。1300万余访问量中,智能推广及东丽推介版块访问量分别占比37%、20%,具备较强商业推广潜力。百度搜索词条达393万条,比上年增加10倍,赛事宣传和技术普及效果更佳。

【赛事技术精彩】 2020世界智能驾驶挑战赛采用全新执裁模式,无人驾驶赛通过车载监测设备、实景视频、实时上传数据以及技术方案综合考评实现云端执裁。在车辆行驶画面基础上增加雷达、相机、决策控制系统运行过程展示,观众更易懂、画面更具层次感和冲击力。无人驾驶挑战赛、虚拟仿真赛技术路线和模拟环境更加贴近实用场景,吸引多类型技术路线和核心部件企业参与展示。信息安全赛顺应"汽车上云"产业趋势,超前考虑云安全和远程非物理攻击防御问题,以攻促防、以赛促研,推动信息安全技术发展。

【品牌价值升温】 2020世界智能驾驶挑战赛媒体关注度更强。截至6月30日,见刊650频次,比上届比赛翻了5倍;其中,优质见刊110频次。各类稿件全网监测扩散540频次,总曝光量达

800万余次,总点击量45万余次,分别增加300%、270%。见刊量按照平台及广告位市场平均价值核算折合1000万元,宣传投入产出比达1:5。策划"汽车真的会被远程控制?""无人驾驶将让谁被'失业'?"等热点话题。大赛裁判长高利教授等专家围绕话题延伸车联网技术突破等前沿话题,阐释专家观点、助推话题升温。综合运用短视频、互动H5等新形式,分别在新浪、搜狐、抖音、B站、爱奇艺等新媒体投放200余频次,总曝光量达500万人次;通过汽车行业最资深媒体记者李安定、吴迎秋直接将相关报道推给汽车企业高层,精准辐射业内人士。首次实现在中央电视台《新闻联播》《朝闻天下》出现画面和新华社客户端视频专题报道。组织区领导、部门园区以及企业高管专访10余次,在中央电视台、天津电视台、《天津日报》等官方媒体播报30余频次,曝光量达700万余人次,分别增长30%、250%。在汽车之家、网上车市等行业最主流媒体获重点推广及直播报道,专业媒体传播100余频次,曝光量达50万人次,分别增长90%、200%。

(窦秀礼)

东丽区第七次全国人口普查

东丽区委、区政府贯彻落实《国务院关于开展第七次全国人口普查的通知》文件精神,积极开展人口普查工作,克服各种困难,特别是面对疫情的挑战,严格按照方案要求,确保第七次全国人口普查工作高效推进。第七次全国人口普查主要调查

人口和住户的基本情况,包括:姓名、公民身份号码、性别、年龄、民族、受教育程度、行业、职业、迁移流动、婚姻生育、死亡、住房情况等。

【物资保障】 东丽区主动作为,由政府主导、财政协调,从经费预算、办公场所落实、会议安排、物资准备等方面都做到任务明确、责任到人。发放中性笔2720根、笔记本2720个、文件包2720个、红马甲2696个、口罩9696包(一包5个)等物品,满足普查员工作需求;争取广大居民的理解和配合,为住户发放口罩30.27万包。区、街两级财政安排预算1200万余元,人均达到16元,高于国家规定标准和全市平均水平,为普查工作的开展提供有力的保障。

【入户普查】 7月18日,天津市第七次全国人口普查综合试点在东丽区万新街道启动,万新街道铁城公寓、嘉春园和临月里3个社区承担全市综合试点任务,全流程完成国家试点工作,普查上报9178户、2.12万人的信息采集和数据。11月1号,东丽区人口普查入户工作正式开展,区委书记夏新、区委副书记、区长谢元、区委常委、常务副区长、区人口普查领导小组组长陈友东分别深入社区现场视察普查登记工作,与普查员一起入户开展调查。全区登记总户数51.01万户,空户9.73万户,短表登记总人口99.96万人,现有人口80.42万人,户籍人口40.39万人,长表登记3.2万户,8.09万人。

【普查宣传】 东丽区印发《东丽区第七次全国人口普查宣传工作方案》,下发全区各单位。利用社区LED屏循环播放人口普查口号,提升对第七次全国人口普查工作的知晓率和参与度。发放横幅布标600条;《天津日报·今日东丽》刊登宣传资料6篇;第十一届中国统计开放日制作大型公益广告牌20余个,发放《致居民朋友一封信》30万余封,广泛宣传人口普查的目的意义;与区教育局联合向学生发放《一封信》4.5万封,知会中小学学生家长能够支持和配合人口普查工作。

【现场教学】 东丽区组织普查员进行现场教学,讲授普查区域划分、地图绘制操作和普查小区图绘制,进行入户摸底、访问技巧、自主填报方法、正式入户登记及普查表式的填报方法和指标解释。分区域进行两批次的集中培训,2400余人参加。金钟街道、金桥街道人普办组织开展入户前的"两员"集中面授再培训,因地制宜、因材施教,切实强化业务基础。

【督查指导】 东丽区指导11个街道开展普查工作,走访10个社区进行点穴式督导,查找各社区工作中的短板弱项,从调查数据方面评估调查质量,重点关注普查小区户规模低于全区平均户规模的,特别是一人户比例高的普查小区;每日督导进度,建立日通报制度,于每天下午5时前通报各街道、园区普查填报率,确保普查入户登记圆满完成;建立人口普查工作例会制度,召开人普领导小组会议5次,工作例会19次,分析原因、研究对策、压实责任,强力推动全区人口普查各阶段工作,确保普查数据质量。

(王建花)

本篇责任编校　吴俊侠

新冠肺炎疫情防控

Epidemic Prevention and Control

概　述

疫情就是命令,防控就是责任,生命重于泰山。东丽区委、区政府果断扛起疫情防控的第一责任,坚决贯彻习近平总书记"坚定信心、同舟共济、科学防治、精准施策"的疫情防控总要求,全面落实天津市重大突发公共卫生事件一级响应的各项举措,严格落实"四个战时"要求,始终贯穿"快速、联动、务实、创新"的工作理念,带领全区上下闻令而动、英勇奋战,制定周密方案,组织各方力量开展防控,采取切实有效措施,坚决遏制住疫情的蔓延势头。

决策部署

【应急机制】 1月22日,东丽区疫情防控指挥部召开第一次例会,会议要求各成员单位部门要抓紧制定应急预案,全力做好应对准备,切实做到守土有责、守土尽责。要落实好最新值班规定,加强值班值守和应急联动,坚守工作岗位,及时有效做好疫情应对处置工作。1月24日,召开第二次例会,会议要求严格落实市疫情应急预案"一级响应"措施,审议《东丽区应对新型冠状病毒感染的肺炎疫情应急预案》,要求各相关单位明确"一级响应"各项要求,按照预案要求认真抓好疫情防控工作,坚决落实"一级响应"和预案的工作责任和工作要求。同日,下发第1号令,印发《东丽区应对新型冠状病毒感染的肺炎应急预案》。

【机构建立】 1月26日,东丽区疫情防控指挥部印发《东丽区新型冠状病毒感染的肺炎疫情防控工作指挥部令(第2号)》,将原有东丽区新型冠状病毒感染的肺炎防控工作领导小组和东丽区新型冠状病毒感染的肺炎防控工作指挥部进行合并重组。9月,经研究决定,对东丽区新冠肺炎疫情防控工作指挥部组织体系再次进行调整,指挥部下设办公室和群防群控组、疫情监测处置组、医疗救治组、物资保障组、机场联络服务组、留观人员生活保障组、城市管控组、社会维稳组、宣传组、督导检查组、农业农村组、企业防控组、人员接送组、复课开学组等14个工作组。

【疫情发展】 2月1日,东丽湖街道发生3例家庭聚集性新冠肺炎病例。2月6日,华明街道一居民确诊为新冠肺炎病例。全区第一时间组织疾控人员对病例进行详细的流行病学调查和密切接触者判定追踪工作,强化联防联控,公安、街道居委会和社区卫生服务中心紧密合作,深入开展重点地区来津人员医学观察工作,组织全区网格员、社区干部开展人员全覆盖、信息全掌握的无缝式走访排查。东丽区确诊本地新冠肺炎患者4人(不含入境人员),全部康复出院并完成集中隔离和居家隔离。

疫情防控

【交通管控】 东丽区启动重大突发公共卫生

事件一级响应后,公安东丽分局交警支队切实提高政治站位,充分认识新冠肺炎疫情防控形势的严峻性、复杂性,结合交通管理安保工作,加强组织领导,成立领导小组,组建工作专班,强化与治安、特警、情报等警种和卫生防疫等相关部门的联防联控工作,进一步强化路面巡控,维护良好道路通行秩序。对于需要核查、拦截、劝返患者驾乘车辆的,全部警力投入疫情防控联防联控工作中,以铁的决心、铁的手腕、铁的担当,坚决遏制疫情蔓延势头,众志成城打赢疫情防控的人民战争。全力保障救护车辆、防疫车辆及医护人员、防疫药品、医疗器械等相关运输车辆的安全通行。对运送患者的救护车辆和其他有可能传染车辆发生的交通事故,实施快速出警、快速勘查、快速处理,确保患者及时妥善救治。严查未经批准在道路上设卡拦截、阻碍通行、劝返正常行驶车辆等严重影响道路交通的违法行为,保障道路安全畅通。

【网格化治理】 东丽区疫情防控指挥部充分发挥基层党组织领导轴心作用,实施疫情防控网格化管理,以1147个"党群网格"为防控阵地和作战单元,利用37.3万户、77.6万人口数据,运行区、街道、社区三级智慧党建引领智慧社会建设信息平台和视频会议系统,坚持巡办分离、党群服务、吹哨报到、接诉即办、绩效考核、向群众汇报6个工作机制,全面构建"区、街道、社区、网格"四级防疫网络,精准高效做好疫情防控工作。依托基层治理四级书记责任体系,组建群防群控"区、街道、社区、网格"四级指挥调度机制,充分发挥统筹指导、分类处置、分析预警的枢纽作用,确保各项防控措施在基层落实落地。

【封闭式管理】 东丽区疫情防控指挥部印发《东丽区社区24小时防控值守工作方案》,启动疫情防控社区"四封"工作法(封通道,合并小区道路;封门闸,核准居民出入;封车号,摸排业主车辆;封夜岗,监管午夜出入),实现社区24小时防控值守。每个小区只开放1至2个主要出入口,集中人力物力等资源,因地制宜建立社区(老村台)防控值守点位502个,设立出入人员登记点,落实"五个一"(一支测温枪、一个登记本、一瓶消毒液、一个小喇叭、一套宣传资料)。先后调度组织两批42个机关单位,结对包保81个自然小区、20个老村台卡口点位开展值守工作,选派1916名市、区机关干部充实基层一线,动员机关干部、物业、社区工作者、志愿者等5000余人参与值守,织密防控最后一道防线。

【城市管控】 东丽区疫情防控指挥部做好城市领域疫情防控与保障群众生活"两手抓、两不误、两促进",落实"外防输入、内防扩散"新冠肺炎疫情防控措施。组织街道、功能区结合疫情防控、重点节日开展环境卫生专项治理,对城乡接合部、居民社区、集贸市场周边等环境卫生薄弱区域集中清理,48座菜市场、11座冷库、17处医疗机构生活垃圾专车收运。全年出动人员4300人次,清理脏乱点位7000个,清运垃圾杂物3700吨,生活垃圾无害化处理24.5万吨。对津塘公路、津滨大道、津汉公路等主次干道占道经营、乱堆乱放等违法行为整治,出动执法人员1620人次,巡查道路2760条次,治理环境秩序违法行为637处;签订市容环境门前三包责任书7743份,下达落实门前三包责任限期整改通知书119份,立案处罚186起。抓实经营场所防控,在建工地监管,养老机构、公园广场等重点场所监督,做好城市领域疫情常态化防控和复工复产工作。全区个体商户分成10个片区,督促从业人员佩戴口罩、体温检测、通风消毒,编制"津门战疫"操作指南,引导商户申领"健康码",排查从业人员1.99万人,外地返津人员2125人。检查商户500次,筹集测温计42个、口罩3.2万个、消毒液600升、酒精2200斤,购买米面油等物资8万元,保障疫情期间商户正常运营。

【农村疫情防控】 东丽区疫情防控指挥部严把"六关"(责任关、输入关、排查关、隔离关、宣传关、整改关),构筑老村台疫情防控严密防线。作为天津市唯一一个实施"全域城市化"的涉农区,各拆迁村面临着外来人员多、居住情况复杂、管理难度大、防控隐患多等诸多困难,结合各拆迁村实际情况,组织各街道与村集体经济组织严格按照《新型冠状病毒感染的肺炎疫情防控期间拆迁村(老村台)管理办法》要求,把住"六关",织密筑牢老村台疫情防线。对68个拆迁村封堵353个路口,设立85个卡口检查站,安排人员24小时值守;派出4个指导组,开展循环检查指导,对2.6万余名居住人员情况进行全面摸排,对其中5968名未离津和1.16万名外地返津出租户的身份、居住地、返津时间、何地返津、身体状况等信息进行详细登记,建立"一人一档";组织120余名机关干部包保6个街道老村台的20处重点防控点位,减轻基层防控压力;利用大喇叭、流动宣传车、微信朋友圈

等形式开展不见面的宣传,营造"喇叭广播天天响起、标语海报随处可见、出门口罩自觉佩戴"的防疫氛围,提升村民自我防护意识。

老村台防控点位　　　　　　　　(区农业农村委　提供)

【学校防控】 东丽区疫情防控指挥部制定印发《东丽区教育系统关于切实做好新型冠状病毒感染的肺炎疫情防控工作的通知》《东丽区教育局关于中小学幼儿园开学疫情防控工作方案》《东丽区教育局关于印发新型冠状病毒感染的肺炎疫情防控工作措施的通知》《关于进一步加强疫情防控宣传工作的通知》等疫情防控指导文件和通知40余个;绘制《东丽区教育系统新冠肺炎疫情应急处理流程图》,并编辑录制《东丽区教育系统新冠肺炎疫情应急处理流程演示》视频教学片;推送中小学新冠肺炎防控问答(漫画版)、中小学校新型冠状病毒肺炎防控指南及新型冠状病毒肺炎健康教育手册等科普知识近200篇;利用"健康直播间",面向学校幼儿园开展认识新冠肺炎、学校疫情防控措施、正确的消毒方法等直播讲座7场,并且承接市教育两委指挥部面向全市教育系统的5场疫情防控直播讲座。制定错峰时间表,实施错峰入校、错峰下课、错峰用餐。所有公共区域制作保持

一米以上距离的地标。在校门口安放测温门，分流向从不同入口进入教学楼、楼道、楼梯、教室、卫生间等公共区域，设有监督员、通风员和消毒员，各学校均设置临时观察室、临时隔离室、物资库、消毒配制间和备用教室等功能房间。严格落实晨午晚检、因病缺勤追踪、消毒通风及隔离复课等制度，并规范填写与制度相匹配的各类记录表。编辑演练脚本，积极开展发热、呕吐等场景的桌面推演和模拟演练。

【社会秩序维护】 东丽区疫情防控指挥部以全区社会大局稳定为中心，启动各项应急机制，强化巡逻防控，最大限度将警力投放到疫情防控第一线，持续开展全时全域立体化治安防控工作，确保社会整体平稳。加强社区封闭管理，与区相关部门、街道加强协作配合，对居民小区、村落实行封闭式管理，严控人员车辆进出；强化专案打击，及时消除现实危害。严厉打击哄抬物价、制售假冒伪劣等涉医涉疫违法犯罪行为，及时查处扰乱社会秩序、干扰疫情防控、妨害公务等涉疫情违法犯罪案件；妥善处置各类涉疫情110警情和突发案事件，严密重点部位安保，加强对定点发热门诊、集中留观点等重点部位巡逻值守防控；强化责任担当，全面落实企业复工复产各项保障措施，加强单位疫情防控监督检查，强化所辖企事业单位特别是辖区定点救治医疗机构、重点物资生产企业和存储仓库的内部治安保卫工作的监督检查，确保单位内部治安秩序平稳。

【核酸检测大筛查】 东丽区疫情防控指挥部为了切实保障全区人民群众身体健康和生命安全，主动排查感染风险，对临空产业区内机关事业单位、企业工作人员和机场周边自然村老村台居住人员开展核酸检测筛查工作。发挥统筹协调和技术保障作用，制定东丽区机场周边人员核酸筛查实施方案，严格核酸检测工作流程，采取划分区域、单向通道、一米线和专人指引等严密措施，确保检测工作安全有序。派出由万新、新立、华明3个社区卫生服务中心成立的92人采样队伍，启动两个点位22个采样通道，完成采样工作，筛查1.54万人，由区核酸城市检测基地完成全部检测，结果均为阴性。

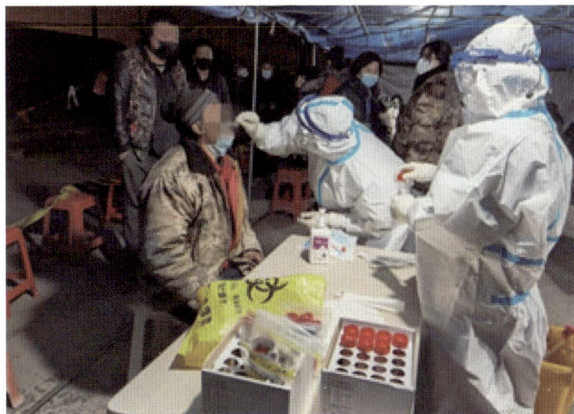

核酸检测筛查 （区卫生健康委 提供）

【网格化排查】 东丽区网格员坚持"不落一户、不漏一人、不断一天"原则，通过挨家挨户入户走访、电话微信远距离走访等各种方式，开展七轮全面排查。1月25日至31日第一轮，广泛深入地开展疫情防控宣传工作，全面掌握在津人员的身体状况、接触人群、活动轨迹；1月31日至2月5日第二轮，动态排查返津来津人员情况；2月8日至12日第三轮，排查重点区域来津人员的基本情况、活动轨迹、防治情况、生活状况等；2月26日至27日第四轮，重点排查日本、韩国等境外入津人员情况;3月23日至27日第五轮,重点排查特殊困难人员情况;6月14日至16日第六轮,重点排查北京来津人员情况;7月20日至26日第七轮,重点排查乌鲁木齐来津人员情况。累计排查人员数据363.7万余条,形成11.9万外地入津人员台账、575名境外入津人员台账。

【院感防控全覆盖大督查】 东丽区疫情防控指挥部每月组织卫生监督所、院感质控专家等,对辖区内各医疗机构开展传染病疫情防控专项监督检查。检查内容包括各项制度的建立执行情况、预检分诊设置情况、消毒隔离情况和医疗废物处置情况四大方面,对检查中发现的问题,能立即整改的要求立即整改,不能立即整改的明确整改时限,并进行复核检查,确保整改落实到位。对整改落实不到位的医疗机构,依法进行立案查处,全年传染病防治专业立案查处22件,其中简易程序20件、一般程序2件,罚款6000元。截至年底,检查医疗机构285户次,出动车辆285车次,出动人次1140人次,保证全区医疗机构院感防控工作顺利进行,对疫情防控起到重要的保障作用。

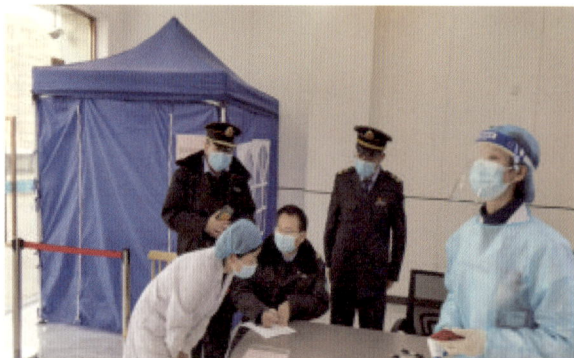

传染病疫情防控专项监督检查　　（区卫生健康委　提供）

【发热门诊规范化】 东丽医院发热门诊24小时内完成改造,于2020年1月20日开始接诊第

一例患者,48小时内完成改造两个病区22个单间的隔离病房,72小时内完成改造3个病区33个单间的缓冲病房,隔离病房于1月28日正式启用。东丽医院第二发热门诊在短短的十余天完成设计改造,2月15日正式开诊投入使用。引进天津市第一家方舱CT用于发热患者专用,开展第一家血清学抗体检测,4月16日与第三方协作开展核酸检测工作,8月31日完成发热门诊结构化电子病历上线。发热门诊积极组织开展疫情防控工作,实行闭环管理,将高中低风险患者收治到不同诊室,强化感染防控各项措施落实到位,提高防护意识,确保医务人员"零感染"。全年,发热门诊接诊量为1.05万例,疑似病例158例,其中确诊病例为13例(其中9例为留观点送检样本),隔离观察病例为1153例,核酸检测病例为5.74万人次。

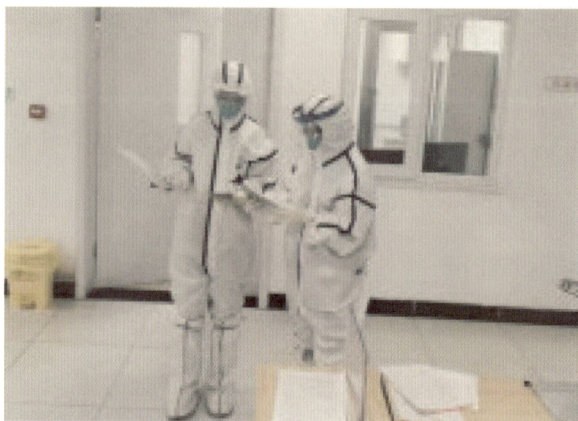

东丽医院第二发热门诊　　　（区卫生健康委　提供）

【院感防控多层次培训】 东丽区疫情防控指挥部将新冠肺炎疫情感染防控工作放到首要位置,开展多层次全覆盖培训。组织各单位参加国家基层卫生人才能力提升项目办公室组织的基层新型冠状病毒感染的肺炎疫情防控知识公益远程培训,市医学会新冠防控培训等累计10万余人

次。开展全区新冠病毒感染预防与控制专题视频培训9场,秋冬季疫情感染防控专题视频培训4场,以及医疗救治组的业务培训26场,针对发热门诊、新冠留观病区、应急队、外派预备队、核酸采集队等不同的人员,突出重点,分批次、分场次进行专业性的培训,培训内容包含新冠肺炎基本知识、院感检测、日常防护、职责落实、核酸检测、个人防护等70余课时,累计区级培训参加人数6000余人。统一下发培训资料,各单位结合实际做好医疗机构内培训工作,做到所有疫情相关医务人员和工作人员全覆盖,注重培训实效,注重所有细微工作落实情况。

新冠肺炎疫情防控知识培训会

(区卫生健康委　提供)

【核酸检测基地建设与运行】 东丽区疫情防控指挥部全面推动落实城市核酸检测基地建设,疾控中心作为基地建设的承接单位,从基地建设工程开工到实验室通过市卫健委验收,仅用20天时间便完成东丽区城市检测基地建设。区城市核酸检测基地面积400平方米,包含试剂准备室、核酸提取室、核酸扩增室、洗消间等分区。基地配备全自动核酸提取仪25台,实时荧光定量PCR扩增

仪45台,高压灭菌器6台,A2级生物安全柜6台,超净工作台3台,硬件设备达到全市领先水平。基地日常检测能力达1万管次,全员筛查1:10混采人数达10万人份,全负荷情况下检测能力达到3万管次。从人员登记、实验室检测、结果出具及数据分析统计全流程的信息化建设,为大规模人群检测工作提供有力的技术支撑和防控保障。

东丽区城市核酸检测基地 (区卫生健康委　提供)

【集中隔离医学观察】 东丽区启用医学观察集中安置点——留观酒店,集中隔离点主要接收一般入境人员,海河医院、空港医院的出院病例,机组人员以及国内疫情的密接、次密接等人群。区派政府工作人员与医务组、公安系统攻防配合,从物资保障、生活保障、政策保障等多个方面联防联控完成留观任务,实施人群分类管理,建立健康档案,坚持以人为本,完善便民服务,聚焦重点人群,加强心理疏导,加强联防联控,提升防控质量。截至年底,留观酒店接待留观人员1万余人次,其中包括境外入津人员近7000人次,国内密接、次密接,空港医院、海河医院转入人员3000人次。

【疫苗接种】 东丽区疫情防控指挥部综合根据辖区街道人口布局,确定金钟、金桥、新立、无瑕

和华明等5家临时接种点开展重点人群新冠疫苗紧急接种工作。视疫苗接种工作进度，随时启用常规接种门诊作为备用门诊。制定下发《新冠疫苗紧急接种工作方案》，实行院长一线负责制度，院长亲自指挥、亲抓落实。临时接种点电脑、打印机、刷卡器、扫码枪、冷链冰箱、信息系统、抢救药品等筹备齐全；日常消毒记录、冰箱温度记录、疫苗出入库记录等详细填写；登记人员、接种人员、应急反应处置人员、秩序维护人员等全部持证上岗。组织区疾控中心开展各临时接种点接种人员的理论知识笔试考核与现场操作演练，考试合格发预防接种上岗证。金钟街社区卫生服务中心临时接种点完成全区"两全"检测范围内105名冷链从业人员的首针新冠疫苗紧急接种工作，免疫效果观察采血20人，无不良反应事件，接种工作顺利完成。

【流行病学调查】 东丽区疫情防控指挥部第一时间对辖区确诊病例和疑似病例开展详细的流行病学调查和密切接触者判定追踪管理工作。累计完成流行病学调查319人，管理密切接触者6706人，开展终末消毒345户次。组织出现病例的小区加强公共区域消毒和人员管理等疫情防控措施，切断疫情传播途径。全区确诊新冠肺炎患者4人，全部康复出院并完成集中隔离和居家隔离。

【疾控中心支援恩施医疗队】 2月12日，东丽区疫情防控指挥部选派许明、张月新、于文榕驰援湖北省恩施州。他们发挥专业特长，从核酸检验、消杀、流调等各个层面给予当地坚强的技术支撑和保障。张月新作为检验医师，负责核酸检测工作，到达利川市疾控中心后指导完善实验分析方法，提高检测效率，在她和当地同事的共同努力下，实现利川疾控实验室检测能力翻倍，基本满足检测需求；许明主要负责疫区的消杀工作，到达咸丰县后第一时间赶赴红区，前往确诊病家进行终末消毒，并与县委领导和防疫人员探讨防控措施，完善机制、规范流程、查找不足，为当地各项疾控工作的顺利开展打下良好的基础；于文榕作为流行病学调查专业人员，在宣恩县与当地抗疫人员密切合作，共同开展流行病学调查、病例排查、隔离点督导检查、人员培训和技术交流等各项工作，为当地疫情防控做出了突出的贡献。三人被湖北省委、省政府授予"最美逆行者"荣誉称号，他们所在的"天津对口支援恩施州疾控工作队"被中宣部授予"时代楷模"称号。

境外输入防控

【机场疫情防控】 1月26日，按照属地管理原则，东丽区疫情防控指挥部主要负责天津机场入境航班的保障以及机场范围内企业疫情防控工作。东丽临空经济区牵头落实承接入境人员集中隔离点的储备工作，组织实施旅客转运和隔离管理工作，做好隔离人员信息数据汇总工作。在完成1、2月份针对入境航班旅客的接送工作后，自3月21日起，完成31个首都分流航班的隔离点协调及现场保障工作，协调全市16个区完成7198名旅客的转运隔离工作。4月，工作由"应急式"转向"常态化"，隔离点协调组最终确定13名工作人员,分为4组进行轮岗工作。全年,高质量零失误完成266个入境航班的保障协调工作,调度全市16个区承接6.26万名乘客的转运隔离工作,协调车辆2500余车次。每个航班飞机降落至留观点的抵达时间、乘客人数、120转诊人数、外籍人数等各类数据和信息,都做了精准细致的统计,为各级领导决策和现场指导提供依据。

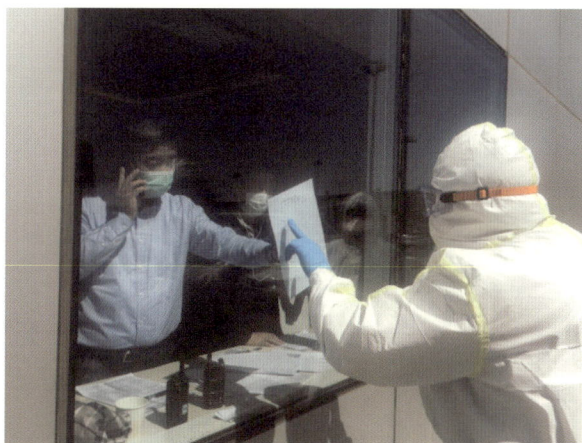

机场联络服务组调度转运隔离人员

(东丽临空经济区　提供)

【健康申报】　东丽区疫情防控指挥部印发《致全区居民的一封信》,强调加强对境外人员的发现和管理,宣传境外人员入津主动申报制度。制定《关于防范境外新冠肺炎疫情输入的工作预案》,有效应对境外疫情快速扩散对全区造成的影响,建立实施境外入津人员信息登记报告制度,凡拟入境来津人员在入境前或入境后主动或委托亲友、接待单位等与居住地社区联系,及时报告行程、健康状况等信息。社区及时将相关政策传达给社区居民和即将从境外入津人员,做好解释引导工作,确保政策执行到位。

【留观点工作人员防护】　东丽区疫情防控指挥部为促进留观点位各项防疫措施的落实,确保

不发生交叉感染事件,制定相关管理措施,为点位的全体工作人员加强安全防范。接收留观人员、解除(转运)留观人员时,近距离接触留观人员的区派干部、医护人员、酒店服务人员需着防护服、一次性帽子、一次性鞋套、N95口罩、两层一次性医用外科手套、护目镜、一次性靴套;留观人员接收时,上大巴车宣讲、填报基础信息、现场消杀人员加戴一次性面屏。核酸、抗体等采样与隔离区送饭、收垃圾时,工作人员穿着防护服、一次性帽子、一次性鞋套、N95口罩、两层一次性医用外科手套、护目镜、一次性靴套。核酸、抗体等采样还需要穿戴一次性面屏,一次性隔离衣。在清洁区(生活区)时,所有人员全程佩戴一次性医用外科口罩。清洁区分发餐食时,工作人员戴一次性医用外科口罩、一次性手套、一次性帽子。

【留观安置】　东丽区疫情防控指挥部针对当时国内疫情的严峻形势,从1月25日起,全区启用医学观察集中安置点留观酒店,全年留观酒店接待留观人员1.02万人次,其中包括境外入津人员6900人次,国内密接、次密接,空港医院、海河医院转入人员3252人次。留观点位自10月实行干部轮换制,参与留观工作的区派干部225人。制定《关于区派干部轮值管理规定》《关于对留观人员特殊病、基础病排查工作流程》《留观人员心理疏导预案》《酒店工作人员和境外入境留观人员背景审查制度》等12项制度,确保留观工作的顺利开展。入住留观点的留观人员全程做好消杀工作,实行一人一间配置,一日三餐由工作人员统一按时配送,点位工作人员分楼层建立微信群及时答

复留观人员提出的问题,留观期间,医护人员每天定期对留观人员开展体温监测,掌握留观人员的身体状况。

复工复产复学

【出台惠企政策】 东丽区疫情防控指挥部结合有关职能,指导辖区内房地产开发企业、中介机构、住房租赁企业落实好防疫工作,积极惠企惠民,以尽量减少企业跑腿和面对面接触为原则,针对销售许可现场查勘、资金监管现场查勘、房地产开发企业新注册申请资质、房屋租赁登记备案等工作,采取线上办理、电子申报等形式,为企业、百姓办事节省时间。对全区道路货物运输、旅客运输、水路运输、机动车维修、公交客运等5个行业分别制定并下发《关于加快交通运输行业企业复工复产做好疫情防控措施和安全生产保障的通知》等4个通知,内含《致全区交通运输企业和从业人员的一封信》《东丽区企业复工复产新型冠状病毒肺炎疫情防控技术指南(试行)》《天津市新冠肺炎疫情防控企业返岗返工防护手册》《大连一家日资企业疫期复工管理做法》《公共交通工具消毒操作技术指南》《天津市机动车维修行业疫情防控作业指南》《天津市道路客运企业疫情防控工作导则》,全面部署、指导行业企业及从业人员开展疫情防控和复工复产工作。

【人员返工返岗】 东丽区疫情防控指挥部建立并完善全区错峰返程运输"点对点"服务机制,畅通全区直通车需求统筹服务机制,主动下沉到街道、园区,直接对接企业用车需求,通过"企、区、市"三级直通车服务机制,全力帮助企业员工安全、如期返津。累计指导、服务170家工业、建筑企业使用"直通车平台",分107批次接回2100余名返津员工,"直通车"服务范围涉及河北、河南、黑龙江、四川、江苏等13个省56个市县,总服务里程13.4万千米,运费87万元。出台政策,给予企业返岗复工包车费补贴,对企业通过包车、拼车接回外省市农民工的,按照包车拼车费用的60%、50%给予企业补助。全年,31批次、92辆包车享受补贴,接返职工1760人次,市、区两级财政补贴金额50.95万元。

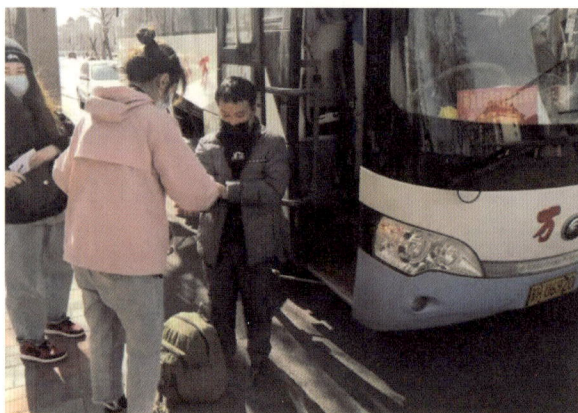

企业接返农民工　　　　　　　　（区人力社保局　提供）

【开展帮扶工作】 东丽区疫情防控指挥部精准快速落实"132"机制,将804名市、区、街三级干部编入268个"132"帮扶组,将中小微企业和个体工商户全面纳入复工复产复业服务范围,推动各类市场主体应复尽复。制定《政策明白纸》,积极开展走访政策宣讲、防疫和安全生产指导、问题收集等工作。指导企业和商户落实好卫生消杀、绿码通行等防疫措施,做好空调尤其是中央空调的清洗和消毒,注意安全生产的各项问题,叮嘱商户做好店内通风和消毒,做好个人防护,控制人员密度,认真查看进店顾客健康码,询问餐饮门店的堂食情况和防疫措施等。

【推动全产业链复工复产】 东丽区疫情防控指挥部稳妥有序推进建筑工地开复工工作,研究制定疫情期间建设工程防控工作标准化文件,开展一线包挂帮扶,指导企业做好复工准备。建立疫情回津"直通车"申请群等,帮助企业接回返津施工人员。建立物资储蓄池,帮助企业采购和储备防疫物资,确保应急需求。督促项目责任单位制定防疫预案,建立返津人员信息台账,严格开复工验收。落实企业疫情防控主体责任,建立疫情防控工作应急处置方案,做好职工建档筛查,工地严格封闭管理。做好建筑工地开复工后防疫工作,开展建筑工地疫情防控专项检查,分组对全区113个建筑工地、45家总包企业开展检查,提出整改意见43条,整改完成率100%。疫情期间18个市管项目全部复工,复工率100%;区管项目113项,复工111个,复工率98.3%;其中重点项目复工66个,复工率100%。

【推动农业复工复产】 东丽区疫情防控指挥部坚持疫情防控和生产发展"两手抓、两不误、两推进",科学指导企业复工。春耕春播工作期间,围绕3240公顷农作物种植计划,提前着手,做好种子、化肥等农业生产资料储备及各类农机具检修,保障春耕生产顺利有序进行,4月初播种春小麦400公顷,春玉米11公顷,蔬菜399.05公顷,全区12家规模化种养企业、5家种子生产企业、11家动物诊疗机构及14家农资经营门店全部复工复

产,复工率100%,有力保障了疫情期间全区主要农产品及农资的供应。同时积极促进涉农行业产业链稳定,对行业内相关企业建立"分类施策、一员一档、一企一专班"工作机制,科学指导行业、企业正常运行、全面恢复产能,累计产出蔬菜2.7万吨,出栏生猪993头,产蛋434吨,鲜奶2200余吨。

科学指导农业复工　　　　　　　　（区农业农村委　提供）

【推动服务业复工复产】 东丽区疫情防控指挥部把复工复产作为中心任务,坚持防控和复工"一盘棋",通过官方网站、微信公众号、微博、东丽电视台等渠道,以及建立的食品经营户微信群、药品经营户微信群,全面开展复工复产宣传,特别是加大对"惠企21条"和"27条"中涉及市场监管职能措施的广泛宣传。制定《东丽区市场监管局关于打赢新冠肺炎疫情防控阻击战服务企业的措施26条》,实行"网上办、不见面"企业登记服务,对申请事项"马上办",材料不全的实行"容缺承诺办"。通过一窗通设立企业2738户,免费寄递执照2692份,通过全程电子化服务平台办理变更、备案登记6117户,简易注销1008户。帮助商户协调解决口罩、测温仪等疫情防护物资,协调购进平价测温枪697把、口罩7000片,并发放到位。将商户经营用

房信息登记造册,主动联系出租方,为1037户小微企业和个体户减免房屋租金2341.94万元。

【线上教学】 东丽区疫情防控指挥部协助各中小学,按照教学计划迅速转变教学模式,充分发挥三通两平台的线上优势,始终坚持"停课不停学、停课不停教",统一教学时间、统一教学进度、统一教学内容,统筹实施网络教学,指导学生在家学习期间能科学规律地安排学习时间。同时,召开线上班会课、进行线上升旗仪式,对学生进行爱国主义教育,宣传防疫卫生常识,开展居家体育锻炼、家务劳动实践活动。结合学生家庭的实际情况和不同的年龄特点,在确保安全的前提下,开展面点制作、菜肴烹饪、清洁整理等家务劳动。在此期间,小学编写导学案1636份,制作微课240节、音频109个;初中制作导学案979篇,参与教师458人次;高中编写导学案、制作视频、高三练习卷等1319份,组织各校调研教师编写、教研员修改新高考模拟测试卷40余套,参与教师451人次;组织166场专题网络教研活动。

【畅通道路交通】 东丽区疫情防控指挥部紧紧围绕"控疫情、防事故、保畅通、优服务"的工作主线,有效助力社会全面复工复产复学,确保全区道路交通安全文明、有序畅通,为保障货运通道畅通,开辟交通保障"绿色通道",对运输防疫、民生等物资车辆采取优先快速通行措施,同时在界内高速公路出入口、国省道周边增派警力,加强易堵路段交通疏导,确保辖区内道路安全和畅通。为保障货车通行,开通应急运输服务24小时热线电话,成立24小时应急处置小组,随时为防疫、民生

物资运输车辆提供交通保障服务。对现场发现的运输防疫、民生物资车辆轻微交通违法行为,以教育纠正为主,原则上不予处罚。对驾驶证逾期未换证或者逾期未审验的,机动车逾期未检验且受疫情影响无法办理的,不予处罚。放宽货车进城条件。对本市核发号牌的轻微型封闭货车及轻微厢式货车,实施外环线及以内道路早晚高峰期间以外不限行措施,确保防疫、民生物资运输车辆能够按时完成配送。在菜市场、超市周边施划黄色禁停标线的区域,对于运输、购买农产品车辆临时停放不妨碍交通的,不予处罚。增设临时停车区域,进一步满足送货、购物群众的停车需求。

保障民生物资运输　　　　　　（公安东丽分局　提供）

【金融惠企】 东丽区疫情防控指挥部加大对市、区惠企政策和各银行特色产品宣传,编印政策汇编2000册下发至全区企业及有关部门。组建融资信贷服务微信群,及时向群内发布企业融资需求信息,督促金融机构主动对接。联合华明村镇银行、天津农商银行在13个街道(园区)设立融资服务专员。积极组织开展"百行进万企"试点工作,全年先后组织召开银企对接会14场,组织55家(次)金融机构与199家(次)企业进行一对一帮扶对接。撮合金融机构累计帮助驻区2207家企业和个体工

商户成功融资2352笔,金额208.69亿元。加强对挂牌上市培育企业分类指导。组织中航装甲、渤海新能等10家企业参加市资本市场、上交所浦江学院网上课程培训;举办东丽区上市重点培育企业董事长秘书培训班。联合市金融局、证监局对博奥赛斯等重点企业走访调研。为天津市天亿赐物流公司拨付区级股改专项奖励资金20万元。

东丽区开展"百行进万企"工作部署会

(区金融局　提供)

【复学复课】　东丽区疫情防控指挥部积极与区教育局、区卫生健康委、公安东丽分局、区市场监管局和区城管委建立联防联控机制,建立联防联控工作群,开展联合治理影响复课开学的各类环境因素,指导各学校开展应急演练等工作。完善疫情防控制度规范,制定中小学防疫工作应急预案、指导手册和责任清单等文件,将责任分解细化,落实到人。指挥部班子成员以包联学校的方式,对学校幼儿园逐一反复进行复课开学核验,织牢织密教育系统疫情防控网络,确保复课开学准备充分,秩序井然。4月20日,初高三毕业年级首批复课开学;5月7日,中职学校毕业年级第二批复课开学;5月18日,小学四、五、六年级与中学非毕业班年级第三批次复课开学;6月2日,小学一、二、三年级及特殊教育学校同步复课开学,实现了全区各级各类学校分批次复课开学。

【恢复生产生活秩序】　东丽区疫情防控指挥部抽调48名机关干部,组成市场秩序监督员队伍,检查药店、超市、市场价格波动情况,并选定华润、金钟农贸等9个大型超市、市场作为价格监测点,每天对重点商品价格进行监测。发动市场、超市、药店经营人员成立价格监督员队伍,做好业态内商品价格信息采集。积极维护安全放心的消费环境,对疫情期间退订年夜饭、口罩质量、哄抬物价等投诉举报第一时间受理、第一时间分拨、第一时间处理,受理投诉举报1.01万件,为消费者挽回经济损失158.39万元。积极维护公平竞争的市场环境,严厉打击价格违法、假冒伪劣等违法行为,查办案件379件,查封食品2.47万公斤,没收调味料99件,手套960副,罚没款127.4万元,通过新闻媒体曝光案件8件,有力震慑了违法行为。

【惠企政策落地】　东丽区疫情防控指挥部积极推动惠企政策全面落地。全年,"132"帮扶组累计开展宣传12.18万次,协调解决企业防疫物资、上下游产业链、融资贷款、用工招聘、交通物流、经营成本等8大类5387个问题。为2621户企业发放稳岗补贴资金2444万元,涉及企业职工7.1万人。为2159家企业减免房租1.07亿元,为1.27家企业减免各类保险13.5亿元,免征企业污水处理费,减免电费、燃气费用近1.15万元。积极落实《天津市关于进一步支持发展智能制造政策措施》,支持企业智能化改造,组织召开线下大型政策宣讲会4场、线上政策宣讲会1场,组织全区符合条件的57家企业申报2020年智能化改造项目84个。围绕主导产业、企业需求,主动开展"接链"工作,将"接链"作为打通供应链堵点、断点,畅通产业循环,推动企业平稳健康发展的重要抓手。全年,先后开展高新技术企业融资需求、人力资源、汽车配套产业等"接链"活动96场,累计参加企业2536个,签约项目98个,授信金额550万,发放贷款100万,发布招聘岗位4292个,对接用工人数858次,引进项目61个,涉及招商引资金额120亿元。通过"撮合"活动,累计帮助全区2173家企业和个体工商户成功融资2268笔,金额184.5亿元。

常态化疫情防控

【组织管理系统】 东丽区疫情防控指挥部为提升疫情防控工作效能,利用大数据支撑服务疫情联防联控情况,启动"重大疫情联防联控网格化管理信息系统",以网格员排查数据为基础,整合区委政法委、区卫生健康委、区工信局、区城管委、区市场监管局、区住建委、区农业农村委等多部门疫情信息,通过该系统实时监控排查情况、及时上报重点人群信息、发布排查工作舆情、登记疫情卡口设置情况、居家隔离(医学观察)人员健康监测、划分核酸检测网格等,为阻断疫情提供了强有力的数据支撑。打通网格员手持终端和疫情防控数据库,针对各渠道推送到基层的摸排线索,统一扎口、规范标准、集中下发、综合利用,排查各类线索2.5万条。

【常态化疫情防控部署】 东丽区疫情防控指挥部制定《群防群控组"平战结合"常态化工作机制》。建立四级书记指挥调度机制,区、街道、社区、网格"四级书记"抓疫情防控;建立外来人口信息采集机制,网格员排查、社区核实、街道汇总、全区统筹,确保人口数据及时更新;建立困难群体走访帮扶机制,通过网格员定期走访关怀,持续做好特殊困难人员生活保障工作;建立老旧小区科学治理机制,合理设置小区出入口,增加物业值守力量,形成规范的管理模式;建立社区力量组织动员机制,巩固发展疫情防控期间形成的党员、志愿者资源和志愿服务模式;建立居民分类精准服务机制,为"一老一小"、特殊困难人员、居家隔离(医学观察)人员等不同对象开展精准服务。

【重点地区人员排查管控】 东丽区疫情防控指挥部针对疫情不同发展阶段,因时制宜建立中高风险地区返津人员管理服务机制、境外人员管控机制、居家隔离人员管理服务机制等,网格员对吉林市、大连市、瑞丽市、青岛市等重点地区来津人员进行排查,及时核实行程信息、核酸检测结果等情况,建立核酸检测证明查验制度,重点地区来津人员情况第一时间录入"重大疫情联防联控网格化管理信息系统"。网格员对居家隔离(医学观察)人员每日早晚两次监测体温情况,询问健康状况,了解生活需求,宣传防疫知识,进行心理疏导。加强对居家隔离(医学观察)人员关怀服务,收集群众由于居家健康监测产生的各类问题和需求,为有实际困难的群体多跑腿,采用代购生活必需品药品、代缴水电燃气费等"无接触"方式提供服务,帮助群众办事2.6万件。

【重大场所疫情防控】 东丽区疫情防控指挥部将全区分成10个片区,将11个街道93个社区个体商户全部纳入疫情防控范围,督促从业人员佩戴口罩,做好体温检测和通风消毒,编制"津门战疫"操作指南,引导商户申领"健康码",排查从业人员1.99万人,外地返津人员2125人。以"三无为"标准,加强农贸市场监管,实现了"无活禽销售、无活禽屠宰、无销售野生动物";以问题为导向,加强冷链食品监管,检查各类冷链食品生产经营单位772个次,发现并整改不符合食品安全管理规定的各类问题198个,开展食品、食用农产品质量抽检310批次,推送检测核酸信息1065条。以维护舌尖上的安全为主线,加强餐饮单位监管,鼓励"无接触"式餐饮服务,引导外卖平台软件设置无接触配送选项,对疫情防控隔离人员餐饮配送单位督导检查,保障密切接触者集中隔离期间的饮食安全。加强药品、医疗器械监管,对辖区230家药品零售企业全覆盖检查,对4万余人购买治疗发热、咳嗽类药品全部实名信息登记。

【常态化校园防控】 东丽区疫情防控指挥部积极做好常态化校园疫情防控工作。各单位充分利用公众号、微信群、宣传栏等途径,积极开展多种形式的有关个人防护、重点场所防护、疫情防控法律法规及心理健康等疫情防控教育,逐步落实师生员工及家长疫情防控知识知晓和健康行为养成。强化落实"人物共防""多病共防",深入开展新时代校园爱国卫生运动,落实物资储备、应急演练、联防联控、晨午晚检、因病缺勤追踪、隔离复

课、消毒通风、公共重点场所定岗定人定责、应急处置等制度规范,详细做好相关记录。严格落实校外人员"非必要不入校"的原则,如必要入校,严格执行审批、健康排查、签承诺书、核验身份、核验14天行程码、核验"健康码"和测量体温等必要程序,实时更新校门口公示的中高风险名单,完善来访人员登记。严格落实教职员工离津审批备案管理,加强对中高风险地区重点人员的全覆盖排查和健康管理,建立一人一案。强化"外防输入"意识,主动防范境外疫情输入风险,按照各级指挥部的规定,依法依规主动配合做好对外籍师生、师生入境亲友集中隔离医学观察管理和核酸检测工作,实现从入境地到目的地全程闭环管理,及时排查、及时报告、及时详细掌握入境师生实时动态,建立一人一案。

抗疫保障

【生活物资保障】 东丽区疫情防控指挥部坚持把重要生活必需品供应作为疫情防控的头等大事,多措并举稳定市场供应,跟踪粮油市场动态,多方调度拓宽货源渠道。协调动员金钟蔬菜批发市场500余家商户参与疫情防控,调运各类蔬菜。全面掌握超市、批发市场、农贸市场等粮油库存、销量、价格等情况,掌握市场变动情况,预警引发市场波动的苗头性变化。疫情期间确保全区生活必需品市场供应不脱销、不断档,最大限度满足百姓对粮、油、肉、蛋、禽、菜等重要生活必需品的供应。推动2家商场、8家大型综合体和11家大型超

市、43家菜市场开业运营。建立线下扶贫产品销售网点22个,把解决农产品滞销与丰富市场供应相结合,帮助缓解河北省承德县的12万斤红薯和甘肃省皋兰县的10万斤面粉滞销情况。

【物资管理使用】 东丽区疫情防控指挥部积极拓展防疫物资采购渠道,增加防疫期间物资储备,严格把关物资申领,将人民群众生命安全和身体健康摆在首位。采购口罩近75万片,测温仪器(含测温枪、测温计)4801个,手套6.69万双,消毒液和酒精4020升,防护服7978套,以及护目镜、测温人脸安检门等防控物资。多类别、全方位保障全区防疫物资需求。发放76个单位(其中街道园区13个)口罩159.88万片,发放45个单位(其中街道9个)非接触式红外体温计及电子体温计4131个。全力保障全区各医疗卫生机构疫情防控物资需求以及防疫一线人员防护需要。为缓解居民购买口罩难问题,进一步分类兜底,保障"一老一小"口罩5.1万片。在全市创新性组织开展"口罩进万家"暖心行动,通过居民预约摇号购买及市场化投放形式,通过全区党群服务中心为居民提供口罩43万余片。

【复工复产物资保障】 东丽区疫情防控指挥部按照"企业主体、政府补短、储池周转、及时灵活"的原则,在区工信局、区住建委、东丽经济技术开发区、华明高新区、东丽临空经济区、东丽湖街道建立6个防控物资资源池,复工企业应急使用后向资源池补充资源,"先提后补"为企业提供应急性支持,向资源池供应7.5万片一次性口罩,有效协助企业复工复产。通过区商务局、区市场监管局等采取自行采购与委托采购相结合的方式,为企业采购一次性口罩2.18万片、测温枪1408把,满足商超、菜市场等个体商户防控物资需求。为有大宗防控物资需求的企业对接采购渠道,协助出具委托采购证明等文件。为天津钢管集团股份有限公司、天津卷烟厂、天津军电热电有限公司等近10家大中型企业对接采购渠道。

【交通运输保障】 东丽区疫情防控指挥部按照全市统一部署,于1月28日零时牵头启动区域内4条高速公路12个进津入口疫情防控工作,全天24小时不间断对进入全区车辆逐车逐人进行测温、扫码、登记。截至2月18日24时,派出检查人员5100人次,累计检查登记车辆15.77万部,检查人员25.4万人次。组建疫情防控应急保障车队,筛选60部应急保障车辆临战待命。全力畅通公交微循环,疫情期间在车辆满载率不足10%的情况下,依旧保持全区50%的公交车辆运营比例。成立公共交通、机场出租车专项巡查组,每天对机场待客点、23个公交场站、高铁站的防疫消杀和司乘人员疫情防控措施进行现场检查督导,确保机场出租车、各公交场站、高铁站均能按照市防疫指挥部要求落实各项防控防疫标准。全力推动运力恢复,助力区域企业复工复产,制发《关于加快交通运输行业企业复工复产做好疫情防控措施和安全生产保障的通知》等4个通知,积极推介全区29家运输企业纳入全市第一批公示的信誉考核AAA级和AA级道路货物运输企业名单,为用车人和运输企业搭建沟通桥梁。

【教育物资保障】 东丽区疫情防控指挥部针

对教育物资采购和储备的文件要求,分秒必争,克服一切困难筹措资金,多渠道加快疫情防控物资采购,为教育系统各单位实施科学有效的疫情防控提供物资保障,共筹集资金467.2万元,采购红外热像人体测温仪(温控门)67套;医用口罩26.3万片;红外体温计1959只;呕吐物处置包1750套;84消毒液2000升;护目镜2220个;酒精685升;紫外线消毒等车359台;消毒片1400公斤,以及防护服、隔离衣等物资,发放学校、幼儿园和直属单位,共计87家。

【健康教育工作】 东丽区疫情防控指挥部加强辖区健康教育工作,广泛开展新冠肺炎疫情防控宣传,提升公众防控知识水平,增强防护能力。印制新冠肺炎疫情防控知识手册16万余册,复学专题宣传画10万余张,海报折页共18种1.3万余张,新冠肺炎健康专刊6500余份,发布新冠肺炎疫情健康宣教及信息1250条,切实减少百姓因对疫情认知不足导致的恐惧,提高健康素养。发挥爱国卫生运动优势,助力疫情防控。紧紧围绕"防疫有我,爱卫同行"的主题,深入开展第32个爱国卫生月活动,在全区范围内张贴海报4000份,推送爱卫月专题公众号14期。开展冬春季、秋季爱国卫生运动及市场环境卫生专项整治工作,对全区集贸市场等重点点位环境清整、防控措施落实等情况进行现场推动指导。

防疫宣传与监督执纪

【社会宣传】 东丽区疫情防控指挥部第一时间启动《东丽区突发公共事件新闻报道应急预案》,制定《东丽区疫情防控宣传报道流程》,宣传组各成员单位明确任务分工,强化纪律意识,确保衔接精准、同向发力。采用全媒体方式特别是通过新媒体阵地,向群众普及疫情防控知识。第一时间发布《致全区人民的倡议书》《明白纸》《疫情防控三字经》《党员学习小贴士》等68万余份,用百姓喜闻乐见的形式,推动防控政策和防控知识家喻户晓。在社区宣传栏、东丽广场等重点点位宣传长廊及路名牌、公交站牌、大型广告牌等1200余处设置疫情公益广告;发放宣传海报3.6万余张;悬挂条幅4144余幅;利用610余块LED显示屏、74块户外大屏幕滚动播放宣传标语口号;以电话形式向居民宣传防疫知识66万余户次;利用615个大喇叭每日10小时在社区内流动循环播放防疫消息和防疫知识。围绕强化防控意识、解读相关政策、疏导公众情绪、汇聚精神动力等方面,先后组织撰写推出了《直面大战大考 夺取"双胜双赢"》《汇聚起防控疫情的强大东丽力量》《抗击疫情,每个东丽人都是战士》等"融媒系列评论"文章20余篇。"学习强国"天津学习平台刊发有关东丽区疫情防控相关文章79篇。

【监督指导】 2020年,东丽区疫情防控指挥部履行督导检查工作职责,对疫情防控工作进行全面督查。结合疫情防控各阶段重点任务,对市、区疫情防控指挥部文件落实情况、企业复工复产情况、社区疫情防控情况、秋冬季疫情防控情况、进口冷链储运检查等方面内容开展督查130余次,深入企业、社区、超市、菜市场等重点点位3774个,累计发现问题500余个,能够现场整改的,责成相关部门现场立即整改,未能当场整改的,通过督查系统下发整改通知40余份,并及时组织开展"回头看",确保问题整改到位。报送督查反馈材料300余篇,撰写《蓝军督查简报》51期,《疫情防控督查日报》126期,有关疫情防控督导报告6期,督导信息13期。针对疫情防控不力问题及时向区纪委监委移交问题线索,问责42人。

【执纪问责】 东丽区纪委监委认真贯彻落实中央纪委、国家监委和市委、区委有关部署要求,充分发挥监督保障执行、促进完善发展的作用,准确把握"国之大者",督促压实"四方责任",为疫情防控提供坚强的纪法监督保障。突出政治监督,深入贯彻落实习近平总书记关于疫情防控工作重要指示批示精神,坚持做到党中央重大决策部署到哪里,政治监督就跟进到哪里。立足监督的再监督、检查的再检查的职责定位,围绕疫情防控各阶段重点任务动态调整监督重点,疫情发生以来分类别、分领域、分层次开展监督检查149轮次,查访点位4000余个,发现督促整改问题500余个。强化跟踪问效,针对检查发现的疫情防控薄弱环节向区疫情防控指挥部、相关责任单位、职能部门下发提示函13份,督促推动整改、堵塞漏洞、健全机制,确保形成监督有效"闭环"。依规依纪依法精准问责,严肃查处疫情防控中不担当不作为乱作为现象,助力疫情防控工作扎实有效开展,截至年底,严肃查处疫情防控不力等问题23起,处理42人,给予党纪处分6人,对7起典型案例进行了通报。

(区各相关单位 提供)

本篇责任编校 吴俊侠

中共东丽区委员会

**Dongli District Committee
of the Communist Party of China**

概　述

1953年5月,成立中共天津市津东郊区工作委员会。1955年5月,改称中共天津市东郊区工作委员会。1956年5月,改称中共天津市东郊区委员会。1958年10月,撤销东郊区建制,并入河东区,成立中共天津市河东区新立村人民公社书记处。1962年2月,恢复东郊区建制,改称中共天津市东郊区委书记处。1963年5月,改称中共天津市东郊区委员会。1968年3月,成立天津市东郊区革命委员会。1970年12月,恢复中共天津市东郊区委员会。1992年3月,更名为中共天津市东丽区委员会。

2020年是全面建成小康社会和"十三五"规划收官之年。一年来,中共东丽区委员会在党中央和市委的坚强领导下,坚持以习近平新时代中国特色社会主义思想为指导,全面贯彻落实党的十九大和十九届二中、三中、四中、五中全会及市委十一届八次、九次全会精神,统筹推进新冠肺炎疫情防控和经济社会发展,增强"四个意识"、坚定"四个自信"、做到"两个维护",扎实做好"六稳"工作,全面落实"六保"任务,实现疫情防控稳定可控、经济发展持续向好、民生保障更加完善、党的领导全面加强,绿色高质量发展迈出坚实步伐,为"十四五"开好局、起好步打下良好基础。

切实提高政治站位,党的政治建设坚强有力。坚持不懈用习近平新时代中国特色社会主义思想武装头脑、指导实践、推动工作,区委理论学习中心组开展集体学习18次,各级党委(党组)理论学习中心组开展专题学习450余场,专题研讨220余场。研究制定《中共东丽区委关于坚决做到"两个维护"的相关措施》和进一步做好习近平总书记重要指示批示贯彻落实工作的相关措施,明确19条工作举措。巩固深化"不忘初心、牢记使命"主题教育成果,出台10项长效机制,实现以制度管长远、保长效。推进政治监督具体化常态化,聚焦15项习近平总书记重要指示批示精神贯彻落实情况,组织开展监督检查,督促推动整改问题48个,确保习近平总书记重要指示批示精神在东丽落实落地。深入学习贯彻党的十九届五中全会精神。区委常委会第一时间组织传达学习,下发做好全会精神学习宣传工作通知,形成区级领导带头学,各级党委(党组)理论学习中心组跟进学,社区、学校、企事业单位踊跃学的良好局面。组建区委宣讲团,启动区、街道(部门)、社区及基层单位三级宣讲,集中宣讲实现全区覆盖。精心组织宣传报道,在《天津日报·今日东丽》、天津东丽网首页等重要版面、东丽新闻重点时段开辟"十九届五中全会在东丽"专题专栏,营造学习宣传贯彻全会精神的浓厚氛围。坚持以全会精神引领经济社会发展,立足东丽区情,凸显东丽特色,高标准高水平编制《天津市东丽区国民经济和社会发展第十四个五年规划纲要(草案)》。

坚持"平战结合",疫情防控人民战争、总体战、阻击战取得阶段性成果。疫情防控指挥部1办14组周密配合、协调有效,形成"快速、联动、务实、创新"狠抓落实的工作机制。依托"互联网+社会治理"和网格员队伍,动员4万余名党员和志愿者坚守抗疫一线,累计排查人员数据354万条,全区没有出现一例本地传播病例,没有出现大范围隔离。实施防疫查验、人员转运、留观隔离、医疗救治等全流程程序化管理,形成从"国门"到"家门"的全链条"铁桶般无缝管道式"工作闭环,圆满完成马印航空等留观任务,调度分流转运机场乘客5万余人,未发生一例交叉感染,成为"空中津门"、首都政治"护城河"的坚强门户。区卫生健康委钟春德获"全国抗击新冠肺炎疫情先进个人"荣誉称号,4家单位、10人获市级表彰。根据疫情阶段性新变化,制定落实三级应急响应级别下常态化疫情防控工作方案。先后组织两批42家单位结对包保101个自然小区、老村台卡口进行值守,140名干部参与留观服务管理。加强进口冷链食品管理,实现辖区内所有生产经营进口冷链食品的冷库从业人员、环境及食品等核酸检测全覆盖、无死角。统筹推动企业复工复产、达产满产,同类型或同一产业链企业复工时间总体早于全市,规上工业企业在全市率先实现100%复工。

深入落实新发展理念,发展质量持续提高。全面抢抓机遇,强化统筹调度,经济运行延续良好增长态势。实现地区生产总值增长5%,位居全市前列。工业经济增长动力强劲,工业增加值增长6%,规模以上工业总产值增长3.7%,工业经济发展质量不断提高。服务业加快复苏,商品市场持续回暖,增加值增长4.5%。固定资产投资平稳推进,增长3%,投资拉动作用进一步显现。实际利用外资增长22.8%,外贸进出口额增长3%,经济发

展更加开放包容。全力开展新动能引育工作,制定出台推动新动能引育工作实施方案和2020年工作方案,培育18家工业战略性新兴企业入库。获批"国家知识产权运营服务体系建设重点城市""打造特色载体推动中小企业创新升级项目",分别获得中央财政支持1.5亿元和财政奖补资金5000万元。实施高企倍增和高成长企业梯度培育计划,实现新增国家高新技术企业72家,雏鹰企业、瞪羚企业、国科小企业分别入库270家、20家、526家。推动创新创业载体升级,建设大众创业万众创新示范基地,认定高质量科技企业孵化器、众创空间31家,其中国家级载体10家、市级载体6家。对区财政重点支持的25家科研机构进行评估考核、跟踪服务,成功衍生孵化出国科氢电等高科技产业化公司28家。加快建设以市场为主导的技术转移体系,培育垠坤企服、东慧科技等专业服务机构12家,完成科技成果转化项目28项。落实"海河英才"计划,引进各类人才8333人,认定战略性新兴产业领军企业急需型人才174人,天津市航空航天人才创新创业联盟落户东丽,同北京航空航天大学、中国民航大学共同建设,与滨海新区合作共建生物医药人才创新创业联盟。推进落实招商和项目建设年,建立重大项目推动监督系统,强力推动新能源汽车检验中心、电装电机新能源汽车驱动电机及逆变器生产、中航装甲航空发动机关键制件基地等40个项目开工建设,解决万达广场配套设施等问题102个。通过服务企业促成增资扩产,加快推进京东电子商务综合配套基地及天津结算中心二期、国网客服中心二期等

项目。制定"东丽招商九条",在全市率先开展"云签约"活动,落地中航油总部等46个优质项目。积极抢占发展先机,集中引进联通军电大数据中心等6个"新基建"项目。坚持以赛招商,圆满完成2020年世界智能驾驶挑战赛承办任务,氢燃料电池核心部件中试基地等13个智能汽车产业相关项目落户东丽。

树牢经营城市理念,全域城市化进程不断加快。坚持精准拆迁,完成拆迁任务87万平方米,41个点位实现清零,重点拆除张贵庄北片棚户区等一批关键点位。实施精心还迁,倒排还迁项目建设工期,竣工103万平方米,新立示范镇2.3万余人迁入新居。强化城市化政策刚性,开展还迁领域纠偏挽损工作。加快城市基础设施建设,20条道路竣工通车。金钟、新立两条污水管线投入使用,着力解决关系群众利益的难点问题。积极破解垃圾处理难题,东丽区生活垃圾综合处理厂按照节点进度有序推进,建成大件垃圾处置中心等垃圾终端处置场地,保持生活垃圾无害化处理率100%,存量建筑垃圾实现清零。23家机关事业单位停车泊位错时向社会开放走在全市前列,新增停车泊位3341个。推进市场化运作,完成西片区域7个街道园区环卫一体化作业改革,加快推进东片区域改革进程。热源委托运营试点改革取得成效,供热服务质量和群众满意度不断提升。聚焦主次干道、拆迁村庄等重点领域,全面开展城市环境综合整治,营造整洁、有序、文明、和谐的市容环境。

坚持把绿色作为发展底色,生态环境质量持续提升。坚持站在建设"京津冀生态廊道"的政治高度,推进绿色生态屏障建设,承接2020年天津市植树节义务植树活动,编制完成《东丽区双城中间绿色生态屏障区规划(2018—2035)》。创新思路招法,采用PPP融资模式解决资金来源。推进实施拆迁与生态修复等八大类16项工程,拆除海河生态绿芯范围内建筑物及地上附属设施近70万平方米,栽植各类苗木14万株,生态屏障起步区建设工程全部完工。全力配合第二轮中央生态环保督察,坚持边督边改,完成新立花园、华明等供热站燃煤锅炉热源替代和大毕庄超低排放改造任务,建立健全煤炭消费总量监控体系,督察期间29批134件群众信访件全部办结。撤销取缔9个工业园区(聚集区),PM$_{2.5}$浓度比上年降低7.8%,年均值排名全市第三。压实河(湖)长责任,开展"碧水保卫战攻坚月行动"专项整治,完成东郊污水处理厂迁建项目并使用,水环境质量改善30.6%,考核断面累计达标率100%。完成3块污染地块修复,强化建设用地和土壤污染重点企业监管。把乡村振兴战略作为新时代"三农"(农业、农村、农民)工作总抓手,持续提升农业发展质量效益,落地农业项目20个,推动蔬果采摘、托管认养、休闲旅游、农业电商成为新的增长点,农业增加值增长5.5%。农业固投实现历史性突破,超额完成市级任务400%。通过出租、转包等方式继续推进土地经营权流转,引导农户以家庭为单位创办家庭农场,促进小农户与现代农业有机衔接。以项目带动土地规模经营,军粮城306.67公顷高标准农田示范项目投入使用,启动133.33公顷永和生态水稻种植基地建设。持续开展"五边洁净"行动,高标准完成农村人居环境整治攻坚战。

全力保障和改善民生,群众获得感、幸福感、安全感不断增强。依托智慧党建引领智慧社会建设信息平台打造"特殊人群""关爱群体"子系统,创新"社区民警+网格员"捆绑作战机制,全年走访近2万人,解决问题需求253个。坚持就业优先战略,全年新增就业2.7万人,培训3.5万人,发放创业担保贷款近5000万元,就业困难人员安置率达到95%以上。城乡居民养老、医疗保险覆盖面持续扩大,建立涵盖保障、救助、优抚三类81项社会保障和救助体系,累计发放保障救助资金5.9亿元。加快教育基础设施建设,新增1所中学、3所小学、12所幼儿园,增加学位近8000个。加快推进东丽实验小学集团化办学,引进南开公能、天津逸阳教育集团等优质资源。东丽医院与天津市胸科医院等4家三级医院建立专科医联体,有序开展"互联网+医疗"体系建设,与天津市第三中心医院、天津中医药大学的合作持续深化。不断提升养老服务质量,新建5所老年日间照料中心,提供各类延伸服务2000余人次。实施文化双百工程,举办"东丽杯"文学评奖、第十届全民健身大会,新建50个社区健身园、3个健身场所,不断满足群众多样化精神文化需求。深入贯彻落实总体国家安全观,抓牢抓实食品药品等各领域安全风险防控。区级领导深入企业宣讲安全生产,未发生较大以上生产安全事故,一般生产安全事故下降25%。圆满完成扫黑除恶专项斗争各项任务,累计审结涉黑恶势力案件13件、涉恶九类案件209件,判处

罪犯500余人。推广新时代"枫桥经验",187名"街片长"、2150名小巷管家带动群众直接参与社区治理。整合586路视频监控点位,区级雪亮工程平台正式上线。建成用好区级和11个街道级社会矛盾纠纷调处化解中心,建立"四访"工作机制,部署推动城市化历史遗留问题、重复信访治理等专项行动,全面实行区级、处级领导包案,41个城市化历史遗留信访积案清仓见底,362件重复信访积案办结115件,超额完成第一阶段目标任务。

坚持和加强党的领导,推动全面从严治党向纵深发展。认真组织制定全面从严治党"两个清单",并向科级领导干部延伸,创新性地在处级领导干部中建立问题清单,实施动态管理,做到应纳尽纳、逐项销号。突出"关键少数"示范带动作用,建立区级领导包联工作机制,组织区级领导定点包联拆迁任务还迁工程、207家企业、11个街道、50个单位328名处级干部包联落实本单位承担的重点任务,上下联动破除"中梗阻"。区委、区政府主要负责人约谈2019年度主体责任考核排名靠后的7名单位负责人,倒逼干部履职尽责。深入学习宣传习近平新时代中国特色社会主义思想,新建"连锁理论超市"25个,不断深化基层理论宣传普及。在东丽宣传等网站设置理论专栏,建立宣讲员信息库,开展"四史"(党史、新中国史、改革开放史、社会主义发展史)等重点主题宣讲100余场。聚焦统筹疫情防控和经济社会发展、脱贫攻坚中的典型经验做法,完成新闻报道1.16万条,在市级以上媒体发稿724篇。用好疫情防控"活教材"和思政课主渠道,区级领导深入学校讲思政

课,引导青少年"扣好人生第一粒扣子"。建强网络宣传阵地,着力构建网上网下"同心圆"。坚持正确选人用人导向,注重在疫情防控一线考察、识别、使用干部,对表现突出、敢于担当的13名干部晋升职级。统筹全区干部资源,调整处级干部253人次,实施年轻干部"123"战略储备计划和"三个一批"培养计划,为街道党政领导班子配备23名35岁以下优秀年轻干部,干部队伍结构持续优化。举办各类进修班、培训班、专题班27期,培训党员干部2446人次、处级干部380余人,提高驾驭绿色高质量发展能力。全面落实鼓励激励、能上能下、容错纠错三项机制,对9名不适宜担任现职的处级干部作出"下"的安排,对7名受到问责影响期满、成绩突出、群众认可的处级干部提拔使用,为受到不实举报的4名处科级干部及时予以澄清,旗帜鲜明地为敢于担当的干部撑腰鼓劲。着眼社区基层组织换届需要,对39名社区党组织书记进行调整,社区带头人队伍结构得到显著优化。高标准新建4个社区党群服务中心,同步抓好2019年95个社区党群服务中心问题自查整改,不断提升社区阵地保障水平。充分运用社区评星定级结果,对社区工作者进行差异化考核,选聘6名优秀社区书记进入事业编,激发基层干部干事创业积极性。将商务楼宇、商圈市场全部纳入城市基层党群网格,采取单独建或联合建的方式,推动社区、园区、商业网格党组织建设,确保党的领导"一根钢钎插到底"。突出抓好政治监督,加强对落实习近平总书记重要指示批示精神及统筹疫情防控和经济社会发展、做好"六稳"工作、落实"六保"任务等党中央重大决策部署的监督检查,坚决做到"两个维护"。持续强化同级监督,探索形成"两谈两函一报告"工作机制。坚定不移深化政治巡察,完成对54个党组织巡察,发现问题800个,探索"三化一指引"模式压实整改主体责任。持之以恒纠治"四风",坚决打好形式主义官僚主义、不作为不担当专项治理三年行动收官战,坚决纠治享乐主义、奢靡之风,查处违反中央八项规定精神问题119起、处理225人。聚焦东西部扶贫协作和支援合作等,持续深化扶贫助困领域腐败专项治理,紧盯儿童保困资金、残疾人补贴发放等情况,深入民生领域治理,强力惩治涉黑涉恶腐败及"保护伞",查处群众身边腐败和作风问题115起、处理197人。持续保持惩治腐败高压态势,立案审查调查238件,留置15人,处分237人,紧盯拆迁还迁等重点领域,以疾风厉势整治土地领域违纪违法乱象,查处典型问题47起、处理97人。深化"以案三促",制作专题教育片、召开警示教育大会、组织旁听庭审,常态化开展警示教育,推动党员干部以案为鉴、闻警自省。

主要工作

【区委区政府印发《东丽区2020年20项民心工程》】 1月20日,区委、区政府印发《东丽区2020年20项民心工程》。主要内容:着力完善养老服务。新建、改建5个社区老年人日间照料中心。推进社区老年健康服务,参加家庭医生签约服务老年人达到5.97万人,为60岁以上失能、半失能人员提供入户医疗护理服务,达到2334人次。大力发展学前教育。推进幼儿园建设,新增学位1530个。实施11所幼儿园维修改造工程。多措并举促进就业。全年新增就业1.9万人。开展职业技能培训,全年培训1.1万人次。加快还迁工程建设。推进新立示范镇丽恒花苑等42万平方米还迁项目开工建设。实施智慧城项目三组团、新立示范镇、军粮城示范镇二期项目还迁,年内2.2万人迁入新居。实施社区提升改造。以军粮城示范镇一期、常熟里等还迁房社区和老旧小区为重点,实施外墙和公共设施维修维护,加固住宅阳台,改造管网线路、路灯和室内变电站,提升社区绿化,改善社区环境。完善医疗卫生服务。新建3个社区卫生服务站,建立儿童接种疫苗信息化管理系统。开展心肺复苏技能培训,在火车站、机场、学校等公共场所配备自动体外除颤仪40台。举办"阳光心田"心理健康服务知识讲座10场。精准救助困难群众。落实社会救助政策,保障低收入、特困、政策边缘户等困难群众基本生活。开展职工大病救助和困难职工家庭子女助学工作,为1000名困难职工及农民工免费查体。提升助残服务水平。为符合条件的残疾人发放居家托养服务补贴,免费配发残疾人辅助器具,实施残疾人家庭无障碍改造。丰富群众文化生活。开展第十八届文化艺术节,举办书画展、演讲、歌舞比赛等活动。实施文化"双百"工程,开展各类文化惠民演出100场、公益文化培训100场。拓展群众健身场所。新建、更新25个社区健身园,建成2个智能健身驿站、8000米健身步道,推进2所学校体育场馆向社会开放。开展全民健身系列活动,举办区级健身活动10次以上。建设便民商业设施。建成万新街道、东丽湖街道2个菜市场,新增品牌连锁便利店10个,方便居民就近采购生活必需品。改善城市停车环境。新建改建停车场9处,增加停车泊位2018个。推动行政事业单位停车场分时段向社会开放。加大违章停车治理力度,有效规范停车秩序,提升道路通行效能。优化城市公共交通。新辟、调整优化公交线路12条。实施道路和管网建设。完成雪莲路、香兰路、龙山道、雪莲南路部分路段建设。实施贵环小区燃气并网改造工程。实施绿化造林工程。重点推动生态屏障区建设,以造林绿化为契机,实施生态修复、生态改造,形成林田水草相结合的自然生态景观。提升城市管理水平。建成东丽区生活垃圾处理厂,区级大件垃圾处置中心交付使用。提升道路清扫保洁机械化作业范围和水平,提高作业标准,加强考核管理,进一步改善道路环境卫生。完善社区服务功能。新建新立花园、海雅园社区党群服务中心,建设居民小区新能源汽车公共充电桩60台,建成未成年人"五爱"教育阵地12个。提升物业管理品质。制定实施加强全区社区物业管理工作的政策文件,以保障房和还迁房小区为重点,选取2~3个试点,推广先进物业管理服务经验,以点带面,推动全区物业管理水平提升。强化食品安全监管。推进食品生产企业食品安全信息化追溯体系建设,年内完成3家。开展食品安全专项检查,检验检测食品6150批次。提升消防安全水平。加强社区消防安全管理,改造消防设施,提升社区消防车通道通行能力。在居民社区建设95个电动自行车充电设施。

【区委区政府印发《中共东丽区委　东丽区人民政府关于认真贯彻落实习近平总书记重要指示精神进一步做好新型冠状病毒感染的肺炎疫情防控工作的通知》】　1月28日，区委、区政府印发《中共东丽区委　东丽区人民政府关于认真贯彻落实习近平总书记重要指示精神进一步做好新型冠状病毒感染的肺炎疫情防控工作的通知》。主要内容：充分认识进一步做好疫情防控工作的重要性和紧迫性。新型冠状病毒感染的肺炎疫情发生以来，习近平总书记始终高度重视，多次召开会议、听取汇报、作出重要指示。区委、区政府坚决贯彻落实习近平总书记重要指示精神，党中央、国务院和市委市政府的各项决策部署，召开区委常委会会议和专题会议，成立区防控工作指挥部，做好重大突发公共卫生事件一级响应工作。面对疫情加快蔓延的严重形势，全区各部门各单位要切实提高政治站位，从增强"四个意识"、坚定"四个自信"、坚决做到"两个维护"的政治高度深刻认识打好这场特殊战役的重要性紧迫性，立即行动起来，全面动员、全面部署、全面加强各方面、各领域、各环节疫情防控工作，把各项防控措施贯通起来、联动起来，切实担起东丽之责，全力抓好习近平总书记重要指示批示的贯彻落实。要把维护人民群众生命安全和身体健康放在第一位，把疫情防控工作作为当前最重要的工作来抓，增强战时意识、风险意识、责任意识、紧迫意识，严防死守，严密防控，做到早发现、早报告、早隔离、早治疗，

集中患者、集中专家、集中资源、集中救治，坚决遏制疫情蔓延。要坚定必胜信念，把守初心、担使命体现于疫情防控各项工作中，紧紧依靠广大人民群众，以担当诠释忠诚，以越是艰险越向前的战斗姿态和忘我精神开展工作，在防范疫情斗争中经受考验和检验，以实际行动和作为践行"两个维护"，坚决打赢这场特殊战役。坚决压实属地防控责任。全面落实"战区制、主官上"，各街道党政主要负责同志是属地防控第一责任人，要坚守战区、靠前指挥。区级领导要做好街道包联工作，做到守土有责、守土负责、守土尽责。要建立区、街道、社区和部门分工明确、衔接有序、高效运转、执行有力的联防联控体系，一级抓一级，做到落实责任不留空白、不留死角，确保疫情防控工作横到边、纵到底。要做好应急预案和应对准备，及早研判疫情传播扩散风险，以最快的速度、最严的措施落实疫情防控、医疗救治和监督管理等各项措施。要进一步加强对在疫情重点地区有旅居史的来东丽人员的筛查，落实居家或集中隔离医学观察措施，从源头阻断疫情蔓延，最大限度控制危险因素，维护人民群众生命健康安全。要尽量减少辖区居民流动和人群聚集活动，坚决取消各类大型公共活动，加大公共场所预防性消毒工作力度。对疫情集中、社会稳定、供应短缺等情况，要及时向区防控工作指挥部报告，坚决杜绝迟报、漏报、瞒报。全区各部门各单位各司其职、分工协作，落实好各项防控措施，加强疫情防控应急处置。各街道要坚决落实市、区统一安排部署，结合实际采取针对性防控措施，发挥群防群治力量，在基层构

筑起抵御疫情的严密防线。各社区党组织要充分发挥战斗堡垒作用和党员先锋模范作用,最大限度地做好社区的自身防控,配合做好防病宣传提示、外来人员监管、医学观察人员生活服务保障等工作。坚决压实部门防控责任。区卫生健康委要组织各医疗机构做好疫情监测、研判、报告和防控救治工作。科学调配精干力量,统筹医疗资源,充实医疗救治队伍,严格执行首站负责制,及时收治所有确诊患者。严格落实发热门诊管理措施,加强对发热患者的检测、排查和对症治疗。坚持中西医结合,完善诊疗方案,全力做好重症抢救、病情会诊、疫情分析等工作。加强对医疗卫生人员的培训和防护,严格院内感染防护设备配置和防护措施落实。做好防控物资采购储备,保证救治需求。会同相关部门加强对流动人员的疫情监测和防控,严格隔离确诊患者,对疑似病例和密切接触者第一时间按医学要求进行隔离和检查。区运管局要严把铁路、公路等出入关口,临空办加强与机场、海关等部门的信息沟通和协调联动,对来东丽人员特别是来自疫情重点地区的人员严格排查和登记,严控传染源输入。对汽车、火车、飞机等密闭交通工具,落实通风、消毒、体温监测等必要措施,降低人群感染风险。区商务局、区市场监管局、区城管委等部门要加大对全区农贸市场和各类经营场所的集中整治力度,对达不到卫生条件的坚决关掉。依法从重严厉打击囤积物资、哄抬物价等行为,保证正常市场秩序。做好街道清扫和生活垃圾清运等工作,搞好环境卫生。区农业农村委要加强对畜禽养殖屠宰场所的排查和管

理,切实保障农副产品供给。区商务局、区工信局、区发展改革委等部门要密切配合,做好防护防疫用品、药品和救治设备等应急物资的生产、采购、调拨、运输、储备等工作,加强基本生活物资的调度和供应,保障群众生产生活。区教育局要组织大中小学校全面摸排、及时报告学生健康情况特别是往返疫情重点地区学生情况,落实校园防控管理各项措施。落实延期开学有关要求,及时调整教学安排,明令各类教育培训机构暂缓开展线下培训活动。公安东丽分局要协助有关部门依法落实追踪信息、隔离措施,依法处置与疫情相关的社会治安突发事件,对造谣传谣、借机生事的,坚决依法打击,决不手软,切实维护社会大局稳定。区委宣传部、区网信办等部门要即时实时准确播报疫情和防控进展的权威信息,广泛深入地做好一级响应机制的宣传解读,主动设置议题,高频次、大范围、滚动播发。通过网络、电视、广播、报纸等全方位普及疫情防护和健康知识,大力宣传"人人为我、我为人人"疫情防控理念,督促群众出门必须戴口罩,增强自我防护和健康管理意识。民政局要做好社会救助工作,配合相关部门加强对养老院等老年人集中区域的疫情防控,确保老年人安全健康。区财政局、区医保局要加强患者医疗救治费用保障,确保疫情防控资金及时到位、患者及时得到救治。坚决压实社会和个人防控责任。全区党政机关、人民团体和企事业单位要严格落实卫生健康部门和行业主管部门提出的各项防控措施,加强对本单位人员的健康监测,要求从疫情重点地区返东丽人员进行居家或集中隔离医

学观察,严防疫情传播。发现异常情况要及时报告相关部门,并按要求采取相应防控措施。公共场所或其他人员密集场所的经营者、管理者要严格落实消毒、通风等防控措施。建筑施工单位要加强对施工人员生活居住场所的防控管理,严格人员登记。航空、铁路、长途客运等运输经营者要对来自疫情重点地区人员的姓名、来源地、来东丽居住地、联系方式等信息进行登记。有关人员应当积极配合,如实提供信息。宾馆、旅店等提供住宿服务的经营单位要如实登记旅客姓名、来源地、联系方式等信息,定时为旅客提供体温检测服务,发现异常情况要及时报告相关部门,并按要求采取相应防控措施。个人要按照《中华人民共和国传染病防治法》规定,服从政府部门开展的防控工作,做好自我防护,规范佩戴口罩,尽量减少外出活动。要依法接受疾病预防控制机构、医疗卫生机构有关传染病的调查、样本采集、检测、隔离治疗等防控措施,如实提供有关情况。从疫情重点地区返东丽的人员,要主动向所在单位或者居民委员会报告健康状况,配合居住地街道办事处和社区卫生服务机构的服务管理,配合医疗人员对其自身健康状况的随访或者电话询问等,进行居家或集中隔离医学观察。从疫情重点地区来东丽的人员,应当主动报告,自行进行体温监测,配合进行集中隔离医学观察。新型冠状病毒感染的肺炎的疑似病人、确诊病人及密切接触者,要按照《中华人民共和国传染病防治法》以及市有关防控要求,配合做好排查、隔离治疗、居家观察;对拒不配合者,依法处理。切实加强组织领导。区防控

工作指挥部要加强统一领导、统一指挥,确保各项防控举措落到实处。全区各部门各单位要坚决执行区防控工作指挥部部署要求,服从组织调度,严格落实责任分工,切实维护区防控工作指挥部战时统一指挥的严肃性、权威性,切实维护战时应急状态下执行各项制度机制和法律法规的严肃性、权威性。要以战时状态、战时机制、战时思维、战时方法,始终保持高度警觉警惕警醒,密切分析研判疫情走势,复杂问题既要请示报告,又要积极主动作为,及时、科学、高效应对处置各种突发状况。各单位党政主要领导干部要深入防控疫情第一线,及时发声指导,及时掌握疫情,及时采取行动,在防控疫情斗争中经受考验。要把困难估计得更充分,完善应急预案,扎实做好准备工作,做到深想一层、提前预判、果断处理。要强化联防联控和科学诊疗救治,及时发现病源、及时切断病毒传播渠道,坚决遏制疫情蔓延势头。要加强对疫情防控措施和责任落实情况的督查检查,对责任落实不到位的,以战时责任论处,严肃追责问责。

【区委区政府印发《东丽区关于深入落实"海河英才"行动计划　促进人才优先发展的若干措施》】　3月6日,区委、区政府印发《东丽区关于深入落实"海河英才"行动计划　促进人才优先发展的若干措施》。主要内容:加大高层次人才及团队支持力度。对能够突破关键技术、发展高新产业、获得重大经济效益和社会效益的顶尖人才及团队,采取"一事一议"方式给予最高500万元奖励资助。对在本区实现成果转化、获得备案的社会风创投高额投资的高层次人才及团队,给予最高

200万元奖励资助。对具有先进水平、引领东丽产业发展、带来较大经济效益的一流创新创业人才及团队,给予最高50万元奖励资助。激励企业多元引才育才。把企业作为引进人才的主体,鼓励企业开展引才育才工作,并根据企业对本区实际贡献给予不同层次的奖励。支持本区获评的天津市战略性新兴产业领军企业和区纳税50强民营企业根据发展需要面向国内外广泛吸纳人才,提供"一站式"落户服务,企业董事长签字推荐,政府照单全收。鼓励企业引进全日制普通高校毕业生,其在本区购买首套住房的,给予购房优惠;引进的高层次人才,可享受更高额度的购房优惠。支持企业优秀人才及团队申报海外高层次人才引进计划、"万人计划"、市重点"项目+团队"等专项政策,给予入选人才及团队相应资金支持。加强企业家队伍建设,培育一批具有全球战略眼光、市场开拓精神、管理创新能力和社会责任感的优秀企业家。其它重要引才育才工作,可按需配置支持资源,实行"一事一议"。扶持人才密集型企业发展。大力引进和培育人才聚集的科技型企业、创新创业型企业、总部型企业、高端服务业,适当放宽招商引资和各项奖励扶持政策兑现对企业经济贡献、投资强度等条件要求,优先支持人才密集型企业集聚发展。按照企业人才密集度、经济贡献、技术水平、发展前景,给予生产经营场地租赁补贴、税收优惠等政策。按照企业实缴个人所得税的一定比例,给予核心人才相应奖励资助。鼓励和引导金融资本、社会资本加大对人才项目团队的投资。优化人才发展载体平台建设。鼓励本区经营状况好、经济效益高、引领产业发展的民营企业建设院士专家工作站、博士后工作站等载体平台。获批院士专家工作站的,给予最高25万元奖励资助;获批博士后工作站的,给予最高15万元奖励资助。提高教育卫生专业技术人才水平。对引进和培育的享受国务院政府特殊津贴专家、全国教育系统先进工作者、国家卫生健康突出贡献专家等获得国家级荣誉称号的人才,给予最高20万元奖励资助。对引进和培育的海河医学学者、津门医学英才、青年医学新锐等获得省部级重点人才荣誉的医生,给予最高10万元奖励资助。对引进的获得执业医师资格证的全日制普通高校硕士以上毕业生给予5万元奖励资助。实施专业能力提升计划,每年选拔20名优秀教师、医生进行重点培养,安排到国内重点中小学、三甲医院进修学习。加强各类人才安居保障。加大人才公寓保障力度,通过改造现有房、租购商品房、新建公寓房等多种渠道筹集房源,在张贵庄街道、万新街道、东丽经开技术区、华明高新区、东丽临空经济区、东丽湖街道等区域配置一批人才公寓,为引进的各类人才提供安居保障。鼓励用人单位按城市规划与土地出让管理有关规定自建人才公寓,提供给本单位人才租住;鼓励第三方社会服务机构通过投资、参股等方式参与人才公寓建设。符合全市规划用地兼容性管理相关规定且兼容比例不超过地上总建筑规模15%的,给予租金补贴、水电热执行居民价格标准等支持政策。做好人才子女入学和交通出行服务。引进的高层次人才子女就读义务教育和高中阶段的,由区教育局协调区内公办优质教育资源;子女就读区属高中,对其学杂费、住宿费等费用予以补贴。引进的青年人才子女就读幼儿园和义务教育阶段的,享受本区户籍学生待遇,按就近入学、个人意见等实际情况妥善安排。推动运营北京中关村—华明高新区—东丽湖通勤班车,解决本区京津人才交通出行问题。强化人才优先发展组织保障和资金保障。坚持党管人才原则,完善党委统一领导、组织部门牵头抓总、有关部门密切配合、社会力量发挥重要作用的人才工作格局。强化人才工作目标责任制考核,科学建立考核指标体系,加大人才工作专项督查力度。设立3500万元区级人才发展专项资金,重点支持高层次人才及团队引育,教育卫生专业技术人才引进培养,国家高新技术企业、国家科技型中小企业、天津市战略性新兴产业领军企业引才育才,以及各类人才安居、宜居等生活保障。

【区委印发《东丽区关于解决"社区之表、农村之实"问题的实施方案》】 4月20日,区委印发《东丽区关于解决"社区之表、农村之实"问题的实施方案》。主要内容:深化"战区制、主官上、权下放",党建引领基层治理改革创新,将网格化管理拓展到农区、园区,确保网格全覆盖,形成党建引领、基层为主、全民参与的共治共享新格局。健全完善基层治理体系。建立区委、街道党(工)委、社区(集体经济组织)党组织、网格党组织"四级书记"抓党建责任轴心,层层压实主体责任。持续深化街、社区党建联席会议制度,完善街道"大工委"、社区"大党委"制,落实"吹哨报到"工作机制,推广网格会议、楼门会议等做法,切实提升各级党

组织书记统筹资源、解决辖区问题能力和水平。建立健全党组织领导,居委会、居务监督委员会、业委会、物业服务企业、群团组织共同参与的基层治理体系,落实各类组织向党组织述职、重大事项报告等制度机制,巩固强化基层党组织在同级各类组织中的轴心作用。健全完善社会参与体系。建立东丽区志愿服务基金会,培育一批公益性、服务性、互助性社会组织和志愿者团队,挖掘一批热心社会事务的骨干力量,培育一批适应居民需求的优质便民项目。完善社会服务体系,建立社区、社会组织、社会工作"三社联动"机制,统筹用好注册型社会组织和各类志愿者团体,大力发展社区管理、志愿服务、养老助残、困难救助、社区教育等领域社会组织,服务对象从以"老、残、孤、困"等社会弱势群体为重点,逐步拓展到社区广大居民和老村台居民。依托楼栋长、网格员、小巷管家,以家庭为单位,动员更多的热心居民和村民参与到社区、老村台治理中,打造"周末清洁日""党员服务岗"等志愿服务品牌,实现"小事不出社区(老村台)、大事不出街道、矛盾不上交"。健全完善问题解决体系。坚持巡办分离,网格员每天3小时入户巡查,主动问需于民,即时上传平台,简单问题社区解决,一般问题街道协调解决,复杂问题部门报到解决,形成采集上报、快速响应、及时处置、监督考核一体化在线处置闭环。落实《东丽区便民服务事项办理规定(试行)》,健全完善向群众汇报机制,定期梳理分析网格员采集的问题及"民意直通车"等渠道反映问题,包联领导牵头,组织相关单位开展向群众汇报工作,及时向群众宣讲党的

政策,汇报工作进展,真正解决好群众的操心事、烦心事、揪心事,确保群众满意。健全完善服务群众体系。继续推动公共服务事项下沉到社区(集体经济组织),整合互联网+民政、+残联、+保障等业务平台,提升常态化、信息化水平,扩大网格员代办覆盖率,真正实现"数据多跑路、群众少跑腿"。设立服务专项资金,对孤寡老人、特困人群等弱势群体进行支持帮扶。拓宽便民服务形式,将家政、维修、配餐等便民服务引入社区,辐射临近老村台,确保群众得到实惠。筛选优质市场机构,将日间照料、亲子课堂、社区医院、老年人食堂等专业服务引入社区党群服务中心,打造功能齐备的15分钟生活服务圈。重点改进居家养老服务,逐步提高社区助餐、助医、助洁、助浴、助急等"五助"服务覆盖率,以资源换市场、规模换效益,提高优质服务覆盖率。补齐基础设施短板。坚持以人民为中心的发展思想,区财政投入5亿元,重点围绕房屋质量、环境卫生、绿化设施、公共设施等方面存在的问题,建立问题台账,明确时间节点,切实查漏洞、补短板、强弱项,为居民创造优质生活环境。新市镇及还迁房小区经营性公建由区国资委统一管理,所得收益最大限度补贴公共设施设备应急维修费用、"以奖代补"物业服务费用和弱势群体物业服务费救助费用,不足部分按区街两级财政政策分担。加强新市镇及还迁房小区经营性公建经营收益的监督管理,实行收支两条线管理,年度由审计部门进行专项审计,保证资金专款专用。实施精品物业工程。以军粮城新市镇二期和新立新市镇为试点,推动精品物业管理模式,提升物业管理服务的专业化水平,提高物业服务费收缴率,降低群众投诉率,实现"一年初见成效,三年显著变化,五年常态运行"。结合各街道新市镇及还迁房小区建设或物业管理现状的特点,采取全部委托方式、服务合作方式或股权合作方式,其中全部委托方式是将试点小区全部委托给引进的精品物业企业实施管理,独立进行试点小区的物业管理服务模式;服务合作方式是引进精品物业企业与原物业服务企业进行服务合作,注入精品物业服务企业的先进管理文化、管理理念,形成优势互补的服务合作模式;股权合作方式是区政府平台公司与引进的精品物业企业共同出资成立新的物业管理服务合作公司,由新建立的物业管理服务公司对试点小区进行物业管理服务,形成强强联合的物业管理服务模式。创新物业管理机制。建立物业服务费补贴输血机制,物业服务费补贴采取"以奖代补"方式,依据"两级考评一调查"综合考评结果予以补贴。建立低保、低收入困难群体救助机制,对弱势群体物业服务费进行差别性补贴。建立应急解危保障机制,在新市镇及还迁房小区经营性公建的经营收入中统筹部分资金,用于新市镇及还迁房小区公共设施设备安全隐患常规性应急维修。建立物业服务费收缴保障机制,试点小区物业管理服务按照"两级考核一调查"考核办法考核且合格的,经物业服务企业催缴仍未达到目标收缴率的,由街道办事处组织社区居民委员会及业主委员会协助收缴。建立街道社区物业管理考核制度,将试点工作作为区政府对街道绩效考核事项,对于试点工作中机制建设、物业管理实施效果及物业服务费收缴率作为考评事项,确保试点工作落实。坚持抓社会主义核心价值观宣传教育。加大理论宣讲力度,组建宣讲员队伍,开展社会主义核心价值观进基层宣讲活动,凝聚新市民的精气神。加大户外公益广告宣传力度,各街道、社区因地制宜建设一批社会主义核心价值观大型户外公益广告,每个社区至少设立1处社会主义核心价值观"24字"永久性宣传牌,制作一批精神文明建设宣传栏和一批"讲文明、树新风"公益广告及遵德守礼标牌,让正能量充满社区每个角落。坚持抓社区精神文明阵地建设。建设社区"道德文化墙",在文化广场、主干街道两侧的墙壁上,把孝老爱亲、健康文明的故事制成一幅幅鲜活的图画和文字,构筑文化长廊,彰显新市镇的文明新风尚。管好用好城市书房、社区基层图书流动服务店,加强常态化管理,落实管理制度、借阅制度、管理员岗位职责等,实行免费借阅和免费开放。坚持抓先进典型选树。积极申报推荐各类先进典型,做好身边好人宣传,对生活困难道德模范和身边好人进行帮扶和走访慰问,在全社会树立"好人有好报"的舆论导向。建设"好人榜""善行义举榜""最美家庭榜"等宣传阵地,组织先进典型评议会,传播先进典型事迹。进一步扩大"文明社区""文明家庭"创建覆盖面,培育生态意识、文明意识,深化美丽社区建设活动。持续开展"传家训、立家规、扬家风"活动,组织"好媳妇、好婆婆、好妯娌"等先进典型评选,推动建立和谐融洽的婆媳关系和家庭关系。坚持抓群众性文化体育活动。以"我们的节日"为主题,组织开展丰富多彩、积极健康的民俗文化活动。注重把保护传承和开发利用有机结合起来,把农耕文明遗存和现代文明要素结合起来,让农业农村现代化成为有根有魂的现代化。发掘整理推广各街道农村历代保留下来的乡规民约、族规家训、文史典籍,培育富于地方特色和时代精神的乡贤文化。加大对古镇、古村落、古建筑、文物古迹、农业遗迹的保护力度,深入挖掘民间艺术、戏曲曲艺、手工技艺、民俗活动等非物质文化遗产。推进集体经济市场化运营。围绕绿色生态屏障区建设和"两区五园六基地"产业规划布局,以引进有实力、有潜力、有活力的高端企业与高质量产业项目为目标,以无瑕街道"五村联合"同天钢公司组建股份公司为试点,推广"企业+集体经济组织+成员"或企业与集体经济组织成立合资公司的合作经营模式,建立符合市场经济要求的集体经济运行机制。坚持实施经营与收益有效分离,将土地流转收益和资产经营收益按股按份固化。加大对集体经济发展的政策扶持力度,持续推进集体资产的增值保值,采取保底分红+效益分红的模式,确保群众权益,真正成为"城市股民"。推进土地经营权集中流转。在确保集体经济组织对集体土地所有权不变的前提下,采取明晰股权、合作经营的方式,依法依规将集体经济组织所属土地的经营权流转到街道组建的联营公司,对土地实施规模经营,提高土地产出效益。牢固树立市场理念,积极引进专业管理团队和有效社会资本,建立街道联营公司市场化经营模式,盘活资产资源,大力发展资产经营、物业经济等投入低、收入可持续的经济模式,逐步实现企业化、公司化。推进集体土地规模化经营。以实施乡村振兴战略为抓手,通过出租、转包、入股等方式加快推进土地经营权向街道、企业与合作社流转,对土地实施规模经营,发展文化旅游、休闲采摘、餐饮度假等都市型产业,确保亩均土地产出超过6000元。以华明宅基地复垦设施园区为试点,打造草莓产业园,采取"秋冬草莓+春夏蔬菜"种植模式,发展草莓采摘和休闲观光产业。结合高标准农田改造,提升欢坨西红柿产业基地条件,改善产品品质、提高产品产量。完善电子交易平台体系,发展"互联网+基地+社区"新型配送模式,推广"网订店取""网订店送"等产品销售业态,进一步拓宽销售网络。加快农地招商步伐,鼓励和引导社会资本多渠道、多形式参与土地规模经营,促进土地集中连片发展。拓宽就业渠道。把促进就业作为产业发展的重要目标,推动劳动密集型产业发展,为农村富余劳动力向二三产业转移就业提供载体。充分发挥新市镇商业服务配套设施建设作用,开发商贸餐饮、养老服务、美容美发等就业岗位,将保安、保洁、保绿等公益性岗位重点用于安置本区域内就业困难人员和弱势群体。加大工业园区、产业项目、农业园区就业岗位开发力度,为有就业能力和就业愿望特别是懂技术、有经验、会管理的农村劳动力提供就业岗位。搭建就业平台。完善区、街道、社区三级就业服务平台,构建零距离就业服务机制,增强街道、社区就业服务能力,努力形成"就业服务进家到户,就业岗位进街到社区"的就业服务常态。加强企业与高校之间的长效对接,促进校企合作,直接

对接企业高层次人才需求。定制个性化、精准化的"双一流"高校引智引才洽谈会等招聘活动,每年举办各类招聘会不少于50场,网络招聘会天天开,岗位信息推送时时有。培育创业孵化器等创业载体平台建设,加大创业担保贷款支持力度,开展创业培训与指导,提升创业者创业思维和创业能力。强化就业培训。加大与大型企业、大专院校以及民办培训机构沟通联系,扩大培训渠道。鼓励企业建立培训中心,发挥企业培训主导作用,切实开展企业在职提升培训。加强与职业院校和高校联动,根据市场需求调整专业设置。发挥高校师资优势开展企业新型学徒制和"师带徒"项目,重点开展企业短缺、急需的职业技能培训。鼓励社会培训机构开展培训,为全区被征地农民提供高中低各级培训支持。充分掌握市场动态,针对产业需求、企业用工需求,以订单式、储备式等方式开展培训,确保就业与培训紧密对接。继续举办技能大赛,发挥大赛促提升、大赛展风采、大赛选人才、大赛扩影响作用,进一步提高就业培训成果和影响力。

【区委印发《中共东丽区委关于深入开展党史、新中国史、改革开放史、社会主义发展史学习教育的实施方案》】 8月25日,区委印发《中共东丽区委关于深入开展党史、新中国史、改革开放史、社会主义发展史学习教育的实施方案》。主要内容:选好学习书目。党员、干部重点学习内容和推荐用书包括:习近平总书记重要讲话中有关党史、新中国史、改革开放史、社会主义发展史的重要论述;《习近平谈治国理政》第一、二、三卷中有

关党史、新中国史、改革开放史、社会主义发展史的重要论述;《习近平关于"不忘初心、牢记使命"重要论述选编》;《中国共产党历史》第一卷和第二卷、《中国共产党的九十年》《中华人民共和国简史(1949—2019)》《新中国70年》等著作。各级党组织要紧贴工作实际,组织党员干部群众有侧重地学习相关内容,提高学习的针对性和实效性。纳入培训课程。各级党组织要把党史、新中国史、改革开放史、社会主义发展史作为对党员、干部理想信念教育、对党忠诚教育、爱国奋斗教育的重要内容,纳入党员干部日常学习教育、公务员入职培训、入党积极分子培养等各类培训课程中。区委党校要完善教育培训课程体系,组织骨干师资力量,开展党史、新中国史、改革开放史、社会主义发展史教育专题研究和教学。区教育局要根据未成年人的年龄特点,组织骨干教师力量在中小学开设党史、新中国史、改革开放史、社会主义发展史专题思政课,完善中小学思政课程体系。强化学习交流。坚持个人自学、集中学习与交流研讨相结合,将学习教育纳入理论学习中心组学习、党员学习的内容。区委通过组织区级领导干部读书班、全区处级以上领导干部专题辅导讲座等方式开展党史、新中国史、改革开放史、社会主义发展史学习教育。各级党组织要充分利用学习强国、天津先锋网、天津党建网、天津干部在线学习、手机党报等平台载体,利用"理论超市"专家资源,有组织、有计划地推动党员、干部集中学习党史、新中国史、改革开放史、社会主义发展史,结合实际至少撰写一篇学习心得,开展一次专题研讨活动。

讲好专题党课。坚持把"万名党支部书记讲党课"、主题党日活动作为加强党史、新中国史、改革开放史、社会主义发展史日常学习教育的重要抓手。区级党员领导干部要在所在党支部或者所包保的街道或社区,讲一堂党史、新中国史、改革开放史、社会主义发展史相关内容专题党课,各级党组织书记年内至少安排一堂相关内容专题党课。基层党组织要充分利用党日活动,围绕党史、新中国史、改革开放史、社会主义发展史开展专题教育,充分引导广大党员干部群众坚定理想信念,传承红色基因,永葆政治本色。结合重要节点开展学习教育。利用重要历史纪念节点和相关主题活动,有重点、有针对性地开展专题学习教育。结合纪念建党99周年开展"听党话、感党恩、跟党走"群众性主题教育活动,组织党员干部群众重点学习党的历史;在纪念中国人民抗日战争暨世界反法西斯战争胜利75周年之际,重点组织学习社会主义发展史;在"十一"国庆之际,重点组织学习新中国史;在全面建成小康社会之际,重点组织学习改革开放史。让党史、新中国史、改革开放史、社会主义发展史学习教育贯穿始终,持续营造浓郁的学习氛围。结合红色资源开展学习教育。突出红色资源在党史、新中国史、改革开放史、社会主义发展史学习教育活动中的作用,充分利用两级爱国主义教育基地、红色文化纪念场馆等载体资源推出学习教育专题线路,结合实际,组织党员干部群众及中小学生开展参观学习,实地学习了解相关历史,现场开展革命传统教育。组织党员干部群众观看反映党史、新中国史、改革开放史、社会主义发展史的相关经典影片，推动党员干部群众学会历史思维、培养历史眼光、增强历史担当，进一步坚定"四个自信"，树立正确的历史观。结合群众性活动开展学习教育。在全区图书馆、农家书屋、城市书房陈列相关党史、新中国史、改革开放史、社会主义发展史书籍，组织开展专题阅读活动。围绕庆祝建党100周年等重要节点，策划推出群众性系列主题文化活动。利用"东丽故事汇"等文艺宣传载体，紧密结合"文明细胞"创建工程，以身边人讲身边事，将党史、新中国史、改革开放史、社会主义发展史学习教育阐释到全区党员干部群众的脑里、心中，进一步激发全区上下推动绿色高质量发展的决心和信心。抓住关键少数。党员和各级领导干部、公务员是党史、新中国史、改革开放史、社会主义发展史学习教育的重点群体之一，要发挥领学促学作用。尤其党员领导干部要带头学习，带头讲党课，带头以普通党员身份参加所在党支部组织的学习活动，带头立足岗位作贡献，要先学一步，深学一层，做学史知史、讲史用史的表率。青年党员、青年干部也是党史、新中国史、改革开放史、社会主义发展史学习教育的重点对象，要高度重视青年理论武装工作，以党史、新中国史、改革开放史、社会主义发展史学习教育为契机，进一步加强青年的思想政治工作。突出学生教育。区教育局要聚焦中小学生，把党史、新中国史、改革开放史、社会主义发展史学习教育融入教育教学全过程，贯穿立德树人任务始终。要充分发挥课堂教学主渠道作用，开足开齐开好历史课，挖掘语文、地理等相关学科课程和教学方式

中蕴含的党史、新中国史、改革开放史、社会主义发展史教育资源。要把党史、新中国史、改革开放史、社会主义发展史内容融入主题团日、班队会，融入升旗、成人、入团入队等仪式。要培养一批能讲历史、会讲历史、善讲历史的专兼职师资队伍，将专题学习教育与思政课改革相结合，打造一批思政示范课，引导青少年扣好人生第一粒扣子。引导重点人群。区委统战部要动员组织统一战线成员，结合"统一战线史"开展党史、新中国史、改革开放史、社会主义发展史学习教育；离退休老党员、老干部、老军人要发挥传帮带作用，通过口述历史等形式，向青年一代传承党的红色基因和优良传统；区妇联、团区委、区总工会等人民团体和各类社会组织要结合各自实际，用群众易于理解、乐于接受的方式广泛开展形式多样、富于特色的党史、新中国史、改革开放史、社会主义发展史学习教育，引领广大党员干部群众听党话、跟党走。

区委办公室工作

【简　况】　中共天津市东丽区委办公室（以下简称"区委办公室"）是协助和服务区委和区委领导工作的部门，是区委机关综合办事机构。1953年5月，成立中共天津市津东郊区工作委员会办公室。1955年5月，改称中共天津市东郊区工作委员会办公室。1956年5月，改称中共天津市东郊区委员会办公室。1958年10月，撤销天津市东郊区建制，并入天津市河东区，成立天津市河东区新立村人民公社书记处办公室。1962年2

月,恢复天津市东郊区建制,改称中共天津市东郊区委书记处办公室。1963年5月,改称中共天津市东郊区委员会办公室。1968年3月,成立天津市东郊区革命委员会办公室。1970年12月,恢复中共天津市东郊区委员会办公室。1992年3月,更名为中共天津市东丽区委员会办公室。2018年12月,加挂天津市东丽区委国家安全委员会办公室、天津市东丽区国家保密局、天津市东丽区档案局牌子。

2020年,区委办公室坚持以习近平新时代中国特色社会主义思想为指导,深入学习领会党的十九大和十九届二中、三中、四中、五中全会精神,在区委的正确领导下,紧紧围绕区委十一届十次全会确定的中心任务和重点工作,着力弘扬"忠诚、敬业、奉献"的精神,求真务实、开拓创新,不断树牢服务理念,突出重点狠抓落实,确保区委各项工作高效有序运转,为东丽区绿色高质量发展提供坚强保障。

【文件管理】 2020年,区委办公室狠抓文件管理工作。规范文件接收登记、递送传阅、批示落实、归档保存等环节工作流程,杜绝文件丢失、延误、遗漏等情况。接收、处理中央文件32份、中共中央办公厅文件62份、市委文件60份、市委办公厅文件203份、其它市直属机关文件180份,政务网收文9125份,处理、转办领导批示2190余件。接收、处理全区各单位请示、报告107份;向全区发放中央、市委、区委涉密文件180份,1.44万件。制发区委、区委办公室文件183份,其中津丽党发33份;津丽党36份;津丽党办发9份;津丽党办30份;津丽党报24份;津丽党函5份;津丽党任46份。

【会议服务】 2020年,区委办公室做好会议服务工作。严格落实"周二无会日"制度,建立健全区五大班子办公室联席会议制度。全年,组织召开区委常委会扩大会议5次、区委常委会会议51次、区委专题会议11次、书记专题会议19次,组织召开区委全会、区工作会议、领导干部警示教育大会、主题教育会议等全区大型会议22次。

【文稿拟制】 2020年,区委办公室做好文稿拟制工作。努力提高公文水平,全年起草、修改、整理各类文件文稿500余篇,编发情况通报12期,完成区委全会、区工作会、常委扩大会等重要会议材料、"不忘初心、牢记使命"10项制度等文件材料和书记讲话材料的编制校对工作。大兴调查研究之风,以提高领导满意度、基层认同感和对实际工作指导性为目标,开展调查研究工作,在出思路、出观点、出实招上下功夫,力求与领导思路产生共鸣,合拍共振,使文稿成为服务领导决策的"直通车"。

【主体责任落实】 2020年,区委办公室落实全面从严治党主体责任。解决"层层上热不足"问题,制定《东丽区区级领导干部落实全面从严治党主体责任包联工作机制》,深化区级领导干部包联工作机制并向处级干部延伸,开展定期分析和第三方评价,与上年相比,8位区级领导的包联对象满意度上升超过5个名次。推进主体责任落实考核评价,配合区委对履责不力、考核排名靠后的单位5位主要负责人进行约谈调整,倒逼责任落实。

压实11个议事协调机构和44个领导小组（委员会、指挥部）责任，将年度94项具体工作任务逐项明确牵头领导、责任部门和完成时限，确保全面从严治党各项工作落实落细。

【信息与党内法规】 2020年，区委办公室狠抓信息法规工作。坚持"第一手情况""第一道研判""第一时间报送"，全年上报市委办公厅重点工作信息907篇，采纳70余篇，上报舆情专报248期、紧急信息38篇。按照市委办公厅关于党内规范性文件备案有关要求，坚持随发随备、应备尽备原则，通过备案平台及机要交通向市委办公厅报备以区委、区委办名义下发规范性文件29件，及时将备案文件存在问题向拟文单位反馈。

【档案工作】 2020年，区委办公室高标准做好档案工作。区档案馆新馆完成建设，正式启用。开展"档案普法进党校"、档案"思政小课堂"等活动7场。组织开展6·9国际档案日、9·5档案开放日等宣传活动，发放《档案法》单行本、《小红漫画》、宣传海报等400余套。对7家单位开展档案行政执法，反馈存在问题17条并督促整改落实。组建由11家民营企业组成的民营企业档案工作协作组，搭建民营企业档案工作交流平台，帮助企业解决档案工作难题，切实为民营企业做好档案服务。

【保密工作】 2020年，区国家保密局搭建防谍保密技术实训平台，开展为期一个月的专业轮训，1200余名人员参训。创办"保密方圆"微信公众平台，推送保密常识和典型案例340条，营造出"保密无小事，人人都尽责"的社会法治氛围。为纪念《中华人民共和国保守国家秘密法》修订10周年和《中华人民共和国密码法》颁布1周年，面向全区广泛开展保密法知识有奖竞答活动，4万余党员干部和群众竞相关注参与，有效答题7615人，100名参赛者获奖。加大对全区83家单位保密检查力度，建立健全保密工作责任制、涉密载体管理、涉密文件管理和使用流程等各项保密管理制度，认真落实每月保密自查自评。

10月24日，东丽保密法治宣传教育活动走进华明街道雪莲花园社区 （赵玉新 摄）

（刘思岐）

组织工作

【简　况】 中共天津市东丽区委组织部（以下简称"区委组织部"）是区委主管全区组织、干部、人才工作的职能部门。1953年5月，成立中共天津市津东郊区工作委员会组织部。1955年6月，更名为中共天津市东郊区工委组织部。1956年5月，成立中共天津市东郊区委组织部。1958年10月，成立中共天津市河东区新立村人民公社书记处组织部。1959年4月，成立中共天津市河东区新立村人民公社委员会组织部。1962年2

月,成立中共天津市东郊区委书记处组织部。1963年5月,成立中共天津市东郊区委组织部。1992年3月,更名为中共天津市东丽区委组织部。2018年12月,加挂天津市东丽区公务员局牌子。

2020年,区委组织部坚持以习近平新时代中国特色社会主义思想为指导,深入贯彻新时代党的建设总要求和党的组织路线,深入落实中央和市委决策部署,紧密围绕区委中心工作,着力建设忠诚干净担当的高素质专业化干部队伍,深化"战区制、主官上、权下放"党建引领基层治理体制机制创新,着力集聚爱国奉献的各方面优秀人才,勇于担当作为、狠抓工作落实,为坚决打赢疫情防控战和全力推动东丽区绿色高质量发展提供坚强组织保证。

【社区基层组织建设】 2020年,区委组织部全面加强社区基层组织建设。通过交流一批、选拔一批、下派一批的方式,对103个社区党组织书记进行调整优化,调整后区派干部占比30.77%、网格员(专职党务工作者)占比11.6%,平均年龄降低至37岁,大学本科以上学历提高至74%,有村干部任职经历的社区党组织书记比例下降至10%。按照社区3000户左右规模设立标准,对9个人口规模过大的社区整合拆分,跟进组建党组织和居委会,配齐配强网格员队伍。新建社区党群服务中心4个。开展社区评星定级工作,评定五星、无星社区各10个、三星社区42个,四星社区41个,运用评星定级结果,对社区工作者进行差异化考核,推动兑现奖励性绩效工资。选聘6名优秀社区书记进入事业编队伍,从社工中定向招录公务员5

名,激发基层干部干事创业积极性。

【新兴领域党建】 2020年,区委组织部加强非公有制经济组织和社会组织基层党组织建设。划分31个园区网格,将商务楼宇、商圈市场全部纳入城市基层党群网格。推进互联网企业和律师行业"五项重点任务"落实,16名机关干部联系指导,培养入党积极分子27名,22家互联网企业全部单独建立党组织,9家5人以上律师事务单独建立党组织7家,单独组建率达77.8%。全区17家养老机构采取单独组建、联合组建、挂靠社区网格党组织组建等方式加强组织建设,46家菜市场设置党建工作指导站37个,开展主导活动200余次,39家党员商户亮牌经营。对1.72万家非公企业逐户排查经营情况、党组织建设情况和从业人员政治面貌等,按照规定新建18家党组织,转接62名党员组织关系。针对17个软弱涣散党支部"一支一策"制定措施,17名处级领导包保联系,全部整改到位。东丽经济技术开发区、华明高新区、东丽临空经济区等3个市级以上园区开展"党组织书记轮值"等主导活动59场,商务楼宇开展"党组织书记轮值""党组织书记直通车"等主导活动117场,6000余人参加。以党建引领"两新"组织(非公有制经济组织和社会组织)打赢疫情防控阻击战,组织党员、职工捐款864.91万元,捐物价值195.48万元。

【机关企事业单位党建工作】 2020年,区委组织部全面提高机关企事业单位党的建设质量和水平。推动210个机关基层党组织贯彻落实《中国共产党党和国家机关基层组织工作条例》,建立责任清单、问题清单和整改台账,党员主要负责人担任机关党组织书记、党建工作与人事工作由同一领导分管实现100%。开展"让党中央放心、让人民群众满意"的模范机关创建工作,结合抗击新冠肺炎疫情、脱贫攻坚、优化营商环境等重点工作开展"主题党日"活动380余次。联合区国资委对国企党建工作进行调研指导,推动28个国有企业党组织对照《中国共产党国有企业基层组织工作条例(试行)》进行自查整改,发现问题58项,全部整改。推动4家区管国企制定完善法人治理主体"1+3"权责表。落实党组织领导下的校(院)长负责制,结合换届工作实现中小学校书记、校长"一肩挑",重大事项党组织前置研究得到全部落实。深入东丽医院和东丽中医医院调研,指导完善议事规则,避免"党组织会"成为"万能会"。

【其他组织制度】 2020年,区委组织部推进各项制度条例落实,为基层党组织提供坚强保证。将《中国共产党支部工作条例(试行)》纳入各级党组织书记、党员的培训课程,组织全区1300余家党组织对照条例进行自查,提升支部标准化、规范化建设水平。贯彻落实《中国共产党基层组织选举工作条例》,指导推动各领域476家基层党组织完成换届工作。选派11个督导组严督实导,4个区级班子、84个处级班子查摆问题7861条,制定整改措施8004条,建立完善相关制度措施200条,确保民主生活会取得实效。开展"向群众汇报",11个街道全部落实"向群众汇报"工作,区级领导参加30余次,解决问题50余件;103个社区开展"向群众汇报"200余次,街道包联领导参加150余次,解决问题350余个。

【党员发展和党员教育】 2020年,区委组织部从严从实加强党员队伍建设。巩固"不忘初心、牢记使命"主题教育成果,组织基层党组织开展集中学习培训8814次,开展专题党课1423次,制定出台10项制度规范。推动各级党组织和广大党员干部在疫情防控中担当作为,在抗疫一线火线发展党员12名,经推荐评选,1名被评为全国抗疫先进个人、4名被评为市级优秀共产党员、3个党组织被评为市级先进党组织。落实《东丽区2019年—2023年党员教育培训工作方案》,举办区级党员骨干示范培训班5期,依托"三会一课"等载体,培训党员2.48万次。加大党员组织关系排查力度,推进区内33名人才流动党员组织关系转接和组织处理。做好老党员、生活困难党员、因公牺牲党员家属等群体慰问关怀工作,慰问550人,发放慰问金129.19万元。

【事业单位机构改革领导班子调整配备】 2020年,区委组织部落实东丽区事业单位机构改革部署安排。完成全区18个处级事业单位领导班子调整配备工作。坚持"以岗选人、依事择人",改革中提拔正处级领导干部1人,副处级领导干部6人,交流正处级领导干部9名,副处级领导干部17名。

【疫情防控和复工复产】 2020年,区委组织部坚持组织工作为中心工作服务,做好疫情防控和复工复产工作。组建群防群控"区级、街道、社区、网格"四级书记指挥调度机制,调动1148个基层党组织、2000余名机关干部参与卡口值守,抽调107名处科级干部,充实指挥部和各职能组力量。

坚持"街道吹哨、部门报到",先后组织44个机关单位结对包保81个自然小区、20个老村台点位值守工作。实施"132"企业帮扶机制,动员市级、区级、街道三级下派干部组成129个工作组,服务企业疫情防控和复工复产。立足疫情防控常态化实际,建立疫情防控留观人员生活保障组干部轮换调整机制,统筹安排100名处级干部、1000名科级以下干部参与轮换,保障疫情防控工作和经济社会发展"两不误"。

【东西部扶贫协作和对口支援人才支援】2020年,区委组织部做好援派干部人才支援和中期轮换工作,结合受援地人才需求,全年新选派123名专业技术人才和3名党政干部前往对口支援地区,中期轮换援藏专业技术人才3人,拓展人才支援多元化领域交流协作。制定《东丽区关于东西部扶贫协作和支援合作援派干部人才管理办法》《东丽区外地来津挂职干部管理办法》,明确工作汇报、考勤考核、请销假等事项。每年拨付10万元为甘南藏族自治州临潭县援派干部建立人才公寓。与卫生、教育系统和受援地有效沟通对接,共同做好干部人才支援、培训等扶贫档案材料收集整理工作,助力受援地顺利通过国家脱贫攻坚考核验收。

【绩效管理】2020年,区委组织部认真贯彻落实全市绩效管理工作要求,完成上年度绩效考评工作。在区内年终考评中,组织20家考评责任单位结合本单位实际和疫情防控特殊形势,对参加考评的77家单位进行综合评价打分,经区绩效办汇总排名,24家单位获得优秀等次,46家单位获得良好等次,7家单位获得一般等次。针对市考区反馈的扣分说明,梳理出党的建设、经济建设、政务服务、民计民生等方面问题31个,制定整改措施,保障整改切实取得实效。制定东丽区绩效奖励差额化分配方案,完成2019年度绩效奖励发放工作。开展2020年度绩效管理工作,制定《2020年度东丽区绩效管理工作实施方案》,下发全区76家被考评单位并做好工作部署。组织22家考评责任单位细化2020年度绩效考评指标,汇总整理后分别形成街道(功能区)、区级党群部门和区级政府部门3个系列考评工作文件,在全区范围内印发。

【干部人事档案管理】2020年,区委组织部持续加大干部人事档案管理力度。开展干部人事档案专项审核"回头看",重点对220余名处级干部(70后)人事档案再审核,发现1100余条问题,包括"三龄两历一身份"认定不准确及专项审核填写不准确问题、材料缺失问题、入档材料制作不规范问题、装订入卷不规范问题等,针对发现的问题进行审查整改。抽查15个单位95名科级及以下干部人事档案,形成《干部人事档案问题反馈通知书》15份,书面反馈其所在单位主要领导并督促整改,基本完成整改。对142名拟提拔干部进行任前审核。利用视频巡检平台对区教育局、区人力社保局、区卫生健康委4家集中管档单位开展日常巡检检查,增加实地检查频率,落实存档管档制度。持续加强干部人事档案数字化建设,组织全区将1万余名干部新产生的人事档案散件进行归档和数字化扫描、高清存储,提升档案工作数字化和科学化水平。

【党政领导干部教育培训】 2020年，区委组织部高标准完成各类各级干部培训。选派47名局处级干部参加市委组织部各类培训39期。全年，举办27个培训班次，培训2446人次。开展"学习党的十九届四中全会精神"专题培训，培训处级以上党政领导干部393人；开展"习近平新时代中国特色社会主义思想概论""学习贯彻党的十九届五中全会精神"等4期"干部学习大讲堂"，培训处级领导450人次；开展处级干部进修班、科技金融与优化营商环境、推进城市精细化治理等6期专业化能力培训班，培训处级领导干部559人次；举办公务员大讲堂、科级干部"社会治理"专题培训等9个班次，培训科级及以下干部930人次；举办基层组织干部、党员培训8个班次，培训基层干部、党员957人次。整合天津干部在线学习平台、中央党校网上直播等平台开设网络专题班11期和直播课程7期。将中央党校等各地党校网上讲师、市委党校教师和天津大学等高校教师纳入师资库，区委党校主体班次中邀请领导干部上讲台24次，增强培训效果。

【人才发展】 2020年，区委组织部加强政策机制创新、优化创新创业环境，提升人才对经济社会发展贡献。制定并印发《东丽区深入落实"海河英才"行动计划 促进人才优先发展的若干措施》。入选天津市战略性新兴产业领军企业等市级以上重大人才项目27个，理工雷科电子(天津)有限公司、天津钢管制造有限公司等7家企业入选第五批天津市战略性新兴产业领军企业，累计

入选43家企业；12个项目入选天津市重点"项目+团队"；国网电商科技有限公司成功入选天津市第二批互联网领军企业，企业负责人被认定为"市委联系专家"；入选天津市企业家队伍建设"111工程"杰出企业家2人、新型企业家4人。

【主动监督】 2020年，区委组织部完善和拓宽主动监督工作外延，推动监督与中心工作同向发力。推动组织部门列席下级党组织会议工作制度，将监督"三重一大"研究决策作为检验党组织落实从严治党责任重要手段，对4家单位开展列席监督中发现涉及选任程序问题7个，会后提出整改要求跟踪问效，确保选人用人程序规范。落实疫情防控监督责任，成立专班第一时间对全区11个街道的53个社区96个自然小区进行实地暗访，下发通报宣传经验做法，指出短板不足，针对基层出现思想松懈、管理松散，防控不到位等问题，向5个街道党(工)委主要领导印发专函提示提醒，督促履职尽责。

【日常管理监督】 2020年，区委组织部做实做细日常管理监督。创新领导干部个人有关事项报告培训方式，通过动画培训视频译繁入简解读填报重点和要求，梳理易错易漏问题制作重要事项"六必查"清单，实现全区31名局级干部、485名处级干部填报培训指导全覆盖。拟定经济责任审计年度计划，对30名党政主要领导干部开展离任经济责任审计。畅通网络、电话、短信、来信、来访"五位一体"举报受理渠道，坚持涉疫信访线索5日办结，受理各类信访举报54件，其中函询3件，转办及阅处46件，直接查核5件，均已办结。严格

落实澄清正名工作制度,及时为受到不实举报的4名处科级干部予以澄清,态度鲜明地为干事者"撑腰"。

【选人用人监督】 2020年,区委组织部持续强化选人用人监督,树立正确用人导向。结合新《党政领导干部选拔任用工作条例》制定更新选任程序文书38项,制作《记实监督系统填报手册》,订购《党政领导干部选拔任用工作条例问答》下发各基层单位。坚持"既把程序关、又把结构关",压实基层党组织培养选拔优秀年轻干部主体责任,全年预审批复57家单位592名科级干部职务职级调整方案,其中提拔任职的75名科级干部,40周岁以下62名,平均年龄36.39岁;全日制大学以上学历58名,占比77.33%。结合处级领导班子和领导干部年度考核,对72家单位干部选拔任用工作开展选人用人"一报告两评议",对好评率低于80%的12家单位进行督促整改。对19名党委(党组)"一把手"履行干部选拔任用工作职责开展离任检查,保证纯洁用人的风气。

(任慧慧)

宣传工作

【简　况】 中共天津市东丽区委宣传部(以下简称"区委宣传部")是区委主管意识形态方面工作的工作机关。1953年5月,成立中共天津市津东郊区工作委员会宣传部。1955年6月,变更为中共天津市东郊区工委宣传部。1956年5月,成立中共天津市东郊区委宣传部。1958年10月,成立中共天津市河东区新立村人民公社书记处宣传部。1959年4月,成立中共天津市河东区新立村人民公社委员会宣传部。1962年2月,成立中共天津市东郊区委书记处宣传部。1963年5月,成立中共天津市东郊区委宣传部。1992年3月,更名为中共天津市东丽区委宣传部。2018年12月,加挂天津市东丽区精神文明建设委员会办公室、天津市东丽区政府新闻办公室、天津市东丽区新闻出版局牌子。

2020年,东丽区宣传思想文化工作坚持以习近平新时代中国特色社会主义思想为指导,认真学习宣传贯彻党的十九大和十九届二中、三中、四中、五中全会精神,深入贯彻落实全国宣传部长会议和全市、全区宣传思想文化工作会议精神,统筹疫情防控和经济社会发展各项宣传工作,推动宣传思想文化工作强起来,为推进东丽区绿色高质量发展提供坚强思想保证和有力精神支撑。

【理论武装】 2020年,区委宣传部持续巩固"不忘初心、牢记使命"主题教育成果,推进党委(党组)理论学习中心组学习制度化、常态化。制定下发《东丽区党委(党组)理论学习中心组工作规范》《东丽区2019年理论学习中心组学习情况通报和2020年学习计划》,编发学习要点12期。区委理论学习中心组开展集体学习18次,各级党委(党组)理论学习中心组专题学习450场次,专题研讨220场。制定下发《东丽区落实〈天津市基层宣讲管理办法〉的实施细则》,建立宣讲员信息库,开展"四史"宣讲等重点主题宣讲100余场,新建"连锁理论超市"25个。制定下发《东丽区2020年意识形态工作实施方案》，落实六项正面议题设置工作，将意识形态工作纳入绩效考评指标体系，纳入政治生态分析研判、纪检监察、巡视巡察工作内容，在全区开展巡察3轮、专项督查1次。

9月4日，区委理论学习中心组组织集体学习

（翟鑫彬 摄）

【新闻舆论】 2020年，区委宣传部坚持服务全区发展大局，做好新闻舆论引导工作。开设"东丽格格故事""网事格言"等专栏专题，播发《疫情当前，人人都可以做出自己的贡献》《格格"网"住了百姓的心》《东丽甘谷帮扶见真情发展产业造血扶贫利长远》等报道1.1万篇，组织15名骨干记者深入对口帮扶甘肃相关地区和河北省承德市承德县开展"温暖的回响"蹲点调研采访。在新华社、《人民日报》、中央电视台、《天津日报》、天津电视台等市级以上媒体发稿724篇。其中，新华社刊发《精准帮扶217座钢架大棚"撑起"甘谷县蔬菜产业》，获得54万点击量；天津广播电台、津云等媒体对东丽区举办的"脱贫攻坚我有责，党的生日我献礼"为主题服务活动进行集中宣传报道，采写报道东丽区扶贫专题新闻229篇。组织协调东丽区领导干部参加天津电视台《百姓问政》、天津广

播电台《公仆走进直播间》节目5期；举办新闻发布会11场。

【宣传教育】 2020年，区委宣传部坚持守正创新，抓好重大主题宣传教育活动。围绕"新冠肺炎疫情防控""脱贫攻坚""厉行节约、反对浪费""生态文明"等主题，设置各类公益广告、宣传海报4万余份、宣传单68万余份、条幅4140幅。开展"听党话、感党恩、跟党走"群众性教育活动，征集征文150余篇，书记讲党课170余场。组织开展"最美逆行者"点亮全城宣传活动，组织开展党史、新中国史、改革开放史、社会主义发展史学习教育，印发宣传材料2000余张，组织全区2200余名党员领导干部参加学习"四史"网络专题培训班。"学习强国"中宣部学习平台刊发《"东丽故事汇"讲述时代大变化》《天津东丽区：金融扶持加码让企业逆势发展有底气》等信息稿件5篇，"学习强国"天津学习平台刊发稿件175篇。

9月18日，东丽区举办学习"党史、新中国史、改革开放史、社会主义发展史"暨全国公民道德宣传日主题活动

（区融媒体中心 提供）

【文化建设】 2020年，区委宣传部坚持以文化人，弘扬主旋律。提升"基层文化百团"工程建设水平，录制书法、戏曲等线上公益培训课程20

期,组织全区256支文化团队创作"新春送福""抗击疫情"等主题原创作品200余件,为实现"双战双赢""脱贫攻坚"提供强大精神动力。其中,《团结一心抗疫情》(新三字经)被天津市委《党课》杂志"上党课"微信公众号作为党课微教材专门推送,歌曲《共迎朝阳》荣登天津卫视"最美守护者"节目,歌曲《奋斗交响》登录天津卫视"英雄赞歌——致敬最美抗疫人物"天津市五一劳动节特别文艺节目。举办"东丽区决胜全面建成小康社会油画作品邀请展",展出33名画家的64幅油画作品。"东丽故事汇"的创新做法被中宣部《思想政治工作研究》刊发,并登陆"学习强国"中央平台向全国推介"东丽原创"品牌。围绕"耕读传家兴文化 脱贫攻坚小康年"主题,举办"谈治国理政·做智慧公民"——《习近平谈治国理政》第三卷诵读活动、"咪咕阅读"全民打卡活动、四场"农家书屋云课堂"活动。其中,"咪咕阅读"全民打卡活动参与人数在全市排名第一,2020"新时代乡村阅读季"之"我爱阅读100天"活动被中宣部授予全国百强称号。

5月13日,东丽区"愈"见五月"疫"起读书主题活动之"畅游书海·与书相伴" (区融媒体中心 提供)

【"扫黄打非"】 2020年,区委宣传部严格贯

彻落实"扫黄打非"工作归口管理,切实履行"扫黄打非"工作责任制。以"正道""新风"集中行动为主要平台,以净化出版物市场、清除网上有害信息、保护知识产权为主线,开展打击网络侵权盗版"剑网2020"专项行动,组织"渤海论坛""网文学派"等自媒体开展净网行动,以"9·08"涉嫌通过网络售卖非法、侵权书籍案件为契机,深化打防结合、加强案件侦办,迅速查办这起在全国"扫黄打非"办挂牌督办的重大案件。全年,查获各类非法出版书籍197种,20万余册。建立健全"扫黄打非"工作机制建设,夯实基层阵地、提升站点效能。建立宣传教育制度、巡查报告制度、联防协作制度;制定社区各类文化经营场所台账、巡查台账、举报受理台账等。完善基层站点规范化标准化建设,军粮城街道军祥园社区入选第四批全国"扫黄打非"进基层示范点。

11月3日,2020年天津市中小学"绿书签行动"暨全民阅读活动仪式在东丽区津门小学举行

(区融媒体中心 提供)

(顾明正)

统一战线工作

【简　况】 中共天津市东丽区委统一战线工

作部(以下简称"区委统战部")是区委主管全区统一战线工作的职能部门;中共天津市东丽区委台湾工作办公室(以下简称"区台办"),加挂天津市东丽区人民政府台湾事务办公室牌子,是区委、区政府对台工作的职能部门。1983年7月,成立中共天津市东郊区委统一战线工作部。1991年8月,成立中共天津市东郊区委台湾工作办公室,加挂天津市东郊区人民政府台湾事务办公室牌子。1992年3月,更名为中共天津市东丽区委统一战线工作部、中共天津市东丽区委台湾工作办公室,加挂天津市东丽区人民政府台湾事务办公室牌子。1997年7月,区委统战部和区台办合署办公。2018年12月,加挂天津市东丽区民族和宗教事务委员会(以下简称"区民宗委")、天津市东丽区人民政府侨务办公室牌子。

2020年,区委统战部以习近平新时代中国特色社会主义思想为指导,坚决贯彻党的十九届四中、五中全会精神和全国、市委统战部长会议精神及市委、区委全会精神,坚持围绕中心、服务大局,聚焦助力夺取疫情防控和经济社会发展"双战双赢",着力构建大统战工作格局,推动统战工作不断往深里走、往实里走,为东丽区实现绿色高质量发展贡献统战之为。

【党外人士】 2020年,区委统战部加强党外代表人士队伍建设,促进各民主党派、无党派人士提高五种能力。调整完善各民主党派、无党派人士和党外干部台账719人,建立民主党派代表人士人才库81人。举办民主党派、无党派人士、党外干部中青年培训班1期,50余人参训。制定《东

丽区关于加强区社会主义学院工作的实施方案》,举行天津市东丽区社会主义学院(以下简称"区社会主义学院")挂牌仪式,把东丽博物馆、天津机床博物馆、东丽区科技成果展示交易中心、华明湿地民俗博物馆4个特色场馆纳入区社会主义学院教学基地。发挥新的社会阶层人士统战工作联席会议机制作用,听取基地建设情况汇报1次,组织全区13个街道(功能区)、区委组织部、区委宣传部等相关单位到和平新阶层基地交流学习1次、赴西青区学习交流2次,举办2020年新的社会阶层人士(网络)代表人士培训班1期,70人参加。

【民族宗教】 2020年,区委统战部(区民宗委)深化民族团结进步创建,维护民族宗教领域和谐稳定。贯彻落实新修订的《宗教事务条例》,举办宗教工作三级网络暨《天津市宗教事务条例》学习培训班1期,1100余人参加。东丽区民族和宗教事务委员会、金桥街道办事处、职业教育中心学校、区武装部政工科4个单位被评为天津市民族团结进步模范集体,许作虎、王绍春、王旭3人被评为天津市民族团结进步模范个人。组织开展"民族宗教政策法规""民族团结进步"宣传月活动,3000余名干部群众参与。做好宗教工作专项治理工作,召开宗教工作联席会议6次;制定宗教领域工作实施意见、专项治理工作方案等文件4个;开展宗教场所安全检查;落实疫情防控"两个暂停"(宗教活动场所暂停对外开放、停止举行各类集体宗教活动)的要求,妥善处置宗教领域相关问题5个;与教职人员谈心谈话15次。在元旦、春节、中秋、国庆等节日前对清真食品市场执法检查

4次,开展日常检查30余次,向10余家企业提出整改意见。

10月1日,东丽区举办"民族团结一家亲 同心共筑中国梦"民族团结进步宣传教育活动
(王玉桐 摄)

【民主党派】 2020年,区委统战部不断加强参政党建设。制定《2020年政党协商计划》,围绕脱贫攻坚、绿色高质量发展、疫情防控、"十四五"发展规划召开政党协商会议6次,90人参加。指导民革、民盟、民建、民进、农工党和无党派人士活动组6个领导班子召开2019年度和2020年度民主生活会。贯彻落实《东丽区区级党员领导干部与党外代表人士联谊交友制度》,安排26名区级党员领导干部,与104名党外代表人士联谊交友200余次。

【港澳台侨统战工作】 2020年,区委统战部(区台办)做好新的社会阶层人士及港澳台侨统战工作。开展涉台教育"进机关、进党校、进学校、进社区"活动,印发宣传材料1万余份;举办"从'一国两制'成功实践 坚定'制度自信'"专题报告会,180余人参加。举办"两岸一家亲 关爱留守儿童 助力脱贫攻坚公益健步行"主题活动,海峡两岸462名爱心人士参加,募集善款9.24万元。

与《台湾导报》建立交流机制,发布1版信息。组织国家知识产权局天津专利审查中心40名归侨职工学习《归侨侨眷权益保护法》。召开台胞台企中秋联谊会暨台胞台企恳谈会,20人次参加。

9月27日,"两岸一家亲 关爱留守儿童 助力脱贫攻坚公益健步行"暨天津市崔玉璞慈善基金会公益项目捐助仪式
(郭秋实 摄)

【民营经济统战工作】 2020年,区委统战部做实民营经济统战工作。举办民营企业家培训12次,600人次参加。制定《东丽区关于加强新时代民营经济统战工作的具体措施及任务分工》,制定处级领导干部包联企业方案,走访调研服务企业105次,解决问题46个。指导工商联企业党委探索建立"党建微课堂"工作模式,促进疫情期间企业党组织"三会一课"制度落实到位。建立党建片区联盟4个,经验在全国推广,推行"党支部书记轮值"制度。开展会员企业党委2020年度党支部书记、发展对象、入党积极分子培训班,160余人次参加。指导33家企业党组织按时完成换届工作,发展党员36人。建立"向企业汇报"工作制度,开展汇报会32场。推动成立东丽区物流行业商会,优化物流产业结构,推进物流行业发展,经验做法得到冀国强、黎昌晋等市领导高度肯定。《东丽区

强化"四个到位"推动民营经济统战工作健康发展》在《天津统战》刊登。召开非公评价领导小组联系会议2次,对有政治安排的非公有制经济代表人士86人次进行综合评价。

【统一战线抗击疫情工作】 2020年,区委统战部发挥统战之为,参与疫情防控。19名干部职工全部投入到疫情防控工作中,其中3名参与留观人员保障工作。发动全区200余名统战成员参与社区值守、隔离点改造、物资支援等工作,捐款捐物3000万元。引导民营企业党员参与疫情防控,61家企业党组织的702名党员捐款9.1万元。疫情防控初期,杨树通、赵宝峰、李陟等11名统战成员同区委统战部4名党员干部,完成对6家酒店的隔离点改造任务。杨鑫波、王娜、魏荣祥等3名民营企业家及东丽湖扶贫超市全体员工向16个留观点捐赠防疫物资和慰问品2000余份,支持东丽疫情防控工作。支持台资侨资企业复工复产,为驻区侨胞(荷兰、加拿大)和中国台湾同胞协调口罩6000片、一次性手套200副等防疫物资。

【脱贫攻坚】 2020年,区委统战部坚持以战时状态决战决胜脱贫攻坚。举办"六进社区"服务暨动员社会力量助力脱贫攻坚公益活动、"两岸一家亲 关爱留守儿童 助力脱贫攻坚"公益健步行活动等人型活动2场,近3000名干部群众参与。全年,募集款物2781万余元,完成动员社会力量捐款捐物目标任务214%。制定《东丽区民宗委助力精准扶贫六项举措》,新增6户少数民族贫困户结对认亲,为结对贫困户家庭捐助款物会计12.77万元。

6月21日,"脱贫攻坚我有责·党的生日我献礼"暨东丽区统一战线"六进社区"服务暨动员社会力量助力脱贫攻坚公益活动进行举牌捐赠 (郭秋实 摄)

(郭秋实)

政策研究

【简 况】 中共天津市东丽区委研究室(以下简称"区委研究室")是负责区委、区政府综合调查研究工作的区委工作部门。1981年4月,成立中共天津市东郊区委农村工作部。1984年5月,更名为中共天津市东郊区委农村政策研究室。1990年7月,撤销中共天津市东郊区委农村政策研究室,恢复中共天津市东郊区委农村工作部,成立中共天津市东郊区委研究室。1992年3月,更名为中共天津市东丽区委农村工作部、中共天津市东丽区委研究室。1997年1月,中共天津市东丽区委农村工作部并入中共天津市东丽区委研究室。2001年,加挂天津市东丽区经济体制改革办公室牌子。2007年6月,不再保留天津市东丽区经济体制改革办公室,其经济体制改革职能划入天津市东丽区发展和改革委员会。2014年3月,加挂中共天津市东丽区委全面深化改革领导小组办公室牌子。2018年12月,更名为中共天津市东丽区委全面深化改革委员会办公室。

2020年,区委研究室贯彻落实区委的工作部署,推动全面深化改革、撰写重要稿件和重大课题研究工作,完成区委交办的各项工作任务。

【全面深化改革】 2020年,区委研究室制定《东丽区2020年全面深化改革重点工作安排》,提出重点推动解决"社区之表、农村之实"问题、智慧党建引领智慧社会建设改革、行政审批制度改革、从事公益服务事业单位改革、国有企业改革、园区管理运营体制改革等6项改革,明确牵头单位及相关工作要求。全年,召开东丽区委全面深化改革委员会议3次,完成《东丽区2020年全面深化改革工作情况汇报》。开展2019年重点改革任务绩效考核工作,上报《2019年全面深化改革绩效考评结果报告单》。与区委督查室组成联合督查组,对19个改革牵头单位和责任单位落实《东丽区关于解决"社区之表、农村之实"问题的实施方案》《中共东丽区委关于解决"社区之表、农村之实"问题的决定》《东丽区2020年全面深化改革重点工作安排》情况开展督查2次,形成督查报告。

【撰写稿件】 2020年,区委研究室做好区委重要报告、区委有关重要文件、区委领导重要讲话及有关政策的起草工作。起草《落实〈中共东丽区委关于坚持和完善中国特色社会主义制度,把制度优势转化为绿色高质量发展治理效能的实施意见〉的分工方案》《东丽区关于解决"社区之表、农村之实"问题的实施方案》《中共东丽区委关于解决"社区之表、农村之实"问题的决定》等区委重要文件及区委主要领导在各类全区性会议上的讲话稿17篇。

【重大课题研究】 2020年,区委研究室组织编写《习近平新时代中国特色社会主义思想的东丽实践》,全书9万字,印刷1500本,已下发全区74个单位(含社区和集体经济组织)供学习参考。

8月15日,《习近平新时代中国特色社会主义思想的东丽实践》出版

(张光洁 摄)

(张光洁)

机构编制

【简　况】 中共天津市东丽区委机构编制委员会办公室(以下简称"区委编办")是中共天津市东丽区委机构编制委员会常设办事机构,承担区委编委日常工作,作为区委工作机关,归口区委组织部管理。1990年3月,成立天津市东郊区编制委员会办公室。1992年3月,更名为天津市东丽区编制委员会办公室。1993年11月,更名为天津市东丽区机构编制委员会办公室。2001年12月,与天津市东丽区人事局合署办公。2010年3月,改为独立设置。2018年12月,更名为中共天津市东丽区委机构编制委员会办公室。

2020年，区委编办按照区委、区委编委工作部署，坚定党管机构编制重大政治原则，巩固深化机构改革成果，持续推进事业单位改革和综合行政执法改革，创新和加强机构编制管理，严格控制机构编制增长，统筹用好机构编制资源，为东丽区绿色高质量发展提供机构编制保障。

【深化重点领域改革】 2020年，区委编办按照市委、区委部署，制定印发《东丽区深化从事公益服务事业单位改革实施方案》，有效控制财政供养人员增长。实现改革目标，精简事业单位86个，精简比例达60.1%，精减事业编制818名，精减比例达30.6%。落实《天津市东丽区深化综合行政执法改革实施方案》要求，制定印发市场监管、生态环境保护、文化市场、交通运输、农业、城市管理、住房和建设7个领域执法队伍组建方案。制定印发《关于优化完善东丽区疾病预防控制管理体制的实施方案》，将区疾病预防控制中心规格由正科级调整为副处级，增加事业编制23名，为全区11个社区卫生服务中心增加事业编制294名，加强疾控和基层社区医疗机构的力量。

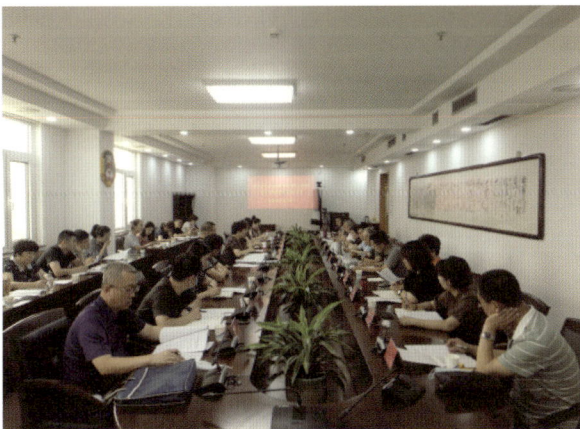

7月30日，东丽区公益类事业单位改革动员部署暨培训会议
（程强　摄）

【优化机构设置】 2020年，区委编办落实市委、区委部署要求，推进机构设置优化协同高效。在11个街道单独设置网络安全和信息化委员会办公室，在区级党政部门内设机构加挂牌子，推动构建"三级确保、建设四级、多级完善"网信工作格局。在区委党校（区行政学院）加挂社会主义学院牌子，明确职责任务。健全人大工作机构建设，增设社会建设办公室、农业农村办公室2个科级内设机构，加强人大工作力量。整合区政府办现有内设机构，单独设置企业家服务科，增强服务企业家工作职能。在区委政法委、区农业农村委单独设置承担区委议事协调机构日常工作的内设机构，强化组织协调和督促落实工作力度。

【事业单位法人网上年度报告公示工作】 2020年，区委编办按照《事业单位登记管理暂行条例》和市委编办关于规范与加强事业单位登记事中事后监督管理工作要求，落实事业单位年度报告"一键公示""双随机"抽查制度，完成252家事业单位法人年度报告公示，设立登记38家，变更登记87家，注销登记81家。印发《关于开展2020年全区事业单位法人年度报告公示信息抽查工作的通知》，对89家事业单位法人年度报告公示信息、法定代表人、举办单位、开办资金、住所、开展业务情况等进行专项抽查，未发现问题，全部符合规定要求。

【规范政府工作部门权责清单动态管理】 2020年，区委编办依据权责清单动态管理办法，根据职责变动情况对区教育局、11个街道的1168项权责事项进行调整，涉及取消职权99项，新增职责1项,取消职责33项,修改职权要素1035项,通过政府网站向社会公布,确保权责清单动态管理机制的时效性、规范性、严肃性和权威性。

11月18日,东丽区政府工作部门权责清单工作专题培训会
（程强 摄）

【提供机构编制保障】 2020年,区委编办围绕中心工作,统筹用好编制资源,推动编制资源向民生领域和基层一线倾斜。为全区11个街道增拨80名事业编制,推动区级部门向街道一线划转103名工作人员,充实基层一线力量。落实学前教育"两年行动计划"部署要求,通过"市级增拨和区内调剂"相结合方式,为11所公办幼儿园增拨234名事业编制,通过"主园+分园"等形式,优化运行方式,提升办园水平,保障学前教育普惠均衡发展。把好进人核编关口,从严审核公务员考录和事业单位招聘计划,有效控制财政供养人员规模,全年办理核编手续3099人次。

【机构编制监督检查】 2020年,区委编办按照区委巡察工作统一部署要求,与区人力社保局组成机构编制纪律专项检查组,随区委巡察分2轮对区属25个部门和单位开展机构编制专项检查,对11个街道开展1轮街道机构改革落实情况专项督查。采取查阅资料、个别谈话、实地察看、问卷调查相结合方式,对机构改革后"三定"规定执行情况、机构设置挂牌情况以及人员工资津补贴发放等情况进行监督检查,完成专项检查报告,将检查中发现5个问题反馈各巡察组,全部落实整改,增强机构编制管理的权威性、严肃性和执行力。

（孙永顺）

督查工作

【简 况】 中共天津市东丽区委督查室（以下简称"区委督查室"）是负责全区督促检查工作的职能部门。2005年8月,成立中共天津市东丽区委督查室,加挂天津市东丽区人民政府督查室、天津市东丽区目标管理绩效考核办公室牌子。2018年3月,撤销天津市东丽区目标管理绩效考核办公室。

2020年,区委督查室认真贯彻落实党中央、市委、区委有关统筹疫情防控、推进经济社会发展各项决策部署,坚持在盯紧督实、协调问题、督政查责、提升质效、助力减负上创招法、下功夫,着力推动区委、区政府决策部署落实。

【督查区委区政府中心工作】 2020年,区委督查室紧盯区委、区政府中心工作和重大决策部署进行督查。按照《中共天津市东丽区委2020年工作意见》《政府工作报告》确定的全年工作目标,梳理出经济工作、城市化工作、环境和社会事业工作等8大类52大项重点督查项目,制定《东丽区2020年重点项目督查方案》并发全区,全年撰写督导报告64篇,督导信息42篇,得到领导批示91件次。对市委、市政府转办的"京津冀协同发展""发展新动能"等21个事项,全部按时反馈,推动"发展新动能"等工作完成市阶段性目标。对区委常委会会议和区委专题会议定的"制定精准还迁方案"等54个事项跟踪督查,其中办结"组织企业家座谈""制定信访积案清零方案"等48个事项,持续跟踪6个事项,办结率达88.9%。对区领导批示交办的"宝能连接路4个问题解决""人居环境整治'百日大会战'"等74个事项开展跟踪督查,办结"铁路沿线环境治理"等68个事项,办结率达91.9%。会同区委宣传部对区发展改革委、无瑕街道等41家重点单位意识形态工作责任制落实情况进行专项督查,提出督查建议4条,形成督查报告1篇。会同区委研究室对7个涉农街道和7个职能部门推动解决"社区之表、农村之实"问题情况进行督查,提出完善工作机制等建议3条。

【督查疫情防控工作】 2020年,区委督查室履行区疫情防控指挥部督导检查组工作职责,对疫情防控工作进行全面督查。会同区纪委监委组成督导检查组,深入企业、社区、超市、菜市场等重点点位3774个,开展督查活动130余次,撰写《蓝军督查简报》51期,《疫情防控督查日报》126期,下发整改通知书12份,针对现场查出的问题,及时督促整改,确保各项防控措施落实到位。

【督查基层减负工作】 2020年,区委督查室围绕形式主义官僚主义、给基层增添负担问题进行专项督查。实地走访11个街道22个社区,同70名网格员面对面座谈,通过网络向195名基层干部下发电子调查问卷,梳理出五方面形式主义官僚主义突出问题,当即责令整改,推动解决"填表太多""吹哨不到""过度留痕"等问题,提出五方面意见建议,帮助基层减轻负担,专心做好防疫和服务群众工作。

【督查经济工作】 2020年,区委督查室对京津冀协同发展、国有企业改革等工作开展督查。着重对全区招商落地项目产业分布、内资指标等情况进行调研分析,提出当前传统招商活动受限、内资指标吃紧两方面问题。对《东丽区推进京津冀协同发展攻坚行动实施方案》确定的53项目标任务进行专项督查,对存在问题的9项任务目标开展重点督查,推动中汽中心——东丽区燃料电池汽车国家检测中心项目、1.3平方千米雨污分流改造项目、京冀义务教育资源承接共享工作取得明显进展。对国有企业改革工作开展督查,与区国资委建立沟通机制,按月跟进计划出清的40家国企改革情况,完成督导信息2篇。

【督查创文创卫工作】 2020年,区委督查室对创文创卫工作开展全面督查。对区委宣传部、区卫生健康委、区政务服务办等12个"双创"工作组牵头单位发挥牵头作用、推动落实测评指标情况进行督查,针对发现的个别牵头单位责任划分不明确等两方面问题,督促牵头单位理清责任边界、发挥牵头作用。深入267个"双创"重点点位对整改情况开展为期70余天的现场督查,撰写双创督查信息32篇,向有关部门发整改通知29次,有效促进问题整改、提升创建水平。

【督查城市化工作】 2020年,区委督查室围绕还迁房建设、拆迁工作等开展专项督查。对全区全部在建和计划开工还迁房项目进展情况进行持续跟踪,实地走访项目现场20余次,推动新立示范镇还迁项目竣工还迁、李明庄二期等还迁项目开工建设。全年,深入拆迁现场50余次,对军粮城街道唐景路、新立街道黄张线切改破绿、李明庄工业园地块等20余处拆迁点位进行现场督查,推动军粮示范镇一期增建地块、金钟二期振东物流部分西侧地块等点位完成拆迁。

【督查安全生产工作】 2020年,区委督查室联合区应急管理局、消防救援东丽支队进行安全生产联合督查。对全区11个街道涉及民心工程的消防车通道集中划线标识工作、电动自行车充电棚(库)建立工作和消防设备设施运行、微型消防站建立运行等4项工作进行督查,督查中发现的消防通道划线工作滞后、电动自行车充电设施建设存在资金问题、部分社区微型消防站运行效果不佳等5个问题,提出高标准落实消防通道标识施划等建议3条。

【督查民心工程和群众反映问题】 2020年,区委督查室对20项民心工程46个子项进展情况进行专项督查。重点跟进亏进度项目,撰写相关信息、报告5篇,推动新立花园党群服务中心建设等42项工作顺利完成。对公仆热线群众反映问题建立督查台账,督促各责任部门核实相关情况,推动问题解决,全年答复"公仆热线"群众反映问题114件,答复率100%。对区人大代表建议46件、区政协委员提案96件答复情况进行立项督查,建立督查进度台账、每季度跟踪督促,联合区

人大办、区政府办、区政协办针对建议提案办梳理出的未落实件召开专题推动会3场,推动人大代表建议、政协委员提案件答复率100%、满意率100%。对"互联网+督查"平台转办的3件群众反映事项进行督查,下发督办提醒单3次,实地走访区城管委、东丽湖街道、金钟街道等相关单位5次,组织区住建委、东丽湖街道等部门召开座谈会1场,加快推动解决群众反映问题,其中电话回访群众2人次,并严格按照系统规定时间做好答复,按时答复率100%。

(荣 芳)

机关党建工作

【简 况】 中共天津市东丽区委区级机关工作委员会(以下简称"区级机关工委")是主管区所属机关基层党组织党建工作的职能部门。1984年5月,成立中共天津市东郊区直属机关委员会。1992年3月,更名为中共天津市东丽区直属机关委员会。2015年3月,更名为中共天津市东丽区委区级机关工作委员会。

2020年,区级机关工委坚持以习近平新时代中国特色社会主义思想为指导,学习贯彻党的十九届四中、五中全会精神,全面落实市委十一届七次、八次全会和区委十一届十一次全会工作部署,以习近平总书记在中央和国家机关党的建设工作会议上的重要讲话为遵循,以党的政治建设为统领,以建设模范机关为牵引,坚持围绕中心、建设队伍、服务群众,深化理论武装,夯实基层基础,推

进正风肃纪,提高区级机关党的建设质量。

【落实党建工作责任】 2020年,区级机关工委制定工作要点及时间安排表,为基层党组织开展工作指明方向。制定下发《关于在区级机关开展创建"让党中央放心、让人民群众满意"的模范机关工作方案》,通过教育动员、细化标准、自查自纠、广泛创建、总结推广5个环节,提升区级机关党的建设质量。落实《党务公开条例(试行)》向党的上一级组织备案要求,所属178个党组织已全部完成备案。制定下发《关于深入学习贯彻〈中国共产党党和国家机关基层组织工作条例〉的通知》,46个党组织制定责任清单46个、任务清单46个,开展学习450次。

【党员发展与党组织建设】 2020年,区级机关工委按照《中国共产党发展党员工作细则》以及市、区党员干部教育培训工作任务安排,以区委党校为主阵地,围绕《中国共产党章程》、党的十九大精神以及形势政策等,开展入党积极分子培训班1期、发展对象培训班1期,培训59人。全年,发展党员23名、预备党员转正34名,做好档案材料审核把关工作。制定下发《区级机关直属党组织换届选举工作方案》《换届选举指导手册》,94个党组织完成2020年换届任务。同时,做好届内党组织成员调整、党组织成立与撤销等工作,全年调整党组织14个,调整委员28名。

【党员教育管理监督】 2020年,区级机关工委落实全面从严治党主体责任,提高管党治党水平。认真贯彻《党员教育管理工作条例》,为党员订购《党的十九届五中全会辅导百问》《机关党建

研究》《旗帜》等书籍640本。落实"三会一课"、谈心谈话、民主评议党员等党的组织生活制度。从抗击疫情、脱贫攻坚、优化营商环境、创文创卫、垃圾分类等5项市委、区委重点工作任务着手,区级机关工委每季度研究制定"主题党日"活动内容,各基层党组织开展主题党日活动1600余次。坚持和完善入党誓词、党员"政治生日"等政治仪式,统一印刷政治生日贺卡,购置发放《为了初心和使命——中国共产党一路走来的故事》等书籍2700余册。组织开展机关党组织书记、党务干部培训班1期,110人参加。依托区委党校举办青年党员政治训练营1期,开展"重走长征路"活动,54名青年党员参加。

10月28日,青年党员政治训练营开展"重走长征路"活动
(魏颖 摄)

【机关作风建设】 2020年,区级机关工委巩固深化"不忘初心、牢记使命"主题教育成果。制定《以机关党建为引领 全力解决"民意直通车"群众反映问题的工作方案》,推动12个单位党组(党委)解决群众不满意问题45个,解决率100%。开展调研活动,召开4次座谈会,听取63个机关党组织抓模范机关建设存在的主要问题、整改举措

并开展测评,实地观摩区人民检察院、区人民法院、区教育局、区政务服务办等4个党建阵地;组织党务干部对区教育局、区司法局、区妇联、区残联等22个党组织进行互学互查,通过走访谈话、问卷调查、查阅档案等方式,推动工作落实落细。

9月11日,开展推动机关党建工作调研活动 (魏颖 摄)

【党建工作载体】 2020年,区级机关工委创新党建工作载体,开展常态化疫情防控工作。所属178个党组织、2000余名党员深入隔离留观点、街道、社区、老村台开展防疫工作,机关党员干部捐款40.7万元,发挥基层党组织战斗堡垒作用和党员的先锋模范作用。参加市级机关工委机关党建调研成果评选,上报的《理顺管理体制 找准职能定位——关于全面加强机关党的建设的调查与思考》一文荣获市级二等奖。会同区委宣传部开展"战疫情、履职责、比贡献、做表率"主题征文活动,收到征文118篇,获奖37篇,其中一等奖6篇、二等奖12篇、三等奖19篇,获奖作品推荐至《机关党建》《支部生活》《天津日报·今日东丽》。为推进机关党建高质量发展,组织拍摄机关党建宣传片《加强机关党建 建设模范机关》,"七一"前通过东丽新闻进行播放,在东丽区委区级机关工委微

信公众号进行发布,累计观看次数1057次,增强机关的凝聚力和向心力。

(王 鹏)

老干部工作

【简 况】 中共天津市东丽区委老干部局(以下简称"区委老干部局")是区委主管老干部工作的职能部门,归区委组织部管理。1983年11月,成立中共天津市东郊区委老干部局,与区委组织部合署办公。1986年7月,单设中共天津市东郊区委老干部局。1992年3月,更名为中共天津市东丽区委老干部局。

2020年,区委老干部局始终坚持以习近平新时代中国特色社会主义思想为指导,认真贯彻落实习近平总书记关于老干部工作重要指示和全国离退休干部"双先"(先进集体、先进个人)表彰大会、天津市老干部局处长会议精神,坚持以人为本、服务为先理念,坚持精准精细化工作标准,坚持求真务实工作作风,在强化政治引领、用心用情服务、创新驱动谋发展、从严管党治党等方面持续用力,不断提升老干部工作水平。

【离退休干部组织建设】 2020年,区委老干部局推动离退休干部党建融入基层治理。制定《关于加强东丽区委老干部局基层党组织建设的实施方案》,形成30个功能型离退休干部党支部组织架构,实现"离退休干部党员活动到哪里,党的组织就覆盖到哪里"的目标。开展"凝心中国梦 助力建小康"主题活动,组织学习"三卷""四

史",收集心得体会40余篇、优秀文章20余篇。组织开展"两读一看"知识竞答活动,全区539名老同志及工作人员参与。为老干部订阅《天津日报》《天津支部生活·老干部版》530余份,为功能型党支部订阅《人民日报》《求是》杂志30份。组织功能型离退休干部党支部开展学习培训活动90余次。发放《习近平谈治国理政》(第三卷)、《中国制度面对面》《民法典》等书籍,送学送书上门200余人次。组织区级离退休干部参观考察东丽区社会经济建设情况1次;组织参观"国家荣誉——中国女排精神展"1次;组织观看由中组部老干部局举办的全国离退休干部网上专题报告会2场。开展"我看脱贫攻坚新成就"专题座谈会,20余人参加。开展"两读一看"(读人民日报时政报道和重要评论、读《求是》杂志,看中央电视台新闻联播)知识竞答活动,539名老同志及工作人员参与,其中张凤珍、黄永成被评选为"最佳参与个人",区委老干部局被评选为"优秀组织单位"。

10月29日,区委老干部局组织老干部前往天津美术馆参观"国家荣誉——中国女排精神展" (王宇婧 摄)

【信息化建设】 2020年,区委老干部局着力加强信息化、精准化、规范化建设,注重发挥信息化平台作用。发挥东丽区老干部之家微信公众号平台宣传阵地作用,新开设"本期头条""市局动态""工作动态"等7个公众号栏目。全年,发布信息资讯1500余篇,日均点击浏览量200余人次,新增关注1546人;东丽区老干部之家微信公众号纳入全国离退休干部工作宣传网络,中组部老干部局和市委老干部局微信公众号转发东丽区老干部工作动态、信息70余篇。推广使用"天津老干部"APP,截至年底,300余名老干部和老干部工作者下载使用。

【服务老干部】 2020年,区委老干部局坚持用心用情用力,提升离退休干部服务水平。通过电话、微信、短信等形式,开展"夏送凉爽""冬送温暖"慰问活动,走访慰问离休干部和长期患病退休干部62人次;走访慰问抗日战争时期参加革命工作的老干部3人次;开展"走千家 进万户 精准服务老干部"活动,63个单位参与,慰问老干部400余人次。为11名90周岁以上离休干部过生日,看望5名因病住院的离退休干部。前往11名去世离退休老干部及离休干部遗孀家中吊唁,协助做好安抚慰问及善后政策待遇落实。核实5名已故离休干部无固定收入配偶信息。向粮食经营公司、区农业农村委拨付3名老干部住房物业服务补贴、无固定收入配偶生活困难补助、防暑降温费等统筹外补助补贴1.85万元。组织38名区级离退休干部体检并举办检后答疑活动。接待老干部来电来访、8890便民服务专线转办单20余件,协调解决率100%。定期拨付2020年"四就近"(就近学习、就近活动、就近得到关心照顾、就近发挥作用)服务经费1.89万元;联系家政公司为全区14

名离休干部提供入户家政服务28次,上门理发177次。

【老干部精神文化生活】 2020年,老干部活动中心利用现有老干部活动阵地,丰富老干部精神文化生活。组织老干部艺术团举办"迎新年"文艺联欢会。承办天津市离退休干部"东丽杯"第八届门球邀请赛,赛期2天,全市6支门球代表队参赛,东丽老干部门球队获得冠军。组织老干部门球队参加"迎国庆"门球赛、双人门球邀请赛、全市离退休干部"东丽杯"第八届门球邀请赛、东丽区无瑕街门球邀请赛,获得冠军3个、亚军1个。组织书画协会10名老干部为社区群众送春联、福字和画作。组织开展庆祝新中国成立71周年书画作品展览,展出老干部作品30余幅。编制《盛世放歌》东丽区委老干部局红枫书画院作品集,收录30名老干部的书法、绘画、篆刻作品53幅。

10月16日,区委老干部局协办天津市委老干部局主办的天津市离退休干部"东丽杯"第八届门球邀请赛活动

(孙乃武 摄)

【关心下一代】 2020年,区委老干部局全力做好老干部关心下一代工作,充分发挥"五老"(老党员、老专家、老教师、老战士、老模范)作用。向天津市东丽区振华里小学提供教育资金6000元,参加学校举办的"迎接少代会争做好队员"主题队日活动;向天津市东丽区第一幼儿园提供教育资金4000元。联合区文明办为学生发放《社会主义核心价值观手指谣》《社会主义核心价值观小学生读本(低年级)》60本。开展"传承红色基因,争做时代新人"教育活动,组织"五老"宣讲革命历史、学国学颂经典,开展校外辅导、青少年主题演讲活动20次。引导基层关工委深入社区、学校中开展深入调研,对15个先进基层关工委给予3000元奖励金。开展困难学生帮扶,为8名家庭困难大学生捐资2.4万元,为67名家庭困难中小学生捐资10.1万元。区关工委被中国关心下一代工作委员会、中央精神文明建设指导委员会办公室授予"全国关心下一代工作先进集体"称号;区委老干部局曹凤河、区关工委姜志山被授予"全国关心下一代工作先进工作者"称号。

【老干部抗击疫情】 2020年,区委老干部局发挥老干部自身优势,力所能及地为疫情防控贡献力量。老干部们撰写抗疫诗词文章60余篇;创作书画作品20余幅;编撰抗疫童谣和抗"疫"顺口溜;自编自排老年健身操;为抗击新冠肺炎疫情捐款9.1万余元;配合做好测温登记、防护宣传、巡逻值守、信息收集反馈等工作,为社区群防群控贡献力量。编制《东丽晚霞情——老干部抗疫作品集》,收录抗疫作品115篇。组织召开《东丽晚霞情——老干部抗疫作品集》作者座谈会,20名老干部参加。

(王宇飞)

党校工作

【简　况】　中共天津市东丽区委党校（以下简称"区委党校"）是区委培养党员领导干部和理论干部的职能部门。1979年3月，成立中共天津市东郊区委党校。1992年3月，更名为中共天津市东丽区委党校。2017年12月，加挂天津市东丽区行政学院牌子（以下简称"区行政学院"）。2018年12月，与中共东丽区委党史研究室职责整合，组建中共天津市东丽区委党校，加挂中共天津市东丽区委党史研究室牌子（以下简称"区委党史研究室"）。2020年4月，加挂天津市东丽区社会主义学院牌子。

2020年，在区委、区政府的正确领导和大力支持下，区委党校坚持以习近平新时代中国特色社会主义思想为指导，认真落实中央、市委、区委重要会议精神，深入贯彻《中国共产党党校（行政学院）工作条例》和中央、市区委2019—2023年党员教育培训工作要求，坚持"党校姓党"根本原则，增强"四个意识"，坚定"四个自信"，自觉做到"两个维护"，围绕全区中心工作，推进新冠肺炎疫情防控，推进干部教育培训，发挥思想引领、科研咨政、党史育人作用，努力开创各项工作的新局面。

【干部培训】　2020年，区委党校全面提升主体班次教育培训质量。按照理论教育、党性教育、形势政策、知识能力等主题类别，8名老师每人精心准备10个专题课程。全年，开办处级领导干部进修班和专题培训班、科级干部专题班、公务员大讲堂、干部大讲堂、社区党组织书记培训班、"两新"组织党组织书记培训班等培训43期，受众人数2940人次。落实教育扶贫任务，完成甘肃省天水市甘谷县、甘肃省兰州市皋兰县、甘肃省甘南藏族自治州临潭县、河北省承德市承德县东西部扶贫协作党政干部班培训10期，授课10次，受众900人次。

7月22日，选调生公务员初任培训班　　　（邓华　摄）

【政策宣讲】　2020年，区委党校围绕党的十九届四中、五中全会精神、廉政教育、"四史"教育、"不忘初心、牢记使命"教育等14个专题，面向东丽区宣讲。为创新特殊时期政策宣讲新形式，结合区级机关工委推荐"党课开讲啦"活动党课的具体要求，首次尝试录制《如何理解中国共产党的性质和宗旨》《不忘初心做新时代答卷人》两门微党课，并制作成光盘。借助东丽区智慧党建网络平台，与金钟街道党办合作首次尝试网络直播宣讲，金钟街道11个社区党员在各自党群服务中心就能通过网络平台直播形式来听党课，受众300余人次。发挥"红色主阵地"作用，深化"四史"教育、党性教育，开设党史教育基地、反腐倡廉警示教育展室、反邪教警示教育展室，全年完成宣讲33场次,接待参观人数1890人;完成宣讲培训192次,受众1.5万余人次。

【党史研究】 2020年,区委党校深化、强化党史育人功能,完成党史基本著作编写任务。重点做好中共天津历史资料丛书《奋斗的历程·东丽区卷》(2002—2007)的征编工作,起草《奋斗的历程》编写方案,制定编写任务进度计划,完成初稿40万余字。开展送党史进基层活动,深入安达(集团)股份有限公司、于明庄股份经济合作社、联合运输(天津)有限公司、丰年街道新泰道社区、万新街道铁城公寓社区及张贵庄街道津门里社区等6个基层组织,赠送党史书籍150余册,光盘7套,历史题材纪录片《曙光》光盘50套,为基层开展"四史"教育提供基本教材。完成收集东丽区2019年历史大事资料,整理9000余字上报市委党校;完成东丽区红色资源普查工作,重新对东丽区革命遗址进行普查确认,将天钢企业文化馆资料内容整理上报市委党校。

10月21日,区委党校走进张贵庄街道津门里社区开展党史进基层活动 (张贵庄街道津门里社区 提供)

【科研成果】 2020年,区委党校深入推进科研资政工作。出台《东丽区委党校科调研管理办法》,明确每名教师年度科研任务,对获得市级课题立项的课题组采取鼓励政策,调动教师参与科研的积极性。选派4名青年骨干教师针对张贵庄街道詹滨西里社区、万新街道海颂园社区和铁城公寓社区、华明街道胡张庄村、无瑕街道华盛里社区、新立街道海雅园社区等6个调研点,形成调研报告6篇。全年,完成科调研文章20篇,其中在《新丝路》《山海经》《基层建设》等期刊发表7篇,获得市委党校系统"四史"主题征文三等奖1篇;完成2019年度市委党校系统科研课题《以智慧党建引领智慧社区建设》结项;《群众参与社区治理得制度化研究》获得市委党校系统决策咨询课题立项;《中国特色社会主义制度"人民至上"的价值研究》《以社区党建创新为引领,构建社区自治法治德治融合体系研究》获得市委党校系科研课题立项。

(张姝娴)

档案与地方志

【简 况】 天津市东丽区档案馆(以下简称"区档案馆")是区委、区政府主管档案和地方志工作的职能部门。1962年10月,成立天津市东郊区档案馆,由区委办公室管理。1990年3月,建立天津市东郊区档案局,列入区政府序列。1992年3月,更名为天津市东丽区档案局,列入区政府序列。2001年12月,天津市东丽区档案局与天津市东丽区档案馆合署办公,隶属区委序列。2018年12月,东丽区档案局的行政职责划入东丽区委办公室,行政职责以外的职责与东丽区地方志编修委员会办公室的职责整合,重组天津市东丽区档案馆,加挂天津市东丽区地方志编修委员会办公室(以下简称"区方志办")牌子。

2020年,区档案馆(区方志办)坚持以习近平新时代中国特色社会主义思想为指导,在区委、区政府坚强领导及市档案部门精心指导下,认真贯彻落实市档案工作会议精神,切实履行党管档案工作政治责任,践行"围绕中心、服务大局、拓宽领域、增强功能"档案工作思路,紧紧围绕东丽区绿色高质量发展,加强自身建设,规范基础业务,强化服务职能,档案管理水平和公共服务能力显著提升。

【新馆建设工作】 2020年,区档案馆推动新档案馆改造升级。完成项目施工招标,举办新档案馆建设主体移交仪式,召开区档案局、区档案馆及相关单位联席会议28次。12月21日,东丽区档案馆新址正式对外办公。建成后的新档案馆建筑面积1.47万平方米,其中地上面积1.3万平方米、档案库房建筑面积3670平方米;专设档案精品库1个、档案特殊载体库1个,分设档案消毒室等各功能室27个,展览用房677.15平方米;安装全自动消防安全报警监测系统、防盗报警器,配备安全防护和预警设施,设置视频监控点位128个。

【档案保管利用】 2020年,区档案馆做好各类档案及政府公开信息查阅服务接待工作。全年,出具各类档案证明材料2365份,核查二胎审批、土地延包等档案1541件;现场接待查档群众4157人次;电话接待咨询服务242人次;复印各类档案证明材料6200余张,为各类查档群体提供有

力的佐证依据。依法、依规做好档案开放鉴定工作,完成馆藏满30年区委、区政府等47个全宗单位1990年档案949卷的开放鉴定工作,经区档案局审批后,确定开放使用档案430卷,开放比例达45.3%,做到应开尽开。聘请市档案专家库专家对延期开放档案目录进行审核,确定控制使用519卷;依据市档案局要求,对控制使用档案向市档案局申请延期开放,并获得延期10年批复许可。完成2020年度延期开放档案目录在市政务服务中心行政审批事项材料申报,取得市档案局行政许可审批决定书。发挥"东丽区革命烈士纪念馆"爱国主义教育基地作用,接待来自社会各界人士及区金融局、区融媒体中心、区退役军人事务局、东丽区丽泽小学、交通银行东丽支行等单位7家,220余名党员干部职工参观。

12月11日,东丽区丽泽小学党支部组织全体党员在"东丽区革命烈士纪念馆"开展"过政治生日 不忘入党初心"主题党日活动
(王倩 摄)

【档案信息化建设】 2020年,区档案馆结合新馆改造升级项目同步开展数字档案馆建设,前往河西区、西青区档案馆开展前期调研3次,现已完成《天津市东丽区数字档案综合业务管理平台》项目采购流程开展实施。制定《东丽区档案馆数

字化副本移交进馆工作规定》,对数据格式、验收标准、移交载体和移交手续都做出明确要求,全年接收区公证处、区生态环境局、区水务局等8家单位档案文书、基建、会计、实物、公证等门类档案数字化副本数据1.8T。

【档案征集接收】 2020年,区档案馆按照《东丽区2020年档案接收工作方案》安排,召开专题工作视频培训会,全区70余个单位参加。建立接收工作微信群,全年累计开展现场服务50余次。截至年底,全区54个立档单位2010年前文书、会计、科技、业务、实物、照片等门类档案移交进馆2.2万盒19.07万件;东丽区疫情防控档案进馆106盒4539件。发布《东丽区档案馆面向社会公开征集抗击新冠肺炎疫情档案资料的启事》,征集区卫生健康委、东丽医院、军粮城医院、区疾病预防控制中心、新立街社区卫生服务中心等7家单位医务人员请战书、受赠锦旗、感谢信等材料;征集华明街道第一社区、万新街道香邑花园社区等基层工作者抗击疫情自创诗歌、照片、证书等40余件。

7月10日,卫生系统新冠肺炎疫情防控档案征集仪式

(潘子聪　摄)

【年鉴编纂】 2020年,区档案馆(区方志办)以"为党立言、为国存史、为民修志"为宗旨完成编纂任务。制定下发《2020年东丽区地方志编纂工作方案》,《天津市东丽年鉴(2020)》增加扶贫、驾驶赛等专题图片,重点记述"不忘初心、牢记使命"主题教育、第三届世界智能驾驶挑战赛内容,全书设置32个类目,120个分目,撰写690个条目,251条大事记,书前照片100张,随文插图190张,全书68万余字,实现公开出版。完成《天津年鉴》东丽区部分上报工作,撰写11个条目,随文图片6幅,涵盖政治、经济、社会、城市建设、京津冀协同发展、扶贫攻坚战、创卫工作、第三届世界智能驾驶挑战赛等内容。在《天津史志》刊登调研文章《金钟河与河畔红色文化》《浅析〈东丽区志(1979—2010)〉资料的收集》文章2篇,信息1篇;在"方志天津"APP刊登信息1篇。

【史志编研】 2020年,区档案馆(区方志办)实现《天津市东丽区志(1979—2010)》出版发行,向76个单位赠送、发放志书265本册;整理完成并建档区志基础资料,合计97卷。积极履行工作职责,就《东丽区武术志》编修工作积极与市方志办沟通,召开评审会进行终审,跟踪服务终审后修改工作,提出指导性意见建议。截至年底,《东丽区武术志》已送出版社审校。挖掘、利用馆藏资源,结合2019年机构改革工作,着手对13个机构改革不再保留单位的机构沿革进行整理,汇集成册丰富馆藏;整理"一轮志书"具有历史价值的资料,整理建档45卷。

(刘秀芹)

本篇责任编校　刘秀芹

东丽区人民代表大会

Dongli District People's Congress

概　述

天津市东丽区人民代表大会常务委员会(以下简称"区人大常委会")是东丽区国家权力机关的常设机关,在区人民代表大会闭会期间,行使宪法和法律赋予的职权。1980年4月,成立天津市东郊区人民代表大会常务委员会。1992年3月,更名为天津市东丽区人民代表大会常务委员会。

2020年,区人大常委会在区委的正确领导下,坚持以习近平新时代中国特色社会主义思想为指导,深入学习贯彻党的十九大和十九届二中、三中、四中、五中全会精神,坚持党的领导、人民当家作主、依法治国有机统一,不断坚持和完善40年来东丽区人大工作积累的成功经验,丰富和拓展人民代表大会制度的时代特色、实践特色、东丽特色,为加快推进东丽绿色高质量发展作出积极贡献。全年,常委会依法作出决定决议10项,听取审议专项工作报告14项,开展专题询问2次、专项工作评估测评1次、执法检查5次,向"一府两院"发出审议意见书16件、问题清单47项,备案审查规范性文件21件,依法任免国家机关工作人员192人次,各项工作取得新进展新成效。

坚持党的领导,强化政治担当。坚持把学习贯彻习近平新时代中国特色社会主义思想作为首要政治任务,上好必修课,掌握基本功,不断增强"四个意识"、坚定"四个自信"、做到"两个维护";认真学习贯彻市委、区委人大工作会议精神,扎实履行重大事项决策、管党治党、廉政建设、抓意识

形态领域工作中的政治领导职责;把政治标准和政治要求贯穿机关建设始终,贯穿依法履职的各方面全过程,紧扣区委决策部署谋划推进人大工作,制定以高质量履职推动绿色高质量发展的年度实施方案,听取审议"一府两院"年度工作指标任务安排和落实情况。坚持包联工作机制和信访接待日制度,协调解决企业、基层和群众反映的突出问题;面对突如其来的新冠肺炎疫情,坚决贯彻习近平总书记系列重要讲话和重要指示精神,认真落实党中央和市委、区委决策部署,坚定扛起非常时期的责任担当,把疫情防控、复工复产、公共卫生应急管理、传染病防护等纳入监督重点,开展不间断、多轮次的实地检查监督,统筹推进疫情防控和经济社会发展。全区三级人大代表自觉担起战疫情、促发展的责任,投身抗疫一线,在各条战线、各自岗位上发挥积极作用。

聚焦经济高质量发展,高度关注经济运行情况,听取审议计划执行情况报告,开展优化营商环境专项执法检查,针对项目落地、简政放权、科技成果转化、企业融资等突出问题开展专题询问,审查批准开发建设项目,补充纳入国民经济和社会发展计划,推动落实"六稳""六保"。自觉服务京津冀协同发展,听取审议项目实施情况的专项报告,以项目化、清单化、责任化的举措,推动重大国家战略的东丽实施。围绕"十四五"规划纲要编制,开展集体调研和分领域专题调研,为区委决策提供参考。

紧扣打好三大攻坚战,坚持问题导向、目标导向、结果导向,强化国有资产管理、风险防控、污染

防治、生态屏障建设、扶贫协作等重点工作的监督，综合运用听取审议、执法检查、视察调研等形式，保障三大攻坚战顺利开展。期间，对区政府年度环境状况和环境保护目标完成情况实施常态化监督，与全国人大、市人大联动开展土壤污染防治法和土壤污染防治条例执法检查。听取审议预算执行、预算调整、决算等报告，加强对重点支出、转移支付、绩效管理、政府债务等审查监督。听取审议，更好助力全面建成高质量小康社会。

保障全面推进城市化建设，优化提升城市功能品质，落实市委、区委关于基层治理体制机制改革创新的部署要求，推动解决基层治理中存在的突出问题。开展建筑法和建设工程质量管理条例执法检查，视察棚户区改造、城市化建设收尾项目和还迁区物业管理工作，蹲点调研全区土地出让情况。聚焦行政诉讼、行政执法、审批效率等关键问题开展专项监督专题调研。视察全区安全生产情况，加强人大信访工作，推动维护城市安全、社会安定、群众安宁。

围绕事关人民群众切身利益的问题，开展就业惠民、养老服务、创文创卫、食品安全等专项监督。持续关注校园安全工作，开展学校安全条例、预防和治理校园欺凌若干规定执法检查，对全区70所中小学和幼儿园进行全面调研，监督推动消防安全、校园周边环境、"三防"体系建设等长期存在的突出问题得到有效解决。聚焦人民群众健康需要，听取和审议东丽区公立医院建设发展情况报告，调研视察基层卫生服务体系建设情况，督促新建社区卫生服务站、推进社区卫生服务机构达

标建设。开展《天津市文明行为促进条例》执法检查，深入全区11个街道和14个执法部门进行全覆盖的实地检查，多种途径收集问题线索，提出建议意见，监督整改成效，用法治力量守护城市文明。

采取有力举措，全力保障代表履职。完善"三联系"工作制度，健全代表常态化参与常委会、专门委员会工作的机制，畅通民意反映渠道。充分发挥人大街道工委载体功能，组织代表学习培训、视察调研，围绕优化营商环境、三大攻坚战、城市化建设、创文创卫等全区重点工作履职尽责、献言献策。围绕社区开展常态化疫情防控，精心组织专项调研，为基层治理创新思路提供参考。将民心工程和代表建议督办作为全年工作的重中之重、贯穿始终，健全主任会议重点督办、各专门委员会包案督办、代表工作室跟踪督办、人大街道工委协助督办的多级督办制度，启动建议办理两次答复评价机制，确保民心工程和代表建议落到实处。针对办理难度大、进展缓慢的项目，紧盯不放、持续跟踪、一抓到底，解决电梯维修、道路建设、物业管理、污水排放等一批关系群众切身利益的实际问题，确保兑现向全区人民作出的庄严承诺。

加强自身建设，不断提高依法履职能力水平。突出抓好党支部建设，严肃党内政治生活，开展特色主题党日活动，把讲授党课、交流研讨、警示教育融入日常抓在经常，以高质量党建引领高质量履职取得明显成效。巩固拓展"不忘初心、牢记使命"主题教育成果，以整治形式主义官僚主义突出问题为重点，抓好作风建设，严格执行中央八项规定精神，深化调查研究，改进会风文风，提高工作

效能。全面梳理常委会专项工作程序和代表工作制度,初步形成体现地方国家权力机关特点、涵盖常委会履职行权的工作制度体系。完善监督组织方式和工作方法,把实地检查与随机抽查、明察暗访与座谈交流、查阅资料与问卷调查、高位推动与上下联动结合起来,注重加强前期调研和后期跟踪监督。调整规范有关专门委员会和常委会工作机构职能设置,优化常委会组成人员结构,提升专职人员比例,完善工作制度、明确职责任务、加大培训力度,不断提升区人大干部自身能力和水平。

主要工作

【助力疫情防控工作】 2020年,区人大常委会坚决贯彻习近平总书记关于统筹疫情防控和经济社会发展重要论述及重要指示精神,认真落实党中央决策部署和市委、区委工作要求,依法及时调整年度工作计划,把疫情防控、复工复产、公共卫生应急管理、传染病防护等纳入监督重点,印发贯彻落实市人大常委会《关于依法做好新型冠状病毒肺炎疫情防控工作切实保障人民群众生命健康安全的决定》《关于禁止食用野生动物的决定》的通知,向全体代表发出倡议书,开展不间断、多轮次的实地检查监督,统筹推进疫情防控和经济社会发展。全区三级人大代表自觉担起战疫情、促发展的责任,投身抗疫一线,在各条战线、各自岗位上发挥积极作用,以实际行动践行代表人民、为了人民、服务人民的光荣使命,为夺取双战双赢作出重要贡献。

【落实民心工程项目票决制】 2020年,东丽区首次实行民心工程人大代表票决制,全体代表在区十七届人大七次会议上,以差额投票表决的方式确定东丽区2020年民心工程中的29个子项,实现群众需求、代表表决和政府办理的精准对接、高度融合。常委会将推动民心工程项目落实作为工作的重中之重贯穿始终,与开展监督工作、办理代表建议紧密结合、同步推进,通过调研视察、听取座谈等形式,采取"一季一督查、半年一报告、一年一询问测评"的措施,对所有票决项目进行全过程、全覆盖的常态化监督推动,紧盯不放、持续跟踪、一抓到底,推动全区民心工程高标准高质量实施,确保兑现向人民群众作出的庄严承诺。

【依法决定重大事项】 2020年,区人大常委会坚决贯彻落实中央重大决策和市委、区委部署要求,对事关全区经济社会发展的重大事项依法作出决议决定10项。贯彻落实《中共东丽区委关于解决"社区之表、农村之实"问题的决定》,东丽区第十七届人民代表大会常务委员会第三十六次会议审议通过《关于解决"社区之表、农村之实"问题加快推进基层社会治理现代化的决定》,充分尊重人民的主体地位,积极发动、依靠和惠及群众,着力推进全区从全域城市化建设向"以人为核心"全面城市化升级,切实提升基层社会治理体系和治理能力现代化水平。紧扣区委决策部署谋划推进人大工作,制定以高质量履职推动绿色高质量发展年度实施方案,听取审议"一府两院"年度工作指标任务安排和落实情况,合力推动东丽区绿色高质量发展。

【监督助力"六稳""六保"】 2020年，区人大常委会聚焦经济高质量发展，听取和审议2020年上半年国民经济和社会发展计划执行情况报告，审查批准开发建设项目补充纳入年度国民经济和社会发展计划，推动落实"六稳""六保"工作，经济发展基础进一步夯实。开展《天津市优化营商环境条例》执法检查和专题询问，提出意见建议，推动整改落实。听取审议加强知识产权保护促进全区绿色高质量发展工作报告，专题调研"两院"在支持、保障民营经济发展中提供司法保障情况，听取审议津冀协同发展项目实施情况专项报告。强化国有资产管理、风险防控、污染防治、生态屏障建设、扶贫协作等重点工作的监督，综合运用听取审议、执法检查、视察调研等形式，保障三大攻坚战，更好助力全面建成高质量小康社会。强化预决算审查监督，听取审议预算执行、预算调整、决算等报告，跟踪监督审计查出问题整改情况，加强对重点支出、转移支付、绩效管理、政府债务等审查监督，推动区政府加强重大风险防控，确保财政平稳运行。围绕"十四五"规划纲要编制，开展集体调研和分领域专题调研，形成调研报告9份，涉及科技创新、城市化建设、基层治理等诸多领域。

【监督推进依法治区】 2020年，区人大常委会发挥在依法治理中的重要作用，以促进依法行政为着力点开展专项监督，听取审议专项工作报告14项，执法检查5次，备案审查规范性文件21件。开展《天津市文明行为促进条例》执法检查，4个执法检查组深入全区11个街道和14个执法部门对条例实施情况进行全覆盖的实地检查，多种途径收集问题线索，改进暗访暗查方式，增加随机抽查比例，拍摄随访照片和视频，扭住问题整改不放松，用法治的力量守护城市文明。针对制止餐饮浪费行为，对部分机关食堂、餐馆进行抽查，梳理汇总问题143条，并召开中期推动会，推动问题整改。聚焦行政诉讼、行政执法、审批效率等关键问题，找差距、提建议、督整改，有力促进法治政府建设。专题调研扫黑除恶专项斗争，视察全区安全生产情况，加强人大信访工作，推动维护城市安全、社会安定、群众安宁。

【开展城建环保领域监督】 2020年，区人大常委会助推全域城市化建设，推动解决基层治理中存在的突出问题。优化提升城市功能品质，开展《中华人民共和国建筑法》《天津市建设工程质量管理条例》执法检查工作，推动"一法一条例"贯彻落实到位。视察全区棚户区改造、城市化建设收尾项目和还迁区物业管理工作，开展全区土地出让情况专题调研，统筹推进城市规划、建设、管理，完善全域城市化发展格局。视察全区河（湖）长制落实情况和防汛工作准备情况，深入新立泵站、海河泥窝渡口、袁家河（东减河）泵站并听取关于区河（湖）长制落实情况和防汛工作准备情况汇报，对做好防汛准备工作提出意见建议。全面做好水旱灾害防御各项准备工作，坚决杜绝伤亡事故，确保人民群众生命财产安全。常委会对区政府年度环境状况和环境保护目标完成情况实施常态化监督，与全国人大、市人大联动开展土壤污染防治法和土壤污染防治条例执法检查，紧盯突出环境问题的整改落实，助推全区生态环境质量持续向好。

【开展民生领域监督】 2020年,区人大常委会始终坚持以人民为中心,围绕事关人民群众切身利益问题,开展就业惠民、养老服务、创文创卫、食品安全等专项监督,支持促进普惠性、基础性、兜底性民生建设。持续关注校园安全工作,开展《天津市学校安全条例》《天津市预防和治理校园欺凌若干规定》执法检查,采取与街道工委上下联动的方式,对全区70所中小学和幼儿园进行全面调研,监督推动消防安全、校园周边环境、"三防"体系建设等长期存在的突出问题得到有效解决。聚焦人民群众健康需要,听取和审议《东丽区公立医院建设发展情况报告》,调研视察基层卫生服务体系建设情况,督促新建5个社区卫生服务站,推进社区卫生服务机构达标建设,提升医疗公共服务水平。视察老旧小区、还迁小区居民生活垃圾分类、垃圾处理中心设备运行情况和厨余垃圾处理项目,破解城市管理治理难题,提升城市环境品质。

【提升代表工作】 2020年,区人大常委会密切联系群众,完善"三联系"工作制度,健全代表常态化参与常委会、专门委员会工作机制,落实"向群众汇报"制度,畅通民意反映渠道。对代表们反映比较集中的涉及城市化建设、市容环境、道路交通等方面的12件建议进行重点督办,健全主任会议重点督办、各专门委员会包案督办、代表工作室跟踪督办、人大街道工委协助督办的多级督办制度,启动建议办理两次答复评价机制,提高建议办

理水平,确保代表建议落到实处。推进代表活动阵地建设,建成98个代表联络站,全体人大代表进站听取意见,参与社区治理,解决电梯维修、道路建设、物业管理、污水排放等一批关系群众切身利益的实际问题。组织代表学习培训、视察调研,围绕优化营商环境、三大攻坚战、城市化建设、创文创卫等全区重点工作履职尽责、献言献策,形成调研报告18篇。组织开展代表统一活动日和执法检查,促进代表主动服务绿色高质量发展,为全区重点工作献计出力。区人大常委会主任孙富霞在市人大常委会召开的代表工作会上作典型发言《尊重代表主体地位 发挥代表主体作用》。

【强化政治机关建设】 2020年,区人大常委会适应新时代新要求,按照区委人大工作会议精神,把加强人大政治机关建设放在突出位置,落实《区人大常委会党组关于加强政治机关建设的实施方案》,着眼长远打基础,聚焦问题抓基层,不断提高依法履职能力水平。开展纪念区人大设立常委会40周年系列活动,广泛深入宣传人民代表大会制度优势,不断增强国家根本政治制度自信。调整规范有关专门委员会和常委会工作机构职能设置,优化常委会组成人员结构,提升专职人员比例。选齐配强11个街道工委专职副主任和专职干部,完善主任会议成员联系街道等工作机制,更加紧密地联动开展监督和代表活动,人大基层基础工作明显加强。

(任丽敏)

本篇责任编校 曹心慧

东丽区人民政府

Dongli District People's Government

概　述

1953年5月，成立天津市津东郊区人民政府。1955年5月，改称天津市东郊区人民委员会。1958年10月，撤销东郊区建制，并入河东区，成立天津市河东区新立村人民公社委员会。1962年2月，恢复东郊区建制，改称天津市东郊区人民委员会。1968年3月，成立天津市东郊区革命委员会。1980年4月，取消天津市东郊区革命委员会，成立天津市东郊区人民政府。1992年3月，更名为天津市东丽区人民政府。

2020年，面对错综复杂的形势和艰巨繁重的任务，特别是新冠肺炎疫情的严重冲击，东丽区人民政府坚持以习近平新时代中国特色社会主义思想为指导，坚决贯彻落实党中央、国务院和市委、市政府决策部署，在区委的领导下，团结依靠全区人民，共克时艰、创新实干，疫情防控成效显著，经济发展逆势增长，社会大局保持稳定，圆满完成脱贫攻坚任务，成功创建国家卫生区。

抓牢疫情防控。落实"四战"要求，第一时间启动一级响应，建立集中指挥、快速反应、应急处置等机制，坚决遏制疫情扩散蔓延。抓紧抓实抓细外防输入、内防反弹各项措施，从应急处置马印航空人员转运留观到"铁桶般无缝管道式"闭环管理入境人员，从严防死守社区、商超、交通干道等防疫关口到有序组织复工复产复商复市，以工作的确定性应对疫情的不确定性，全区没有出现一例本地传播病例，没有出现大范围隔离，为经济社会秩序加快恢复创造有利条件。

经济社会发展。实现规上工业产值822亿元、增长4.4%，战略性新兴产业占比提高4个百分点，工业增加值率提高2.1个百分点；服务业增加值增长4.5%，现代物流、检验检测等新兴服务业引领作用显著增强；都市农业提质增效，葡萄等特色果蔬品牌效益凸显，建成国家级农产品质量安全区。深入实施高新技术企业倍增计划，新增国家高新技术企业72家，总量增长18.3%。推进科技成果高效转化，科研院所衍生孵化28家创新型企业，与清华大学签订高端院深化合作备忘录，构建"一院一园一基金"发展新模式。实施"园区吹哨、部门报到，园区举手、政府协调，区长调度、定期督查"项目推动机制，重大项目监督管理系统上线运行，有效打通项目建设各环节堵点，乾顺永磁等40个项目开工建设，永昌特种焊材等27个新项目投产运营。构建全方位帮扶体系，广泛动员全社会参与，皋兰县、甘谷县、临潭县、承德县全部脱贫摘帽，东西部扶贫协作和支援合作工作全市领先。东丽区困难村结对帮扶任务全面完成。

城市建设管理。基础设施逐步完善，20条道路竣工通车，新立、金钟污水主管线建成投用，完成海绵城市改造8.87平方千米、雨污分流改造1.44平方千米，绿色生态屏障1.56平方千米古海岸湿地绿廊今春将对外开放。城市管理效能提升，区生活垃圾综合处理厂等一批设施投入使用，资源化消纳利用建筑垃圾362.5万立方米，存量建筑垃圾清零，生活垃圾分类处置全覆盖。基层治理持续加强，沙柳北路"64排"、东窑洼等51个"飞地"治理工作全部完成,盆景园治理经验全市推广。园区围城"治理圆满收官,"钢铁围城"治理有效推进,PM$_{2.5}$平均浓度下降7.8%、年均值排名全市第三,达标天数比率增加5个百分点。全域黑臭水体基本消除,地表水环境质量改善率达30.6%,考核断面达标率100%。第二轮中央生态环保督察34项边督边改任务全部按要求落实,督察期间29批134件群众信访件全部办结。

推进改革开放。狠抓首都外溢资源合作落地,引进北京项目110个,协议投资额142亿元。中汽研新能源汽车检验中心、临空经济区科技创新园纳入国家京津冀协同发展2020年重大工程。"一区多园"改革深入实施,东丽经济技术开发区运营机制完成市场化改革,军粮城工业园区、滨海重机工业园区、金钟商务科技园区管理架构调整完善。临空经济区引入社会力量参与开发建设,规划等前期工作全面展开,盘活载体12万平方米。深化国企改革,全面启动资源资产整合工作,搭建资产运营、开发建设、债务清理等平台架构,注销关停空壳低效企业43家。农村集体产权制度改革全面完成,集体产权交易全部通过市农村产权流转交易市场公开进行,"三资"管理进一步规范。落实市外内资172亿元,注册落地优质项目970个、协议投资额386亿元。新增外商投资企业15家,实际利用外资增长22.8%,外贸进出口额增长3%。成功举办第四届世界智能驾驶挑战赛,开创业内"云赛事"先河。

发展民生事业。把高质量还迁作为东丽民生基本盘,全年竣工还迁房103万平方米,2.3万名群众喜迁新居,完成84个小区684万平方米还迁房住用安全维修,维保电梯900余部,新立示范镇、军粮城示范镇引进品牌物业服务,群众居住环境进一步改善。千方百计稳就业,新增就业2.7万人,困难人员安置率达95%以上。优化保障救助体系,各项政策惠及困难群众44万人次。促进教育优质均衡发展,实施新时代立德树人工程,推进实验小学集团化办学,建成4所中小学、12所幼儿园。公共服务不断加强,新建5家卫生服务站、5家老年日间照料中心,新增3处健身场所、50个社区健身园,23家机关事业单位停车场向公众错时开放,新增停车场11座泊位3340个,建成公交首末站3处,调整优化公交线路12条,贵环小区26年无"气"可用问题彻底解决。退役军人工作深入开展,东丽区荣获"全国双拥模范城"实现八连冠。

区政府办公室工作

【简　况】　天津市东丽区人民政府办公室(以下简称"区政府办公室")是协助区政府领导处理政府日常工作的综合办事机构。1953年5月,成立天津市津东郊区人民政府办公室。1955年6月,改称天津市东郊区人民委员会办公室。1962年2月,恢复东郊区建制,重建天津市东郊区人民委员会办公室。1968年3月,成立天津市东郊区革命委员会办公室。1980年4月,取消天津市东郊区革命委员会办公室,成立天津市东郊区人民政府办公室。1992年3月,更名为天津市东丽区人民政府办公室。区政府办公室是区政府工作部门,加挂天津市东丽区人民政府外事办公室、天津市东丽区人民政府企业家服务办公室、天津市东丽区机关事务管理局牌子。天津市东丽区规划展览馆是区政府办公室管理的事业单位。

2020年,区政府办公室坚持以习近平新时代中国特色社会主义思想为指导,全面学习贯彻党的十九大和十九届二中、三中、四中、五中全会精神,认真落实市委、市政府和区委、区政府各项决策部署,着眼全区大局,加强统筹协调,狠抓工作落实,以严的精神和实的作风忠诚担当、创新竞进,助力疫情防控和经济社会发展"双战双赢"。

【信息工作】 2020年,区政府办公室扎实推进政府信息公开和政务公开工作。编发《东丽政务信息》24期,向市政府办公厅报送信息750条(篇),采用78条(篇)。举办全区政府系统政务公开培训,组织编制东丽区基层政务公开标准目录。新版区政府门户网站正式上线,全年网站发布政务动态类信息5165条,信息公开目录信息3249条;"东丽发布"政务微博发布信息2063条,阅读量120万人次。全区收到政府信息公开申请1975件,结转上年度政府信息公开申请35件,在法定期限内答复1986件,另有24件结转下年度继续办理。

【会务工作】 2020年,区政府办公室加强和改进政府会议管理服务工作,加强计划统筹,严控会议数量,提高会议质量。全年,组织区政府常务会议21次、区长办公会议4次、区政府党组会议18次、疫情防控视频会议40余次及其他各类会议50余次,拟定会议纪要记录43篇,制发文件近30件。

组织"公仆接待日"活动7次,收到群众反映问题64件,会同区委督查室对解决跟进情况进行督办落实。

【建议提案办理工作】 2020年,区政府办公室接到市政府交办的市"两会"建议提案16件。其中,代表建议13件,委员提案3件;由东丽区单独承办2件,代表委员满意率100%,会办14件,均向主办单位报送会办意见。办理区十七届人大七次会议期间收到的代表建议46件(含闭会件5件),代表满意率100%。办理区政协九届六次会议期间收到委员提案93件,委员满意率100%。

【服务企业家工作】 2020年,区政府办公室真心真诚服务企业,倾心倾力改善营商环境。认真落实服务企业家工作测评、服务拟迁出企业、企业家诉求督办落实、重点项目帮办代办等工作机制,协调推动区政府领导走访企业223家次,解决问题66个。开展"政企面对面"活动4次,组织企业参加天津2020·中国企业家大会。创建"东丽区企业家服务官方平台"微信公众号,发布企业服务相关政策、资讯、工作动态等70余篇。

【绩效考评工作】 2020年,区政府办公室按照区绩效管理工作领导小组办公室要求,牵头对39个区级政府部门的2019年度重点工作任务和履行工作职责情况、督查及基础工作情况以及11个街道、2个功能区的督查及基础工作情况,共三部分进行考核。受疫情影响,并未进行现场集中考核,安排自评、复评、项目整改等几个环节,保证考核过程客观公正、公开透明,实现绩效考评价工作科学化、规范化。

【公文管理】 2020年,区政府办公室坚持精细化服务理念,严格做好公文签收、登记、拟办、流转、转办等各个环节,确保公文分类整理、按时传送、及时办结。全年,处理各类公文2.5万余件、信息简报2400期(件),处理领导批示文件2.5万件次。规范全区办公系统文字工作,按流程做好文件印制、装订、分发工作,制发正式公文511件。

【保密工作】 2020年,区政府办公室认真做好保密工作。开展保密业务基础数据统计,对计算机、移动存储介质及其他涉密设备建立管理台账。开展保密宣传月活动,通过集中观看保密宣传教育片、接收"一周一提醒"短信等方式,提高干部保密意识。按照保密自查自评专项督查要求,认真开展保密自查工作。落实保密管理制度,按规定定期对保密文件进行检查、核对和销毁。

(郭莹莹)

政府政策研究

【简 况】 天津市东丽区人民政府研究室(以下简称"区政府研究室")是负责起草政府工作报告等文稿,做好重要政策的调查研究,收集改革创新方面重要信息的部门。2019年2月,成立天津市东丽区人民政府研究室。

2020年,在区委、区政府的正确领导下,区政府研究室坚持以习近平新时代中国特色社会主义思想为指导,全面贯彻落实习近平总书记对天津工作提出的"三个着力"重要要求和一系列指示批示精神,紧紧围绕区委2020年工作意见和政府工作报告,以党的政治建设为统领,深入开展"四史"学习教育,顺利完成年度工作任务,不断加强干部队伍建设,持之以恒正风肃纪,保证各项工作任务高质量完成。

【文稿起草】 2020年,区政府研究室统筹做好报市政府文件的起草工作,完成季度经济运行情况分析、债务风险化解、创建国家卫生城区等报告、简报材料。服务区政府重点工作,完成《政府工作报告》、半年经济社会发展情况等向人大常委会报告类文稿。认真起草区政府主要负责人专项工作讲话,完成统筹推进新冠肺炎疫情防控和经济社会发展工作部署会、深化"放管服"改革推进优化营商环境攻坚行动工作会、新动能引育工作会、廉政工作会、农村工作会等会议讲话。审核向市政府报送的稿件、新闻发布会稿件等文稿。全年,组织起草和审核把关各类文稿100余篇60万余字。

【调查研究】 2020年,区政府研究室坚持大兴调研之风,围绕重点领域、重点问题及群众关注的急难愁盼问题,深入开展调查研究,充分发挥参谋助手作用。聚焦风险防控,研究提出解决债务风险、管理漏洞、短板欠账等突出问题的对策建议。聚焦创新发展,为园区管理体制改革、加快实施高新技术企业倍增计划等工作提供决策参考。聚焦经济发展,围绕做好新动能引育工作和优化营商环境,深化"谋""引""育""聚"工作,为振兴实体经济拓展思路措施。聚焦疫情防控,为企业复工复产、常态化疫情防控、抢抓疫情产生的应激性、结构性、对冲性机遇等,搜集先进地区经验做法,编制《防控参考》,提供对策举措。全年,通过深入调研形成研究类、对策类等文稿20余篇。

(丁爱双)

统计工作

【简　况】　天津市东丽区统计局(以下简称"区统计局")是区政府主管全区统计工作的职能部门。1981年3月,成立天津市东郊区人民政府统计科。1988年8月,变更为天津市东郊区统计局。1992年3月,更名为天津市东丽区统计局。

2020年,区统计局在区委、区政府正确领导下,在市统计局的大力支持下,以党的政治建设为统领,紧紧围绕全区中心工作,充分发挥统计职能,团结带领全体党员干部"坚定信念、埋头苦干、担当奉献、开创局面",扎实推进各项统计工作取得新进展,在服务高质量发展中做出新贡献。

【落实全面从严治党主体责任】　2020年,区统计局落实全面从严治党主体责任"两个清单"和"解决问题清单",并将"两个清单"向下属科室负责人延伸。组织召开3次会议,专门听取班子成员、科室负责人"两个清单"落实情况汇报;分别听取班子成员落实党建、党风廉政建设、重点统计工作完成情况汇报,把全面从严治党要求贯穿统计工作全过程。

【完成区委巡察反馈问题整改工作】　2020年,区统计局按照区委巡察二组整改要求,党组书记亲自抓问题整改工作,主持研究制定《区统计局党组关于落实区委巡察反馈意见的整改方案》,针

对反馈的巡察整改问题、任务和责任清单,制定整改措施46项。4月21日,召开巡察反馈意见整改专题民主生活会,深刻剖析问题根源及原因。经过8个月的整改,反馈的19个问题全部整改完成。

【开展第七次全国人口普查工作】　2020年,区统计局制定完成东丽区人口普查工作进度安排,完成区、街道、居委会三级普查机构的组建。完成3350个普查小区划分和小区图绘制工作。按照市人普办安排,7月中旬在万新街道铁城公寓、临月里和嘉春园3个社区,对1.1万余户、3万余人进行人口普查综合试点工作。按照市人普办安排,8月,组织对普查指导员972名、普查员2754名进行综合业务培训;9月,组织开展户口整顿和人员信息采集工作。截至年底,全面完成入户登记工作任务。

8月22日,东丽区第七次全国人口普查户口整顿暨人口信息采集工作培训　　　　　　　　(马煜　摄)

【统计法制化建设工作】　2020年,区统计局修订完善《统计法律法规文件汇编》《天津市统计行政处罚裁量实施细则》等普法学习资料,印制6500册,陆续发放给普法对象。组织推动全区党政机关、各人民团体学习传达中央统计改革《意

见》《办法》《规定》三部重要文件,编印学习宣传提纲。邀请市统计局副局长褚丽萍为全体区级领导、各单位党政主要负责人100余人进行《选编》专题宣讲,推动中央《意见》《办法》《规定》的再学习、再认识、再落实。全区83个单位累计传达学习90余次,受众人数2559人。按照"双随机一公开"(即在执法检查过程中随机抽取检查对象,随机选派执法检查人员,抽查情况及查处结果及时向社会公开)统计执法工作制度,执法检查企业单位36家,发现统计违法行为9起,立案处罚2起,责令整改7起,对2家违法企业进行失信公示。

【统计服务水平工作】 2020年,区统计局加强全区经济运行的分析研判和预判,及时为区委、区政府提供《统计快报》《统计月报》《统计服务手册》和季度、年度经济运行分析报告资料,全年撰写统计分析报告50余篇、信息180余条。精心组织实施2020年年报和2021年定报培训,区街两级培训基层统计人员1017人。为帮助企业顺利实现联网直报,录制操作流程,形成培训视频,发布到哔哩哔哩直播平台,方便企业统计人员学习、查询。全年,发布培训视频25个,时长达到2.5小时,收看量794人次。

【"四上"企业入库工作】 2020年,区统计局创新工作思路,充分运用法律武器"统计法律告知书",对接街道园区反复核实确认符合入库标准企业,采取先与企业沟通联系,讲明企业入库纳统的目的意义和重要性,对以各种理由推脱、搪塞和不配合企业交局监察科进行法律宣讲,对拒不配合

企业再下达"法律告知书",让企业明白依法入库是企业应尽的责任和义务,通过法律手段,有效提高企业入库的积极性。全年,两批258家企业申报入库成功,比上年增加72家,增长38.7%,创历史最好水平。

【"双万双服"工作】 2020年,区统计局按照区委、区政府关于做好"双万双服"工作要求,认真研究部署安排,分管领导具体负责,分成4个工作小组,分别到本局负责包联的44家企业走访服务,为每个企业送去《东丽区政企通服务手册》1册,传达宣传区政府关于企业尽快复工复产达产的有关政策规定,指导帮助19家规模以上企业登录"天津市政企互通服务信息化平台",工作组干部每月与包联企业联系1次。班子成员认真履行亲商承诺,深入基层企业开展调研服务累计19人次,帮助企业复工复产恢复正常经营,牵头联系区金融局与1家企业对接解决融资问题。

【疫情防控工作】 面对2020年突发的疫情,区统计局全体干部职工不畏艰险,领导带头,党员带头,人人积极参加参加老村台、楼宇企业、下沉社区、集中隔离医学观察点等一线防控工作,累计达200余人次。下沉社区开展疫情防控、推动复工复产工作,加大对企业调研走访,第一时间深入挖掘东丽区经济发展趋势,先后有8篇分析得到区委书记夏新和区委副书记、区长谢元等区领导批示。完成抗击疫情捐款2400元、扶贫捐款4200元、消费扶贫1.38万元。

(王建花)

统计调查工作

【简　况】　国家统计局东丽调查队（以下简称"东丽调查队"）是国家统计局的派出机构，依法独立行使统计调查、统计监督的职权，独立向国家统计局上报调查结果，并对上报的调查资料的真实性负责，承担地方政府委托的各项统计调查任务。2017年10月，经国家统计局批准设立东丽调查队。2019年7月，成立国家统计局东丽调查队。

2020年，东丽调查队以深入学习贯彻习近平新时代中国特色社会主义思想为主线，全面领会党的十九大和十九届三中、四中、五中全会精神，认真落实全国"两会"精神，在国家统计局天津调查总队党组和区委区政府的正确领导下，着力推进全面从严治党向纵深发展，坚决打赢疫情防控阻击战，实现"全年工作有部署、重点任务有突破、理论学习树新风、党建业务双融合、队伍建设上台阶"，为推动统计调查事业更上一层楼贡献力量。

【住户调查样本轮换】　2020年，东丽调查队严格落实住户调查样本轮换实施细则要求，完成确定调查小区、核实样本存续情况、补充大样本工作，累计完成摸底表835份，扩充590户、成功开户200户。利用实地督导、平台监管、在线指导等方式，督促工作进度，监控工作质量，累计入户调查100余户，深入社区指导30余次，对调查员开展样本轮换培训4次，确保样本轮换工作的规范性、科学性和严谨性。树立调查队品牌形象，充分运用"天津调查"、东丽区融媒体、今日头条等新媒体平台，扩大宣传面，开展入户宣传，自行设计印制《住户调查电子记账指南》，深入宣传"为国记账，为己理财"的理念，将其作为东丽区住户调查统一培训教材，有效提高社会知晓度和配合度。

9月，东丽调查队开展住户调查记账指导，图为工作人员深入新轮换记账户家中调查　　　　　（张晓臻　摄）

【深耕民生调查】　2020年，东丽调查队完成住户收支与生活状况调查、月度劳动力调查等统计调查工作。践行四个坚持，做精住户调查。坚持集中录入，着力为基层减负，全年累计录入504本，累计时长252个小时；坚持平台监管，及时汇总下发问题账页，做到常打"预防针"，确保电子记账质量，电子记账户开户率达69%，E调查使用率100%；坚持一线调查，队领导带队对调查点、调查户多方进行实地走访，全年入户率100%；坚持业务培训，累计培训9次，提高基层统计调查人员的业务水平。聚焦基础工作，做优劳动力调查。在疫情期间，加大电话调查和回访力度，电话核查100余次；开展全覆盖检查，赴7个调查点排查存在的问题并展开入户随访37次；认真落实每季度培训，详细梳理入户中重点情况，对现场调查、采集、登记等整套工作流程进行专题指导。

9月18日，东丽区第十一届中国统计开放日，图为向市民发放《统计法》读本，讲解统计法律法规　　　　　　（豆阿曼　摄）

【服务双战双赢】　2020年1月27日零时，东丽调查队进入工作状态，外地干部及时改签、迅速返津，全体干部坚持每日轮流到岗，做到"数据有人报、平台有人看、来电有人应"，于2月17日起正式复工，全力降低疫情对统计调查工作的影响。围绕疫情热点问题，开展东丽区疫情防控工作满意度调查等9次快速网络跟踪调查，通过数据分析，撰写报送调查报告8篇，获区领导批示10篇次，为政府及时了解东丽区疫情防控工作，进行科学决策提供参考依据。开展东丽区外贸出口型企业受疫情影响专题调研，助力企业在"战疫"中成功突围，收回有效问卷136份，帮助政府及相关部门及时掌握东丽区外贸出口型企业现状并提出可行建议，调研分析获4名区领导批示5篇次。

【创优统计服务】　2020年，东丽调查队精准发力提高分析研究和信息报送的质量与数量，撰写统计调查分析36篇、重大经济信息13篇、工作信息241篇，其中获区领导批示20篇次，被国家统计局内网采纳19篇，被东丽区《政务信息》采用17篇，被《中国信息报》采纳2篇，被"天津调查"微信公众号采用18篇信息。发挥"直接调查"职能优势，开展劳动力就业及收入状况专题调研，累计录入问卷3744份，汇总8911人相关数据，深入挖掘就业、收入等方面趋势变化所反映的内在信息价值，强化分析预判的科学性、精准性、有效性，调研报告获区委书记夏新批示。

【助力优化营商环境】　2020年，东丽调查队瞄准东丽区年度重点工作任务，以优化营商环境为主题，开展一系列调查调研工作。快好精深推进全区营商环境专题调研。将其作为系统重点调研课题，由队长牵头扎实开展方案确立、问卷调研、一线走访等，回收有效问卷682份。深入调研走访区内企业及区商务局、区政务服务办等相关部门，客观分析营商环境现状与满意度，如实反映全区营商环境存在的困难与企业家相关诉求，做到数出有据、语出有因，全力服务全区经济社会高质量发展。推进新设立小微企业和个体经营户跟踪调查。坚持样本核查细，充分利用电话访问等方式实现调查企业核查全覆盖，严格样本信息变动台账管理；报表采集细，及时通知报表时间，第一时间催报，确保上报率实现100%；数据审核细，通过逻辑对比、查询台账等方式再次审核，确保查错无一遗漏；实地走访细，对报表问题多的调查对象开展实地培训；对拒不配合的，亲自上门了解困难，着力提高配合程度。

（李雨阳）

信访工作

【简　况】　天津市东丽区委、区政府信访办公室（以下简称"区信访办"）是受理群众来信来访、负责全区信访工作的职能部门。1981年4月，成立天津市东郊区人民政府信访办公室。1984年5月，天津市东郊区人民政府信访办公室并入区政府办公室，对外挂东丽区委、东丽区政府信访办公室牌子。1992年3月，更名为天津市东丽区委、区政府信访办公室。2010年6月，设立天津市东丽区人民政府信访办公室，挂中共天津市东丽区委信访办公室牌子。

受新冠肺炎疫情影响，2020年2月至5月初全区各级信访部门暂停群众来访接待，期间通过网上、电话和信件等办理各类信访事项，按照全市统一要求，于5月9日正式恢复接访工作。全年，东丽区信访总量2116批次，比上年增加7.4%。其中进京到非接待场、越级访及到市门前办分别下降66%、54%和29%。区信访办接待来访群众359批次，下降52.1%；登记信访事项复查案件55件，下降61%。责任单位及时受理率100%，按期办结率达98%，满意率达85.78%。

【区级领导开展信访接待】　2020年，区委、区政府始终把信访工作作为群众工作的重要平台，扎实落实"四访"制度，各级领导和一线信访干部以"四访"工作为切口，下沉力量、前移关口、走街入户，带着化解目标"约访"，带着解决思路"走访"，带着真情实意"回访"，面对面接待群众、心贴心了解实情、实打实化解矛盾。全区28名区级领导累计到区信访接待中心和各包联街道，接待群众207批次402人次，登记化解信访事项209件。

【助推积案化解攻坚战】　2020年，东丽区全面启动城市化历史遗留信访积案专项治理清零行动，越级访、"大排查、大起底"专项治理活动及集中治理重复信访、化解信访积案工作。区委、区政府主要领导挂帅，将信访积案化解治理攻坚纳入全区各街道及部门工作责任体系。全面落实领导包案，分析确定362件重复访积案和41件城市化遗留信访积案，区级领导包案化解155件，落实"一案一领导、一案一专班、一案一方案、一案一档案"工作机制，实行台账动态管理。持续落实"四访"工作机制，精准解决群众合理诉求。截至年底，化解城市化历史遗留信访积案41件，重复信访119件。

【提升信访业务水平】　2020年，全区信访工作以习近平总书记关于加强和改进人民信访工作重要思想为指导，深入开展"基础业务建设年"活动，信访业务考核排在全市优秀行列。成立考核工作专班，制定《考核专班工作规程》，重点对及时受理、按时办结等工作进行专项治理，采取集中轮训、调训、现场指导等方式进行强化培训，全年"三率"（及时受理率、按期办结率、群众满意率）水平实现提升。强化日常督查、联合督查、专项督查、统筹实地督查等工作机制，创新"一把手"督办，采取电话催办、系统提醒、发函督办、实地指导等方式，做好信访事项督办工作，有效推动问题化解，累计督办130件次。充分发挥"三道防线"作用，组织全区党员干部70余人次参与快速稳妥处置突发情况，全国"两会"、十九届五中全会、市"两会"期间未发生进京访被记账通报的个访、集访等极端事件，持续巩固双"零"的战果。

【开展信访干部队伍培训】 2020年，区信访办强化信访工作规范，加强基础业务培训，全面提高全区信访干部法治意识，提升矛盾调处综合能力，增强信访业务事项办理能力，分别开展《信访条例》宣传、信访考核业务培训、特殊人群服务管理应用及信访心理健康教育等活动，全年累计召开各类培训会7场次，培训350人次。通过不同类型培训，进一步理清工作思路、明确工作标准、提高解决问题能力，为全面提升信访工作水平奠定坚实工作基础。

7月11日，全区信访基础业务及考核工作培训

（乔殿虹 摄）

【社会矛盾纠纷调处化解】 2020年，区信访办做好区、街两级社会矛盾纠纷调处化解工作。5月18日，东丽区社会矛盾纠纷调处化解中心（以下简称"区矛调中心"）和11个街道社会矛盾纠纷调处化解中心正式成立，区矛调中心设在区信访办。区住建委、区城市化办等28家常驻、轮驻、随驻单位进驻区级矛调中心，落实"1+2+7+2"闭环工作流程和流调工作机制，完善指挥调度、调处化解、吸附稳控、督查督办等功能；持续推动领导干部日常轮值接访，28名区级领导干部每日到区矛调中心开展接访。全年，区、街两级矛调中心接待来访群众2319批次，现场解释1711批次。

（冯皓）

政府政务服务

【简　况】 天津市东丽区人民政府政务服务办公室（以下简称"区政务服务办"）是区政府工作部门，负责全区优化政务服务、行政审批和加强营商环境建设工作。2006年12月，成立天津市东丽区行政许可服务中心。2010年7月，成立天津市东丽区行政审批管理办公室。2014年12月，成立天津市东丽区行政审批局。2018年12月，组建天津市东丽区人民政府政务服务办公室，加挂天津市东丽区行政审批局、天津市东丽区营商环境办公室牌子。

2020年，区政务服务办以习近平新时代中国特色社会主义思想为指导，坚决贯彻落实党的十九大和十九届二中、三中、四中、五中全会精神，以习近平总书记对天津工作提出的"三个着力"重要要求为元为纲，围绕审批制度改革和窗口服务工作，发挥在服务企业发展中的前沿阵地作用，狠抓创新提速、工作提质、服务提效，全力优化营商环境，服务全区中心工作。

【助力复工复产】 2020年初，面对新冠疫情，区政务服务办第一时间响应,落实防控措施,优化服务模式,调整工作思路,坚决贯彻落实"网上办、不见面""保安全、能办事"的工作要求,统筹疫情防控和政务服务各项工作。疫情防控期间,持续为企业群众讲解防疫知识,逐事项编制办事指南,形成办事明白纸,全方位为企业提供"六办"(网上办、自助办、掌上办、优先办、指导办、预约办)服务。及时通过政府门户网站、"两微一端"平台,宣传"天津网上办事大厅"实时办理、政务服务"无人超市"24小时不打烊、预约审批电话24小时服务不停歇、设置专区保急办等4种办事模式,坚决做到"保安全,能办事"。将4个审批科室负责人、18个入驻部门首席代表联系咨询电话以及24小时预约服务电话向社会公布,采取视频会、微信群、邮件、电话等不见面形式,全方位为企业进行远程业务指导,真正做到审批过程"网上办、不见面",审批服务不间断、不减速。为办理重大事项的企业群众开辟"绿色通道",充分发挥"证照分离"改革实际效用,全面推行容缺后补、承诺审批,助力企业复工复产、生产经营快速步入正轨。全年,完成各类政务服务事项审批6734件。

【优化营商环境】 2020年,区政务服务办围绕营商环境四个维度,以提升地区竞争力、促进经济发展为根本目标,拟制《东丽区优化营商环境攻坚行动实施方案》,抓住"办事要快,问题解决要实,市场要公平,服务要到位"四个关键点,确定21项攻坚任务和工作目标。成立以区主要领导为组长的攻坚行动工作领导小组,自上而下落实"一把手"工程,全区83个单位签订亲商承诺书,把解决

企业实际问题落实到具体行动上。对照营商环境评价的18个一级指标、87个二级指标,做好全指标、全部门、全人员、全覆盖的指标解读培训,建立绩效考核制度,成立营商环境监督员队伍,通过季度工作盘点、定期走访检查、专项工作督查、企业专项测评找问题、补短板、强弱项,持续改善营商环境,推动东丽区绿色高质量发展。在国家营商环境测评中,涉及本区16个指标样本框企业9201家,各指标牵头单位开展全量摸排,与企业建立联系,指导企业完成调查问卷164份。通过政企互通平台、"132"工作机制、"企业家座谈会""民营企业联谊会"和"向企业汇报"等活动,收集解决各类涉企问题5684个。

9月29日,东丽区召开深化"放管服"改革推进优化营商环境攻坚行动工作会议 (区融媒体中心 提供)

【推进"一制三化"改革2.0版】 2020年,区政务服务办着力推进"一制三化"成果转化,围绕出台的《天津市"一制三化"改革2.0版事项清单》,分层级分类别梳理出本区463项"网上办"、497项"一次办"、331项"马上办"、238项"就近办"的一整套系统化清单,使改革方向更加明确,工作落实更加具体。深入落实"证照分离"改革举措,结合

"证照分离"改革全覆盖工作的实施,及时梳理并广泛公布本区实施的20项实行告知承诺、48项优化审批服务的事项清单以及171项行政许可事项承诺制审批负面清单,采用"承诺审批""容缺受理"等方式办理审批事项733件。持续推进审批标准化建设,按照"一事项一标准,一流程一规范"的要求,及时调整本区政务服务事项清单,对外公布区级实施的210项行政许可、290项公共服务及街道实施的31项公共服务事项(2020年版)目录,真正实现同一事项无差别受理、同标准办理。推动"一网通办"落实落地,开展"政务一网通"系统操作培训,分时段、分批次为全区30个委办局和11个街道的43名具体负责人,进行14个班次的普遍培训。全力提升审批服务效能,充分发挥网上办、快捷办的服务优势,通过电话帮办、微信互动等形式,全程在线帮助企业进行申报,全年,受理涉农涉路、环评能评、医疗卫生等各类事项6734件,其中"网上办"占比98.5%、"一次办"占比98.6%,服务效能位居全市前列。

4月15日,区政务服务办开展"政务一网通"系统操作培训
(孙合瑞 摄)

【深化工程建设项目改革】 2020年,区政务服务办制定《东丽区进一步加强工程建设项目联合审批并联办理工作机制》,组建60余人的区、街道园区两级项目帮办代办队伍。将一般社会投资房屋建筑工程从立项到取得施工许可控制在60个工作日内,并进一步推动压缩至46个工作日。按照"先策划,后审批"的原则,建立协同机制,将策划生成时间从10个工作日压缩至7个工作日,审批部门依据策划生成意见快速审批。针对建设项目建设容易、验收难的问题,实行规划、消防、人防事项联合验收,时间不超过10个工作日。全年,为388项固定资产投资项目提供服务,合计项目新增总投资585.8亿元,办理工程建设项目开工手续79项,涉及新开工总建筑面积363.81万平方米。

【做好重点领域审批服务】 2020年,区政务服务办全力服务好政府专项债项目,成立专班、定向服务、打破常规,服务全区总投资211.82亿元的12个项目完成审批和申报工作,获批国家专项债额度161.9亿元。完成87个行业4个通用工序共计105家企业排污许可证核发、594家企业排污许可登记工作,实现所有固定污染源100%全覆盖。为受疫情影响导致无法按期换证的37家危化品企业提供延期服务,分类做好业务指导,确保安全生产经营。依托医护人员资格信息发布平台,免除纸质证书,提前半年为100余名医护人员办结医师、护士执业注册,保障医护人员在医疗机构内依法执业。制定《东丽区推进政务服务"好差评"制度工作方案》,在区级中心、北部分中心、各街道中心部署评价设备21台,疏通线上、线下评价渠道,针对企业群众给出的差评结果,及时跟进、及时解决、及时反馈、形成闭环,确保差评整改率始终保持100%。

（赵啟志）

机关事务服务

【简　况】　天津市东丽区机关事务服务中心（以下简称"区机关事务服务中心"）是负责区级机关的机关事务相关服务保障工作的部门。2008年9月,成立天津市东丽区机关事务管理服务中心。2019年7月,更名为天津市东丽区机关事务服务中心。

2020年,区机关事务服务中心以习近平新时代中国特色社会主义思想为指导,深入学习贯彻党的十九届四中、五中全会精神,对照"不忘初心、牢记使命"主题教育整改落实内容,围绕大局,统筹安排,重点推进,统筹做好常态化疫情防控和服务保障工作,坚持精准发展、合力攻坚、务实笃行,高质量完成各项目标任务。

【公共机构节能工作】　2020年,区机关事务服务中心开展"节能有我、绿色先行"活动,以节约水电资源、绿色出行、"无纸化"办公、绿色消费、垃圾分类等为重点,坚持公共机构走在前列,开展"创建节约型机关"活动,从行为节能、技术节能、管理节能多方面促进公共机构节能建设,树立典型,发挥示范引领作用,推进绿色节能落地落实。年内,创建市级节约型机关39家,国家级节约机关2家。

【后勤保障工作】　2020年,区机关事务服务中心以"快速、热情、细致、周到"为目标,以机关职工需求为导向,做好各项办公中心后勤服务保障工作。严格纪律,规范日常管理,细化每个岗位、环节工作流程,加大对物业工作人员培训力度,专业培训9次,全年举行4次消防演习以及应急演习,提升消防安全保障工作。坚持物业工作周例会制度。与中央空调、电梯等特种设备专业维保公司签订维保协议,定期开展维护、保养48次,保证设备正常运行。抢抓工期完成区疫情指挥部办公用房改造工作,统筹全区35家单位进行物业公司招标工作,机关食堂食材供应商招标工作,机关大院有线电视信号升级工程。

【公务用车保障工作】　2020年,区机关事务服务中心依照《党政机关公务用车管理办法》,不断完善公务用车平台使用管理制度。制定完善《东丽区公务用车服务平台车辆维修保养管理制度》《东丽区党政机关、事业单位公务车辆加油卡管理使用规定》《东丽区公务用车服务平台驾驶员管理制度》等。全年,完成公务用车信息化平台执法执勤车辆拍卖处置120辆、车辆划拨12辆、变更单位名称73辆、更新购置公务用车1辆、公务用车过户4辆、完成非执法执勤车拍卖处置51辆。安装北斗定位系统车辆77辆,公务用车平台派车3600余次。

【接待服务】　2020年,区机关事务服务中心落实中央八项规定精神,严格执行公务接待市、区有关规章制度,做到"事前有审批""事后有清单",严把接待工作的整个流程。始终坚持贯彻厉行节约与提高服务满意度相统一、简化接待与规范服务相统一,切实做到简化礼仪,严控标准,从简用餐,压缩开支。全年,完成天水市党政代表团、兰州市民族宗教事务委员会代表团及淄博市政协考察团、天津市航空航天人才创新创业联盟成立大会等重要接待服务工作。

【疫情防控工作】 2020年,区机关事务服务中心筑起群防群治、联防联控网络,做好统筹协调、人员摸排、安全保卫、餐饮保障、环境消杀、应急医疗等各项工作安排,推动疫情防控工作落实落细,保障政府机关安全有序高效运转。严把机关办公区输入关口,实行凭工作证进出制度,做好体温测量、人员排查、个人防护等环节。优化服务保障协调机制,全天候24小时快速响应。积极对机关中心各区域进行全面消杀作业。每日定时对公共部位、公共接触物品、重点区域进行全方位、无死角的消毒保洁作业,并做好消毒记录。开展办公场所空调通风系统运行监管,实地查看空调通风系统,督促各单位落实文件规定,建立设备消杀台账,并就疫情防控期间空调通风系统使用注意事项、设备消毒的相关要求进行讲解。做好食堂保障,要求食品分类储存,加工生熟分开,调整就餐模式,以分餐、分流等方式避免人员聚集产生的风险。严格按程序对餐具、炊具、设施等进行清洁消毒,备餐处放置免洗洗手液,用于员工餐前消毒。做到开餐前30分钟开窗换气,用餐时段全过程通风。公务车辆服务平台第一时间做好车辆和驾驶员调度,24小时值班待命,保证通讯畅通,做到"零缓冲""零耽误"。每日进行人员、车辆整体消毒,定期开展驾驶员健康检查,做好上岗前体温监测记录。落实留观点餐饮保障,要求配餐公司工作人员持健康证上岗、无确诊病例密切接触史,严格执行食品加工和配送服务的各项要求,同时根据留观人员不同的饮食需求和习惯提供个性化服务,确保每日菜品搭配丰富,营养均衡。

(张永娜)

本篇责任编校　吴俊侠

政协东丽区委员会

The Standing Committee of Tianjin Dongli
District Committee of Political
Consultative Conference

概　述

中国人民政治协商会议天津市东丽区委员会（以下简称"区政协"）是实现中国共产党领导的多党合作和政治协商制度在东丽区的重要机构。1984年5月，成立中国人民政治协商会议天津市东郊区委员会。1992年3月，更名为中国人民政治协商会议天津市东丽区委员会。

2020年，区政协及其常委会在中共东丽区委的坚强领导下，以习近平新时代中国特色社会主义思想为指导，全面贯彻党的十九大和十九届二中、三中、四中、五中全会精神，认真贯彻落实中央、市委和区委政协工作会议精神，坚持人民政协性质定位，把握人民政协新方位新使命，以助推东丽绿色高质量发展、服务实现"两个一百年"奋斗目标作为工作主线，以加强思想政治引领、广泛凝聚共识为中心环节，坚持团结和民主两大主题，统筹做好疫情防控和政协履职，提高协商议政水平，加大民主监督力度，建言资政与凝聚共识双向发力，高质量完成政协各项工作任务，为助推东丽区绿色高质量发展作出积极贡献。

加强政治思想建设。坚持以政治建设为统领，坚持用习近平新时代中国特色社会主义思想武装头脑，树牢"四个意识"、坚定"四个自信"、做到"两个维护"，践行习近平总书记关于加强和改进人民政协工作的重要思想，牢牢把握新时代人民政协的性质定位、新方位新使命、目标任务和实践要求。党组会议、常委会会议、主席会议贯彻落实中共中央在疫情防控、经济社会发展、制定"十四五"规划、加强党的建设等方面的重大决策部署，传达贯彻习近平总书记重要讲话和重要指示批示精神。贯彻落实中央、市委和区委政协工作会议精神，明确政治任务和政治要求，推动全面从严治党向纵深发展，确保人民政协事业正确政治方向。严格落实重大问题向区委请示报告制度，政协年度协商工作计划、常委会工作报告等都向区委请示报告，重要会议和人事安排在区委的领导下展开。

强化政治理论武装。坚持和完善以政协党组理论学习为引领、主席会议和常委会会议集体学、委员学习活动组专题学的学习制度体系，建立习近平新时代中国特色社会主义思想学习座谈会制度，推进政协委员政治理论学习常态化制度化。举办专题报告会、组织驻会主席宣讲、通报重点问题情况、参加市政协春秋讲堂报告会、参观委员企业，加强思想政治引领，夯实各民主党派、无党派人士、人民团体、各族各界人士和政协委员的共同思想政治基础，铸牢增强"四个意识"、坚定"四个自信"、做到"两个维护"的思想根基。

落实协商监督计划。贯彻落实中共中央关于新时代加强和改进人民政协工作和加强人民政协协商民主建设的部署要求，按照"区委工作推进到哪里、政协工作就跟进到哪里"的要求，围绕区委中心工作制定协商计划，结合东丽经济社会发展实际开展协商活动。完善以专题议政性常委会议和专题协商会为重点，以双月协商座谈会、对口协商会、提案办理协商等为常态的多层次、各方面有序参与的协商议政格局。全年,完成1次专题议政性常委会议协商,专题协商议题3个,双月协商座谈会议题2个,对口协商议题3个,视察监督议题5个,形成建议报告88篇。协助参与市政协协商活动30余次,形成调研报告30篇,其中《关于加快我市创新型企业发展的建议》被收录在市政协"为科学编制'十四五'规划建言献策"专题议政性常委会调研成果汇编之中。

增强提案工作质效。围绕中心服务大局,统筹疫情防控和经济社会发展,把握提案工作全局性定位。以提高提案质量为出发点,以推进办理协商为切入点,以优化提案服务为着力点,以增强办理实效为落脚点,推动提案工作提质增效。树立精品意识,明确提案质量导向,严格执行提案组初审、提案委复审和大会终审的三审程序,严把立案质量关。加大提案办理推动力度,开展提案办理协商视察,完善督办调研、办理协商会、走访承办单位、办理"回头看"等督办重点提案机制。推进提案工作信息化进程,实现提案网上提交、审查、办理、督办、统计等功能,提升提案工作智能化水平。年底全部办复,委员满意率100%。

加强委员队伍建设。按照"懂政协、会协商、善议政"和"守纪律、讲规矩、重品行"要求,采取集中培训、专题讲座、专题调研等方式做优"委员作业",引导委员提高政治站位,强化责任意识,夯实共同思想政治基础,增强"四个认同",把树牢"四个意识"、坚定"四个自信"、做到"两个维护";修订《政协东丽区委员会委员履职管理办法》,推动委员履职尽责;组织委员参加市政协春秋讲堂学习4

次,举办委员学习活动组组长会议3次。

主要工作

【协商工作】 2020年,区政协围绕"贯彻落实新发展理念,推动东丽经济绿色高质量发展"召开专题议政性常委会;围绕"科学编制东丽区'十四五'规划""实施创新驱动发展战略,推动落实东丽区科技型企业梯度培育计划和高科技企业倍增计划""补齐基础设施短板,推进全域城市化建设"召开专题协商会;围绕"加强劳动法规制度落实,保障职工合法权益""优化营商环境,提高政府服务水平"召开双月协商座谈会;围绕"落实'五位一体'总体布局,推动东丽区文化活动深入开展""强化食品安全监管,建设食安东丽""强化医保基金监管,落实医疗保障制度"等议题,召开对口协商座谈会。全年,完成协商议题14个,开展协商议政活动30余次,提出意见建议88条,形成调研报告30篇。

【提案工作】 2020年,区政协贯彻落实习近平总书记提出的"提案不在多而在精"指示要求,明确提案质量导向,严格审查立案标准,加大推动办理力度,改进保障服务方式,实现提案工作提质增效。全年,提出提案111件,经审查立案96件,立案率达86.49%。其中,委员个人提案62件,联名提案和集体提案34件,交由全区46个单位办理,年底全部办复,委员满意率100%。其中,经济建设方面15件,占总数的15.63%;城市建设方面34件,占总数的35.42%;文化建设方面5件,占总数的5.21%;社会建设方面34件,占总数的35.42%;生态建设方面8件,占总数的8.33%。

【民主监督】 2020年,区政协聚焦区委决策部署履行民主监督职能,加大提案办理质效监督力度,落实区委、区政府主要领导督办重点提案、党组成员督办热点提案、提案委日常督办提案制度,召开办理"晾晒会"、视察提案办理落实进度、通报办理情况等形式监督提案办理进度及质效。开展协商式特色监督,围绕"落实文明行为促进条例,推动创文创卫工作深入开展""都市特色农业发展""垃圾运转处理""聚焦经济发展,促进重点项目建设攻坚"开展视察监督,就提高社区文化,搞好都市农业向高、新、精整体发展,主动为重点项目破解难题等提出整改意见建议10余条。协调街道、政府有关部门和企业对接,推动解决问题30余个。

【建言献策】 2020年,区政协贯彻落实新发展理念,紧扣助力东丽绿色高质量发展建言资政。召开"贯彻落实新发展理念,推动东丽经济绿色高质量发展"专题议政性常委会,就承接北京非首都功能项目、补齐城市化建设短板、疫情防控常态化、提高社区治理能力等问题建言献策,形成调研报告12篇。以氢工产业园建设为课题,组织经济委员会委员、相关部门、企业负责人召开调研座谈会,推动项目建设。围绕科学编制东丽区"十四五"规划召开专题协商会,就坚持以引育促倍增、促进产业链创新链形成、建设高效公共卫生服务体系、加强中医人才储备培养、发展燃料电池产业等方面提出意见建议,形成12篇调研报告,重要

建议得到采纳。围绕"优化营商环境,提高政府服务水平"召开协商座谈会,就畅通融资渠道降低融资成本、加强知识产权保护、提高小微企业扶持力度等方面提出建议30余条。全年,收集《对新粮里小区雨污管道进行分流改造的建议》《关于调整经开区三经路与三纬路交口信号灯时长,解决交通拥堵问题的建议》《关于解决明珠花园公交站专用停车位的建议》等18篇社情民意。

【服务社会】 2020年,区政协立足政协特点,发挥委员优势,持续推动社会事业发展。组织发动委员参与扶贫脱贫对口援建帮扶工作,赴甘肃省甘谷县、临潭县、皋兰县和河北省承德县等帮扶地区百余人次,开展现场对接、产业帮扶、消费扶贫、捐资助学等活动。捐款捐物合计900万余元,消费扶贫500万余元。政协委员陈中红、严立森荣获"全国脱贫攻坚先进个人",政协委员杨鑫波的企业津都科技集团有限公司荣获"全国脱贫攻坚先进集体"荣誉称号。

【团结联谊】 2020年,区政协发挥爱国统一战线组织作用,推进政协专委会同民主党派、无党派人士共同承担协商议题,组织联合调研,开展协商议政、民主监督活动。加强同非公有制经济人士、新的社会阶层人士的沟通联络,开展经常性联系走访100余人次。贯彻落实党的民族政策和宗教工作部署要求,编印民族宗教工作资料供委员学习,围绕推进军粮城示范镇二期骆驼房子清真寺和新立新兴清真寺规划建设开展专题视察监督。贯彻落实"加强思想政治引领、广泛凝聚共识"的工作要求,组织《从"一国两制"成功实践坚

定"制度自信"》专题报告会,邀请专家讲解"一国两制"方针政策及成功实践,引导港澳台侨界别委员增进对中国共产党和中国特色社会主义的政治认同、思想认同、理论认同、情感认同,鼓励和支持台商、港商投身东丽绿色高质量发展。

【自身建设】 2020年,区政协坚持党对人民政协工作的领导,严格执行党内政治生活若干准则,认真落实党建主体责任,支持区纪委监委履行监督责任。围绕创建"让党中央放心、让人民群众满意"的模范机关,转变工作作风,健全工作机制,严格执行中央八项规定,坚决反对"四风",加强警示教育,提升服务保障能力。完善《关于加强调查研究提高调查研究实效的实施办法》《进一步规范机关办文办会办事流程工作规则》等16项制度规定,形成履行职能靠制度规范、干部队伍用制度管理的制度机制,提高机关履职制度化、规范化、程序化水平。

【抗击疫情】 2020年,区政协认真贯彻落实习近平总书记重要讲话精神和中央、市委、区委抗疫工作部署要求,全体政协机关干部参与抗疫值守。各党派团体和各界别政协委员围绕抗疫建言献策,化解发展压力,投身科研攻关、复工复产、物资运输、复商复市、复学复课一线,战疫情、促发展、保稳定。政协委员中的街道、村队、社区干部职工,市场管理、物业服务、城市管理、公安、供水、供暖、食品生产、物流运输等部门和行业的干部职工,在疫情防控第一线提供保障。区政协委员累计捐赠抗疫物资9200万余元。区政协常委、天津博奥赛斯(天津)生物科技有限公司董事长栾大伟承担市科技局"新型冠状病毒感染应急防治"科技重大专项委托项目,研发的新型冠状病毒(COVID-2019)抗体检测试剂盒,荣获天津市科学技术奖抗击新冠肺炎疫情特别奖。区政协委员陈中红、姚娜、张肇玮、崔凤祥、严立森和栾大伟的抗疫事迹,以《巾帼不让须眉》《投身疫情义不容辞》《站在道义和责任的制高点》《发挥专业优势,积极投身战"疫"》为题,被《天津文史资料选辑》第133辑选录。

(许 倩)

本篇责任编校 曹心慧

中共东丽区纪律检查委员会
东丽区监察委员会

Dongli District Committee of Discipline
Investigation of the CPC
Dongli District Committee of Supervisory

概 述

中共天津市东丽区纪律检查委员会(以下简称"区纪委")与天津市东丽区监察委员会(以下简称"区监委")合署办公。区纪委是党内监督专责机关,主管全区党的纪律检查工作;区监委是行使国家监察职能的专责机关,对行使公权力的公职人员进行监察,调查职务违法和职务犯罪,开展廉政建设和反腐败工作,维护宪法和法律的尊严。1984年3月,成立中共天津市东郊区委纪律检查委员会。1984年5月,变更为中共天津市东郊区纪律检查委员会。1988年2月,建立天津市东郊区监察局。1992年3月,更名为中共天津市东丽区纪律检查委员会和天津市东丽区监察局。1993年8月,区纪委与区监察局合署办公,区监察局列入区政府工作序列,受区政府和市监察局领导。2017年12月,成立天津市东丽区监察委员会,撤销区监察局和区人民检察院反贪污贿赂、反渎职侵权、预防职务犯罪等部门,将区人民检察院相关机构、职能、人员转隶至区监委。中共天津市东丽区纪律检查委员会和天津市东丽区监察委员会合署办公,履行纪检、监察两项职能。

2020年,区纪委监委坚持以习近平新时代中国特色社会主义思想为指导,坚决贯彻落实市纪委监委和区委决策部署,坚持疫情防控和纪检监察工作两手抓、两不误,充分发挥监督保障执行、促进完善发展作用,为东丽绿色高质量发展提供坚强保障。全年,处置问题线索493件,立案审查

调查238人,留置15人,处分237人,其中处级干部36人,移送检察机关18人,挽回经济损失3765万余元。深入开展政治监督。举全系统之力投入抗疫斗争,聚焦外防输入、内防反弹,复工复产、复市复学,做好"六稳"工作、落实"六保"任务,跟进监督、精准监督、全程监督。围绕土地领域违纪违法、人防系统腐败、违规建设墓地、供销社系统腐败等突出问题开展专项治理。压紧压实主体责任。利用主责平台常态化开展监督,组织3名区级领导和11名党委(党组)主要负责人向区纪委全会述责述廉,全年问责落实"两个责任"不力党员领导干部103人次。加强政治生态分析研判。形成区管单位政治生态分析报告74份,对全区84个处级单位2020年度民主生活会进行全覆盖监督。扎实开展日常监督。探索形成"两谈两函一报告"同级监督工作机制,精准有效运用监督执纪"四种形态",主动约谈被监督单位领导班子成员、重点岗位人员403人次。运用"第一种形态"处理558人次,对161名新任职区管领导干部开展党风廉政教育集体谈话。对139名受到处分或处理的在职党员干部开展回访教育,10名积极改正错误、表现优秀的领导干部被提拔或重用。全面加强基层监督。制定加强基层监督工作的意见,紧盯社区、集体经济组织换届强化监督,严把换届人选关口。着力解决群众最关心最直接最现实利益问题。统筹推动土地领域违纪违法问题专项整治,有力有序推进合村并居整改监督工作,全面开展农村集体土地、厂房等资产资源承包租赁合同清查整治,坚决查处土地领域违纪违法问题49起,处理100

人。坚决整治扶贫助困领域腐败和作风问题,开展儿童保困资金、农业补贴资金、残疾人补贴资金专项检查,全区查处群众身边腐败和作风问题115件、处理197人。深挖严惩涉黑涉恶腐败,率先完成"线索清零",调研督导"行业清源",查处涉黑涉恶腐败及"保护伞"16人。持之以恒纠治"四风"。聚焦"官老爷"作风、"中梗阻"等顽症痼疾,推进全区形式主义官僚主义和不作为不担当问题专项整治工作,查处形式主义官僚主义问题80个,处理169人。开展厉行节约、制止餐饮浪费专项检查及整改情况"回头看",坚决查处滥发津贴补贴、违规收受礼品礼金等易发多发问题,查处享乐主义、奢靡之风问题39个,处理56人。深入开展"小金库"问题专项治理,组织开展公务用车专项整治,督促区政府健全完善集体经济组织资金管理、公务车辆加油卡管理等制度。坚定不移深化政治巡察。研究制定巡察工作操作指引,完成对区国资委等18个区属部门党组织、新立街道等7个街道党(工)委及29个社区(集体经济组织)党组织的巡察监督,实现区委在本届任期内村居巡察"全覆盖"。探索形成"三化一指引"巡察整改模式,对整改不力的6个单位主要负责人进行约谈。大力加强规范化法治化建设,规范线索管理、审查调查、处分处置等坏节,健全完善反腐败协作机制,深化与公安、检察、审判机关等部门配合,完善问题线索移送、重大案件协商等机制。常态化开展警示教育,组织2000余名党员干部参观区级警示教育基地,拍摄《蝇贪之害》专题片,召开警示教育大会,推动党员干部以案为鉴、闻警自省。深化全员培训。在全区纪检监察系统组织开展纪念建党99周年暨忠诚教育"五个一"系列活动,举办政治素养、纪检监察业务、综合业务能力、典型案例等培训16期,组织干部大讲堂及各类专题培训班26期,累计培训纪检监察干部2187人次,全面提升纪检监察干部业务能力。

主要工作

【严抓疫情防控监督】 2020年,区纪委监委举全系统之力投入抗疫斗争,因时因势调整监督重点,坚持疫情防控和纪检监察工作两手抓、两不误,紧盯"外防输入、内防反弹"常态化防控措施,围绕企业复工复产、复市复学等情况,做好"六稳"工作、落实"六保"任务,跟进监督、精准监督、全程监督。坚持寓支持于监督,开展优化营商环境专项检查、为中小微企业纾困解难专项行动,有力护航疫情防控和经济社会发展"双战双赢"。全年,开展检查125轮次,查访点位3369个,发现问题497个,监督推动各项防控措施落地。

【深化政治监督】 2020年,区纪委监委推动政治监督具体化、常态化、制度化。加强对贯彻落实新发展理念、推进京津冀协同发展等党中央、市区委决策部署执行情况的监督检查,围绕土地领域违纪违法、人防系统腐败、违规建设墓地、供销社系统腐败等突出问题开展专项治理,确保党中央政令畅通、一贯到底。严肃查处违反政治纪律政治规矩案件,全区立案审查违反政治纪律案件3件、处分3人。压紧压实主体责任,组织3名区级领导和11名党委（党组）主要负责人向区纪委全会述责述廉，坚持有责必负、失责必问，全区问责落实"两个责任"不力党员领导干部103人次。加强政治生态分析研判，形成区管单位政治生态分析报告74份。对全区84个处级单位2020年度民主生活会进行全覆盖监督。

【履行监督第一职责】 2020年，区纪委监委坚守监督基本职责、第一职责，灵活运用谈心谈话、列席"三重一大"会议、调研走访、专项检查等方式，把监督工作做深入做具体。持续加强对各级党组织，特别是"一把手"履行主体责任情况的监督，探索形成"两谈两函一报告"同级监督工作机制。紧盯"关键少数"，主动约谈被监督单位领导班子成员、重点岗位人员403人次。精准有效运用监督执纪"四种形态"，运用"第一种形态"处理558人次，对161名新任职区管领导干部开展党风廉政教育集体谈话，报请或会同党委（党组）召开党风廉政建设专题会议262次。坚持惩前毖后、治病救人，对139名受到处分或处理的在职党员干部开展回访教育，引导放下思想包袱、正确履职尽责，10名积极改正错误、表现优秀的领导干部被提拔或重用。做深做实基层监督。制定加强基层监督工作的意见，探索建立片区协作机制，深化运用提级监督等方式，提升基层监督质效。进一步规范和深化纪检监察联络站工作，引导发挥宣传廉政政策、收集廉情信息、报告问题线索作用。紧盯社区、集体经济组织换届强化监督，严把换届人选关口。

【查处群众身边腐败和作风问题】 2020年，区纪委监委统筹推动土地领域违纪违法问题专项整治，有力有序推进合村并居整改监督工作，全面开展农村集体土地、厂房等资产资源承包租赁合同清查整治，坚决查处土地领域违纪违法问题49起，处理100人。强力推进军粮城示范镇一期违规还迁纠偏挽损，督促区政府出台《整治土地管理方面突出问题"八严禁"的规定》，全面规范土地领域权力运行。坚决整治扶贫助困领域腐败和作风问题。紧盯政策落实、帮扶干部履职等情况，深入对口帮扶地区、结对帮扶困难村开展监督检查，坚决整治扶贫助困领域腐败和作风问题。开展儿童保困资金、农业补贴资金、残疾人补贴资金专项检查，及时纠正资金发放不及时等问题，全年查处群众身边腐败和作风问题115起，处理197人。深挖严惩涉黑涉恶腐败，对涉黑涉恶相关问题线索、案卷"全面复诊"，率先完成"线索清零"，调研督导"行业清源"，持续推动"打伞破网"向纵深掘进，全区查处涉黑涉恶腐败及"保护伞"16人。

【纠治"四风"】 2020年，区纪委监委持续整治形式主义官僚主义和不作为不担当问题。紧盯服务经济社会发展、联系服务群众、为基层减负等重点，坚决纠正贯彻落实不及时、工作推动不力等突出问题，集中整治"官老爷"作风、"中梗阻"等顽症痼疾，全年查处形式主义官僚主义和不作为不担当问题80个，处理169人。召开全区形式主义官僚主义和不作为不担当问题警示教育大会，通报正反典型，树立以为定位、能上庸下的鲜明导向。坚决整治享乐主义、奢靡之风，开展厉行节约、制止餐饮浪费专项检查及整改情况"回头看"，坚决查处滥发津贴补贴、违规收受礼品礼金等易发多发问题，全年查处享乐主义、奢靡之风问题39个，处理56人，通报曝光典型问题16起。深入开展"小金库"问题专项治理，连续两年开展公务用车专项整治，督促区政府健全完善集体经济组织资金管理、公务车辆加油卡管理等制度。

【发挥巡察利剑作用】 2020年，区纪委监委研究制定巡察工作操作指引，完成对区国资委等18个区属部门党组织、新立街道等7个街道党（工）委及29个社区（集体经济组织）党组织的巡察监督，发现问题800个，向区纪委监委移交问题线索95件，实现区委在本届任期内村居巡察"全覆盖"。扎实做好巡视巡察"后半篇文章"。建立包联区领导参加巡察反馈会机制，强化巡察整改领导责任。探索形成"三化一指引"巡察整改模式，规范整改工作流程。制定巡视巡察整改监督工作指引，运用明察暗访、调研座谈等方式，强化对市委土地专项巡视反馈问题整改情况的日常监督，针对整改缓慢、整改不到位的，及时约谈提醒。组织对第七轮巡察单位整改情况进行查验，对整改不力的6个单位主要负责同志进行约谈。

【深化纪检监察体制改革】 2020年，区纪委监委推动各类监督贯通协同，对"四项监督"进行任务分工、责任分解，协同开展政治生态研判、巡视巡察整改监督、重点领域专项治理。建立委领导直接分管、监督检查室联系指导、片区协作等机制，积极探索"驻点监督"新模式，细化巡察机构与区纪委监委机关协作配合流程清单，建立"巡前沟通、巡中协作、巡后共享"机制。大力加强规范化

法治化建设，修订完善执纪执法相关制度规定，规范线索管理、审查调查、处分处置等环节。健全完善反腐败协作机制，深化与公安、检察、审判机关等部门配合，完善问题线索移送、重大案件协商等机制，一体推进内部纪法贯通、外部法法衔接。紧盯"走读式"谈话安全、涉案财物管理等关键环节强化日常监督，常态化开展案件质量评查，发现问题，及时通报，督促整改，一体强化全系统法治意识、程序意识、证据意识。

【推进不敢腐不能腐不想腐】 2020年，区纪委监委坚持有腐必反、有案必查，全年处置问题线索493件，立案审查调查238人，留置15人，处分237人，其中处级干部36人，移送检察机关18人，挽回经济损失3765万余元。立案查处军粮城街道原东翅村村委会主任杨庆刚涉嫌贪污、职务侵占、受贿犯罪案件。紧盯重要政策执行的关键环节，集中攻破东丽区不动产登记事务中心工作人员受贿犯罪系列案件。严格落实"以案三促"工作办法，用好"六书两报告两建议"，全年共制发纪检监察建议书67份，督促对案件暴露出来的突出问题进行整改，深刻剖析案件背后的责任缺失、监管漏洞等深层次问题，推动完善制度机制。召开全区领导干部警示教育大会，常态化开展警示教育，实时更新充实区警示教育基地内容，拍摄《蝇贪之害》专题片，组织2000余名党员干部参观区级警示教育基地，30余名发案单位党员领导干部和关键岗位工作人员参加庭审旁听，推动党员干部以案为鉴、闻警自省。加大通报曝光力度，通过"清风东丽"等平台，通报全区违纪违法典型案例44

件,释放"一严到底"反腐败高压态势,形成强大震摄。

【纪检监察干部队伍】 2020年,区纪委监委持续强化理论武装,坚决筑牢思想根基。在全区纪检监察系统组织开展纪念建党99周年暨忠诚教育"五个一"系列活动,扎实开展"四史"学习教育,讲授忠诚专题党课,引导干部在践行"两个维护"方面当模范、作表率。加大干部培训力度。举办政治素养、纪检监察业务、综合业务能力、典型案例等培训16期,组织干部大讲堂及各类专题培训班27期,累计培训纪检监察干部2187人次。立足9个学习小组开展纪法实训学习329次,发现和解决问题361个,覆盖全系统干部3177人次。坚持凡训必考,组织线上线下测试48期,"清风东丽"刊发微测试32期,全面提升纪检监察干部业务能力。从严加强自我监督,动态更新纪检监察干部廉政档案,开展经常性谈心谈话,逐级开展廉政谈话履职谈话,探索组织街道纪检监察工委书记、派驻纪检监察组组长向区纪委常委会述责述廉。坚持"刀刃向内",全区运用第一、二种形态分别处理纪检监察干部16人次、1人次。

(王 颖)

本篇责任编校 曹心慧

法　治

Rule of Law

政法工作

【简　　况】　中共天津市东丽区委政法委员会（以下简称"区委政法委"）是区委领导和管理政法工作的职能部门。1984年5月，成立中共天津市东郊区委政法委员会，1991年5月，成立天津市东郊区社会治安综合治理委员会办公室。1992年3月，分别更名为中共天津市东丽区委政法委员会、天津市东丽区社会治安综合治理委员会办公室。2012年5月，更名为天津市东丽区社会管理综合治理委员会办公室。2015年8月，更名为天津市东丽区社会治安综合治理委员会办公室。2018年12月，该机构撤销。

2020年，区委政法委坚持稳中求进工作总基调，夯实基层基础，狠抓制度落实，扎实推进平安东丽、法治东丽建设，确保全区社会大局持续安全稳定，为全区决胜全面建成小康社会、统筹推进疫情防控和绿色高质量发展创造良好法治环境。

【服务保障疫情防控和绿色高质量发展】　2020年，区委政法委强化法治保障，助力新冠肺炎疫情防控和绿色高质量发展。牵头区疫情防控指挥部社会维稳组各成员单位，组织全区政法干警投入航班分流、隔离封控、一线执勤、复工复产等疫情防控任务，发动1000余名平安志愿者，在全区78个重点部位、384个小区协助开展防疫宣传、人员摸排、健康监测。制定《东丽区新型冠状病毒感染的肺炎疫情防控工作处置涉稳问题应急预案》《东丽区疫情防控期间外来人员管理办法》。加大对涉疫情违法犯罪活动打击惩治力度，依法快查快办涉疫情违法犯罪39起，刑事处罚6人、治安处罚26人、警告2人、罚款5人。组织疫情期间助企复工复产"三访三保"（包点走访保稳定、对口走访保服务、全域走访保安全）工作，走访企业工地、行业综合体4467家次，征询意见建议263条，开展安全宣传2372次。制定《东丽区政法系统全力服务保障企业复工复产的八条措施》《关于进一步营造法治化营商环境的实施方案》，推动影响金桥焊材企业上市的3起诉讼案件全部审结，对6起涉民营企业家犯罪案件作出相对不起诉处理，审结涉民营企业行政案件23件。成立服务指导组11个，深入基层指导推动工作50余次，协调解决问题60余件。

【基层社会治理】　2020年，区委政法委强化党建引领，提升基层社会治理工作水平。依托区网格大数据平台打造"特殊人群""关爱群体"系统，实现"一老一小"（特困、独居、空巢、失能、留守等困难老人和孤儿、事实无人抚养儿童、困境儿童、留守儿童）、"四失"（失独、失业、失意、失常）、"五类"（低保户、低收入家庭、失独人员、残疾人员、疫情受损人员）等14类群体"一网统管"。对全区31处51个"飞地"挂图作战、逐案销号，完成同河东区、河北区部分行政区域界线调整，前进、河兴庄等6个"城中村"集体经济组织及党组织移交，盆景园治理经验获得市委书记肯定并在全市推广。牵头推动市域社会治理现代化试点创建工作，制定《东丽区市域社会治理现代化试点工作实施方案》。11个社会治安重点整治对象全部完成整治。深化"雪亮工程"建设,整合华新街道、东丽湖街道和鹰眼制高点视频监控点位586路。指导区政法部门严厉打处各类违法犯罪,入室盗窃和八类严重刑事案件发案率分别比上年下降71.8%、29%。推动禁毒宣传进社区、进学校、进机关、进企业,开展宣传活动108场。严打毒品违法犯罪,破获毒品案件17件,查处吸毒人员65名,缴获毒品148.79克。加强铁路护路联防工作,联合区运管局、区城管委等部门专项清理整治铁路沿线重点隐患点位118处。

11月12日,市委常委、市委政法委书记赵飞到东丽区调研督办"飞地"治理工作　　　　　　　　　　(郑永旺　摄)

【维护社会稳定】　2020年,区委政法委强化风险防控,确保全区社会大局持续安全稳定。维护政治安全,严厉打击邪教组织违法犯罪活动。制发《每日涉稳动态》190期,推动东丽区绿色生态屏障区(南片区)储备林工程项目、津滨水厂二期土建工程土地征收项目等20个重大项目开展稳定风险评估工作。开展"四失五类"人员排查关爱和严防个人极端案件专项行动,深入开展矛盾纠纷排查化解"双百行动"(矛盾纠纷"100%排查、100%稳控"),排查矛盾纠纷3600件,化解3598

件,化解率达99%。对全区不稳定因素实行红、橙、黄三级动态管控,完成全国"两会"、党的十九届五中全会等重大活动、会议维稳安保任务。

【扫黑除恶】　2020年,区委政法委强化综合施策,完成扫黑除恶专项斗争收官战。转办线索70件,上报线索167件,制作反馈报告103件,报送战果统计表10轮,下发提示函、督办函45份。推进"打财断血"工作,判处罚金1037万余元,没收涉案财产价值2亿余元,审结以马某某、马某某等人为首的黑社会性质组织犯罪。审结涉"黑恶势力"案件13件,判处罪犯80人,审结涉恶九类案件222件,判处罪犯479人。制定无黑城区创建实施方案、重点行业领域专项整治等文件。完成市扫黑办对东丽区督导迎检任务,组织6个督导组对全区各街道和重点行业监管部门开展专项督导,协调解决问题15件。

【队伍建设与作风建设】　2020年,区委政法委强化政治建警,打造东丽政法铁军。贯彻落实《中国共产党政法工作条例》和市委《若干规定》,制定《东丽区委政法委员会委员述职办法》《东丽区委政法委员会重大事项请示报告工作办法》《中共天津市东丽区委政法委员会关于协助加强政法单位领导班子和干部队伍建设工作办法》等制度8项,开展全系统政治督察和纪律作风督查巡查,坚持党对政法工作的绝对领导。指导推动全区政法系统党建工作,组织政法干警学理论现场交流会、基层党员干警"微党课"交流评比和政法系统战疫故事讲述会等政治建警系列活动。组织全区政法干警深入学习贯彻习近平新时代中国特色社会主义思想和习近平法治思想,组织政治轮训2期、专题讲座4期,1500余人次参加。推进形式主义官僚主义和不作为不担当问题专项治理,组织"孙小果案"专题警示教育和端正执法司法理念大讨论,加强对干警日常管理监督,实现99%基层科所队庭零违纪。

【全面依法治区】 2020年,区委政法委强化法治观念,推进法治政府、法治社会一体建设。推进法治政府建设,制定《关于贯彻落实〈关于党政主要负责人进一步履行推进法治建设第一责任人职责规定〉实施方案》。推动行政机关负责人出庭应诉制度落实,行政机关负责人出庭应诉171件,出庭率达95.53%。加强法治督察工作,下发《督察整改通知》15件。天津市龙宾公共安全教育实践基地获评"天津市法治宣传教育阵地优秀品牌"。制定《关于进一步贯彻落实中央和市委政法委"三个规定"通知》,推动严格落实严禁领导干部、司法机关内部人员干预案件的"三个规定"(《领导干部干预司法活动、插手具体案件处理的记录、通报和责任追究规定》《司法机关内部人员过问案件的记录和责任追究规定》《关于进一步规范司法人员与当事人、律师、特殊关系人、中介组织接触交往行为的若干规定》)。召开"四长会"(公安分局局长、检察院检察长、法院院长、司法局局长会议)和案件协调会26次,使用涉法涉诉救助资金230万余元,救助生活严重困难的涉法涉诉信访案件当事人30人,接待涉法涉诉来信来访52人次。

(韩康宁)

公安工作

【简　况】 天津市公安局东丽分局(以下简称"公安东丽分局")隶属天津市公安局垂直管理,是维护全区社会治安、打击违法犯罪、保障社会稳定、人口服务管理的职能部门。1953年5月,成立天津市人民政府公安局津东郊区分局。1955年7月,更名为天津市公安局东郊分局。1958年10月,撤销天津市公安局东郊分局,业务划入河东分局。1962年6月,恢复天津市公安局东郊分局。1967年2月,实行军事管制,改称军管委员会东郊区公安分局军代表。1973年7月,恢复天津市公安局东郊分局。1992年3月,更名为天津市公安局东丽分局。2016年8月,与天津市公安局钢城治安分局、钢管园区治安分局合署办公。2018年9月,天津市公安交通管理局东丽支队划归公安东丽分局。

2020年,公安东丽分局在市公安局和区委、区政府坚强领导下,坚持以习近平新时代中国特色社会主义思想为指导,认真贯彻落实习近平总书记在全国公安工作会议上的重要讲话精神,将统筹推进疫情防控和维护社会稳定工作作为主责主线贯彻全年始终,全力以赴推进疫情防控、反恐防范、控访维稳、严打犯罪、治安管控和安全监管等工作,持续巩固全区疫情防控成果,圆满完成全国"两会"、党的十九届五中全会等系列重大安保维稳任务,全力维护全区社会政治稳定和治安大局持续平稳。

【维护稳定】　2020年,公安东丽分局牢固树立总体国家安全观,坚持把防范抵御政治安全风险置于首位,主动进攻、排早化小,坚决清除危害政治安全、社会稳定各类苗头风险隐患。在党的十九届五中全会、全国"两会"安保任务期间,修订完善"1、3、5分钟"处警圈工作机制,深化"情指勤行"一体化指挥调度体系,调整勤务和巡防模式,提升街面管控等级,全年投入巡逻警力4.67万人次、车组1.17万组次,对易发案部位、高发案时段和治安复杂区域开展"延时+错时"巡逻,提高见警率、盘查率和管事率,入室盗窃和八类严重刑事案件发案率分别比上年下降71.8%、29%。组织46家成员单位持续深化反恐基础摸排、宣传演练、隐患整改,重点目标全部实现分类规范管理,全区未发生涉恐暴力事件和有影响的邪教人员滋扰事端。

7月7日,公安东丽分局民警在天津市第一百中学高考考点进行保卫工作　　　　　　　　　　（刘瑞　摄）

【打击犯罪】　2020年,公安东丽分局坚持以打开路、重拳出击,始终对各类违法犯罪保持高压严打态势,强化显性用警、屯警街面,确保牢牢驾驭社会治安形势。完善三级破案打击体系,推动平台信息汇集、手段合成、情报研判和指挥调度四大功能更趋完善,依托"东丽分局视图大数据平台"人脸抓拍比对预警系统,实现精确预警、精准研判、精密追踪。全年,刑事破案1913起,打击处理894人,抓获逃犯180人、破获命案积案4起。始终保持对黑恶势力严打高压态势,深入开展"一十百千万"(建立一个长效机制、整治十大行业领域突出问题、挂牌督办百起大案、缉拿追捕千名逃犯、依法审结万起案件)行动,加大利用信息网络实施黑恶犯罪、"套路贷"违法犯罪打击力度,同步建立健全行业清源、公安提示函等长效常治机制,一审判决黑恶犯罪成员161人,没收黑恶资产2.7亿元,新增采取刑事强制措施涉恶九类人员58人。深入推进"雷霆四号"专项行动,深入开展"五进一利用"(进社区、进企业、进院校、进单位、进公共场所和利用好各类媒体),创新运用AI智能新技术,破获电信网络诈骗案件1722起,破获部级、市级督办案件10起,日均接报电诈类警情降幅达60%。

【治安查处】　2020年,公安东丽分局坚持以加强基层社会治理为目标,对涉"黄赌毒"乱点地区开展综合整治,重点加大开设赌场、涉黄容留等违法犯罪打击力度,强化吸毒人员管控等源头基础工作。全年,查处涉黄涉赌案件111起,刑事拘留39人,治安拘留240人,其中破获跨境赌博案件7起。加大对枪支弹药、易制爆危险化学品、管制刀具等危爆物品和寄递物流、加油站、网吧、旅馆住宿等行业场所安全监管力度,检查宾馆旅店104

家,关停无证经营旅店6家,行政拘留6人。检查寄递物流、涉危涉爆等单位510家次,发现整改隐患68处,处罚违规企业2家。查处非法加油气案件56起,刑事处罚5人,治安拘留52人,收缴汽柴油1.06万千克。发现消防单位火灾隐患5409件,督促整改火灾隐患4623处,下发责令改正通知书925份。

【护航发展】 2020年,公安东丽分局在全力做好疫情防控工作基础上,坚持关口前移、服务前置,全面落实各项服务保障措施,不断提升服务保障经济社会发展能力水平。严格落实市公安局助企复工复产十项措施,组织开展"三访三保"活动,走访企业工地、行业综合体4467家次,征询意见建议263条,开展安全宣传2372次,其中协助解决天津东郊污水处理厂手续审批等亟待解决复工难题5类18件,《人民公安报》专门予以报道。落实"放管服"(简政放权、放管结合、优化服务)"双万双服"等举措,办理居住登记2.73万人,受理出入境业务1927笔,打印准迁证1.32万件,其中海河英才落户1.19万件。全年,办理党群服务中心网格平台、公安民生平台来件1.43万件,满意率达99.8%。强化"人、地、事、物、组织"等全要素管控,开展清理清查专项行动21次,清查流动人口聚集点196个,新登记出租屋1.21万户、流动人口17.97万人,确认门牌楼号63个。新登记上牌电动自行车3848辆,防盗有源标签安装数、占比率均居全市第一。

【交通整治】 2020年,公安东丽分局推进"减量控大"专项行动,强化交通秩序管控、违法处罚、源头监管、安全宣传等各项措施,全年现场处罚交

通违法18.21万起,比上年上升19.5%。组织酒驾醉驾、危化品运输车、渣土运输车专项整治行动246次,查处涉酒违法行为1131起、国省道重点违法2.85万起,国省道民警现场查处数、涉酒违法行为查处数均居环城第一。推进全国文明城区创建工作,率先在全市以分局名义下发工作方案,组织全警开展非机动车、行人交通违法联合整治行动,查处非机动车、行人等交通违法行为2.95万起。深入道路运输企业946家次,教育驾驶人4400余人,临检车辆4300余辆,交通事故起数、受伤人数、直接财产损失比上年分别下降28.1%、6.1%、73.8%,实现交通事故稳中有降、交通秩序持续向好工作目标。

【实战练兵】 2020年,公安东丽分局开展第三轮实战"大练兵"培训,组织指挥、政工、警保、情报、国保、特警、交警、治安、网安等全部警种,参加市局警种专业培训32期,240人参训。组织参加市公安局、区委政法委处级培训15期,参训65人次。组织204名科级领导干部进行政治轮训,考试合格率100%。组织民警申报考应用射击185人次,分局考核成绩名列全市第一。加强反恐应急处突队伍建设,组建特警应急处突120人队伍,开展警务技能、实战射击等比武竞赛46次,组织开展突发群体性事件实兵对抗演练、水上应急救援处置演练和个人极端暴力犯罪实兵对抗演练11次,提升应急处突能力水平。

【警务改革】 2020年,公安东丽分局坚持以深化公安机构改革为动力,坚定不移推进警务改革,抓基层、打基础、重实效,不断提升基础工作整

体水平。坚持精简机关、做实基层,将153名机关警力充实到一线执法勤务部门,全局14个派出所全部完成"一室三队(两队、一组)"建设,派出所警力达分局总警力50%。组织开展派出所警(探、巡)长聘任工作,聘任民警185人,解聘66人,警务效能得到有效提升。落实公安工作经费,完成新立、华明、华新、张贵庄派出所业务用房提升改造工程,派出所硬件建设全部达标。

【规范执法】　2020年,公安东丽分局坚持"提前对接检法、法制全程跟进"工作原则,与区人民法院、区人民检察院联合出台《东丽区刑事诉讼涉案财物管理处置衔接工作实施办法》《办理未成年人刑事案件程序规范指引(试行)》,制定出台《执法问题责任追究工作规定》《公安东丽分局加强"三个规定"贯彻落实工作实施细则》等9项规章制度,对执法流程管理、办案规定、执法监督、办案区使用、涉案财物管理等方面做出明确规定、提供规范指引。完成执法办案中心建设,建立法制工作例会制度,强化执法监督管理,组织开展涉疫专题执法培训、危险驾驶案件专项清理、未结治安案件专项治理和推进公安业务大提升"百日"专项行动等,提升执法能力、执法水平和执法公信力。

【疫情防控】　2020年,公安东丽分局坚决坚持"疫情就是命令,防控就是责任",严格落实"四战"机制,坚持"不过夜"标准随访核查"1+12"省市人员情报线索7130条,配合落实医学观察措施2785名。在全区12处高速公路出口和3处查缉点位拦查车辆8万余辆、人员10万余人。对接机场、铁路部门,对境外抵津和首都机场技术经停天津滨海国际机场185驾次航班、4.8万名来津人员落实戒护转移、隔离封控等措施。按照"一案一图一表"要求,做好全区3个发热门诊医院、14个留观点8965名在本区留观人员的巡逻守护和安全戒备工作,送医诊治疑似症状患者153名。处置北京新发地、武汉及境内其他地区"流调"涉及人员2086人。戒护转运金钟街鑫汇洋冷库487人,出动警力9246人次24小时开展区域封控和安全值守等工作。严格落实疫情期间校园安全防范"六个到位"工作机制,对全区139所学校外部安全管理、内部"三防"措施、疫情防控处置等落实情况进行督导检查。依法快查快办涉疫情违法犯罪39起,刑事处罚6人、治安处罚26人、警告2人、罚款5人。扎紧监所防线,协调区卫生健康委建立联动协作机制,畅通人员发热快速送医就诊绿色通道,全局未发生民警和在押人员感染新冠肺炎情况。

2月13日,公安东丽分局民警在隔离酒店成立临时党支部
(刘瑞　摄)

(徐思勇)

检察工作

【简　况】　天津市东丽区人民检察院（以下简称"区人民检察院"）是国家司法职能部门，对区人民代表大会负责并报告工作，履行刑事公诉、法律监督等职能。1955年10月，成立天津市东郊区人民检察院。1958年10月，东郊区划入河东区。1962年2月，恢复天津市东郊区人民检察院。1967年2月，实行军事管制，设立公检法机关军事管制小组。1973年12月，撤销军管会，恢复天津市东郊区人民检察院。1975年1月，撤销人民检察院，其职能由公安局代行。1978年12月，恢复天津市东郊区人民检察院。1992年3月，更名为天津市东丽区人民检察院。

2020年，区人民检察院在区委和市人民检察院的坚强领导下，在区人民代表大会及其常委会的有力监督下，坚持以习近平新时代中国特色社会主义思想为指导，全面贯彻党的十九大和十九届二中、三中、四中、五中全会精神，增强"四个意识"，坚定"四个自信"，做到"两个维护"，以"使命、担当、规范、共享"为工作主题，忠诚履职，推动各项检察工作取得新成效。全年，办理刑事、民事、行政、公益诉讼等各类案件3251件，20个集体、个人获国家级、市级、区级表彰。

【刑事检察】　2020年，区人民检察院受理审查逮捕案件442件631人，批准逮捕330件457人。受理审查起诉案件898件1135人，提起公诉740件995人。提前介入职务犯罪案14件16人，审结职务犯罪案件18件19人，办理的天津市某水产有限责任公司、苗某生单位行贿案被评为2020年度全国检察机关职务犯罪认罪认罚类精品案例。提前介入黑恶案件，提起公诉13件80人，存疑不起诉1人。办理的郭某、宿某敲诈勒索案被最高人民检察院评为扫黑除恶典型案例。发现黑恶线索8件，移送"保护伞"线索4件。将"打财断血"贯穿办案全过程，向区人民法院随案移送涉案财产2.8亿余元，并提出财产处理意见。全年，监督侦查机关立案、撤案12件，纠正漏诉2人，向侦查机关发出书面纠正违法通知书9件。贯彻宽严相济刑事政策，适用认罪认罚从宽制度981人，适用率达85.6%。优化"案-件比"，该指标从2.57降至1.43，低于全市平均值，办案质效得到提升。

11月18日，广东省佛山市禅城区人民检察院与天津市东丽区人民检察院座谈会　　　　（马涛　摄）

【民事、行政和公益诉讼检察】　2020年，区人民检察院强化民事检察工作，向区人民法院提出执行监督检察建议22件。开展虚假诉讼领域深层次违法行为监督专项活动，办理崔某某等22人劳动争议纠纷执行监督案，为民营企业追回资金近百万元，该案被市人民检察院评为"虚假诉讼监督专项活动典型案例"。受理行政监督案件7件，办理赵某某申请撤销工商登记行政监督案件，实现行政检察工作破题开局。践行"检察官是公共利益代表"职责使命，立案公益诉讼案件24件，发出诉前检察建议18件，诉前程序办结率100%。开展全区服刑人员违规领取养老保险专项监督，督促社保部门依法追缴违规发放的25万余元养老保险金。加强与区网格化管理中心协作，构建"网格+公益"协作机制，针对群众反映强烈的井盖维护、消防安全等问题开展监督。

【未成年人检察】 2020年，区人民检察院高度重视未成年人检察工作，受理审查逮捕未成年人刑事案件18件30人，对6名未成年犯罪嫌疑人作出不批准逮捕决定；受理审查起诉未成年人刑事案件23件29人，审结案件28件34人，提起公诉20件23人，对3人作出相对不起诉处理。推进"一号检察建议"落地见效，注重性侵案未成年被害人的司法保护，履行"准监护人"职责，为1名被害人设立司法救助金专项监管账户，发放救助金8万元。关注涉罪未成年人教育挽救，探索"云端帮教"，成功帮教涉罪未成年人20名。与区教育局联动，开展《复课保卫战》《案说民法典》等专题短视频普法，制作的微动漫《陪伴是最长情的告白》获全国未成年人检察"三微"提名奖。建立"丽检·新萌"未成年人法治教育基地，为全区未成年人健康成长保驾护航。

【控告申诉检察】 2020年，区人民检察院受理来信60件，接待来访182件，其中集体访8件，检察长接待13件，7日内程序回复率、3个月内办理过程或结果答复率100%，无一涉检越级访、进京访；办理刑事申诉案件2件，国家赔偿案件2件，司法救助案件2件，发放救助金12万元。开展疫情期间控告申诉检察工作，制定《东丽区人民检察院检察服务中心新冠肺炎疫情防控期间信访工作方案》《东丽区人民检察院12309检察服务中心恢复接访工作方案》。深化群众信访回复制度，书面和电话回复84件，回复率100%，更好做到息诉罢访。开通12309检察服务热线，安排专人接听群众来电、解答法律问题27件，真正做到让老百姓少跑腿、快办事。

6月16日，区人民检察院举行"民有所呼、我有所应——群众信访件件有回复"新时代检察宣传周检察开放日活动
（马涛 摄）

【刑事执行检察】 2020年，区人民检察院加强刑事执行检察监督，向被监管单位制发检察建议38件，纠正违法9件，纠正超期羁押11人，办理社区矫正人员再犯罪、纠正脱漏管案件7件。办理财产刑执行违法（违规）案件1件1人；办理收监执行裁（决）定审查案件1件1人；办理又犯罪批准逮捕案件1件1人；办理被监管人死亡检察案件1件，督促被监管单位正确处理在押人员死亡案件。建立疫情防控检察机制，检察人员与看守所民警

同备勤共封闭,确保疫情不进墙、不入监。优化社区矫正监督机制,对因疫情无法按期返津销假的社区矫正对象,向司法行政部门建议疫情期间适当延长在外人员请假期限。

【案件管理】 2020年,区人民检察院开展案件质量监督,开展流程监控预警284次,占受理案件的85%以上,整改率达90%。开展常态化日常评查工作,调取案件70件,发现程序性等问题169个,全部完成整改。完成重点案件评查10件、典型差案评查14件,经检委会讨论决定1件作为典型差案报送市人民检察院。开展数据分析研判,每月发布《检察业务态势数据》《检察官受理案件情况》《部门、检察官业务工作指标》。做优案件信息公开,发布重要案件信息180条,公开案件程序性信息1386条,公开法律文书1068份,年度法律文书公开比例达95%,整体法律文书公开比例114%;接待律师查询1094人次,办理阅卷申请、提交法律意见、变更强制措施申请等各类业务622人次,邮寄电子卷宗光盘52张,办理异地阅卷8人次。修订《刑事案件分配规则(试行)》,制定《优化案件比指导意见》,助力案件比结构优化。做好"提讯集中调度",全年集中送达各类告知文书4099份,统一安排讯问1112次,最大限度减少办案过程中的物理接触,力保办案安全。

(公维宇)

法院工作

【简　况】 天津市东丽区人民法院(以下简称"区人民法院")是国家审判机关,对区人民代表大会及其常务委员会负责并报告工作。1953年5月,成立天津市津东郊区人民法院。1955年6月,改称为天津市东郊区人民法院。1958年10月,东郊区人民法院划入河东区。1962年2月,恢复天津市东郊区人民法院。1967年2月,实行军事管制,设公检法机关军事管制小组。1973年12月,撤销军管会,恢复天津市东郊区人民法院。1992年3月,更名为天津市东丽区人民法院。

2020年,区人民法院忠实履行宪法法律赋予的职责,认真落实防控工作各项要求,依法惩治妨害疫情防控的各类犯罪,完善服务"六稳""六保"司法举措,帮助企业复工复产,努力为抗疫护航、为大局服务。全年,受理各类案件1.59万件,审执结1.52万件,诉讼标的总额74.2亿元,结案率达95.59%,法官人均结案234.29件。区人民法院被人民法院新闻传媒总社评为全国司法宣传和通联工作先进单位;综合办公室被天津市高级人民法院评为天津法院信息化先进集体。刘冠球被中华人民共和国最高人民法院评为全国法院办案标兵;刘路爽被中共天津市委保密委员会评为天津市保密工作先进工作者;王立鑫被中共天津市委网络安全和信息化委员会办公室评为2020年度天津市优秀网评员;齐颖被天津市红十字会、天津市人力资源和社会保障局评为全市红十字系统先进工作者。

【刑事审判】 2020年,区人民法院受理刑事案件814件,审结810件,判处罪犯1201人。依法严惩严重暴力犯罪和多发性侵财犯罪,审结故意杀人、伤害、强奸、抢劫等严重暴力犯罪107件,审结盗窃、诈骗等侵财犯罪案件114件,其中涉疫情诈骗犯罪2件;重拳打击职务犯罪,受理贪污、受贿等犯罪18件,依法审结原东丽区建设委员会党委书记、主任白宝忠受贿案。突出惩治涉众型经济犯罪,审结非法吸收公众存款、电信诈骗等犯罪38件。高度重视涉恶九类案件的审理,受理相关案件248件,审结222件,判处罪犯479人,判处罚金432.3万元。审结涉"黑恶势力"案件13件,判处罪犯监禁刑80人,其中判处5年以上罪犯人数22人,重刑率27.5%,判处罚金616.3万元,没收涉案财产2亿余元。审结马玉有、马秀静等人黑社会性质组织犯罪,全面完成在办案件清零的目标。严厉打击破坏市场经济秩序、破坏生产经营等犯罪行为,审结非法经营罪、合同诈骗罪等案件49件。发挥环境资源审判职能,审结非法出售珍贵、濒危野生动物制品、非法狩猎等案件7件。

2月14日,区人民法院通过互联网法庭多地远程视频方式,审理编造出售防疫用品虚假信息骗取他人钱款案

（周紫荆　摄）

【民商事审判】　2020年,区人民法院受理民事案件8838件,审结8694件,其中涉及教育、就业、医疗、住房、社会保障等民生领域案件2724

件。营造良好用工环境,审结劳动争议案件307件,解决争议标的757万元。快速化解拖欠农民工工资案件,审结劳务合同案件141件。深化家事审判改革,成立专业化家事审判团队,持续加大对老年人、妇女、儿童权益的保障力度,审结婚姻家庭、继承纠纷789件。发挥民商事审判规范经济社会秩序的功能,平等保护各类市场主体合法权益,审结合同纠纷5022件,金融借款、民间借贷、建设工程等相关案件1738件。审结股东资格确认、股权转让、公司决议纠纷等案件33件,最大限度保护公司的自主经营权。

【行政审判】　2020年,区人民法院受理行政案件308件,审结302件。受理涉征地拆迁及与拆迁有关的各类案件201件,撰写《2020年东丽法院审理涉拆迁还迁行政案件的报告》,为促进服务全域城市化建设提供参考。促进行政争议实质性化解,成功化解无瑕街复垦协议系列案件16件。依法支持政府"一制三化"改革,妥善化解企业与政府之间的矛盾纠纷23件。推行行政机关负责人出庭制度,制定《关于行政诉讼案件行政机关负责人出庭应诉规定》,行政机关负责人出庭应诉171件(正职负责人20件),出庭率达95.53%。延伸行政审判职能,邀请万新、金钟等街道及区委政法委、区司法局等相关职能部门进行座谈,增强司法与行政良性互动。

【执行工作】　2020年,区人民法院受理执行案件5383件,执结5325件,执结率达91.3%,平均执行天数62.91天。加大执行强度,开展"发挥执行职能,做好六稳工作,落实六保任务"专项执行行动,集中组织"清晨行动"13次,全力查找人财物线索。强化执行案件繁简分流,成立4个专业化执行团队,分流执行案件2000余件。打击拒不执行、抗拒执行行为,利用失信名单、限制消费、罚款、拘留等强制措施,敦促和引导当事人自动履行500余件。发挥区联席会议制度优势,成功执结安宁医院太平间腾房案,实现政治效果、法律效果、社会效果统一。

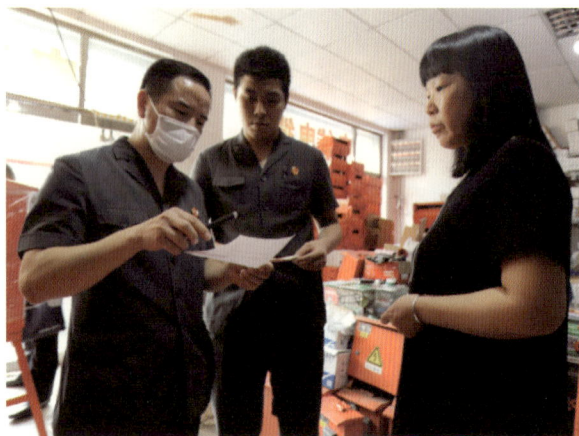

8月22日,区人民法院开展清晨执行活动现场
（李诤 摄）

【审判调解】 2020年,区人民法院制定《民商事案件"分调裁审"工作规定(试行)》,将案件分流端口前移至导诉环节,分流简单案件1521件。推进"一站式"诉服中心建设,通过天津移动微法院、东丽法院微执行等平台,实现网上立案、网上交费、网上退费、网上收费单据自动生成,网上立案2700件,占立案总数的17.6%。与区司法局联合下发《关于建立律师参与化解和代理涉诉信访案件的实施办法》《关于开展律师调解工作的实施办法》,推动形成"社会调解在前,法院立案在后"纠纷递进分流模式,选派1名精干力量参与矛盾调处中心案(事)件调处和化解工作,全年接待来访当事人300余人次。

12月8日,区人民法院深入张贵庄街道詹滨西里社区开展预防非法集资讲座
（周紫荆 摄）

【司法宣传】 2020年,区人民法院拓宽宣传渠道,充分利用新媒体优势,通过两微一端、今日头条等9个平台,及时发布新闻动态、司法举措、公布典型案例等,发布各类信息3564条(原创2304条),阅读量突破百万次。积极与相关基层组织对接,开展法官下基层,进社区、企业、学校等活动,深入社区63次、集体经济组织7个,走访包联企业18次,开展专题讲座6次,发放宣传资料5000余份,解答群众咨询1万余人次。

（刘莎莎）

司法行政工作

【简 况】 天津市东丽区司法局(以下简称"区司法局")是区政府主管全区司法行政工作的职能部门。1981年10月,成立天津市东郊区司法局。1992年3月,更名为天津市东丽区司法局。2018年12月,与天津市东丽区人民政府法制办公室重新组建天津市东丽区司法局。

2020年，区司法局始终坚持党对司法行政工作的绝对领导，全面履职尽责、担当作为，统筹推进各项工作，在做优做强司法行政维护社会稳定、服务绿色高质量发展、参与新冠肺炎疫情防控等方面发挥积极作用。华新街公共法律服务中心荣获"全国公共法律服务工作先进集体"、庞运桂荣获"全国公共法律服务工作先进个人"、区司法局荣获"天津市爱国拥军模范单位"、华新司法所荣获"天津市劳动模范集体"、刘俊岭荣获"2017—2019年度天津市优秀工会之友"、姚建强荣获"天津市政法系统人民满意的政法干警"荣誉称号。

【规范性文件管理及行政执法监督】　2020年，区司法局做好行政规范性文件合法性审核及行政执法监督工作。起草《东丽区行政规范性文件制定主体清单》《东丽区行政规范性文件制定和备案工作规范》。全年，依法审核区政府和区政府各部门行政规范性文件、重大决策、合同协议及其他各类文件125件，提出审核意见600余条。起草《东丽区加强和改进行政执法工作实施方案》《东丽区关于加强行政执法与刑事司法衔接工作方案》等文件3个，完善全区行政执法制度建设。对32个执法单位开展实地督查，发现执法问题27个，全部完成整改。组织40家执法单位做好新天津市行政执法监督平台测试、信息录入等工作，归集到各类执法案件信息1.36万条。邀请政府法律顾问分批次对25家执法单位工作人员开展专项培训5次，依托执法监督平台组织线上自学，提升执法队伍整体素质。起草《东丽区法治政府建设集中攻坚专项行动工作方案》，召开动员部署会，

68家单位参加。配合市级重点领域立法工作，对33份地方性法规、政府规章征求意见稿及时反馈东丽区意见。

【行政复议及行政应诉】　2020年，区司法局完成行政复议及行政诉讼相关工作。全年，区政府收到行政复议申请109件，全部结案。起草《关于进一步加强行政机关负责人出庭应诉工作的规定》《东丽区司法局行政复议与应诉部门规范化建设管理制度》。截至年底，以区政府为被告的行政诉讼案件67件，结案62件，暂无败诉案件发生，其中开庭审理17件，政府负责人出庭应诉15件，符合行政机关负责人可以不出庭的情形2件。作出行政复议建议书、意见书5份，起草问责报告1份。成立东丽区行政复议体制改革领导小组，起草《东丽区行政复议体制改革十项配套制度》《东丽区深化行政复议体制改革实施细则》，推动东丽区行政复议体制改革。

【法治宣传】　2020年，区司法局推动落实国家机关"谁执法谁普法"普法责任制。召开区守法普法协调小组会议暨落实普法责任制联席会议，总结"七五"期间普法依法治理工作成果，研究谋划"八五"普法工作。组织37名处级领导干部任前法律考试1次，组织3862名国家工作人员参加网上学法考试。举办"关爱明天　普法先行"第八届青少年法治文化节活动，全区56所中小学开展法治宣讲、手抄报、宪法主题晨读等活动，4万余名中小学生参与。开展全区"七五"普法总结验收，市政协领导对东丽区"七五"普法工作成效给予充分肯定。利用"3·15"国际消费者权益日、"6·26"

国际禁毒日、"12·4"国家宪法日等节点,开展普法主题实践活动,印发各类宣传品6万余份,依托"线上+线下"各媒体渠道推送法治消息3000余篇,开展《中华人民共和国宪法》《中华人民共和国民法典》《天津市文明行为促进条例》网上有奖答题活动3期。天津市龙宾公共安全教育实践基地获评"天津市法治宣传教育阵地优秀品牌",万新街道香邑花园社区、新立街道金域华府社区获评"天津市民主法治社区",万新街道香邑花园社区获评第八批"全国民主法治示范社区"。

12月1日,金钟司法所通过校园视频直播为东丽区新中村小学师生开展宪法进校园宣讲

(东丽区新中村小学　提供)

【公共法律服务】　2020年,区司法局推进覆盖城乡居民的公共法律服务体系建设。保障疫情防控期间群众法律服务需求不断档,区街居三级公共法律服务中心依托律师现场值守、法律顾问微信群等渠道,全年接待群众法律咨询2365件。为企业复工复产提供全方位法律服务保障,组建"企业复工复产法律服务团"5个,开展"法治体检"服务193次,撰写政策解读文章65篇,发放宣传手册1100余册,接待企业及劳动者法律咨询369件。

组织辖区22家律所和123名律师开展依法规范执业专项治理活动,圆满完成1家司法鉴定所和4名司法鉴定人执业考核工作。做好"线上+线下"法律援助申请受理,配合公检法做好刑事通知辩护案件指派工作,受理法律援助申请459件,为认罪认罚的犯罪嫌疑人、被告人提供法律帮助455件。开展"法援惠民生　扶贫奔小康"品牌活动,将受理审查申请期限缩短至3个工作日;开辟"绿色通道",为农民工、残疾人、军人军属和退役军人优先受理、优先审查、优先指派。制发《东丽区法律援助案件补贴办法》。引导群众通过线上方式进行预约办证,办理公证3307件,其中线上受理61件,实现54项公证业务零跑腿。对抗击疫情人员、企业提供公证费减免等公益服务140件。指派150余人次监督东丽区拆迁拆违、"口罩进万家"暖心活动等现场,做好公证服务保障。

【人民参与和促进法治工作】　2020年,区司法局完善组织网络,提升调解能力。重点加强疫情防控、"两会"等重要节点期间矛盾纠纷排查调处工作,组织开展"化纠纷　送温暖——人民调解在身边专项行动"。全年,全区各级调解组织开展矛盾纠纷排查6000余次,调解案件517件,调解成功511件,调解成功率达98%。选派13名调解员100%进驻区级及街道矛盾纠纷调处化解中心开展工作;成立万新街道公调对接人民调解委员会,探索形成由派出所民警牵头,专职调解员主攻,司法所工作人员、律师分工明确的具有东丽特色的"公调对接"创新联动模式。完成2020年度全区103名人民陪审员选任工作。疫情期间无缝衔接,与刑满释放人员家属、所在社区和监狱取得联系，确保释放当天有人接并做好登记、建档工作，衔接489人，截至年底，全区刑满释放人员1400余人。加强特殊敏感时期管控措施，确定7名重点帮教对象。对刑满释放和服刑人员未成年子女及其家庭成员存在的困难提供有效帮扶，临时性救助24人，救助金6.91万元，组织技能培训3人，推荐就业48人。

8月24日，东丽区万新街道公调对接人民调解委员会成立
（公安东丽分局万新派出所 提供）

【社区矫正】 2020年，区司法局全面从严开展社区矫正各项监管工作，推动工作质效提升。贯彻实施《社区矫正法》，设立东丽区社区矫正委员会。通过视频连线、现场报到等方式按时接收入矫人员444名，解除矫正360名。开展社区矫正对象调查评估、核实、居住地变更及未成年人社会调查185件。截至年底，东丽区在册社区矫正对象439人，其中缓刑430人，假释3人，暂监外6人。严格日常监管，每日通过电话、位置共享、"津矫通"APP等方式掌握社区矫正对象活动轨迹。向400余名社区矫正对象普及疫情防控知识和相关法律常识。建立一人一档案和定期走访制度，将社区矫正对象数据导入区党群网格服务综合信息平台，依托社区网格员实现每月走访，反复摸排，规范管理。

（曹子畅）

本篇责任编校 刘秀芹

民主党派·工商联

Democratic Parties and Federation
of Industry and Commerce

中国国民党革命委员会
东丽区工作委员会

【简　况】　中国国民党革命委员会天津市东丽区工作委员会(以下简称"民革东丽区工委")履行民主监督参政议政职责。1984年10月,成立中国国民党革命委员会天津市东郊区支部。1992年3月,更名为中国国民党革命委员会天津市东丽区支部。2002年7月,成立中国国民党革命委员会天津市东丽区工作委员会。2020年,设有2个支部,现有党员84人。党员中有市人大代表1人、区人大代表1人。区政协副主席(兼)1人,常委3人,委员7人。

2020年,民革东丽区工委以中共十九大精神为指导,贯彻落实民革市委会和东丽区委统战部工作要求,强化政治学习,完善自身建设,围绕中心、服务大局,履行参政议政、民主监督、建言献策等参政党职能。在民革天津市委会先进集体表彰中,被评为"2020年度先进区工委"荣誉称号。

【参政议政】　2020年,民革东丽区工委党员中的政协委员、人大代表在"两会"期间,撰写提案15篇,建言献策2篇,在市政协上报提案2篇,市人大上报建议3篇。完成调研报告4篇,其中《关于开发中国人体特征的高端汽车碰撞检测装备的建议》一篇,被市政协科技教育委员会"加快引育新动能,推动天津高质量发展"专题协商会采用。在区政协专题议政性常委会议上以民革名义发表调研报告《关于加强中医人才的培养和储备的建议》

《推进疫情防控常态化下社区现代化治理的建议》。

【自身建设】　2020年,民革东丽区工委完善班子学习制度,组织开展领导班子民主生活会,注重两个支部建设,对配齐的支部班子成员正确引导,大胆使用,支持搭建学习机会与平台,不断提高工作能力,增强做好支部建设的信心。严格按照组织发展规程及要求,积极发展符合条件的联系人,努力发展高素质、有代表性、履职能力强的民革党员。将达标、示范支部创建活动变为常态化建设,以民革"党员之家"为园地,认真按照支部创建的达标、示范指标,把示范支部的组织建设成果保持下去。关注党员思想状况和生活,春节和重阳节组织党员代表探望慰问老党员,传承民革优秀传统,增强党员之间的了解和感情,凝聚人心和共识。

【社会服务】　2020年,民革东丽区工委组织全体党员向甘肃省扶贫对口地区开展捐款捐物活动,捐款21.56万元。党员秦新向甘谷县贫困户捐赠衣物价值2万余元;党员刘勇疫情期间向扶贫对口地区捐赠防疫物资30万元;全体党员购买扶贫产品12万余元。党员秦新和陈建民作为援派干部前往甘肃省天水市甘谷县开展帮扶工作。

【抗击疫情】　2020年,民革东丽区工委主委刘萍、副主委季厌庸个人捐款1万元,工委委员曹恒海向40余家企事业单位捐赠消毒液、口罩等,价值逾100万元,党员吴宗旺通过天津市慈善协会捐款10万元,老党员陈歌华个人捐款1万元。党员张旭负责的鸿信医疗企业为海河医院等多家医疗机构安装检测设备,及时解决医院检测防护所需设备。部分党员自发集资购买价值1万余元的防疫物资捐赠社区。部分党员积极参加社区值守、助力复工复产、留观点疫情防控等工作。

【主要活动】 2020年,民革东丽区工委参加由东丽区委统战部组织的"脱贫攻坚我有责 党的生日我献礼"——东丽区统一战线"六进社区"服务暨动员社会力量助力脱贫攻坚大型公益活动。发放法律宣传材料100余份,为10余名居民解答法律问题。民革东丽区工委党员向贫困地区捐款6.56万元,购买扶贫产品60余件。组织6名党员参加"两岸一家亲 关爱留守儿童 助力脱贫攻坚"公益健步行活动,为留守儿童和困难群众捐助款项。组织全体党员观看爱国主义影片《八佰》。开展两岸关系发展形势和台情学习相关学习活动,参与同香港《文汇报》、香港《工商时报》天津记者站王毅组织的纪念中山先生诞辰155周年活动,接待来自台北市台湾资深国民党老党员郑国明夫妇,促进海峡两岸民间交流。

6月21日,民革东丽区工委参加"六进社区"活动

(民革东丽区工委 提供)

(杨 君)

中国民主同盟
东丽区工作委员会

【简 况】 中国民主同盟天津市东丽区工作委员会(以下简称"民盟东丽区工委")履行民主监督参政议政职责。1985年,成立中国民主同盟天津市东郊区支部。1992年3月,更名为中国民主同盟天津市东丽区支部。2005年5月,成立中国民主同盟天津市委员会东丽区工作委员会。2020年,设科技卫生联合支部、钢中联合支部、文化教育联合支部、一百中学支部、四合联合支部等5个支部,现有盟员173名。盟员中有市政协委员2人、区政协委员13人。

2020年,民盟东丽区工委在民盟天津市委会和中共东丽区委领导下,以党的十九大精神为指引,以习近平新时代中国特色社会主义思想为总遵循,认真召开民主生活会,深入开展"不忘合作初心,继续携手前进"主题教育活动,不断提高议政建言能力,努力提升民主监督实效,为东丽区绿色高质量发展作出积极贡献。

【参政议政】 2020年,民盟东丽区工委紧紧围绕中共东丽区委、区政府的中心任务,积极参与重大事项的政治协商,通过专题调研、论坛研讨、座谈交流、大会发言、集体提案及反映社情民意信息等参政议政形式,积极为东丽区经济社会发展献计献策。年内,向区政协提交提案9个,全部立案;向市政协提交提案2个,立案2个。盟员郝鹏提交的《关于应用数字化技术保护和传承我区非物质文化遗产的建议》被列为主席督办提案。完成《新冠疫情对中学生心理健康状况影响的调查研究》《扫黑除恶专项斗争与基层政权稳定的调查研究》《关于东丽区城市公共厕所建设的建议》3个课题的调研工作。

【自身建设】 2020年，民盟东丽区工委继续贯彻"人才兴盟、人才强盟"战略，做好新形势下民盟组织工作。组织15名盟员参加东丽区统一战线成员学习全国两会精神暨侨海联谊活动组"共担历史责任 共享伟大荣光"助力脱贫攻坚活动；4名盟员参加统战部组织的党外青年干部培训班；为庆祝中华人民共和国成立71周年暨纪念抗日战争胜利75周年，推进"不忘合作初心、继续携手前进"学习教育深入开展，组织26名工委委员及部分骨干盟员赴蓟州区参观学习活动；盟员郝鹏参加民盟市委会2020年参政议政工作培训班；发展新盟员6人。

【主要活动】 2020年，民盟东丽区工委为贯彻落实区委、区政府关于东西部扶贫协作和支援合作的工作要求，广泛动员盟员力量助力打赢脱贫攻坚战，组织21名盟员参加东丽区委统战部举办的"六进社区"服务活动，110名盟员捐款1.54万元。发动盟员为疫情防控助力，许多盟员奋战在疫情防控一线，盟员魏德军自费购置50桶1000公斤的84消毒液，无偿捐赠给东丽区所有驻区部队和消防救援队，并为湖北省军队医院无偿捐赠近4万元的1万副鞋套和手套；盟员李斌为学校捐助11万余元的防疫物资；盟员郝旭紧急筹措1.6

万元防疫物资送到防控一线；盟员王全、杨赫、宗玉新分赴河北省承德县、甘肃省临潭县支教；组织3名盟员参加"两岸一家亲 关爱留守儿童 助力脱贫攻坚公益健步行"活动；组织22名盟员观看电影《我和我的祖国》。

10月18日，民盟东丽区工委组织部分盟员赴蓟州区参观学习 （路人甲 摄）

（郝 鹏）

中国民主建国会
东丽基层委员会

【简 况】 中国民主建国会天津市东丽区基层委员会（以下简称"民建东丽基层委员会"）履行民主监督参政议政职责。1996年3月，成立中国民主建国会天津市委员会直属东丽区支部。2019年12月，成立中国民主建国会天津市东丽区基层委员会。2020年，现有会员56名，其中有市政协委员2人、区政协委员9人（其中常委2人），区级特邀"四员"（督导员、检察员、审计员、监督员）10人。

2020年，民建东丽基层委员会在中共东丽区委和民建天津市委会的领导下，团结全体会员，认真贯彻落实中共十九大精神，学习习近平新时代中国特色社会主义思想,加强组织建设和思想建设,积极参政议政,开展社会服务,为东丽绿色高质量发展作出重要贡献。

【自身建设】 2020年,民建东丽区基层委员会开展作风建设年活动,制定《民建东丽区基层委员会全面加强作风建设实施方案》,领导班子成员发挥"关键少数"的示范引领作用,坚持走在前、带好头、作表率,坚持定期学习制度,坚持读原著、学原文、悟原理,坚持专题学习、个人自学,深刻认识习近平总书记系列重要讲话的时代背景、鲜明主题、重大理论和实践意义,强化作风纪律建设。制定季度例会制度,定期召开会议,制定工作方案,稳步落实民建市委会和中共东丽区委统战部部署的工作。组织召开民主生活会,通过开诚布公、实事求是的批评与自我批评,进一步提升解决自身问题的能力,增强班子队伍凝聚力。年内,民建东丽区基层委员会被民建天津市委会评为"先进支部",会员杨树通被评为"优秀会员",会员刘新宇被评为"优秀会务工作者"。

【参政议政】 2020年,民建东丽区基层委员会履行参政议政职能,反映社情民意活动献言献策。提交提案建议7件、调研报告2篇。会议期间,各位会员围绕区域经济发展、教育民生、疫情防控等大事、要事,提出《关于依托生态屏障建设,促进东丽区文化旅游业协同发展的建议》《关于以世界智能驾驶挑战赛为载体打造东丽区新一代汽车产业集群的建议》《关于加强青少年体育运动提升青少年体质的建议》《关于加强外埠车辆登记管控的建议》《关于优化营商环境,创建移动政务服务信息平台的建议》《关于加快新媒体建设推动经济发展的建议》《关于加快推进津北公路改建工程项目落实的建议》等高质量提案,为助力区域经济发展,改善民计民生建言献策。年内,会员李金振报送的文章《浅谈工匠精神对企业创新发展的意义》,荣获民建中央"工匠精神与创新发展"课题研讨活动三等奖,其本人被评为民建天津市委会2017—2019年度参政议政优秀成果执笔人。

【脱贫攻坚】 2020年,民建东丽区基层委员会积极致力于公益活动,组织会员开展各类社会服务。疫情期间,副主委孙洪森心系贫困地区,了解对口扶贫地区防疫需求,向甘肃省皋兰县、甘谷县、临潭县,河北省承德县等东西部地区捐赠消毒液、防护服等防疫物资近21万元。各位会员积极响应东丽区发出的"伸出援助之手 助力脱贫攻坚"倡议,纷纷慷慨解囊,伸出援助之手,向东丽区慈善协会捐赠爱心善款10.33万元,为脱贫攻坚贡献力量。年内,民建东丽区基层委员会被民建天津市委员会评为"脱贫攻坚先进集体",丰泽强、孙洪森、李同林、李宗楠、杨树通、吴金花、周欣、侯焕昌、高俊海9人评为"脱贫攻坚先进个人"。

2月7日,联合运输(天津)有限公司捐赠消毒液、防护服等防疫物资 （孙洪森 摄）

【抗击疫情】 2020年,民建东丽区基层委员会自新冠病毒疫情发生以来,动员全体会员和入会积极分子投入疫情防控工作中。疫情暴发初期,会员提前回到工作岗位,深入社区、街道等防疫阵地,开展人员排查、体温测量、隔离点改造等防疫重点工作。在各大医院医疗物资紧缺的情况下,积极担当社会责任,驰援各大医院,先后向7家医院资助医用外科口罩、防护服、手术衣等医疗物资28.7万元。主动深入街道社区等防疫阵地,了解防疫难点,资助84消毒液、一次性手套、防护眼罩、药品等防疫物资近33万元。积极响应打赢抗疫阻击战捐赠"爱心会费"倡议,自发向湖北省、东丽区等慈善机构捐款45万余元。疫情期间,民建东丽区基层委员会会员和入会积极分子合计捐款130.7万元。年内,民建东丽区基层委员会被民建天津市委会授予"抗击疫情先进集体"荣誉称号,会员姚华被授予"抗击疫情突出贡献先进个人"荣誉称号,15名会员被授予"抗击疫情先进个人"荣誉称号。

(刘新宇)

中国民主促进会
东丽区工作委员会

【简　况】 中国民主促进会天津市东丽区工作委员会(以下简称"民进东丽区工委")履行民主监督参政议政职责。1985年11月,建立中国民主促进会天津市东郊区支部。1987年,成立中国民主促进会天津市东郊区工作委员会。1992年3月,更名为中国民主促进会天津市东郊区工作委

员会。2020年,设教研室联合支部、一百中学支部、小学支部、中国民航大学支部、退休支部等5个支部,现有会员127人。

2020年,民进东丽区工委深入学习贯彻习近平新时代中国特色社会主义思想,以民进中央确定的"履职能力建设年"为着力点,在民进市委会的领导下和区委统战部的指导下,积极参与抗击新冠疫情,主动参与扶贫攻坚,完成基层支部换届,充实支部年轻力量,为东丽区社会经济发展做出贡献。

【自身建设】 2020年,民进东丽区工委组织各类线上线下学习教育活动,参加人数350人次。组织召开2019年度领导班子民主生活会。组织会员开展四史学习,邀请民进会员、中国民航大学马列学院教授钟素芬进行"四史"讲座,取得良好效果。组织开展《习近平谈治国理政》第三卷、《民进宣传思想工作条例》《民法典》的学习,组织收看纪念中国人民志愿军抗美援朝出国作战70周年大会,组织会员参观东丽区科学技术馆和水上记忆博物馆,增进会员的政治认同和道路认同。年内,新发展会员3人。

【参政议政】 2020年,民进东丽区工委围绕社会热点、难点问题开展调研,疫情期间,组织会员撰写社情民意7篇,为东丽区和天津市的抗疫工作建言献策。其中,会员郑鹏提出的《关于中小学延迟开学的几点思考》《关于调整中小学学期行政历的建议》《关于尽快向全体中小学生发放教科书的建议》等3条建议被有关方面采用。《东丽区构建终身学习体系,建设学习型社会情况报告》《关于建议修改〈行政复议法〉的调研报告》等2份

调研报告提交区委统战部。

【抗击疫情】 2020年，民进东丽区工委组织全体会员恪尽职守，主动参与抗疫斗争。小学支部副主委、东丽区实验小学副校长张华，从大年初一起奋战六昼夜，免费捐献3万套防护服。民进东丽区工委委员、天津市东星混凝土有限公司董事长韩柏，通过东丽区拥军协会，捐赠4000元购买消毒水，并向在天津市对口援助地区新疆和田民丰县红十字协会捐赠医用隔离面罩343个。民进会员、天津津浩焓商贸有限公司董事长杨晋军，通过东丽区慈善总会为防疫工作捐款1万元，为东丽湖街道和区红十字会捐献3500个一次性医用口罩。广大教育界民进会员，积极投身"停课不停学"活动，为抗疫工作贡献力量。年内，民进东丽区工委荣获民进天津市抗击新冠肺炎疫情先进集体，会员张华、韩柏、杨晋军、成彬、孙志燕、成彬、郑鹏、徐桂山被评为"民进天津市抗击新冠肺炎疫情先进个人"。

【社会服务】 2020年，民进东丽区工委全面落实好东西部扶贫协作社会动员工作要求，积极参与脱贫攻坚。8月28日，民进东丽区工委与民进兰州市委会签署东西部扶贫协作框架协议。双方发挥各自优势，立足民进实际，在参政议政、建言献策、社会服务等多个方面开展东西部扶贫协作，共同推进高素质参政党地方组织建设。组织会员参加区委统战部组织的"脱贫攻坚我有责，党的生日我献礼"活动，68名会员捐款1.53万元，为推动天津市、东丽区对口帮扶的县市打赢脱贫攻坚战作出自己的贡献。开展"春联万家"活动，民进东丽区小学支部与民革东丽区二支部开展联谊活动，组织会内书法家撰写福字。

8月28日，民进东丽工委与民进兰州市委会签署东西部扶贫协作框架协议　　　　（张春丽 摄）

（郑 鹏）

中国农工民主党
东丽区工作委员会

【简 况】 中国农工民主党天津市东丽区工作委员会（以下简称"农工党东丽区工委"）履行民主监督参政议政职责。1996年11月，成立中国农工民主党天津市东丽区支部。1999年7月，成立中国农工民主党天津市东丽区工作委员会。2020年，设有3个支部，党员97人，以医药卫生界人士为主。党员中有市人大代表2名、市政协委员1名、区人大常委1名、区政协委员14名（其中副主席1名、常委4名）、区级特邀"四员"（督导员、检察员、审计员、监督员）10人。

2020年，农工党东丽区工委认真学习中共十九大和中共十九届二中、三中、四中、五中全会精神，以习近平新时代中国特色社会主义思想为指导,认真组织学习习近平《谈治国理政》第三卷、《中国制度面对面》和统一战线理论。增强"四个意识",坚定"四个自信",坚决做到"两个维护"。组织开展主题教育讲座,红色教育基地参观研讨,夯实参政党的思想政治基础。组织部分党员观看电影《八佰》和《我和我的家乡》,10名骨干党员积极参加农工市委会和区委统战部组织各种学习活动。

【参政议政】 2020年,农工党东丽区工委围绕着区委中心工作,调查研究部署,通过调研走访形成高质量调研报告。《东丽区防范和处置非法集资工作调研报告》《关于我区基层环境治理的困境与思考》2个调研报告均已上报到区委统战部和农工市委会。向市人大、市政协提交建议和提案4篇,向区政协提交提案10篇,全年上报农工市委会社情民意信息5篇。

【主要活动】 2020年,农工党东丽工委参与抗疫战役,广大党员战斗在抗击疫情的第一线,到机场检疫、为企业复工复产进行帮扶,东丽医院和东丽中医医院的党员去发热门诊、留观点开展工作,部分党员去社区值守,充分展现农工党党员的风采。为抗击疫情,党员郭永明为天津市第一百中学、东丽中学、东丽区实验小学等捐赠84消毒液,价值4万余元。组织部分党员扶贫和帮扶捐款超过10万元。到蓟州区孙各庄满族自治乡丈烟台村为居民提供医疗咨询、测量血压和法律咨询等300人次。为居民发放3000余元药品。工委援疆医生1名,援甘医生1名。

【自身建设】 2020年,农工党东丽区工委召开2019年农工党东丽区工委领导班子民主生活

会,对工作中的问题进行整改。按照《中国农工民主党组织发展工作规程》精神,做好2020年党员发展工作。全年,发展党员5名。为每名党员订阅《前进论坛》杂志,订制相关学习资料,以支部为单位进行学习,参加市委会组织的新党员培训班4人,中青年骨干培训班6人。

8月,农工党东丽区工委组织参观联合村红色教育基地

(赵梦露 摄)

(郑国义)

东丽区工商业联合会

【简 况】 天津市东丽区工商业联合会(以下简称"区工商联")是中共东丽区委联系非公有制经济人士的桥梁和纽带,是政府管理非公有制经济的助手。1953年5月,成立天津市津东郊区工商业联合会。1955年6月,更名为天津市东郊区工商业联合会。1992年3月,更名为天津市东丽区工商业联合会。

2020年,区工商联围绕中心、服务大局,深入贯彻落实习近平新时代中国特色社会主义思想,全面贯彻落实党的十九大和十九届四中、五中全

会精神,强化思想政治引领、创新非公党建、优化会员企业服务、助力脱贫攻坚,扎实做好疫情防控保障,持续促进全区民营经济健康发展和民营经济人士健康成长。

【思想政治】 2020年,区工商联持续巩固深化"不忘初心、牢记使命"主题教育成果,深入开展习近平新时代中国特色社会主义思想、"四史"教育、党的十九届五中全会和市委十一届九次全会精神等学习教育,引导机关党员干部和基层党组织党员坚持读原著、学原文、悟原理,做到入脑入心,学以致用。全年,定期分析研判意识形态工作4次。开展入党积极分子、发展对象、党组织书记及党务干部培训班4期,参训240人次。组织新生代企业家交流协会与津南区青年商会开展互学互访系列活动,联合开展"忆初心、感党恩、记使命、担责任"主题教育实践活动。"东丽商会"微信公众号发布"理想信念教育"等信息134条。

10月14日,东丽区工商联会员企业党委组织入党积极分子在爱国主义教育基地津南区小站练兵园参观学习

（王丽 摄）

【非公党建】 2020年,区工商联始终贯彻党的组织路线,全面落实党建重点工作。认真落实领导班子成员党支部联系点工作,4位处级干部深

入联系点8次,帮助解决或推进协调解决问题4个。指导32家企业党组织按时完成换届工作,选优配强基层党组织班子,合理调配"两新"党建指导员,指导基层支部落实"三会一课"等组织生活制度。年内,发展党员36名,转正43名。制定《东丽区工商联会员企业党委"党组织书记轮值"制度工作方案》和《党建品牌培育方案及计划》。探索建立"党建微课堂"工作模式,以"党建领航、聚力发展"活动为契机,创新推出"党支部书记轮值"制度。在会员企业党委的指导下,4个联盟片区轮值单位先后组织抗疫纪实展参观、助力脱贫攻坚公益健步行、西柏坡红色教育等主题活动累计46次。

9月27日,东丽区工商联会员企业党委组织党员参观《人民至上——天津市抗击新冠肺炎疫情纪实展》

（王丽 摄）

【经济服务】 2020年,区工商联持续优化营商环境,着力构建"亲""清"政商关系,深入推进商会改革,扩大商会组织网络。完成全区13个街道(园区)商会成立注册全覆盖。牢固树立服务理念,搭建政企沟通平台,组织会员企业参加第九届天津市民营企业"健康成长工程"发布会,百强榜单中东丽区16家民营企业榜上有名。组织召开东丽区新生代企业家交流协会二届四次会议,全

面汇总企业家对绿色高质量发展及优化营商环境方面提出的意见建议。举办法律培训、"法治体检""服务'六稳''六保'护航民企发展"开放日等活动23次,为企业高质量发展保驾护航。高度重视民营企业调查工作,指导帮助企业完成各项调查问卷,填报率始终保持100%,获评"全国工商联2020年民营企业调查点工作基层先进单位"。

5月20日,东丽区工商联举办助力民营企业复工复产"法治体检"大讲堂暨平安天津建设法律培训班

(阎世元 摄)

【脱贫攻坚】 2020年,区工商联深入贯彻市委关于决战决胜脱贫攻坚的决策部署,全面落实《天津市2020年"万企帮万村"精准扶贫专项工作行动方案》,广泛动员民企力量,扎实推进"万企帮万村"专项工作。组织25家会员企业赴甘肃省甘谷县、临潭县、皋兰县和河北省承德县开展走访调研工作,与当地贫困村签署"万企帮万村"帮扶协议。全年,组织92家民营企业帮扶4个受援县200个贫困村,捐款捐物221.35万元,超额完成全年任务。在"万企帮万村"市级专场新闻发布会上,东丽区作为唯一区级代表在现场作"万企帮万村"典型发言。东丽区工商联荣获"全国'万企帮万村'精准扶贫行动组织工作先进集体"称号。

6月9日,天津市工商联企业家代表团东丽区"万企帮万村"专项工作组赴河北省承德市开展精准扶贫活动

(阎世元 摄)

【疫情防控】 2020年,区工商联扎实做好疫情防控保障,助力民营企业复工复产。全体机关干部全部投入疫情防控和服务复工复产工作一线,先后到老村台、社区、企业开展值守和服务复工复产工作。组织街道商会、新生代企业家交流协会、会员企业党组织成立志愿服务队,主动参与联防联控。60家会员企业累计捐款捐物2000万元,61家企业党组织的702名党员捐款9.1万元,党员捐款率达97%,为抗疫攻坚贡献力量。疫情初期,积极与华燕医疗公司对接,紧急购入医用一次性口罩4万片,为74家企业送防疫物资上门,有效缓解企业防护用品紧缺问题。充分利用街道商会、新生代企业家协会等平台,以线上线下相结合方式送政策解读和服务措施到企业,大力宣传天津市"21条""27条"惠企政策,发放《告知书》《明白纸》。仅疫情期间,《中华工商时报》、中国光彩会累计发布区工商联(商会)开展抗疫防控和助力复工复产的信息5条;市工商联刊发东丽专报1期、信息12篇。

(孙 甜)

本篇责任编校 曹心慧

人民团体

Mass Bodies

东丽区总工会

【简　况】　天津市东丽区总工会(以下简称"区总工会")是主管全区工会组织建设和职工权益保障等工作的机构。1949年10月,天津县二区(东郊区前身)建立教职员业工会筹备委员会,并经天津县总工会批准,成为东郊地区最早的一个基层工会。1953年5月,原天津县二区及一区的部分村改建为津东郊区,尚不具备成立驻区工会办事处或组建区工会工作委员会条件,因此采取驻区工会工作员制。1956年初,撤销天津市总工会派驻东郊区工作员。1958年10月,撤销东郊区划归于河东区,1962年2月,恢复东郊区建制,期间原各系统工会隶属于河东区各系统工会,统一由天津市河东区办事处领导。1963年6月,筹建天津市总工会东郊区工作委员会。1966年5月,各企事业单位工会组织被"工代会"取代。1979年2月,更为天津市总工会东郊区办事处。1989年10月,更名为天津市东郊区工会。1992年3月,更名为天津市东丽区工会。2002年1月,更名为天津市东丽区总工会。

2020年,区总工会坚持以习近平新时代中国特色社会主义思想为指导,全面贯彻落实党的十九大和十九届二中、三中、四中、五中全会精神,深入学习贯彻习近平总书记关于工人阶级和工会工作的重要论述以及关于统筹疫情防控和经济社会发展一系列重要讲话和重要指示批示精神,坚持以问题为导向,以改革为驱动,强化群众意识,改

进工作作风,提高工作水平,在助力"双战双赢"中充分发挥工会组织作用,为东丽区绿色高质量发展贡献力量。

【工会组织建设】　2020年,区总工会继续推进农民工入会、两新组织建会工作,收集整理疫情期间全区正常生产经营企业情况,将新建会企业进行分类汇总,完成建会单位及会员信息录入工作。全区正常建会企事业单位3971家,会员6.72万人。指导基层工会进行工会换届选举,确保换届改选工作依法规范、透明有序。完成14家单位换届工作。完成工会法人资格证办理新证、换证及注销356份。开展工资集体协商工作。结合疫情防控要求,鼓励企业结合实际,通过网络会议等形式开展集体协商集中要约行动、协议签订工作。年内,签订协议企业3782家,全区建会企业工资集体协议签订率100%,建立基层工会委员会的企业工资集体协议独签率100%。指导督促基层工会在疫情期间召开职代会,确保公有制企事业单位普遍建立职代会制度,非公有制企业职代会建制率动态保持90%以上。

【助力"双战双赢"】　2020年,面对突如其来的新冠肺炎疫情,区总工会坚决贯彻落实习近平总书记重要指示批示精神和区委、市总工会部署要求,全区各级工会先后投入600万元支持疫情防控和企业复工复产工作。深入开展走访慰问,及时关心了解困难职工需求,为困难职工送去防疫物资和慰问金。为援鄂医务工作者每人发放5000元慰问金。向战斗在疫情防控一线的1000名网格员、社区干部赠送人身保险。开展以"支援

职工安心生产"为主题的"复产助攻"行动,为51家复工企业赠送口罩10.3万片、消毒液10吨、酒精20箱。对已建立工会组织并依据《工会法》有关规定足额申报缴纳工会经费的小微企业,实行工会经费全额返还。充分发挥工会线上线下宣传阵地作用,及时解读疫情防控和复工复产政策,教育引导职工增强防范意识,自觉落实防疫措施。开展抗击新冠疫情劳动模范、模范集体推荐申报工作,全区评选出天津市抗击新冠肺炎疫情劳动模范6名、抗击新冠肺炎疫情模范集体1个。

【会员普惠服务】 2020年,区总工会组织1600名困难职工和农民工进行免费健康查体,超额完成查体任务。持续开展东丽区职工大病救助,降低大病救助门槛,扩大救助范围,加大救助力度。申报大病救助的实际个人支付医药费总额,由超过3万元下调至超过1万元(含1万元),最高救助金额上调至2万元。救助85人,发放救助金69.8万元。持续推行工会会员服务卡工作。完成289家单位6254张会员服务卡信息采集办理工作,办理并发放补卡273张,累计办理会员卡15万余张。做好工会会员服务卡持卡会员专属救助保障工作,为持卡会员及时缴纳专属保障金102.37万元。获得专属救助保障76人,发放保障金76万元。开展职工法律服务工作。按照"七五"普法工作要求,加大劳动法律法规宣传力度,提高广大职工遵法、学法、守法、用法的自觉性。举办农民工法律讲座5场。开展"遵法守法·携手筑梦"服务农民工公益法律服务走进宜家活动,邀请区司法局律师进行现场法律咨询。联合江三角律师事务

所,以网络微课的形式为全区企业、职工进行线上法律知识培训。

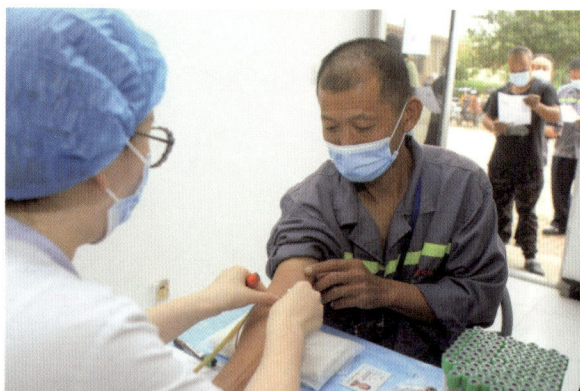

7月3日,区总工会组织天津市职工医院医护人员为天津市新容环境工程有限公司职工免费查体

(许欢欢 摄)

【劳模评选及服务管理】 2020年,区总工会认真落实全国、市级劳动模范、模范集体评选申报工作。全区推荐评选出全国劳动模范2名、市级劳动模范20名、市级模范集体1个。对全区劳模实行动态管理,做到底数清、情况明。根据劳模新增、转出、转入、退休、去世等具体情况随时调整数据库,做好劳模日常管理服务,落实劳模各项待遇。组织全区87名全国和市级劳模开展健康查体工作。春节前夕,逐户走访全国劳模6人、市级劳模184人、全国和市级五一劳动奖章获得者445人,发放春节慰问品和慰问金,折合资金53.2万元。接待基层单位和劳模来电来访,耐心解答劳模待遇、认证审批、退休津贴等问题。

【职工素质工程】 2020年,区总工会扎实开展十九届五中全会和习近平总书记重要讲话精神宣讲活动,党组书记第一时间带头宣讲,组织新当选劳模为各级工会进行宣讲17场,6000余人参加。春节前夕,定制5万套"福袋",开展"送福进

万家"活动,丰富全区职工节日文化生活。运用"互联网+"思维,及时通过区总工会微信和微博公众平台发出声音。全年,微信公众号推送文章450余篇,关注用户5000余人。开展职工书屋创建工作,15个单位被命名为2020年东丽区"职工书屋"示范点,并给予每个单位3万元专项经费,安达集团职工书屋被全国总工会授予"全国职工书屋"称号。开展"我的书屋、我的梦"职工主题征文活动,收到各类征文114件,评出一等奖2名、二等奖6名、三等奖10名。深入开展"当好主人翁、建功新时代"主题劳动和技能竞赛,聚焦新目标、展现新作为,全面推动劳动和技能竞赛落地见效,全区职工参与率达85%以上。

12月29日,天津澳德添加剂制造有限公司职工在职工书屋借阅图书　　　　　　　　　　　　　(翟鑫彬　摄)

【困难职工帮扶及对口帮扶】　2020年,区总工会开展以"精准帮扶送温暖,凝心聚力奔小康"为主题的冬季送温暖及两节慰问活动,帮扶慰问困难职工452户、一线职工2000人,发放慰问金148.4万余元。开展困难职工家庭子女助学。开展"春季助学"活动,加大对困难职工尤其是单亲困难职工在学子女助学帮扶力度,帮扶困难职工子女19人,投入资金2万元。持续开展"金秋助

学"活动,为23名困难学生发放助学金4.8万元。深入开展夏季"送凉爽"活动,全区各级工会组织深入企业100余家,累计投入80万余元。开展扶贫协作、对口帮扶工作。赴河北省承德县考察扶贫进展情况,围绕消费扶贫、结队认亲等方面签订帮扶协议,为承德县六沟镇六沟高中捐赠台式电脑10台。为甘肃省甘谷县、临潭县、皋兰县,河北省承德县153名贫困学生开展助学帮扶,捐赠助学金和学习用具。积极参与消费扶贫,全年购买帮扶产品244.92万元。

(郭春岭)

共青团东丽区委员会

【简　况】　中国共产主义青年团天津市东丽区委员会(以下简称"团区委")是主管全区共青团建设工作的机构。1953年5月,成立中国新民主主义青年团天津市津东郊区工作委员会。1957年5月,更名为中国共产主义青年团天津市东郊区委员会。1992年3月,更名为中国共产主义青年团天津市东丽区委员会。

2020年,团区委坚持以习近平新时代中国特色社会主义思想为指导,深入贯彻党的十九大和十九届二中、三中、四中、五中全会精神,认真学习贯彻习近平总书记关于青年工作的重要思想,全面落实区委各项工作部署,牢牢把握共青团政治组织的根本属性,紧紧围绕强"三性"、去"四化"的改革要求,不断强化引领力、服务力、组织力,努力提升共青团对治理体系和治理能力现代化的贡献

度,各项工作不断取得新成效。

【坚持思想引领】 2020年,团区委高举理想信念旗帜,把团结带领广大青少年听党话、跟党走作为首要任务。开展学习习近平总书记五四讲话精神团课73场、"青春在战疫中绽放"主题团日活动74场、"四史"学习教育活动340余场、学习宣传贯彻党的十九届五中全会精神主题实践活动59场。以"学人民英雄·做时代先锋""致敬抗美援朝·争做时代新人""铭记历史·传递火种"纪念抗战胜利75周年等为主题,组织各种形式教育活动89场,覆盖青少年2020余人,强化青少年的爱国情怀。组织青少年1856人次深入学习贯彻习近平总书记致第八次全国少代会贺信、致全国青联十三届全委会和全国学联二十七大贺信精神,掀起青年学习热潮。优化东丽区"青年讲师团"成员结构,形成一支平均年龄32岁、成员涵盖各行各业的57人青年宣讲队伍,开展主题宣讲活动45场,其中区级宣讲11场,覆盖青少年1524人次。制作《青春在战疫中绽放》东丽青年抗疫宣传片,开辟"青·战'疫'""青·双创""历史上的今天"等专栏,团区委新媒体平台发布信息3169条,市级媒体刊登102条,微信综合影响力在全区排名前5。

【回应青年期待】 2020年,团区委深化落实《天津市中长期青年发展规划(2017—2025年)》,发挥区级联席会议机制作用,建立年度重点工作任务台账,实施监测指标41项,形成推动东丽青年全面发展的强大合力。发挥青年社会组织孵化基地作用,吸引13家青年社会组织入驻,指导和服务社会组织承接安全自护、文明礼仪、垃圾分类

等各类服务项目61项,开展活动800余场,服务青年3万余人次,为基层社会治理注入青春活力。加强与驻区单位、高校共青团的共建合作,与国知局、中国民航大学等单位共同开展青年婚恋交友活动、纪念中国人民志愿军抗美援朝出国作战70周年青春故事汇等活动,丰富青年精神生活。

【展现青春作为】 2020年,团区委实施"青·志愿""青·建议""青·发声""青·宣传"四大行动,利用"志愿汇"APP发布活动制定发布志愿活动720次,为决战决胜双创攻坚行动贡献青春力量。开展"厉行节约·反对浪费"主题实践活动,向广大团员青年发布"行动起来,向'舌尖上的浪费'说'不'"倡议书,开展主题志愿服务活动94场。动员广大团员青年助力优化营商环境,建立"东丽青年企业家互助交流群",宣传政策信息55条,发布《东丽青年企业家复工复产调研问卷》96份,深入博奥赛斯(天津)生物科技有限公司等12家企业调研,为民营企业和青年创业者搭建政策宣传、金融服务、法律援助等平台。充分发挥青年榜样引领作用,向团中央、团市委推荐各类先进集体和个人42个,共有23个先进集体和个人获得表彰,其中栾大伟获"中国青年五四奖章"、公安东丽分局团委获"全国五四红旗团委"荣誉称号。命名东丽区"十佳青年突击队""优秀青年突击队""优秀共青团员""优秀共青团干部""五四红旗团组织"等先进集体和青年128个,用身边的榜样感动和引领青年。积极助力脱贫攻坚,充分发挥社会优势,为甘肃省甘谷县、皋兰县、临潭县和河北省承德县500名困难青少年捐助款物合计12.95万元。

【助力疫情防控】 2020年新冠肺炎疫情发生以来,团区委动员各级团组织充分发挥生力军和突击队作用,实施"我的社区我守护"青春行动、"你守护生命·我守护你的后方"关爱行动、"青春助跑·共克时艰"服务行动、"线上助力·联动发声"新媒体宣传行动等"四大行动"。面向全区团员青年发出倡议,依托"东丽新青年"微信公众号和抖音、"共青团青春东丽"微博等团属新媒体平台,广泛宣传抗击疫情先进青年事迹、凝聚青春正能量。发起组建疫情防控青年突击队135支,7536名团员青年到社区群防群控一线报到,近500名社区青年志愿者为疫情防控一线医务人员及家属配送生活物资6324人次,点对点提供心理疏导、学业辅导等志愿服务45场。青年企业家捐助抗疫物资260万余元,为统筹经济社会发展和疫情防控"双战双赢"贡献青春力量。

【护航青少年成长】 2020年,团区委深化预防青少年违法犯罪工作,推荐4个社区参加天津市"双零"社区创建,定期开展重点青少年排查摸底工作。聚焦困难青少年群体帮扶,通过"青春暖冬·扮靓家园""身边的希望工程""一起学习、希望同行""建城励志奖学金"等困难帮扶活动,发放慰问金21.45万元,帮扶448名困难学生,提高青少年幸福指数。开展"青春自护·平安暑期"青少年暑期自护夏令营活动58场,针对全区"5+2"类重点青少年群体,集中开展重点青少年群体摸底排查专项行动,为青少年健康成长创造良好社会环境。

【坚持从严治团】 2020年,团区委开展"青年大学习"网络主题团课40期,参学青少年近19.9万余人次,利用"志愿汇"APP发布双创志愿活动计划733次,通过"志愿汇"和青年主题大调研平台收集青年意见建议1064条,回复率100%。按照区域划片调整2个社区团组织归属,指导19个直属团组织完成换届,新建"两新"团组织70个,开展团干部培训3期、区级专题读书班1期,在学习和培训中提高团干部做青年工作的能力和水平。严格团员发展标准,规范发展1050名少先队员入团。利用"智慧团建"系统,通过线上线下相结合的方式,协助5022名毕业生团员顺利转接团组织关系,有序做好"学社衔接"工作。推进团员到社区报到,1.07万名志愿者在"志愿汇"APP注册,推动团员力量参与基层治理。全年,收缴团费16.55万元,基层团委留存团费8.74万元,上缴团市委1.66万元。加强对团区委业务主管的青年社会组织的管理,厘清对团属社会组织业务指导的边界,印发《共青团东丽区委员会青年社会组织管理暂行办法》。

【少先队与青联建设】 2020年,团区委强化共青团在青联、少先队组织中的核心作用,加强对青联、少先队工作的指导。召开区青联五届四次委员会,改选区青联主席,完善区青联领导机构;加强对青年企业家及民营企业的政治待遇激励,推选社会荣誉重点向青年民营企业倾斜,科研骨干张振斌获评2020年度"天津向上向善好青年"。主动争取教育部门支持,实现少先队组织在全区中小学全覆盖,抽调优秀青年教师担任总辅导员,落实辅导员学校中层待遇,筑牢少先队工作基础。

(牛丽霞)

东丽区妇女联合会

【简　况】　天津市东丽区妇女联合会(以下简称"区妇联")是主管全区妇女儿童权益保护等工作的机构。1953年5月,成立天津市民主妇女联合会津东郊区委员会。1955年6月,更名为天津市东郊区民主妇女联合会。1957年2月,更名为天津市东郊区妇女联合会。1992年3月,更名为天津市东丽区妇女联合会。

2020年,区妇联坚持以习近平新时代中国特色社会主义思想为指导,认真学习贯彻党的十九届四中、五中全会精神,聚焦保持和增强政治性、先进性、群众性,着力加强思想政治引领,着力服务全区工作大局,着力联系和服务妇女群众,着力深化妇联改革,团结动员全区广大妇女为夺取疫情防控阻击战胜利、决胜全面建成高质量小康社会、推动东丽绿色高质量发展贡献力量。

【思想教育引领】　2020年,区妇联常态化推进"点赞最美女性"、寻找"最美家庭"、点赞最美妇联干部活动,涵养"优秀典型蓄水池",3个集体、1名个人荣获全国城乡妇女岗位建功先进集体、先进个人称号,8个集体、13名个人分别荣获市级"三八红旗手(集体)""巾帼建功标兵""巾帼文明岗""巾帼建功先进集体"称号,引领广大妇女爱岗敬业、争创一流。举办"致敬众志成城的巾帼英雄"网络专场宣传活动,专题宣传抗疫一线巾帼英雄的感人事迹,引领广大妇女积极投身到抗疫工作中。利用新媒体优势,通过微信公众号、微博、

微信群等平台广泛宣传和动员妇女、家庭在联防联控、群防群治中主动作为、全力奋战,发布防控疫情知识宣传稿、倡议书、工作动态等累计403篇,吸引阅读量15万余次。成功承办天津市妇联"厉行节约 制止浪费——家庭趣味运动会"示范活动,联合区文化旅游体育局共同举办《长征路上的女红军》主题巡展。组织巾帼宣讲团围绕"四史"和十九届五中全会精神等,深入社区、企业开展巾帼大宣讲89场,6000余人次参与,引领广大妇女知党情感党恩、听党话跟党走。

9月26日,天津市"厉行节约 制止浪费——家庭趣味运动会"示范活动　　　　　　　(王长宜　摄)

【深化巾帼建功】　2020年,区妇联制定亲商承诺5条,积极落实"六稳""六保"任务,深入企业调研50次,帮助9家企业在复工复产、援企稳岗上解难题、促发展。与区人力社保局联合组织开展支持企业复工复产暨促进妇女就业网络招聘会,发布132家企业就业岗位3000余个,324人达成工作意向。通过发放调查问卷摸清妇女创业就业及培训需求,实施巧手创业培训、家政培训、新媒体创业培训项目,组织开展编织、新农学堂等技能培训99场,帮助2000余名妇女提升创业就业能力。开展巾帼文明岗体验活动,引领广大妇女爱岗敬

业、争创一流。全力推进巾帼脱贫攻坚行动,组织开展爱心家庭为东西部扶贫一元捐活动,募集资金5.2万元,助力脱贫攻坚。

12月22日,东丽区妇联到华大医学检验所有限公司开展"巾帼文明岗"参观体验活动 　　(王长宜　摄)

【培育文明新风】 2020年,区妇联注重家庭,实施"四大文明行动",开展"建最美之家,创文明之城"线上签名活动,凝聚广大家庭助力创文创卫攻坚战。引进社会组织深入社区开展厉行节约主题讲座,实施绿色家庭创建行动,倡导绿色价值理念,普及节能环保知识。注重家教,推动落实家庭教育工作五年规划,完善东丽区家庭教育指导中心建设,举办家庭、学校、社会"三位一体"教育模式网络分享会,开展家庭教育、传统文化讲座及亲子活动69场,21万余人次参与。注重家风,向全区广大妇女和家庭发出"厉行节约、反对浪费"倡议,开展家风故事宣讲22场,举办"如何让好家风走进千万家""党风正　民风淳"线上家风直播课,吸引2万家庭在线观看。

【保障妇女权益】 2020年,区妇联召开妇儿工委全委(扩)会议,推进上一轮妇女儿童发展规划收官工作,可量化指标100%达标。妇女儿童发展规划纳入区"十四五"重点专项规划。扎实推进第四期妇女社会地位调查。开展"建设法治东丽巾帼在行动"妇女权益宣传服务活动130余场,顺利通过区"七五"普法总结验收。打造妇女法律心理帮助中心服务品牌,服务2000余人次。会同公安东丽分局开展反家庭暴力工作专题培训,出具告诫书、人身安全保护令、妇女维权工作建议函16份。推动将婚姻家庭纠纷预防化解工作纳入社会矛盾纠纷调处化解体系,纳入网格员工作职责,在全市婚姻家庭纠纷预防化解考评中获得满分,位列全市第一。成立东丽区婚姻家庭纠纷调解委员会,强化信访服务,全年处置信访问题58件次,结案率100%。制定《贫困母亲"两癌"救助项目绩效评价办法》,通过救助评价精准帮扶困难妇女。开展"娘家温情送到家"主题活动,为506名单亲困难母亲发放春节慰问品并投保女性安康保险,为120名困难妇女儿童申请救助14.56万元。"一家衣善"公益项目回收衣物246吨,女性安康公益保险为2万余名妇女构筑健康保障屏障,动员社会各界参与"99公益一起捐"和认领"生肖鼠"爱心储蓄罐活动,募集资金7万余元。

【深化妇联改革】 2020年,区妇联深入实施妇联改革破难行动,每个街道选树1个"五亮三强"示范社区,以点带面提升基层妇联组织规范化水平,新建"妇女微家"50个。进一步完善"妇女点单、妇联列单、社会组织竞单"的运行机制,引进9家社会组织开展新时代女性成长助力计划183场,服务妇女5000余人次。举办东丽区基层妇联"领头雁"示范培训班,培训三级妇联干部200人次,推动各街道妇联发挥执委作用,建立完善区域化妇联工作制度,提高基层妇联执委政治引领妇女、贴心服务妇女、密切联系妇女的本领。

(王长宜)

东丽区科学技术协会

【简　况】　天津市东丽区科学技术协会(以下简称"区科协")是中共东丽区委领导下的人民团体,是党和政府联系科技工作者的桥梁和纽带,是东丽区推动科技事业发展的重要力量。1978年3月,成立天津市东郊区科学技术协会。1992年3月,更名为天津市东丽区科学技术协会。2019年5月,成立天津市东丽区科学技术协会党组,完成人员转隶、正式独立办公。

2020年,区科协组织坚持以习近平新时代中国特色社会主义思想为指导,围绕中心、服务大局,认真履行"四服务"职责,统筹推进疫情防控和科协事业发展,持续深化科协组织改革、强化思想政治引领、大力推进全域科普、主动服务创新驱动发展,在危机中育先机、于变局中开新局,各项工作取得明显成效,科协组织作用明显提升。

【推动全面从严治党纵深发展】　2020年,区科协坚决贯彻落实习近平新时代中国特色社会主义思想,通过开展集中学习、参观学习、党课辅导等39场活动,强化党性教育。丰富党内政治生活,以走访帮扶、重温入党誓词、志愿服务活动等形式,开展主题党日活动12场,充分调动广大党员的积极性和创造性,增强党组织内在活力。推

动规范管理,修订完善18项内控制度,提高规范化、科学化水平。构建常态化监督管理模式,班子成员严格落实"一岗双责"要求,定期开展党员干部交流谈心、廉政谈话和履职谈话,对5人次运用"第一种形态",形成廉政建设长效机制。党支部扎实服务基层,通过落实"双联系、双报到"等基层服务制度,开展联系慰问、社区共建等活动18次,走访调研服务基层203人次。坚持科普惠民,开展科普宣传月、"千名专家进基层"等区级重点活动15项、基层活动500余场,打通科普与群众的"最后一公里"。

【完善联系服务科技工作者体系】　2020年,区科协强化对科技工作者的典型引领,大力弘扬新时代科学家精神。开展"他们在战疫中奋勇前行"系列宣传活动,挖掘宣传全区各领域科技工作者在抗疫工作中的典型事迹26个,全区防疫科普工作的做法、科技工作者的战疫事例得到市科协高度关注,推荐在学习强国、科普中国等国家级和市级媒体报道达124次,7个事迹片段入选天津市抗疫展。举办"点赞百名科技工作者,送百份暖心服务"活动,在全区科研、教育等6大领域推荐候选人120名,万余人参与网络投票,评选出最美科技工作者15名。强化科技服务人才队伍建设,凝聚力量,动员科技工作者履行社会责任,开展东丽区第二届科普大使聘任工作,王芳等12人受聘。

【强化基层科协组织建设】　2020年,区科协增强基层科协组织的组织力、凝聚力。制定全区提升全民科学素质攻坚行动工作纲要,以区委名义印发《东丽区关于加强新时代科协工作的实施

方案》。召开区科协第五届常委会和第二次全委扩大会,组织纲要办成员单位、各街道(园区)召开公民科学素质预测试培训会和科技周、科普日培训部署会,强化全域科普工作的推动部署。提升全域科普工作合力,补充调整全民科学素质办公室成员单位29个,各单位、街道(社区)、学校、科技型企业,立足自身职能,开展全领域科普活动300余场。持续推进建家交友,新建滨航腾云创意园等企业联合科协和科技工作者之家3家。组建科技志愿者服务队11支,在全国科技工作者日为志愿者队伍授旗,累计发展科技志愿者5582人。发展各领域科普信息员3647人,对接"科普中国"优质科普资源,累计转发科普文章510万次。

5月21日,区科协召开五届二次全委扩大会议

(翟鑫彬 摄)

【构建全媒体传播科普系统】 2020年,区科协发挥主流媒体阵地作用,扩大科普工作宣传报道,持续办好区有线电视台"科普大篷车"栏目,在东丽在线网站设置科普板块,在"今日东丽"报刊设置科普专栏。挖掘传统媒体力量,发挥现有户外LED电子屏作用,做优汇城科技广场东丽科普栏目,累计播放疫情防护、复工复产复学、智能科技类资源400小时。持续更新区、街、社区三级科普宣传长廊,发挥全区各单位电子屏作用,在全国科技工作者日等重要节点,开展科普大屏接力活动。探索运用新媒体,充分利用微信、抖音、移动客户端等新媒体加强科普宣传教育。"科普东丽"微信公众平台开展"防疫少年强,书画新时代"科普作品征集、"点赞科技工作者"、青少年无人机专场招募等线上活动12场,累计阅读量达52万,综合影响力居全区前列。推广公民科学素质竞赛和预检测小程序,疫情期间做好线上科普防疫宣传,利用科学素质学习小程序开展防疫科普知识网上有奖竞赛等科普活动,3000余人次参与。利用社会组织力量,在11个街道95个社区持续推广小程序,2.22万人参与注册和使用,为公民科学素质监测工作打下坚实基础。

【打造全地域覆盖科普服务载体】 2020年,区科协打造"一街一亮点",结合智慧党建统领智慧社会建设,推行"科普+党群服务中心"机制,在6个街道建成标准科普阵地,5个街道成功实施"科普智能屏落地计划"。推动"一格一专员",在全区95个社区组建科普小组的基础上,定期与区网格化管理中心对接,为网格员派发科普工作任务,推动科普专员覆盖每一个网格。完善"1+11+N"科普阵地建设,持续提升区科技馆功能,紧密结合社区科普主题和青少年科技教育课程,实现"馆社联动""馆校联动",促进其科普阵地作用和创文功能的发挥,科技馆开展"青少年科技夏令营"等活动39项,受益3100余人。推进科技资源科普化,发挥东丽区科技资源集聚优势,推动科技展厅、实验室等向公众开放,新认定中电云脑健康医疗大数据中心等6家科普基地,累计达到44家。

【人才培养和院士专家工作站建设】 2020年,区科协开展科技人才推荐工作,组织推荐2名青年人才参加青年人才托举工程市级评选,推荐5人参加全市优秀科技工作者评比,纪宝伟等3人被市科协授予"天津市优秀科技志愿者"称号。强化对科技企业的培养指导,积极承办2020年中国创新方法大赛天津创新工程师培训班,解决企业技术难题,组织动员中科和光等4家企业和32名个人加入天津市工程师学会,帮助指导全区6家企业7个团队在中国创新方法大赛天津分赛中取得优异成绩。践行"亲商承诺",加强对优化营商环境、服务科技工作者等相关政策文件的学习宣传贯彻力度,制定区科协优化营商环境攻坚行动亲商承诺书,营造营商人文环境。深入落实"海河英才"行动人才优先发展若干措施,制定出台《关于东丽区支持民营企业建设院士专家工作站实施细则》,及时为建站企业协调拨付区级匹配资金50万元。推动科技与经济融合发展,实施"科创中国"行动,通过导入"科创中国"创新资源、深入开展科技志愿服务等方式,支持金桥焊材与中国机械工程学会签订合作协议。获批全国科技"百城千园万企"行动试点区,积极搭建平台,对接国家、市级学会协会,针对全区科技型企业发展需求提供服务指导。

【形成全民参与共享科普态势】 2020年,区科协深入开展"科普小镇"活动配送,购买社会组织服务,根据社区居民需求,定向供给科普资源和

科普活动,实现科普活动有效覆盖,累计开展114场。做强科技周、科普日传统品牌活动,开展15项区级重点活动和70余项基层活动,直接受益5万余人次。举办"记录感动、众志成城"线上线下抗疫风采展、"科创滨航"科学文艺节等重点活动,利用虚拟展示空间技术,为东丽居民贡献一场寓教于乐的科普盛宴。丰富青少年科技教育形式,组织参加第35届天津市青少年科技创新大赛,全区参赛师生获得171个奖项,2幅学生科幻画作品被推荐参评全国性评奖,区科协被评为全国基层赛事优秀组织单位,东丽区丽泽小学被推荐参评全国科技教育创新十佳学校。开展科技志愿服务进基层活动,全区11支科技志愿者服务队深入学校、社区,为科普四大群体累计开展各类科技服务活动64场。开展科普场馆集中开放服务联合行动,东丽机床博物馆、张贵庄监督詹滨西里社区科普馆等场馆主动开放,仅科技周期间便接待参观者6000余人。

8月22日,天空之城科技志愿者服务队开展青少年无人机公益科普培训
(翟鑫彬 摄)

【做好应急防疫科普】 2020年,区科协线上线下联动做好科普防疫宣传,利用科学素质学习

小程序开展"科普大拜年"、防疫科普知识网上有奖竞赛、推送虚拟漫游科技场馆、"防疫少年强,书画新时代"等科普活动7场,"科普东丽"开辟科学战疫"科普汇"、全员战疫"典型汇"、同心抗疫"信息汇"三个板块,精心推送动画、绘本、视频、h5、小游戏等多种形式的防疫科普内容150余种。加大防疫科普宣传力度,印制发放防疫科普宣传海报、明白纸和宣传手册等2万余份,深入百合春天等10个包联和共建社区协助开展防疫科普。通过汇

城广场LED大屏、先锋路科普长廊发布应急防疫科普知识。印制《企业复工复产疫情防控预案(参考模板)》,供34家企业科协参考。区科协干部在社区防疫科普的场景被选做抗疫节目的背景画面,出现在央视元宵晚会上,在全市科协系统产生良好反响。

(刘馨悦)

本篇责任编校　吴俊侠

军事

Military Affairs

人民武装

【简　　况】　中国人民解放军天津市东丽区人民武装部(以下简称"区人武部")是东丽区的军事领导指挥机关、区委的军事工作部门、区政府的兵役机关。负责全区的民兵和预备役军人组织、训练、教育,征集兵员和负责战时动员。1953年5月,成立天津市津东郊区人民武装部,正团级建制,属中国人民解放军序列,受中国人民解放军天津警备区和中共天津市津东郊区工作委员会、区人民政府双重领导。1954年4月,更名为天津市津东郊区兵役局,仍属解放军序列,双重领导关系不变。1955年6月,改称天津市东郊区兵役局。1958年10月,更名为河北省天津市河东区新立村人民公社武装部,从解放军序列划出,隶属中共新立村人民公社党委和河东区兵役局双重领导。1962年2月,更名为天津市东郊区人民武装部,再入解放军序列。1972年2月,更名为中国人民解放军天津市东郊区人民武装部。1986年5月,从解放军序列划出,改为地方建制,更名为天津市东郊区人民武装部。1992年3月,更名为天津市东丽区人民武装部。1996年4月,再入解放军序列,更名为中国人民解放军天津市东丽区人民武装部,升格为副师级建制。

2020年,区人武部坚持以习近平强军思想为指导,在天津警备区和首长机关的领导和指导下,坚决贯彻落实军委国防动员部、战区和警备区党委扩大会议精神,按照"举旗铸魂固本、聚焦主业备战、刀刃向内自省、瞄准风险补弱"的工作思路,在全体干部、文职人员、职工的共同努力下,以能动主动、担当敢当、有为作为的工作标准,扎实推进各项工作任务圆满完成。

【兵员征集】　2020年,区人武部坚持全域立体发动,在东丽电视台持续滚动发布征兵政策,借助东丽融媒体中心微信公众号推送征兵政策,利用移动宣传车等传统方式,上门入户宣讲征兵政策,通过高校网课直播平台开展网上"云征兵"活动,解读征兵政策,发挥地方统计、大数据等职能部门资源优势,对2014年至2019年东丽籍大学生进行"一对一"征兵政策宣传。压紧压实责任,定期组织总结讲评,全程公开透明,将廉洁征兵落到实处。

【基层规范化建设】　2020年,区人武部通过加大投入,规范管理,全面提高基层武装部规范化建设水平,将基层人武部、民兵应急排等物资器材高标准高质量配备到位。通过有组织的学习、教育和培养,发挥专武干部和民兵骨干在人武工作中的作用,确保武装工作有人抓、不断线。对工作职责、规章制度、登记统计等软硬件标识进行统一规范,要素齐全、职责明晰。对街道应急排反恐维稳、防汛救援、城市排涝等装备器材清点摸底,明确标准,保证战技性能。

【民兵整组】　2020年,区人武部坚持"一手抓疫情防控、一手抓年度重点工作",做到两不误、两促进。组织任务单位召开业务培训,协调对接编建任务,对基干民兵队伍进行结构性调整。圆满完成民兵编建任务,取得显著成效,受到天津警备区首长机关的充分肯定。

【备战打仗】 2020年,区人武部坚持心思精力向备战打仗靠拢、人力物力财力向备战打仗聚焦,不断强化党委领导备战打仗主体责任。协调召开区委常委议军会,组织街道武装部政治教导员进行党管武装工作述职,推动提高基层武装工作在地方绩效考核中的分值占比,切实端正重心在战的工作导向,凝聚打仗合力。组织民兵应急骨干实弹射击训练、汛期应急连防汛抢险演练等,提升民兵应急处突能力。

7月2日,东丽区防汛演练 　　　　　(付树墩　摄)

【思想政治建设】 2020年,区人武部考评促学强化觉悟,做到周有考勤,月有检查,季有评比。学用结合加深体悟。开展"双争"评比、"五小"练兵,发挥教的主导作用,激发学的内生动力,立起练的实战标准,加速推进政治工作战斗力生成。延伸拓展深化感悟。紧盯备战打仗的根本职能,借助抗疫鲜活教材,开展"五看五增强"主题活动。组织全区处级以上领导干部进行国防教育专题学习,开展"国防教育宣传进社区"活动,作为天津市国防教育周分会场进行线上直播。

【党风廉政建设】 2020年,区人武部全方位强化正风肃纪,部队工作廉洁力覆盖全局。坚持党要管党、全面从严治党,持续加强党风廉政建设,为备战打仗营造清清爽爽、海晏河清的政治生态。筑牢思想堤坝,组织学习党纪条规、违纪违法案件通报,强化知敬畏、存戒惧、守底线纪律意识。严格党内生活,严肃纪律规矩,常态监督执纪。

(王　旭)

人民防空

【简　况】 天津市东丽区人民政府人民防空办公室(以下简称"区人防办")是区政府主管人民防空建设的直属机构。1953年,天津市津东郊区人民防空工作归天津市津东郊区人民武装部管理。1955年6月,天津市东郊区人民防空工作归天津市东郊区人民武装部管理。1965年9月,设立天津市东郊区人民防空委员会。1966年6月,天津市东郊区人民防空委员会职能由区支左联络站和区民兵指挥部代管。1971年3月,成立天津市东郊区战备领导小组。1977年,更名为天津市东郊区人民防空领导小组,战备办公室随之更名为天津市东郊区革命委员会人民防空办公室。1980年5月,更名为天津市东郊区人民防空办公室。1984年5月,天津市东郊区人民防空办公室隶属天津市东郊区城乡建设委员会管理。1992年3月,更名为天津市东丽区人民防空办公室,隶属天津市东丽区城乡建设委员会管理。1997年5月,天津市东丽区人民防空办公室与天津市东丽区城乡建设委员会合署办公。2001年12月,天津市东丽区人民防空办公室划归天津市东丽区人民政府直属管理。2010年3月,天津市东丽区人民政府地震办公室的职责划入天津市东丽区人民防空办公室,履行人民防空建设和防震减灾工作职能,加挂天津市东丽区人民政府民防办公室牌子、天津市东丽区人民政府地震办公室牌子。2019年3月,天津市东丽区人民政府地震办公室的职责划入天津市东丽区应急管理局。

2020年,区人防工作坚持以习近平新时代中国特色社会主义思想为指导,全面贯彻党的十九大和十九届二中、三中、四中、五中全会精神和第七次全国人防会议精神,落实区委第十一次全会部署,牢固树立新发展理念,增强全区市民国防意识,聚力推进人防军事斗争准备,全面提升新时代人民防空履行使命任务能力,以治理人防系统腐败问题专项整改为牵引全面加强从严治党,推动人民防空事业全面发展,为东丽区疫情防控和经济社会发展做出贡献。

【人防指挥训练工作】　2020年,区人防办加强基础训练演练,采取个人自学、集中训练、岗位训练和参加培训相结合的方式,开展训练和演练20天140个训练小时。参加市人防办组织的各项培训60余个小时,为完成训练任务奠定理论基础。落实专业队伍组织调整。对7个专业队伍进行组织整顿,并对专业队伍现有装备器材和战时扩编能力情况进行调查统计,真正实现人防专业队伍组织编制、干部配备、人员和装备落实到位。开展国防动员潜力统计调查,对人防机构、人防工程、人防指挥所、人防警报装备、人防指挥控制设备、人防通信设施装备等九个方面情况核查,全面准确掌握国防动员潜力资源现状,为平时准备筹划、战时指挥决策提供基本依据。

【信息化建设工作】　2020年,区人防办加强和规范值班工作,完善提高机房配套功能,培训值班人员对通信器材的使用和处置突发情况,确保政令畅通,信息接报及时准确,高效应对各类突发事件。突出信息保障中心人员专业技能训练,重点对视频会议系统、卫星通信、短波通信及单兵通信进行强化训练。组织参加"天津市跨区应急通信保障训练""天津市通信保障演练和机动指挥所开设拉动""京津冀三地卫星短波互联互通协同训练"等多项训演活动,训练15次,累计时长105小时,提升了业务水平和应急保障能力。

【人防警报建设】　2020年,区人防办结合东丽区警报布局,研究制定全区警报建设规划。落实警报设施日常维管工作,完成对辖区内41部警报设施安全维护检查,累计行程830千米,出动人员76人次,发现故障11起,均已修复完毕。4月5日和9月20日组织2次警报示鸣,41部警报器参加警报试鸣,警报鸣响率100%。

【人防工程建设】　2020年,区人防办落实规划征询机制,精简审批环节,按照承诺审批原则,进一步简化手续。为缩短办件时间,开辟绿色通道,研究项目建设存在的难点难题,对53个191.34万平方米人防工程建设项目出具人防建议书,建设人防工程10.63万平方米,收取易地建设费567.04万元,为社会贡献车位2340个。推行网上办理事项,落实平台互联互通、信息共享、业务协同的良好渠道,利用市政务一网通权力运行与监管绩效系统,网上为企业办理联合验收70件,出具人防工程竣工备案70个,为新竣人防工程项目办理使用备案14个,备案率100%。加强事中事后监管,搞好企业服务,坚持到工程现场检查服务,全年参加人防工程阶段验收及开展联合验收131次。对已建和在建人防工程开展全覆盖、地毯式检查4次,发现问题隐患55处,整改率100%。

【人防法治宣传教育】 2020年,区人防办以"人防宣传五进入"为载体,加大宣传力度。利用"全国防灾减灾日"、警报试鸣日等重要时间节点,组织人员进行集中宣传3次;充分发挥基层组织作用,各街道人防办在属地进行宣传;组织到人防示范社区开展防灾减灾应急知识宣传,发放宣传资料3000余份,接受群众咨询1000多人次。巩固完善人防宣传教育阵地,充分发挥人防示范社区作用,对示范社区展板和设施进行维修维护,增强全民国防观念和人防意识。

(宋忠全)

本篇责任编校　吴俊侠

城市建设

Urban Construction

住房和建设

【简　况】　天津市东丽区住房和建设委员会（以下简称"区住建委"）是区政府主管房屋安全管理、物业管理、房地产市场管理、建筑工程质量安全、市政基础设施建设、建筑市场管理等工作的职能部门。1984年5月，成立天津市东郊区城乡建设委员会。1992年3月，更名为天津市东丽区城乡建设委员会。1992年4月，成立天津市东丽区房地产管理局。2001年11月，天津市东丽区城乡建设委员会更名为天津市东丽区建设管理委员会。2018年12月，组建天津市东丽区住房和建设委员会。

2020年，区住建委坚持以习近平新时代中国特色社会主义思想为指导，深入贯彻党的十九大和十九届二中、三中、四中、五中全会精神，认真落实市委十一届八次全会暨经济工作会议、区委十一届十一次全会等会议部署，在区委、区政府正确领导下，立足坚持统筹推进常态化疫情防控和城市建设工作，全力推进住房和建设事业发展，助力东丽区绿色高质量发展。

【房屋安全管理】　2020年，区住建委对历史风貌建筑金钟街道大毕庄村泰山行宫、无瑕街道老袁庄村老姆庙开展房屋结构安全检查24次。做好汛期安全管理工作，制定并下发《东丽区住建委关于做好汛期已建成交付使用房屋安全度汛工作的通知》，推动落实房屋安全度汛责任。按照《天津市农村房屋安全隐患排查整治工作实施方案》文件及部署会议精神，开展行政村范围内集体土地上房屋排查整治工作，排查房屋5084处，对排查出的风险房屋进行二次现场查勘。做好安全生产工作，完成2020年专项整治行动等10余项专项排查整治工作以及疫情防控重点场所安全隐患排查整治工作。开展安全生产专项整治三年行动，牵头制定实施方案、任务清单和责任清单，组织召开东丽区在施建设工程安全生产工作部署会，推动工作落实。开展绿色建筑与装配式建筑专项执法监督检查，对金隅金钟地块项目（B地块、C地块）一期工程二标段等11个项目进行监督检查，组织召开建筑节能技术交流会，扶植区内科技企业。

【房地产市场管理】　2020年，区住建委按照《商品房销售管理办法》《天津市商品房管理条例》等相关法律法规，做好房地产市场管理工作。加强新建商品房在售项目监管，对中房（天津）房地产开发有限公司等40个新建商品房实际在售项目开展地毯式巡查及回访158次，严格查处捂盘惜售、无证售房、信息公示不全等行为。强化经纪机构管理，对天津中原物业顾问有限公司等66家经纪机构开展检查及回访132次，严格查处发布虚假房源信息、信息公示材料不全等行为。完成77件、350幢楼、110万平方米商品房销售许可现场查勘工作，保障商品房及时上市供给。完成73件156幢楼资金监管现场查勘工作，确保企业销售款及时到位。落实房地产经纪机构初始备案工作，完成天津恒晟伟业房地产经纪有限公司、天津开启房地产经纪有限公司2家经纪机构初始备案工作。办结天津融辉房地产开发有限公司等房地产企业开发资质业务10件。

9月22日,区住建委到天津市中建信和玖樾府置业有限公司玖樾府项目售楼处进行现场巡查　　(徐红岩　摄)

【物业管理】　2020年,区住建委组织开展物业行业疫情防控工作,对蔚秀花园、海颂园等111个住宅项目以及蓝庭公寓等20个商务楼宇项目进行疫情防控工作指导;出动336人次,对物业管理小区疫情防控落实情况进行检查巡查168次,就物业企业加强出入人员管控、出入车辆排查登记、园区消杀等工作进行规范性指导。持续开展物业行业安全管理工作,开展专项检查及日常巡查553次。推动使用应急解危专项资金解决住用安全问题,完成专项维修资金使用备案5件、应急解危专项资金申请备案52件,完成资金划拨60件,3.73万户业主受益。开展物业行业扫黑除恶专项行动,完成丽东苑等116个住宅小区及天津市福居物业管理有限公司等39家物业企业"无黑"物业的创建申报工作。开展示范镇物业试点工作,确定新立示范镇丽秀华庭、军粮城示范镇军丽园等园区为试点,引进精品物业企业天津万科物业服务有限公司、北京金地格林物业管理有限

公司天津分公司、碧桂园生活服务集团股份有限公司,实施物业专业化管理,通过专业性承接查验、环境整治、设施提升等措施,提升示范镇物业管理水平。

4月9日,区住建委到军粮城示范镇试点小区实地踏勘　　(刘方方　摄)

【房屋征收与住房保障】　2020年,区住建委按照《国有土地上房屋征收与补偿条例》等文件,做好国有土地上房屋征拆政策指导工作。推进张贵庄北片棚户区改造工作,完成3万余平方米、900余户拆迁工作,选择产权调换的居民已顺利还迁。推动金环橡胶30户企业宿舍拆迁项目顺利还迁。推动跃进南里地块出让工作,完成场地调查、周边配套调查、社会稳定风险评估工作。贯彻落实《天津市治理拆房扬尘和渣土运输撒漏技术管理规定(试行)》文件要求,做好拆房扬尘和渣土运输撒漏治理工作,累计出动执法人员184人次,检查拆房工地603个次,下发督办单168份。按照《市国土房管局关于加强住房保障"三种补贴"管理工作的通知》等文件,做好保障性住房受理、审核与发证工作,受理发放新增廉租住房租房补贴资格证90户,受理发放新增经济

租赁住房租房补贴资格证57户,受理出租人奖励143户,发放限价商品房资格证6户,发放公共租赁房资格证明139户,发放定向安置经济适用房资格证明395户。

【市政基础设施建设】 2020年,区住建委推进东丽区市政基础设施建设,雪莲路(成林道—崂山道)、香兰路(程泉道—崂山道)等14条(段)道路实现贯通,完成程新道(迭山路—海航路)等5条(段)道路建设。推进东丽区海绵城市建设工作,推动完成东丽湖片区、张贵庄片区8.87平方千米的海绵城市建设工作,形成连片效应,累计实现建成区面积23.4%的海绵城市建设标准。实施泰通公寓等20余个小区雨污分流改造工作,改造面积1.3万平方千米,改造22千米。加快推进城市地下综合管廊建设,完成180米管廊舱体建设工作。

7月,雪莲路(成林道—崂山道)实现开通

(郭增辉 摄)

【非经营性公建建设管理】 2020年,区住建委加强非经营性公建建设管理,完成金茂天津东丽成湖C2地块、中建玖樾府E地块等16个项目、1.4万平方米非经营性公建指标审核工作,完成新

立、万新、东丽湖等街道新建住宅配套居委会、卫生服务站等2.04万平方米社区管理服务用房和教育设施移交工作。推动全区23项重点教育设施建设移交工作,完成华明新家园8号地幼儿园等4所教育设施移交工作;新立示范镇东丽二幼丽晟里分园、丰年幼儿园丽瑞里分园等6所教育设施进入竣工验收阶段;北程林国企宿舍小学等7所教育设施完成装饰装修施工,正在进行配套工程;华明新家园11号地完全中学等5所教育设施正在进行装饰装修施工,中建玖棠府小学正在进行主体施工。

【建筑工程质量安全】 2020年,区住建委监管全区建设项目149个。开展东丽区建设领域事故隐患排查治理集中行动等10类安全生产检查以及建筑工地大气污染防治、"双创"专项检查、质量提升行动专项检查工作,出动执法人员4736人次,下达各类整改通知书507份,各类责令暂停施工通知书41份,提出整改意见1729条,整改完成率100%。开展建筑市场执法检查,出动执法人员442人次,下达整改通知书75份,提出整改意见196条。落实工程阶段性验收工作,参加工程各阶段验收208次,一次验收合格率100%。登记工程质量安全监督备案76项,发放竣工验收备案书58项,联合验收完成59项,起重机械设备备案2600台。采取一般程序立案行政处罚案卷47项,涉及市场行为处罚8项、安全处罚5项、扬尘执法或文明施工处罚24项。贯彻落实疫情防控及复工复产部署要求,研究制定《关于推动2020年东丽区建设工程开复工的工作方案》等文件,为建筑工地复工和疫情防控提供指导依据;对建筑工地开复工进行一对一帮扶指导,推动全区建筑工地防疫措施落实到位,建筑工地项目复工率达92.52%,其中重点项目复工率100%。

【建筑市场管理】 2020年,区住建委着力强化建筑市场管理工作,服务全区建筑业企业库内有资质和产值企业188家。完成招标备案项目561项,累计中标面积2029.05万平方米。完善建设工程合同事中事后监管,抽查合同36项,下达责令整改通知书21份。完成施工图审查受理25次,召开图审专家论证会议11次。指导参建单位做好农民工劳务用工管理,开展全区在建项目"治欠保支"专项检查、劳务用工检查139项次;下达缴存农民工工资专用账户资金告知书63项次,对25个项目下达责令停工改正通知书,对2个项目下达准予复工通知书。贯彻落实疫情防控工作部署,指导建设单位、总包单位做好疫情防控及复工后农民工劳务用工管理。

【还迁住宅项目维修整治工作】 2020年,区住建委按照区委、区政府工作部署,组织指导推动监督还迁住宅项目维修整治工作,涉及军粮城、华明、金钟、万新4个街道,84个社区,998栋楼的屋面防水、外檐渗水维修、排水改造、雨水管更换、砌块道路维修等10余项改造工作。房修类项目全部竣工,1029部电梯完成整修工作,军粮城街道、金钟街道、万新街道完成自验工作,组织完成抽查工作,影响居民居住安全便利的重点问题得到解决。

(韩　洁)

城市化建设

【简　况】 天津市东丽区人民政府城市化建设办公室(以下简称"区城市化办")是负责全区城市化建设综合协调、组织推动、监督检查和指导落实工作的区政府工作部门。2010年5月,成立天津市东丽区人民政府城市化建设办公室,为区政府派出机构。2018年12月,经机构改革变更为区政府工作部门。

2020年,区城市化办以习近平新时代中国特色社会主义思想和党的十九大及十九届二中、三中、四中、五中全会精神为指引,深入贯彻落实习近平总书记关于统筹推进疫情防控和经济社会发展工作的重要部署,围绕拆迁、建设、还迁等重点工作环节精准发力,有效化解疫情、债务、稳定等多重风险挑战,加快推动全区全域城市化进程,圆满完成年度目标任务。全年,完成拆迁99.5万平方米,清零7个老村台和44处关键点位;建成竣工还迁房项目103万平方米,一批停滞多年的还迁项目复工建设;还迁村民2.3万余人,削减租房费2.9亿元。

【精准拆迁】 2020年,区城市化办围绕土地出让、还迁房建设、重大项目建设等重点点位,精准排定全年拆迁任务计划,努力做到拆迁点位、拆迁时点"双精准"。全年,完成拆迁任务99.5万平方米,清零44个点位,重点拆除张贵庄北片棚户区、新立村安置区、军粮城示范镇一期增建地块、金钟示范镇二期出让区和还迁区(徐庄村片区)、詹潘辛和崔家码头滞留户、南大桥盆景园、原程林粮店房屋及程林中学等一批关键点位,同时结合疫情防控和创文创卫工作,推动崔家码头、李家台、詹庄等7个老村台实现拆迁清零。

军粮城示范镇一期增建地块　　　　（曹磊　摄）

【还迁工作】　2020年,区城市化办协调推动3个街道组织开展还迁选房工作。协助新立街道启动新立示范镇项目选房,7288户、2.79万人完成房屋匹配,6663户、2.57万人完成房屋抓号,其中5928户、2.34万人抓到现房,735户、2221人抓到期房。指导金桥街道提前开展军粮城示范镇二期南区项目还迁房型匹配工作,完成14个村、4351户、8093套房屋认定匹配,完成率达98%。协助万新街道做好南片六村第三次还迁前准备工作,严格按照政策标准对还迁档案进行复查,核减不符合还迁条件还迁户120户,完成659户村民还迁房抓号工作。

【城中村改造项目建设】　2020年,区城市化办协调推进2个城中村改造项目建设取得进展。詹庄等七村还迁安置房项目(项目四至范围:东至外环线、南至利福道、西至沙柳南路、北至先锋路)总建筑面积123.9万平方米,其中住宅建筑面积

105万平方米,公建建筑面积18.9万平方米,计划安置詹庄、潘庄等7个村1.9万人,三组团实现竣工,一组团住宅部分基本完工,公建正在基础施工。小王庄国有企业职工宿舍安置房项目(项目四至范围:东至海航路、南至程雪道、西至国山路、北至成林道)总建筑面积32.8万平方米,其中住宅建筑面积28.5万平方米,公建建筑面积4.3万平方米,计划安置3527人,一、三地块主体已经封顶,二、四地块地上物拆迁完毕。

詹庄等七村项目三组团　　　　（张慧海　摄）

【示范镇项目建设】　2020年,区城市化办协调推动2个示范镇项目建设。军粮城示范镇二期项目(项目四至范围:东至贵达路、南至景文道、西至繁荣路、北至隆华道)总建筑面积185.3万平方米,其中住宅建筑面积161.4万平方米,公建建筑面积23.9万平方米,计划安置无瑕街道、新立街道、金桥街道24个村4.44万人,竣工113.3万平方米,剩余72万平方米中KL地块进入收尾阶段,MN地块24栋住宅楼实现主体封顶。新立示范镇项目(项目四至范围:东至驯海路、南至规划路539、西至规划路532、北至先锋路)总建筑面积148万平方米,其中住宅面积108万平方米,公建面积40

万平方米,计划安置新立街翟庄村、顾庄村等10个村2.86万人。149栋住宅楼中,128栋楼竣工还迁,14栋楼进行主体施工,7栋楼完成桩基施工,正在实施基础和主体施工。

新立示范镇项目　　　　　　　　　(张慧海　摄)

【优化完善城市化政策体系】 2020年,区城市化办全面查补拆迁、建设、还迁等环节存在漏洞,健全完善城市化政策体系。针对公建拆迁补偿资金监管缺失问题,制定《东丽区集体土地上非住宅类地上物拆迁补偿资金审核实施细则》,进一步规范集体土地上非住宅类地上物拆迁补偿工作标准和流程,提高工作效率,防范廉政风险,加强对拆迁补偿资金的审核监管。

(黄灵霞)

规划管理

【简　况】 天津市规划和自然资源局东丽分局(以下简称"规划资源局东丽分局")是天津市规划和自然资源局派出机构,规格为处级,主要负责所驻区内规划和自然资源监督管理和不动产登记工作,党的组织关系隶属所驻区党委。1992年6月,成立天津市东丽区规划土地管理局。1993年11月,天津市东丽区规划土地管理局与天津市东丽区建设管理委员会合署办公。2002年1月,更名为天津市东丽区规划和国土资源局。2007年7月,分设为天津市东丽区规划局和天津市国土资源和房屋管理局东丽区国土资源分局。2008年10月,东丽区规划局改设为天津市规划局东丽区规划分局。2015年10月,东丽区国土资源分局加挂天津市东丽区不动产登记分局牌子。2019年2月,根据天津市机构改革,设置天津市规划和自然资源局东丽分局(天津市不动产登记局东丽分局),不再保留天津市规划局东丽区规划分局、天津市国土资源和房屋管理局东丽区国土资源分局(东丽区不动产登记分局)。

2020年,在市规划资源局和东丽区委、区政府的正确领导和大力支持下,规划资源局东丽分局坚持以习近平新时代中国特色社会主义思想和党的十九大精神为指导,紧紧围绕我区中心工作,牢牢把握东丽战略定位,有序推进各项工作,积极推进各项重点任务。

【国土空间规划编制】 2020年,东丽区国土空间总体规划编制工作全面启动,一张底图工作按照局统一部署基本完成,成果提交到汇总单位;市、区两级指标对接工作完成,按照市规划资源局下发的生态红线、基本农田、耕地保有量、开发边界等指标进行核对,并将各类指标落实到用地,现已将各类控制线反馈给市国土空间编制组;正在开展国土空间战略规划研究,并报区主要领导审议;结合各委办局和街道,完善各类用地布局方案,包括产业用地的更新、林业用地的布局、公共设施的配置等。完成基本农田储备区划定并结合三调阶段性成果,编制基本农田整改补划方案。

【双城绿色生态屏障规划编制】 2020年,规划资源局东丽分局基本完成东丽区生态屏障整体规划编制和审查工作,确定东丽区一二三级管控分区及其建设管理要求,统筹落实屏障区内"林田水草"用地布局,对一级管控区内交通、水系、生态环境提出了明确要求。积极开展生态屏障南片区详细规划编制工作,重点对海河绿芯、生态廊道建设工程进行了详细规划和景观设计。

【控制性详细规划】 2020年,规划资源局东丽分局重点推动控规编制工作13项,总计审查研究控规26项,3项控规向市政府报批,包括华明E街坊控规修改、氢能源地块控规修改、增兴窑地区控规修编。参与城市设计编制工作4项,包括天津市"一环十一园"城市设计、程林公园周边城市设计、海河中游北岸地区城市设计和海河柳林公园城市设计。

【建设用地规划管理】 2020年,规划资源局东丽分局完成沙柳南路东侧地块、军粮城示范镇二期I地块商业项目、金钟街道出让一区新中村8、10、11号地块、程瑞路C地块、天山南路(丝绸工业园)地块、昆州道南侧A、B、C地块等25个地块的规划条件核提工作;完成张贵庄污水处理厂二期工程、新立示范小城镇农民安置用房建设项目B区公交首末站、海河柳林"设计之都"核心区综合开发项目、金钟示范小城镇二期农民安置房建设项

目等7个建筑工程类用地预审和选址意见书;完成程新道(国山路—迭山路)、国山路(程新道—成林道)、北旺道(东文南路—军粮城大街)、诚润道(思源东道—仁通路)、冰山道(警民路—沙柳路)道路配套管线综合工程、南孙庄110千伏输变电工程规划调整、东丽垃圾电厂110千伏送出工程等51个市政工程类用地预审和选址意见书。

【建设工程规划管理】 2020年,规划资源局东丽分局全力推动建设项目规划审批进度,发放137个建筑工程类建筑工程规划许可证,其工程有:中建玖棠府A、C地块一期、中建玖樾府A、B、E地块、新立示范小城镇农民安置用房建设一、二、三地块、东丽雅郡项目一期、金融街逸湖项目A地块商业、金茂天津东丽成湖C2地块、华明新家园9号地溪堤广场2号楼、新立示范小城镇农民安置用房建设项目(A区)丽昕花苑地块一、金融街2017-04地块东泉苑、国家现代地质勘查工程技术研究中心、天津华侨城地产项目A1地块、金钟街出让一区新中村8、10、11号地块项目B地块、融园B3地块、中国民航大学新建金工与化学教学实验楼、中房天津东丽雅郡项目二期住宅、丽晟华庭配套公建等;发放36个市政工程类建设工程规划许可证,其工程有:丽晟华庭配套公建、秀宏道(丰安路—驯海路)冰山道(警民路—沙柳路)管线综合排水工程、兰雪雅苑10千伏电源线工程、丽湖环路(二号河道西侧—东丽湖路)道路工程、天津立尊投资有限公司厂10千伏电源线工程、万新大厦燃气配套管线工程、万新大厦燃气配套管线工程、唐槿苑10千伏电源线工程、丽晟尚城污

水工程等。

【规划行政许可和行政审批】 2020年,规划资源局东丽分局政务服务窗口受理全区各类城乡规划业务案件418件次,核发各类业务案件403件次。其中,核发规划条件25件,用地预审与选址意见书(建设工程)7件,用地预审与选址意见书(市政工程)51件,建设用地规划许可证(划拨类)7件,建设用地规划许可证(出让类)13件,地名命名更名许可20件,建设工程规划许可证(建设工程)133件,建设工程规划许可证(市政工程)35件,建设工程验收合格证70件,档案验收41件。审批建设用地规模371.95公顷,审批建设工程规模313.23万平方米,规划验收规模286.73万平方米。

【证后管理】 2020年,规划资源局东丽分局通过"一网通"平台办结各类业务案件111件,其中核发规划验收合格证70件、档案认可证41件。所有验收项目案件全部做到现场踏勘,均经分局业务案件会审例会审核通过,业务系统带图作业率100%,无一超时办理。

【地名管理】 2020年,规划资源局东丽分局配合市规划资源局开展东丽区环外道路地名规划修编工作;完成天津市地名词典词条内容校核工作;完成天津市东丽区地名录、标准地名志编撰及成果验收工作;全年核发标准地名证书20件,主要有上锦兰园、金悦雅苑、上锦竹园、玖信花园等;完成控规修编的定线路名审核工作,完成万新街道增兴窑片区、华明街道片区新增道路命名,主要有悦山道、华然道等。

【耕地保护】 2020年,规划资源局东丽分局

协助区政府完成市区级耕保责任书签订工作。联合区发展改革委、区农业农村委、区统计局拟定《2020年度涉农街道耕地保护责任目标考核工作方案》,并下发各涉农街道。落实东丽区2020耕地保护责任书指标分解工作。区政府与7个涉农街道签订《耕地保护责任书》。涉及《永久基本农田保护责任书》,华明街道7个,金钟街道1个,军粮城街道9个,金桥街道2个。协助区政府完成东丽区耕地保护责任目标2019年度自查工作,并形成工作报告。

【土地供应管理】 2020年,规划资源局东丽分局出挂牌让土地4宗,其中工业用地2宗,出让面积约4公顷,土地出让金2985万元;区级收益地块3宗,出让面积16.59万平方米,土地出让金9.87亿元。

【不动产登记管理】 2020年,规划资源局东丽分局完成不动产登记6.11万件,其中房地(包括首次登记、转移登记、变更登记、注销登记、换证、补证)2.01万件;国有土地使用权(包括首次登记、转移登记、变更登记、注销登记)108件;集体土地所有权登记2件;集体土地使用权登记(包括注销)14件;抵押登记2.14万件;抵押注销登记1.02万件;更正登记5件;异议登记3件;预售登记44件;预告登记6518件;查封登记2732件。疫情期间开辟企业抵押登记业务绿色通道,确保第一时间受理办结,全年累计为100余家企业办理抵押登记,抵押金额超200亿元,有效降低企业融资成本,解决疫情造成的资金困难问题。

【地籍管理】 2020年,规划资源局东丽分局

完成各类不动产权籍调查工作57件,面积350公顷;完成各类测绘监管工作37件,面积485.2公顷;完成疑似违法用地协查工作12件,面积385公顷;完成各类地类变更工作工作28件,面积308公顷;完成增兴窑村与万新街道争议宗地调处工作。按市三调办部署,完成三调初始调查成果统一时点更新更新和成果上报工作。

【执法监察】 2020年,规划资源局东丽分局加强土地资源利用清查整治疑似违法占地图斑整改有关工作,下发疑似违法线索图斑6941宗,3040.73公顷,全年完成拆除图斑1103宗,324.59公顷。配合区农业农村委加大"大棚房"专项治理有关工作,大棚房台账问题点位全部整改到位。违建别墅整改工作全部完成,并完成整改后销号。农村乱占耕地建房专项工作,前期通过排查农村乱占耕地建房涉及图斑688宗,拆除图斑87宗,剩余601宗图斑等待国家和市里的乱占耕地建房的分类处置政策下发以后,按照东丽区的实际情况,做好分类处置工作。全年,办结规划违法建设案件3件;土地类违法案件立案5件,结案2件,下达行政处罚决定书1件,在办2件。

【信访接待】 2020年,规划资源局东丽分局受理信访事项300件,涉及240余人次。同时还对群众反映问题(8890便民服务专线)进行受理、分析、转办、督办、回复等工作,形成"接诉即办"的工作闭环,全年接收8890转办件1952件(含市局转办202件)。收到并办结市局转办、区司法局转办行政复议案件14件,行政诉讼案件10件。

(赵 青)

土地整理

【简 况】 天津市东丽区土地整理中心(以下简称"区土地整理中心")是区政府主管土地收购整理储备及测绘工作的职能部门。1992年12月,成立天津市东丽区地产开发公司。2002年5月,更名为天津市东丽区土地整理中心。2020年8月,撤销天津市东丽区测绘队,并入天津市东丽区整理中心。

2020年,区土地整理中心在区委、区政府的正确领导下及各部门的大力支持下,全面提升服务质量,倾力打造专业高效的服务型土地推介平台,充分发挥土地储备出让对东丽区发展的保障和调控作用,坚持稳中求进工作总基调,服务大局、凝心聚力,促进东丽区经济社会全面协调可持续发展。

【土地收储工作】 2020年,区土地整理中心编制完成《东丽区2020年土地整理储备计划》,并上报区政府批准实施。积极发挥土地整理储备联席会作用,以视频会议、现场会议等形式,完成万新街道增兴窑8+20、新立示范镇C4、国网二期、华明高新区沃可达、华明高新区永磁等7宗地块土地出让工作,出让土地面积34公顷,实现土地出让金总额29.5亿元。全年,召开土地整理储备联席会议23次,协调土地出让相关问题22件。

【开展测绘工作】 2020年8月31日,区测绘队完成测绘项目40项,完成建筑物放线16项,竣工验收23项,地形测绘7项。截至年底,测绘管理科完成测绘项目36项,完成建筑物放线10项,竣工验收14项,地形测绘6项。

【助推土地出让】 2020年,东丽区以"绿色宜居 融合发展"为主题的2020天津·东丽区土地招商推介会在东丽湖恒大酒店举行,7家银行、45家企业及5家媒体参会,现场发放东丽区土地招商手册100余册,重点推介金钟示范镇606地块、新立街道新立B2地块、军粮城中建三期、东丽湖1126等17宗地块,土地总面积144.2公顷。

9月3日,2020天津·东丽区土地招商推介会召开

(李玉祥 摄)

(王 楠)

本篇责任编校 曹心慧

生态建设

Biological Construction

生态环境

【简　况】　天津市东丽区生态环境局(以下简称"区生态环境局")是区政府主管全区环境保护工作的职能部门。1985年11月,成立天津市东郊区环境保护局。1992年3月,更名为天津市东丽区环境保护局。2018年12月,组建天津市东丽区生态环境局。

2020年,区生态环境局始终坚持大局意识、责任意识和服务意识,统筹疫情防控、经济社会发展和污染防治攻坚战,做好"六稳""六保"工作,深入推进大气、水、土壤污染防治各项任务,区域生态环境质量稳定向好,群众环境幸福感持续增加。

【大气污染防治】　2020年,东丽区$PM_{2.5}$浓度47微克/立方米,比上年改善7.8%;达标天数比例64.5%,提升5个百分点。区生态环境局严控工业污染,积极破解"钢铁围城",完成天钢集团和天铁炼焦超低排放改造项目。深化挥发性有机物综合治理,组织全区涉VOCs企业开展2轮挥发性有机物"有组织及无组织"治理排查,组织163家次企业完成活性炭吸附更换,组织90余家企业集中清运涉VOCs危废。严控机动车等移动源污染,抽检车用汽柴油80批次,合格率100%。严查柴油机动车尾气排放超标违法行为,累计上路拦检柴油车4060余辆,处罚超标车1756辆。累计审核非移动道路机械2930余台。抽测非道路移动机械2390余台,处罚超标车辆8台。妥善应对重污染天气,全年启动4次重污染预警,先后对全区332家涉气

工业企业进行5次培训部署,组织全区122家重点行业企业绩效评级,对47家申报评级的企业逐一现场审核,保障企业正常生产。

【水污染防治】　2020年,东丽区地表水质量综合污染指数2.18,改善28.52%,出入境比值累计1.53。全区考核断面(10个)累计达标率100%。区生态环境局强化区内各污水处理厂和重点排污工业企业日常监管,36个工业集聚区污水集中治理情况均已按要求上报。结合全区水环境质量实际,组织开展"碧水保卫战攻坚月行动"等专项整治工作。针对季节特征,开展对重点河道排口的现场检查,对发现问题督促属地即时整改。组织相关街道对辖区内排口开展核查,实时滚动更新口门名录,全年排查更新上报入河排污(水)口门293个。

6月19日,区委副书记、区长谢元检查北塘排水河

(聂秀山　摄)

【土壤污染防治】　2020年,区生态环境局强化建设用地监管,组织召开建设用地土壤污染情况初步调查报告评审会,出具建设用地评审意见11份;完成66块建设用地资料上传工作。加强土壤污染重点企业监管,精美特、昂高(天津)、天铁

炼焦等完成土壤和地下水自行监测。加快污染地块修复,全区5块完成调查并纳入污染地块名录的建设用地中,其中完成跃进路(行政中心)工会地块、环宇道南侧地块、染料化学第三厂地块修复,推进中石化(聚醚部)整体搬迁项目地块、快速路(天钢)地块的修复工作。

【环境执法】 2020年,区生态环境局严格落实"双随机一公开"(监管过程中随机抽取检查对象,随机选派执法检查人员,抽查情况及查处结果及时向社会公开)制度要求和任务安排,开展执法检查行动,并及时将"双随机一公开"完成情况在区政务网进行公开。组织开展水污染源、危险废物环境监管、臭氧污染防治、搬迁项目原址关停替代落实、重点排污单位信息公开、安全生产专项整治、核与辐射安全检查等多项执法检查专项行动。全年,累计出动执法人员4000余人次,检查各类企业825家次,利用移动执法系统制作现场笔录1016份,制作巡查日报208份。累计立案查处环境违法行为149起(其中涉气63起、涉水5起、涉危废固废9起、涉噪声26起、涉建设项目42起、其他类型4起),下达责令改正违法行为决定书149起,下达行政处罚决定书143起。处罚金额1002.78万元。

【环境监测】 2020年,区生态环境局编制完成《东丽区2019年环境质量报告书》。对193家重点排污企业自行监测信息公开情况进行监控,各企业自行监测率和公布率月均在90%以上。完成永定新河特大桥、北于堡、满江桥和外环线0.4千米等4处地表水水质自动监测站填平补齐项目验收。完成滨海重机工业园区、军粮城工业园区、华明高新区等空气质量自动监测站设备安装投用。做好环境质量常规监测和执法监管监测。完成环境质量常规监测1346样次、分析4357项次;完成涉气、涉水、噪声、恶臭等环保监管与环境信访监测960样次、分析1047项次。

10月27日,区生态环境局组织相关人员在昂高(天津)有限公司开展应急监测演练 (张双利 摄)

(杜智燕)

城市管理

【简 况】 天津市东丽区城市管理委员会(以下简称"区城管委")是区政府负责全区市容市貌、环境卫生、生活废弃物、城市绿化、供热行业、城市道路桥梁、城市道路管线井、城市道路临时占用挖掘、城市停车、城市管理数字化建设运行监督管理的职能部门。1997年4月,成立天津市东丽区市容环境卫生管理局,与天津市东丽区城乡建设委员会合署办公。2002年1月,更名为天津市东丽区市容环境卫生管理委员会。2010年3月,更名为天津市东丽区市容和园林管理委员会,挂天津市东丽区爱国卫生运动委员会办公室牌子。

2015年7月,天津市东丽区爱国卫生运动委员会办公室工作职责调整划归天津市东丽区卫生和计划生育委员会,天津市东丽区市容和园林管理委员会不再挂天津市东丽区爱国卫生运动委员会办公室牌子。2018年12月,更名为天津市东丽区城市管理委员会。2019年12月,划入天津市东丽区城市管理综合执法局职能,组建东丽区城市管理综合行政执法支队,为天津市东丽区城市管理委员会行政执法机构。

2020年,区城管委以提升城市精细化管理水平、城市运营管理标准为重点,树牢经营城市理念,查漏洞、补短板、还欠账,推动国家卫生区、全国文明城区创建,压实城市管理领域新冠肺炎疫情防控责任,开展城市环境综合整治,实施城市运维改革,整改中央环保督察问题,加强城市基础设施建设,破解城市管理难题,提高城市管理效能。

【助力创卫创文工作】 2020年,区城管委成立创卫、创文"生活环境组"工作专班,完成创卫创文资料归档审核。执行创卫8项指标任务,对照国家暗访、市级单项验收、市级终审验收反馈、国家验收点位,建立问题台账6个,城市管理问题整改率达80%,完成创建国家卫生区环境保障。梳理创义测评指标5项、测评内容10项,落实任务105项,整改21条道路问题290处,完成创文复评实地测评保障。

【市容环境综合整治】 2020年,区城管委坚持提高环境卫生管理标准,开展社区绿化提升、夏季环境综合整治。利用工程项目迁移植物,投入资金280万元,完成万新街道昆仑里、万隆社区58个楼间绿地改造;开展主次干道、背街里巷、拆迁村庄、河道沟渠环境卫生清整,组织夏季城市环境综合整治。全年,提升绿化面积3.26万平方米,栽植乔木灌木3280株,绿篱模纹面积2242平方米;清理背街里巷、河道沟渠脏乱点位5056个,清理垃圾杂物6873吨;清洗环卫公厕45座、垃圾转运站10座,拆除违章广告596处。

5月11日,万新街道万隆社区绿化提升项目完工

(高书承 摄)

【生活垃圾分类工作】 2020年,区城管委结合《天津市生活垃圾管理条例》颁布实施,深入机关企事业单位、学校、公共场所和居民小区人员密集区域宣传,开展生活垃圾分类知识培训进机关、进社区、进学校活动,全区301个机关事业单位、115所学校(幼儿园)、103个社区居委会、443个居民小区、27.42万户居民生活垃圾分类实现全覆盖。全年,举办生活垃圾分类专题讲座310场,发放《天津市生活垃圾分类指导目录》30万份,张贴生活垃圾分类宣传挂图4000张,安装公益广告牌820块,更新居民社区生活垃圾四分类垃圾桶3万个,配备生活垃圾四分类运输车辆278辆,安装可

回收垃圾智能收集设备64组。

【垃圾终端设施建设】 2020年,区城管委推进分类收运处置体系建设,建成东丽区生活垃圾综合处理厂、天津东丽区博德尔大件垃圾处理中心、东丽区园林绿化垃圾处置场、东丽区建筑垃圾调配场、东丽渣土处置场。全年,处理大件垃圾183吨,处置绿化垃圾160吨,消纳建筑垃圾362.5万立方米。

8月30日,天津东丽区博德尔大件垃圾处理中心建成投产
(祁兵 摄)

【城市管理运维改革】 2020年,区城管委发挥社会企业机制灵活、管理高效特点,博德尔(天津)公司负责西片试点区域(张贵庄街道、丰年村街道、万新街道、华明街道、华新街道、金钟街道、东丽经济技术开发区)道路清扫保洁、生活垃圾收集转运、公共厕所管理、环卫专用车辆更新、配套设施设备配置一体化运营,盘活国有环卫设施设备163部。东丽区供热燃气管理事务中心管辖大毕庄供热分站、鑫泰园供热分站、华明供热分站、新立供热分站、军粮城供热分站招标3家社会企业负责2019—2020供热季运营,清退合同制工人144名,区供热燃气管理事务中心扭亏为赢。

【市容环境管理工作】 2020年,区城管委做好道路清扫保洁、市容监察、绿化养护、垃圾清运、清融雪等日常监督管理工作。对西片环卫一体化运营企业落实市级环境卫生专项考核、以克论净考核、垃圾分类考核、道路机扫水洗、作业车辆GPS监控、绿地卫生、小广告清理、共享单车规范摆放等内容,每月进行综合考核,考核结果与支付服务经费挂钩。组织街道、功能区结合疫情防控、重点节日开展环境卫生专项治理,全区出动人员4300人次,清理脏乱点位7000个,清运垃圾杂物3700吨。全年,生活垃圾无害化处理24.5万吨,区生活垃圾无害化处理率100%。拆除老旧破损公益广告、布标幔帐235处,设置公益广告设施784处。指导全区提高园林养护标准,修剪乔灌木12.27万株、绿篱35万米、草坪222万平方米,栽植花卉2.14万平方米,补植草坪9490平方米,防治植物病虫害喷洒药物4吨。组织25家除雪指挥部成员单位完成1次降雪清融工作,出动环卫工人351人次,出动洒水车、撒布机等车辆54台次,使用融盐70吨、融雪剂60吨,喷洒盐水310吨,雪后动员社会8500人清扫积雪,3500名环卫工人次擦拭主干路地袱、护栏、交通设施和绿化防寒设施面积23.4万平方米。

【城市基础设施监管】 2020年,区城管委组织开展城市道路桥梁安全隐患排查整治和人行道净化治理,维修车行道1.2万平方米、人行道3.4万平方米,修复井盖275个。接收海河公司、管网公司和道桥公司移交绿地65万平方米,外环线调整线外侧500米绿化带工程、季景家园保障房界外地绿化工程等11项绿化工程面积242万平方米，移交华明街道、万新街道、张贵庄街道、新立街道。

【供热设施管理工作】 2020年，区城管委承接华轩商业中心、华润橡树湾留润轩等8个房地产和公建供热面积70.16万平方米。完成华明供热分站、新立供热分站燃煤锅炉关停和热电联产并网工程；实施秀拉花园、唐槿苑等4个社区一次供热管网及换热站建设，完成新中村供热分站旧供热管网和大毕庄供热分站3台燃煤锅炉超低排放改造，清洁能源供热比例84%。8890供热三、四级热线平台投入使用，入户走访17.6万次。

【城市停车设施管理】 2020年，区城管委推进停车场和路内停车设施建设，全年新建改造居然之家、天山南路等11座停车场，增加停车泊位3341个；海河东路、先锋路等8条道路施划720个路内停车泊位。推动区运管局、区财政局、区委党校等12个机关事业单位242个内部停车泊位，分时段向社会开放试运行。

【加大执法保障力度】 2020年，区城管委做好环境秩序、建筑垃圾运输处置、违法建设执法治理工作。对津塘公路、津滨大道、津汉公路等主次干道占道经营、乱堆乱放、非法广告违法行为整治，全年出动执法人员1620人次，巡查道路2760条次，治理环境秩序违法行为637处；签订市容环境门前三包责任书7743份，下达落实门前三包责任限期整改通知书119份，立案处罚186起。建立建筑垃圾运输处置昼夜巡查和即查即罚工作模式和"一案多查"追踪式执法，组织开展违法处置建筑垃圾专项治理行动，立案查处建筑垃圾

运输撒漏、违法处置建筑垃圾案件26起。制定《东丽区违法建设清查整治行动实施方案》，组织开展违法建设大排查大清理专项行动，落实天津市五年拆违专项行动，全年拆除违法建设110万平方米。

【城市疫情防控工作】 2020年，区城管委落实城市领域疫情防控与保障群众生活"两手抓、两不误、两促进"。组织成员单位在主干道路、重点地区、农贸市场、商业网点、公园广场等区域，宣传防疫知识。做好48座菜市场、11座冷库、210座公厕、17座医疗机构生活垃圾集中收运，落实疫情防控隔离点排污系统每天18小时消杀作业。实施东丽广场、金水公园等16处公园广场疫情防控巡查，劝导游人聚焦452次，落实座椅等园内设施每天2次消杀作业。深入43座商务楼宇，指导485家企业复工落实疫情防控措施，帮助273家企业解决防护物资需求。

2月13日，环卫工人收运医疗机构生活垃圾

（韩厚岳　摄）

【城市管理考核工作】 2020年，区城管委按照《东丽区2019—2020年城市管理考核方案》，组织区民政局、区创文办、区创卫办等职能部门与聘

请第三方,每月对各街道办事处、功能区管委会辖区内环境卫生、市容秩序、城市绿化、数字城管等17项城市管理工作进行常规考核和暗访考核,围绕"门前三包"、渗沥液处置、垃圾分类、散养家禽、废弃口罩收运重点工作开展专项考核。全年,考核道路650条次、社区650个次、重点区域70个,整改城市管理问题3.75万个。修订《东丽区城管委智慧党建系统群众诉求案件办理工作方案》,承办区智慧党建引领智慧社会建设信息平台群众诉求案件3338件,办结率100%。区数字城管平台立案9.7万条,结案率达98%。

(祁　兵)

本篇责任编校　吴俊侠

区域经济

Regional Economy

工业和信息化

【简　　况】　天津市东丽区工业和信息化局（以下简称"区工信局"）是区政府负责工业、信息产业、工业信息化工作统筹规划、综合协调、组织推动和指导服务的职能部门。1978年10月，成立天津市东郊区社队企业局。1984年5月，变更为天津市东郊区乡镇企业经济委员会。1992年3月，更名为天津市东丽区乡镇企业经济委员会。2002年1月，更名为天津市东丽区工业经济委员会，内设天津市东丽区安全生产监督管理局。2005年4月，天津市东丽区安全生产监督管理局独立。2010年5月，加挂天津市东丽区中小企业发展促进局牌子。2015年7月，更名为天津市东丽区工业和信息化委员会。2018年12月，更名为天津市东丽区工业和信息化局，不再保留天津市东丽区中小企业发展促进局牌子。

2020年，区工信局迎难而上、担当作为，统筹抓好疫情防控和企业复工复产，坚定绿色高质量发展信心，认清工业经济发展形势，打好"产业发展、围城治理、企业提质增效"三大攻坚战，实施通信、电力两个提升工程，努力实现工业经济平稳健康发展、园区载体建设有突破性发展、企业提质增效健康发展。

【经济运行】　2020年，区工信局抓住疫情防控和企业复工复产两条主线。2月底，规上工业企业在全市率先实现100%复工；6月底，规上工业增加值增速在全市率先实现正增长；8月底，规上工业产值累计增速在全市率先实现由负转正。全年，完成工业总产值822亿，比上年增长4.5%，高于全市平均7.5个百分点，规模以上工业增加值增长6.7%，高于全市平均5.1个百分点，工业增加值率22.1%，比上年提高2.1个百分点，工业经济呈现稳定增长态势。

【智能制造】　2020年，区工信局以智能化改造推动企业转型发展。拨付落实2019年制造业发展专项资金、2019年第三批智能制造部分资金、重点医用物资生产企业技改补贴资金等资金3451.04万元。入选天津市第一批制造业单项冠军培育企业名单2家。组织57家企业84个项目申报智能改造政策，助推企业扩大投资。启动全球首家智慧骑行行业大规模定制工业互联网平台。依托华明高新区智能制造小镇推动人工智能企业集聚，发挥中汽中心以及天津智能网联汽车产业研究院引领作用，推动智能网联汽车产业发展。

5月20日，全球首家智慧骑行行业大规模定制工业互联网平台发布启动仪式　　　　　　　　（侯喜　摄）

【产业结构】　2020年，区工信局推进新动能引育，优化产业结构。全年，新增盈迦迈科技发展(天津)有限公司、天津明日宇航新材料科技有限公司等工业战新企业10家,49家规模以上战新企业完成产值165.4亿元,占全部规上工业比重比上年提高4.1个百分点,其中新材料占比提高0.8个百分点;医药制造业占比提高0.9个百分点。黑色金属冶炼和压延加工占全部规上工业比重32.2%,比上年下降5.4个百分点,产业结构调整成效显著。

【园区治理】 2020年,区工信局提升载体环境,抢抓进度,打好"园区围城"收官战。采取"四个一批"(保留提升一批、整合提升一批、长期治理一批、撤销取缔一批)的方式,组织对全区36个工业园区(集聚区)进行治理,在全市率先完成3年治理任务。指导企业完成环保治理提升,引导不符合产业定位的企业到其它区和外省市投资,避免"一关了之";按照《东丽区关于整治土地管理方面突出问题"八严禁"的规定》,明确厂房使用审核程序,压实属地主体责任;26个撤销取缔园区中13个园区已经实施拆迁工作,拆除建筑面积75万平方米,清理"散乱污"企业900余家,通过第二轮中央环保督察。

【营商环境】 2020年,区工信局牢固树立宗旨意识,营造暖企惠企浓厚氛围,为企业转型升级加油赋能。实施串链补链强链工程,落实天津市《关于强化串链补链强链进一步壮大新动能的工作方案》,围绕"1+3+4"(天津市制造业高质量发展"十四五"规划中提出全面构建现代工业产业体系,以智能科技产业为引领,着力壮大生物医药、新能源、新材料等战略性新兴产业,巩固提升装备制造、汽车、石油化工、航空航天等优势产业)产业体系,组织开展"接链"活动96场次,2536家企业

参与,为企业搭建优质平台。帮助企业积极争取荣誉,3家企业获得国家级专精特新"小巨人"称号,16家企业获批天津市"专精特新"中小企业称号,4家企业入选2020年(第27批)天津市企业技术中心名单。推进清欠工作,清理拖欠民营企业中小企业账款7606.35万元,提前完成全年无分歧欠款清零任务。

8月18日,区工信局与东丽经济技术开发区工作人员前往天津海顺印业包装有限公司调研服务 (马赫 摄)

【绿色节能】 2020年,区工信局严守安全、环保第一发展底线,落实行业部门责任,为绿色高质量发展注入新内涵。天津市金桥焊材集团股份有限公司、天津精达里亚特种漆包线有限公司成功被评为第五批国家级绿色工厂。指导天津钢铁集团有限公司、天津钢管制造有限公司2家企业完成、物料运输结构优化、产品结构优化和智能化改造等4项提升改造任务,有效破解"钢铁围城"问题。以环保督查整改、污染防治攻坚战行动为抓手,开展重点用能单位"百千万"行动计划,监督指导15家工业重点用能企业健全能源管理体系、3家企业进行能源审计、10家企业做好清洁生产审核验收、20家企业开展节能诊断。推进2个工业

园区安全专项整治3年行动,实施分片管理,深入园区、工业大院、钢铁企业开展安全检查100余次,抓好重点隐患排查,推进工业经济安全发展。

6月28日,天津市天铁炼焦化工有限公司140T/H干熄焦项目举行投产仪式　　　　　　　　　（李红宇　摄）

【新基建建设】　2020年,区工信局坚持工作台账式管理、问题销号式办结,以通信基础设施问题清单和"1001工程"(到建党100周年时,初步建成世界一流能源互联网,全面推进主网架完善提升工程、助推营商环境优化、智慧园区和智慧小镇建设等9项重点任务,为美丽天津建设提供坚强的电力保障)任务清单为抓手,加快新型基础设施建设。全年,新建5G基站2137个,实现重点区域5G网络覆盖。建成中汽中心、中安华典、天安象屿智慧城、海尔示范线5G应用场景建设4个。核实解决2020年通信基础设施第一、二批政府50个问题清单和93个公共设施免费开放需求清单,完成率、解决率、满意率均为100%。召开电力线路迁改工程专题协调会28次,跟踪电力基础设施项目建设30个,重点推动务张线、本中线、黄张线电力线路切改工程和范庄预埋排管工程、南孙庄输变电工程、东丽垃圾电厂并网线工程等6大重点

项目建设,务张线、本中线、黄张线电力线路切改工程现已投产送电。完成市、区重要活动电力保障67次,协调电力部门对10个困难村滞留户电力供应保障进行全面排查梳理,确保居民电力供应,推进区域安全用电。

（马　赫）

商务工作

【简　况】　天津市东丽区商务局(以下简称"区商务局")是区政府主管全区服务业、内外贸易和国际经济合作工作的职能部门。1997年7月,成立天津市东丽区商业委员会。2005年7月,加挂天津市东丽区第三产业办公室牌子,并与天津市东丽区粮食办公室合署办公。2010年3月,将天津市东丽区对外经济贸易委员会的职责划入天津市东丽区商业委员会。2018年12月,更名为天津市东丽区商务局。

2020年,全区服务业增加值完成377.82亿元,增速3%,占地区生产总值的比重达58.1%;限上企业完成销售额1190.9亿元,比上年增长1.9%;限上企业完成社零额181.9亿元,增长1%;外贸进出口增速2.3%。

【消费扶贫】　2020年,区商务局多措并举,统筹扶贫渠道和扶贫目标双战双赢。全年,完成消费扶贫2.54亿元,完成全年任务的230.7%。扶贫点位基本实现东丽区范围全覆盖。与对口受援县建立沟通协调机制,在全区范围内开展滞销扶贫产品认购行动,解决疫情造成的农产品"卖难"问

题。撮合优一居品（天津）科技有限公司与腾达扶贫车间开展合作，生产藤编沙发出口欧美国家，第一单126万元已经出海，实现扶贫产品出口的目标。开展"消费扶贫攻坚月"、扶贫展销会等活动3次，参与全市的消费扶贫粉丝狂欢节行动和"农民丰收节"活动2次。借助"金九银十"消费旺季，组织区内16家扶贫馆及农业银行东丽支行、中国邮政集团张贵庄网点，推出优惠促销活动。动员全区78家单位自行组织到扶贫点位进行集体采购。

【开放型经济】 2020年，区商务局开放型经济取得新成效。全年，实际利用外资3195万美元，比上年增长102.4%；新设外商投资企业16家，合同外资额1.62亿美元，增长40.9%。全年，外贸工作逆势增长，全区进出口184.58亿元，增长10.04%，增长速度位于全市前列。泉康智慧（天津）供应链管理有限公司、天森科技有限公司等4家新设企业注册资本达到1千万美元以上。外贸进出口实现正增长，居全市前列。8月，商务部正式授权东丽区开展对外贸易经营者备案审批工作。组织企业参加2020年中国服务贸易交易会和第三届进博会。电子商务在农业、制造业、服务业领域的应用普及程度大幅提高，天津京东达业贸易有限公司、英大商务服务有限公司销售额突破300亿元。联合网络货运平台、京东配送中心、安达专项运输等物流企业运用新技术实现转型升级，带动全区交通运输业、仓储业和邮政业发展。

【民心工程】 2020年，区商务局统筹民心工程与经济发展，提升保障改善民生水平。对接库农天下（天津）农业科技有限公司等菜市场运营主体，推动企业在万科城市之光和东丽湖建设菜市场2家；推进融创公建配套菜市场移交、招标等工作，解决区域百姓买菜难问题。对接711便利店、便利蜂、华润万家等5家品牌连锁企业，新建便利店11家。推进红星美凯龙、爱琴海购物公园提升改造项目；推动万达广场、尚河城中街广场等项目。

【服务业新经济】 2020年，区商务局积极构建服务业新经济发展格局。服务业聚集趋势明显，基本形成以商务、物流、商贸、科技、旅游休闲为支撑的现代服务业空间布局。全年，服务业增加值完成377.82亿元，比上年增长3%，占地区生产总值的比重为58.1%；以高技术服务业和互联网及相关服务业为代表的现代新兴服务业增加值完成73.1亿元，占全市服务业增加值的比重为0.21%。

【商贸秩序】 2020年，区商务局按照"管行业就要管安全"的原则，落实商业领域安全生产工作职责。从行业规划、产业政策、法规标准等3个方面对重点商业企业进行安全生产指导督促，200余个安全隐患全部整改到位。加大对非法加油加气违法行为打击力度，规范油气市场经营秩序，出动667人次、整治点位13处、查处涉案人员13人、查没汽油2916千克、查没柴油933千克、查没违法车辆1辆、查没加油设备2台。开展沿街商铺等散小众杂商业经营主体无煤化专项治理，排查治理的1465家沿街商铺已全部实现无煤化经营。推动商贸领域创文创卫工作，按照卫生环境、社会主义价值观宣传、文明礼仪等创建标准和任务目标，督促企业进行整改，推动农贸市场、商超、商业综合体规范管理。落实"向群众报告"精神和要求,处理8890便民服务专线、市商务局、区安委会转办各种投诉举报1173件,落实建议提案5项,满意率100%。

【疫情防控】 2020年,区商务局落实市、区委工作部署,积极推进商业企业疫情防控工作。设立复工组、保供组、检查组、留观组,帮助企业复工、保障生活必需品供应、常态化疫情防控检查相关工作。设立10个检查小组,督导检查菜市场、商场超市、宾馆酒店、商场内餐饮企业疫情防控情况160次,督促商贸企业落实消杀、通风、验码等防疫措施,做好返工人员信息排查。全年,组织召开疫情防控部署会12次,出动1300余人次检查商贸领域100余个点位。启动全区物资供应应急预案,落实生活必需品储备框架协议,将解决农产品滞销与市场供应相结合,保障全区肉类、蔬菜的市场供应和价格稳定。落实"132"机制,推动"惠企21条""27条措施"。通过宣传防疫措施、推动促销费活动、发起减免租金倡议书等措施,推进东丽区商贸流通业居民生活服务业恢复营业。

2月5日,区商务局工作人员深入金钟批发市场指导蔬菜供应工作　　　　　　　　　　　（翟鑫彬　摄）

（刘嵩）

招商与合作

【简　况】 天津市东丽区人民政府合作交流办公室(以下简称"区合作交流办")是区政府负责全区内外资招商引资、跨地区合作交流工作的职能部门。2010年3月,成立天津市东丽区人民政府合作交流办公室,加挂天津市东丽区招商局牌子。

2020年,区合作交流办优化东丽区招商引资工作机制,大力开展"招商引资和项目建设年"攻坚战行动,发挥园区主战场招商作用,运用"云手段"开展招商推介洽谈,推进市场化招商,服务东丽区经济转型升级。深入推进京津冀协同发展,对接北京优质项目,加快服务业招商,继续推进东西部扶贫协作和支援合作工作,为经济发展增添后劲,助推实现高质量发展。

【招商引资】 2020年,东丽区市外内资到位额174.53亿元,完成市考区任务目标169.2亿元的103.15%,完成东丽区奋斗目标170亿元的102.7%。全年,新落地市外项目979个,协议投资额391亿元,项目实际到位资金130亿元,其中中汽研新能源汽车检验中心(天津)有限公司等投资5000万元以上新动能项目43个,协议投资额190亿元。疫情防控期间,积极开拓网络招商、微信平台招商,开展线上集中签约活动4次,签约南京垠坤集团电子信息制造产业基地等优质项目46个,协议投资额413亿元。

【借重首都资源】 2020年,区合作交流办加大北京招商力度,疏解北京非首都功能。新增注册资本500万元以上北京区域相关项目110个,其中爱思达航天二期、中能昊龙现代农业综合体、中汽中心新能源汽车检测中心等实体经济项目85个,完成全年100个任务指标的110%,协议投资额142.01亿元。制定《东丽区北京招商工作机制实施方案》,10个街道园区入驻北京办公区轮值开展北京招商工作;出台《东丽区招商中介奖励办法》;制定《关于做好北京非首都功能央企承接工作的实施方案》,成立专项工作组。召开"产业政策分析及新基建产业分析"等主题招商工作线上培训会3次,13个街道、园区121人参加。

【双万双服促发展】 2020年,区合作交流办持续推进"双万双服促发展"活动,优化营商环境,培育经济发展新动能。出台《东丽区合作交流办2020年"双万双服促发展"活动工作方案》《东丽区合作交流办2020年"双万双服促发展"活动包联工作细则》,5名处级领导、10名科级干部负责临空经济区73家企业,全年联系对接包联企业292次,其中实地走访企业10次。

【精准帮扶】 2020年,区合作交流办继续开展精准帮扶工作。落实财政援助资金1.97亿元,实施134个帮扶项目,惠及5.52万名建档立卡贫困人口。突出产业引领,18家企业投资资金到位1.49亿元。助力扶志扶智,派驻134名干部和专业人才开展帮扶工作。扩大消费扶贫,销售扶贫产品2.54亿元。携手齐奔小康,117名干部与84个深度贫困村的贫困户,200家民营企业与84个深度贫困村结对帮扶全覆盖,发动社会各界捐款捐物2781.02万元,精准帮助受援地区全部提前完成贫困人口清零目标,实现整县脱贫摘帽。东丽区企业家严立森、陈中红被授予"全国脱贫攻坚先进个人"荣誉称号;企业家陈中红、崔凤祥、王起祥,援派干部李修强被评为"天津市扶贫协作和支援合作工作先进个人";津都科技集团有限公司先后被授予"全国脱贫攻坚先进集体""市扶贫协作和支援合作先进集体"荣誉称号。

(安 杨)

农 业

【简 况】 天津市东丽区农业农村委员会(以下简称"区农业农村委")是区政府主管全区农业农村工作的职能部门。1984年6月,成立天津市东郊区农业经济委员会。1992年3月,更名为天津市东丽区农业经济委员会。1997年7月,更名为天津市东丽区农业委员会。2001年12月,恢复天津市东丽区农业经济委员会。2010年3月,天津市东丽区农林局、天津市东丽区农业机械管理局、天津市东丽区畜牧水产局(天津市东丽区兽医局)行政职责整合划入天津市东丽区农业经济委员会。2018年12月,组建天津市东丽区农业农村委员会,加挂天津市东丽区林业局牌子。

2020年,区农业农村委围绕乡村振兴总要求,立足"社区之表、农村之实"区情,对标全面建成小康社会"三农"工作必须完成硬任务,应对疫情防控带来不利影响,克服草地贪夜蛾重大病害挑战,稳住粮食生产预期,取得面积、产量"双丰收"。加快补齐"三农"领域突出短板,促进土地规模经营,发展葡萄、西红柿、火龙果等特色果蔬种植,培育采摘体验、电商网购等新型业态,提高综合亩均效益,增强农民持续增收能力。

【农作物生产】 2020年,东丽区完成粮食播种面积3828公顷,粮食总产量2353.4万千克,其中小麦种植面积791.9公顷,总产量518.3万千克;玉米种植面积1566.1公顷,总产量933.7万千克;水稻种植面积651.9公顷,总产量499.8万千克;高粱种植面积807.9公顷,总产量399.9万千克;大豆种植面积10.3公顷,总产量1.2万千克;马铃薯、甘薯种植面积0.93公顷,总产量0.6万千克。经济作物播种面积688公顷,其中棉花种植面积81.1公顷,总产量11.5万千克;水果种植面积559.5公顷,总产量796.6万千克。花卉种植面积36公顷,产量28万枝。食用菌种植面积16.33公顷,总产量365万千克。蔬菜种植面积960公顷,总产量4100万千克。

【养殖业生产】 2020年,东丽区实有养殖水域面积962.3公顷。食用水产品产量607.1万千克,其中南美白对虾产量447.4万千克,鱼类产量329.1万千克。观赏鱼产量802.96万尾。肉类总产量98.46万千克,比上年减少9.43%。蛋类总产量46.61万千克,增加51.92%。奶类总产量333.46万千克,增加9.74%。生猪出栏量7673头,存栏量3439头。肉牛出栏量630头,存栏量445头。肉羊出栏量3717只,存栏量4687只。肉鸡出栏量1.03万只。蛋鸡存栏量5.56万只。奶牛存栏量1001头。

【提升产业发展质量】 2020年,区农业农村委围绕"提高农业综合亩均效益"目标,调整产业发展方向以及产品结构,提升产品附加值,提高土地资源与空间利用率,增强产业发展内生动力。推动蔬果采摘、托管认养、休闲旅游、农业电商成为新增长点,稻蟹混养以及草莓、火龙果、葡萄、西红柿等特色果蔬种植成为新发展方向,新增AA级乡村旅游点两个,"津农精品"品牌2个,骆驼房子烧鸡和赤土扣肉入选首届"天津礼物"。规范土地经营权流转,引导农户以家庭为单位创办家庭农场,促进小农户与现代农业有机衔接。以项目带动土地规模经营,完成军粮城306.67公顷高标准农田示范项目建设并启动实施华明街道欢坨村300公顷高标准农田,建设永和生态水稻种植基地133.37公顷,为胡张庄葡萄种植基地建成冷棚41栋,促使葡萄抢先一个月上市销售。结合东丽区乡村振兴战略总体规划布局,选定华明街道胡张庄村作为典型示范,建设乡村振兴示范区,打造全市乡村振兴示范样板,年内完成村庄规划编制,落实5.33公顷点状供地布局。

6月4日,区农业农村委种植业技术服务科在胡张庄葡萄种植基地开展种质资源调查工作 （曹峻铭 摄）

【农业机械化建设】 2020年,东丽区农业机械总动力2.65万千瓦,机耕面积3117.2公顷,机播面积3909.1公顷,机电灌溉面积3117.2公顷,机械植保面积3909.1公顷,农机化综合水平达98%。截至年底,全区有大中型拖拉机69台,耕整机械150台,设施农业机械376台(套)。

【绿色生态屏障区建设】 2020年,区农业农村委加快推进绿色生态屏障区规划建设。编制完成《东丽区双城中间绿色生态屏障区规划(2018—2035)》,并经区政府常务会、区人大常委会及区委常委会审议通过,启动编制海河生态绿芯与金钟河湿地等片区详细规划方案。组织实施拆迁与生态修复、植树造林等八大类16项工程,截至年底,拆除海河生态绿芯范围内建筑物及地上附属设施130万平方米,新造林224.53公顷;实施9.8千米市级游览路建设;启动1.56平方千米古海岸湿地绿廊起步区工程,主体工程施工全部结束,栽植各类苗木4.5万株,修建林间路、田间路19.4千米,形成三级路网体系,实现区域内水系连通。

【深化农村领域改革】 2020年,区农业农村委完成71家农村集体经济组织产权制度改革,登记赋码,成立69个股份经济合作社及2个经济合作社,股东总数18.09万个,股本总额53.75亿元,实现股金分红1.54亿元。完成清产核资和年度资产清查,截至年底资产总额124.33亿元,其中经营性资产总额7134亿元。规范农村集体"三资"管理,制定出台《东丽区村级集体经济组织农村产权交易管理办法》。全年,实现全区7个涉农街道集体产权交易进场交易全覆盖,完成各类产权交易106笔,总成交额2.96亿元,其中经营性资产成交额2.07亿元;工程项目招投标总额4062.11万元;资源型资产成交1392.82公顷,4883.76万元。

【农村人居环境整治】 2020年,区农业农村委完成农村人居环境整治三年行动。健全三级网格整治管理体系,成立96人网格员队伍,形成区级领导包街、街道领导包村,以村级集体经济组织为单位,理事长带头认领任务网格管理模式。130万平方米拆迁村道路扫保纳入环卫一体化范畴,拆迁村内生活垃圾达到"日产日清、日清日运"环卫标准,生活污水无直排河道行为。推进未拆迁村环境卫生清理整治,实施"百日大会战"活动,开展路边、河边、田边、村边、屋边"五边洁净"行动,清理整治垃圾及卫生死角,清运垃圾杂物78万千克、疏浚河道401千米,收集转运生活污水55.1万千克,拆除各类空置房屋、残垣断壁3万平方米。金钟生活垃圾综合处理厂具备处置垃圾能力,建成建筑垃圾资源化利用处置场,消纳存量建筑垃圾362.5万立方米。实施化肥、农药减量措施,推广商品有机肥533.33公顷、1600万千克,建立测土配方示范区66.67公顷,实施病虫害统防统治1746.67公顷;农作物秸秆综合利用率达99%,农田残膜回收率保持在80%以上。规模化畜禽养殖场粪污治理工程全面完成,粪污处理设施配套率100%;治理水产养殖尾水,实现养殖尾水内部循环利用;推广稻鱼混养示范基地66.67公顷,助力养殖水域生态改善。

【农产品质量安全源头治理】 2020年,区农业农村委紧抓农产品质量安全源头治理。与7个涉农街道落实各项创建任务,完成2492批次农产品检测任务,检测合格率100%。组织养殖场户开展消毒灭源工作,发放使用消毒药品930千克。完成春秋季重大动物疫病防控,免疫各类畜禽9.32万头(只、羽),应免畜禽免疫密度100%。完成以美国白蛾为主的林业有害生物防治面积7900公顷。排查清理火险隐患5处,涉及面积3.73公顷。下达行政警告2起,立案处罚9起,其中案件办结7起,正在办理2起;案件涉及宠物诊疗(3起)、林业(2起)、农药(3起)和种子(1起);实施行政处罚6.38万元,没收违法所得312元。

(王月然)

水 利

【简 况】 天津市东丽区水务局(以下简称"区水务局")是区政府主管水行政工作的职能部门。1974年11月,成立天津市东郊区水利电力局。1982年3月,更名为天津市东郊区水利局。1992年3月,更名为天津市东丽区水利局。2010年4月,更名为天津市东丽区水务局,加挂天津市东丽区节约用水办公室牌子。2017年6月,成立天津市东丽区河长制办公室,设在区水务局。2019年2月,不再加挂天津市东丽区节约用水办公室牌子。

2020年,区水务局坚持以习近平新时代中国特色社会主义思想为指导,深入贯彻落实"节水优先、空间均衡、系统治理、两手发力"的新时期治水思路和区委十一届十次、十一次、十二次全会精神,坚持"水利工程补短板,水利行业强监管"水利

改革发展总基调,主动担当作为、忠实履行职责、勇于攻坚克难,统筹推进新冠肺炎疫情防控和水环境、水资源、水安全等各项工作落实落地,为东丽绿色高质量发展提供坚实水务支撑和保障。

【水生态修复】 2020年,区水务局开展水生态修复,全区水生态环境质量持续改善。推进黑臭水体整治,指导金钟街道安装一体化处理设施、设置曝气增氧设备、加强日常保洁等,完成4条黑臭水体沟渠治理任务,全区纳入市级工作台账的11条黑臭水体沟渠全部通过专家验收,治理进度位居全市前列。推进二级河道生态修复,通过曝气增氧、生态浮床等手段,6条区管二级河道顺利通过市生态环境部门黑臭水体交叉监测。组织开展"2020清河(湖)专项行动",清理整治水面漂浮物7万余平方米、堤岸垃圾2000余立方米、阻水障碍物586处。常态化规范化开展河湖"清四乱"(清理河湖管理保护范围内存在的乱占、乱采、乱堆、乱建等问题),清理整治"四乱"问题71处。推进地下水超采综合治理,完成46家企业水源切改,回填机井73眼,加强地面沉降防控,全年地下水实际用水量83.2万立方米,比上年减少104.8万立方米,用水总量下降55.7%,完成98万立方米地下水压采年度指标任务。加强水土保持监管,配合区政务服务办审查新建项目水土保持方案39个,现场复核疑似违法扰动图斑172个,对51个已通过水土保持审批的生产建设项目做好全方位日常监管,加强生产建设项目水土保持设施自主验收监管,验收备案核查4个。东丽区在2020年度天津市水土保持目标责任考核中排名全市第一,

获得优秀等次。

5月28日,集中清理海河东丽段阻水渔具及障碍物
（马翔 摄）

【河（湖）长制管理】 2020年,区河（湖）长制办公室持续深化河（湖）长制管理,河（湖）长制实现"有名""有实"。印发《东丽区河（湖）长制办公室贯彻落实〈水利部关于进一步强化河长湖长履职尽责的指导意见〉的实施方案》,明确河（湖）长制工作职责分工,全年区级河（湖）长巡河72人次、街级河（湖）长巡河1400余人次。强化巡查监管,坚持街道自查、河道管理部门分组巡查、区河（湖）长办暗查暗访三级巡查机制,下发整改通知44份、暗访通报9期,整改问题点位240处,整改率100%。修订河（湖）长制责任追究暂行办法、考核办法及实施细则,将"清四乱"常态化规范化、排水管网设施养护等指标统筹纳入综合考核评分体系,问责履职不到位街级河（湖）长5人次。联合区人民检察院对金钟河沿线鱼池养殖尾水处理情况进行调研。落实跨区域协调联动,协调滨海新区解决东减河空港段纬十闸泵站管理问题;会同宁河区对金钟河左岸部分河段管理权属进行现场确认;联合北辰区完成金钟河杨北公路段水草打捞;协同津南区建立完善两区河（湖）长制联席会议制度。加大宣传培训力度,组织河（湖）长制专项培训3次,走进社区、企业、国有泵站、河道周边等区域开展河（湖）长制宣传10余次。完善社会监督体系,聘请社会义务监督员15名,新聘各行业民间河（湖）长12人。年内,东丽区在2020年河湖长制年度考核中排名全市第四,获得优秀等次;东丽湖荣获天津市"最美河湖"称号;韩宝星荣获天津市乡镇（街道）级"优秀河长"称号和"全国优秀河（湖）长"称号。

【水利工程建设与管理】 2020年,区水务局狠抓水利工程补短板强监管,提升水利工程建设与运行管理水平。完成《东丽区水务发展"十四五"规划》编制。规范河湖岸线管理,在全市率先完成13条河道、1座中型水库河湖管理范围划定、公告,完成区管8条河道、8座泵站、1座中型水库界桩埋设。完成区管泵站管理人员派遣制改革,按照东丽区事业单位体制改革要求,接收及岗位分配区排水处60名人员。规范泵站管理,完成8座区管泵站管理范围划定,制定值班、卫生、安全、操作、考核等泵站管理制度6项。完成6座区管水闸安全鉴定。组织开展《保障农民工工资支付条例》宣传贯彻培训1次、水利工程建设质量培训1次,制定保障农民工工资支付、工程安全、文明施工等工程建管系列管理规定3项,实现水利工程项目监管无盲区、问题零容忍。

【供水排水行业监管】 2020年,区水务局履行供排水行业主管部门职责,保障区域供排水安全。妥善处置供水服务投诉51起,保障居民用水安全;落实政企协调联动机制,主动对接供水企业,动员各街道、社区积极配合,保障智能水表更换工作顺利完成,全区更换智能水表34.6万具。完成军粮城、新立等街道出让地块4个片区、32条管线规划审核。将城市排水设施养管情况纳入区河(湖)长制考核,组织开展春季和秋冬季养管会战、汛前调水、雨污串流排查治理、乱泼乱倒整治等专项行动,全年清掏、疏通管网900余千米,封堵串流点位30处,解决乱泼乱倒问题73处。严格执法监督,立案查处违法排水企业、商户15家。推动落实排水许可承诺制,审批新增排水户62家,对88家已持证排水户开展两次排水水质检测。强化污水处理行业指导监督,对3座区管城镇污水处理厂开展出水水质、检测12次,开展安全检查18次,出水达标率100%。加强2座区管污水处理厂防疫指导,对进出水池、加药间等重点环节做好消杀清理,保障正常运行、出水达标。做好2个定点医院、4个隔离留观点周边排水设施巡检排查,保障疫情防控重点区域排水安全,避免出现污水外溢,减少粪口传播风险。

【水旱灾害防御】 2020年,区水务局全力做好水旱灾害防御工作。修订完善《东丽区水务局防汛工作规程》,储备区级防汛物资20余种,组建20人防汛抢险技术指导分队,举办防汛培训演练3次,完成4条一级河道、8条二级河道、28座重点涵闸、10座国有排水泵站以及监测预警平台维修维护,疏通管网604.84千米,强化海河窑上口门险工险段巡查监管。全年,全区降雨天数61天,降雨量600.2毫米,汛期降雨382.8毫米,最强降雨出现在7月31日—8月1日,24小时全区平均降雨量82.4毫米,最大降雨量出现在无瑕街道,降雨量134毫米。与市水务部门、区应急管理局、区气象局等对接,做好泵站开车排水、河道水位巡视、排水指导等工作,保障全区积水及时排除。做好东丽区2个地下水点位和15个地表水断面水质检测,符合农业灌溉用水标准;做好抗旱设施维修养护,及时合理调度水源,为农田春耕生产创造良好墒情条件。

5月27日,东丽区水务局工作人员对防汛物资进行清点和维护　　　　　　　　　　(翟鑫彬　摄)

【水资源管理】 2020年,区水务局落实"节水优先"方针,推进东丽区节水型社会建设见成效。核定用水户336家,分配指标1381.34万立方米,核定建筑施工临时用水计划指标17家,完成企业(单位)水平衡测试7家,完成水资源论证(用水报告书)节水评价审查32份。推进节水载体创建,新增节水型企业(单位)4家、节水型居民小区9个。开展节水宣传20余次,发放节水宣传材料2200余份,全民节水意识日益提高。全年,再生水利用量4955万立方米,超额完成市水务局下达的3387万立方米年度指标任务。落实最严格水资源管理制度,全年无新增取水许可审批。组织开展用水统计调查和取用水管理专项整治行动,建立用户名录50家,完成70处取水口门登记。东丽区在全市首批完成县域节水型社会达标创建,被水利部命名为"第三批节水型社会建设达标县(区)"。

5月11日,东丽区水务局工作人员走进新业广场(东丽店)开展节水宣传　　　　　　　　(薄连飞 摄)

【水政执法】 2020年,区水务局狠抓法治政府建设任务落实,强化依法治水管水。坚持集体学法,发挥法律顾问参谋助手作用,落实行政执法"三项制度"(行政执法公示制度,行政执法全过程记录制度,重大执法决定法制审核制度),举办专题培训讲座2次,组织水行政执法考试1次。执行"河道日常巡查记录制度",依法查处水事违法案件13起,其中行政处罚8起,全部结案。开展"护河2020"专项执法行动,出动执法人员600余人次,保障汛期河道安全行洪,维护河湖管理秩序。以"世界水日""中国水周""城市节水宣传周""科技周""宪法宣传日"为契机,通过线上线下活动相结合、线上活动为主方式开展水法律法规集中宣传活动;开展水利设施、河湖、水土保持、水资源等

领域执法检查过程中,同步做好水法律法规宣传普及,引导警示广大群众增强惜水节水护水意识和水法治观念。

(王书侠)

供　销

【简　况】 天津市东丽区供销合作社(以下简称"区供销社")是经营日用消费品、农业生产资料、废旧物资回收等项目的综合服务性集体企业。1954年1月,成立天津市东郊区供销合作社。1992年3月,更名为天津市东丽区供销合作社。

2020年,区供销社在东丽区委、区政府和市供销总社的领导下,实现营销总额9.13亿元,实现消费品零售额7.86亿元,实现增加值720万元,利润77.28万元。截至年底,全系统资产总额7079.11万元,资产负债率77.16%。

【东丽商场提升改造】 2020年,区供销社注重东丽商场提升改造工作。配备消防硬件设施,配备新标准8千克ABC灭火器88个,投入资金7000余元;做好电梯、消防喷淋设施维护工作,投入资金6.5万元。扎实做好疫情防控工作,严格执行勤洗手、勤消毒等防疫措施,配置热水器5个,投入资金5000余元。

【加强安全生产工作】 2020年,区供销社加强消防安全建设,遏制消防安全事故发生。开展消防安全应急演练和消防安全责任制培训4次,84人参加,提高全社干部职工检查和整改火灾隐患能力。全年,会同天津市环泰安全技术服务有

限公司安全生产专家,在"两会"安全检查和仓储物流、疫情防控等重点时期开展隐患排查整治工作,区供销社系统检查526人次。规范出租门店消防安全管理,与基层单位签订安全管理目标责任书4份,确保安全生产无事故。

【疫情防控】 2020年,区供销社全力做好疫情防控工作。响应区委、区疫情防控指挥部号召,安排32名党员干部下沉社区,先后前往万新街道、华明街道、金钟街道3个街道8个卡口进行值守,协助街道、社区工作人员对社区卡口进行测量体温、检查出入证、检查健康码等疫情防控工作。营造良好营商环境,召开复工复产专题会议2次,按照风险共担的原则,为东丽商场、军粮城供销社、万新庄供销社、饮食服务基层店等基层单位的

商户减免租金126万余元,助力东丽区复工复产工作。

2月15日,区供销社工作人员在万新街道万隆社区为出入小区的居民进行体温检测　　　　　　　（袁丁 摄）

（袁 丁）

本篇责任编校　刘秀芹

经济管理

Economic Administration

国民经济和社会发展

【简　况】　天津市东丽区发展和改革委员会（以下简称"区发展改革委"）是区政府负责全区国民经济和社会发展、综合协调经济体制改革工作的职能部门。1970年12月，成立天津市东郊区综合计划组。1974年12月，变更为天津市东郊区计划委员会。1984年6月，更名为天津市东郊区计划经济委员会。1992年3月，更名为天津市东丽区计划经济委员会。1997年1月，更名为天津市东丽区计划与经济委员会。2002年1月，更名为天津市东丽区发展计划委员会。2005年7月，第三产业办公室职能从区发展计划委员会划出，归天津市东丽区商业委员会管理。2007年2月，更名为天津市东丽区发展和改革委员会。2010年5月，天津市东丽区物价局职责划入天津市东丽区发展和改革委员会，金融服务的职责划给天津市东丽区人民政府金融服务办公室。2015年7月，东丽区政府粮食办公室职责划入天津市东丽区发展和改革委员会，东丽区人口和计划生育委员会的研究拟定人口发展战略、规划及人口政策的职责划入天津市东丽区发展和改革委员会，行政审批事项划给天津市东丽区行政审批局，服务业管理职责划给天津市东丽区商务委员会。2017年8月，东丽区京津冀协同发展领导小组办公室设在东丽区发展和改革委员会。2017年9月，东丽区石油天然气管道保护职责划入天津市东丽区发展和改革委员会。2019年1月，价格监督职责归

天津市东丽区市场和质量监督管理局；应对气候变化和减排职责划给天津市东丽区生态环境局；农业投资项目管理职责划给天津市东丽区农业农村委员会；药品和医疗服务价格管理职责划给天津市东丽区医疗保障局；电力行政管理职能划给天津市东丽区工业和信息化局。2019年2月，天津市东丽区财经委员会办公室设在天津市东丽区发展和改革委员会。2020年，区发展改革委下属事业单位天津市东丽区开发性银证合作服务中心更名为天津市东丽区经济发展服务中心（天津市东丽区公共信用中心、天津市东丽区价格认证中心），规格为副处级，天津市东丽区价格认证中心、天津市东丽区投资咨询服务中心并入该中心。

2020年，区发展改革委在区委、区政府的正确领导下，深入学习贯彻党的十九大和十九届二中、三中、四中、五中全会精神，以强基础、鼓干劲、抓落实为主线，坚决打好京津冀协同发展、重大项目推动、营商环境优化、产业扶贫四大攻坚战，全力推进经济监测分析、"十四五"规划编制、粮食安全等十项重点工作，当好区委、区政府参谋助手，以目标为导向统筹做好疫情防控与经济社会发展，助力东丽区绿色高质量发展。

【编制"十四五"规划】　2020年，区发展改革委为切实做好东丽区"十四五"规划编制工作，引领实现经济社会绿色高质量发展，牵头东丽区"十四五"规划编制工作，制定《天津市东丽区"十四五"规划编制工作方案》，确立"1+12+4"规划体系。围绕全区经济社会发展关键问题，深入基层，先后开展4轮集中调研，累计走访80余家单位。首次

通过网络开展"十四五"规划建言献策活动,就区域发展重点领域,分主题、分场次召开3场企业家、专家学者专题研讨会,20余次面向全区重点部门、街道园区征求意见建议,累计向区委、区人大、区政协、区政府汇报15次,累计收到各方意见建议500余条。对意见建议全面梳理汇总,逐条研究、分析进行吸收,对文本增写、改写、精简文字共计千余处,历经23稿,高水平、高质量编制完成《天津市东丽区国民经济和社会发展第十四个五年规划和二〇三五年远景目标纲要》,规划纲要已经区政府114次常务会议、区委第251次常委会议、区第十七届人民代表大会第九次会议审议通过,正式印发。

11月27日,东丽区召开"十四五"规划编制建言献策座谈会
(区融媒体中心 提供)

【京津冀协同发展】 2020年,区发展改革委全力落实东丽区京津冀协同发展领导小组办公室职责。制定出台《东丽区推进京津冀协同发展攻坚行动实施方案》,确定年度重点任务53项。设立3亿元京津冀协同发展专项资金,使用1.58亿元。出台《东丽区北京招商工作机制实施方案》,强化驻京招商服务中心和北京招商队伍建设,率先在全市组织开展"东丽区重点项目网络签约仪式"等云签约活动。全面拓展北京资源承接广度和深度,全区新增落地注册资本500万元以上北京区域项目110个,总协议投资额142亿元,其中实体经济项目85个。中汽研新能源汽车检验中心(天津)建设项目、临空科技创新区基础设施项目纳入国家级京津冀协同发展2020年重大工程项目。加强与河北省的协同合作,助力承德县率先决战决胜精准脱贫攻坚收官战,疏解到津冀沧州协同发展示范区的中荣化工仓储项目实现试生产。加快规划建设临空经济区,组建临空经济区管委会,获批成立自贸区机场片区东丽工作办公室,跨境电商创新试验区2020年评分排名全市第二,启动北方跨境数字贸易生态核心区建设。圆满完成2020世界智能驾驶挑战赛承办任务,举办新一代汽车智能化发展峰会和智能产业集中签约活动。

【重大项目管理与推动】 2020年,区发展改革委深入开展"招商和项目建设年"攻坚行动,坚决抓实项目建设,重点项目提质提速。创新实施"园区吹哨、部门报到,园区举手、政府协调,区长调度、定期督查"的项目推动机制,协调解决难点难题104个。强化过程管控,自主研发的重大项目推动监督系统上线运行,节点化预警工作进度,单体项目建设提速半年以上。多渠道解决项目建设资金,发行政府专项债83.8亿元,争取中央预算内资金3577万元,有效推动绿色生态屏障区南片储备林、乾顺永磁等40个重大项目开工建设,实现固定资产投资逆势增长,有力应对疫情冲击。

5月12日,区发展改革委工作人员到国家开发银行天津分行调研 (韩炳浩 摄)

【全区经济运行情况监测】 2020年,区发展改革委结合东丽区"十三五"规划确定的具体任务,完成年度经济指标计划制定分解,按照各指标任务目标,形成《东丽区2020年经济指标体系及分解安排意见》。以指标考核为抓手,制定高质量发展绩效考评方案,牵头开展全区高质量发展指标绩效考评工作。加强经济运行监测,组织区工信局、区商务局、区科技局等15家单位就月度经济运行情况开展座谈。2020年东丽区地区生产总值增长3.7%,全市排名第三。编制季度、年度经济运行分析报告9篇,撰写2020年度国民经济报告2篇。东丽区入选国家第三批大众创业万众创新示范基地,成为天津市除滨海新区外唯一拥有双创示范基地称号的行政区。

【"双万双服促发展"活动】 2020年,区发展改革委"双万双服促发展"活动以"服务企业帮忙不添乱、促进营商环境再提升"为宗旨目标,突出"无事不扰、精准服务"。全年,梳理出可开展服务的实体企业4171家,全部纳入天津市政企互通服务信息化平台,建立服务市场主体全覆盖体系。

坚持区级、处级、科级三级领导干部包联机制,组织881名领导干部与全区4171家企业建立包联关系,以"企业吹哨、部门报到"服务模式,点对点服务企业。收集解决企业各类问题679个,解决满意度98.89分。制发《东丽区政企通服务手册》,细分行政审批、人才用工等九大类,明确涉企事项164条,职能部门46个、科室办公电话29个,通过政府门户网站、"两微一端"平台、审批大厅发放及企业包联人送政策上门等方式,发放服务手册6000册,使企业遇到问题时第一时间找准找对解决部门。支持重点企业搭建应用场景,在"撮合"上下功夫,为重点企业发展搭平台、解难题,凸显"政府搭台、企业唱戏",组织开展产业对接会、项目集中签约等"接链、促需"活动96场。

2月22日,区委副书记、区长谢元走访天津市富士达自行车有限公司 (田刚 摄)

【能源节约和环境保护】 2020年,区发展改革委牵头做好全区能耗"双控"和煤炭控制工作,制定《关于下达东丽区2020年度能源消耗总量和强度"双控"目标分解意见的通知》《关于下达东丽区2020年规模以上工业企业控煤任务目标分解意见的函》,及时分解全区能耗"双控"和煤炭控制指标任务。申请630.6万元市级节能专项资金支持区内重点节能项目建设,天钢集团冲渣水余热利用项目、天钢集团100兆瓦超高温亚临界煤气发电项目投产;天津军粮城发电有限公司天津650兆瓦燃气热电联产项目试运行。牵头推动新立花园供热站、东丽供热站华明分站两项30万千瓦及以上热电联产电厂供热半径15千米内燃煤锅炉关停并网。推动新能源汽车充电桩建设,全年建成409台民心工程公共充电桩,超额完成年度任务。组织开展节能周宣传活动,通过节能宣传进企业、进机关、进社区活动,提高全社会节能意识。"十三五"期间,万元GDP能耗累计下降22%,超额完成任务目标。

【社会信用体系建设】 2020年,区发展改革委下属单位区信用信息共享平台共归集数据113万余条,向市信用平台共报送双公示数据7097条、信用承诺书5054份,为575家企业进行信用修复,诚信体系建设取得阶段性成果,在2019年市考区获全市第1名的基础上,克服新指标变化和16个区强力竞争因素,获全市考核第2名的好成绩。东丽区在全市率先收集到全区人口、企业水电气能耗、物流信息,并获得数据创新加分;率先在教育行业运用信用监管,对校外培训机构施行分级分类监管,相关举措即将在全市推广;率先创办抖音信用大讲堂,创新信用宣传方式,2次收到市发展改革委信用处、市信用信息中心感谢信。

【产业帮扶工作】 2020年,区发展改革委完成产业扶贫各项任务指标。针对受援县产业发展现状,多方出击进行前期对接,疫情期间调研津企30余家,引导收集产业扶贫意向20余家。筛选出

契合点、实操性强的合作项目,发挥产业牵头部门作用,组织相关职能部门及企业4次赴甘肃受援3县、4次赴承德县调研对接。新引导8家实体企业落户受援县(推动10家往年引导企业追加投资),完成全年任务的133.33%;实际投资额共计1.49亿,完成全年任务的371.29%;共计带贫人口8993人,完成全年任务的224.83%。在年底扶贫市考区中获满分,升级加力获满分。

【粮食储备和粮食管理】 2020年,区发展改革委完成8700吨区级原粮增储任务,全面完成3万吨区级原粮储备规模,用两年时间实现区级储备粮翻一番;完成7000吨区级原粮储备轮换任务,区级储备粮全部为近两年新粮。区级储备粮经"三查一防"和安全生产专项检查,储备粮质量良好,粮情稳定,统计数量与实物库存完全相符。完成全民所有制、集体所有制粮食企业改制为有限责任公司,天津贯庄国家储备库改制为天津津东粮食储备有限责任公司;天津市东丽粮食局军粮城粮库改制为天津东金粮食储备有限责任公司;天津市东丽区饲料公司改制为天津市东丽区东方饲料有限责任公司。

9月28日,区领导实地检查中秋国庆"两节"前粮油市场保供工作 　　　　　　　　　　　　　　　(张雪峰 摄)

【价格管理、监测与成本调查】 2020年,区发展改革委做好价格管理各项工作。制定《东丽区2020年农业水价综合改革实施计划》并组织实施,实现新增实施改革面积3946.67公顷。做好行政事业性和经营服务性收费管理工作,组织全区46个行政事业性收费单位和65个经营服务性收费单位开展自查,对2019年度收费执行情况、收费金额、支出金额及其变化情况和原因进行分析,形成收费分析报告。组织开展"红顶中介"专项整治、支持企业复工复产降低用能成本的政策宣传。统筹做好价格监测与成本调查工作。通过监测点采集数据、市场巡查等形式,重点针对粮油、蔬菜、猪肉、牛羊肉、蛋奶、水产、水果农副产品价格变化进行监测,做到日监测、周分析,进行动态分析预警,累计上报330篇分析报告。完成全区种养殖业重要农产品常规成本调查、年度农户种植意向调查、农资购买情况调查、区内生猪养殖户上半年及下半年成本收益直报调查、开展生猪、蛋鸡旬月报及APP调查点农调数据直报工作,并完成各类常规、专项及直报调查报告6篇。

【物资保障工作】 2020年,区发展改革委在疫情期间承担物资保障组办公室职责,牵头制定完善《东丽区应对新型冠状病毒肺炎疫情物资保障应急预案》等10项工作机制。拓宽采购渠道,增加物资储备,做好全区1—9月疫情防控物资保障工作,保障全区各部门、街道园区、工作组等76个单位159万余片口罩及其他防控物资供应。创新采用建立防控物资资源池、委托采购和自行采购相结合方式为企业保障口罩10万余

片、测温枪1400余把。在本市率先开展"口罩进万家"暖心行动,分三批向群众投放口罩20万片,进一步提高困难群体疫情防控能力,配发口罩6万余片。

(王 沄)

国有资产监督管理

【简 况】 天津市东丽区人民政府国有资产监督管理委员会(以下简称"区国资委")是区政府授权,代表区政府对国家出资企业履行出资人职责,负责监督管理全区企业国有资产的工作部门。2007年2月,成立天津市东丽区人民政府国有资产监督管理委员会。

2020年,区国资委以习近平新时代中国特色社会主义思想为指导,深入贯彻党的十九届四中、五中全会精神,持续巩固"不忘初心、牢记使命"主题教育成果,本着"整合资源、整合平台、增强活力、持续发展"工作思路,以提高区属国有企业专业化程度、增加可持续经营能力为目标,谋划区属平台公司及资产进一步整合,集中资源和优质资产,持续推动各级国有企业撤并出清、区属公益类和经营类事业单位出资企业股权整合,厘清区属企业股权关系,推动国有经济高质量发展,努力实现区委区政府确定的国企改革战略目标。区属国有企业149户,资产总额1850.6亿元,负债总额1318.3亿元,所有者权益总额472.3亿元,资产负债率74.5%。

【推进国有企业改革】 2020年,区国资委指导企业主管部门推动企业出清关停,注销空壳低

效企业25家,企业清税5家,完成16家短时期内无法出清的空壳低效企业关停工作。推进政府工作部门所属事业单位与所属企业脱钩,制定下发《区政府工作部门所属事业单位出资企业股权整合方案》,对于部门所属27家企业,明确股权整合目标、范围、方式、具体工作任务、工作程序和保障措施。完成华明等7个街道暂时保留的资产接收平台以及短期无法出清的企业股权由原事业单位平移至各街道经济发展中心审批备案工作。制定《关于进一步整合国有企业和经营性资产促进区属国有企业可持续发展的工作方案》,确定以管资本为主推动国企平台建设、实施集中统一监管、推进街道所属企业改革工作、加快推进园区公司改革、完善公司治理机制、加强党的建设强化企业监管等6项整合工作的任务。制定平台整合和资产整合的具体路径,明确时间节点和保障措施。制定东方财信集团、城投集团法人治理结构、决策议事程序、过渡期间管理等工作方案,并组织实施。

8月4日,召开国企改革推动会　　　　　　　(杨芳 摄)

【推进国企退休人员社会化管理工作】 2020年,区国资委成立东丽区国有企业退休人员社会化管理工作领导小组。制定《东丽区国有企业退休人员社会化管理工作实施方案》,为各部门做好社会化管理工作提供依据。召开协调推动会7次,推动档案移交、党组织关系移交和社保医保职能下沉街道。发放国有企业退休人员基本信息统计表和档案、党组织关系、统筹外费用、"金保二期"系统点位采集表等专项调查表,摸清底数。组织企业开展社会稳定风险评估工作,逐一排查内部风险,将开展社会稳定风险评估作为国企退休人员社会化管理工作移交的前置程序。接收5275份档案和797名国企退休党员;对接驻津央企、市属企业232家,接收退休人员2.94万人;对接区属企业8家,接收退休人员879名。组织万新、新立、无瑕、张贵庄等4个街道与中国航空集团有限公司、天津渤海轻工投资集团有限公司、食品集团、天津渤海国有资本投资有限公司签署资产移交协议,涉及2.25万平方米房产和土地。

【落实巡察整改任务】 2020年,区国资委党委将巡察反馈整改工作与"不忘初心、牢记使命"主题教育成果转化结合起来,成立巡察整改工作领导小组,党委会议学习传达《关于巡察区国资委党委的反馈意见》,研究制定《国资委党委关于落实区委巡察一组反馈意见的整改方案》,重点整改信念不坚定、宗旨不牢固、初心缺失、担当不力等突出问题。巡察一组反馈的履行职责使命方面、全面从严治党方面、组织建设方面、落实整改方面的四项8个问题,全部整改完毕。召开11次会议研究落实整改相关问题,制定整改措施21项,制定完善国企改革、国资监管、内部管理等方面制度

11项。巡察整改专题民主生活会上,班子查找突出问题8个,分析原因5条,制定整改措施5条;班子成员共查找问题24个,剖析原因19条,制定整改措施20条,相互提出批评意见28条。通过落实巡察整改,进一步坚持和加强党对国有企业的全面领导,以深化国有企业改革为切入点,主动作为,理清监管职责程序,完善国资监管体系。

12月3日,国资委党委接受巡察整改查验评估

（郝轶茹　摄）

【加强重点领域廉政风险防控】　2020年,区国资委制定下发《关于进一步规范区属国有企业房产土地出租工作的若干规定(试行)》,明确企业出租房产土地,应制定出租方案,履行内部决策程序,采取公开招租方式。对出租期限、招租底价等关键环节进行严格规范,避免企业房产出租随意性,杜绝利益寻租,防止国有资产流失。下发国资监管提示函两份,督促企业主管部门有效行使股东权利,避免国有股权管控不到位,防范资产安全隐患。修订完善《区属国有企业商务接待管理办法》,坚决落实中央八项规定精神。启动涵盖财务、产权、投资、资金、三重一大、审计监督的"智慧国资"信息监管系统建设。全年,审批备案企业上

报重大事项142项,其中资产购置处置24项、股权无偿划转16项、产权变动8项、调整法人治理结构31项、企业用工管理21项、担保15项,融资报告19项、其他8项。

【统筹推进国资系统党建工作】　2020年,区国资委党委对区属172户国有企业党建情况进行调查统计,撰写调研报告1篇,分析存在问题,提出规范基础设置,企业党组织融入公司治理结构,加强企业党组织领导班子思想政治建设,发挥先进企业文化引领激励作用等工作建议7条。对企业落实《中国共产党国有企业基层组织工作条例(试行)》情况进行调研指导,督促整改。组织全区国有企业党组织书记和党务干部80人,围绕党的十九届五中全会、"四史"教育、党风廉政、国企改革业务等内容开展培训,提升国有企业党建工作质量和本领。对照《中国共产党党组工作条例》《中国共产党党和国家机关基层组织工作条例》《中国共产党国有企业基层组织工作条例(试行)》进行自查整改。听取各支部书记抓基层党建工作述职并进行评议,制定《区国资委党委持续深入学习贯彻习近平新时代中国特色社会主义思想工作规范》《国资委党委关于坚决做到"两个维护"的相关措施》《国资委党委对下属企业党支部党建工作指导联系办法》《国资委党委讨论决定重大问题清单》《国资委机关党建工作责任清单》。对所属支部发展党员、预备党员转正、换届选举、增补支委、"三会一课"等党建工作进行两次指导检查,帮助其规范工作程序,提高党建工作水平。

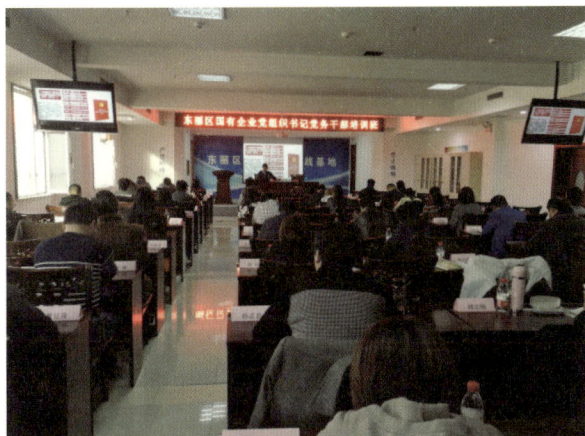

11月25日，东丽区国企党组织书记、党务干部培训班

（郝轶茹 摄）

【落实租金减免政策助力复工复产】 2020年，区国资委贯彻《天津市人民政府办公厅关于印发天津市打赢新型冠状病毒感染肺炎疫情防控阻击战进一步促进经济社会持续健康发展若干措施的通知》，落实房租减免政策，实行周报统计制度及时跟进，下发通知，召开推动会推动全区出租企业加快政策落实。深入万新街道、张贵庄街道、军粮城街道、金桥街道对承租国有资产类临街商铺、写字楼、商场、超市、菜市场的企业、个体商户减免房租政策落实情况进行调研。在先锋路、金谷大街、北旺道随机询问30余家承租企业和个体工商户，进行政策宣传。对存在转租的经营性房产，及时与"二房东"进行座谈，要求其将国企减免租金全部落实到最终租户。区属国有企业对715家中小企业、个体工商户落实房租减免政策，减免面积49.21万平方米，减免租金4484万元。

【盘活存量国有企业资产】 2020年，区国资委梳理有效经营性资产，建立区属国有企业资产台账，摸清底数，为资产整合奠定基础。对资产持有量较大的财信集团、滨丽公司、城投集团、天津东丽经济技术开发区总公司、天津滨海华明开发建设有限公司等企业进行重点推动，采取周报形式进行催办。盘活资金2.15亿元，主要包括财信集团挂牌转让电力二期房产土地和香港花园房产，转让收益1.35亿；天津滨海华明开发建设公司转让低碳园和金地总部房产转让收益0.78亿；新增租金收益0.02亿元。

（郝轶茹）

审计监督

【简 况】 天津市东丽区审计局（以下简称"区审计局"）是区政府主管全区审计工作的职能部门。1983年12月，成立天津市东郊区审计局。1992年3月，更名为天津市东丽区审计局。

2020年，区审计局围绕区委、区政府工作中心，服从统一工作部署，参与防疫各项工作、完成全市小金库专项治理检查任务，全年开展八个方面41个审计项目，延伸审计110个单位，审计查出违规金额1.76亿元，上缴财政资金2760.53万元，管理不规范金额85.58亿元，向区纪委监委移送拆迁资金问题线索1件，移送"小金库"问题线索50件，提出审计建议32条，向相关部门报送审计信息80余篇。

【重大政策跟踪落实审计】 2020年，区审计局开展东丽区2019年、2020年政府债务跟踪审计、2019年度天津市全民设施建设情况专项审计、老年人助餐专项审计、清理拖欠民营企业中小企业账款跟踪审计、减税降费跟踪审计等5项政策跟踪审计项目,延伸审计20个单位。审计发现2019年度东丽区债务率超过财政部划定的警戒线,2020年度东丽区政府债券资金改变用途,政府债券资金被临时占用;老年人助餐补贴资金未及时结算,老年人食堂资质不全、工作进展缓慢、政策落实不到位等问题,提出审计建议8条。审计核实全区2020年度清理民营账款29笔共计7606.35万元;核实全区2020年新增减税降费14.93亿元,其中减税5.14亿元,降费9.79亿元,审计抽查结果表明,相关单位严格按照市区委政策执行,有效履职,促进全区营商环境进一步优化。

【财政预算执行与其他财政收支情况审计】 2020年,区审计局对2019年区级财政预算执行及决算全覆盖审计,关注政策执行、预算管理职责履行、全口径预算实施、预算资金分配、存量资金使用、政府债务管理以及决算草案编制等情况。着力揭示预算执行和管理方面存在的突出问题和风险隐患,促进深化财政管理体制改革,健全政府预算体系,促进做好"六稳"工作、落实"三保"任务政策落实,提高财政资金绩效。通过大数据分析,审计区财政6个其他财政专户并延伸区水务局等8家单位。发现预算编制不精准、预算执行缺乏硬约束、部分项目执行率偏低等问题,提出审计建议3条。审计情况报告经区委审计委员会第四次会议审议通过后,区审计局代表区政府向人大常委会做汇报。

【预算单位大数据全覆盖审计】 2020年,区审计局运用审计监督"一张网"、大数据,实现一级预算单位审计全覆盖。关注非税收入、专项资金使用、资产管理、结余结转资金。揭示预算资金拨

付、使用和管理中存在的问题,查处违反中央八项规定精神和"四风"行为,促进依法履职尽责,规范财政财务收支,提高绩效管理水平。对53家区级一级预算单位2019年度预算执行情况的大数据全覆盖审计,发现部分单位采购超出标准,结算未使用公务卡、结余资金未上缴等问题,审计查出违规资金2754.51万元,上缴国库金额2754.51万元,管理不规范资金34.11亿元。

【经济责任审计】 2020年,区审计局贯彻落实国务院印发的《党政主要领导干部和国有企业领导人员经济责任审计规定》,结合区委组织部要求,全年完成21个单位32位领导干部的经济责任审计。全年,延伸审计19个单位,审计发现"三重一大"事项未履行民主决策程序、超范围、超标准支付工会经费、未登记固定资产、往来款长期挂账等问题,审计查出违规金额6.56万元,管理不规范资金3.43亿元,上缴财政6.02万元,提出审计建议27条。

【民计民生审计】 2020年,区审计局开展疫情防控资金和捐赠款物专项审计。重点对财政局、发改委等机构,在应对新冠肺炎疫情防控资金和捐赠款物分配、使用、管理以及社会捐赠款物接受、分配、使用、管理和信息公开等方面开展合规性调查,审计涉及财政资金5524万元,捐赠资金1115万元,延伸审计20个单位,提出审计建议2条,促进各单位捐赠款物的高效使用和规范管理,帮助21个单位建立健全防疫资金、物资管理方面的规章制度23项。开展新增财政资金直达市县基层惠企利民审计。配合市审计局对区中央直达

资金的指标下达、拨付、使用、管理等环节开展全过程跟踪审计。涉及四类资金118个项目，预算指标7.32亿元，全年拨付68个项目，拨付6.71亿元，支付率达91.6%。审计发现，抗疫国债补贴国有房屋出租人及特殊转移支付资金支付已死亡优抚对象临时价格补贴等问题，发现违规金额4079.82万元，均已整改完毕，相关资金退回原渠道。

【国有企业审计】 2020年，区审计局受区国资委委托，完成滨海创意投资发展有限公司、东丽区粮食购销公司、东丽区经济技术开发区总公司等7家国有企业审计。关注区属国企贯彻落实重大政策措施、实施"三重一大"经济决策、建立健全内控机制、防控重大风险、遵守廉洁从业规定以及资产负债损益真实性等情况，揭示企业贯彻经济政策、深化改革、防控债务风险以及经营管理中存在的突出问题，监督领导人员履行资本运营职责，健全完善内部监管制度，促进国有资本保值增值。审计发现账务处理不规范、内控制度执行不到位、"三重一大"程序未履行等问题，审计查出管理不规范资金42.11亿元，提出审计建议22条。

【政府投资项目审计】 2020年，区审计局按照区委工作要求，以规范建设领域资金管理使用的合规性、合法性和效益性为目标、以财务数据为基础、以资金去向为主线、以权力运行关键环节为审计重点，完成原服务滨海委工程项目资金管理使用情况专项审计。重点关注建设目标完成与使用、资金筹集管理与使用、履行基本建设程序、结算造价审核等情况，揭示建设项目在程序管理、质量管理、资金管理等方面存在的突出问题，严肃查

处违规运作、高估冒算、损失浪费、违法转包分包等违纪违法问题和建设领域不正之风效。审计发现未履行招投标手续、违规转包、套取拆迁资金等问题。审计查出管理不规范资金5.93亿元，违规资金1.08亿元，提出审计建议5条。固化2019年度军粮城街道拆迁安置情况专项审计调查发现挪用拆迁补偿资金、虚增拆迁补偿面积等问题证据，于7月移送区纪委监委。

【自然资源资产审计】 2020年，区审计局为深入贯彻中央关于领导干部自然资源资产离任审计有关规定，组织开展万新街道党政主要领导干部自然资源资产离任审计。重点关注领导干部履行自然资源资产管理和开发利用责任、贯彻落实中央和市、区重大决策部署、遵守法律法规、目标任务完成等情况，着力揭示部署落实不力、工作机制不健全、有关部门和单位不作为慢作为假作为以及资金管理使用中的突出问题，促进区域自然资源资产节约集约利用和生态环境保护。

【临时交办审计任务】 2020年，区审计局开展"小金库"问题专项治理工作。按照区委、区政府工作安排，牵头对全区11个街道、2个功能区、60个一级预算单位、6个市直属单位、173个国有企业、44个公办社团组织、76个村集体经济合作社、147个社区居民委员会进行重点检查，共计519个单位进行全覆盖检查，对自查发现的50个"小金库"按相关规定及时处理，对20个专项治理问题督促整改落实到位，3个"小金库"问题线索，移送纪检监察机关后已立案。整改情况报告已呈报区委、区政府主要领导，审阅同意后，报送市相

关部门。开展区政府相关审计项目整改落实工作。按照区委、区政府工作安排,上半年完成京津冀特派办关于2019年四季度重大政策审计、天津市2019年财政收支及2020年第一季度政策跟踪审计及市审计局关于2018年部分社救资金专项审计调查、2018年度市级预算执行和其他财政收支审计等项目审计发现问题的整改落实。完成其他交办工作。开展2020年上半年政府债务审计调查;先后选派3名干部参加区巡视巡察工作;选派1名干部参加市巡视巡察工作;选派1名干部赴甘肃开展扶贫资金审计;选派5名干部参加市土地领域巡查审计;选派3名干部参加审计署税收审计;选派3人次干部参加区纪委监委专项调查;选派3名干部参加集中留观点执勤。

(王 凯)

市场监督管理

【简 况】 天津市东丽区市场和质量监督管理局(以下简称"区市场监管局")是天津市市场和质量监督管理委员会的派出机构,负责本行政区域内的市场监管工作。2015年2月,整合天津市工商行政管理局东丽分局、天津市东丽区质量技术监督局、天津市食品药品监督管理局东丽分局的职责,组建天津市东丽区市场和质量监督管理局,加挂天津市东丽区食品安全委员会办公室牌子。2018年12月,加挂天津市东丽区知识产权局牌子。

2020年,区市场监管局顺应中国社会主要矛盾变化,深化"放管服"改革,科学务实抓"活力、秩序、安全",提升"大服务、大监管、大安全、大质量、大党建、大保障"新境界,市场监管各项工作取得新成绩,为全区经济高质量发展做出积极贡献,为满足全区人民群众对美好生活的新期待提供优质服务。

【市场主体发展】 2020年,区市场监管局新注册登记各类市场主体1.42万户,下降14.17%,新增注册资本454.84亿元,增长17.15%。截至年底,东丽区实有各类市场主体8.28万户,占全市总量的5.9%。

【商事登记制度改革】 2020年,区市场监管局按照国家市场监管总局和天津市市场监管委总体工作要求,开展商事登记制度改革,推动全程电子化登记、简易注销、名称自主申报、多证合一、证照分离等工作开展。推进全程电子化登记,提升企业开办一窗通服务水平。开展"网上申请、网上受理、网上审核、网上公示、网上发照"一整套电子化登记,实现企业设立登记不超过0.5天,企业开办整体时间压缩在1个工作日以内。通过全程电子化登记平台办理设立登记5117户,变更登记7133户,注销登记832户。9617户企业通过无纸化流程办理了登记,向所有市场主体发放标准版电子营业执照,实现"办事零见面、不用跑"。全年,办理简易注销登记1188户,为企业节约退出成本35.64万元;1.52万户市场主体通过自主申报系统,进行名称的自主申报。扎实落实"多证合一""证照分离"改革,推行企业经营范围规范化登记,将经营范围的填报登记方式由现在的"写作文"优化调整为"选条目"形式,理清证照对应关系,有效处理好各类市场主体注册登记和许可审批的衔接,分离企业营业执照和审批部门许可证功能,解决准入不准营的问题。

【质量安全监督管理】 2020年,区市场监管局组织完成《关于加快推进质量立区战略开展质量提升行动的实施方案》提出的目标任务。参加天津市2019年品牌指数测评活动,取得好的成绩。组织开展2020年度质量攻关活动,获得一等奖4个、二等奖6个、三等奖6个,创历史最好成绩。开展区级监督,抽查汽柴油、车用尿素、建筑涂料及胶粘、电线电缆、电动自行车等产品、商品274批次,发现不合格产品11批次。开展危险化学品及危险化学品包装物获证企业质量安全大排查大整治、大气污染攻坚行动和电线电缆、食品相关电动自行车等质量安全专项整治等专项行动。巡查工业产品生产、经营企业364家,出动执法人员728人次。

【市场和网络交易监管】 2020年,区市场监管局与全区市场签订承诺书,"活禽销售、活禽屠宰、野生动物销售"实现动态清零,全年检查农贸市场1.17万个次,检查食品经营户3.4万户次、餐饮单位2.32万户次,检查各类药品经营户2676家次,开展为非法交易野生动物等违法行为提供交易服务随机抽查工作。对网络平台野生动物销售行为进行排查。做好野生植物监管工作,出动执法人员92人次,车辆46辆次,检查商品交易市场13个次,检查食品经营户、餐饮企业、药店233户次。开展扫黑除恶"六清行动"工作,在"清"字上下功夫,检查商品交易市场975个次,检查经营户5447个次,推动扫黑除恶工作常态化,为东丽区创建"无黑"城市做出积极贡献。配合做好实施国家

第六阶段轻型汽车污染物排放标准工作,加强新车销售管理,确保销售给本市注册登记的车辆为符合第六阶段机动车大气污染物排放标准的机动车。开展2020网络市场监管专项行动(网剑行动)。坚持线上线下一体化监管原则,通过网上检查、实地检查与抽查核实平台内经营者主体信息等多种方式规范电子商务经营者经营行为。与区教育局联合制定工作方案,进一步规范校外培训机构合同行为,化解校外培训合同纠纷,切实维护消费者合法权益。

【标准化工作】 2020年,区市场监管局推动落实企业产品和服务标准自我声明公开制度,强化企业标准化主体责任意识,增强标准信息透明度。全年,91家企业声明公开标准287项,其中国标12个、行标13个、企标261个,团体标准1个,涵盖682种产品。组织参加国际标准、国家标准、行业标准、地方标准制修订工作的第一主导单位申报财政资金专项支持,上报14个标准项目全部通过市场监管委和市财政局审核、筛选被列为天津市财政定额资助标准项目,补助资金拨付到位。以新修订的《标准化法》实施为契机,深入24家企业开展送书和面对面的宣传活动,做好新《标准化法》宣传贯彻实施。

【计量与检验检测】 2020年,区市场监管局加强商品交易市场日常计量监管,积极开展"计量惠民"活动,做好交易市场计量安全保障工作。日常检查加油站、加气站、眼镜制配单位、集贸市场、重点耗能企业、环保实验室、计量器具制造修理企业128家次;开展两节期间计量监督检查、集贸市

场、眼镜制配单位计量专项监督检查、压力仪表计量风险排查防控、涉及环保检测机构强检计量器具监督等专项检查11个;处理涉及中石化、壳牌、社会加油站等计量器具不准问题的投诉举报28起;受理企业最高计量标准26项,签发计量标准考核证书14张;联合计量所检定辖区内44家集贸市场电子秤共386台,进社区开展"计量便民服务"活动1次。

11月25日,区市场监管局工作人员对张贵庄第一市场计量器具进行抽检　　　　　　　　　　　　(崔凤奎　摄)

【食品安全监管】　2020年,区市场监管局落实《东丽区2020年食品(药品)安全监管计划》,保障东丽区人民食品安全。结合疫情防控,严格落实风险管理要求,完成食品生产经营环节的风险等级评定和日常监管工作。克服疫情带来的影响,积极开展经营环节食品安全隐患排查整治、固体饮料、压片糖果、代用茶等专项治理、保健食品行业专项清理整治、节日食品安全专项、冷藏冷冻肉品风险排查、校园食品安全守护行动等一系列食品安全整治行动,累计出动执法人员2.74万余人次,检查食品生产经营单位1.37万户次,行政立案956件,货值金额23.48万元,罚没款252.92万元。贯彻落实常态化疫情防控,按照"双排查,双推送""五不准"要求,持续开展进口冷链食品市场风险排查,督促相关单位及时将有关信息录入"天津市食品质量安全追溯平台"。开展"随机查餐厅"行动暨"红黑榜"公示工作4期,检查餐饮单位40户,产生红榜8户,黑榜4户。为第四届世界智能驾驶挑战赛、天津市公务员考试、中高考等重大活动进行食品安全保障,现场快速检测230批次,保障1087人次餐饮食品安全。推进市级民心工程建设,5家食品及食品生产企业完成食品生产信息化追溯体系建设;落实东丽区民心工程建设。推进创卫食品安全工作,圆满完成创建国家卫生区工作。完成食品质量安全检验检测6260批次。推进食用农产品市场快检室运行,开展快速检测29.99万批次。落实"一制三化"审批制度改革和信用承诺审批,办理食品生产许可33件、食品经营许可4916件、冷藏冷冻食品贮存备案7件;为27家门店开展团体化审批服务。组织开展食品生产经营环节全方位覆盖式的食品安全系列培训,累计组织培训19场、206小时,培训人员4006人次,发放培训材料8608份。开展食品、保健食品宣传活动17场次,参与群众806人次,发放宣传材料863份。

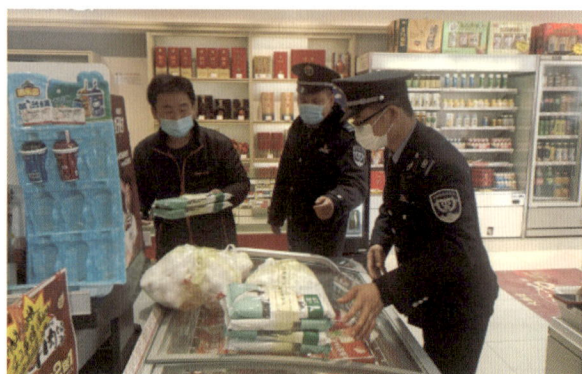

2月7日,区市场监管局工作人员开展食品安全检查

(苏磊　摄)

【执法稽查】 2020年,区市场监管局完善综合行政执法队伍建设,组建东丽区市场监管综合行政执法支队,推进队伍整合后在执法程序、裁量基准、职责事权等方面的规范统一。开展打击非法制售口罩等防护用品、打击制售假冒伪劣商品、日用消费品质量安全、油品质量监督抽查、电线电缆生产企业检查、无证无照经营综合治理、打击传销、广告治理等领域专项行动。查办行政执法案件1245件,办结案件1229件,其中简易案件428件,一般案件801件,罚没金额479.25万元,罚没款5万元以上案件42件,有效打击经济违法行为。

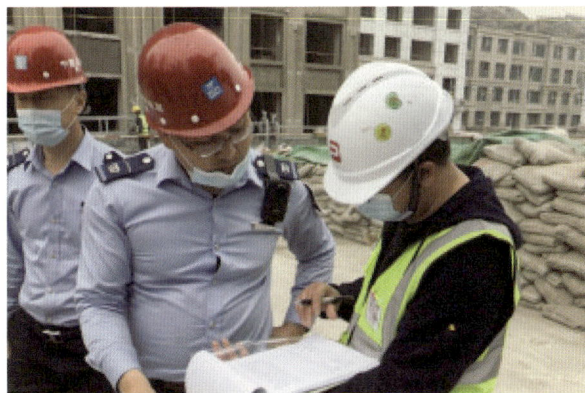

5月7日,区市场监管局执法人员在东丽区津滨大道与雪莲南路交口工地开展侵权假冒专项检查

(杨柳 摄)

【消保维权】 2020年,区市场监管局受理消费者投诉举报1.06万件,增长99.2%。其中,投诉5842件,举报4779件,为消费者挽回经济损失168.54万元。对疫情初始期间的退订年夜饭大量投诉、口罩价格和质量举报、蔬菜价格举报以及6位职业举报人事件等,做好业务指导、研究探讨、协调沟通等工作。对疫情防控类投诉举报优先处理,重要投诉举报跟踪督办,热点问题强化风险排查,积极回应群众诉求。妥善处理解决机场经津

乐道和龙行天下商务旅行卡群诉、方正宽带群诉,联合东丽湖街道圆满解决东丽区元彤共享单车停止运营不及时退押金群诉。疫情期间组织13家诚信联盟企业建立微信工作群,在线指导解答企业热点难点问题。针对疫情引发的天津航空公司延迟退票群诉,联合市消协约谈天航公司,先后为各地23名旅客解决退款2.32万元。印制反对餐饮浪费倡议书发放宣传资料、微信公众号广泛宣传,开展禁止设置最低消费专题走访宣传活动,对存在问题的4家饭店责令整改。结合工作实际,修订印发《处理投诉举报工作制度》,规范处理投诉举报的工作程序和标准,防范工作风险、提高工作效能,提供制度支撑。

3月25日,区市场监管局工作人员深入社区开展食品安全宣传活动

(唐雨田 摄)

【药品及医疗器械监管】 2020年,区市场监管局紧盯药品零售、使用环节存在的突出问题,持续强化风险管控,严厉打击违法违规行为,切实保障辖区群众用药安全。开展新冠肺炎防控专项工作,集中三天时间对辖区230家药品零售企业全覆盖检查。拟定《天津市东丽区一般疫苗安全事件应急预案》,对辖区10家新冠疫苗接种单位全覆盖检查,最大限度降低疫苗安全事件的危害,保

障公众健康和生命安全。持续开展非法收售药品清理打击,制作宣传布标200条、有奖举报信5000份发放至各社区,大力营造群策群力、全民参与的社会共治氛围;增设10家家庭过期药品回收点,积极宣传引导老百姓合理处置家庭过期药品,防止家庭过期失效药品流入非法渠道;联合公安东丽分局查获一非法收售药品窝点,涉案药品105种4500盒,涉案金额23万元。同步开展二类精神药品、药品安全"利剑行动"等10余项专项整治。全年,评定出A级"放心药店"20家。完成全年95批次药品监督抽检任务。办理案件90件,罚没款11.06万元,在全市药品监管工作会议上做先进典型发言。结合辖区实际开展一系列安全用药及"两法两条例"宣传活动。医疗器械日常监管工作有序推进。疫情期间,重点对医用防护产品进行安全监管,对230家零售企业进行全覆盖检查。推进辖区医疗器械监管工作再上台阶。完成医疗器械日常检查210家次,指出问题403条,并进行跟踪整改。立案12起,结案13起,罚没款31.6万元。完成国家医疗器械产品的抽验和市级抽验工作,完成率100%。上报疑似不良事件303例。完成医疗器械备案和审批事项376件,服务区域经济,为营造良好的营商环境添砖加瓦。组织开展无菌和植入性医疗器械专项检查、清网行动、防疫物资等专项整治活动,专项检查期间,共对109人开展法规培训,出动330人次。对辖区生产医用口罩的企业进行点对点指导,面对面帮扶,协调有关审批部门把全区企业纳入"快速审批通道",帮扶伊利威达、英诺美迪等4家企业在最短时间取

得产品注册证和生产许可证。

12月24日,区市场监管局执法人员在天津宅急快药医药有限公司检查"发热、咳嗽、抗病毒、抗菌药"实名制登记

(路圣垚 摄)

【特种设备安全监管】 2020年,区市场监管局检查企业333家,检查各类特种设备456台套,发现安全隐患40项,下达《特种设备安全监察指令书》40份,整改完成率100%。完成2952台设备注册登记和1765人次特种设备作业人员发证复审工作。全年,以安全生产三年专项行动为契机,将日常监管与专项检查有机结合,督促821家企业完成自查,在企业自查自改的基础上开展隐患排查。对辖区内8家气瓶充装单位和3家移动式压力容器充装单位开展年度审查,监督企业在限期内完成整改。开展危险化学品相关特种设备专项执法检查,以公共场所、工业重点和城市公共设施领域为重点,深入开展保安全迎国庆专项整治行动。推动完成全区油气长输管道法定检验工作。开展冬季供热锅炉专项检查行动,检查集中供暖锅炉29台、热电联产锅炉4台、企业自用供暖锅炉51台,全面保障居民供热和全区供暖安全;加大违法行为惩治力度,立案15起结案16起,罚款75.78万元。结合"进社区、进企业、进学校"举

办特种设备安全知识宣传培训会13次,对物业单位负责人、重点企业负责人、特种设备安全管理员等千余人进行特种设备安全管理培训,并进社区开展电梯困人的应急演练。为金钟示范镇、军粮城示范镇、华明示范镇等还迁小区累计2609台电梯购买电梯安全责任保险。

（刘喜全）

本篇责任编校　曹心慧

财政税收

Finance and Taxation

财政管理

【简　况】　天津市东丽区财政局(以下简称"区财政局")是区政府综合管理全区财政收支,实施财政监督,对国民经济进行宏观调控的综合经济管理部门。1953年5月,成立天津市津东郊区财政科。1955年6月,更名为天津市东郊区财政科。1964年2月,更名为天津市东郊区财政局。1992年3月,更名为天津市东丽区财政局。

2020年是全面建成小康社会和"十三五"规划的收官之年。面对新冠肺炎疫情的严重冲击,区财政局在区委、区政府的正确领导下,以习近平新时代中国特色社会主义思想为指导,深入贯彻党的十九大和十九届二中、三中、四中、五中全会精神,坚持稳中求进工作总基调,加力提效财政政策,注重发挥财政调控作用,积极作为,精准施策,有效对冲疫情影响,全区经济运行总体平稳。

【加强财政收入管理】　2020年,区财政局以贯彻新发展理念为引领,积极推动经济高质量发展,坚决落实减税降费政策,着力做好开源节流,优化收入结构。持续深化供给侧结构性改革,多渠道挖潜增收,强化税源监控,加强非税收入征管,确保收入应收尽收。作为东丽区"减税降费"工作牵头部门,积极与区税务局、区发展改革委、区工信局、区人力社保局、区运管局进行沟通协调,推动"减税降费"各项政策在全区落地落实落细,"减税降费"工作取得显著成效。累计新增减税降费18亿元,其中税务系统累计减税降费6亿元;累计减免三项社会保险(基本养老保险、失业保险、工伤保险)10.41亿元,拨付援企稳岗补贴0.24亿元,节省用电成本0.59亿元,节省用气成本0.48亿元,免征污水处理费0.18亿元,降低基本水价0.07亿元,"两检合一"降低费用0.01亿元,返还涉企保证金0.05亿元。

【财政支出合理安排】　2020年,区财政局实现区级一般公共预算支出93.8亿元,其中一般公共服务支出8.6亿元,完成预算的109.6%,增加9.6%;国防支出0.05亿元;公共安全支出6.3亿元,完成预算的116.4%,增长16.6%;教育支出12.3亿元,完成预算的82.2%,减少17%;科学技术支出0.9亿元,完成预算的63.8%,减少35.9%,主要是科技扶持资金减少的支出;文化旅游体育与传媒支出1亿元,完成预算的78.5%,减少21%;社会保障和就业支出13.3亿元,完成预算的114.4%,增长15.3%;卫生健康支出6.4亿元,完成预算的92.4%,减少6.9%;节能环保支出4.5亿元,完成预算的626.1%,增长529.9%;城乡社区支出13.3亿元,完成预算的40.2%,减少70.2%,主要是支持国有企业发展资金减少的支出;农林水支出2.7亿元,完成预算的49.3%,增长12.3%;交通运输支出0.8亿元,完成预算的103.3%,增长3.2%,主要是公交线路补贴增加的支出;资源勘探信息等支出19.1亿元,完成预算968.7%,增长868.6%,主要是支持国有企业发展资金增加的支出;商业服务业等支出0.03亿元,完成预算的2.6%,减少97.3%;金融支出0.5亿元,完成预算的72.6%,减少19.6%,主要是金融扶持资金减少的支出;自然资源海洋气象等支出0.6亿元,完成预算的96.5%,减少3%;住房保障支出0.3亿元;粮油物资储备支出0.1亿元;灾害防治及应急管理支出0.5亿元;其他支出0.5亿元;债务付息及发行费支出1.3亿元。

【促进社会事业发展】 2020年,区财政局全面落实"六保"任务,大力支持疫情防控,坚持以保促稳、稳中求进,加强财政资金效用管控,重点支持农林水、教育、医疗卫生、文化体育、节能环保等重点社会事业发展,加大市容环境、基础设施、城市建设等项目投入,着力提升财政服务保障能力,增强公共财政职能。加大农林水投入,安排造林绿化工程、林业生态PPP项目、高标准农田及地表水环境治理、国有泵站维修维护等项目1.8亿元。加大教育投入,落实发展学前教育两年行动方案,安排中小学校舍维修、设备购置0.47亿元,扩大普惠性民办学前教育资源奖补及生均经费补助等项目资金1.85亿元。加大医疗卫生投入,拨付城乡居民基本医疗保险、基本公共卫生服务等项目资金3.21亿元。为保障疫情防控需求,安排医疗卫生机构基础设施建设、能力提升和设备物资购置等疫情防控资金2.38亿元。加大文体事业投入,推动公共文化服务体系建设,拨付场馆免费开放、融媒体建设和各项文体活动等项目资金0.5亿元。加大节能环保投入,安排北方地区冬季清洁取暖试点资金0.1亿元、大气污染防治资金1.89亿元。加大城乡社区建设投入,投资1亿元用于绿化提升、立面整修等项目建设,落实园林绿化养护、道路扫保养护、以奖代补等奖励资金2.23亿元,全面提升环境质量。

【深化财政制度改革】 2020年,区财政局严格实施零基预算,严控一般性支出和"三公"经费预算。加强预算执行管理,积极创新财政资金分配方式,确保资金直达基层,直达民生领域。着力强化财政管理监督,围绕做好"六稳"工作,落实"六保"任务,不断提升财政管理效能。强化政府债务管理,管好用好政府债券资金,防范化解政府债务风险,严守政府债务限额底线。稳步实施政府预算绩效管理,构建全方位预算绩效管理格局,实现预算和绩效管理一体化,有效提升预算管理水平和政策实施效果。加强绩效目标审核,积极开展事前绩效评估,做好绩效运行监控。扎实开展重点绩效评价工作,对全区21个重点项目进行绩效评价,强化绩效评价结果应用,坚决压减低效无效支出,着力提升绩效管理的有效性、针对性。

【防范化解隐性债务风险】 2020年,区财政局抢抓建制县区隐性债务化解的政策机遇,成立专项工作组,制定隐性债务化解方案在财政部组织的竞争性评审中,荣获第一名。在此次建制县区隐性债务风险化解工作中,东丽区获得240亿元再融资债券额度,为全市最高。申报的化债方案被财政部作为"全国标准范本"。

(迟 瑶)

区域税收

【简　况】 国家税务总局天津市东丽区税务局(以下简称"东丽区税务局")由国家税务总局天

津市税务局垂直管理,是主管全区税费征管工作的职能部门。1983年1月,成立天津市东郊区税务局。1989年10月,天津市东郊区税务局变更隶属关系,变更为天津市税务局东郊区分局。1992年3月,更名为天津市税务局东丽区分局。1994年8月,天津市税务局东丽区分局划分为天津市东丽区国家税务局和天津市地方税务局东丽区分局。2018年7月,东丽区国税局和东丽区地税局合并为国家税务总局天津市东丽区税务局。

2020年,东丽区税务局以习近平新时代中国特色社会主义思想为指导,按照区委、区政府和市税务局工作部署,以全面提高税收治理能力和治理水平为目标,以强党建、严考核、带队伍为抓手,统筹推进疫情防控和经济社会发展,力促组织收入、减税降费、优化营商环境、疫情防控等各项重点工作取得丰硕成果,为区域经济绿色高质量发展和“十三五”圆满收官贡献重要力量。

【税收收入】 2020年,东丽区税务局结合疫情防控各项工作要求,科学施策、精准发力,全年组织税费收入124.9亿元。精准把控税源概况,“横向”与区级职能部门沟通协作,全方位摸清本地税源生产经营情况;“纵向”健全完善税收预测管理体系,提升税收预测直报效率,科学测算收入形势,收入预测工作始终在全市名列前茅。强化管理重点税源,局领导带队走访重点税源企业,充分了解企业生产经营、财务资金、发展趋势等情况,及时给予政策辅导与支持。年内,圆满完成天钢集团1952.31万元破产债权清偿入库工作。大力加强税收风险防控,圆满完成风控任务2815户

次,入库税款2.73亿元;完成自然人异议申诉风险核查任务2029户次,入库税款80.15万元;通过发票协查任务挽损108万元,规范企业的纳税行为,有效堵漏增收。

【减税降费】 2020年,东丽区税务局扎实落实减税降费任务,累计新增减税降费5.44亿元。用好网上平台,通过微信公众号发布、转发优质政策解读文章297条;发送政策提示短信50余条,覆盖纳税人35.3万人次;累计发放各类宣传资料2.5万份,实现优惠政策宣传全覆盖。大力开展“税务护苗百日行动”,成立由局领导带队的12个护苗行动小组,深入企业答疑解难。主动对接辖区中小微企业5401户,解决企业政策难题74个,征集采纳意见建议95个,切实扫清纳税人政策享受障碍。主动对接疫情防控重点企业,帮助6户疫情防控重点保障物资生产企业享受增量留抵退税1212万元;1034户次运输疫情防控重点保障物资等企业享受增值税优惠1825万元;2.9万余户小规模纳税人享受降低增值税征收率优惠5511万元,为217户企业减免房地两税3940万元。

6月10日,东丽区税务局为企业送去支持防控疫情税收优惠政策明白纸等宣传页 （王璐 摄）

【纳税服务】 2020年，东丽区税务局开展"双万双服促发展"活动、"便民办税春风行动"，加强沟通协调，与区工信局、区市场监管局、区财政局等部门建立协同工作机制，共同收集企业需求问题274个，回复率100%。与区住建委联合开展建筑企业跨区域经营税收监管工作，完成建筑企业信息交换1744户，有效实现信息共享。优化网上办税缴费流程，将电子税务局受理时间压缩至2小时以内；优化注销业务办理流程，业务平均办结时限为5天，比规定时间缩短一半；实施出口退税申报审核"容缺办理"，保障5个工作日内办结退库手续，业务办理效率大大提升。5月引入咨询电话外包服务以来，接听咨询电话3.8万余次，有效接听率达96.9%；主动送政策上门，帮助万科房地产享受递延缴纳预提所得税6801万元；积极推广"票e到家"，寄送发票9205万份；对1.56万个体工商户开展定期定额核定征收，实现系统批量自动申报，有效减少纳税人往返税务机关次数。

【队伍建设】 2020年，东丽区税务局严格绩效考核，推进职级改革，队伍活力显著增强。严督细考，以聚焦重点工作、突出问题导向为原则，构建完善"一二三"考评体系，科学分解市局下发的40项、980分考评指标，盯紧目标、细化任务、压实责任，切实发挥好绩效管理"指挥棒""推进器""评价器"作用。强化培训，干部综合能力显著提升。积极运用"互联网+教育培训"模式开展线上培训26次；围绕"人才强税"战略，组织开展"岗位大练兵、业务大比武"活动，2名干部被授予"市级业务

标兵"称号，5名干部被授予"市级业务骨干"称号，4名干部考核合格重新命名为"市级业务骨干"称号。

【征管改革】 2020年，东丽区税务局精准发力，强化税收征管，确保改革举措依次落地。增值税专用发票电子化工作首战告捷，成立专项工作领导小组，详细制定工作方案和任务分解表，统筹推进各项工作。积极组织30余名业务骨干开展培训，做好坚实人力保障。采取"专人对接""延时办税""绿色通道"等服务举措，成功开出全市第一张增值税电子专票。企业社会保险费征缴有序推进，与区教育局、区医保局、区社保分中心等建立对接机制，互派工作人员，协同推进各项工作。全方位开展政策宣传，与社保联合编制培训资料，对外"同频发声"；向企业发送"冠名"短信，实现全区1.5万户企业尽知缴费政策。积极探索"实体、网上、掌上、自助"多元化缴费渠道。首个征期入库社保费2.02亿元。个税汇缴工作平稳落地，以"效率优先、风险可控，机审为主、人工为辅"为原则，组建个税专家团队，开展集中办公，高效审核退税任务1.2万条，发现问题486项，逐一辅导纳税人更正申报。全年，8.9万人完成汇缴申报，其中3.97万人退税1014万元，个税改革政策精准落地。

【疫情防控】 2020年，东丽区税务局成立疫情防控工作领导小组，制定疫情防控专项预案，从宣传教育、日常防护、物资保障等方面细化防疫举措，实现疫情防控"无死角"。积极响应区委、区政府号召，选派75名业务骨干组成"助企复工志愿

队",下沉29个园区,排查外地返津人员2452名,发现防疫不到位等问题12个;派遣16人参加"132"帮扶工作组,常态化助企复工复产。大力推广"非接触式"办税缴费服务,推行226项全程网上办服务措施,网上申报率最高达99.74%;自助办税终端发售发票233.4万份;2万余户次纳税人通过电话、微信预约办税;开展"云培训""云座谈"52场次,覆盖纳税人6840人次,保障疫情期间业务顺畅办理。

2月26日,东丽区税务局干部下沉街道、园区开展疫情防控措施检查工作　（魏军涛　摄）

（郭学成）

本篇责任编校　曹心慧

交通运输

Traffic Transportation

运输管理

【简　况】　天津市东丽区交通运输管理局（以下简称"区运管局"）是区政府主管全区交通运输管理工作的职能部门。1984年4月，成立天津市东郊区交通运输管理站。1985年11月，更名为天津市东郊区交通运输管理所。1991年11月，更名为天津市东郊区交通储运管理处。1992年3月，更名为天津市东丽区交通储运管理处。1992年12月，更名为天津市东丽区交通运输管理局。

2020年，区运管局在区委、区政府正确领导下，以党的政治建设为统领，坚持把提升交通运输发展质量建设作为"十三五"时期的重要抓手，着力打通"大动脉"、畅通"微循环"，为全区经济社会发展提供良好的交通保障。

【行业经济发展】　2020年，受新冠肺炎疫情等不确定性因素的影响，1—3月东丽区交通运输业营业收入增速下降较大，随着复工复产的逐步推进，4月开始环比增速出现上升，7月开始环比增速持续小幅稳定上升。1—12月80家规上交通运输业企业实现营业收入64.87亿元，比上年净减7.99亿元，下降11%，环比增长0.8%。

【行业安全生产监管】　2020年，区运管局夯实行业安全生产工作基础，进一步强化落实安全生产责任制，组织开展行业企业安全生产责任书签订工作，做到重点企业全覆盖。对全区危化品运输、旅客运输、大型普通货物运输企业实施重点监管，全年出动执法检查人员1764人次，检查企业352家次，发现整改隐患130处，下达执法文书30份，全部按照整改期限要求完成整改复查闭环处理，确保隐患清零。

【行业依法行政工作】　2020年，区运管局累计核查监管对象2792家，其中道路运输企业2696家、机动车维修企业78家、驾校18家。以打击交通运输领域违法违规行为、消除安全生产隐患为重点，累计开展针对货运、危货运输、客运、机动车维修行业检查274次，发现隐患及违法行为35起，均已责令整改完成，立案处罚8起，罚款7.7万元；会同区城管委、区生态环境局、交警东丽支队等部门开展"两客一危"路面检查、渣土治理、建筑垃圾治理、大气污染治理联合检查91次，检查客货运、危货运输车辆2800余辆次，查扣违法违规运输车辆41辆次，罚款39.5万元。做好出租车客运市场执法监管，针对轻轨站、医院交通换乘点位等重点区域，定期组织执法巡查，加大黑出租治理力度，实施多种形式的联合执法。全年，查扣违法违规巡游出租车、网约出租车、黑出租230辆次，罚款184.67万元。

10月5日，区运管局工作人员进行客运检查

（张秀艳　摄）

【公共交通体系建设】　2020年，区运管局坚持以群众诉求为导向，结合东丽区公交线网布局实际，开展公共交通走访调研工作，深入了解全区

群众公交出行需求。全年，完成715路、639路、635路、369路等12条公交线路调整、优化。

【超限超载治理】 2020年，区运管局按照国家五部委文件要求和全市治超工作整体部署，结合全区治超工作实际情况，坚持政府主导、部门联动、综合治理、依法规范治超，共计出动执法人员3461人次；累计拦检大型货运车辆4101辆次；进站检测认定超限超载车辆289辆次；累计卸载、倒运超限超载货物1.2万余吨，查获"百吨王"44部，签订承诺书300余份（其中施工工地220余份，搅拌站30家，运输企业、场站50余份）、检查源头重点企业100余次、约谈企业24家。

【行业管理和服务】 2020年，区运管局牵头制定企业错峰返程直通车扶持政策。对东丽区注册企业及在施重点工程施工单位使用错峰直通车包车费用给予60%的补贴，累计指导、服务170家工业、建筑企业使用"直通车平台"，分107批次接回2100余名返津员工，"直通车"服务范围涉及河北、河南、黑龙江、四川、江苏等13个省56个市县，总服务里程13.4万千米，运费87万元。开展驾校检查服务工作。全年，新增教练员180名，注销69名，新增教练车100部、更新60部，新增培训项目1户，外区驾校租赁教练场地1户。完成运输企业质量信誉考核870家，车辆审验5900部。新办理《道路运输证》2560件，办理《从业资格证》5000余件。

（康　磊）

公路建设养护

【简　况】 天津市东丽区公路建设养护中心（以下简称"区公路中心"）主要负责东丽区内21条170千米县级及以上普通公路建设养护工作和102条138千米乡村公路路面维修工作，为天津市东丽区交通运输管理局管理的公益二类事业单位，规格为副处级。2000年3月，成立天津市公路管理局东丽分局。2007年4月，更名为天津市东丽公路处。2011年7月，更名为天津市东丽区公路管理局（天津市东丽区乡村公路管理办公室），整建制划归东丽区管理。2020年8月，更名为天津市东丽区公路建设养护中心。

2020年，区公路中心认真贯彻落实东丽区和区运管局两级会议精神，在履行好区域内普通公路的建设、养护等职责基础上，坚持以改革促发展，坚持向管理要效益，通过精细化管理、改革创新、统筹安排、优化制度，圆满完成全年重点工作任务。全年，办理区"两会"建议提案7件，答复8890便民服务专线、党群心连心、政民零距离诉求问题累计329件。

【改革工作】 2020年，区公路中心根据东丽区委机构编制委员会《关于改革调整区交通运输管理局所属公益类事业单位有关问题的通知》等文件精神，原天津市东丽区公路管理局（天津市东丽区乡村公路管理办公室）在落实划出行政职能的基础上，更名为天津市东丽区公路建设养护中心，划归区运管局管理。按照区委编办有关精神，原区公路局机关37人选择公益一类事业身份，其中原路政13名工作人员划转到区运管局工作；原公路局科室24名工作人员中，有12人通过考试进入区运管局交通运输服务中心工作，其余12人志愿到街道工作。按照区国资委深化国有企业改革的要求，经区市场监督管理局批准,11月5日完成原局属天津市东兴市政工程有限公司注销登记工作。

【公路工程建设】 2020年,区公路中心坚持团结、创新、务实、奉献的公路精神,紧紧围绕公路建设为中心,全面提升公路大中修工程建设水平,有序推进各项工程项目建设,较好地完成上级下达的各项建设任务,为东丽区营造出畅安舒美的道路环境。全年,完成工程建设项目2项,其中完成杨北公路(新杨北—津宁高速)改建工程,全长6.387千米,面积14.75万平方米;完成津赤路(外环线—华明交警大队)维修工程,全长0.51千米,面积0.73万平方米。

【公路养护管理】 2020年,区公路中心以提升路网服务水平为宗旨,坚持精细化养护作业和规范化管理标准,强化职责,增加投入,完成公路养护工作任务。养管国道1条,省道13条,区县级路7条,总面积363万平方米。养管桥梁48座,其中大桥特大桥14座,中小桥梁34座;天桥1座。完成路面维修10.8万平方米,修整人行道726平方米,整修路肩边坡47万平方米,路肩边坡除草24万平方米,清洗波形板63万米,更换维修波形板178米,更换桥梁栏杆16吨,清理维修排水沟8718米,清掏收水井350座,树木刷白8.5万株,树木修剪1363株。

【乡村公路维修】 2020年,区公路中心始终把乡村公路养护作为"优化发展环境、提升东丽形象、服务区域经济、惠及一方群众"的重要工作,积极推动乡村公路发展,强化构建便捷、通畅、高效、安全的乡村公路交通网络,保质保量完成乡村公路民心工程建设。全年,实施乡村公路维修工程合计5.84千米,其中小赵路维修工程全长4.32千米,维修面积2.16万平方米;盛源路维修工程全长1.52千米,维修面积0.76万平方米。

【津汉公路改建工程】 津汉公路(东金路—金钟河大桥东侧桥头)改建工程为市、区重点建设项目。项目西起东金路以西1.6千米处,北至金钟河桥东丽宁河界,全长9.6千米,技术等级为一级公路,改建后由双向两车道拓宽为双向六车道。总投资18.36亿元。第一标段东金路以西1.6千米处至东金路段,于4月25日正式开工建设。截至年底,完成清淤2.7万立方,填方3.2万立方,路基400米,导行路600米,管桩1260米,钻孔灌注桩27根,墩柱6个,承台4个及第一联现浇箱梁。二标段完成施工图设计审查批复,同步推进招投标文件编制及控制价审查工作。三标段完成钻孔灌注桩13根,承台1个。

10月,一标段第一联现浇箱梁施工现场　　(刘保华　摄)

(刘若珊)

本篇责任编校　吴俊侠

应急救援

Emergency Management

应急管理

【简　况】　天津市东丽区应急管理局(以下简称"区应急管理局")是区政府主管全区安全生产综合监督管理职能部门。2001年11月,成立天津市东丽区安全生产监督管理局,属天津市东丽区工业经济委员会管理。2005年4月,东丽区安全生产监督管理局调整为东丽区政府直属机构,规格为处级。2018年12月,组建天津市东丽区应急管理局。

2020年,区应急管理局在区委、区政府领导下,以加强党的建设为核心,落实从严治党各项要求;以提升全区应急管理水平为基础,加强应急保障机制及执法能力建设;履行监管职责,安全生产形势保持稳定,为东丽区绿色高质量发展创造良好环境。

【疫情防控和经济社会发展】　2020年,区应急管理局做好"六稳"工作,落实"六保"任务,做好安全生产保障。对东丽区临时征用留观所中的12家快捷酒店进行安全检查,发现问题隐患13项,指导协助立即整改消除隐患。疫情期间对区域内发热门诊、隔离观察指定隔离酒店7家开展联合检查5次,发现隐患问题13个,整改率100%,确保抗疫工作顺利开展。联合消防救援东丽支队开展复课学校开学安全检查,出动执法人员8人次,检查学校16家,发现整改安全隐患77项。成立5个复工调查统计组,按照"企业主体、政府不短、储池周转、及时灵活"的原则,协助企业解决防控物资

临时紧缺问题1个,帮助企业渡过疫情难关。

【健全应急预案体系】　2020年,区应急管理局开展东丽区总体和专项预案修订工作。制定《东丽区地震应急预案》《东丽区防汛预案》。建立预警响应机制,细化河道抢险、排水除涝、物资调运、水库调度、电力保障、易积水片区管理等专项保障方案和军地联合工作方案。针对海河险工险段、19处易积水片区、24处道路下穿通道等薄弱环节,制定东丽区防汛整体预案。部署区应急委成员单位做好应急演练工作,完成鸿兆祥装饰城火灾应急演练、消防高层火灾应急演练、中航油油库火灾应急演练、防汛应急演练等演练6次。

【汛期准备及处置】　2020年,区应急管理局集中力量对河道、管网、水库、闸涵泵站等防汛排水设施,在建工程,房屋校舍,危化企业及各街道备汛情况进行全面检查。对四号桥河排水不畅、郑家台码头防汛隐患下达整改通知2个,完成整改2个,整改率100%。全年,发布防汛抗旱专报7期,防汛快报8期,启动防洪Ⅳ级应急响应6次,严格落实值班值守制度,全区未出现险情灾情,未发生人员伤亡。

【做好突发应急处置】　2020年,区应急管理局处置突发应急事件7起,未发生群体性突发事件等情况。突发应急事件分别为3·14中储棉仓库火灾事故;协调3·17中航油输油管道泄漏事件,完成对事故报告的撰写工作,并报市应急管理局和区政府;3·18大风灾害天气,及时启动应急预案,将大风灾害天气危害降到最低,防止次

生灾害发生;5·10华新街道弘贯东道与华三路交口处发生路面坍塌事故,及时发现,及时隔离,及时抢修,未造成人员伤亡和舆论负面影响;协调6·19潘庄棉三宿舍房屋吊顶脱落事件,对当事人进行安抚及安置,并对周边群众做好思想工作;协调11·5东丽区外环线津塘高架桥桥面下挠事件;协调11·13驯海路甲醇罐车追尾事故,避免次生灾害发生。

3月17日,处置3·17中航油输油管道泄漏事件

(许佳 摄)

【开展三年专项行动】 2020年,区应急管理局做好宣传教育。邀请市应急管理局专家做"切实深化对习近平总书记关于安全生产重要论述的理解、认识和把握"专题辅导,开展"隐患就是事故,事故就要处理"专题宣讲活动。制定《东丽区安全生产专项整治三年行动新闻宣传方案》,邀请专家为东丽区49名化工和危险化学品企业主要负责人及安全管理人员开展专题培训和集中警示教育,并对企业主要负责人进行现场闭卷考试,考试合格率100%。组织安委办成员53家单位开展安全宣传进企业活动246场,参与人数7492人。

【落实安全生产责任】 2020年,东丽区未发生生产经营性火灾死亡事故和较大以上生产安全事故。完成市政府对东丽区安全生产责任考核工作和市应急管理局对区应急管理局业务工作实绩考核;完成全区25个党群部门、39个政府工作部门、13个街道(功能区)开展2019年度安全生产责任制考核工作,对2019年安全生产工作进行总结、梳理和归档。形成《安全生产专报》12期,加强安全生产执法检查与法治建设有机融合,推动安全生产工作科学化、规范化和精准化。

8月12日,区防指8·12强降雨预警处置

(宁书辰 摄)

【消除重大危险源】 2020年,区应急管理局按照东丽区化工危险化学品医药企业复工复产、夏季安全生产专项整治、重大危险源企业专项检查督导、安全隐患大起底大排查大整治等工作方案,全年检查企业124家,其中,重大危险源企业32家,重点工艺及重点监管产品企业11家次,加油站58家次,一般生产、使用、自由储存经营企业23家。下达现场检查记录124份,责令限期整改指令书29份,整改复查意见书29份,查出隐患233处,均已整改完毕。消除东郊污水处理厂等重大危险源4处,大茂化学试剂有限公司和恒兴化学

试剂有限公司按时完成危险化学品处置。

（宁甫明）

消防救援

【简　况】　天津市东丽区消防救援支队（以下简称"消防救援东丽支队"）是主管全区消防工作的职能部门。1962年，成立天津市东郊区消防队。1965年5月，消防队改为义务兵役制。1992年3月，改编为天津市公安消防总队东丽消防科。1998年，实行科队合一，更名为天津市公安消防总队东丽支队。2019年12月，更名为天津市东丽区消防救援支队。

2020年，消防救援东丽支队在区委、区政府的正确领导下，始终牢记习近平总书记训词精神，以"明主责、强主业、当主力、打主攻"为实践标准，班子队伍建设彰显新气象，灭火救援能力提升新水平，夯实安全底盘开创新局面，基层基础建设实现新跨越，保持火灾形势持续平稳和队伍高度安全稳定，为辖区经济发展和社会稳定创造良好的消防安全环境。年内，消防救援东丽支队获评"东丽区十佳青年突击队""天津市文明单位""全国文明单位"称号。

【消防安全责任制】　2020年，消防救援东丽支队联合区普及法律常识办公室转发《天津市消防安全责任制规定》《天津市消防安全领域信用管理暂行办法》，出台《打通"生命通道"行动公告》，制定《职责手册》《任务清单》，建立督促、约谈、考评、诚信监管4项责任落实工作机制。组织召开《天津市消防安全责任制规定》培训会；完成东丽区"飞地"治理、打通"生命通道"等重要消防工作任务。

【队站建设】　2020年，东丽区金钟街二号消防站竣工，建筑面积6230平方米，占地面积5010平方米，10个消防车库。整个四层1000平方米设置为战勤保障库，一层单独设置战勤保障车库4间。

12月25日，东丽区金钟街二号消防站竣工

（赵帅　摄）

【消防宣传】　2020年，消防救援东丽支队建成全媒体中心。推出《东丽消防"五进"》在线直播栏目7期，浏览量300万人次。联合市公交集团第四客运有限公司打造"东丽消防号"主题公交车2线、10部、2800台车载电视循环播放支队原创《消防安全快板书》，在新立街道丽尚华庭社区打造东丽区首个消防文化主题社区。发放《致广大居民群众的一封信》、消防安全宣传材料10万份。在央视法制频道《生命线》《中国应急管理报》等主流媒体发布消防新闻87篇，队站开放260余次，接待辖区内参观人员3.6万余人，辖区2万余块大屏循环播放消防公益广告，发动消防志愿者1840人

· 253 ·

次,深入104个社区对群众开展面对面宣传,入户发放《致居民消防安全的一封信》《消防安全提示单》2.2万份,发动群众清整身边火灾隐患153处。"两微一抖"粉丝累计达到43.9万人。利用各类媒体进行负向曝光,对60余家单位的184余处隐患问题在各类媒体平台进行集中曝光,通过社会舆论监督倒逼隐患整改。

6月11日,"东丽消防号"主题公交车正式发车

（郑天一　摄）

【消防监督检查】 2020年,消防救援东丽支队开展消防安全专项整治三年行动、"三大攻坚"、居民社区"四项工作"等专项整治行动20余次;联合区应急管理局、区民政局、区人防办等有关部门下发《东丽区高层住宅消防安全专项治理攻坚行动方案》《关于开展养老机构消防安全专项治理攻坚行动的方案》《东丽区"飞地"消防安全专项治理工作方案》等文件通知10余个,组织地下建筑领域、加油加气站集体约谈20余次,发布消防安全警示函30余次,维护全区安全形势稳定。在新立街道海康园开出首张"违法占用消防车通道行为"罚单,建成电动自行车充电设施37处。全年,检查单位981家次,发现火灾隐患或违法行为367

处,督促整改火灾隐患或违法行为383处,下发责令改正通知书277份,责令"三停"单位3家,处罚47起,罚款56.98万元。

【灭火救援】 2020年,消防救援东丽支队围绕"六训"练兵机制,瞄准聚焦"全灾种、大应急"实战需求,实现灭火扑救、应急处置和快速响应能力综合提升。投入消防业务经费2800万余元,成立地震专业救援队,改装器材运输车,实现8大类79种1143件器材的模块化储存运输。开展水域救援、抗洪抢险、夜间仓储火灾扑救、交通事故应急处置等联合实战演习120余次。采集灭火救援基础数据630余条,熟悉检查市政消火栓3480个,并与区城管委签订联勤联动保障协议,54辆洒水车随时待命。全年,接警出动2648次,出动车辆5325辆次,消防员2.75万人次,抢救被困人员57人。完成"3·14"中储棉火灾扑救、"3·17"中航油管道泄漏事故处置等任务、"3·18"大风恶劣天气灭火救援,维护人民群众生命和财产安全,为辖区经济发展奠定消防安全基础。

11月5日,消防救援东丽支队开展夜间地震应急演练

（张磊　摄）

【疫情防控】 2020年,消防救援东丽支队成

立防疫领导小组,严把防疫重点、外部输入、内部传播、督查指导、排查上报、生活保障"六关"。发放医用口罩12万片,配发季节性药品、消毒药品四大类200种。协调医务人员上门服务,为参战指战员进行核酸检测,避免二次传播。与新立街道社区医院签署互建协议,开辟指战员就医绿色通道。落实测体温、戴口罩、消毒、扫码等防疫措施,隔离人员建立一人一档,进行体征监测、登记,切实做到支队全体指战员及家属"零输入、零感染"。

11月5日,消防救援东丽支队对勤务人员进行消毒

(赵永亮　摄)

(王　琳)

本篇责任编校　刘秀芹

区属国有公司

District's State-owned Companies

天津东方财信投资集团有限公司

【简　况】　天津东方财信投资集团有限公司（以下简称"财信集团"）是负责东丽区城市化建设投融资的区属国有公司。2005年7月，成立天津东方财信投资有限公司。2007年8月，组建天津东方财信投资集团公司。2020年，财信集团党委直属管理东方财信、东方国润两家一级公司。集团下属二级子公司39家。注册资本金67.8亿元，是东丽区唯一外部评级AA+的国有企业，主要为东丽区保障性住房、示范小城镇、产业园区、基础设施等提供融资、建设、运营以及重点项目的资金调配。

2020年，财信集团深入贯彻落实习近平新时代中国特色社会主义思想，谋深悟透区委、区政府的决策部署，聚焦加强党建引领、化解债务风险、提升金融服务、盘活低效资产、深化国企改革、拓展多元路径、解决历史问题等重点业务内容，抓牢主责主业，扎实推动落实，为打造东丽区市场化运行的资源类实体国有公司做好基础保障。

【融资化债】　2020年，财信集团还本付息188.62亿元，其中本金164.47亿元、利息及费用24.15亿元，全年还本付息工作如期完成，截至年底债务规模降低3.65%。拓展融资渠道，配合债务展期、回售、置换等方式，融资到位资金114.73亿元，保证"零"逾期。年内，同100余家银行、证券、信托、租赁等金融机构对接洽谈融资200余次，在隐性债务缓释、公司债募集发行、信托贷款等方面拓展业务超百亿，为融资工作打下良好基础。做好配合融资工作，为同级公司和下属公司提供融资担保，对外担保335.9亿元，其中集团系统内部163.96亿元、集团系统外部171.99亿元，压降担保额2.2亿元。

【资产盘活】　2020年，财信集团按照"效益优先、长短结合、持续稳定"的工作原则有效盘活国有资产。完成搁置多年的电力物资基地二期项目出让工作，项目在市产权交易中心挂牌，国网天津公司以1.29亿元摘牌。完成香港花园10号房产在市产权交易中心挂牌以567万元出售。挂牌出售恒大名都18号楼60套房产，出售13套，回笼资金1789.23万元。合计变现资金1.53亿元。现持有可出租房产21处，总面积8.5万平方米，年租金2370万元，全部房产实现零空置。探索持续发展之路，开展商业化转型，建立与完善体系制度，业务涵盖资产管理、物业管理、餐饮管理、停车场管理、工程管理等服务项目，逐步进入跨越式发展的轨道。

【战略转型】　2020年，财信集团坚持"小总部、强能力、大产业"总体布局，明确集团转型后作为投融资与运营管理一体化的现代城市综合运营服务商的发展定位。完善东方国润公司集团化运营方案，明确发展定位、组织架构和主营业务，开展下属平台企业股权与业务整合，强化脱钩企业人员安置和资产运营监管。加快推进国有企业股权整合与出清工作，完成注销7户；启动3户街道平台企业股权脱钩工作、完成撤资2户；启动11户行政事业单位脱钩企业股权整合工作，完成企业注销3户；启动下属3户全民所有制企业改制和注销工作,完成改制1户。制定资产资源整合工作方案,对可供整合的物业管理、道路扫保、河道养护、绿化养管、供热服务、广告展位、停车等区管经营类资源项目的运营情况调研,分析预测未来收益,为加快融资平台转型、实现资产资源聚集,持续提升企业化债能力提供重要保障。探索积累公共资源管理领域经验,推进向经营性转型。集团下属鸿业物业为区属企事业单位提供物业、餐饮、停车等服务项目,实现营业收入507.66万元。

【遗留问题】 2020年,财信集团强化责任落实,对重点难点问题逐层剥离、深入分析,全力推进解决历史遗留问题。债务清欠成效显著,截至年底,财信集团应收账款390亿元,东方国润公司应收账款68.22亿元,恒盛集团东方恒盛公司应收账款4994万元。组织清欠专员有序开展财务凭证梳理、余额汇总等工作,配合第三方开展法律尽调和清欠工作。重大案件处理取得新突破,恒大案件委贷追偿案件一审取得胜诉,股权转让纠纷案件取得胜诉,追回2400万元往来借款,全部往来借款3900万元已执行完毕。清控案件在实现调解结案的基础上,追回1.19亿元;赛瑞案件实现执行和解,完成2亿元债转股,实现回款453万元。全年,各类案件追回欠款1.48亿元。产权证件不齐问题妥善解决。成功解决原东丽区旅游局培训中心改扩建工程自2009年至今长期遗留的房产手续问题,取得该处不动产登记证书,确保未来资产顺利处置。

【抗击疫情】 2020年,财信集团牢固树立大局意识,主动服务,助力区内企业复工复产。完成签订《减免协议》29份、减免证明29份,减免256万元,享受抗疫特别国债减免房租补贴16.74万元,全部款项支付完成。集团下属海鑫担保、汇通租赁、汇通小贷公司积极响应天津市"二十一条""东丽十条"等政策要求,全年新增授信4300万元。其中,海鑫担保新增授信1400万元并降低担保费率50%,获得2020年度天津市小微企业融资担保业务降费奖补资金;汇通租赁新增授信2000万元,并为4家企业办理延期13笔,减免企业费用合计39.8万元;汇通小贷新增授信900万元并贷降低费率3%。

(黄 喆)

天津市滨丽建设开发投资有限公司

【简　况】 天津市滨丽建设开发投资有限公司(以下简称"滨丽公司")是负责东丽区农村城市化建设的区属国有企业。2005年9月,成立天津市滨丽建设开发投资有限公司。2020年11月,天津市滨丽建设开发投资有限公司与天津市东丽城市基础设施投资集团有限公司合并。

2020年,滨丽公司坚持以习近平新时代中国特色社会主义思想为指导,以政治建设为统领,以示范小城镇建设为重点,以防范化解债务风险为底线,巩固拓展"不忘初心、牢记使命"主题教育成果,一手抓疫情防控,一手抓项目建设,实现疫情防控稳定可控、项目建设稳步推进、土地出让等各项工作取得一定成效。

【新立示范镇项目】 2020年,滨丽公司继续推进新立示范镇项目。新立示范镇81.5万平方米、9个住宅小区、128栋住宅楼、9482户完成联合验收及整体移交工作。剩余丽恒花苑21栋住宅楼,其中14栋住宅楼进行主体施工,平均施工至21层;剩余7栋楼完成桩基施工,合计打桩1438根。配套公建方面,累计完成百华中学、消防站、社区医疗、垃圾转运站4个公建移交使用工作。其中,小学、幼儿园、卫生院、菜市场、社区中心、物业楼等11处公建推进组织消防验收和规划验收。小区门卫、围墙、道路细油、铺装、景观工程已全部完成。累计乔木栽植8961株、灌木栽植1.93万株,绿篱完成2.3万平方米,草皮铺设15.5万平方米,道路细油施工10.9万平方米。

【军粮城示范镇二期项目】 2020年,滨丽公司推进军粮城示范镇二期项目建设。安置区总用地面积199.3公顷,规划地上总建筑面积181.87万平方米,其中住宅297栋159.39万平方米,公建49处,地上建筑面积22.48万平方米,居住1.9万户5.5万人,规划还迁新立街道、金桥街道、无瑕街道累计24个村队。K、L区7处配套公建,建筑面积2.4万平方米,主体结构施工全部完成,装饰装修工程完成70%。M、N地块38栋住宅楼,8栋完成桩基施工,6栋主体结构施工至6层,24栋完成主体结构封顶。

【天津市第二殡仪馆迁建工程】 2020年,滨丽公司完成天津市第二殡仪馆迁建工程建设。天津市第二殡仪馆迁建项目规划总用地33.23公顷,可用地面积31.79公顷,规划建筑面积8.73万平方米,总投资18.96亿元。年内,完成红线内房建工程、装饰装修、机电设备、景观绿化、市政道路及配套工程,红线周边四条大市政道路完成雨污水铺设、油面铺设;完成自来水、燃气、电力等大配套进入二馆院内。核心区主礼区、守灵区、骨灰存放楼、后勤服务区等18栋建筑全部完成,其中屋面工程完成6.6万平方米,完成外檐清水页岩砖4.5万平方米,完成外檐石材3.5万平方米、石材蜂窝板8300平方米,完成室内水暖电管线安装30万米,完成室内精装面积8.7万平方米。7月22日完成消防、规划验收,8月14日完成房建竣工验收。

天津市第二殡仪馆迁建工程　　　　　　　　(李杰　摄)

【出让区工作】 2020年,滨丽公司推进出让区工作。滨丽公司积极与符合招商条件、有投资意向的知名地产公司紧密对接,加大土地推介力度,协助完成2020年东丽区土地推介会,确保地块顺利出让。受新冠疫情及土地相关政策影响,全年出让2宗土地(新立示范镇出让区C4地块、军粮城土地推介中心地块),土地可出让面积10.1公顷,土地出让金额12.48亿元,回款100%。其中,新立示范镇出让区C4地块规划用地性质为居住用地、行政办公用地、服务设施及公园绿地,土地可出让面积共计8.1公顷(居住用地面积5.91公顷、行政办公用地面积0.19公顷、服务设施用地面积0.35公顷,公园绿地用地面积1.65公顷),土地出让金额11.18亿元,回款100%;军粮城土地推介中心地块规划用地性质为商业用地,土地可出让面积2公顷,土地出让金额1.3亿元,回款100%。

【区档案馆改造项目】 2020年,滨丽公司完成区档案馆改造项目建设。区档案馆改造项目是对现状办公楼(原金桥街道办事处)进行提升改造,改造后作为新档案馆使用,总建筑面积1.47万平方米,其中地上建筑面积1.3万平方米,地下建筑面积0.17万平方米。完成拆除工程、结构加固工程、土建装修工程、电气改造工程、给排水改造工程、暖通改造工程、消防改造等工程共计1.47万平方米,其中主要功能用房(包括档案库房)面积0.37万平方米,对外服务用房面积0.44万平方米,档案业务和技术用房面积0.37万平方米,办公用房面积0.09万平方米,附属用房面积0.2万平方米。室外小区围墙施工420米、室外重新铺设的各类型供电电缆施工2439米。完成项目竣工验收,与区档案馆办理完成交接手续,正式启用。

【天津市公安局被服库项目】 2020年,滨丽公司完成天津市公安局被服库项目建设。天津市公安局被服库项目规划总用地3.48公顷,可用地面积1.67公顷,新建总建筑面积1.38万平方米。1.38万平方米全部完成主体验收和室内外装修施工,室外工程配套管线、小区道路施工和苗木栽植全部完成。其中,完成屋面工程0.58万平方米、外檐石材0.24万平方米、外檐真石漆0.56万平方米、室内装修1.38万平方米,电梯安装2部,消防、监控设备、制冷系统、配电箱柜及灯具全部完成安装

调试;完成红线内绿化0.33万平方米,种植乔木63株、灌木130株,沥青道路和硬质铺装0.71万平方米,施划停车位12个,设置侧石平缘石0.5千米,修建围墙0.52千米,安装室外灯具15套、伸缩大门2套;完成红线内自来水管道1.1千米、供热管道0.4千米、排水管道1.9千米、电力电缆2.05千米、燃气管道0.025千米,井室砌筑57座,雨水口砌筑52座。自来水、电力、热力、燃气正式接通,与市公安局完成移交。

天津市公安局被服库项目　　　　　（李杰　摄）

（柏雪）

天津市东丽城市基础设施投资集团有限公司

【简　况】 天津市东丽城市基础设施投资集团有限公司(以下简称"城投集团")是区委、区政府为加快全区城市化建设进程批准设立的区属国有一级专业化公司,注册资本18.5亿元。主要职能是围绕中心、服务大局,发挥国企的融资功能和在城市化、基础设施建设、产业拉动、载体建设等方面的投资功能,做好城市基础设施建设、小城镇建设、环境综合整治、政府投资项目代建和市场化

项目投资、建设、经营、管理等工作。2007年8月,成立天津市东丽城市基础设施投资有限公司。2011年12月,更名为天津市东丽城市基础设施投资集团有限公司。2020年11月,天津市滨丽建设开发投资有限公司与天津市东丽城市基础设施投资集团有限公司合并,成立新的天津市东丽城市基础设施投资集团有限公司。

2020年,城投集团坚持以习近平新时代中国特色社会主义思想为指导,坚决贯彻落实党中央国务院、市委、市政府和区委、区政府部署要求,践行新发展理念,立足企业发展定位,聚焦主责主业,落实"提质、提速、提品、提效"工作方针,统筹做好疫情防控工作,强化资金筹措,拓宽融资渠道,合理管控严防债务风险,实施挂图作战加快土地出让,规范项目管理,扎实推进各项工程建设,深化国有企业改革转型,实现企业做强做优做大。

【城中村改造定向安置经济适用房项目】2020年,万新街道、新立街道城中村改造定向安置经济适用房项目位于外环线内,东至海航路,西至国山路,南至程雪道,北至成林道。规划总建筑面积46万平方米,可研批复总投资额26.07亿元。该项目定向安置万新街道、新立街道被拆迁居民,配套建设有小学、幼儿园、文化活动中心、商业中心、社区服务网点及周边市政道路。项目4个地块分两期建设,一期建设一、三地块还迁住宅、配套小学及其周边市政道路。年内,完成新建程林小学全部施工任务并顺利通过竣工验收,移交区教育局正式投入使用;一、三地块还迁住宅完成主体结构施工和小区雨污水工程施工,完成内外檐装饰装修工程、机电安装工程90%的施工任务;周边市政道路完成迭山路、程雪道、尧山道、程昆道的部分结构层及配套管线施工;完成国山路路基及雨污水施工。

【轻轨张贵庄站南侧地块项目】2020年,轻轨张贵庄站南侧地块项目为城市综合体建筑,位于津塘公路与利津路交口,总投资9.3亿元,建筑面积5.3万平方米,地下1.4万平方米。年内,确定规划设计方案和施工图设计,完成招投标工作,签订总包合同。完成工程规划许可证、图审合格证、施工许可证等前期手续办理。该项目于8月开工,已完成工程桩施工,正在进行止水帷幕和支护桩施工。

【土地出让工作】2020年,城投集团完成新中村8、10、11号地块挂牌出让,回笼资金6.29亿元;完成出让三区出让组卷工作,上报市政府进行审批,待批复后进行挂牌公告,预计回笼资金39.86亿元;新中村2号、6号、7号、12号地块启动社会稳定分析,筹集拆迁资金约3亿元开展针对上述地块的拆迁工作。

【拓宽投融资渠道】2020年,城投集团积极与银行、信托、证券、租赁等金融机构对接,洽谈融资业务。年内,到位融资资金112.42亿元,平均综合成本7.5%,根据《国务院办公厅转发财政部等部门关于防范化解融资平台公司到期存量地方政府隐性债务风险意见的通知》要求,完成债务缓释金额98.6亿元。通过缓释等手段化解债务、防范风险,优化自身融资结构,截至年底比上年末融资余额减少8.97亿元,融资结构中标准化业务占比达

92.3%。根据年初区委、区政府下发的《2020年各融资平台公司化解债务工作任务台账》要求,提前完成任务。

【金钟街片区综合开发项目】 2020年,经区政府批复,授权城投集团作为金钟街片区综合开发项目实施主体,采用"社会投资人+EPC"模式,通过公开招标,由中国铁建投资集团有限公司组成的联合体中标。该项目总投资132亿元,合作时间8年。12月11日,东丽区人民政府与中国铁建投资集团有限公司举行战略合作协议签约仪式。积极引入社会资本参与东丽区示范镇出让区的征地拆迁和基础设施建设,是全区化解债务压力和促进经济发展的重要路径,完善基础设施建设也是实现东丽区土地升值的重要手段。

12月11日,天津市东丽区人民政府与中国铁建投资集团有限公司战略合作协议签约仪式 (高志明 摄)

【疫情防控】 2020年,城投集团把疫情防控作为头等政治任务,召开专题会议研究部署疫情防控工作,组织做好所辖各施工项目现场、集团公司办公楼疫情防控工作的同时,号召全体党员积极履行社会责任,开展社区防疫活动。2月7日以来,组织全体党员干部职工先后到万新街道、东丽湖街道、金钟街道、张贵庄街道所辖社区的16个点位参加防疫值守工作。开展防疫捐款工作,36名党员自愿捐款合计4350元。抗疫初期,在自身物资匮乏的情况下,仍为共建社区军粮城街道冬梅轩、军祥园捐赠消毒液等物品。组织党员落实好"双报到"要求,动员党员踊跃参加居住地所在社区的防控值守工作,与社区基层党组织共筑疫情防控的前沿阵地。

2月20日,城投集团干部职工参与社区防控值守工作

(高志明 摄)

(高志明)

本篇责任编校 吴俊侠

园区建设

Construction of Economic Areas

东丽经济技术开发区

【简　况】　天津东丽经济技术开发区管理委员会(以下简称"东丽经济技术开发区")是区政府负责东丽经济技术开发区统一管理的职能部门。开发区四至范围:东至中河村,西至一经路400米,南至海河东路,北至津塘公路。2020年,总体规划面积40平方千米,总人口10121人,其中户籍人口1097人,常住人口1056人,流动人口7088人,寄宿人口1931人,境外人口5人。注册企业2167家,实体在地企业540家,其中国有企业55家,民营企业425家,外资企业60家。

1992年6月,成立天津市东丽经济开发区。2008年9月,加挂天津市东丽区航空产业园区管理委员会牌子。2012年4月,被天津市人民政府批准成为天津市海河高新技术产业开发区。2014年2月,被国务院批准成为国家级经济技术开发区,更名为天津东丽经济技术开发区。2014年5月,更名为天津东丽经济技术开发区管委会。

【经济运行】　2020年,东丽经济技术开发区全年实现工业总产值604.32亿元,完成全年工作任务的97.52%,比上年增长5.85%;固定资产投资24.27亿元,完成全年工作任务的64.72%,增长8.4%;实际利用内资57.9亿元,其中本部实际利用内资12.6亿元,完成全年工作任务的153.37%,增长68.67%;本部实际利用外资1677万美元,完成全年工作任务的129%,增长131.17%;注册资本500万以上项目377个,完成全年工作任务的209.44%。年内,本部实现工业总产值215.1亿元,增长3.35%;一般公共预算收入4.92亿元,增长2.21%;固定资产投资7.17亿元,下降27.43%。

【招商引资】　2020年,东丽经济技术开发区引进市外内资54.6亿元,实际利用外资1677万美元,落地优质项目377个,其中扬子江药业结算总部等国内500强企业2家。新增协议投资额5000万元以上项目44个,新增落地亿元以上项目17个。围绕新一代汽车技术、新材料、生物医药和医疗器械、检验检测四大主导产业和新能源、新经济等战略新兴产业,依托龙头企业,充分挖掘其自身资源和辐射资源,实现主导产业项目落地230个,占项目引进总数的61%,中汽中心新能源汽车检验检测基地、中汽传媒集团、中航发高温合金国际宇航产品基地、高能瑞蒂森医疗器械、斯坦德检验检测北方基地等一批主导产业标志性项目相继签约落地。

【重点项目】　2020年,东丽经济技术开发区重点建设项目13个,总建筑面积67.89万平方米。截至年底竣工并进行设备安装调试项目6个,建筑面积25.27万平方米,包括中核安科锐、天津电装电机、华电智网、永昌焊丝一期、晶东航材、中汽中心二期项目。进入部分楼栋主体封顶项目3个,建筑面积29.01万平方米,包括华测检测认证、阳光新城二期、中汽中心新能源项目。

【营商环境】　2020年,东丽经济技术开发区按照"双万双服促发展"工作部署,提升企业服务质量。全年,平台录入开通企业420家,平台搜集问题53个,答复53个,问题答复率100%。向企业宣传"项目+团队"等各类人才政策13项；帮助博奥赛斯申报2020年百千万人才国家级人选、政府特殊津贴等项目；帮助国科医工、博奥赛斯申报博士后科研工作站；组织金桥焊材等30余家企业参加专业技术职称解读会；帮助11家企业28人申报大学生创业岗位补贴、社保补贴及房屋补贴。组织银企、人力资源、汽车产业、新材料等各类对接会9场，帮助6家汽车企业开展产业链合作；与相关部门配合，帮助博奥赛斯、明日宇航等22家企业获取银行授信，融资2.3亿元；帮助金桥焊材、博奥赛斯等30余家企业招聘员工400余名。出台政策文件支持双创载体，累计支持5家优质载体，引育企业230家，引进服务机构34家，开展双创专题培训及活动7次；搭建商业模式概念平台，为6家科技企业提供商业模式打磨、高端资源链接服务；提升企业科技申报水平，引入3家服务机构，开展科技政策宣讲培训、科技评估等服务，累计挖掘科技后备企业150余家。

10月16日，东丽经济技术开发区联合区人力社保局、区人才办进行"项目+团队"踏勘　　（闫晴　摄）

【城市管理】　2020年，东丽经济技术开发区提升城市管理精细化水平，巩固双创成效，高标准落实62万平方米道路扫保工作，整治提升3条背街里巷。落实34万平方米绿化养管工作，补植面积2000余平方米；督导企业落实门前三包责任，走访企事业单位169家，签订责任书241份，安装铜牌400块，结合门前三包治理，整治十乱点位1602处；完善配套基础设施，建设投用一类公厕1处，规划13处共享单车停靠点，建设3处临时停车场，解决停车泊位200余个。提标改造，60家涉VOCs企业优化处理设施，细化管理制度，排放达标、处理效率达标"双重控制"；10台燃气锅炉完成低氮改造，50家企业安装工况用电监控系统；完成天津滨海重机工业园区、无瑕分园空气质量监测站建设，军粮城分园循环化改造实施方案编制；落实河长制工作，持续改善水环境。全域开展消杀工作，每日消杀点位600余个；落实废弃口罩管理工作，公共场所设置专用桶；妥善处置居民小区留观人员生活垃圾，按标准收纳并消杀后集中送往指定收集点；扎实防疫宣传，悬挂条幅38条，10余家企业设置宣传屏；坚持复工与防疫两条线，推动辖区企业有序复产。

3月30日，东丽经济技术开发区工作人员清理东丽一号小区留观人员生活垃圾　　（刘瑞雪　摄）

【安全稳定】 2020年,东丽经济技术开发区与核心区220家实体工商贸企业签署安全生产目标责任书。持续开展安全生产集中整治工作,加大执法检查力度,全年开展危险化学品生产储存运输、仓储物流、涉爆粉尘、聚苯彩钢板房、燃气管道、有限空间、人员密集型场所、建筑施工等专项检查10余次,出动检查人员1068人次,检查单位267家次,发现隐患839项,整改率达95%。围绕影响劳资纠纷及社会稳定等问题,开展矛盾纠纷排查调处工作,做到排查到位,及时调解矛盾纠纷,协调化解矛盾纠纷案件6起,涉及110余人,涉及资金150万余元。

11月2日,东丽经济技术开发区工作人员在地铁11号线建设工程工地开展安全生产检查 （胡晓东 摄）

【疫情防控】 2020年,面对突发疫情,东丽经济技术开发区全员到岗,成立2支党员突击队,建立"132"工作机制,筑牢联防联控堡垒。建立网格管理体系,发挥网格员作用,第一时间对1043家在册生产企业实施地毯式排查,实现复工指导全覆盖、上门服务全方位、问题解决全天候模式。通过"云摸排""企业复工管理平台"、实地走访等方式,收到221家企业的417个问题,解决359个,解决率达86%。助力企业复产复工,总复工率达到90%以上。

（王聿晶）

东丽临空经济区

【简　况】 天津市东丽临空经济区管理委员会(以下简称"东丽临空经济区")为区政府派出机构,主要职责是研究拟订园区经济发展规划、年度计划及相关政策并组织实施;对接自贸试验区天津机场片区管理局,推动自贸试验区制度、政策、功能、产业在东丽辖区内创新发展和落地实施;统一规划、建设和管理园区内基础设施和公共设施;负责园区产业招商、投资立项、安全生产、环境保护等工作。毗邻天津滨海国际机场,距离中心城区10千米,距离滨海新区35千米,规划面积14.18平方千米。2019年12月,成立天津市东丽临空经济区管理委员会,加挂中国(天津)自由贸易试验区天津机场片区东丽工作办公室牌子。

东丽临空经济区按照打造"国际化、智能化、现代化、生态型"都市临空经济区的目标,以聚焦新时代都市临空经济领航者为愿景,着力打造航空总部、航空物流、跨境电商、智能制造、临空商贸五大产业集群,建设阳光数字文化产业园、民航大学科技园等16个临空特色产业园,把东丽临空经济区打造成为引领东丽高质量发展的"临空新城桥头堡"。

【经济指标】 2020年,东丽临空经济区完成一般公共预算收入3832.67万元,比上年增长

88.43%;固定资产投资预计完成 5.8 亿元,减少 19.44%;实际利用内资完成 6.4 亿元,减少 28.09%。引进国内 500 强企业 1 家,完成年度目标任务 100%;新增注册企业 241 家,注册资本金总额 28 亿元;500 万以上项目 115 个,完成全年任务目标的 95.04%,其中北京 500 万以上项目 33 个,完成全年目标任务的 173.68%;新增协议投资额 5000 万元以上项目 16 个,完成全年目标任务的 64%;新增协议投资额亿元以上项目 6 个,完成全年任务目标的 75%。

【招商引资】 2020 年,东丽临空经济区紧紧围绕京津冀、长三角、珠三角等项目资源重点区域开展招商。完成 12 万平方米经营权转让项目合同签订,全速推动项目入驻前收尾工程等前期工作,立足空港国际总部基地建成载体,加快实体项目导入,落地津品(天津)教育科技有限公司、中海(天津)数据科技有限公司等 40 家优质企业,盘活载体近 1 万平方米,吸引跨境电商、航空物流等领域企业协议投资 24.7 亿元。签约泉康、宇培两个协议投资 24.3 亿元的航空物流项目,完成公司注册、建设预审方案设计等前期工作,全面推动同京东集团、德邦集团、联东 U 谷、安必信、河北振邦等 5 家计划投资额 90 亿元的项目协议签订。举办 2020cBay 中国(天津)跨境电商生态发展大会、临空经济区跨境电商和重点企业恳谈会等"接链促需"活动,签约落地品连供应链、盛业电子、利朗达科技等 20 余家跨境电商产业链企业。积极对接中科院过程所、5G 产业龙头中国联通等机构,签约落地中科康仑、一普信成、贯海科贸等信息技术领域企业,大力推动园区新基建、新动能产业提前布局。

5 月 30 日,天津东丽临空经济区跨境电商和重点企业颁照签约活动　　　　　　　　　　　　　　(王辰　摄)

【园区改革情况】 2020 年,东丽临空经济区按照"管委会+社会化运营公司"改革方向,优化区域管理机构,创新成立由海航基础设施投资集团股份有限公司出资 51% 和区属国有公司天津滨海创意投资发展有限公司出资 49%,组建天津市东丽临空建设发展有限公司,作为园区的开发运营公司。公司注册资本金 3 亿元,后期将增资至 6 亿元。2 月合作公司天津市东丽临空建设发展有限公司挂牌成立,项目正式启动运营,4 月份合资公司中标 12 万平方米航空商务区 PPP 项目(已纳入国家财政部 PPP 项目管理库),其后签订 PPP 项目合作协议、项目公司股东协议并成立 SPV 公司天津市新航成建设发展有限公司,承接首个实体子项目;8 月份与东丽临空经济区管委会正式签署东丽临空经济区综合开发项目委托协议,明确公司综合委托开发项目权责利,全面推进各项工作开展运营。

【做好企业服务】 2020 年,东丽临空经济区借助"双万双服促发展"工作机制,切实走访服务企业。全面扩大"双万双服促发展"服务企业范围,在上一年69家的基础上又新增加175家企业纳入重点服务企业,实现重点企业服务全覆盖。累计走访企业1000余次,组织召开政策培训会2次,解决企业融资、人才用工、房租减免、物业维保等问题60余件。调研融资需求企业1200余家,会同区金融局、中国建设银行、中国农业银行、海鑫担保等,先后举办1次银企对接会、30余次专项银企对接,为15家企业成功融资4000万余。全年,完成国家科技型中小企业认定26家、国家高新技术企业认定8家、雏鹰企业申报11家、中小企业创新转型申报7家。为绿缘环保工程、易客满国际物流2家企业申报用工社保、岗位补贴,在企业享受社保减免的同时,降低用工成本1.2万元;累计组织园区企业参加线上招聘会5次,线下招聘会1次,解决企业用工需求50余人次。研究制定《滨海创意公司减免中小企业在疫情防控期间房屋费用的实施方案》,协调天津滨海国际机场、中国国际航空股份有限公司、中国民航大学等央企,为100余家企业落实房租"三免三减半"政策降低租房成本2528万元。

【疫情防控】 2020年,东丽区成立由东丽临空经济区牵头的机场联络服务组,负责境外旅客需集中隔离观察人员的接送工作。接送天津滨海国际机场乘客至留观点104次,接送留观人员716人,涉及航空班次60班架次。接驳转运首都机场入境返津人员91人(送达留观点73人,居家隔离18人),承接46车次。接驳北京新国展中心返津人员11批次,入境返津人员209人。全年,完成209个入境航班的保障协调工作,调度全市16个区承接5.05万名乘客的分流转运工作,协调车辆2000余车次。

(张 瑜)

天津华明高新技术产业区

【简 况】 天津华明高新技术产业区(以下简称"华明高新区")负责高新区总体发展规划的编制、组织实施和高新区行政管理、招商引资、项目建设及各项基础设施、公共设施的建设与管理。坐落于华明街域内,东邻华明示范镇,与东丽湖温泉度假区相连;南依津汉公路,与天津滨海国际机场、天津空港经济区相邻;西至外环线调整线,紧靠中心城区;北靠金钟路,与金钟北部新城相接。规划面积7.33平方千米。2008年9月,成立天津市东丽区华明工业园区管理委员会。2009年8月,被市政府批准为示范工业园区。2012年4月,被市政府批准为首批市级高新区。2014年3月,更名为天津华明高新技术产业区。2014年5月,更名为天津市东丽区华明高新技术产业区管理委员会。2020年8月,更名为天津市东丽区华明高新技术产业区服务中心。

【精准招商】 2020年,华明高新区紧抓京津冀协同发展等重大战略机遇,围绕智能装备制造、医疗健康、新能源新材料三大主导产业及知识产权科技服务业,加大精准招商力度,带动同产业聚集,完善产业生态链。完成实际利用内资15亿元,完成全年任务的100%;新增注册资本500万元以上项目109个,完成全年任务的109%,其中北京区域500万元以上项目24个,完成全年任务的120%;引进主导产业项目比重70%,完成全年任务的117%;新增实体经济项目64个,完成全年任务的107%,其中北京区域实体经济项目20个,完成全年任务的125%;新增协议投资额5000万元以上项目24个,完成全年任务的120%;新增协议投资额亿元以上项目11个,完成全年任务的220%。

【科技服务】 2020年,华明高新区雏鹰企业、国科小企业入库均超额完成全年任务,国家级高新技术企业达到81家,连续三年增速25%以上,其中规上企业12家,占比15%;高企培育库入库企业达到34家。理工雷科、清智科技、和治友德、渤海新能等科技型企业发展后劲十足,逐步成为规上企业的生力军,科技创新带动产业发展作用正在显现。

【项目建设】 2020年,华明高新区新开工项目2个,开工面积5.16万平方米;在建项目6个,在建面积22.9万平方米;竣工项目2个,竣工面积8.6万平方米;促开工项目10个,总建筑面积52.4万平方米。其中,普洛斯产业园、乾顺永磁直驱系统系列产品生产项目开工建设,普洛斯东丽华明物流园、柯蓝科技园三期项目竣工,海特、垠坤、英诺美迪等促开工项目开展土地挂牌前期各项工作。

(赵少罕)

本篇责任编校 吴俊侠

科技教育卫生

Science & Technology, Education and Public Health

科技工作

【简　况】　天津市东丽区科学技术局(以下简称"区科学技术局")是区政府主管全区科技工作的职能部门。1978年3月,成立天津市东郊区科学技术委员会。1992年3月,更名为天津市东丽区科学技术委员会。1984年7月,成立天津市东郊区科技开发咨询服务中心。1992年4月,更名为天津市东丽区科技开发咨询服务中心。2005年7月,天津市东丽区科学技术委员会与天津市东丽区科学技术协会合署办公。2006年8月,成立天津市东丽区生产力促进中心。2007年7月,加挂天津市东丽区知识产权局牌子。2018年12月,更名为天津市东丽区科学技术局,不再保留天津市东丽区知识产权局牌子,不再与天津市东丽区科学技术协会合署办公。2020年12月,整合东丽区生产力促进中心、科技开发咨询服务中心、科普培训中心,组建天津市东丽区科技创新发展中心,作为区科学技术局管理的事业单位。

2020年,东丽区科技创新工作以习近平新时代中国特色社会主义思想为指导,深入实施创新驱动发展战略,按照区委、区政府工作部署,突出科技创新对产业优化升级和经济转型发展的支撑引领作用,助推东丽绿色高质量发展。

【科技指标完成情况】　2020年,东丽区新增国家高新技术企业72家,总数达到382家,增长18.3%。通过雏鹰企业入库271家,瞪羚企业入库20家,国家科技型中小企业入库526家。全年,完成技术合同成交额50.3亿元。组织全区企业申报市级各类科技计划项目285项,落实和争取市级政策资金创近年来最高额。组织推荐的4项科技成果荣获市科技进步奖,其中二等奖2项、三等奖2项。东丽区成功获批国家双创示范基地建设,精益创业工作受国务院认可。瑗车众创空间、执信孵化器获评科技部中国百家特色载体。

【科技型企业梯度培育发展】　2020年,区科学技术局推动高新技术企业量质齐增实现梯度培育。落实东丽区高新技术企业倍增计划,形成"遴选一批、入库一批、培育一批、认定一批"的高新技术企业精准培育机制,组织131家企业通过市级入库评审,新认定国家高新技术企业72家。对到期需重新认定的国家高新技术企业逐一走访服务,精准辅导解决问题,高企流失率从上一年的47.5%降低至今年的18.8%。实施高成长企业"雏鹰—瞪羚—领军"梯度培育计划,建立"多库联动"信息共享平台,加强与各街道园区的双向沟通,培育一批高成长性、快速发展的科技型中小微企业。

国家级高新技术企业——天津爱思达航天科技有限公司

(郝心怡　摄)

【创新创业载体升级发展】　2020年,区科学技术局推动创新创业载体升级实现特色发展。以新动能引育推动双创向纵深发展,高标准谋划推动中国民航大学科技园和清华高端院科技园建设。围绕"有专业团队、有专项基金、有优质项目、有载体平台、有特色服务、有支持政策"标准,在全市率先建立科学的载体评价标准体系,并对考核结果优良的孵化器和众创空间给予相应的资金支持。市级以上双创载体累计达到19家,其中国家级孵化器和众创空间10家,位居全市第三。推动5个优质平台创新机构"结对"发展,实现资源跨区域流动和精准对接。在市创新创业大赛中,7家东丽区企业获奖,占全市获奖企业11%,区科学技术局被市创新创业大赛组委会评为市级优秀组织奖。

中国百家特色载体——执信(天津)科技企业孵化器

(秘林 摄)

【科研机构高质量发展】 2020年,区科学技术局推动科研机构实现高质量发展。完成2020年度科研机构评估工作,针对25家重点科研机构建立常态化服务机制,促进院企有效合作对接,科研院所衍生孵化28家创新型企业。与清华高端院签订深化合作备忘录,明确"一院一园一基金"

发展格局。推进中科院研发产业集聚区建设,落地中科院过程所中科康仑、中科院广州能源所国科氢电2个产业化项目,中科院分支机构与企业形成技术入股合作5项。天津包钢稀土研究院认定为市级产业技术研究院,全区市级产业技术研究院达到5家,占全市总数的25%。

天津市产业技术研究院——天津包钢稀土研究院

(秘林 摄)

【创新生态体系优化发展】 2020年,区科学技术局优化创新服务体系建设实现协调发展。组织召开航空航天新材料、智能制造、新一代汽车技术等产业链创新链对接交流会4次,成立天津市生命科学及医疗器械产业技术创新战略联盟,推动产业链创新链融合发展。推动科技金融赋能经济,为企业解决融资近2亿元;联合金融机构推出"战疫贷""新动能贷"等多种惠企融资产品缓解企业压力。全区科技创新服务平台举办融资对接、培训、路演等各类活动90余次。加强科技创新人才队伍建设与服务,与南开大学合作开展"科技强区·千人圆梦计划"累计培养企业学员1200人。积极推进东丽区知识产权运营服务体系建设,培育20个高价值专利组合,培养300个专利内审员。

深入开展"双万双服促发展"活动,对口帮扶华明高新区20家包联企业,调研服务全区创新型企业168家次。

8月25日,全市首场政府专项投资政策宣讲和企业路演活动成功举办
　　　　　　　　　　　　　　　(刘江喜　摄)

(王　珂)

教育工作

【简　况】　天津市东丽区教育局(以下简称"区教育局")是区政府主管全区教育工作的职能部门。1971年11月,成立天津市东郊区文教卫生局。1974年11月,更名为天津市东郊区教育局。1992年3月,更名为天津市东丽区教育局。1997年12月,更名为天津市东丽区教育委员会。2002年2月,恢复天津市东丽区教育局。2018年,加挂天津市东丽区政府教育督导室牌子。2019年,加挂中共天津市东丽区委教育工作领导小组办公室牌子。

2020年,区教育局围绕办好人民满意教育,统筹做好学校疫情防控和教育改革发展工作,全区教育事业保持健康高质量发展,人民群众的教育获得感进一步增强。科学编制《东丽区教育现代化"十四五"规划》,完成教育系统所属公益类事业单位改革。推进中小学教师"区管校聘"管理改革。推进思政教育。扩大义务教育优质教育资源覆盖面,推进实验小学集团化办学。引进南开公能教育管理有限公司对秋丽家园新建学校实施委托管理,引进天津逸阳教育科技发展有限公司对中房雅郡项目新建学校实施委托管理,促进义务教育优质均衡发展。推广"优质公办园+分园"和公民办幼儿园结对互助的模式。加强体育工作,提升美育、劳动教育水平,劳动育人功能全面发挥。提升职业教育现代化水平。规范民办教育办学行为。推进学校食堂"中央厨房"运营模式改革试点项目。建立校园安全监控系统、巡课监控系统、明厨亮灶监控系统。

【教育经费收入与支出】　2020年,东丽区教育经费总收入13.67亿元,其中一般公共预算安排的教育经费13.42亿元(教育事业费11.08亿元,教育费附加6428万元,其他一般公共财政预算安排的教育经费1.7亿元);政府性基金预算安排的教育经费341万元,事业收入1606万元,校办产业和社会服务收入9万元,捐赠收入3万元,其他收入553万元。教育经费总支出13.42亿元,其中人员经费支出10.72亿元,公用经费支出2.67亿元;东丽区教育系统固定资产总值原值19.28亿元,其中房屋建筑物12.11亿元,其他固定资产7.17亿元。

【深化教育教学改革】　2020年,区教育局深化初高中课程改革工作。完成高中新课程新教材实施市级实验区遴选,4所高中学校被确定为市级实验校。组织天津市第一百中学地理学科市级精品教研活动,创办区级"精品教研",推荐4项教研参加市评审。推进"普职融通"进课堂,与5所高职院校建立合作交流机制。完成初高中综合素质评价工作。开展教学管理工作论坛和新课改交流分享会5场。赴集团化办学先进地区学访,引进优质教育资源进行委托管理,发挥实验小学等共同体内牵头学校作用,扩大优质资源覆盖面,缩小校际差异。完成天津市首届中小学、特教精品微课程视频区级评审推荐活动,评选出197节上传基础教育教研网络平台。完成小学阶段108节基础教育精品课程资源开发和录制工作。科学备考,发挥中高考骨干教师命题团队作用,开展命题方向、考纲、考试说明专题研究,完成中、高考模拟考试及成绩数据分析,完成中、高考成绩数据综合评价报告,举办中、高考备考专题讲座各2场,备考复习交流研讨活动7场。完成4所民办小学、6所民办初中与公办学校同步招生工作。建立特殊教育指导中心定期委派教师指导随班就读工作制度,成立张会娜特殊教育名师工作室。发挥资源教室网络远程优势,加强师资培训、课堂教学研究、辅助教具学具开发、信息技术远程录播等工作。开展4次学生入户慰问、5个新接案人员的入户送教评估,确保残疾儿童少年入学率达97.78%。严格履行控辍保学法定职责,完成5名适龄儿童劝返复学工作。制定减负相关机制,提升课后服务质量。疫情期间,完成线上教学任务,中小学共编写导学案、录制微课、音频、居家锻炼视频、设计

新高考模拟测试卷共计4375个,参与制作教师1209人次。教师发展中心组织166场专题网络教研活动,开展教材培训40场,基于深度学习背景下的单元整体教学25场。

7月14日,副市长曹小红视察天津市第一百中学高考情况

(李大勇 摄)

【师资队伍建设】 2020年,东丽区教育系统中小学、幼儿园和事业单位共78个,实有教职工4509人,其中专任教师4302人。在教师学历结构方面,具有研究生及以上学历比例为5.9%,具有大本及以上学历比例为86.8%。在教师职称方面,全区有6名教师获得中小学正高级教师职称,副高级教师职称比例为24.7%,一级教师职称比例为54.2%。积极推进落实"区管校聘"管理改革工作。联合区委编办、区人力社保局、区财政局出台《关于推进东丽区中小学教师"区管校聘"管理改革的实施方案》。召开推进"区管校聘"管理改革工作部署会,明确"区管校聘"管理改革工作的具体任务要求。为全区中小学核定编制总量,合理规范学校编制配比,优化编制资源,平衡校际差异。落实内部挖潜的工作指示精神,筹集编制成立4所国办幼儿园,开办8所国办幼儿园分园。组织全

区教师进行市级骨干教师认定工作,认定市级骨干教师50人。开展高中级专业技术职称评审工作,通过高级职称48人、中级职称52人。招聘新教师99名,全部补充到缺员较严重学校和幼儿园。完成公益类事业单位改革任务,整合8所事业单位,成立区教师发展中心(天津市东丽区教育招生考试中心)和区教育综合保障中心。完善教师工作质量综合评价制度与奖励制度。

【提高美育、劳育教育水平】 2020年,区教育局举办东丽区学校文艺展演比赛,49所中小学的1200余名学生通过线上方式参加钢琴、声乐、舞蹈、朗诵、西乐、民乐、国画等11个项目的比赛,推荐358名优秀选手参加市级比赛。组织东丽区中小学第34届书画大赛,32所小学和15所中学的500余名学生参加,134名学生获得一等奖、166名学生获得二等奖、193名学生获得三等奖。开展"四史"学习教育主题班级合唱活动,51所中小学参加。下发《中小学生居家劳动实践活动指南》,加强劳动教育导向。以重大节日、纪念日为契机,组织学生居家开展劳动等特色活动。春节、元宵节期间,组织学生开展面点制作、菜肴烹饪实践活动;劳动节期间,组织学生创作以"抗击新冠肺炎疫情"为主题的形式多样的作品,致敬在抗疫工作中默默奉献的劳动者们;母亲节期间,组织学生开展"为母亲做件事"的劳动实践教育活动。

【突出德育实效】 2020年,区教育局加强学生行为规范养成教育,组织行为规范教育月活动。加强青少年理想信念教育,以"三爱""四史"教育为重点,围绕"学习战疫英模 点赞伟大祖国""弘扬爱国精神 奏响时代强音""致敬抗美援朝 争做时代新人""扣好人生第一粒扣子"、抗战胜利纪念日、烈士纪念日、新中国成立71周年等主题,开展教育实践活动。开展中华传统文化教育,组织经典诵读活动、书法活动、"津沽文化日"活动,征集优秀作品近百个。深入11所学校,开展戏曲进校园。开展生态文明教育,以"勤俭节约、爱惜粮食"为主题,组织学生宣传节约理念,践行节约行为。加强疫情期间的心理健康教育,组织5场网络直播课、3场中学生和2场中学家长现场专题心理健康讲座,组建团队开展心理咨询热线、举办心理健康教育活动,多举措对学生开展心理辅导。加强家庭教育,制定《东丽区中小学幼儿园家长学校规范化建设标准》,召开家庭教育工作交流会。

9月25日,爱国主义教育基地揭牌仪式 （李大勇 摄）

【加强学校体育工作】 2020年,区教育局积极推进特色体育项目发展。16所学校被命名为全国校园足球特色学校,8所幼儿园被评为全国足球特色幼儿园试点,9所学校被命名为全国校园篮球特色学校。开展2020年《东丽区中小学体育特色项目创建学校》评估命名工作,命名东丽区华新小学为区级体育特色学校。落实天津市初中毕业体育特长生测试工作,12名足球、篮球、田径体育特长生被天津市第一百中学、天津市钢管公司中学录取。东丽区刘台小学、东丽区华明小学、天津市军粮城中学、天津市第一百中学参加天津市中小学篮球比赛,获得小学男子组、小学女子组、初中女子组、高中女子组4项冠军。全面落实《国家学生体质健康标准》,完成全区56所中小学校《国家学生体质健康标准》测试和数据上报工作,学校上报覆盖率100%。市教委对《国家学生体质健康标准》抽测,东丽区平均分排名全市第三名,合格率排名第六名。落实《中小学校体育工作评估》工作,优秀学校50所,占全区学校比例为89.3%,良好学校6所,占全区比例为10.7%。举办"东丽区2020年中小学阳光体育大课间评比活动",全区56所中小学校近4.5万名学生参加,学校参与率100%,学生参与率100%。举办"2020年东丽区首届中小学及幼儿园啦啦操视频比赛",全区35所学校和幼儿园1200人参赛,27支优秀代表队参加天津市啦啦操汇报展演。举办东丽区第三届中小学、幼儿园武术比赛,共有32支代表队近千名选手,参加集体和单项44项比赛。年内,东丽区民生小学、东丽区刘辛庄小学2所学校体育场馆向社会开放。

【各级各类教育协调发展】 2020年,区教育局出台《东丽区进一步规范民办学校发展工作实施意见》,成立东丽区民办学校规范管理工作领导小组,建立民办学校规范管理联席会议制度、检查巡查制度和联合执法检查制度。制定《东丽区校外培训机构信用管理办法》,成立东丽区培训机构

规范办学督察组。制定《东丽区非营利性民办幼儿园房屋租金补贴办法》,发放房屋租金补贴266.95万元,新增17所普惠性幼儿园。年内,全区民办教育学校发展至279所,其中民办学历学校7所、民办幼儿园73所、民办教育培训机构207所,形成学前教育、普通教育多层次相互促进、协调发展的民办教育格局。组织"第十四届社区教育展示周暨2020年全民终身学习活动周",全区各街道和老年大学举办140余场活动,参与群众7000余人次,东丽湖街道"绿色慢跑、健康生活——市民防疫健康主题活动"入选天津市22项主题活动,东丽湖街道居民刘艳艳被评为天津市"百姓学习之星"。深化产教融合,规范订单培养和现代学徒制模式,面向扶贫受援县学生组建金桥焊材订单班和汽车专业订单班,面向本地学生增加津乐园订单班和奥瑞克电梯订单班。完成2020年天津市职业学校学生技能竞赛的承办工作,成功举办2020年"海河工匠杯"技能大赛。职教中心学校师生6人次获国家级职业技能大赛奖项。

【教育资源建设扎实推进】 2020年,区教育局优化全区教育资源布局规划,根据市国土空间总体规划编制背景,完成《东丽区教育资源布局专项规划(2020—2035年)》编制。严格按照《天津市新建住宅配套非经营性公建建设和管理办法》,完成金钟街道东丽雅郡项目配套小学等13所配套教育设施规划指标、设计方案联审工作。建成万新街道好美嘉园中学、新立示范镇小学等4所中小学,好美嘉园幼儿园等12所幼儿园建设,提供义务教育学位3960个,学前教育学位3240个。加

强政府性投资项目工程建设管理,积极沟通区政务服务办、区发展改革委,组织协调设计单位、方案编制单位、造价咨询等相关单位,完成军宏幼儿园等11所幼儿园提升改造工程。

11月5日,天津市东丽区实验小学东丽湖学校签约仪式

(李大勇 摄)

【筑牢校园安全屏障】 2020年,区教育局织牢"技术防控网"。实施视频监控系统提升改造工程。投入700万余元对35所学校网络、监控等弱电系统进行提升改造,为学校重点部位安装监控设施。全区195所幼儿园、托幼点6100个监控点位全部接入市、区两级监控平台,102所学校食堂实现"明厨亮灶"工程全覆盖。投资近140万元为全区70所学校安装校园安全管理平台门禁门卫系统,形成校园安全第一道屏障。织密"宣传教育网"。将法治安全教育纳入教育教学计划,确保教材、师资、课时落实到位。利用法治安全课、专题讲座、主题班会、LED屏、板报、橱窗、微信、微博等方式,重点围绕交通安全、国家安全、反恐、消防、防溺水、预防校园欺凌等主题,进行法治安全教育。法治副校长、警官、检察官、律师、消防宣教领导走进校园,开展法治安全教育讲座,以案释法,引导教育学生明确法律底线、提高法治安全意识。

织紧"排查管控网"。学校建立日巡查、周统计、月报告制度,将安全管理常态化。聘请有资质的第三方进行安全隐患排查,70所公办幼儿园中小学隐患1.38万条,其中日常安全隐患3620条,专业安全隐患1.02万条,全部整改。将安全隐患排查专业化精准化。校园工作组成员单位协同配合,共同整治突出问题。全面清理整顿校园周边地区非法经营的网吧、电子游戏厅、录像厅、歌舞厅、音像书刊屋、无证经营摊位以及出租房屋等,加强涉校矛盾纠纷化解和治安重点人管控,最大限度清除各类涉校安全风险隐患。在中小学、幼儿园设立"护学岗",通过机动巡逻、定点执勤相结合的方式,确保校园门前交通秩序良好。

【加强督导工作】 2020年,区教育局提前完成第三轮义务教育学校现代化标准建设工作。全区50所义务教育学校全部通过必查项目"资源配置与信息化"和自主申报项目"学生素质发展""教师专业发展""学校文化建设""现代学校制度"5个项目的区级督导评估验收。扎实开展幼儿园办园行为督导评估工作。全面使用教育部幼儿园办园行为督导评估系统开展评估工作,参评幼儿园全部顺利通过办园行为督导评估。顺利完成"2020年国家义务教育质量监测"工作。年内,东丽区被教育部基础教育质量监测中心授予"县级优秀组织单位"荣誉称号。

【创卫工作】 2020年,区教育局按照《国家卫生城市标准(2014年版)》指标要求,结合区创卫办制定的工作细则,对照指标和任务清单,建立创卫领导小组,细化职责分工,全盘统筹,将创卫工作与学校卫生保健工作进行整合,制定教育系统创卫工作细则、拟定档案模板,逐条逐块开展系统培训,设立以街道为区域的示范校,以点带面的实效推进创卫标准化规范化模式,组建指导小组蹲点指导各校创卫工作。在做好基础工作的前提下,推进特色工作的创建,先后建立全市教育系统首屈一指的"健康直播间""职业减压室""健康小屋"等硬件设施。积极开展"厕所革命",投资700万余元,提升改造46所学校的厕所,并达到二级公厕标准。对教室光环境进行改造,创新开展教学环境"互联网+在线监控"。在2020年国家级评估过程中,创卫工作效果和成果,得到国家评估专家的高度评价。

【疫情防控与复课开学】 2020年新冠肺炎疫情突发,区教育局成立以主要负责人为指挥长的疫情防控指挥部,按照市、区两级疫情防控指挥部的防控要求,开展各项防控工作。各学校、幼儿园均组建以党政主要负责人为组长的疫情防控领导小组,构建起教育系统疫情防控指挥体系。"停课不停学"期间教师利用平台授课,视频会议系统全面上线,健康直播平台承接全区教育系统复课开学疫情防控直播培训。组织心理健康专家和系统内二级心理咨询师,成立师生心理支持热线,受益人群近300人次。成立复课开学组,全面指导复课开学工作,牵头区卫生健康委、公安东丽分局、区城管委建立完善的联防联控机制,确保自4月20日初高三毕业年级首批复课开学至6月2日小学一、二、三年级及特殊教育学校同步复课开学。圆满完成初中毕业生体育考试、高中阶段学校招生考试和普通高等学校招生全国统一考试等。顺利完成秋季开学,实施新冠肺炎和常见传染病多病共防的措施,全年无校内疫情发生。

(林 慧)

卫生健康

【简 况】 天津市东丽区卫生健康委员会(以下简称"区卫生健康委")承担全区医疗、公共卫生和计划生育管理与服务、爱国卫生运动组织协调、职业安全健康监督管理、老年健康服务等职责。1974年12月,成立天津市东郊区卫生局。1992年3月,更名为天津市东丽区卫生局。2015年3月,由天津市东丽区卫生局、天津市东丽区计划生育委员会组建成立天津市东丽区卫生和计划生育委员会,挂天津市东丽区爱国卫生运动委员会办公室牌子。2018年12月,将天津市东丽区区卫生和计划生育委员会职责、天津市东丽区老龄工作委员会办公室职责以及天津市东丽区安全生产监督管理局职业安全健康监督管理职责等整合,组建天津市东丽区卫生健康委员会,保留天津市东丽区爱国卫生运动委员会办公室牌子。

2020年,区卫生健康委以新冠肺炎疫情防控和救治工作为中心,持续深化医药卫生体制改革,着力打赢创卫攻坚战,各项工作有序开展,人民健康水平显著提高。全年,实现总收入12.58亿元,比上年增长15.2%,医疗业务收入6.74亿元,增长5.31%,居民平均期望寿命80.77岁,婴儿死亡率2.21‰,产妇死亡率为0。

【卫生改革】 2020年,区卫生健康委继续完善家庭医生签约服务工作,组建家庭医生签约团队93个,有效签约19.19万人,重点人群签约服务完成12.71万人,重点人群签约率达66.25%。加强智慧医疗建设,全区13家医疗机构上线"金医保"智能签约项目,实现APP预约挂号、诊间缴费、排号提醒、报告查询、院内导航、病案复印、住院押金、一站式结算等便捷服务。东丽医院"互联网+移动护理"服务有序推进,辖区居民通过微信公众平台预约登记,足不出户即可享有安全、专业、规范的护理服务,全年上门服务54例。

【医政管理】 2020年,区卫生健康委持续开展医联体建设,东丽区人民政府与天津市卫生健康委签订区域战略合作框架协议,以天津市第三中心医院建设项目为契机,开展深度合作;与天津中医药大学建立校地合作关系,推进中医药领域人才培养和资源共享。东丽医院与天津市儿童医院、天津市胸科医院、天津市环湖医院、天津市第一中心医院建立专科医联体;与11个社区卫生服务中心建立紧密型医联体。东丽中医医院与天津市环湖医院、天津市长征医院建立医联体,与无瑕街、金钟街、金桥街社区卫生服务中心建立中医医共体。维护医疗秩序,加强医疗质量管理,开展2020年度医疗机构集中校验,对区内158家医疗机构进行全面检查和审核,注销7家医疗机构执业许可证;推动医师、护士、医疗机构电子化注册,全区医师、护士、医疗机构电子证照申领率分别为96.38%、98.78%、100%,居全市前列。委属医疗机构编制床位905张,完成门诊、急诊182.29万人次,疫情原因比上年降低7.22%,出院患者8865人次,医疗服务满意度达93%。

9月1日,天津市东丽区人民政府与天津中医药大学战略合作协议签约仪式 （吕法旭 摄）

【疾病预防控制】 2020年,区卫生健康委加强传染病疫情监测,报告各类法定传染病2834例,发病率372.9/10万,比上年下降43.62%。其中,乙类传染病14种1003例,下降14.71%,报告发病数居前五位病种依次为:细菌性痢疾、肺结核、梅毒、乙肝和丙肝,占报告病例总数91.82%。报告丙类传染病6种1831例,下降52.45%。开展结核病、艾滋病、手足口病等重点传染病防控工作,全区登记确诊肺结核246例,报告手足口病发病110例,调查手足口聚集性疫情4起,涉及4所托幼机构。全年,完成术前、孕产妇、羁押人员、VCT等人群艾滋病监测5.43万人,报告疫情20例。组织实施全区适龄儿童计划免疫接种工作,接种免疫规划疫苗18.79万剂次,报告接种率达99.99%。处置发热出疹性疾病2例,其中实验室确诊荨麻疹病例0例,风疹临床病例1例,排除1例。做好60~74岁人群大肠癌筛查工作,完成初筛1.23万人,便潜血检查8720人。继续开展慢性病综合防控工作,完善健康教育工作网络,加强全民健康生活方式示范餐厅、示范食堂、示范单位的指导,发放各类宣传材料40种,共计12.5万份,全年报告死亡3057例,录入新老四病卡片3.11万张。开展心脑血管疾病免费筛查4322人,乙型肝炎病例家庭密切接触者疫苗免费接种1438人。

【妇幼保健】 2020年,区卫生健康委规范落实妇幼保健各项工作,重点加强高危人群规范化管理,为妇女儿童提供内容涵盖生理和心理的主动、连续、可及的服务,不断优化工作流程,提高服务质量。完成妇女病查体3.4万人,其中宫颈癌筛查1万余人,筛查率100.2%;乳腺癌筛查6062人,筛查率101.03%;诊断宫颈癌5例、乳腺癌11例、卵巢癌1例,均完成手术治疗。完成孕前疾病筛查3674人,筛查率100.16%;产前筛查4890人,筛查率达99.03%;分娩机构活产1461人,完成新生儿两病筛查1458人,筛查率达99.86%;新生儿听力筛查1442人,筛查率达98.77%;新生儿访视5254人,访视率达93.91%;先心病筛查4797人,筛查率达97.2%。提高孕产妇管理质量,全区早孕建册率达87.48%,合格产检率达98.57%,高危孕产妇管理率100%,孕产妇系统管理率达98.55%。完成孕妇28周管理复评4949例,转诊率101.1%,高危孕妇管理合格率达92.38%。联合区教育局开展儿童免费窝沟封闭预防龋齿项目,筛查适龄儿童1.37万名,筛查率达97.05%,完成窝沟封闭3819人,共计1.2万颗牙,封闭率达27.86%。完成天津市民心工程项目孕妇胎儿染色体非整倍体无创基因检测3575人。

【卫生监督执法】 2020年,区卫生健康委加强公共场所卫生、饮用水卫生、学校卫生和医疗卫生监督执法,组织开展辖区各个专业重点监督检查及抽检工作。全年,公共卫生监督检查4868户次,公共场所四小行业无证巡查88户次,对辖区内55所学校和74所托幼机构进行两轮次全覆盖监督检查,集中式供水单位日常监督检查6户次,二次供水单位日常监督检查209户次、涉水产品经营单位日常监督检查8户次。加强传染病防治和职业、放射卫生监督,传染病防治监督检查459户次,医疗机构人员执业监督检查243户次,计划生育卫生监督10户次,中医药监督72户次,放射卫生监督38户次。完成国家"双随机"监督抽检任务212户次,完成天津市"双随机"监督抽检任务191户次。

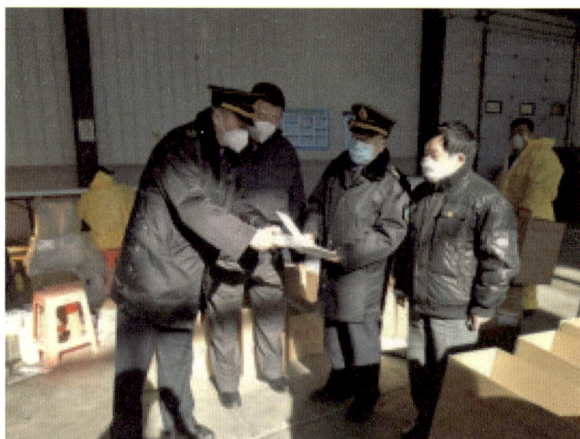
2月4日,区卫生计生综合监督所对辖区生产消毒产品企业进行检查　　　　　（郑奕 摄）

【基本公共卫生】 2020年,区卫生健康委扎实推进"优质基层服务行"活动,加强居民健康档案管理、老年人管理、高血压、糖尿病管理和严重精神障碍患者的筛查、管理,累计建立居民电子健康档案64.01万份,规范建档率达83.87%;为60周岁及以上老年人体检6万余人,体检率达85.15%;

健康管理高血压患者 5.06 万人,管理率 102.95%;健康管理糖尿病患者 2.02 万人,管理率达 98.77%;严重精神障碍在册患者 2999 人,报告患病率达 3.95‰,在管患者 2715 人,管理率达 90.53%。落实严重精神障碍患者监护人看护管理奖励政策,患者监护人每月发放 200 元看护补助,全年为 2472 人发放资金 564.65 万元,减轻患者家庭负担。落实全区严重精神障碍患者免费服药政策,为符合要求的 40 名严重精神障碍患者提供门诊免费药品。

【对口帮扶】 2020 年,区卫生健康委持续开展东西部扶贫协作和支援合作,完成赴甘肃省、河北省承德县对口帮扶地区走访工作,进行义诊活动 4 次,受益群众 500 人次,举行座谈 4 次,慰问对口支援专业技术人员 20 人。援派长期专业技术人才 12 人,短期专业技术人才 21 人,短期人才中副高级以上职称占 86%。年内,选派 3 名优秀卫生专业技术人员赴新疆和田地区民丰县支援工作,援派时间一年半。

【人口和计划生育工作】 2020 年,区卫生健康委落实全面两孩政策,完善生育服务管理,做好计划生育政策宣传,支持群众按政策生育,维护群众合法权益。加强生育登记和再生育许可办理工作指导,提升出生人口信息采集到位率,年内全区常住人口出生 4217 人(一孩 2788 人、二孩 1369 人、多孩 60 人),政策外生育 8 人,符合政策生育率达 99.8%。完善计划生育奖扶特扶机制,农村奖扶、农转非未转工奖扶受益对象 1.37 万余人,投入资金 1647.48 万元;计划生育家庭特别扶助受益对象 1323 人,投入资金 1037.3 万元;特殊家庭一次性救助受益对象 664 人,投入资金 550 万余元。继续实行失独家庭关爱机制,中秋节、春节走访慰问失独家庭,免费健康查体累计投入 60.67 万元。推进计划生育特殊家庭绿色通道全覆盖工作,发放爱心就医卡 775 张。加强流动人口基础管理,完成流动人口积分入户信息协查 2 期,协查信息 84 例。

【爱国卫生】 2020 年,区卫生健康委紧密围绕新冠肺炎防控要求落实爱国卫生工作,深入开展"爱卫月"系列活动,以改善人居环境为重点,持续开展城乡环境卫生清整行动,组织进行病媒生物防治工作,开展系列培训,全年对 10 家商场超市、8 家宾馆饭店、7 家建筑工地、16 个农贸市场、14 所学校、73 家中小餐饮进行专题指导,并对全区街道、社区进行 3 轮培训和 6 轮督导,改善区域环境卫生。开展夏秋季灭蚊蝇活动,进行集中灭鼠投药,确保全区蚊蝇密度控制水平达到国家标准 C 级及以上。强化控烟工作,开展"世界无烟日"主题宣传活动和成年人烟草流行监测、二手烟暴露监测工作,张贴控烟海报 5000 张,更换禁烟标识 7 万余份,完成入户调查 652 户。开展重点场所控烟专项行动,组织各街道爱卫会、区级控烟执法和行政管理部门协同行动,对 500 余个重点场所进行专项检查,责令整改违法行为 14 次。

【老龄工作】 2020 年,区卫生健康委投入资金 57.18 万元,为全区符合条件的 5.72 万名老年人投保老年人意外伤害保险项目。持续推进医养结合工作,全区 19 所养老机构均与医疗机构开展签约服务,签约率 100%。组织推动全区各街道、各成员单位开展"敬老月"系列活动,慰问走访110户困难老人。

【基本建设】 2020年,区卫生健康委新建溪水湾、昆俞家园、民和巷3个社区卫生服务站,完成无瑕街道、新立街道、金桥街道3个120急救站点建设,在学校、机关、机场、火车站等安装除颤仪40台,并开展心肺复苏技能培训,覆盖群众2000余人。建成国网客服卫生服务站和中汽社区卫生服务站,接诊、咨询、理疗3000余人次,接种流感、新冠疫苗1740余人次。

【疫情防控】 2020年,新冠肺炎疫情突发,区卫生健康委第一时间制定《卫健委新冠病毒肺炎防控应急工作方案》,及时启动《东丽区应对新型冠状感染的肺炎应急预案》一级响应,建立统筹调配、医疗救治、监测防控、爱国卫生、内务保障和安全保卫6个小组,并成立第一发热门诊、第二发热门诊、支援武汉救援队、海滨医院支援队、留观所5个临时党支部,加强党对新冠防治工作的全面领导,确保疫情防控各条战线工作有序开展。成立发热门诊3家(武警特色医学研究中心、东丽医院、东丽医院第二发热门诊),每个发热门诊均规设置3间诊室、20间隔离病房。截至年底,全区发热门诊接诊患者2.29万人次,发现疑似患者215人,排除211人,发热门诊确诊4人。转运至外区发热门诊诊疗55人次,从集中隔离点送入医疗机构诊疗109人次。派出14名医务人员参加援鄂医疗队,赴武汉、恩施开展医疗救助。累计完成流行病学调查319人,累计管理密切接触者6706人,开展终末消毒345户次。做好湖北省、北京新发地等重点地区及境内中高风险地区来津人员追踪管理工作,累计检索重点地区来津人员信息20.4万余人,核查追踪3.6万余人;累计核查追踪境外来津人员7121人,全部按标准、流程完成有效处置。制发《区卫健委关于进一步明确重点场所职业人群新冠病毒核酸定期检测工作要求的通知》,对高风险人群定期开展核酸检测,累计完成看守所干警、在押人员核酸检测3921人次,医务人员核酸检测8911人次,边检、机场人员核酸检测3217人次,冷链环境及食品涂抹样品核酸检测1.03万份、相关从业人员核酸检测8727人次。印制新冠肺炎防控知识手册16万余册,复学专题宣传画10万余张,海报折页1.3万余张,新冠肺炎健康专刊6500余份,发布新冠肺炎疫情健康宣教及信息1250条。组织开展东丽区新冠肺炎疫情防控"大培训"活动,累计开展新冠疫情专题培训17次。对全区54所中小学进行两轮监督检查,形成中小学疫情防控监督检查常态化工作机制;对全区企业和建筑工地开展疫情防控工作指导,制定发放防疫手册、工作明白纸等宣传材料,点对点、面对面指导用人单位719户次、建筑工地213户次、物流企业82户次。

(王 娇)

本篇责任编校 吴俊侠

社会生活

Social Life

人力资源和社会保障

【简　况】　天津市东丽区人力资源和社会保障局(以下简称"区人力社保局"),是区政府主管全区人力资源和社会保障的职能部门。1980年2月,成立天津市东郊区劳动局。1992年3月,更名为天津市东丽区劳动局。1999年4月,变更为天津市东丽区劳动和社会保障局。2010年3月,天津市东丽区人事局与天津市东丽区劳动和社会保障局合并成天津市东丽区人力资源和社会保障局。2018年7月,军转干部安置、随军家属安置工作职责由区人力社保局划转区退役军人事务局筹备组。2018年12月,不再加挂天津市东丽区公务员局牌子。2019年2月,公务员工作职责由区人力社保局划转区委组织部,医疗和生育保险工作职责由区人力社保局划转区医保局。2020年8月,整合天津市东丽区劳动保障服务中心、天津市东丽区就业训练中心、天津市东丽区职业技能鉴定所、天津市东丽区人才交流服务中心、天津市东丽区劳动力管理综合服务中心,组建天津市东丽区公共就业(人才)服务中心。

2020年,区人力社保局在区委、区政府的正确领导下,统筹抓好疫情防控和经济社会发展,围绕"六稳""六保"全面推进人社工作,圆满完成各项目标任务,就业局势保持稳定、重视人才氛围不断浓厚、保障水平稳步提升、劳动关系日趋和谐,为"十四五"开局奠定了良好基础。

【稳定和扩大就业】　2020年,区人力社保局扎实做好"六稳""六保"工作,多点发力促进就业稳步增长,新增就业2.7万人,完成全年任务的100.26%,比上年增长35.5%。发放创业担保贷款309笔6980万元。43家就业见习基地安排877名大学生参加就业见习,发放见习补贴437.6万元。认定就业困难群体2544人,其中1306名"零就业"家庭成员和56名低保家庭成员均实现一人就业,动态清零,其他各类就业困难人员安置率达95%以上。全区22家企业吸纳就业困难人员223人,享受社会保险补贴和岗位补贴45.75万元。全年,举办线上线下招聘会62场,提供各类就业岗位7000余个。疫情期间,成立6个走访组和1个电话服务组,走访企业1400余家,梳理缺工情况,在全区93个社区和老村台张贴企业招聘信息,促进企业招用1700余人。以"点对点"服务协作机制保障31批次企业的农民工返岗复工。为2621户企业发放稳岗补贴资金2444万元,涉及企业职工7.1万人。线上办理就失业登记、退工备案7.95万件、职业介绍2801件、就业困难人员认定2148件。

2月26日,复工复产服务企业工作组到企业送政策、问需求

(张增序　摄)

【劳务支援协作】　2020年,区人力社保局精

准打好就业扶贫组合拳,助推扶贫攻坚。通过定期推送岗位信息,在帮扶县举办专场招聘会,建立扶贫车间等措施,协调推动受援地区人员来津就业、就近就业、省外就业和开展培训。贫困劳动力来津就业292人,完成全年任务的540.7%;就近就地就业5759人,完成全年任务的485.9%;到其他地区就业4057人,完成全年任务的194.4%。培训建档立卡贫困群众1200人,完成全年任务的184.6%;致富带头人培训853人,完成全年任务的123.6%;致富带头人就业创业成功592人,完成全年任务的231.3%。

【职业技能培训和提升】 2020年,区人力社保局不断整合强化培训效能,开展线上培训、以工带训、线下培训等多形式技能培训,累计培训5.64万人次,完成全年任务的318.14%,增长309.2%。指导区职教中心通过市人社局技能培训资质审核,纳入人力社保培训体系,批准培训项目19个。鼓励企业开展线上培训和以工代训,同时有序恢复线下职业技能培训,严审开班申请、教学计划、课程表、培训场地、培训补贴等。采用"企校双师带徒、工学交替"培训模式,与天津机电职业技术学院、天津劳动保障技师学院对接,开展新型学徒制培训452人次。举办东丽区第九届职业技能竞赛,设置焊工、美容师和中式烹调师二个项目,1100名选手报名参赛,最终评选出一、二、三等奖共18名,实现以赛促训。

【人才引进与服务】 2020年,区人力社保局不断加大引才育才力度,办理人才引进落户1.19万人,增长103%。推进新动能领域从业人员引进

2000人,重点专业技术人员和新动能产业技能人才分别培训200人次、500人次。开展政策宣传与企业人才项目摸底调查,收集"项目+团队"申报计划69个,其中创新类项目32个,创业类项目37个,入选市级重点支持项目12个。采取"现场讲座+线上培训"方式,实现2020年度专业技术人员职称评审宣讲活动全覆盖。组织全区"131"创新型人才和团队参加3个专题研修班,提升其创新能力。

5月22日,举办专业技术职称评审及人才专项政策宣讲会
(马丽丽 摄)

【完善社会保障体系】 2020年,区人力社保局扩大参保缴费覆盖面,城镇企业职工养老保险、工伤保险、失业保险分别缴费18.59万人、17.29万人、17.65万人,增长7.71%、5.85%、6.19%,完成全年任务的103.15%、101.91%、102.1%。为辖区5651名企业到龄职工审批退休并准确计算养老待遇;工龄审定489人;特岗提前退休审批150人;受理工伤认定申请1053件,做出工伤认定结论1041件,劳动能力鉴定结论824件;失业保险享受人数3.97万人次,发放金额5426.63万元;享受灵活就业社会保险补贴1.08万人,补贴金额7246.3万元。推动援企稳岗政策落实,失业保险援企稳岗50%

返还2668家企业,稳岗人数8.1万人,企业直接获益2841.13万。学历补贴442人,补贴金额44.2万元;职称补贴476人,补贴金额76.75万元;技能补贴1010人,补贴金额153.35万元。

【构建和谐劳动关系】 2020年,区人力社保局践行仲裁调解职能,强化劳动监察执法效能,构建和谐劳动关系。全年,接收仲裁申请1350件,处理结案772件,终局裁决比例83.14%,挽回各类经济损失1480万余元。按时查处并答复劳动监察各类信访件2700余件。协调解决建筑领域欠薪38件,涉及农民工1310人、金额2742万元。夏季行动检查全区43个在建工程项目,处理欠薪情况4个,涉及农民工43人,金额93.32万元。冬季攻坚行动妥善处理欠薪问题22件,其中工程建设领域16件,涉及金额1891.38万元,涉及农民工1035人。命名并确认38家企业为2020年东丽区劳动关系和谐企业。

【健全完善人事管理机制】 2020年,区人力社保局不断规范事业单位人事管理,健全完善人事管理机制。完成事业单位年度考核工作,应参加考核8560人,其中1514人定为优秀等次,占比17.55%。落实抗疫一线医务人员待遇,完成临时性工作补助审批,对援鄂医疗队具有较高等级专业技术资格人员直接聘任专业技术职务,聘任专业技术10级岗位6人,开设特设岗位2个。做好高校毕业生就业招聘工作,教育系统招聘教师100名,卫生系统招聘卫生专业技术人员62名,其它事业单位招聘工作人员13名,招募"三支一扶"大学生14名。

(马竞怡)

民政工作

【简　况】 天津市东丽区民政局(以下简称"区民政局")是区政府主管全区民政工作的职能部门。1953年,成立天津市津东郊区人民政府民政科。1955年5月,更名为天津市东郊区人民政府民政科。1973年,区重建民政组,12月改设民政科。1988年1月,更名为天津市东郊区民政局。1992年3月,更名为天津市东丽区民政局。2001年6月,东丽区老龄工作委员会办公室(以下简称"区老龄办")由天津市东丽区劳动和社会保障局划转到天津市东丽区民政局。2018年7月,优抚、安置、双拥等工作职能划转至天津市东丽区退役军人事务局筹备组。

2020年,区民政局事业单位改革,将东丽区殡葬管理所、东丽区救助站、东丽区福利生产服务中心整合成立东丽区民政事务服务中心(东丽区救助管理站、东丽区未成年人救助保护中心);调整东丽区养老中心职能,分设东丽区养老院由东丽区民政局管理,东丽区光荣院由东丽区退役军人事务局管理。

【"一老一小"关爱服务】 2020年,区民政局在疫情期间聚焦特困、独居、空巢、失能、留守等困难老人,孤儿、事实无人抚养儿童、困境儿童、留守儿童需求,建立起动态摸排、工作台账、兜底保障、联系服务"四个机制"。组织网格员先后进行日巡、两日巡、周巡,走访1.9万人,解决问题需求253个。社区老年日间照料中心提供代购代买、上门理发、心理咨询等服务 1.5 万人次,老人家食堂开展助餐服务 2.1 万人次。

【社会救助】 2020 年,区民政局全面落实各项救助政策及福利制度,有序开展最低生活保障、特困人员供养、儿童救助保障、节日补贴、临时救助、残疾人补贴等各项工作,全年投入资金 9406.82 万元,惠及困难群众 1.8 万余人次。

【社会事务】 2020 年,区民政局组织新建宏泰养老中心,建筑面积 2400 平方米,设置床位 80 张。新建成丰年村街道新泰道、东丽湖街道恒大绿洲、新立街道海颂园、金钟街道金钟新城、无瑕街道春霞里等 5 所社区老年日照中心。推进养老机构与医疗机构对接,全区 21 所养老机构全部与医疗机构签约服务。全年,发放居家养老(护理)补贴金额 362.1 万元,发放高龄老人生活补贴金 5962.53 万元,发放老年人免费乘车卡 5400 余张。加强对养老机构的业务监管,开展电气线路隐患排查专项活动、养老院燃气安全大检查、养老机构内部控烟检查,开展养老护理员培训 2 次,73 人参加,提升养老护理人员专业技能。

丰年村街道新泰道社区老年日间照料中心

(李建涛 摄)

【社区治理】 2020 年,区民政局持续推进旧楼区长效管理,45 片旧楼小区巡查考核合格率 100%,东丽区被市清洁社区行动分指挥部评定为"2020 年度天津市旧楼区长效管理工作优秀区",张贵庄街道被评定为"2020 年度天津市旧楼区长效管理工作十佳街镇",金钟街道被评定为"2020 年度天津市旧楼区长效管理工作示范街镇"。制定并印发《关于组织发动志愿者积极参与双创工作进一步提升社区治理水平的工作方案》,全区社区工作者、社区民警、辅警与 2.3 万余名志愿者骨干进行包联对接,积极参与社区治理。

【基层政权建设和行政区划工作】 2020 年,区民政局开展"飞地"基层社会治理,完成与河东区、河北区部分行政区域界线变更,对丽苑居住区、二号桥地区及泉江里社区部分管辖范围进行调整,对涉及行政区划调整后移交东丽区管理的小区提前做好工作安排,明确移交后负责接管的社区,保障服务居民工作的连续性。新建新立街道海雅园等 9 个社区居民委员会,调整张贵庄街道先锋里等 5 个社区管辖范围,撤销金钟街道兴河园社区居民委员会,将丰和社区划入新立街道管辖。结合大社区拆分工作,指导 7 个新建及拆分社区完成居委会选举工作。

【社会组织】 2020 年,区民政局对全区社会组织基本情况进行摸底排查,指导社会组织对排查发现的问题进行整改。发动社区党员、志愿者、"小巷管家"、驻社区单位等参与社区治理,动员社会组织参与公益创投活动,开展社区疫情防控专项创投项目 86 个。举办东丽区第三届社会组织公益创投及第二届公益微创投活动,来自91家社区社会组织和17家注册社会组织的111个项目通过审批立项,并获得8家市级优秀专业社会组织支持。

【婚姻收养登记】 2020年,区民政局依法开展婚姻登记工作。办理结婚登记3825对,离婚登记3126对,补发结婚证、离婚证1287件,开具(无)婚姻登记证明4件,解除收养登记2件。

【殡葬管理】 2020年,区民政局严格落实《天津市文明行为促进条例》,以清明节、中元节、寒衣节为重点,组织开展文明祭扫宣传,联合市民政局举办"传恩孝 倡文明"寒衣节集体共祭活动,持续倡导文明祭扫新风尚。加大对违规制售迷信用品行为监督检查,联合相关部门出动执法人员100余人次,处罚9起,没收冥币(纸钱)1000余千克。开展殡葬服务机构殡葬用品价格专项整治,检查殡葬服务机构15个,发现问题5个,全部整改完毕。继续做好丧葬补贴的发放工作,全年发放丧葬补贴1197份,合计金额222.66万元。

【殡葬领域大排查大整治专项工作】 2020年,区民政局贯彻落实市委、市政府工作部署,对全区殡葬设施、殡仪服务单位、医院太平间等开展全方位摸排,摸清情况,建立台账,为整改打好基础。坚持边查边改,对4家违规经营殡葬单位下达责令整改通知,查没取缔10家无照经营殡葬用品商户。

【疫情防控】 2020年,区民政局指导社区做好防疫宣传、人员追踪观测、环境卫生整治消杀、社区工作者权益保障工作,对社区卫生、值守、宣传、消杀及排查等情况进行检查指导,抽调专人走访自然小区182个。严格养老机构封闭管理,制定下发防控方案、应急预案,开展检查500余次,筹集测温计、口罩、消毒液等防疫物资分发至各养老机构。加强殡葬服务机构安全管理,开展全覆盖检查,各殡葬服务单位业务办理及疫情防控情况每日一报,实现防控信息实时掌握。优化简化社会救助审核审批程序,承诺制先行审批,证明材料容缺后补;对外出务工、返岗复工、首次就业的低保对象扣减务工成本;实施保障救助对象物价补贴联动机制和低保渐退制度,确保困难家庭得到生活救助。发动社会力量开展抗击疫情慈善捐款活动,东丽区慈善协会募集款物809.78万元,其中支援湖北抗疫捐款218.8万元。

(李　阳)

文化旅游体育

【简　况】 天津市东丽区文化旅游体育局(以下简称"区文化旅游体育局")是区政府主管全区文化旅游体育工作的职能部门。2019年1月,天津市东丽区文化广播电视局、天津市东丽区旅游局、天津市东丽区体育局合并组建天津市东丽区文化旅游体育局。

2020年,区文化旅游体育局坚持以习近平新时代中国特色社会主义思想为理论指导,紧紧围绕全面构建公共文化服务体系、创建首批全国全民健身模范区两大重点任务,重点推动十项工程,不断巩固前期发展成果,牢固树立以人民为中心的发展理念,兼顾继承与创新,努力为群众提供更加丰富多元、精彩纷呈的文化旅游体育盛宴,善于创先、敢于争优、勇于赶超,助力东丽区绿色高质量发展再上新水平。

【创模工作】 2020年,区文化旅游体育局继续开展首批全国全民运动健身模范区创建工作,制定《东丽区创建首批全国全民运动健身模范区实施方案》,建立"创模"组织机构,健全工作机制,明确工作内容,收集相关资料,形成阶段性工作报告,完成五大类27项指标的材料报送工作。出台《东丽区人民政府办公室关于印发东丽区贯彻体育强国建设纲要实施方案、东丽区体育强区建设五年行动计划(2021—2025年)、东丽区促进体育产业高质量发展实施方案的通知》。通过完善组织体系建设、活动载体建设、体育设施建设,推动产业融合以及深化推进"放管服"等具体措施逐步落实。

【优化基层文体设施】 2020年,区文化旅游体育局推进三级公共文化设施全面达标。圆满完成天津市第二批基层文化设施达标验收工作。全区申报达标的6个街道文化中心和62个社区综合性文化服务中心全部达标,达标率100%。采取政府购买服务的形式,委托第三方在全区开展流动图书车送书服务,全年流动图书车深入社区、部队215次,办理借阅证2328个,借书2.25万册次,还书2万余册次,接待5.82万人次,在全市率先实现图书市、区、街道、社区四级通借通还。建成50个社区健身园,新立街道全民健身活动中心,华新街道健身主题公园、健身步道、东丽湖智能健身驿站等健身场所。坚持建管结合的工作模式,通过引

进第三方,对全区12个全民健身公园和健身广场、417个社区健身园实施维修维护,巡检2.23万件次,维修8300余件。

12月4日,东丽区图书馆流动服务车开进天津耀华滨海学校校园,图为学生在服务车内阅读图书

(赵东旻 摄)

【文体惠民工程】 2020年,区文化旅游体育局组织开展东丽区2020年元旦春节、第十八届文化艺术节系列活动。举办纪念建党99周年群众文艺汇演活动、东丽区"三下乡"活动送文化服务进基层、全民阅读等活动,丰富疫情期间群众文化生活。深入部队、学校、社区开展"我们的中国梦"文化进万家·文化志愿者送书画进基层活动10场,传统戏曲进基层系列演出30余场。实施"文化双百"工程,完成线上线下文化惠民演出100场,各类公益培训100场。组织创作《万众一心抗疫情》等抗疫题材文艺作品13部。举办2020年社会体育指导员培训班,完成各街道全民健身站点的备案,建成52个居民健身会,力争实现在具备条件的社区居民健身会全覆盖。巩固"全国武术之乡"创建成果,推广武术运动,开展"六进"活动,举办2020年东丽区传统武术套路网络比赛。编纂《东丽区武术志》并通过终审。

12月23日，东丽区文化艺术节——京剧票友展演在东丽礼堂顺利举办，图为东丽区京剧票友登台献艺

（赵晶 摄）

【文化遗产保护传承】 2020年，区文化旅游体育局指导军粮城东文路、北旺道、军粮城北站北广场地块、中街三期地块考古勘探工作。定期对不可移动文物现状进行调查。整理全区不可移动文物基础信息。加强非物质文化遗产宣传、保护。配合市文化旅游局非遗处、天津工业大学等单位开展对区内非物质文化遗产项目的调研工作。编辑完成《东丽非遗——剪纸》基础教程，录制东丽非遗故事25个。东丽美术馆、东丽博物馆等7个单位被认定为东丽区首批非物质文化遗产传承保护示范基地。开展线上"云赏非遗"等系列展示活动10场，制作、展示、展出东丽区无极武术、大郑剪纸、周记宫灯、赤土扣肉、金泉烧鸡等非遗项目的历史、传承、发展、特色知识。开展非遗数字化工作，形成各类非遗数字资源1TB。

【打造文体活动品牌】 2020年，区文化旅游体育局完成第29届"东丽杯"梁斌小说奖评选活动，征集613篇部作品，经过初评、中评、决评，评出东丽文学大奖1部、新人新作奖6人、长篇小说类等级奖19部、中篇小说类等级奖18篇、短篇小说类等级奖30篇、小小说类等级奖31篇，优秀组织单位奖20个、个人优秀组织奖30名、个人组织奖18个，扩大东丽文学知名度和影响力。坚持体育惠民，推动全民健身。举办"全民健身 活力中国"2020年系列国家级赛事活动。举办东丽区第十届全民健身大会、"推动全民健身 助力全面小康"2020年东丽区"全民健身日"启动仪式。启动"东丽湖文化旅游体育节"，历时两个月，周周有活动、有看点，精彩不断。举办东丽区首届网络智力运动会，来自全国各地的4万选手参与，访问量达到30万人次。各街道社区开展健身活动60余项，为"创建全国全民运动模范区"工作营造良好的氛围，为全区群众身体健康做出积极贡献。

10月17日，"创建全国全民运动健身模范区·东丽区第十届全民健身大会系列赛"启动仪式在东丽体育中心举行，图为健身队进行健身舞展示

（区文化旅游体育局 提供）

【文旅产业发展】 2020年，区文化旅游体育局加大产业融合力度，促进旅游业发展。围绕《天津市促进旅游业发展两年行动计划》目标任务，指导无瑕生态园、胡张庄村葡萄种植园获批天津市A级乡村旅游区（点）称号。加强与滨航腾云创意

园、京津国际文化创意产业园沟通,组织文旅企业积极申报2020年天津市重点文化项目、天津市第六批文化产业示范基地、2020年"原动力"中国原创动漫出版扶持计划等,充分发挥各方优势,实现共赢。12月,市文化和旅游局命名中科奇创(天津)科技有限公司为天津市文化产业示范基地,增强全区文化产业发展活力,发挥优秀文化企业示范引领作用,对东丽乃至全市起到推动作用。推动旅游产品开发工作。梳理旅游产品资源,指导天津市金全聚香斋清真食品专业合作社骆驼房子烧鸡、天津汇香源食品有限公司赵成林赤土扣肉、天津正午智造文化创意有限公司哪小吒系列文创产品三家企业的商品成功入选首届"天津礼物"。

【服务文旅企业】 2020年,区文化旅游体育局帮助9家有意愿暂退质量保证金的旅行社完成146万元保证金暂退工作。组织"科技赋能文旅产业发展"培训活动,协助文旅企业摆脱单点式的旅游资源开发模式,促进文旅产业数字化、网络化、智能化发展,提高行业引导力度。指导景区制定防控应急预案、复工防控工作方案,制定《东丽区旅行社新冠肺炎疫情防控期间在本市行政区域内开展组团旅游业务复工营业工作方案》。做好旅行社复工复产监测统计工作,自7月18日恢复跨省游业务至12月底,全区5家旅行社复工复产,累计组织跨省游团队161个,总人数1196人次。设计制作东丽区手绘地图,将全区重点文化、旅游、体育、商贸场所以手绘地图的形式印制成册,并将重点场所实景进行360度拍摄后,形成二维码设计到手册中,向外界积极推介全区文旅资源。

高质量策划中国旅游产业博览会东丽区云展,利用实景360度线上旅游、云展厅现场讲解等功能,将全区旅游资源、商品在云上展厅进行展示,充分发挥科技力量产生动能、赋能文旅,帮助企业发展优势。

【文旅市场管理】 2020年,区文化旅游体育局出动执法检查1481人次;检查上网服务营业场所、娱乐场所等5449家次;送鉴定侵权图书2种3.51万册,鉴定非法图书48种7.2万册,正在鉴定和无法鉴定168种19.52万册,收缴涉案出版物218种30.25万册、电脑主机7台,移交公安办理侵权盗版经营案件1起;回复8890转办件215起、办结率100%;约谈18家企业负责人,整改39家次;办结案件17起,罚款2.43万元。加强对辖区内公共文化娱乐场所、景区、星级酒店进行安全生产隐患检查,检查经营单位194家次,现场整改28家,排除隐患28处。开展复工复产检查,确保文化市场健康发展。组织新复工复产文化旅游经营单位相关负责人召开相关工作部署会,将相关文件、疫情防控工作指南具体要求编印成册下发文旅企业,对安全生产等工作做出部署。按照复工复业通知要求,对全区文化旅游体育场所进行全方位、多批次、不间断巡查,对现场发现的安全隐患提出整改意见,出动执法检查人员178人次、车辆65台次,检查各类文化经营场所家148家次,对经过两轮检查仍整改不到位的场所进行约谈。

【文旅扶贫】 2020年,区文化旅游体育局构建长效宣传机制。借助天津市旅游资讯中心平台进行宣传推介。将1万份宣传对口扶贫地区特色产品和旅游资源的宣传手册,在全市20个重要公共场所展示发放。制作宣传小视频11个并通过抖音和局微信平台进行宣传播放,播放量达56.45万次。利用中国旅游产业博览会东丽区云展,将全区4个对口帮扶地区资源在云上展厅进行展示,实现网上帮扶产品购物。引导天津市金全聚香斋清真食品专业合作社骆驼房子烧鸡企业负责人到受援县考察当地畜牧养殖产业、农产品加工基地等。创新思路采用云会议形式与承德县文旅局召开旅游线路对接会,推动扶贫工作落地。动员体育企业为甘肃省临潭县捐赠体育器材,价值1.58万元。重新整理河北省承德县旅游资源,将自驾游作为新的旅游线路。依托百日侠企业,在承德县石海森林公园完成跑山营越野跑活动,为宣传承德县当地旅游产业发挥积极作用。举办第十届美好家园暨"扶贫路上一起走"天津市东丽区、甘肃省皋兰县、河北省承德县三地摄影交流展,彰显东丽区和受援地区人文、风光魅力,展示扶贫成果,巩固文化共建成果。

【文旅体融合发展】 2020年,区文化旅游体育局按照市、区"接链、促需"专项活动安排,依托市文化旅游局组织的I·游天津系列活动平台,组织全区重点文化旅游企业参加到活动中,策划实施I·游天津东丽湖现场新闻发布会、东丽区汉服嘉年华、科技+文创科学文化艺术节、2020天津欢乐谷狂欢节等活动,将文化、体育、科技与旅游相融合,增加文旅资源群众知晓度。建立"东丽体育"全民健身平台,打造天津本地自媒体体育传媒,借助微信业态的蓬勃发展,建立集品牌推广、

交流互动和群众服务于一体的移动互联网,实现数据互通和资源共享。探索构建全民健身协同发展机制,发挥东丽湖户外运动基地、文化产业园、圣发养老等项目在全民健身中的作用。在"大健康"背景下,促进全民健身与健康、医疗、养老、文化、旅游等的融合发展,实现公共体育事业社会功能的进一步完善,增加文旅资源群众知晓度,群众满意度进一步提升。

2020年天津欢乐谷狂欢节盛大开幕,图为广大游客参与水上娱乐项目 （翟鑫彬 摄）

【青少年业余体育训练】 2020年,区文化旅游体育局组织开展曲棍球、网球、柔道、足球、游泳、乒乓球、田径、篮球、手球、举重、射击、武术等12个项目日常训练工作和冬令营、夏令营活动,发现、培养优秀体育后备人才,积极推动全区业余训练再上新水平。完善运动项目布局,体育和教育部门共同指导开展各级各类青少年体育竞赛活动,不断提高青少年运动技能和体能储备。合理安排竞赛计划,促进更多的区级青少年体育竞赛进校园。深化实施"8421"青少年体育训练体系,强化政策保障,为有体育特长学生创造发展空间。推动青少年体育俱乐部等社会体育训练机构的发

展,通过业训,参加全国、市级各项赛事活动均取得佳绩。

【安全播出工作】 2020年,区文化旅游体育局加强元旦、春节、五一、十一等重要保障期安全播出值班值守工作。加强与区内播出机构的沟通协调,将有关文件精神及时转达到播出机构,督促播出机构加强履职尽责,履行安播主体责任,圆满完成各重要保障期安全播出工作。

(由麒聪)

医疗保障

【简　况】 天津市东丽区医疗保障局(以下简称"区医保局"),是贯彻执行国家和本市医疗保险、生育保险、医疗救助等医疗保障相关工作的职能部门。2018年12月,成立天津市东丽区医疗保障局。

2020年,区医保局贯彻执行党中央关于医疗保障工作的方针政策,落实市委和区委关于医疗保障工作决策部署,在履行职责过程中坚持和加强党对医疗保障工作的集中统一领导,完成基本医疗保险参保、医保基金监管、新冠疫情防控和复工复产、困难群体医疗救助等工作任务。

【城镇职工和城乡居民参保】 2020年,区医保局组织召开东丽区2020年度城乡居民基本医疗保险参保工作推动会议、冲刺会议,深入街道社区企业调研11次,通过东丽电视台、微信公众号等渠道,发布城镇职工和城乡居民基本医疗保险相关政策问答等解读,组织发放宣传材料3万

份;综合考虑筹资标准调整、人员流动等实际情况,确定年度城乡居民基本医疗保险参保指导性指标,定期对各街道参保进度进行通报,加快参保工作进程。截至年底,东丽区城乡居民基本医疗保险参保人数25.39万人,完成任务的100.63%;城镇职工基本医疗保险参保人数20.3万人,增长7.21%。

5月9日,东丽区2020年度城乡居民基本医疗保险参保工作推动会议 (窦玉涛 摄)

【疫情防控及复工复产】 2020年,区医保局按照区新冠疫情防控工作要求,全体干部职工于1月27日零时前全部返回工作岗位,组织成立新冠疫情防控下派干部临时党小组,先后完成对金桥街道小东庄村老村台及龙城里、悦盛园小区历时两个半月的防控任务;完成华明街道大翠园、春庭园和军粮城街军星辅城8号楼两个半月的防控任务,新冠疫情防控捐款1700元。推行"网上办、电话办、不见面办",制发《东丽区医保局关于在新型冠状病毒肺炎疫情防控期间办理退休人员医保视同缴费年限核定的通知》,通过微信公众号、人力资源工作群等途径加强宣传。截至4月,完成网上审批1800余人次。积极落实市、区"一手抓疫

情防控、一手抓复工复产"的决策部署,开展暖企便企服务活动,制作《东丽区医疗保障局疫情期间企业复产复工医保政策明白纸》,到执信(天津)科技企业孵化器、中国汽车研究中心、天津建城基业集团有限公司等企业进行帮扶,宣传天津市阶段性减征职工基本医疗保险费相关政策,切实减轻企业负担。

4月7日,区医保局工作人员到天津建城基业集团有限公司调研帮扶企业复工复产　　　(窦玉涛　摄)

【加强医保基金监管】　2020年,区医保局组织开展"打击欺诈骗保维护基金安全"及相关医保政策集中宣传月活动,印制宣传标语80余幅,发放宣传资料2000余份。组织召开东丽区2020年度打击欺诈骗保专项治理工作部署会,组织定点医药机构开展自查自纠,联合医保东丽分中心、区卫生健康委、区市场监管局对全区医保定点医药机构等进行专项检查,约谈通报定点医药机构21家,责令整改19家,追回医保基金16.7万元。

【落实困难群体医疗救助】　2020年,区医保局根据市医保局要求,制发《关于做好新一轮结对帮扶困难村人员参加城乡居民基本医疗保险及享

受医保待遇情况排查的通知》,组织街道逐一排查困难群众2018—2020年城乡居民基本医疗保险参保和享受待遇情况,确保困难群众全部参加基本医疗保险,并享受基本医疗保险待遇。做好因病支出型困难家庭医疗救助工作,会同区民政局加强工作落实,审核因病支出型困难家庭医疗救助申请19件,涉及金额76.13万元。按照市医保局部署,启动重特大疾病医疗救助工作,组织召开工作部署培训会议,开展符合救助条件人员审核,累计救助79人,涉及资金160.24万元。

(李成明)

网格化管理

【简　况】　天津市东丽区网格化管理中心(以下简称"区网格化管理中心")负责推进党建引领基层治理体制机制创新,进一步强化城市基层党组织的轴心作用,统筹协调区及各街道网格化管理工作,提升基层治理社会化、法治化、智能化、专业化水平,增强基层治理和服务群众工作的预见性、精准性、高效性,打造共建共治共享的社会治理新格局。2019年8月,成立天津市东丽区网格化管理中心。

2020年,区网格化管理中心在区委、区政府的坚强领导下,认真贯彻落实党的十九大和十九届四中、五中全会精神,深入学习习近平新时代中国特色社会主义思想,紧紧围绕全年工作目标,坚持"战区制、主官上、权下放"工作机制,深入推进党

建引领基层治理体制机制创新工作,在创新基层治理上出实招、推动便民服务事项办理上用狠劲、加快公共服务事项下沉上下真功,助推全区基层治理体系和治理能力现代化取得新进步。按市党建引领基层治理体制机制创新工作要求,东丽区建成区、街、社区三级网格中心,建成智慧党建引领智慧社会建设信息平台,形成覆盖全区72万人口的信息数据库,包含党建引领、处置调度、吹哨报到、党群服务、绩效考核、基础数据、决策分析、关爱群体、特殊人群、社区双创、疫情防控等11个子系统。

【网格化基层治理改革】 2020年,区网格化管理中心坚持党建引领,建强三级中心。区级层面"高站位、强统筹",建成东丽区网格化管理中心;街道层面"抓调度、强服务",建成11个街道网格化管理中心。社区层面"重民生、强自治",建成103个社区党群服务中心。持续深化区、街道、社区、网格四级书记抓治理责任轴心,以社区党群服务中心为依托,做实做强做细"党群网格"。理顺工作机制,提升运转效能。坚决落实"巡办分离""吹哨报到"工作机制,形成采集上报、快速响应、及时处置、监督考核一体化在线处置闭环。全年,各部门受理街道"吹哨"事件242件,办结239件,办结率达98.8%;涉及被吹哨单位29家,报到次数315次;受理网格内各类问题23.66万件,办结23.49万件,办结率达99.29%。明确网格员职责及网格事项准入机制,按照300户左右为原则划分网格,整合城管网格员等10个部门12类专业网格员职责,制定"3+N"职责清单。健全网格员激励奖惩

考核机制,发挥典型引领作用,召开疫情防控工作优秀网格长和网格员视频表彰会,开展"五小"评比活动,举办金牌网格员技能大赛,评选出金牌网格员20名。

【网格化管理智能化】 2020年,区网格化管理中心稳步推进综合治理、应急处置、城市管理等领域网格化建设,利用云计算、大数据等信息技术,实现网格动态数据实时监控、个性化分析,为实现精准化社会治理提供有力支撑,形成具有东丽特色的"互联网+社会治理"新模式。积累沉淀涵盖人口总数、特殊人群、实有房屋等各方面的海量数据,为全区决策指挥插上科技翅膀,打造东丽基层社会治理的品牌特色。全域划分194个核酸检测网格,整合疫情信息数据400万余条,形成涵盖常住人口、寄宿人口、流动人口等72万条人员信息数据库。

【便民服务专线事项办理】 2020年,区网格化管理中心强化责任落实,精准回应群众诉求。发挥8890便民服务专线联系服务群众桥梁纽带作用,严格落实"接诉即办"和"513"工作机制,便民服务事项转办、督办、审核等工作水平不断提升。年内,受理群众反映问题11.66万件,群众满意率由79%提高到88.92%,8890便民服务专线市考评成绩第四季度排名全市第一。利用8890便民服务专线等民意渠道积累的大量群众诉求数据,整理形成59件"向群众汇报"议题;配合区人民检察院探索"网格+公益诉讼"机制,助力专项监督工作;配合区发展改革委为"邻避事项"、配套建设等经济决策提供民意线索;发挥热线便企作用,

有效跟踪服务全区260项营商环境类事项,助力优化东丽区营商环境。

【公共资源整合】 2020年,区网格化管理中心推动涉及6个部门38项公共服务事项下沉社区,实现"数据多跑路、群众少跑腿"。代办各类公共服务事项3.6万余条。开发"特殊人群子系统"和"关爱群体子系统",建立入户走访、问题处置、帮扶救助3大工作闭环,推进全区4265名特殊人群和4.32万名关爱群体数据"一个库"、分析决策"一张图"、日常管理"一平台",做到无死角、无盲区、全覆盖。累计走访两类人群4万余人,26万余次,处理及时发现送医事件5例,防止触及社会道德底线的事件发生。年内,下达网格员专项任务127项,涉及人口普查、垃圾分类、金融防诈骗等多领域,利用网格员入户优势,助力部门业务工作。

(沈小媛)

新闻工作

【简　况】 天津市东丽区融媒体中心(以下简称"区融媒体中心")是由区委宣传部管理,负责全区新闻舆论宣传工作的职能部门。2010年3月,成立天津市东丽区新闻中心。2019年4月,更名为天津市东丽区融媒体中心。

2020年,区融媒体中心坚持党对新闻舆论工作的全面领导。完善运行机制、奖励机制和约束机制,健全20余项管理制度,规范策、采、编、审、发业务流程。深化中心建设,坚持移动优先,在做精做强新闻主业的基础上,推动体制机制创新,组建一体化媒体机构,重构一套采编流程,打造一个技术平台,建好一个传播矩阵,建好一支全媒体队伍,全面融合广播、电视、报纸、网站、移动客户端、微信、头条号、抖音号等媒体资源,推进全程媒体、全息媒体、全员媒体、全效媒体建设。

【媒体建设】 2020年,区融媒体中心坚持移动优先,在做精做强新闻主业的基础上,推进全程媒体、全息媒体、全员媒体、全效媒体建设。开展以机制创新推动成果创新,推出一批融媒精品,特别是围绕年初区内制定的"双战双赢"战略,中心所属各媒体持续推进以"创文攻坚战"为主题、"医护人员"抗击疫情、"基层一线"典型先进案例、企业"复工复产"、市(区)"下派干部"下沉社区、"社区网格员"典型事迹、"扶贫攻坚"、学习贯彻党的十九届五中全会精神的8项新闻报道工作。

【新闻策划】 2020年,区融媒体中心紧紧围绕对外讲好绿色高质量发展的东丽故事,传播好全面建成高质量小康社会的东丽声音这一主题,统筹推进,突出亮点、兼顾全局。发挥新媒体所具有的独特优势,在天津东丽网站、天津东丽微信订阅号、"天津东丽"APP、"天津东丽"今日头条号等新媒体平台上大力宣传习近平总书记的系列讲话精神,市委、市政府有关决策部署和区委、区政府的工作安排;聚焦一线,传播基层百姓典型故事。推出融媒新产品,为扩大全年龄段新闻报道覆盖面,2月1日开设"东丽融媒"抖音号,推出《东丽记忆》《媒问题》《唠丽事》《云视介》4个专栏,制作播发《疫情当前,人人都可以做出自己的贡献》《格格"网"住了百姓的心》等573个抖音产品,活跃粉丝5.7万人,完播率达2000余万人次,点赞量126.8万人次,新华社客户端、今日头条、新浪微博、天津新闻、津云等重要媒体相继转发。

【内宣工作】 2020年,区融媒体中心累计完成新闻报道1.45万条,平均每日播(刊)发新闻消息40条;其中,新媒体点击量2865.15万人次,日均点击量7.85万人次。东丽电视台开设的创文、创卫专栏,全年播放1021条;《复工复产进行时》专题访谈播放10期40次;《战疫情、促发展》栏目播放专题知识3570次;《预防新型冠状病毒感染,个人应做好的相应预防措施》专题片播放3570次;音乐快板《美丽东丽筑平安》播放470次;《疫情防控居家小常识》播放3310次;《东丽新闻》累计播放新闻报道1160条。"东丽人民广播电台"开设有《创文攻坚战》《今日谈》《健康知识》《中国好故事》等专题广播栏目,全年累计播发2066条。《天津日报·今日东丽》,除常规每周刊发的本区要闻、新闻,专副刊版面外,还专门开设《扶贫共发展》《决战决胜脱贫攻坚》《走向我们的小康生活》等专栏,全年刊登各类新闻稿件1518篇。融合"天津东丽"APP、天津东丽网站、天津东丽微信订阅号、"天津东丽"今日头条号等媒体资源,播(刊)发稿件8653篇(条),点击量2862.36万人次。

【外宣工作】 2020年,区融媒体中心加强与中央、国内重要媒体以及市级媒体的沟通与交流,加大本区新闻产品的推介报送力度,对外讲好绿色高质量发展的东丽故事,传播好全面建成高质量小康社会的东丽声音。全年,在中央媒体、国内知名媒体以及市媒播(刊)发新闻报道388条。其中,在中央电视台(CCTV1、CCTV12、CCTV13)、《人民日报》、新华社客户端、《人民日报》客户端、"学习强国"、人民网、光明网等中央媒体播(刊)发新闻报道80条。在今日头条、新浪微博、腾讯网、环京津新闻网等国内知名媒体播(刊)发新闻报道17条。其中,《东丽区召开2020年还迁项目现场调研推动会》一文刊登于今日头条,并排行天津热榜第九名。天津电视台《天津新闻》《天津日报》《支部生活》《今晚报》、"学习强国"天津学习平台、北方网、津云等市级媒体计播(刊)发新闻报道近300条。

【服务水平】 2020年,区融媒体中心发挥区级媒体舆论监督作用,开设"曝光台""啄木鸟""媒问题"等社会监督栏目。曝光有关非法企业、商场、超市、菜市场以及个人等不法行为45次;正面宣传报道区督导检查组、区纪委监委、区市场监管局、区教育局等相关单位14次。制作《2020世界智能驾驶挑战赛》《迎难而上,区长代言》《新时代东丽新征程》等短视频20余个,专门制作《逐梦前行——东丽区创建国家卫生区纪实》《打赢攻坚战,携手奔小康——东丽区东西部扶贫携作和支援合作工作纪实》《东丽战"疫"》《"战区制、主官上、权下放"党建引领基层治理体制机制创新——智慧党建引领智慧社会建设》、"创文""扫黑除恶"等专题片10余部。

(石孝义)

退役军人事务

【简　况】　天津市东丽区退役军人事务局（以下简称"区退役军人事务局"），承担全区退役军人优抚、安置、军官转业安置等职责。2018年12月，成立天津市东丽区退役军人事务局。

2020年，区退役军人事务局在市退役军人事务局和区委、区政府坚强领导下，深入贯彻习近平新时代中国特色社会主义思想，以落实好、维护好退役军人利益保障为原则，认真履职尽责，高效完成事务局工作，高质量做好优待抚恤、安置保障、双拥创建、涉军信访人员接待、重点时期重点人员的稳控及关爱退役军人协会等工作。

【优抚与安置工作】　2020年，区退役军人事务局为优抚对象发放定期抚恤和定期定量补助2260万余元。组织447名重点优抚对象参加健康体检。组织18名重点优抚对象到蓟县荣疗院进行疗养。为20名退役军人进行伤残换证审核。在建军节、中秋节、春节等重大节日和烈士纪念日慰问全区6名烈士遗属。开展《中华人民共和国英雄烈士保护法》学习宣传活动1场，1000余人参加。安置军转干部至街道参公单位。为自主就业退役士兵发放一次性经济补助1120.71万元，为政府安排工作退役士兵发放待安置期间生活补助40.59万元，为政府安排工作退役士兵缴纳社会保险15.17万元。为立功及伤残退役士兵发放慰问金2.6万元。为企业退休军转干部发放月困难补助253.42万元。对全区10名困难企业军转干部开

展建军节及春节慰问，发放慰问金2.2万元。为以政府安排工作方式退出现役的士兵补缴养老保险及医疗保险4453.48万元。

【军休工作】　2020年，区退役军人事务局落实"三会一课"制度，为党员征订发放《习近平谈治国理政》第三卷、《民法典》《天津日报》等书籍、报刊。组织军休干部编制纪念建党百年征集作品成册。对昆程园、广贤家园党员活动建设阵地进行建设改造。春节、建军节、中秋节等节日慰问全体军休干部，发放慰问金244.52万元。组织全体军休干部、无军籍职工等351人进行体检。发放军休干部大病医疗补助、床位补助、伙食补助、离休干部药费报销、无工作离退休干部家属（遗属）药费报销等总计66.86万元。军休干部关心下一代工作委员会捐款12.63万元，资助困难学生40人次。组织军休干部11个支部书记参加疗养，制作电子影集2个，分别发给9所中小学，受益人数近2万人。

【双拥工作】　2020年，区退役军人事务局帮助疫情防控一线军队医务人员家庭解决实际困难4件次，购买慰问品价值合计8000元；协调区水务局现场解决驻区部队营区生活用水问题，协调交警东丽支队做好驻区部队军事演习交通运输保障工作；协调区教育局做好28名现役军人子女入学入托及转学事宜。走访慰问官兵和优抚对象，赠送慰问品、慰问信，价值总计100万余元。疫情期间，慰问驻区军队医院援鄂抗疫医护人员家属170名和在津一线抗疫医护人员219名，赠送价值17万余元的慰问品。开展军地联谊活动10余场次。

疫情期间,组织动员全区拥军力量捐款64.24万元,购买一次性医疗物资驰援湖北省荣军医院。组织召开双拥工作领导小组会、军政座谈会、双拥专题会等,成立东丽区拥军支前领导小组,建立健全拥军支前工作协调机制。加强双拥宣传,全年累计宣传100余次。培养和宣传7个市级"爱国拥军模范组织"、9名市级"爱国拥军模范个人"、4个市级"拥政爱民模范组织"、4名市级"拥政爱民模范个人"。10月20日,东丽区再次被授予"全国双拥模范城"称号,实现"八连冠"。

【退役军人服务中心工作】 2020年,区退役军人事务局按照"五有"部署要求,建成区、街道、社区三级退役军人服务中心(站)117个。举办4场"东丽区退役军人专场招聘会",113家用人企业和单位提供近2000个就业岗位、20余个工种,232名退役军人与用人单位达成初步意向。建立东丽区退役军人服务中心微信号,300余名退役军人关注。组织全区100余名退役军人参加适应性培训。

(张　策)

精神文明建设

【简　况】 天津市东丽区精神文明建设委员会办公室(以下简称"区文明办")是区委、区政府主管全区精神文明建设的职能部门。2018年12月,因机构改革,天津市东丽区精神文明建设委员会办公室设在东丽区委宣传部,加挂天津市东丽区精神文明建设委员会办公室牌子。

2020年,东丽区精神文明建设工作深入贯彻落实习近平新时代中国特色社会主义思想,结合疫情防控宣传工作,积极推进公民思想道德建设,深化群众性精神文明创建活动,努力创建全国文明城区,为东丽区绿色高质量发展提供强大道德支撑。

【群众性精神文明工作】 2020年,区文明办强化疫情防控宣传,有针对性开展群众性精神文明教育。结合疫情防控宣传教育,大力开展"文明健康　有你有我"公益广告宣传活动,展出公益广告694幅,其中户外广告牌236块、社区宣传栏315块、建筑围挡45块、电子显示屏73块、路名牌25块。组织开展爱国卫生运动,以"爱国卫生运动,我参与,我劳动;文明健康生活,我倡导,我践行"为主题,开展老旧小区、背街小巷、集贸市场环境卫生整治,彻底治理卫生死角,协助做好疫情疾病防控、环境卫生治理、健康知识宣传、心理疏导干预等工作。推进"我们的节日"主题实践活动深入开展,针对疫情防控宣传,组织开展"足不出户　心向团圆——元宵节'宅'在家里猜灯谜""绿色清明　文明祭扫""浓情中秋　欢乐国庆暨我们的节日·中秋节""我们的节日·重阳节"等线上主题活动,累计点击量达2万人次,丰富群众精神文化生活。深入开展《天津市文明行为促进条例》宣传贯彻。以《天津市文明行为促进条例》施行一周年为契机,制作发放《践行文明条例　倡导文明行为》明白纸、宣传单5万余张,依托各级各类电子显示屏214块滚动播放《条例》公益广告。利用区级媒体开辟专栏曝光不文明行为,在《天津日报·今日东丽》推出《让文明之花开遍东丽大地》主题宣传专版。各社区组织开展主题宣传活动126场。组织开展"厉行节约、光盘行动"等主题活动,刊播倡议书,制作宣传"易拉宝"200份发放到各单位食堂,倡导机关干部发挥表率作用,从身边做起。

5月,区文明办开展"文明健康 有你有我"主题公益广告宣传
（张宝海 摄）

【文明创建工作】 2020年,区文明办加强推进文明单位、文明社区、文明家庭、文明校园"四大"文明创建,深入挖掘精神文明建设先进典型。积极开展市级文明创建先进典型推荐工作,各单位、各街道积极开展申报,充分发挥示范引领作用,35个单位成为市级文明单位候选,20个社区成为市级文明社区候选,3个家庭成为市级文明家庭候选,5个学校成为市级文明校园候选,3个单位成为市级未成年人思想道德建设先进单位候选,3名个人成为市级未成年人思想道德建设先进个人候选;7个单位复审获评全国文明单位,5个单位获评新一届全国文明单位。深化道德引领,组织举办学习"党史、新中国史、改革开放史、社会主义发展史"暨公民道德宣传日主题实践活动,近

百名群众参与活动,引导广大群众崇德向善,提高道德素养。大力选树先进典型,17人被评为"天津好人",33人被评为"东丽好人"。

9月2日,区文明办举办东丽区文明社区创建工作推动会
（王嘉琦 摄）

【创建全国文明城区】 2020年,区文明办完善领导机制,实行"一办十四组"指挥系统,书记、区长担任总指挥,主管区级领导担任14个工作组组长;制定《东丽区2020年创建全国文明城区攻坚行动方案》,实施"十大专项行动",明确工作抓手。压实主体责任,各部门、各街道强化战时思维,主要领导作为第一责任人,做到抓部门、压责任、盯进度;全区76个单位按照个性化任务台账,明确工作标准和时间节点,层层压实责任。组织召开调度会12次,召开碰头会48次,对随机性问题及时研究解决;编发工作简报72期,及时传递创建动态,推广经验做法。加强档案推动,认真研究分解新测评体系指标任务,针对新增加的指标精准做好对接;开展档案联审工作5批次,审核各类材料5000余件次。加强实地推动,对实地考察点位进行全面摸排,梳理342处实地申报点位,打造22个精品示范点位;开展实地督查工作,累计下发问题清单1018份,整改率100%。加强媒体宣

传监督,区融媒体中心利用"两台一报一网一端",开设专题专栏,宣传创文成果,提升创文知晓率、支持率;开发运行文明东丽随手拍小程序,以"做城市主人,为文明加油"为主题,发动群众反馈创建问题,监督工作落实。

【志愿服务活动】 2020年,区文明办广泛开展志愿服务活动,强化文明示范引领。深入开展东丽区"文明交通"志愿服务行动,以开展"文明交通"志愿服务为重点,动员组织全区干部、群众1.5万余人次加入志愿者行列,在全区28个主要交通路口于早晚高峰期间站岗执勤,协助交警治理不文明交通行为,改善全区交通秩序。推进志愿服务项目化运作,区学雷锋志愿服务总队在疫情防控期间,利所能及做好宣传教育、社区防控、清洁家园等志愿服务,逐步恢复线下活动,先后开展文明交通、环境保护、勤俭节约等志愿服务108场。推进志愿服务品牌项目建设,与崔玉璞基金会签订协议,开展公益捐助活动,年内资助32名有困难的道德模范、身边好人8万元。

5月29日,区文明办召开文明交通志愿者专题培训会
（张宝海 摄）

【未成年人思想道德建设】 2020年,区文明办加强阵地建设,充分发挥文明办职能作用,高标准推进民心工程——"五爱"教育阵地建设,新建市级阵地13个,累计建设市级阵地67个,投入资金近30万元,配置图书、活动用品、桌椅、书柜等,满足基层社区开展未成年人活动需要。与区教育局、区妇联等单位紧密结合,利用区级未成年人心理健康辅导站,开展未成年人心理健康辅导等线上、线下活动80余场次。开展主题实践,组织开展暑期"快乐营地"开营仪式暨"阳光成长"健康心理活动,引导孩子养成正确的行为习惯,48个家庭受益;组织道德模范代表进幼儿园宣讲文明健康知识,发挥典型示范作用。

6月30日,区文明办组织道德模范代表进幼儿园宣讲文明健康知识
（翟鑫彬 摄）

（孙 悦）

残疾人工作

【简 况】 天津市东丽区残疾人联合会(以下简称"区残联")是全区残疾人工作主管部门,承担着"代表、服务、管理"的工作职能。1989年8月,成立天津市东丽区残疾人联合会。

2020年,区残联积极应对和克服新冠疫情带来的不利影响,坚持服务民生、助推脱贫攻坚、全面小康的工作主线,大力实施惠残民生工程,稳步推进各项工作的开展,圆满完成年度工作计划和"十三五"各项目标任务。

【落实"民心工程"工作任务】 2020年,区残联组织实施残疾人居家服务补贴发放、无障碍进家庭、残疾人辅助器具免费配发等3项"民心工程",向2100余名符合条件残疾人发放居家托养服务补贴515万元,实现"由券变现"的平稳过渡;向750户有需求的残疾人家庭发放盲人智能手机、可视门铃、定位手环、座便椅等无障碍设施;向有需求的残疾人发放双拐、助行器、轮椅、助听器等辅助器具1040件。

5月15日,区残联为残疾人免费配发辅助器具

（李欣玫 摄）

【提供精准康复服务】 2020年,区残联是落实全国精神卫生综合管理试点工作职责,为10名"三无"和"五保"长期托养精神残疾人补贴治疗费用5.8万元;为长期服药和住院治疗的精神残疾人发放治疗补贴122万元。为10名白内障患者发放复明手术补贴1万元。落实残疾儿童康复救助政策,为实施先天性白内障复明、植入人工耳蜗、唇腭裂、各类康复训练、装配假肢、矫形器等康复项目的残疾儿童办理康复救助手续274人次,发放补贴161万元;为8名孤独症儿童发放康复训练补贴16万元。对50名视力残疾人进行盲人定向行走训练培训。为1680名有康复需求的残疾人提供精准康复服务,实现康复服务率100%、辅具适配率100%。

【做好残疾人就业服务】 2020年,区残联组织3家企业参加全市"搭云桥助残脱贫 促就业决胜小康"专场招聘会,提供残疾人就业岗位16个。开展为期4个月的用人单位安排残疾人就业审核工作,向335家安排残疾人就业单位出具审核证明,审核就业残疾人1242名。为5名自主创业残疾人发放补贴4.25万元;为4名个体工商户发放社会保险补贴3.47万元;向18家新招用残疾人单位发放补贴165万元;向1家超比例安排残疾人就业单位发放补贴11.42万元。对136名残疾人开展线上技能培训。

【落实保障救助政策】 2020年,区残联依托"全国助残日"等节日,投入资金115万元,向全区1500余户贫困残疾人家庭发放慰问品和慰问金。邀请区委、区人大、区政府、区政协主要领导和主管领导,对6户贫困残疾人家庭进行入户慰问,对部分残疾人托养服务机构、特殊教育机构、残疾人康复机构进行走访慰问。对13户发生自然灾害和重大疾病的残疾人家庭给予临时救助4.45万元。为符合条件的2518名残疾人发放通信补贴90.75万元;为435名残疾人申办城乡居民基本养老保险补贴;为59名重特大疾病的重度残疾人发放医疗救助金121.93万元。为全区1.76万名持证残疾人缴纳意外伤害保险。向9300余人(户)次符合条件的残疾人发放取暖、通讯、水电燃气补贴240万元。

【提高残疾人教育保障水平】 2020年,区残联为600名残疾学生和家庭经济困难残疾人家庭以及父母双残(含单亲单残)家庭的健全子女(学生)发放教育助学金100万元。实行实名制登记,做到"见人见面、一人一案",协助3名残疾考生参加全国普通高考。做好适龄重度残疾儿童"一人一案"教育安置工作,为26名重度残疾儿童提供送教入户服务。开展盲人医疗按摩人员从业资格年审、审核、职称评审和继续教育工作,帮助3名残疾人参加盲人医疗按摩继续教育,1名残疾人申报盲人医疗按摩从业资格,1名残疾人参加盲人医疗按摩人员考试。

【开展疫情防控工作】 2020年,区残联严格落实新冠疫情防控各项要求,加强残疾人疫情防控宣传服务,向部分残疾人服务机构、困难残疾人和残疾人工作者发放消毒剂、口罩等防疫物资;积极做好精神残疾人、重度智力残疾人排查,将1.7万名持证残疾人纳入社区网格员入户走访范围,做到残疾人困难和需求得到及时回应;加强残疾人公共服务事项网上办理等"网上办、不见面"工作措施,做好服务事项衔接、办理;对需要连续服药的精神残疾人实行"长处方"制,购药量由15天延长到两个月。先后组织19名党员干部,配合4个街道12个社区、1个老村台开展疫情防控工作,3名党员参加街道复工复产、1名处级干部参加留观隔离点服

务,充分发挥党员先锋模范和示范带动作用。

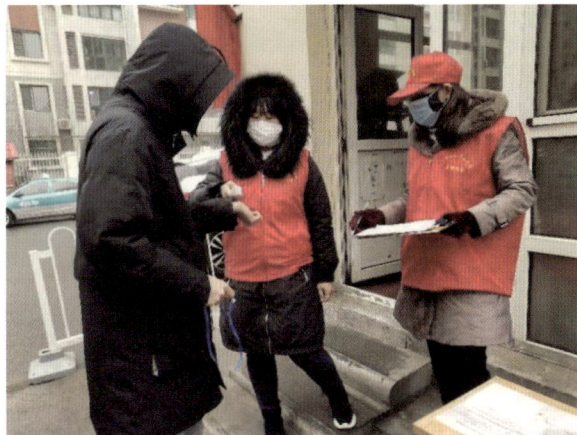

2月12日,区残联干部职工参加社区、老村台疫情防控值守
(张倩 摄)

【强化残疾人维权服务】 2020年,区残联为41名符合条件的残疾人提供法律援助转办服务,为100余名残疾人及亲友提供免费的法律咨询。为671名下肢残疾人发放燃油补贴。落实区委智慧党建引领智慧社会建设"一号工程"部署要求,集中排查系统中未关联残疾人3129名。加强残疾人工作者日常学法和以案释法教育,广泛开展《国家安全法》宣传、防电信诈骗知识讲座、网上法律知识答题等主题宣传和专题学习活动。

(王振全)

红十字会工作

【简 况】 天津市东丽区红十字会(以下简称"区红十字会")是区政府主管人道主义救助工作的群团组织。1980年7月,成立天津市东郊区红十字会。1982年12月,在天津市东丽区卫生局设办事机构。1992年3月,更名为天津市东丽区红十字会。

2020年,区红十字会深入学习贯彻习近平总

书记关于天津工作、群团工作和红十字工作的重要讲话和指示批示精神，践行人道、博爱、奉献精神，结合疫情防控工作，重点抓好"三救""三献"等工作，充分发挥党和政府人道救助的助手作用。

【开展各项救助活动】 2020年，区红十字会开展"红十字博爱送万家"活动，救助困难家庭500户，发放慰问金及慰问品15.9万元，走访慰问特困家庭10户。对天津市明强特教学校的150名残疾儿童进行救助，发放救助金3.36万元和价值0.9万元的疫情防控物资。开展"博爱送千家"活动，对60户困难家庭，发放慰问金3万元。对河北省隆化县帮扶项目拨付10万元。疫情期间，开展募捐工作，累计收到捐款283.78万元，捐赠物资价值54.04万元，全部下拨到位。

【开展应急救护培训】 2020年，区红十字会融入健康大局，全面推进应急救护培训，对社区居民、学校师生、企业员工等多层面人群进行应急救护培训20期，培训初级救护员403名，普及性培训2000余人。

【三献工作】 2020年，区红十字会推动无偿献血工作，完成1097人献血，采集血液30.55万毫升。在街道中建立1支554人的应急献血队伍。参与遗体器官捐献工作，登记人体器官捐献志愿者693名，遗体捐献志愿者14名。参与开展造血干细胞捐献工作，对新入职医务工作者进行造血干细胞捐献知识讲座。开展"青春·善行·红十字会"志愿活动，招募红十字志愿者600名。

【强化红十字青少年工作】 2020年，区红十字会结合疫情防控工作实际，利用校园公众号、抖音直播间、班会、健康课、课间休息等方式及时间段，播放应急救护知识小视频。到天津市鉴开中学、东丽区东羽小学、东丽区第一幼儿园以及天津市明强特教学校等单位举办8期应急救护知识和技能的普及宣教活动。组织2万名红十字青少年线上参加抗击新冠肺炎疫情暨红十字应急救护知识竞赛活动。

【宣传工作】 2020年，区红十字会围绕红会核心业务，坚持每季度至少组织一次大型宣传活动，传递人道、博爱、奉献精神。结合疫情实际情况，组织各街道红十字会、卫健系统红十字会、教育系统红十字会以及有关理事单位，开展人体器官捐献志愿登记宣传季活动。开展"5·8"红十字博爱周活动；开展"6·14"世界献血日宣传活动；开展"世界急救日""东丽区人体器官捐献志愿登记宣传季"、造血干细胞捐献宣传服务月三项活动。联合区疾控中心等单位，开展世界艾滋病日主题宣传活动。献血工作动态、各类志愿者事迹等各类宣传材料分别在人民网、市红十字会、市献血办公众号等媒体大量刊载。

（李育荣）

气象服务

【简　况】 天津市东丽区气象局（以下简称"区气象局"）是主管东丽区气象工作的职能部门。1954年9月，成立天津市津东郊区气象站，隶属天津市东郊区农建科管理。1956年11月，隶属天津市东郊区农林科管理。1962年12月，隶属天津市东郊区农林局管理。1982年,划归天津市气象局管理。1988年3月,天津市东郊区气象站规格调整为副处级。1992年3月,更名为天津市东丽区气象站。1996年9月,加挂天津市东丽区气象局牌子,实行局站合一,实行以天津市气象局为主和东丽区双重领导的体制,规格为处级。

2020年,区气象局贯彻落实区委、区政府和市气象局决策部署,深入学习习近平新时代中国特色社会主义思想,扎实落实习近平总书记对气象工作重要指示,推进党建与业务深度融合,高质量谋划东丽气象事业发展"十四五"规划,为新时代绿色高质量发展的美丽东丽建设提供有力的气象保障服务。区气象台获天津市气象行业技能竞赛获团体第一名;杨妍辰在第十五届全国气象行业职业技能竞赛中获优秀奖。派出援疆干部1名,驻村帮扶干部1名。

【气候概况】 2020年,东丽区气温偏高,降水偏多。年平均气温14.2℃,较历年平均值(12.7℃)偏高1.5℃,年极端最高气温38.6℃,出现在7月24日;年极端最低气温-14.3℃,出现在12月30日。年降水总量602.5毫米,比历年平均值523.7毫米偏多15%。年日照时数2581.8小时,较历年平均值(2539.2小时)偏多。年内出现7次大风天气、6次大雾天气。

【党风廉政建设】 2020年,区气象局以学习贯彻习近平总书记对气象工作重要指示精神为主线,不断加强政治建设,促进党建业务深度融合,开展"作风建设年"专项活动,坚持用好"学习强国"APP、坚持开展常态化廉政教育和谈心谈话,

两名领导干部分别讲廉政党课1次,开展节前廉洁警示教育5次、借案警示10次。

【气象服务】 2020年7月31日,东丽区出现短时强降水,全区平均降水量55.4毫米,最大降水量134毫米。此次过程突发性、局地性强,区气象局第一时间发布雷电黄色、暴雨蓝色、暴雨黄色预警信号,并及时建议区防办启动东丽区防洪Ⅳ级应急响应。全力服务东丽区农业生产,扎实开展调研,提升农业气象预报预警精细化水平,科学制定农事建议。为街道提供实时气象监测数据、开展环境气象影响评估,进一步提升东丽区大气污染防治气象保障能力。

【应急减灾】 2020年,区气象局明确基层气象防灾减灾救灾职责,与区应急管理局联合开展综合减灾示范社区创建。继续深化基层气象防灾减灾"六个一"建设,完成数据采集、更新、备案;钉钉平台气象信息员活跃度全市第一。充分运用突发事件预警信息发布平台和各类社会媒体,第一时间发布预报、预警信息,广泛发布疫情防控相关信息累计237条,受众50万余人次。

【社会管理】 2020年,区气象局全面落实安全生产工作要求,推动区安委办发文加强全区雷电灾害防御安全工作。全面开展涉企防雷安全行政检查,区内所有54家易燃易爆危险、化学品生产贮运等企业做到执法检查全覆盖,切实落实防雷安全监管责任。

(姜皓严)

本篇责任编校 曹心慧

街　道

Subdistricts

张贵庄街道

【概　况】 天津市东丽区人民政府张贵庄街道办事处(以下简称"张贵庄街道"),位于东丽区西南部,属东丽区中心城区。东至外环线与丰年村街道相邻,西连河东区二号桥街道,南接新立街道崔家码头村,北靠京山铁路。距天津滨海国际机场5千米,距天津新港30千米。2020年,街域面积2.94平方千米,辖5个社区居委会,总人口74291人,其中户籍人口40050人,常住人口20284人,流动人口11010人,寄宿人口23222人,境外人口15人。

1981年8月,成立天津市东郊区人民政府张贵庄街道办事处。1992年3月,更名为天津市东丽区人民政府张贵庄街道办事处。

2020年,张贵庄街道辖区实现固定资产投资6774万元,比上年增加132.38%,完成全年任务的135.48%;一般公共预算收入8440万元,减少13.3%,完成全年任务的79.8%;区留成税收226万。

【经济发展】 2020年,张贵庄街道积极探索经济发展之路,培育创新型科技企业群体,加速提升服务效能,不断优化营商环境。搭建高新技术企业发掘、培训、成长平台,孵化、引进、培育一批高新技术企业,净增国家高新技术企业5家,国家科技型中小企业评价入库15家,天津市雏鹰企业评价入库10家。面对新冠疫情,及时成立"132"工作组,整合惠企政策,积极走访企业,为企业解难题、谋发展。全年,指导帮扶中小微企业469家、个体工商户812家,开展政策宣传3167次,指导防疫工作3167次,落实政策28条,协调解决问题123个,为67家企业及个体工商户落实减免房租323.53万元。

【城市建设】 2020年,张贵庄街道基本完成北片棚户区改造工作。发放拆迁补偿款超11亿元,完成104户棚户区居民、155套还迁房的摇号、选房和入住工作,惠及居民920余户。实施海绵城市提升改造。对辖域内7条道路、9个建筑与小区、1个公园、1个广场共计1.1平方千米进行海绵城市提升改造工程,从源头解决城市内涝。持续推进老旧小区改造工程,对辖区自然小区办理社区路面修复、阳台加固、屋面防水、污水管道维修更换、阳台外延排险、破损井盖维修、路灯杆维修等设施维修项目75项,确保便民工程落到实处。

4月11日,区委书记夏新深入张贵庄街道调研指导北片棚户区拆迁改造工作　　　　　(李宁　摄)

【文体活动】 2020年,张贵庄街道组织开展"爱在春天"抗疫原创作品征集活动,征集作品260余件;举办第四届"振兴杯"健身操(舞)大赛,12支队伍260余人参赛;开展第五届"福泰杯"书画摄影大赛,参选参展作品240余幅,出版图册500册;开展"福阳杯"戏曲曲艺大赛,36个节目68人参加海选,28支队伍进入决赛;完成"基层文化百团工程"评审工作,评选出4支三星团队、10支二星团队、21支一星团队;协办"2020年东丽区全民健身日系列活动"暨"2020年天津市东丽区全国武术之乡武术展演"活动,得到广大居民好评;参与"创建全国全民运动健身模范区·东丽区第十届全民健身大会系列赛",报送11支优秀团队、18个节目,取得优异成绩;开展第五次国民体质监测,为居民提供科学健身指导建议;申报培养各级社会体育指导员57人,录制线上公益文化课堂6场。

8月8日,张贵庄街道在东丽广场举办第四届"振兴杯"健身(操)舞大赛　　　　　　　　　　　(马琳　摄)

【民计民生】　2020年,张贵庄街道实施困难群众救助工作。为2001人次发放低保、低收入救助182.57万元;为11名特困供养人员发放特困人员供养基本生活费14.17万元;为201户低保、低收入、特困供养人员发放电费补贴1.61万元;为165户低保、低收入、特困供养人员发放取暖补贴10.47万元;为2名老党员发放老党员生活补贴3.12万元。疫情期间,做好低保、低收入、特困供养人员等特殊困难群体兜底保障和生活帮扶工

作,累计发放口罩1.22万片、洗手液709瓶。全年,安置就业647人,举办网络招聘会4场、线下招聘会5场,开展技能培训740人;办理失业登记325人;办理社会保障卡558张;为283名失业人员发放社会保险补贴41万元;为181名60周岁以上老年人发放生活补助3.05万元;为3200人办理个人窗口城镇职工保险业务;为2376人办理城乡居民医疗保险业务;新增城乡养老9人。完成辖区内第三代残疾证换领工作;开展残疾人辅助器具需求调查,为视力残疾人发放盲杖3副、手持放大镜9个、镇纸放大镜2个,为肢体残疾人发放轮椅16辆、四角拐4副、折叠手杖7个、助行器2个、四轮购物车6辆;发放残疾人两项补贴共计101.2万元。开展孕前优生健康检查,组织生殖健康普查和计生用品检查,完成健康生育主要指标;为2157名18周岁以下的独生子女免费投保安康保险;为失独人员发放慰问金1.84万元。

【公共安全】　2020年,张贵庄街道开展平安建设、"无黑"城区创建、市域社会治理现代化试点建设等各项行动取得阶段性成果。加强社会治安综合治理,严厉防范打击"法轮功"等邪教组织,加大在册邪教人员教育转化力度;集中实行吸毒特殊人群分级管理,配合区禁毒办开展"人户一致"底数排查,执行社区康复6人、社区戒毒4人,配合交警东丽支队开展吸毒涉驾人员谈话帮教2人次;开展辖区社会治安重点地区排查整治工作,协调新增视频监控23部,切实补全监控盲区。开展信访矛盾调解工作,办结网上信访事项64件,办结率100%;接待受理群众来访108件,均实现有效

处置;社会矛盾纠纷调处化解中心实现挂牌运行,承接区调处化解中心交办事项11件,诉求答复率100%,确保矛盾纠纷就地化解。加强对重点群体和人员管控,严格落实稳控疏解工作,加大稳控吸附力度,落实稳控疏解任务12次;开展各项安保任务13次,确保区会议、调研等活动顺利进行。开展国家安全教育日、"反恐宣传周""禁毒宣传月""防范非法集资宣传月""七五"普法工作,推进依法治理。实施行政执法案件全程监督,街道行政执法批准立案37件,审核同意行政处罚4件,核准结案18件,经审核不同意立案处罚2件。

【双创工作】 2020年,张贵庄街道以争创"国家卫生区"和"全国文明城区"为目标,高标准、高起点制定工作方案,广泛开展宣传活动。更新、修补、制作公益广告163块,印制发放倡议书500余份、明白纸2500份,营造全民参与的良好氛围,居民素质明显提升。以社区内外环境卫生、堆物治理、违章建筑拆除等作为切入点,累计清理堆物1200余处43吨,拆除违法建设与圈占318处1.22万平方米,治理占路经营、店外摆卖559处次,清理违法广告2500余处,治理共享单车乱停乱放3700余起,完成上级下派督办单问题整改917个,整改率100%,专项整治成效显著,中心城区市容市貌大为改观,圆满完成"国家卫生城区"综合验收相关工作。

【社会治理】 2020年,张贵庄街道深化"智慧党建引领",实现基层治理创新发展。调整优化网格工作格局,按照每个社区每500名党员4+N标准重新划分社区网格,划分商业、居民网格,将原有网格调整为70个。立足群众需求和基层治理需要,充分发挥智慧党建信息化网格化平台作用,全年围绕综合治理、城市管理、公共安全三种事件类型排查上报各类隐患问题2.51万件,按期办结2.22万件。发起吹哨事项28起,办结率100%,吹哨满意率100%。畅通群众诉求渠道。充分利用8890便民服务专线、党群心连心、政民零距离等平台,聚焦整改落实,解决群众"办事难"问题,不断提升为民服务本领。全年,受理8890便民服务专线、党群心连心、政民零距离、市委书记留言板、市长留言板等渠道的便民服务事项3125件。

【脱贫攻坚】 2020年,张贵庄街道开展精准脱贫,联合辖区内第二菜市场开辟扶贫摊位,助力扶贫产品在中心城区亮相。动员辖区企业、机关、群众等多方力量,开展"结对帮扶"精准扶贫工作,与甘肃省兰州市皋兰县石洞镇对接需求,制定帮扶计划和帮扶协议,开展党建交流、教学资源分享。积极与中行东丽支行、水星家纺、博古今书店等3家辖区企业沟通,联合开展物品捐赠工作,捐赠图书500册、床单50个、床单被罩50套。组织发动街域内企业、街道党员干部及社区居民等开展"脱贫攻坚我有责,党的生日我献礼"捐赠活动,捐款13.5万元,捐赠书籍3100余册、分类垃圾桶600个,价值14.5万元,累计捐款捐物28万元,完成消费扶贫111.33万元。

【人口普查】 2020年,张贵庄街道积极做好全国第七次人口普查工作。成立街道人口普查领导小组和办公室,组建社区级普查小组,明确职责,分级负责普查工作具体实施和协调工作。实地勘界,做好辖区四至范围核实和绘图工作,完成合并建筑物图斑1419个,新增建筑物图块200个,确认标绘建筑物696个,确认采集房屋信息2.24条,补充登记标绘建筑物1440个。积极筹划,做好两员选聘并签订保密承诺书,开展人口普查宣传,完成户籍整顿暨人口信息采集及户籍人口、流动人口比对工作,完成156个普查小区,2.5万户人口信息摸底、登记工作,并做好后期比对复查、行职为编码工作。

【疫情防控】 2020年,张贵庄街道聚焦主战场,守好主阵地,坚持战时机制,开展群策群力、群防群控,严格落实登记、测温、亮码等措施,织密社区疫情防控网,筑牢辖区居民防疫屏障。成立街道防控指挥部下设8个工作组,统筹安排部署全街整体防控工作。成立由社工、街道干部职工、教育系统干部、市派干部、区级部门干部组成的防控先锋队,建立社区24小时防控值守包保责任体系,打造人人明确责任、人人落实责任的群防群控工作格局。严格落实社区排查管控,重点监测国内中高风险人员、国外入境人员,联合卫生防疫部门落实筛查隔离工作,发挥重大疫情联防联控网络化管理信息系统作用,组织网格员开展6轮疫情排查工作,累计排查户数10.28万户,排查人数21.18万人次,为街道及社区开展疫情防控工作提供强有力的数据支撑。全年,开展核酸检测演练2次,提升疫情防控应急处置能力。加强疫情防控宣传督导,制定《张贵庄街道应对新型冠状病毒宣传方案》,采取"网络载、微信传、简报刊、社区挂、屏上亮"等"线上+线下"形式,设置社区宣传栏45

个,张贴宣传海报4000张,印发明白纸3.5万张,设置条幅500幅,以电话形式向居民宣传防疫知识8万余人次,提高居民的防护意识。

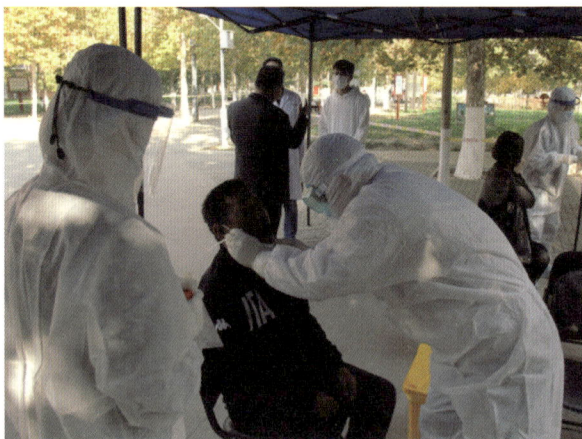

10月29日,张贵庄街道在惠民公园开展大规模人群新冠病毒核酸检测演练　　　　　　　　（王禹腾　摄）

（王丽丹）

丰年村街道

【概　况】 天津市东丽区人民政府丰年村街道办事处(以下简称"丰年村街道")位于东丽区西南部,地处城乡接合部。东至津塘公路四号桥,西接外环线,南至津塘二线,北到京山铁路线。街域内交通便利,龙廷路、富安路、丰安路贯穿南北,津塘公路、津塘二线横跨东西,轻轨新立站位于界内。距天津滨海国际机场7.2千米,距滨海新区泰达西区14.5千米,距天津空港经济区17千米。2020年,街域面积5.08平方千米,辖3个社区居委会,总人口21684人,其中户籍人口10014人,常住人口10097人,流动人口4839人,寄宿人口6825人,境外人口6人。驻街企业585家,其中国有企业10家,集体企业20家,外资及港澳台企业2家,私营企业及其他553家。

1988年6月,成立天津市东郊区人民政府丰年村街道办事处。1992年3月,更名为天津市东丽区人民政府丰年村街道办事处。

2020年,丰年村街道完成财政收入7315万元,比上年下降13%;实现地区生产总值4.28亿元,下降34%;实现服务业增加值4亿元,下降28%;实现商品销售额6.4亿元,下降4%;固定资产投资完成5143万元,增长157%。认定国家科技型中小企业5家,雏鹰企业入库3家。

【城市管理】 2020年,丰年村街道积极完善城市基础设施,补齐城市管理短板。扎实做好民心工程,提升居住功能。完成丰年小广场和3处厕所的建设工作,完成对民和巷中轴线公厕的改造工作,提升城市设施服务能力;推动完成丰年里社区阳台及外檐维修加固工程,保证社区居民住用安全;组织实施民和巷社区卫生服务站工程。针对辖区内老旧社区部分楼栋地下管网堵塞、破损严重、污水外溢跑冒问题,组织进行集中清掏,并对泰兴里、丽新里、丰年里5处跑冒特别严重的地下管网进行局部改造,有效缓解雨季积水、污水跑冒情况的发生,切实改善居民出行条件。完成丽新里、泰兴里、丰年里、常熟里变电柜、热电站美化工程17处,新建丰年里、丽新里、新泰道和公共区域吸烟柱71处,对常熟南里部分地面进行硬化,硬化面积965平方米。建立健身园2处,所辖社区21处添置健身器械229件,进行逐一排查登记、及时申请维修更换。

【创文创卫】 2020年,丰年村街道夯实创卫成果,形成长效机制。按照《丰年村街道2020年创建全国文明城区攻坚行动实施方案》《丰年村街道2020年创建国家卫生区工作方案》,成立创文工作领导小组,对全街56项创文指标任务进行分解,明确责任分工,层层压实责任,按照领导包片划定区域责任图,明确包片分工表和专业组明细表,各科室根据划片分工,利用周末时间定期对所包片区进行卫生清整。通过"幸福丰年"微信平台、LED显示屏、宣传橱窗等载体,开展全方位、广覆盖的宣传活动;通过开展"文明细胞"创建活动,使群众主动参与到创建工作中,推荐、评选文明家庭34户、文明单位1个、文明社区4个。

【环境治理】 2020年,丰年村街道持续改善市容市貌,提升管理水平。以落实公共区域环境卫生长效管理机制为抓手,实施环卫一体化,累计出动巡查人员2100人次,车辆1500台次,扫保人员1580余人次,清理垃圾2800余吨,安装、更换公益广告219块。做好行道树及时补植、死苗拔除、倾倒树木清理等工作,累计清整绿地卫生14.6万平方米,绿地浇水34万平方米,绿化修剪24万平方米。对社区环境、绿化、河道、公厕、道路等进行地毯式排查,对巡查中出现的问题及时对接养护单位整改并记录台账,累计办结城市管理考核数字平台转办案件3825件。

【社会事业】 2020年,丰年村街道实施精准帮扶救助,保障困难群众生活。通过落实网格员一日双巡工作制度,累计走访"一老一小"人员7274人次、特殊人员58人次、特殊困难人员246人次,共采集居民住户信息1.16万户、2.43万人,其中60周岁以上老年人5275人，残疾人636人，建立"一老一小"台账283人，困境儿童台账63人，采集单位信息222个。全年，为2663人次低保低收入家庭成员发放救助金280.37万元；为2152人次发放低保低收入物价补贴24.75万元；为2882人次残疾人发放两补59.14万元；为650人次困境儿童发放补贴13.23万元；为387人发放副食发放补贴10.44万元；为21户失独家庭补发一次性救助金32.5万元；为20户失独家庭人员提供免费家政服务，发放中秋节慰问金3300元。为217名60周岁以上无工作老年人办理意外伤害保险，为75名80周岁以上高龄老人申请助餐卡，办理敬老乘车卡50张，敬老月期间慰问高龄、困难老人33人，为660名老人办理老年证。坚持巡办分离制度，实现社区网格员上报问题、街道网格中心分拨调度、职能科室快速处置的一体化在线处置闭环；平台累计受理各类案件1.93万件；8890便民服务专线、政民零距离、区长信箱等民意直通车事件，累计受理1630件；启动吹哨报到机制7次，区住建委、区城管委等部门积极响应，帮助解决排水、城市治理等问题；全年接待来访300余人次，调解民间纠纷、化解各种矛盾纠纷230起。

【治安管理】 2020年，丰年村街道加大执法力度，强化执法效果。按照《天津市市容卫生门前三包责任制暂行办法》，做到道路两侧机关、团体、学校、企事业单位和个体工商户与街道办事处签订《市容卫生门前三包责任书》100%，加大落实主体责任执法检查力度。制定《丰年村街2020年中央环保督察迎检方案》，对照问题清单积极开展自查自纠，累计接收、处置中央环保督查件4件；开展扬尘、VOCs、排污企业排查、露天焚烧、餐饮单位治理等专项工作，累计出动检查人员2170人次，落实污染源管控措施；对辖区内金地澜悦、新立一号和玖越府建筑工地渣土拉运、建筑垃圾进行专项巡查，出动执法人员4248人次，执法车辆880车次，督促辖区施工工地严格落实"六个百分百"（施工工地周边100%围挡、物料堆放100%覆盖、出入车辆100%冲洗、施工现场地面100%硬化、工地100湿法作业、渣土车辆100%密闭运输）。规范医院、市场周边环境秩序，治理流动摊贩380余起、占道经营260余起、店外摆卖120余处，形成全天候管理网络体系，确保入口100米内无占道经营等各类违法问题；加大对辖区主干道路两侧街景立面各类违法问题治理力度，清理商户小广告点位700余个，窗贴及各类小广告1010余处，布标幔帐58处，收缴各类广告1000余张；疫情防控期间，督促开门商户严格落实疫情防控标准，对6家不符合防控疫情标准商户进行停业整顿处罚。

7月14日，街道执法人员整顿区域内违规私拉乱挂现象

（于泽 摄）

【精神文明建设】　2020年,丰年村街道繁荣文化体育事业,促进精神文明建设。春节期间开展"庆元旦迎新春送祝福文艺联欢会""邻里和谐一家亲,红红火火过大年"等10场文化活动,国庆节前夕开展"普天同庆迎国庆牵手团圆渡中秋""庆国庆,迎中秋,笔墨飘香"等系列活动5场,在丰富活跃群众的精神文化生活同时营造欢乐、祥和、喜庆的节日文化氛围。引领社区居民积极参与科学健身,树立健康生活观念,组建体育健身队伍14支、体育健身会3家;加大社区体育指导员培训,组织2期体育指导员培训班,引导更多健身骨干加入健身队;围绕"全民健身日"开展"全民健身我参与,创文精神我传播"系列活动,参与人数400余人,其中新泰道社区广播体操队获得天津市东丽区第十届全民健身大赛广播体操项目一等奖。利用"垃圾分一分,环境美十分"等宣传活动推动创文创卫、垃圾分类工作开展,利用"传承红色基因,争做时代新人""建设好家庭,传承好家风"推动主题教育、红色教育工作开展,利用"快乐暑假,科普同行"推动科普宣传工作开展,使各项工作成效得到提升。

9月23日,新泰道社区举办"喜迎双节　欢度双庆"活动

（李建慧　摄）

【疫情防控】　2020年,丰年村街道精准施策,全面抓好疫情防控各项工作。制定《丰年村街道新型冠状病毒疫情防控方案》,成立新型冠状病毒疫情防控指挥部,下设综合协调、物资储备、紧急处置等7个专项工作组,建立分工明确、规范有序、衔接配合、运转高效的指挥体系和防控体系。统筹整合市区街机关下派干部、共驻共建党员、社区志愿者、物业保安、街道企业和机关干部职工,组成近400人的社区卡口值守队伍,做好社区防控常态化工作,累计核查4.47万户次,排查出外地返津人数3483人,纳入居家隔离观察共计183人,解除观察176人,观察内7人;累计发放人员出入证1.71万张,车辆出入证5850余张,登记外来访客2.29万人次;坚持每日对返津人员信息更新,实行严格的分类管理,确保重点人员得到有效监控。录入外地及境外返津人员3520人,其中境外入津人员16人、武汉市入津人员24人、湖北省非武汉市入津人员110人、其他省市入津人员3022人、北京市返津人员247人、乌鲁木齐市返津人员2人、青岛市返津人员33人;组织581名党员支持疫情防控捐款7.5万元;严格物资保障,累计发放一次性口罩1.8万片、N95(kf94)口罩273片、消毒液(含酒精)1200升、一次性手套1353副、测温枪10把。实地走访381家中小微企业和个体工商户,宣传市"21条""27条"政策以及东丽区相应政策措施,累计宣讲政策1350次,为141家中小微企业和个体工商户减免房租,减免租金总额165.25万元,为3家中小微企业和个体工商户提供金融支持,银行贷款530万元。通过一系列帮扶措施,帮助企业

复工复产,快速恢复经济社会秩序,新增楼宇注册企业136家,500万以上项目17个,注册资金1.19亿元,其中市外落地项目6个,注册资金5800万元。

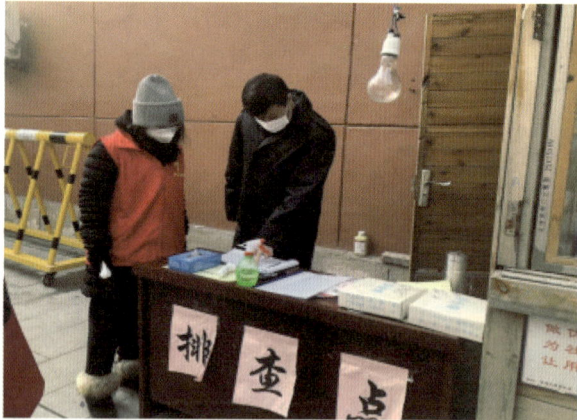

2月15日,街道负责人到排查点检查工作　　(刘浩　摄)

(许甜甜)

无瑕街道

【概　况】　天津市东丽区人民政府无瑕街道办事处(以下简称"无瑕街道")位于东丽区东南部,东邻滨海新区胡家园街道,西靠军粮城街道,南隔海河与津南区葛沽镇相望,北依京山铁路。距东丽区中心城区17千米,地处滨海新区规划范围内。街域内交通发达,津塘公路、津滨轻轨、津塘二线贯穿全街。驻有天津钢管制造有限公司、一重集团天津重工有限公司、天津钢铁集团有限公司等大型企业。2020年,街域面积18.9平方千米,辖12个集体经济组织、5个社区委员会,总人口47427人,其中户籍人口32383人,常住人口22300人,流动人口10297人,寄宿人口4742人,境外人口5人。除汉族外,还有回族、满族、蒙古族、朝鲜族等少数民族。注册企业1105家,其中国有企业17家,集体企业20家,外商投资企业10家,私营及其他企业1058家。

无瑕街道原名李庄子人民公社。1962年2月,成立天津市东郊区李庄子人民公社。1983年3月,更名为天津市东郊区李庄子乡。1992年3月,更名为天津市东丽区李庄子乡。1993年12月,撤乡建立天津市东丽区人民政府无瑕街道办事处。

2020年,无瑕街道地区生产总值76.39亿元,比上年减少10.9%;固定资产投资7.27亿元,增长10.2%;规模以上工业总产值预计334.7亿元,增长8.69%;线上销售额228.71亿元,下降10.2%;服务业增加值10.18亿元,下降4.8%;组织国家科技型中小企业评价入库完成14家,完成全年任务的100%;推荐国家级高新技术企业申报2家;天津市雏鹰企业评价入库7家;服务企业创新转型项目6家。

【经济发展】　2020年,无瑕街道持续加大招商引资力度,积极开展楼宇招商,推进重点项目落地。全年,赴北京招商10余次,接待洽谈企业60余次。实现新引进楼宇企业64家,累计注册企业442家;新增注册资本33.54亿元,累计注册资本26.26亿元;新增企业完成纳税700万元,楼宇企业纳税总计7000万元。推动春利达新能源、天津环美特种车辆检测线、东方园林生态林、天钢废钢平台、中汽中心新能源汽车检测中心5个项目落地。开展"双万双服促发展"活动,政企互通信息化平台服务实体法人单位167家,线上收集问题21个,解决率100%。组织18名处级领导、10名科级干部走访服务63家平台企业，帮扶新天钢集团解决村队土地租赁费负担过重问题和变电站异地改造项目建设规划问题，帮扶天津市江浩物流有限公司解决公司内自建取水机井问题，帮扶天津市无瑕钢城投资有限公司解决注销清税问题。助力甘肃省皋兰县脱贫攻坚，实施结对帮扶、人才交流、产业扶贫等一系列扶贫方式，累计落实帮扶资金285万元；派遣2名街道干部到皋兰县对口帮扶1个月；积极推动蓝天裕丰农业科技公司落户皋兰，实现带贫500人。

【城市建设与管理】　2020年，无瑕街道完成北大道村13户民宅、天钢企业内滞留户和停车楼地块1处点位拆迁，完成拆除违法占地166宗；新袁、官房、小北3个村需还迁1443户，完成还迁1223户，完成率达85%；启动博才里2、4、6号楼的房屋产权证办理工作，完成签订房屋产权证合同245套；村民定向安置住房续建工程秀霞片二期工程完成主体封顶；完成丽水公寓、明月里等小区水电暖气管网线路提升改造工程。推进辖区重污染天气应对、中央环保督察问题整改、垃圾分类等重点工作。组织开展"无瑕花园市容环境大清整""京山铁路沿线卫生大清整"等专项整治活动6次，累计清运各类垃圾70余吨；开展"东丽区碧水保卫战攻坚月专项行动"，对街道建成区内管网情况进行排查整治；大力推进"厕所革命"，投资100万余元建成一类厕钢管公园公厕，升级现有环卫厕所；完成主干道路和小区内的大清整行动，拆除非法设置户外广告、乱吊乱挂等618处，治理道路

乱摆乱卖、乱堆乱放等566处。持续推进创建全国文明城区和创建国家卫生城区。制定《无瑕街"双创"工作督查机制》《双创工作督办流程》等10个文件，组织召开双创工作推动会11场，完成458个区双创办督查反馈问题点位整改工作，整改率100%。

【社会治安综合治理】　2020年，无瑕街道坚持以化解矛盾为主线，排查突出矛盾焦点15个，成功调处12件。排查严重精神障碍患者235人，社区戒毒人员8人，刑满释放人员130人，社区服刑人员27人，重点青少年356人，无脱管漏管人员。开展平安创建宣传活动，制作宣传专栏82块、横幅240个，发放《致居民一封信》《致全区人民一封信》2.3万份，宣传海报5000份，签订《无私存私藏枪支弹药保证书》1.4万份。实施无瑕街道安全生产专项整治三年专项行动，制定计划，明确责任。加强对危化、工贸、物流、商贸企业的安全监管，全年检查危化企业、工贸企业167家次，排除隐患333个；检查商铺门脸106家次，排除隐患184处。

9月15日，无瑕街道党政主要负责人到天津钢铁集团有限公司开展安全生产检查指导　　　（杨艳伟　摄）

【社会事业】 2020年,无瑕街道完成新增就业人数1502人,就业援助292人;开展创业培训班1期,培训25人;为14名创业者申请小额担保贷款300万元。加强社会救助保障,城镇职工养老缴费个人参保服务1543人次,完成2020年城乡居民医疗保险参保9965人。为1494名70周岁以上老年人发放生活补贴475万元;为360名残疾人发放两项补贴92万元;为113人发放居家养老补贴31万元;为7名低保家庭大学生发放应届及学年补贴6.3万元;为215人发放低保户门槛费18.95万元;为21人发放低保药费8.68万元;为15人发放困难群众药费15人4.68万元;发放1—7月低保金、物价补贴229万元(8月以后由区民政局统一发放)。为64人发放丧葬补贴12万元。发放临时救助、点球式救助、急难型救助等7.4万元。完成社区老年日间照料中心建设。完成79名民办教师教龄补贴审核、发放工作,发放资金11.67万余元。完成排查健身器材419件,维修22件,更换49件。组织3个队伍参加东丽区第十届全面健身运动会,取得健身操第二名和第三名、太极拳第二名、广播体操第二名和第三名的好成绩。

【深化改革】 2020年,无瑕街道深入开展聘用制人员改革,通过分类选拔考试、竞争上岗等方式,调整工作岗位,解聘不称职人员,优化人员结构,完成转岗59人,解聘90人,累计149人;对聘用人员进行薪酬体系改革,按岗位分档次管理,重新制定《无瑕街道聘用人员绩效考核办法》《无瑕街道聘用人员薪酬管理办法》,经职工代表大会审议通过后于7月正式实施。实施物业改革,完成专业化物业管理公司引进工作,与天津和泓物业管理服务有限公司签订标准化管理合同,全面接管街域内19个小区扫保任务。积极推进国有企业改革,街道下属6家国有企业,其中2家已经批准为关停企业,不再进行任何经营业务;1家为不良资产平台企业,延缓注销;3家为应尽快注销企业,完成人员安置,等待注销。

4月16日,无瑕街道聘用人员改革笔试现场

(徐长磊 摄)

【疫情防控】 2020年,无瑕街道统筹推进疫情防控与经济发展。在社区疫情防控中坚持精准防治,有效构筑"三道防线",依托智慧党建工作网格,成立52个联防网格,实现人员排查监测100%,织密联防联控安全网,建立第一道防线;封堵全街19个小区101处偏门,在保留的21个出入口设立防疫检查岗,24小时值守,人员进出登记管理,守住社区出入口,建立第二道防线;封闭5个路口,在4个主要进街路口设立检查点,本市车辆消毒后直接通行,外埠车辆登记检查后方可通行,全面阻断外来传播源,建立第三道防线。企业疫情防控方面,积极推动企业复工复产,落实各项惠企政策,组建6个企业包联工作组,与18名市派干部对

接 133 家企业,天津钢铁集团有限公司、天津钢管制造有限公司、一重集团天津重工有限公司等 10 余家重点企业安排专人驻场,指导企业落实防控措施,帮扶企业解决复工复产过程中遇到的防疫物资采购周转、隔离场所设置、物流运输、协调上下游企业等困难,为企业全面复工复产提供有力保障。落实疫情防控常态化管理,全年开展 2 次大规模核酸检测演练,覆盖全街 5 个社区,300 余人参加。

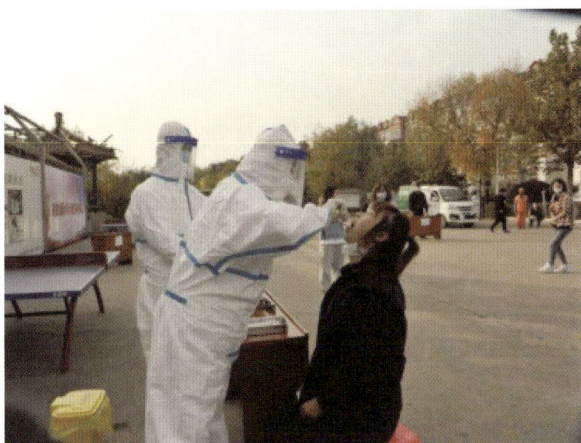

10 月 30 日,无瑕街道开展新冠肺炎病毒核酸检测应急演练
(张建军　摄)

(张淑妹)

万新街道

【概　况】　天津市东丽区人民政府万新街道办事处(以下简称"万新街道")位于天津市中心城区和滨海新区之间,紧邻河东区和河西区,距中心城区 5 千米。东与天津滨海国际机场相连,西邻河东区万达广场,南靠海河,北邻卫国道。外环线、东南半环快速路、津滨大道、成林道、津塘公路贯穿辖区,城市交通便利,区位条件优越。2020 年,街域面积 27 平方千米,辖 12 个集体经济组织、1 个城市公司、17 个社区居委会,总人口 136355 人,其中户籍人口 49405 人,常住人口 26487 人,流动人口 25909 人,寄宿人口 61021 人,境外人口 20 人。

万新街道原名万新庄人民公社。1962 年 2 月,成立天津市东郊区万新庄人民公社。1983 年 1 月,更名天津市东郊区万新庄乡。1992 年 3 月,更名为天津市东丽区万新庄乡。1993 年 6 月,撤乡建立天津市东丽区程林街道办事处。2005 年 8 月,更名为天津市东丽区人民政府万新街道办事处。

2020 年,万新街道完成固定资产投资 53 亿元,超出全年任务额 9 亿元.规上工业总产值 87.95 亿元,增长 4.09%。规上商业销售额完成 37.76 亿元。一般公共预算收入完成 2.68 亿元,增长 4.3%。

【城镇建设】　2020 年,万新街道突破拆迁瓶颈,多措并举,拆除南片 3 个原有村落剩余点位地上物,场清地平,为海河地块腾供土地面积 26 万平方米,助推核心区域开发和项目落地。还迁项目建设和还迁安置工作有新进展,南片三组团海晟园还迁房交付使用,区街完成还迁户基础档案信息联审工作,蓄力精准还迁,年末组织完成三组团还迁房选房顺序号抓号环节工作;南北程林社区胜林南苑、胜林北苑首轮还迁房选房工作完成,安置还迁户 2096 户;配合国企宿舍还迁项目建设用地,完成北程林域内国有土地地上物拆除工作。推进并协调解决产权证申办和发证等工作,历史遗留项目产权证发证 7801 本。推动域内基础设施建设和管理工作,配合雪莲路(卫国道至青山道段)南北向4776米主干道路建设,实施警民路、程航道、程新道、国山道等相关道路建设推动工作,完成红线内地上物拆迁工作,助推该路段年末全线通车;加强市政基础设施破路施工事前及事后管理工作,消除潜在隐患;推动解决易积水片区雨水管道淤堵问题,加铺天山南路雨水管道,推进程永道雨水管道及道路结构建设。域内绿化建设和养管工作有序进行,多方面提升街域主干道两侧街容街貌,治理裸地、填垫沟渠、栽植苗木,推进域内新增绿化面积1.11万平方米;对主次干路行道树补植工作,同时启动警苑佳园界外地绿化设施建设工作;改善居民生活环境,配合完成万隆花园、昆仑里两个小区绿化提升改造工程,竣工验收面积3.26万平方米;接收海悦秋苑、季景家园、嘉春园北侧界外地绿化设施1.7万平方米。域内养管公共绿地总面积188.75万平方米。

12月29日,万新街道南片三组团海晟园还迁选房抓号

(杨洁 摄)

【经济工作】 2020年,万新街道地块招商推介取得新成效,全年落地项目6个。山姆会员店项目落户成湖C2商业地块,金茂天津"智慧科学城"引入南开公能教育签约,天津市第三中心医院(东丽院区)改扩建工程选址万新街道,天津市卫健委与东丽区政府签署战略合作框架协议,工程建筑面积21.44万平方米;域内"智慧科学城"首宗土地挂牌出让,出让面积5.03万平方米,由天津成茂置业有限公司摘得。加大科技型企业培育力度,全年国家高新技术企业认定公示5家,市级雏鹰企业评价入库认定16家,市级瞪羚企业认定1家,完成国家科技型中小企业评价入库35家、企业转型升级8家。落实国企改革工作,完成2家公司股份平移,其中关停1家;推进1家公司挂牌转让工作;启动专项审计工作,为国企改革事前评估做好准备。开展清欠工作,清理拖欠民营中小企业欠款6笔。落实"双万双服促发展"帮扶活动,结合132帮扶工作机制、三级包联走访服务等活动,"线上线下"服务企业,累计走访企业700余家次。续推"万企帮万村"精准扶贫行动,深入动员,促成17家企业与甘肃省甘谷县28个贫困村签订战略合作框架协议,扶贫金额达18.6万元,消费扶贫累计7.5万元。完成天津市第七次全国人口普查综合试点工作,为后续全面推进全市正式人口普查积累工作经验;开展第七次全国人口普查工作,组织实施并完成普查各阶段工作任务。

【公共管理】 2020年,万新街道锁定防控疫情零传染和创卫达国标的目标,大力整治市容环境、改善人居环境,以开展农村人居环境百日清整活动为契机,累计整治疏浚河道、沟渠30千米,清整村台56次,村内沟渠治理4条、填埋2条;清整重点垃圾点位790余处,整改110余处,督办点位苫盖面积 5.31 万平方米，粉刷墙面 1940 余平方米，清掏下水井 30 口，打草作业 189.2 万平方米，清运渣土 3.15 万立方米，全域清洁化程度提升，群众居住环境明显改善。工业企业巡查治理和措施监管持续发力，完成 7 台燃气锅炉低氮改造、规范 13 家涉危废企业危废间管理，加强监管涉 VOCs13 家企业治理设施，实现稳定达标排放；修订完善重污染天气应急预案及应急管控清单，督促清单内 13 家企业落实重污染天气限产减产措施；巡检 99 家餐饮油烟商户的相关证照和油烟净化设备；对治理销账的"散乱污"企业开展"回头看"检查活动，确保"散乱污"企业零新增。加强重点扬尘污染点位监管，治理裸地扬尘污染问题点位 28 处，整改回复各层级各类督办事项 116 件；核查落实入河排口 17 处，双层封堵域内雨水排水口 3 处，帮助 48 家企业完成排污许可证登记申报工作；整改完成中央第二生态环境保护督察组督查检查涉事企业问题；持续改善区域大气环境质量，PM$_{2.5}$ 均值为 42 微克每立方米，全区街道综合排名、综合指数排名分列第 3 位和第 1 位；结合"6·5"世界环境日和"减塑，天津在行动"等环保宣传主题开展环保宣传活动，营造全民参与生态文明建设的良好氛围。持续管护域内海河段、月牙河段等 5 条共 19 千米河道水域和堤岸环境，保持水清坡净。聚焦民生，维修崂山道、程泉道、雪山路等 9 条道路主路面 6260 平方米，换修道路破损井盖 368 个，修砌围墙 200 延米，粉刷墙面 2.1 万平方米；推进厕所施工建设和改造，新建一类公厕 1 座（海河东路）、二类公厕 1 座（雪山里），旱厕改造 2 座；治理

沉降超采，取缔无证取用地下水点位 4 处。按照东丽区环卫一体化试点工作要求，配合完成环卫一体化交接工作。街域健康教育工作常态化，安装健康教育宣传栏 142 处，宣传普及健康知识，定期更新内容；举办病媒防制知识培训，推进病媒生物防制工作深入进行。农贸市场管理标准化，域内 6 个菜市场分行划市，合理布局，规范经营，落实常态管理；创卫宣传氛围浓郁，采取集中宣传、入户走访、发放宣传册（品）等灵活多样方式，吸引群众支持并参与创建工作，群众的知晓率、参与度、满意度攀升。开展创卫达标工作，完成督察点位的整改，通过各组别和综合验收。万新街道被全国爱国卫生运动委员会命名为 2017—2019 周期国家卫生乡镇（县城）。

7 月 8 日，万新街道双创攻坚动员部署会暨警示教育大会

（张丽艳　摄）

【在建项目】　2020 年，万新街道域内有在建项目 12 个，山姆会员店项目、融创商业 B3 地块开工建设；上东金茂府一期、二期项目主体完工，一期精装修全面施工；上东金茂悦一期主体完工，室内装修施工，二期桩基完成；万科城市之光项目竣工交付使用；金茂"智慧科学城"一期项目主体施工；蔚秀景苑项目主体完工，配套管线完工，精装

修进场施工;推动烟厂三期技改重点项目开工建设;跟进津滨大道北侧A1、A2地块和B4地块项目建设做好服务工作。

【城市管理】 2020年,万新街道狠抓环境秩序整治工作,结合疫情防控,巡检各类商户、公共娱乐场所3万余处次,遏制私自营业行为,张贴政策法规标示6000张,发放提示单、明白纸5000份。全面规范沿街门店,落实门前三包责任单位900家。全面整治背街里巷、农贸市场周边占路经营、商铺外溢等各类影响环境秩序行为1.25余万处次。开展共享单车乱停乱放专项清理活动30余次。落实市土地巡视及督察整改工作,完成2004—2008年、2009—2018年19宗违法占地拆除任务。按照住建部"拆违五年计划""减余量,扼新增",据情定案,拆除违建4498平方米,清拆圈占186处。与社区联治联控,整治小区内各类不文明行为,推动《天津市文明行为促进条例》的落实。普及《天津市生活垃圾管理条例》知识,发放宣传册、明白纸,开具温馨提示单,各社区举办垃圾分类知识讲座与宣传活动,共同引导居民文明处理生活垃圾。规范整治道路环境秩序,制定域内施工工地备案核准制度,检查施工工地出土和运输情况,严查道路运输撒漏和未苫盖车辆、乱倒垃圾违法行为,加大对各类随意倾倒、抛洒、堆放城市建筑垃圾和生活垃圾等对环境产生污染的违法行为的巡查和处罚力度,全年立案36件,震慑此类违法行为。持续治理铁路沿线秩序,排除沿线安全隐患18起。开展夏季环境卫生综合整治工作,检查1500处次,整治2095处;治理拆除户外牌匾

39处;检查台账内小歌厅、小浴池等"四小"行业155家;排查诊疗场所和美容机构83户次,复查历年非法行医处罚点位12户次,治理涉嫌违法线索4起;开展为期6个月控烟专项工作,每周检查域内互联网上网服务营业场所、歌舞厅、文化娱乐场所、美容美发、公共浴室等点位,检查838处次,责令整改587次,罚款2人次;联合查处非法加油站1处、黑作坊2处。

【公共服务】 2020年,万新街道海颂园社区、欣园社区管理范围调整,海康园划入新立街道管辖,水东里1—12号楼划入张贵庄街道管辖;建新东里58、59、60、68号楼划入欣园社区管辖。统筹完成12个社区管委会公共事务性工作移交社区居委会管理。推进就业安置和社会保障工作,全年就业安置1110人;办理失业登记537人,十类困难保险补贴认定507人,发放4513人失业金共计610.92万元;发放200名60周岁以上老年人补助金额3.85万元;完成国企退休人员社会化医疗保险报销前期准备工作及因病支出型困难家庭救急难平台创建。落实社会救助工作,月发454户城市低保家庭低保金70.51万元、16户低收入家庭救助金4704元、6人城市特困供养人员救助金1.34万元、6户农村低保家庭低保金1.05万元;节日慰问生活困难家庭224户,发放慰问金(物品)折合金额22.4万元;春节期间,为辖区低保、低收入、特困供养人员等困难群众发放各类补贴172.75万元;做好疫情期间困难群众兜底保障工作,落实"一老一小"特殊困难群体临时救助。推进残疾人工作,换发三代残疾人证2601人,落实各项补贴

政策;居家托养服务补贴惠及残疾人2834人次。完善养老服务项目,新建万新街养老服务中心,面积1097平方米。落实优抚政策,发放优抚金51.61万余元,优抚对象调标补助30.18万余元。落实计划生育家庭奖励扶助政策,历年特扶、奖扶年审540人,其中当年新增特扶33人、奖扶198人(农村31人,非农167人);免费孕前优生健康检查109对。开展卫生健康工作,为49名原从业乡村医生的老年人发放生活补贴17.85万元;分批次为符合补贴条件的60岁以上原代课教师131人,发放教龄补贴52.84万余元;疫情期间,接转爱心捐款3.1万元。推进党群服务中心工作,开展国企退休人员信息核对工作,核查人员1.5万人;17个社区综合文化活动中心验收达标。完善退役军人服务保障体系建设,关怀关爱退役军人和重点优抚对象、困难企业军转干部,发放慰问金(品)149万元;发放现役军人义务兵家属优待金46.58万元、在职伤残人员优抚金145.38万元、退役军人建军节慰问金38万元。完成部分退役士兵保险接续工作。

【公共安全】 2020年,万新街道抓实疫情防控和公共安全线不放松,夯实属地安全监管责任,监督检查域内现有生产经营单位,落实联合执法检查59家,实地检查354家次,督办整改隐患957条,复查882条隐患点位,整改率达92.2%。开展各类安全生产专项治理行动,全年合规有序推进落实安全生产、消防、应急、食品药品、交通、防汛等各类专项任务60余项。推动完成60个小区消防车通道标线施划、17个社区电动自行车充电设施建设和微型消防站建设;协调推动高层居民小区消防设施设备维修问题;监管沙柳路复杂地块安全,建立区街联检机制,对"64排"周转房片区及沙柳北路沿街商户发放单点式烟感报警器533个,重点部位配备灭火器具192组/384具。应对8·12强降雨,全面排查易积水道路重点点位、危房片区和"插花飞地"等重点片区,全力做好防汛排水、应急安全保障等工作。推进基层社会治理工作,以问题为导向,闭环解决群众各类矛盾纠纷问题和信访事项,成立矛盾纠纷调处化解中心,与公安联合调处中心配合,共同推动解决群众各类矛盾纠纷134起;分解推进重复信访治理与积案化解工作。依托"智慧党建"综合服务平台,为群众办理公共服务事实5810件,办理民意直通车事件1.55万件,分类处置网格巡查问题线索2.91万条。开展"飞地"基层治理属地化工作,落实8片责任不清地带、7个地跨东丽区与河东区的"城中村"和阳光、前进、中山门、正达4个城市公司归属地管理问题。牵头完成兰亭里东侧平房片区、盆景园周转房等治理拆除任务;借势飞地治理,全面加强属地管理,推进城内各项治理工作,提升群众生活质量。续推平安社区建设,集中开展社区矛盾排查调处工作,发挥平安志愿者在社区宣传、治安巡逻和民事调解中作用,推动社区治安防范措施落实。开展"法律进社区"、抵制邪教、拒绝毒品、防范非法集资等各类警示宣传教育和宣传活动,为街道和社区配备法治图书1000余册。加大社会管理力度,推进流动人口、刑释解教人员的安置帮教和社会保障、预防青少年违法犯罪等综治专项工作。

【疫情防控】 2020年,万新街道全力抓实新冠肺炎疫情防控工作,应对突发疫情,第一时间传达部署市一级疫情防控响应机制和工作要求,制定防控工作预案,组建领导小组,成立工作小组和应急处置队伍,层层压实工作责任。公安、卫生、市场监管、市容等部门与街道、社区和集体经济组织联动联防联控,阻断传播链,为人民群众生命安全和身体健康筑起安全屏障。工作组全部深入社区、老村台一线推动防控工作,结合实际,编印明白纸、一表清、流程图,精准施策;以社区网格为基础,排查出入境及重度、中度风险地区往来人员,卡口式管控居民小区和村台住宅,共设98个出入卡口,市、区、街三级抽调359名干部下沉一线增援卡口测温、点位值勤值守,2000余名志愿者主动融入防疫宣传、2300余楼门消杀、出入口值勤值守队伍;落实宣传、服务、报告、反馈快速工作机制,配合做出重点人群集中隔离、转运工作,城内"消、杀、运"管控措施并举,巡防巡控全覆盖。针对发热门诊定点医院生活垃圾,实行专车收运和消毒,定点无害化处理;对各社区特别是无物业管理的"64排"周转房、保洁员宿舍等10余个片区每天消杀,有效防止病媒传播。护航企业发展,助力规上企业、中小微企业和个体工商户复工复产复业,派出"132"帮扶组(即每组3人,组长1名、防疫指导专员1名、政策服务专员1名)17个,分组包联,对接服务域内在地经营企业,走访帮扶累计3160家次,协调解决问题250余个。推动10余家企业享受社保及水电费减免等惠企政策。支持和帮扶学校、托幼点安全复学复课和正常开园。组织开展大规模人群核酸检测筛查实战演练行动,提高全面应对疫情突发情况的实际防控能力。

(王旭英)

新立街道

【概　况】 天津市东丽区人民政府新立街道办事处(以下简称"新立街道")位于东丽区中心位置,地处城乡接合部。东、北均与金桥街道接壤,西邻万新街道,南靠海河。驻有天津铁路信号有限公司等国有企业,天津滨海国际机场、东丽经济技术开发区坐落街域内。津滨高速公路、津塘公路、津北公路、津塘二线、京山铁路、蓟汕联络线、京秦高铁、津滨轻轨穿街而过。2020年,街域面积45.63平方千米,辖12个经济合作社、15个社区居委会,总人口131550人,其中户籍人口66655人,常住人口34045人,流动人口41273人,寄宿人口23562人,境外人口60人。驻街企业3209家。

新立街道原名新立村人民公社。1958年8月,建立新立村人民公社;同年10月,划归天津市河东区,属新立村公社,称新立村管理区。1962年2月,由天津市河东区划归天津市东郊区,称新立村公社。1981年8月,所辖13个居委会划出,组建张贵庄街道办事处。1983年9月,撤销新立村公社,分别建立天津市东郊区新立村乡和天津市东郊区么六桥乡。1992年3月,更名为天津市东丽区新立村乡。1993年6月,撤乡建镇。2001年4月,撤镇建立天津市东丽区人民政府新立街道办事处。2001年10月,天津市东丽区小东庄镇并入天津市东丽区新立街道。2019年3月,新立街道小东庄村等14个村及悦盛园社区划归金桥街道。2020年8月,丰年街道丰和社区、万新街道海康小区划归新立街道。

2020年,新立街道实现地区生产总值29.51亿元,比上年下降1.05%,一般公共预算收入完成2.82亿元,下降35.6%,完成全年任务的51.46%;固定资产投资完成54.67亿元,增长97.93%,完成全年任务的109.2%;销售额完成99亿元,下降8.8%;规上工业产值完成24.79亿元,完成全年任务的87%。

【经济建设】 2020年,新立街道明确"三大经济圈"产业布局规划,对接洽谈项目30余次。全年新增注册资本500万元以上项目90个,新增协议投资额5000万元以上项目4个,新增协议投资额亿元以上项目3个,三项指标全部超额完成目标任务。津塘二线商贸经济圈的万达广场项目正在有序建设;津滨大道商贸经济圈松江津滨置地广场正在积极对接招商,融创城商业项目方案正在调整。新认定国家级高新技术企业3家,新增国家科技型中小企业评价入库40家,天津市雏鹰企业评价入库23家,天津市瞪羚企业评价入库1家。完成12家企业万企帮万村捐款和签订协议工作,每家企业捐款1万元,合计12万元。完成菜田播种面积72.09公顷,蔬菜上市量1917.3吨,产值405.25万元。粮食种植补贴涉及5个村、427户种粮户,粮食种植面积81.87公顷,补贴金额为11.67万元。

【城市化建设】 2020年,新立街道完成8项5.4万平方米拆迁任务,推进出让区龙延路西侧地块拆迁;开展崔家码头剩余4户拆迁,首个老村台拆迁实现全域清零。完成翟庄、东杨场、中河等集体经济组织583户民宅协议签订工作。按照"先拆先还"原则,分为4个批次组织还迁,还迁居民2.6万余人,选取房屋1.17万套(含期房2248套),其中60户型3544套、90户型7464套、120户型718套、异型房4套。按照"创文创卫"决战攻坚,全面实施系统化、精细化、智能化、市场化管理,街域环境面貌大幅改善。按照五年拆违计划拆除各类违章建筑问题点位1215处、1.78万平方米,清运渣土7.87万立方米。治理各类影响道路秩序问题1493起。对街域内12所学校早晚重点时段门前区域环境秩序问题开展防控治理,出动执法队员566人次,执法车辆179车次,治理占路摆卖等问题5处次。检查渣土运输车辆196辆次,整治不规范行为2起,对未经核准擅自处置建筑垃圾行为立案查处1起。

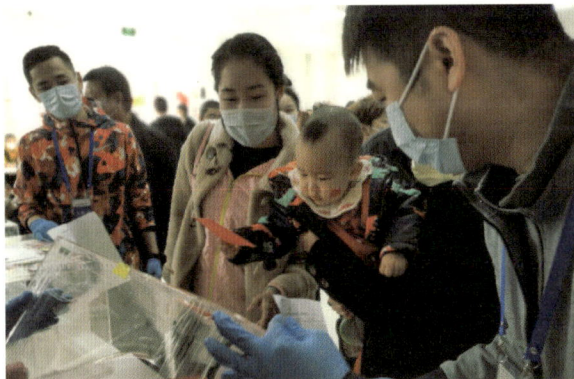
11月15日,新立示范镇第4批还迁选房现场
(田丁铭　摄)

【社会事业】 2020年,新立街道办理8890便民服务专线、党群心连心、政民零距离等民意直通

车反映问题1.09万件。完成安置就业人数1206人，累计办理十类困难人群认定288人，配合区人力社保局开展线下招聘会4场，通过公共服务网络平台发布用工岗位信息600余条。发放最低生活保障资金1256万元、特困供养金77.5万元、低保户春节一次性补助和过节费196万元、困境儿童基本生活费50万元、事实无人抚养儿童补贴14.9万元、东丽区困难群众及低保特困五保医疗救助资金135万元、残疾人"两项补贴"329万元、解放前入党老党员生活补贴3万元、低保人员丧葬费9000元。发放重点优抚对象抚恤金及生活补贴276.6万元、优抚对象物价补贴3.9万元、在职伤残军人补贴26.5万元、60周岁以上农村籍无收入退役士兵生活补贴47.3万元、老复员军人遗孀生活补助31.06万元。发放门诊门槛费7.5万元。为3442名残疾人办理各项残疾证业务；为一、二级特困残疾人办理医疗救助17件，合计30.92万元；为一户多残家庭，低保一、二级残疾人，低保三级精神残疾人或低保三级智力残疾人办理取暖补贴424件，合计16.96万元；为所有低保残疾人办理水电气补贴340件，合计8.18万元。

【安全稳定】 2020年，新立街道深入开展安全生产专项整治三年行动，开展危险化学品安全整治、消防安全整治等9项行动。与辖区内27个村（居）、39家生产经营单位签订《2020年安全生产目标责任书》，全面落实安全生产主体责任制，坚决防范和遏制重特大生产安全事故。聘请第三方专家带队针对工业企业、危化企业、建筑工地、交通运输、燃气有限空间、涉爆粉尘、仓储物

流、特种设备、冶金等领域，开展安全检查，检查企业52家次，出动执法人员100人次，累计发现安全隐患80条，整改80条，整改率100%。复工复产期间，累计出动检查人员190人次，检查企业93家，查处各类安全隐患116处，整改116处，整改率100%。全年，召开矛盾纠纷排查调处与社会治安形势分析研判联席会议11次，集中部署开展矛盾纠纷和突出治安问题"两个排查"，排查矛盾纠纷36件，化解35件，化解率达97.2%。加强反邪教宣传力度，组织宣传活动16次，发放宣传资料5000余份。妥善化解信访矛盾，积极推进三级社会矛盾纠纷调处化解中心建设，接待320批512人次，办结率达到90%以上。年内，接待群众来访1822批次4151人次（多为重访和政策咨询），其中到区政府接访87批次1459人次，街道接访1735批次2692人次，区领导接访11件。受理网上来访来信方面案件217件，办结204件，办结率达到94%以上。

【市容环境整治】 2020年，新立街道不断加强全域范围内环境卫生治理力度。清理社区垃圾、工程渣土，累计出动人员1100余人次，工程机械200余台次，清理各类垃圾、杂物1600余吨。对京津城际铁路沿线、外环线及外环辅路、津塘公路、津塘二线、津北线、民族路、驯海路、跃进南路等主要道路进行清理，出动工程机械210台次，出动人员900余人次，清理垃圾死角230余处，清理各类垃圾、杂物1500余吨。开展拆迁片区环境综合整治工作，累计清理拆迁村庄13个，实现辖区拆迁村庄全覆盖，出动人员1.15万人次，出动工程

机械及车辆 1600 余台次,清理辖区村庄道路 214 条次,清理各类垃圾、杂物 5000 余吨,清理违法小广告 1700 余处。河长办工作人员对本辖区内的河道、街村沟渠卫生进行每日常态化巡查,及时打捞、即刻整改。四号桥河、幸福河等 3 条沟渠黑臭水体水质均已达标。开展人居环境整改工作,反馈 37 批次,整改点位 495 个,累计出动人员 798 人次,出动机械 67 台次,苫盖面积 5800 平方米,清理垃圾 386 立方,全部整改完毕。

2 月 5 日,新立街道工作人员在津滨高速口进行防疫检查

（孙永武　摄）

（邢维维）

9 月 21 日,新立街道执法队员在新立花园小区清理违建

（崔兆强　摄）

【疫情防控】 2020 年,新立街道统筹推进疫情防控工作,先后开展 5 轮次疫情排查,累计排查 37 万人次,同步落实重点人员管控措施,累计居家医学观察 973 人,留观点集中隔离 143 人。组织大规模人群开展新冠肺炎病毒核酸检测筛查演练,综合协调各方力量,织密群防群控网络,坚决防止疫情反弹。借助"132"工作机制,工作组"点对点"深入指导帮扶,开展多轮走访,走访 1.42 万人次,实现同时督促指导落实惠企政策企业 306 家,推动企业及早复工,登记开复工企业 747 家,中小商户恢复营业 1234 家,复工率 100%。

金钟街道

【概　况】 天津市东丽区人民政府金钟街道办事处（以下简称"金钟街道"）位于东丽区西北部,地处城乡接合部。东、南两面与华明街道相连,西侧与河北区接壤,北隔新开河、金钟河与北辰区为邻。外环线、京津塘高速公路、津蓟高速公路、津宁高速公路、金钟路、津蓟联络线、跃进路、杨北公路贯穿全街。2020 年,街域面积 45.6 平方千米,辖 7 个（股份）经济合作社、11 个社区居委会,总人口 103220 人,其中户籍人口 40787 人,常住人口 36147 人,流动人口 41993 人,寄宿人口 20431 人,境外人口 9 人。

金钟街道原隶属天津县。20 世纪 50 年代,隶属河北省天津市河北区,名为兴淀人民公社。1964 年 4 月,成立天津市东郊区大毕庄公社。1983 年 7 月,更名为天津市东郊区大毕庄乡。1992 年 3 月,更名为天津市东丽区大毕庄乡。

1993年12月,撤乡建立天津市东丽区大毕庄镇。2007年9月,撤镇建立天津市东丽区人民政府金钟街道办事处。

2020年,金钟街道实现固定资产投资6.88亿元,比上年减少79.64%;区级一般公共预算收入1.15亿元,增长11.8%;规上工业总产值7.3亿元,增长87.66%;实际利用内资36.7亿元,增长20.57%。

【城市化建设】 2020年,金钟街道坚持"小切口、快循环"的工作原则,以还迁区、出让区为重点,实施精准拆迁,完成金钟示范镇二期振东物流部分西侧地块、第二殡仪馆周边道路等点位9.1万平方米拆迁任务。金钟示范镇二期徐庄村近五年拆迁点位13.79万平方米彻底"清零",被评为东丽区先进典型。全年,出让新中村出让一区、大毕庄609地块等土地15.66公顷,回笼平衡资金6.29亿元。持续做好土地、物流园区专项整改,金升园、金钟新城违建别墅整改任务全部完成,大毕庄不锈钢城整治工作取得实效,铁路沿线占用农用地违法建设全部零赔偿拆除。农村人居环境整治行动高效推进,组织社区开展环境卫生大清理及志愿宣传活动100余次,赵沽里批发市场、徐庄村振东物流、老村台等点位市容环境显著提升,金钟街道被全国爱国卫生运动委员会命名为2017—2019周期国家卫生乡镇(县城)荣誉称号。兴河园社区、东窑洼小区等9处61项"飞地"治理任务"清零",河兴庄股份经济合作社、长青股份经济合作社及兴河园社区正式划入河北区。

7月2日,区委书记夏新带领观摩团现场察看金钟示范镇二期(徐庄村片)拆迁情况 　　　　　(李斌 摄)

【社会事业】 2020年,金钟街道加大民生保障力度,扎实开展低保、丧葬、助残、特困供养、居家养老等各项救助工作,走访慰问困难群众1.1万人次,发放救助资金2000万元。强化劳动保障服务,为120人办理就失业证,组织技能培训500人次。组织文艺演出、书法、健康讲座、亲子活动等各类文体活动70余场。开展全民健身日系列活动3场、教育活动周活动12场。更新街域内室外体育健身设施14处。新城社区被天津市民政局命名为"2020年天津美丽社区"荣誉称号。街域内中交雅郡·城东春晓项目引入逸阳配套小学。金钟示范镇13个小区1.5万套还迁房维修整治民心工程全部完成。深入推进智慧党建统领智慧社会建设,对社区网格进行调整,将国企宿舍及中国北方五金城治理空白纳入社区网格化管理,将原有83个社区网格增至123个,解决群众身边问题9285件。全年,受理8890便民服务专线群众诉求8973件,办结率100%。

【经济发展】 2020年,金钟街道招商引资实现新突破,引进市外内资36.7亿元,落地投资额

500万元以上优质项目105个,新增天津垚升鑫保温建材有限公司、中节能环保产业项目等落地5000万元以上项目5个,新增中交集团大毕庄房地产、中建新中村8、10、11号地块项目落地亿元以上项目2个,新洽谈中铁建项目、月星集团项目、中建二局项目等优质项目3个。落实天津"132"工作机制,覆盖中小微企业1411家,惠企政策宣讲5925次,协调解决问题405件,国有房屋减免租金557.3万元,实现复工复产企业4023家。新增四上企业入库22家,完成国家级科技型中小企业评价入库31家,推荐申报国家级高新技术企业17家,完成科技型中小企业雏鹰系统评价认定18家。顺利完成第七次全国人口普查工作。

12月11日,天津市东丽区人民政府与中国铁建投资集团有限公司战略合作协议签约仪式　　　　（郭蕊　摄）

【安全维稳】　2020年,金钟街道深入开展平安建设,与98家重点企业签订安全生产责任书,压实企业安全主体责任。对辖区内3家危化企业、5家加油站、3家涉液氨(冷库)企业及22家纸面经营危化品企业开展专项排查。摸底调查辖区仓储和物流企业,检查点位452处,发现各类隐患753处,现场责令整改685处,限期整改68处。全面开展安全生产三年专项治理行动,授课培训3次,受训160余人。狠抓社区消防安全专项治理,完成11个社区消防车通道划线及电动自行车集中充电车棚建设。组织消防救援站、村队微型消防站举行消防灭火、救援演练活动4次。开展社区燃气安全巡查150余次。汛期前协调电力部门完成"三网一灯"地区电网线路改造,消除用电安全隐患。全年,街道无生产安全死亡事故发生。抓实信访稳定,通过实施城市化历史遗留案件清零、"四访"等专项行动,有效化解历史信访积案51件,办结重复信访积案25件。

【生态环境治理】　2020年,金钟街道加大环境污染治理力度,配合中央环保督察组帮扶组落实"散乱污"企业"回头看"工作,对"散乱污"台账内598家企业实施重点管控。采取硬化、绿化、蓄水、苫盖等措施,完成辖区内31处裸地115万平方米治理任务。对街域内砂石料厂、建筑工地及拆迁工地等重点点位加强巡查力度,严格落实洒水、苫盖等6个百分之百降尘措施和重污染天气停产、停工要求。坚决遏制露天焚烧行为,利用高架视频监控系统对辖区进行24小时监控,处置火情80余起。完成南何庄一号地大渠、南何庄金发道边渠、大毕庄421街渠、大毕庄铁道南渠4条黑臭水体治理任务。推进管网体系建设,金钟污水主干管线和新中村临时污水管线投入使用。

【疫情防控】　2020年,金钟街道筑牢疫情防控坚固防线,抓紧抓实抓细外防输入、内防反弹各项措施,落实吉林省、新疆维吾尔自治区喀什地区、湖北省武汉市、云南省瑞丽市、山东省青岛市、宝坻区以及境外等重点地区来津人员的疫情防控工作。从严防守社区、商超、交通干道等防疫关口，累计排查16.7万户次、47.3万人次，服务集中隔离、居家隔离人员1725人。抓好中国北方五金城、大毕庄不锈钢城、赵沽里批发市场、天津市鑫汇洋冷库食品有限公司等人流较多的重点点位疫情防控工作，保障辖区安全稳定，保证全市"菜篮子"供应充足，有效防范冷链食品引发的疫情输入风险。组织开展大规模人群核酸检测培训2次、实战演练1次。多管齐下，切实保障困难群众防疫需求，为包括"一老一小"（独居空巢失能老人、留守老年人、留守儿童、孤儿、事实无人抚养儿童、困境儿童）在内的困难群体发放口罩5946片、消毒液2328瓶。

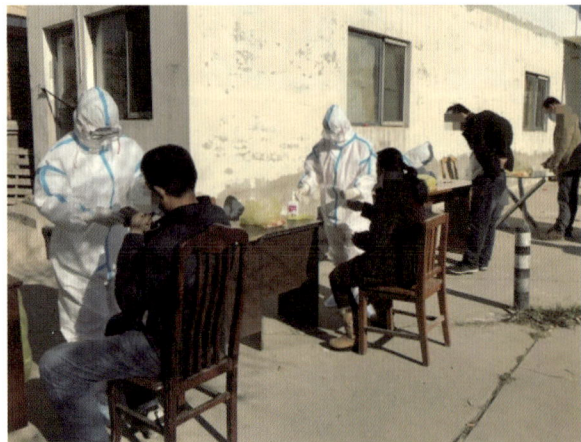

11月3日，金钟街社区卫生服务中心开展冷链食品从业人员新冠病毒核酸检测工作　（徐瑶　摄）

（卢　斌）

华明街道

【概　况】　天津市东丽区人民政府华明街道办事处（以下简称"华明街道"）位于东丽区中北部，东邻滨海新区，西依万新街道及河东区，南与金桥街道、军粮城街道接壤，北连金钟街道及宁河区，毗邻天津空港经济区和天津滨海国际机场。2020年，街域面积99.71平方千米，其中农用地总面积8000公顷，占全区50%，耕地4200公顷。辖14个集体经济组织（其中13个股份经济合作社，1个资产管理公司）、18个社区居委会，总人口137284人，其中户籍人口79427人，常住人口60262人，流动人口30350人，寄宿人口27478人，境外人口29人。

华明街道原名荒草坨人民公社。1962年2月，成立天津市东郊区荒草坨人民公社。1983年3月，更名为天津市东郊区荒草坨乡。1992年3月，更名为天津市东丽区荒草坨乡。1994年11月，撤乡建立天津市东丽区华明镇。2001年10月，撤销天津市东丽区赤土镇，将其并入天津市东丽区华明镇。2006年10月，撤镇建立天津市东丽区人民政府华明街道办事处。

2020年，华明街道实现工业总产值76亿元，其中规上工业总产值72.2亿元；完成固定资产投资16.74亿元；完成一般公共预算收入3.22亿元，增长1.1%；实际利用外资1300万美元，增长550%；实际利用内资（市外）15亿元，增长29.3%。

【经济发展】　2020年，华明街道统筹推进疫情防控和经济社会发展，经济总体平稳向好，"双战双赢"取得显著成效。产业结构不断调整优化。规上工业产值在一季度负增长的情况下，通过稳妥推进复工复产，二季度开始转负为正，全年规上工业总产值72.2亿元，实现逆势增长；商业及服务业增速迅猛,电商、物流和医疗健康等产业快速发展;农业产业效益明显提升,完成永和股份经济合作社133.33公顷旱田改水田综合整治,村集体和农户的经济效益明显提升。新动能引育成效显著,深入实施高新技术企业倍增计划,净增国家级高新技术企业27家,认定国家科技型中小企业评价入库118家、天津市雏鹰企业评价入库67家,科技创新带动产业发展作用正在显现。营商环境持续优化,深入开展"双万双服促发展"活动,区级、处级、科级三级领导干部包联企业263家,"点对点"服务企业。全年,组织政策培训155次,对各类政策进行深入解读,召开问题对接会2场,依托政企互通平台解决企业问题353件。

【城市建设管理】　2020年,华明街道持续推进拆迁工作,完成李明庄二期还迁房涉及的2650平方米拆迁任务。加快重点项目建设,全力推动(东区-电网15-07)范庄村电力预埋管工程、东丽垃圾电厂中水管线及送电工程等项目。以创文创卫和农村人居环境整治为抓手,全面实施环卫一体化,开展社区、老村台环境卫生整治,推广社区垃圾分类,街域环境面貌显著提升,荣获国家卫生街镇称号。强化土地监管,制定《华明街关于加强集体土地管理的实施方案》,压紧压实各集体经济组织属地管理责任和各部门监督管理责任,落实土地管理领域"八严禁",以最严格的标准推动土地精细化管理。深入推进矽谷港湾违法建设治理,通过积极鼓励自拆、多部门配合协助拆除,完成销账71户,0.72万平方米;正在实施拆除的违建43户,1.12万平方米;剩余违建127户正在推进治

理工作。在依法依规拆除存量违建的同时,统筹做好拆违、监管、招商引资工作,成立矽谷港湾招商中心,充分发挥区位优势,多渠道盘活地块,提高区域整体效益。加大城市管理综合执法力度,针对违法建设、露天焚烧、运输撒漏等问题,全年实施行政处罚236起,处罚金额5.36万元,对违法行为形成强大震慑力,为解决城市管理难点问题提供法治保障。

【生态环境保护】　2020年,华明街道持续开展露天焚烧、施工工地、渣土运输等专项治理,从严从重处罚环境污染行为,全年查处露天焚烧违法案件43起,罚款2.6万元,查处运输撒漏违法案件4起,罚款2700元,大气环境质量不断改善。对全域内河道沟渠实施环境卫生监管治理,实现全域覆盖,清理堤岸垃圾约100万千克,打捞水面漂浮物约100万千克,治理堤岸围垦2000余平方米,清理渔船5艘、渔网50余挂、阻水杂物5万余千克,水环境质量不断优化。持续改善农村人居环境,开展节假日环境大清整活动20余次,清理各类垃圾46万余千克。加大农业面源污染防治力度,农田残膜回收率近80%,秸秆综合利用率超过98%。

【社会治理】　2020年,华明街道建立统一调度体系,着力解决群众诉求,依托街道网格中心,整合民意直通车、网格化管理、应急值班等职能,提高工作效率。推动全域网格化管理,将网格向农区和工业园区延伸,全域划分183个网格,覆盖率达到100%。强化安全华明建设,全面开展隐患排查治理工作,检查工贸、仓储物流和重点单位213家,发现并整改隐患184处。新建9个社区微

型消防站,所有社区完成消防车通道标志线施划和电动自行车充电桩安装。开展信访积案集中攻坚化解,聚焦重点问题,推动重复访问题、信访积案清仓见底。加强社会综合治理,持续推进扫黑除恶专项斗争。妥善做好"和鑫鼎案"善后处置工作,完成首次涉案资金清退工作。扎实推动法治政府建设,把宪法、民法典等作为普法重点,充分利用微信公众号、社区法治宣传栏等推送相关内容,不断提高领导干部的法治思维、法治意识。规范辖区内公共法律服务站、点体系建设,18个社区均有轮驻律师到位进行法律服务,依托"律师进社区"活动做好法律援助、咨询和讲座等。

【社会民生】 2020年,华明街道紧紧抓住群众最关心、最需要的现实问题,实施街道10项民心工程。开展还迁房综合整治工作,涉及50个小区共490栋住宅楼,完成漏雨维修、电梯维修、外檐及地下室维修、更换雨水管等工程。建成空客还迁区污水泵站,基本解决该区域污水外溢问题。启动华明东区弘贯东道、弘愿道与赤海路交口打通工程,解决交通拥堵和乱停车问题。强化就业创业服务,新增就业994人,帮助30户创业人群申报小额担保贷款800万元。加大困难群众生活保障,救助困难群众5万余人次,发放各类补贴1720万余元。做好"一老一小"和特殊困难人员生活保障,对排查出的434人建立台账,实行分类、动态管理。加快"十五分钟便民圈"建设,建成放心早餐店4家及雪优花园社区食堂,客流量达到每日1000余人次。投资300万余元完成华明一、二市场整体提升改造。组织开展华明街道2020年"向

群众汇报"迎新春文艺汇演,完善社区综合文化服务中心建设,开展文艺演出、文化培训等系列活动。加快发展群众体育,加强居民健身协会建设,指导社区开展好各类体育活动。年内,街道多支舞蹈队在东丽区第十届全民健身大会系列比赛中取得优异成绩。

1月19日,华明街道举办2020年"向群众汇报"迎新春文艺汇演 　　　　　　　　　　　　(李彦武 摄)

【疫情防控】 2020年,华明街道全面落实区委、区政府各项决策部署,一手抓疫情防控,一手抓经济社会发展,确保两手抓、两不误、两促进,努力将疫情影响降到最低,为实现全年工作目标奠定坚实基础。第一时间成立由主要领导任总指挥的疫情防控指挥部,下设办公室和8个工作组,负责部署推动全街疫情防控工作。面对严峻疫情,组建一支39人的应急处置突击队,投入到高速卡口值守、密接人员隔离等应急任务中。统筹发挥好"干部先锋队、社区工作队、志愿服务队"三支队伍作用,凝聚群防群控强大力量,筑牢社区疫情防线。从2月初至6月初,组织市派、区派、街派干部,连同物业保安、社区志愿者等,组成群防群控队伍,每天坚守在15个社区、6个老村台、94个门岗卡口,严格落实封闭式管理,严防疫情输入。2

月初第三社区坤园发现 1 例确诊病例后，街道迅速展开处置工作，安全转移密接人员 5 名，组织第三社区对 18 户居民进行居家隔离，为每户提供生活保障，掌握身体状况。增派干部加强坤园门岗值守，加大消杀力度，确保病例无新增、病毒无扩散。积极落实"惠企 21 条"和"27 条"措施，扎实推进企业复工复产，全力保市场主体。落实企业联系包保制度，成立 31 个"132"工作组，开展精准服务，为平高储能、宽达水产等企业协调解决防疫物资短缺、员工返津难、上下游供应商未复工等问题，减免租金 845 万余元，帮助企业融资 7.2 亿元。按照"外防输入、内防扩散"的要求，严格社区、村、企业、市场、超市、学校等疫情防控制度机制，加强居民防控意识宣传，实行居民"健康码"管理，实现动态排查防控。

（马　俊）

军粮城街道

【概　况】　天津市东丽区人民政府军粮城街道办事处（以下简称"军粮城街道"）位于东丽区东部，东邻滨海新区和无瑕街道，西与新立街道、金桥街道接壤，南邻海河，北靠东丽湖街道。境内交通发达，津北公路、杨北公路、津塘公路、京山铁路、京秦高速铁路、京津城际铁路延长线、津滨轻轨、京津塘高速公路、津滨高速公路横贯街域。街道大部分面积坐落在滨海新区内，是滨海新区的重要组成部分。西北部是天津空港经济区、航空产业区，东侧是天津经济技术开发区西区、天津高新技术产业区，大推力火箭、长城汽车等大项目坐落街域。2020 年，街域面积 77.4 平方千米，辖 14 个合作社、10 个社区居委会，总人口 87579 人，其中户籍人口 48735 人，常住人口 39021 人，流动人口 29159 人，寄宿人口 9682 人，境外人口 3 人。

军粮城街道原属宁河县。1956 年 2 月，建立高级农业生产合作社。1958 年 8 月，成立天津市东郊区军粮城人民公社。1958 年 10 月，划归天津市河东区，成立军粮城管理区委员会。1983 年 4 月，更名为天津市东郊区军粮城乡。1984 年 4 月，更名为天津市东郊区军粮城镇。1992 年 3 月，更名为天津市东丽区军粮城镇。2008 年 7 月，撤镇建立天津市东丽区人民政府军粮城街道办事处。

2020 年，军粮城街道实现固定资产投入 9 亿元，完成全年任务的 100%；区级一般公共预算收入 1.52 亿元，增长 17.5%，完成全年任务的 107.9%；实际利用内资 5 亿元，完成全年任务的 50%；新增注册资本 500 万元以上项目 30 个，完成全年任务的 100%；新增协议投资额 5000 万元以上项目 4 个，完成全年任务的 100%；新增协议投资额亿元以上项目 1 个，完成全年任务的 100%；工业总产值 70 亿元，减少 11.2%，完成全年任务的 100%；规模以上工业总产值 56 亿元，减少 10.5%，完成全年任务的 93.3%；国家科技型中小企业评价入库 26 家，完成全年任务的 72.2%；天津市雏鹰企业评价入库 2 家，完成全年任务的 28.6%。

【经济发展】　2020 年，军粮城街道全力克服新冠肺炎疫情影响，坚持一手抓疫情防控，一手抓复工复产，努力将疫情影响降到最低。组织 20 个工作组深入基层,紧抓企业疫情防控,推动复工复产常态化,完成718家企业、1140户个体工商户摸底走访,填写《中小微企业及个体工商户复工复产复业问题调查表》,收集存在问题,针对疫情防控措施进行指导,宣传惠企政策,发放新版政策明白纸,为中小微企业和个体工商户减免承租区属国有企业房租1500万余元。落实"双万双服促发展"活动,街道全体处级、科级干部建立服务实体法人单位全覆盖体系,每位干部联系服务5～6家企业,走访企业、亮明身份,积极服务企业发展。全年,新增500万元以上的注册型企业30家,其中5000万元以上4家,1亿元以上1家。协调天津市江浩物流有限公司投资1.32亿元对太平货柜公司进行收购,利用现有载体打造现代化的钢铁物流园。富士达集团与美团平台达成合作意向,为美团平台提供共享电动车。该项目投资1600万元,预计年生产50万辆,实现产值15亿元。推动商品房项目建设。新城悦隽公元项目25个楼座全部封顶,组织进行二次结构施工;实地蔷薇国际项目19个楼座完成封顶,开始进行二次结构施工,另有5个楼座开始进行主体施工。

2月22日,区委副书记、区长谢元到军粮城街道指导推动富士达公司疫情防控和复工复产　　　　(韩盛莹　摄)

【城市化建设】　2020年,军粮城街道拆除各类建筑物3.1万平方米,完成全年总拆迁任务量的99%。先后分三个阶段对军粮城示范镇一期增建地块实施协助搬迁,累计拆除各类地上物2万平方米,涉及214户民宅、3处公建,削减未拆迁户98户,实现增建地块拆迁任务全面清零,为军粮城示范镇一期增建13.98万平方米还迁住房开工建设争取到时间,为后续2900余名村民的顺利还迁打下良好基础。完成军粮城大街、军粮城示范镇一期北区北旺道两处点位拆迁清零任务,累计完成拆迁面积1800平方米。在三村、李家台村实现全村拆迁任务清零。疫情期间,对老村台外地租户进行集中清理,重点对三村未还迁户和已签订协议未拆房的住户实施集中拆除,4户未还迁户房屋全部拆除。李家台村剩余47户未还迁户全部签订拆迁协议,完成拆迁任务。推动军粮城示范镇二期隆华道北侧景观河道工程项目,完成9300平方米拆迁任务,该项目东至袁家河,西至军粮城雨污合建泵站,拆迁总面积达2万平方米。

【城市管理】　2020年,军粮城街道积极推动文明城区和卫生城市创建工作落实,扎实开展农村人居环境治理,配合全域清洁化工作开展,以公开招标购买服务方式,对街域内15平方千米非建成区内各村已拆迁村庄、原有村内道路、未还迁户生活垃圾、铁路沿线等区域,开展环境卫生保洁工作。扎实做好军粮城示范镇、工业园区等建成区日常保洁工作,对全街31条主干道路实行城市道路机扫水洗全覆盖,加大清扫清洗频次和密度。坚持问题导向,治理重点环境点位。投入13万余元,出动挖掘机66台班、自卸车132台班,集中清理蓟汕铁路桥下13万余平方米范围内的生活及建筑垃圾85吨,搭建围挡400米。组织力量对原苗街农贸市场、东塈村及鼎泰恒瑞工贸有限公司等处,落实环境卫生治理措施。通过治理,全街卫生环境显著提升,被全国爱国运动卫生委员会命名为2017—2019周期国家卫生乡镇(县城)。强化政治站位和绿色发展理念,办理第二轮中央生态环境保护督察反馈信访举报件21件,其中办结19件,取得阶段性成效2件。落实街道级河湖长巡河工作,对街域内问题水体、河渠水质进行治理维护。

【民计民生】　2020年,军粮城街道投资650万余元对春竹轩社区道路进行全面维修,有效改善群众生活环境。为缓解军粮城示范镇停车压力,投入资金60万余元,在军粮城示范镇公共区域道路上重新施划泊位线668个,在军粮城工业园区宝仓路施划停车泊位270个,实施规范管理。落实《东丽区进一步提升新市镇及还迁房小区物业管理试点工作实施方案》,推动精品物业引进,采取公开招投标的方式引进碧桂园生活服务集团股份有限公司进驻春竹轩、冬梅轩、军瑞园、军祥园、军丽园、军宏园提供物业服务。投资1600万余元,对军粮城示范镇一期、和顺家园、裕岭嘉园等还迁社区552部居民电梯进行集中维修。投资900万余元,对军粮城示范镇一期、和顺家园等还迁社区居民住宅漏水和相关基础设施统一维修,改善群众生活居住条件。大力推进乡村振兴战略实施,投资2200万余元,完成318.77公顷高标准农田建设,平整土地283.13公顷,修建混凝土道路7.2

千米,新建泵站3座,维修泵站1座,新建管涵和闸涵69座,维修管涵和闸涵及渡槽9座,开挖和清淤沟渠36.5千米,开挖田间毛渠37.3千米。种植水稻253.33公顷,其中稻蟹混养面积33.33公顷。

【安全稳定】　2020年,军粮城街道健全落实党政同责、一岗双责、齐抓共管、失职追责的安全生产责任制,强化党政领导责任、部门监管责任和企业主体责任。制定《军粮城街道安全生产专项整治三年行动计划》,按照"管行业管安全"的工作思路,在街域范围内围绕推动"学习宣传贯彻习近平总书记关于安全生产重要论述""落实企业安全生产主体责任"两个专题,组织开展危险化学品、消防、道路与交通运输、城市建设、工业园区等功能区、危险废物、货物仓储与运输站(场)、油气长输管道、特种设备等9个专项安全整治,深入基层单位检查103次,出动检查52组次,出动检查110人次,制作送达执法文书103份。扎实开展党建引领基层治理体制机制建设,每季度突出一个主题开展平安创建宣传,组织1.7万余人次参与平安志愿服务。以法律进机关、进社区、进企业、近校园为载体,开展"法治街道"、送法送服务上门和执法队伍培训活动。制定《军粮城街社会矛盾纠纷调处化解中心运行机制》,确保矛盾纠纷一站式接收、一揽子调处、全链条解决,全年接待群众来访47批次54人次,出具答复意见40件,当场解答6件。

【社会事业】　2020年,军粮城街道为全街158户城镇低保户、13户城镇低收入家庭、130户农村低保户、7户农村低收入家庭、9名特困供养人员,落实惠民政策,开展社救工作。发放低保金521万元,特困供养金20万元,向低保、低收入、特困供养人员发放春节饺子费、供热补贴、门诊门槛费等资金207.55万余元。孤儿补助、物价补贴、事实无人抚养儿童补助、民政代管地退人员工资等其他资金也按要求及时发放到位。为211名享受困难残疾人生活补贴人员,发放补贴约62.33万元。为546名享受重度残疾人护理补贴人员,发放补贴133.3万元。为全街70周岁以上老年人发放生活补贴1004万元。为全街9943名60周岁以上的老年人免费办理意外伤害保险。牢固树立"以退役军人为本,为退役军人解困,为退役军人服务"的工作理念,发放优抚对象抚恤金及补贴等599.96万元,投资15万元完成街道退役军人之家建设。全街组织开展各类文化活动34场。落实志愿者积分制督导工作,开展志愿服务主题活动100场。年内,裕岭嘉园社区党支部书记刘路樑获评"东丽好人"称号,春竹轩社区志愿者李青松、军宏园社区优秀志愿者及楼栋长刘志萍入选"天津好人"榜。

12月,军粮城街道退役军人之家全面建成投入使用

（金瑞清　摄）

【疫情防控】　2020年,军粮城街道启动《天津

市应对新型冠状病毒感染的肺炎应急预案》一级响应总体部署,制定《军粮城街道应对新型冠状病毒感染的肺炎疫情应急预案》,成立军粮城街道新型冠状病毒感染的肺炎疫情防控工作指挥部。自2020年1月28日0:00至2020年2月10日7:00,派出人员在津滨高速公路军粮城出口设置24小时值守点位。自2020年1月28日18:00至2020年2月22日20:30,派出人员在京津高速公路东丽站出口设置24小时值守点位,落实车辆消毒及人员体温检测措施,发放《致过往乘客的一封信》,宣传疫情防控工作,增强群众防控意识。1月27日,裕岭嘉园社区在全街率先实施社区封闭措施。此后至2020年1月31日,按照全街统一部署,全街各社区、有未还迁村民居住的集体经济组织34个封控点位,实施封闭管理,对出入人员、车辆进行登记、测温、消毒,凭证出入,外来人员车辆一律禁入。在全街普遍推行扫描"津门战役"二维码和居民健康码,加强对人员健康情况管控,坚持"预防为主、外防输入、内防扩散",有序推进复工复产,精准施策,追踪到人,随访到户,严格落实管控措施。全街累计入户开展人员随访14.62万户次,排查外地来津人员1.72万人,落实居家医学观察总计1.83万人。全街党员、干部和志愿者会同市、区下派干部积极参加疫情防控一线,参加封控点位值守工作。1808名共产党员自愿为疫情防控工作捐款23.16万元。利用各种渠道积极筹备防疫物资,全年接受各界捐赠口罩8.19万余片,防护服120套,护目镜120个,消毒液(含酒精)1.07万升。购置手消毒凝胶1000瓶,一次性医用口罩1.6万

片,红外测温枪30个,水银温度计100个,喷壶100个,消毒片60瓶,无菌医用防护服160套,防护面罩200个。

（李树刚）

金桥街道

【概　况】　天津市东丽区人民政府金桥街道办事处(以下简称"金桥街道")位于东丽区中心地带,东与军粮城街道接壤,西与天津滨海国际机场和新立街道毗连,南至海河,北邻华明街道。空客A320、A330项目坐落在金桥街域内。2020年,街域面积44.32平方千米,辖村级集体经济组织29个,社区居委会8个,总人口55720人,其中户籍人口41983人,常住人口23561人,流动人口9146人,寄宿人口4584人,境外人口7人。回族人口4000余人。驻街企业1181家。

金桥街道原隶属新立村人民公社。1983年9月,建立天津市东郊区么六桥乡。1985年1月,撤销么六桥乡,建立天津市东郊区么六桥回族乡。1992年3月,更名为天津市东丽区么六桥回族乡。2011年5月,撤乡成立天津市东丽区人民政府金桥街道办事处。

2020年,金桥街道　般性公共预算收入8568万元,比上年下降20%,主要是受房租减免政策影响导致滨海国际机场的房产税锐减造成。规上工业总产值达到20.3亿元,增长2.8%,完成内资引进5.2亿元。新增注册资本500万元以上项目36个,新增协议投资额5000万以上项目4个,新增协议额亿元以上项目2个。

【经济建设】　2020年,金桥街道引进天津唐吉圣诺科技有限公司、天津众智汇城环境工程有限公司等企业12家,新增楼宇型注册企业61家。推动中健国发能源结算总部项目、天津健康产业聚集区项目等5个重点项目落地。借助街域区划调整和东丽经济技术开发区、东丽临空经济区改革的新机遇,推动亿利亿达商业综合体建设,盘活聚鑫贸易、军粮城示范镇二期公建以及棉九等国企闲置厂房等载体,挖掘和培育绿色高质量发展新动能。积极推动"两万亩"和"8+9"地块内土地征转和拆迁工作。以项目带动征转方式落实"空客五村"相关工作,制定整改实施方案,会同天津保税区土地管理部门摸清重点工程项目用地需求,推进津北路改建、天航保障基地等项目用地的土地征转工作,完成征地块补偿情况核算。先后召开10余次街道人口普查工作推动培训会,300名普查员秉承"区不漏房,房不漏户,户不漏人"的原则,深入开展人口普查。划分11个普查区195个普查小区,采集户数3.4万户,登记人口7.16万人,现有人口4.59万人,街内有养老院2个,建筑工地4处,小学4所,中学2所,普查涉及的国有企业7家,完成第七次全国人口普查任务。高质量编制"十四五"规划。

【城市化建设】　2020年,金桥街道召开拆迁指挥部工作例会,及时调整拆迁征地工作思路,创新方法,细化目标,倒逼进度,完成49.06万平方米的拆迁任务。唐景路、兴农道、津滨水厂二期项目、宝静大燃气工程完成地上物的清零工作,大安道由于用地单位施工线位调整正在推动中。海河绿芯拆迁项目按照全面开花、重点突破的原则，先农建、再公建、最后民房的顺序，完成22.95万平方米的拆迁任务。制定军粮城示范镇二期还迁及认定方案，赵北村等原新立街道14个村还迁认定及房型匹配工作累计完成4390户，累计匹配房屋8244套。

【生态环境】 2020年，金桥街道对辖区内398个"散乱污"监管点位及空置厂房实行拉网式排查，始终保持对"散乱污"企业"零容忍"的高压态势。加大农村居民清洁取暖动态排查力度，没收查扣散煤3500余斤。持续推进挥发性有机物治理攻坚，强化秸秆等禁烧管控，集中治理违规渣土运输、垃圾盗排等违法违规行为，全力配合中央生态环保督察，立案处置环保违法案件42起，罚款30.41万元。全年，$PM_{2.5}$浓度均值为51微克/立方米，下降7.3%。水环境治理持续改善。开展河道"清四乱"专项行动，发现并清理"四乱"点位13处。开展海河清障专项行动，清理渔船42只、网箱和地笼100个。开展黑臭水体精准治理，综合采取控源截污、浮萍打捞、生态补水、曝气充氧等多种手段对胜利渠、思创渠等问题沟渠进行治理，全街基本消除黑臭水体。以农村生活垃圾处理、污水处理、"厕所革命"、清脏治乱和农业面源污染治理为主抓手，"路边、河边、田边、村边、屋边""五边"的"脏乱差臭"突出问题得到有效解决，清理人居环境问题点位388个，清理垃圾1066吨，拆除旱厕30余座。全面推行环卫清扫保洁、垃圾收集转运、绿化养管项目政府购买服务。出动保洁人员1.51万余

人次，清理生活垃圾4700余吨、清理卫生死角420个，实现日产日清。拆除违法建设面积1.71万平方米，吊离集装箱27处，做到发现一处拆除一处。

【社会事业】 2020年，金桥街道开展困难群众排查解困，抓好各项政策落实，享受灵活就业补贴人员148人，领取失业金人员144人。做好各类养老保险到龄人员的待遇审批及新增、调标等工作，确保各类人员及时领取各项待遇。提升养老服务，新建并引入社会化组织运营金桥养老中心以及景文轩、枫愉园等老年日间照料中心，老年人食堂实现社区全覆盖。以"双创"工作为契机，建立日常巡查机制，督导重点点位30余处进行创卫整改。文教体卫同步发展，组织开展多场喜闻乐见的文体活动，全面排查社区及钢材城办学机构、网吧、健身场馆，景文轩24小时城市书房建成并投入使用，营造向上向善、互帮互助的良好风尚。全面做好退役军人服务保障工作，落实优抚政策及双拥工作，总计发放183.43万元。与受援县的贫困镇、村完成12项帮扶工作。开展党建帮扶、电话交流12次，实地帮扶交流1次，街道主要领导结对认亲困难户2户，慰问2户困难户各1000元。全力推进民营企业精准扶贫，深化社会扶贫公益，累计捐款捐物47.73万元，购买对口扶贫产品25.25万元。街道党委书记带队赴承德县五道河乡九道河村实地考察扶贫进展，就帮扶项目进行实地对接，助推苏润亿佰扶贫馆与承德县各农产品合作社运用网络平台进行产品销售对接，有效解决疫情以来农产品滞销的问题。

【安全稳定】 2020年，金桥街道制定《金桥街

道2020年度安全生产监督检查计划》,按照计划逐项落实安全监管工作。与街道处级领导干部签订安全生产目标责任书,与街域内企业签订安全生产、消防安全、食药品安全、交通道路安全责任书,压紧压实安全管理责任。聘请第三方专业服务机构,委派各行业领域专家协助对街域内各行业企业进行专业的安全隐患排查,形成政府监管、企业自发落实的安全生产工作良好格局。深入推进危险化学品、建设施工、特种设备、有限空间作业、液化石油气等行业领域综合治理,整治了仓储物流企业、高层建筑消防设施损坏等一批重大安全隐患,检查160余家次,出动人员850余人次,发现安全隐患600余处,下发执法文书160余份,完成整改600余处,全部完成整改。各社区消防车通道集中划线标识、微型消防站已建设完成,为居民营造消防安全良好环境。聚焦突出矛盾和重点问题,加大矛盾纠纷排查化解力度,街道社会矛盾纠纷调处化解中心正式挂牌运行,维稳安保、宣传、防范、禁毒、法治等工作取得良好成效。落实领导接访、下访、包案工作机制,推行"四访"工作法,组织辖区100名平安志愿者对全街20个重点部位进行巡逻,发现并消除安全隐患12件。结合矛盾纠纷排查化解大起底大排查工作要求,重新全面摸排不稳定情况。处非、清欠工作取得实效。全力攻坚扫黑除恶,制定《金桥街扫黑除恶全年工作计划及实施方案》,处理核查涉黑案件4件,推进专项斗争向纵深开展,增强群众安全感。深入落实社区党组织领导下的基层治理体系,提高服务群众的预见性、精准性、高效性,社区党群服务中心全覆盖。深入落实"街道吹哨、部门报到",着力解决群众诉求,整合8890便民服务专线等群众反映问题渠道,优化社区管理,对各社区网格进行整合,涉及6个社区共缩减10个网格,明确科室专职人员负责网格员巡报及8890案件系统处置回复,街道统一指挥调度,确保案件办结质量。

【疫情防控】　2020年,金桥街道成立新冠肺炎疫情防控工作指挥部,下设14个工作组,制定印发《金桥街道防控新型冠状病毒应急预案》,压紧压实政治责任和工作责任,落实落细常态化疫情防控措施,筑牢"外防输入、内防反弹"的坚实防线。整合各方力量落实防疫检查,设置卡口48个,先后有53名市、区干部、112名街道干部、33名社区两委、97名集体经济组织管理成员、265名志愿者及其他人员参与值守,每个卡口设置党员先锋岗,评选出东丽区疫情防控工作优秀网格长2名和优秀网格员7名。制作布标457幅,张贴海报920张,发放明白纸、宣传单3.08万张,同时通过流动音响、LED显示屏、户外大屏幕连续滚动播放防疫宣传信息,扎实营造群防群控的氛围。做好防疫物资保障工作,积极拓展自主采购渠道,并配合向上级请领、引导捐赠等方式筹措大量防疫物资。建立街道防疫物资日清表、捐赠明细等台账,专人专管。20余家企业和10余名居民向街道捐赠大量物资,充实街道物资保障。抽调处级干部3名和街道干部15名,会同市、区下派驻厂干部25名,专门成立14个企业防疫和企业复工复产指导组,指导企业复工复产,街域内企业复工率达90%以上,产能复产率达80%以上。落实街道、社区管理责任,动态落实上级防控措施,将疫情防控做实做细做专。社区严格落实佩戴口罩、测温、消毒、验证、扫码、小区封闭、车辆登记等管理责任,强化社区防控网格化管理和社区服务精细化供给。

10月31日,开展大规模人群病毒核酸检测筛查演练活动

（李菁　摄）

（张妮妮）

东丽湖街道
（东丽湖现代服务业服务中心）

【概　况】　天津市东丽区人民政府东丽湖街道办事处(以下简称"东丽湖街道")位于东丽区东北部。东至北塘排污河,西至蓟汕联络线,南至津汉快速路,北至东丽、宁河权属交界处,是国家生态旅游示范区,天津八大旅游景区和七大自然保护区之一。2011年被国土资源部评为中国温泉之乡。拥有国家AAA级旅游景区东丽湖自然艺苑景区,拥有国家AAAA级景区天津欢乐谷。2015年,被纳入天津国家自主创新示范区范围。2018年,被确定为京津冀产业转移承接重点平台之一。2020年,东丽湖街域面积68.72平方千米,辖6个社区居委会,总人口43506人,其中户籍人口

20015人,常住人口17822人,流动人口15909人,寄宿人口7547人,境外人口35人。驻街实体企业210家,个体企业320家。

2004年6月,成立天津市东丽湖温泉度假旅游区管理委员会,与天津市东丽区旅游局合署办公。2012年10月,天津市东丽湖温泉度假旅游区管理委员会单独设置。2013年7月,成立天津市东丽区人民政府东丽湖街道办事处,与天津市东丽湖温泉度假旅游区管理委员会合署办公。2020年9月,天津市东丽湖温泉度假旅游区管理委员会正式更名为天津市东丽湖现代服务业服务中心,负责东丽湖区域发展总体规划、招商引资、经济发展、项目建设、各项基础设施和公共设施建设及管理工作。

【经济发展】　2020年,东丽湖街道完成地区生产总值27.29亿元,比上年增长2.9%;固定资产投资投入54.1亿元,增长9.8%;限额以上销售额8.02亿元,增长31.4%;完成区级一般公共预算收入1.68亿元,限额以上社会消费品零售额0.71亿元,服务业增加值增速7%。全年,新认定国科小企业37家,雏鹰企业20家,瞪羚企业1家,申报高新技术储备企业7家。

【招商引资】　2020年,东丽湖街道(东丽湖现代服务业服务中心)围绕"国家级现代服务业集聚区"目标定位,积极谋划产业布局,明确后台服务、文化旅游、科技金融、科技服务等重点产业发展方向。积极实施精准招商引资,新增协议投资额5000万元以上项目10个;新增协议投资额亿元以上项目2个;新增注册资本500万元以上项目66

个;新增实体经济项目40个。全力推进京津冀协同发展,加大北京市、河北省等外溢资源的引进力度,累计与北京、河北企业对接50余次,储备项目25个,其中落地助飞未来(天津)航空科技有限公司项目1个。

【城市管理】　2020年,东丽湖街道持续加大城市管理力度,治理违法建设,拆除新建违建18处318平方米,治理乱圈乱占61处1218平方米,下达《责令限期拆除决定书》463份,拆除1.02万平方米,规范1140平方米。依法对倾倒建筑垃圾、道路污染、露天焚烧等行为处罚21起,整治流动摊点、占道经营2000余次,清理堆物240余处,制止钓鱼偷鱼案件3500余起。改善城市环境面貌,对126万平方米道路全面清扫保洁,对辖区内每日60吨的生活垃圾做到日产日清。开展辖区内24个建筑工地"六个百分百"大排查,发现并整改问题120余项,空气质量持续改善。巩固黑臭水体治理成果,集中治理河湖突出点位70余处,清理垃圾80余吨,河道水质得到改善。完成辖区内800万平方米绿化养管任务,完成4个项目11个标段共390万平方米绿化养招标工作,获颁"天津市2017—2019年度绿化工作先进集体"荣誉。

【社会事业】　2020年,东丽湖街道坚持党建统领基层治理,加大服务群众社会事业投入,累计投入服务群众专项经费62万元、"美丽社区"改造经费120万余元,完成24个健身园体育器材日常维护,开展便民设施改造、文化设施更新等项目20余类。完成街道党群服务中心建设并投入使用,提升承载功能,承接劳动保障、殡葬、生育登记等公共服务事项共49项,办理服务5900余件。落实"一老一小"走访帮扶制度,共向特殊群体发放各类物资3000余件。严格落实退役军人优抚政策,发放优抚资金11万余元,走访慰问400余人次。推动11所幼儿园按时间节点顺利复课。举办"最美东丽湖"文化艺术节及社区展演活动等8场,参与人数2万余人,百姓精神文化生活不断丰富。扎实开展全国第七次人口普查工作,组建街道人口普查领导小组,完成普查员、指导员两员选聘工作,按时圆满完成工作任务。与甘肃省临潭县开展结对帮扶,动员企业与临潭县25个村结成帮扶对子,捐赠金额28万元;推动久益市政与临潭县特特艾农业科技有限公司合作经营艾草项目,带动400余人脱贫;牵头华新街道、金钟街道及东丽临空经济区帮扶临潭县街(镇)级财政资金79万元,组织消费扶贫350万余元、扶贫捐款32万元。

【重点项目】　2020年,东丽湖街道推动土地出让力度,完成津丽(挂)2020-06号地块出让工作,出让面积6.24公顷,土地成交价2.28亿元,由国网客服中心摘得。协调推动中国地质调查局水文院、勘探所、物化探所等项目建设,水文院实现主体封顶,物化探所、勘探所主体施工加快推进。启动京津冀产业转移承接载体——东丽湖丽健园大健康产业升级改造项目建设,打造承接京津冀协同发展的标志性项目。持续推动东丽湖03单元管廊道路PPP项目建设,完成总部经济区东西公交站主体及装修工程,履行竣工验收手续。

【基础设施】　2020年,东丽湖街道累计投入建设资金1.1亿元,保障民生项目建设。东丽湖卫生院全面竣工并改造为东丽医院第二发热门诊，为百姓健康筑好坚实防线；东丽湖学校项目完成立项审批，启动各项招投标工作；建设芳樱路、景荟路电力排管及景荟路市政给水管线，推动东丽湖气源管线工程实施，完善区域基础配套；完成东丽湖给水加压泵站建设，为1.6万户居民提供稳定用水保障；投入595万元采购安装2号供热站燃气热水锅炉，投入1300万元建设东丽湖万科慕湖苑等5个换热站工程，有效保证居民采暖需求；完成6个社区电瓶车充电桩建设和2条公交路线调整优化。

东丽医院第二发热门诊　　　　　（韩磊　摄）

【安全稳定】　2020年，东丽湖街道全面开展安全生产三年专项整治，并组织各类专项行动10余次，检查企业185家次，发现安全隐患问题312件，推动整改完成310件，整改率达99.4%。完成市安全生产第七检查推动组督办的朗钜小区9件安全隐患问题整改等专项任务。落实信访接待工作制度，接待农民工来访145批800余人次，协调主体企业解决1200万余元欠薪；处理群众来件、来访56件，回复率100%，办结率达70%；建设完成街道矛盾调解化解中心，进一步健全中心工作机制，深化工作联动、问题联治，"一站式"化解矛盾纠纷，累计调解矛盾纠纷56起，群众满意度100%。

【举办东丽湖文化旅游体育节】　2020年，创建全国全民运动健身模范区I游天津·东丽湖·文化旅游体育节在东丽湖开幕，是2020年天津市首个大型户外文化旅游体育节庆活动，由东丽区文化旅游体育局、东丽湖街道办事处联合主办，东丽湖街道社区社会组织联合会、天津天海风水上休闲运动俱乐部、天津海风体育发展有限公司联合承办，天津市体育产业协会、天津市水上运动协会、天津市游轮游艇运动协会、天津市医养结合促进会联合协办。活动历时两个月，于10月20日结束。期间举办中国家庭帆船赛、滑水赛、摩托艇赛、"全民健身·活力中国"航海模型公开赛、皮划艇环湖赛等10余项水上赛事活动，让广大市民参与其中，近距离感受和体验水上运动魅力。结合不同主题开展社区文化展演、消夏赏荷活动、主题摄影大赛、汉服嘉年华、七夕主题联谊等一系列文、体、旅、憩相结合的全民活动，让百姓走出家门、亲近自然、感受文化、体验动感、共享幸福。累计10万余人参加这些活动。

8月21日，I游天津·东丽湖·文化旅游体育节开幕

（王黎　摄）

【特色社区建设】　2020年,东丽湖街道碧溪苑社区位于东丽湖万科城,下辖12个小区,5586户居民,常住人口9800余人,社区内空巢老人多、特殊人群多。社区持续加强党建引领,秉承"以居民为中心"的工作思路,深挖居民群众需求,针对社区"一老一小""四失五类"人员的现状,做好居民服务工作。全年,为居民上门办理各类事项820余件,实现片区内16个全科网格员上门服务全覆盖。主动争取驻社区单位、社会组织和街道部门支持,联系天津成立航空技术有限公司,为社区捐赠休闲椅和果皮箱80余件,解决社区内硬件设施缺少的问题。做优志愿服务,大力培育社区青年志愿者,开设心理咨询、亲子运动会、面塑、手工制作等活动,惠及青少年1000余人次。社团组织蓬勃发展,成立太极队、健身舞蹈队等11支队伍共180余人,文化生活持续丰富。2020年度碧溪苑社区被评为东丽区"五星社区"。

3月8日,东丽湖碧溪苑社区开展文化活动

（魏以芳　摄）

【疫情防控】　2020年,东丽湖街道坚持外防输入、内防扩散,动态调整疫情防控工作举措,科学统筹各级力量,严密开展疫情防控工作。街道派出值守干部9000余人次,累计排查7.7万户次,排查外来人员1.13万人,其中排查北京、吉林、大连、新疆、瑞丽、青岛等中高风险地区返津人员1353人;科学处置3名确诊病例疫情,确保区域安全稳定;高标准做好援鄂医疗队、海河医院医疗队隔离休整人员接待工作,累计保障1300余人次;累计发放各类防疫补助金59.6万元,向基层工作人员、民警、医务人员发放慰问品25万元;建立市级干部疫情防控临时党支部,组织全街党员捐款5.98万元,助力疫情防控工作;举行大规模人群核酸检测筛查演练,提高疫情应急处置能力。

（王　黎）

华新街道

【概　况】　天津市东丽区人民政府华新街道办事处(以下简称"华新街道")位于东丽区东北部,东至宁静高速公路,南至津汉公路,西至新赤海路,北至北环铁路,区位条件优越。2020年,街辖面积3.46平方千米,辖5个社区居委会,总人口19439人,其中常住人口4660人,流动人口6431人,寄宿人口12995人,境外人口13人。

2013年12月,成立天津市东丽区人民政府华明新家园街道办事处。2014年1月,更名为天津市东丽区人民政府华新街道办事处。2014年4月,天津市东丽区人民政府批准设立天津市东丽区华新街道办事处。2015年6月,中共天津市东丽区委批准成立中共天津市东丽区华新街道工作委员会。

【经济工作】　2020年,华新街道全年实现一般公共预算收入800万元,实现固定资产投资6300万元,实现规上服务业企业纳统1家。统筹推动"双万双服促发展"活动、"132"工作机制,包联企业63家,开展惠企宣传、防疫指导1899次,减免国有资产类经营用房租金24.03万元,协调房租、用工、融资等企业问题71个。提升改造华新商务中心楼宇载体5000平方米,依托载体引进结算企业470家,聚贤食府、恒生教育、农商银行3个临街底商开业运营。实现逸阳文思学校教育产业集团、北京薪藩人力资源、北京马氏兄弟科技等项目顺利落地,全年引进优质项目7个、新增民营企业110家。制定实施《华新街2020年结对帮扶计划》,街道自筹资金向对口支援镇捐助16万元,发动干部群众、街域企业扶贫捐助11万元。深入对口扶贫单位甘肃省甘南藏族自治州临潭县洮滨镇考察对接1次,促成街域企业丝路津和与当地贫困户签订采购合作意向协议4份,实现消费扶贫65万元。

街道指示路牌　　　　　　　　　　(李娅 摄)

【民计民生】 2020年,华新街道认定就业困难人员41人,其中40、50人员26人,零就业家庭25人,办理大学生创业房补和社保岗位补贴1名;办理城职个人养老医疗保险325人,城乡医疗1100人,办理城乡养老5人,发放社保卡281张,完成退休人员资格认证15人。报销城乡居民医疗保险药费30份,合计金额59万余元。核对国企退休人员基本信息827人,调查辖区全民参保情况覆盖全街14个企业、758人次。开展"一老一小"特殊困难群体排查,全年排查符合条件的居民290户,其中独居、失能、空巢留守老人281户,儿童4户,缺乏照料的一线医护人员家属5户,全部纳入有效管理。严格落实特殊群体政策,新增低保家庭1户,接收华明街道转入的低保家庭6户,办理困境儿童1人次、重度残疾人护理补贴1人次、困难残疾人生活补贴2人次;发放临时救助金1人次,共计980元;发放重特大疾病医疗救助6人次,合计5.71万元。年内,发放低保金、事实无人抚养儿童生活补贴、残疾人两项补贴以及物价补贴等社会救助金36.6万元。

【城市管理】 2020年,华新街道建设名都园社区党群服务中心门前广场420平方米、绿地1900平方米,提升弘顺东道与华二路交口绿地2300平方米,硬化全街非铺装裸露地面面积2733平方米(第一菜市场186平方米、第二菜市场周边2547平方米),粉刷沿街围墙4500延米,粉刷和维修街道、卫生中心围墙栏杆2865平方米,安装赤海路中间隔离带1300延米,设置集烟柱80个、各社区文化中心路引牌35块、各主次干道道口安装城市雕塑9处,安装和拆除不规范公厕指示牌31个,维修残疾人通道3处,维修更换残疾通道扶手30延米,更换第三卫生间报警器8个,维修小便器3个、大便器2个,制作残疾人过门专用铺垫2块。

华一路、华三路、华五路和弘贯东道安装公益广告和小品500余块，为社区配发4分类垃圾桶1314个，在弘程东道与华五路交口建成面积100平方米的环卫公厕一座，维修湖心公园部分老旧设施40余件、翻新防腐木地板200平方米。开展市容市貌整治活动，全年清理乱贴乱画550余处，拆除破损路灯广告牌650个，拆除大型商业告1处，对辖区的2495大小公益广告、799个路灯杆、105块路牌名、13个公交站亭、14个指示树、15组道路宣传栏及105块其它路牌等进行清理整治，清理卫生死角960余处，出动人员1350余人次，车辆900余车次，维修消防栓39处，维修路灯45次。辖区驻街单位及商铺签订《市容卫生门前三包责任书》92份，清拣绿地垃圾45吨，移植第一、第二市场前广场树木40余株。

9月20日，华新街道增发机扫车次迎接创卫检查

（李娅　摄）

【安全稳定】　2020年，华新街道扎实开展重点领域安全生产三年专项整治行动，先后组织召开6次主任办公会、安全工作例会，听取安全工作汇报，研究解决重大问题。集中开展安全大检查，深入社区、学校、幼儿园、菜市场、泵站等重点场所开展安全生产、消防安全、食品药品安全、防汛抗旱等专项隐患，检查驻街单位及经营商户211家次，其中行政执法检查重点单位89家次，达到街域全覆盖，发现隐患22处，整改率100%。组织消防设施升级改造，施划禁停黄线6947米，地面标识177处，设立禁停标识牌53块。排查133座高层、5个社区消防泵房，均可正常使用。全面推进社会治安综合治理，全年接待来访群众18批次34人，处理网上系统转交信访件8件次、电话信访10件次，排查各类矛盾纠纷16起，调处化解16起，调解率100%，解决拖欠农民工工资5000元。

【社会事业】　2020年，华新街道稳步推进10件"民心事"。完成顶秀欣园、华丰家园、华富家园、天欣花园4个保障房社区房屋漏雨及公共设施维修，维修住宅内漏雨点位520户，屋面主体漏水楼宇51幢，破损围墙1863延米，整修天欣花园社区破损地面2000平方米。修缮提升华新公园塑胶步道基础、公园面包装步道2000延米，提升廊亭地面200平方米。协调燃气部门整体换装智能燃气表8594块，为华丰家园社区12号楼和顶秀欣园社区25号楼开通燃气共128户，更换智能自来水表1.45万块。建成便民早市公共厕所1处，建设邮局服务网点和农商行华新街分理处各1处。网格化管理成效凸显，全年组织网格员开展人员信息核查工作7轮，排查走访居住人口2.5万人，其中常住人口2.05万人，处理网格员上报隐患排查问题1.27万件，正常办结7000件，认定自办自结5700件，处理民意直通车案件2200件。开展"让创卫插上科技的翅膀·让科普绘就健康蓝图"

病媒主题宣讲会1场,以"创卫生区·做健康人"为主题,开展"健康睡眠·益智护脑"等健康讲座活动8期,开展"绿色清明、共享蓝天——华新街道2020年清明节主题活动暨创卫系列活动""小手拉大手、双创路上阔步走"和"倡导绿色生活、共建文明家园"系列活动启动仪式等主题宣传活动50余次,成立志愿者队伍7支,志愿者人数达500余人。5月,华新街道社区科技体验馆开馆,接待参观人员300余人。

4月2日,华丰家园社区开展"倡导绿色生活、共建文明家园"主题志愿服务活动 (李娅 摄)

【疫情防控】 2020年,华新街道坚持长效常态管控,筑牢疫情防控"钢铁战线"。各社区积极开展"地毯式"摸底,全年累计排查外地来津人员5461人,服务居家隔离人员372人,运送密接人员5人。街道280名党员自愿捐款支援防疫工作共计4.1万元,党员参与率100%。在宁静高速华新段出口设立检查站点,开展过往车辆和人员监测检查工作,做好测温、消毒,检查车辆8000余辆,测温登记驾乘人员1.2万余人,圆满完成防控检测任务。积极保障防疫物资输送。为宁静高速值勤点、19个社区门卡输送土工布54捆、地毯布335延米,提供消毒用水100余吨,出动送水车110余次、人员130余人;为环卫一线人员发放一次性口罩1400个、一次性手套400副、测温枪3支;为社区、环卫班点、垃圾转运站、10个公厕、湖心公园、全域消杀发放84消毒液1300升,华丰家园社区荣获"天津市三八红旗集体"称号。

2月14日,街道工作人员在宁静高速华明收费站下口执勤站岗,对过往驾乘人员进行测温登记 (李娅 摄)

(孙文真)

本篇责任编校 吴俊侠

金融业

Finance

金融服务管理

【简　况】　天津市东丽区金融工作局（以下简称"区金融局"）是区政府负责全区金融服务工作的职能部门。2010年3月，成立天津东丽区人民政府金融服务办公室。2018年12月，组建天津市东丽区金融工作局。

2020年，区金融局按照区委、区政府的统一部署，坚持主责主业同步推进，围绕落实全面从严治党主体责任要求和金融服务实体经济本质要求，加快推进东丽绿色高质量发展提供有效金融支撑。

【金融产业集聚发展】　2020年，区金融局持续完善《投资类企业设立、变更照前会商审核流程》，联合各街道园区，严格落实审核流程，引进落地优质投资机构。天津华利、广州瑞兴商业分别于3月17日、9月25日完成注册，天津中汽瑷睿创业公司按白名单工作机制进行会商研判；东泰世纪等33家完成企业信息变更。加大金融机构引进力度，廊坊银行东丽支行9月10日开业运营。

10月22日，东丽区私募投资基金发展交流会

（彭艳　摄）

【完善多元化融资机制】　2020年，区金融局加大对市、区惠企政策和各银行特色产品宣传，编印政策汇编2000册下发至全区企业及有关部门。组建融资信贷服务微信群，及时向群内发布企业融资需求信息，督促金融机构主动对接。联合华明村镇银行、天津农商银行东丽支行在13个街道园区设立融资服务专员。组织开展"百行进万企"试点工作。召开银企对接会14场，组织55家次金融机构与199家次企业进行一对一帮扶对接。撮合金融机构累计帮助2207家企业和个体工商户成功融资2352笔，金额208.69亿元。

8月25日，东丽区董事长秘书培训会　　　（彭艳　摄）

【加强金融运行统计分析】　2020年，区金融局加强金融运行统计分析工作。全年，驻东丽区银行各项存贷款余额1987.39亿元，比上年增长1.76%。其中，各项存款余额938.84亿元，下降2.43%；各项贷款余额1048.54亿元，增长5.83%。东丽区金融业增加值完成42.04亿元，增速1.8%。编辑金融信息月报12期。

【金融改革创新】　2020年，区金融局制定《东丽区促进企业知识产权质押融资实施办法（试行）》，知识产权通过融资担保、融资租赁或者保险等方式获得金融机构资金支持的企业,给予融资成本40%的补贴;知识产权直接质押给银行或其他金融机构获得贷款的企业,给予融资成本50%的补贴;最高奖励均为30万元。

【防范和处置非法集资工作】 2020年,区金融局全力推进重点案件涉案资产处置工作。先后5次组织召开处置风险分析研判会,案件资产处置协调推动工作会议,拟定《关于"和鑫鼎案"涉案资产首次清退工作实施方案》《关于"中金信达案"涉案资产首次清退工作实施方案》,基本完成"中金信达案""和鑫鼎案"首次清退工作。配合相关部门加大陈案积案处置工作,结案8件。制定印发《东丽区新冠肺炎疫情期间严防非法集资涉稳风险工作实施方案》,组织推动处非领导小组相关成员单位加强统筹协调,严格落实新冠疫情期间严防非法集资涉稳风险各项要求,做好各项应急准备工作。组织开展涉稳风险排查,加强同公安等相关部门沟通联系,确保疫情期间社会安全稳定。对全区11个街道300余名基层网格员进行打击非法集资视频培训。深入丰年里社区、和顺园社区、新泰道社区开展防范和处置非法集资宣传活动,发放宣传材料500余份。组织召开驻区28家银行和13家地方金融机构打击防范电信网络诈骗违法犯罪集中宣传攻坚战工作推动会,与公安机关建立沟通协作机制,建立止损挽损协作机制,守好群众"钱袋子"最后一道防线。组织开展以"守住钱袋子·护好幸福家"为主题的防范非法集资集中宣传月活动,制定《东丽区防范非法集资宣传月活动方案》。利用微信、微博、抖音APP等媒体,广泛

宣传,摆放展板100余块,发放宣传品5000余份,受众人数2000余人。组织驻区金融机构、地方金融组织和街道社区集中开展扫黑除恶专项斗争宣传月活动。500余名社区居民参与。组织开展2020年国家网络安全宣传周东丽区活动暨金融日活动、"七五普法"宣传活动、"质量月"宣传活动。组织开展涉非涉稳风险专项排查。印发《东丽区2020年涉非涉稳风险专项排查工作实施方案》,组织区处非领导小组相关成员单位,采取行业系统排查、各街道、功能区扫街排查、互联网排查、资金异动排查、发动群众举报、建立风险台账等方式在全区范围内开展涉非涉稳风险专项排查工作。排查主体企业3678家。针对市金融工作局推送涉及全区7条新增涉嫌非法集资线索,利用大数据监测和工商、税务系统查询及现场核查等方式,启动联合调查程序。

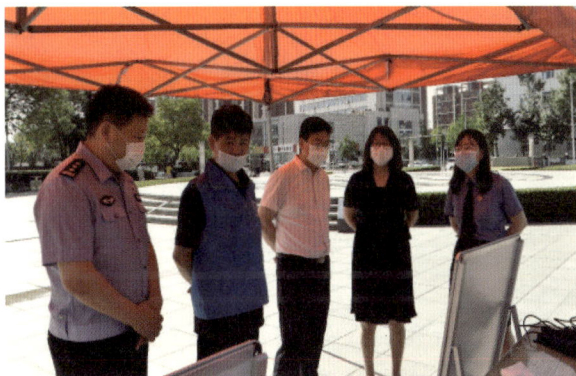

6月15日,区金融局在东丽广场举行防范非法集资宣传活动　　(张维发 摄)

(赵善辉)

中国工商银行天津东丽支行

【简　况】 中国工商银行股份有限公司天津

东丽支行(以下简称"工行东丽支行")坐落于天津市东丽区先锋路与福山路交口。1985年6月,成立中国工商银行天津市东郊区办事处。1992年3月,更名为中国工商银行天津市东丽区支行。2005年12月,更名为中国工商银行股份有限公司天津东丽支行。2020年,设有营业网点11个。

【金融服务】 2020年,工行东丽支行立足区域,以客户为中心,持续做好金融服务。严格实施服务精细化管理,内抓建设,外树形象,在深化优质服务成果的同时提高服务质量,巩固服务成效,提升服务内涵。利用厅堂开展微沙龙活动,向周边社区及居民普及网上银行、手机银行,落实便民金融服务。全年,举办外拓141场次。助力居民更换社保卡,解决居民就医、养老等实际需求,提供便捷服务。在全区扎实做好防范化解债务风险工作的大环境下,协助辖区实现隐债化解28.38亿元,助推区域经济发展。认真贯彻落实党中央、国务院决策部署,实现普惠金融业务全面发展,为区域民营企业做好普惠金融服务。

5月8日,工行东丽支行在东丽分会场参加天津市中小企业银企对接洽谈会 （王越 摄）

【社会责任】 2020年,工行东丽支行持续践行国有商业银行的社会责任。开展"金融知识普及月""金融知识进万家""争做理性投资者""争做金融好网民"等系列活动,依托网点进行金融知识普及。充分利用网点厅堂与社区外拓的时机,开展防范非法集资、防范电信诈骗、网络安全知识、预防洗钱风险等宣传活动,累计受众10万余人,有效提高辖区居民的风险意识和防范本领。疫情期间,积极承担社会责任,投放流动资金贷款2亿元,切实有效助力企业复工复产。成立青年志愿者队伍,70余名员工参加,慰问敬老院、孤儿院等,关爱特殊群体,承担国有大行的责任。

6月9日,工行东丽民航支行走进社区开展防范非法集资宣传活动 （赵焱飞 摄）

（韩林彤）

中国农业银行天津东丽支行

【简 况】 中国农业银行股份有限公司天津东丽支行(以下简称"农行东丽支行")坐落于天津市东丽区津塘路218号。1979年4月,中国农业银行天津市东郊区办事处恢复设立。1992年5月,更名为中国农业银行天津东丽支行。2009年1

月,更名为中国农业银行股份有限公司天津东丽支行。

2020年,农行东丽支行以习近平新时代中国特色社会主义思想为指导,在农行天津分行党委正确领导下,强化党建引领,统筹推进疫情防控和经营管理,围绕"三个提升"主动作为,业务发展市场份额得到提升,存款余额、增量四行第一,个贷增量四行第一;全员绩效和薪酬福利待遇得到提升,绩效考核得分、福利待遇显著增长;业务管理精细化水平得到提升,被评为"总行级运营基础管理先进单位",信贷管理重返A类行,网点效能提升效果明显,开创出经营发展良好局面。

【业务经营】 2020年,农行东丽支行积极落实"六稳""六保"部署,强化"三农"和脱贫攻坚服务,开展"百镇千村"工程,"惠农e贷"完成计划108%。强化脱贫攻坚金融服务,与区商务局签订消费扶贫合作共建战略合作协议,帮助销售扶贫产品124.28万元,超额完成扶贫计划。强化重点项目服务,成功办理天津农行首笔普通欧式期权业务,实现金钟小城镇他行隐性债置换项目落地,对天津滨海国际机场改造项目投放贷款,完成中国一冶东丽湖管廊道路配套PPP项目、中节能(天津)环保能源有限公司东丽区生活垃圾综合处理厂PPP项目审批。

【转型发展】 2020年,农行东丽支行明确"五位一体"转型工作思路。全年,个人掌银月均活跃客户比上年净增1.9万户,计划完成率100%;营销落地智慧食堂、教育缴费、供热缴费等场景,互联网场景达126个,净增34个,计划完成率170%;完

成智慧场景商圈建设7户,任务完成率116.67%;拓展网捷贷"集团e贷"2875户,预授信金额7.2亿元,经营贷83户,授信金额2634.46万元。加快一体化转型,实施网点效能提升工程,成立"邵海平基金工作室",客户服务水平持续提升,全年联动投诉量下降50%。

【基础管理】 2020年,农行东丽支行持续夯实管理基础。完成运营档案电子化上线,压降低效自助现金设备,推进"N+M"岗位优化;年内有5家网点获评农总行运营基础管理"三铁"(铁账、铁款、铁规章)单位。建立部门、网点兼职合规经理积分制管理,开展重大风险隐患、屡查屡犯问题等21次排查整治,规范员工行为管理,组织"典型案例警示教育"宣讲15场。完成全行监控视频系统数字化升级工作,数字化率达93%,落实"三化三达标"工作,实现零案件"平安年"创建目标。

6月14日,农行东丽支行2020年警示教育大会

(郭霏 摄)

(孙全顺)

中国银行天津东丽支行

【简 况】 中国银行股份有限公司天津东丽

支行(以下简称"中行东丽支行")坐落于天津市东丽区张贵庄跃进路嘉德大厦B座。1990年12月，成立中国银行天津东郊支行。1991年5月，正式对外营业。1992年5月，更名为中国银行天津东丽支行。2005年8月，更名为中国银行股份有限公司天津东丽支行。2020年，设有内设部门5个、下辖经营性支行8家。

2020年，中行东丽支行在各级金融监管部门及东丽区政府大力支持下，贯彻落实总分行工作会议精神，坚持新发展理念不动摇，厚植基础、激发活力，砥砺实践、敏捷反应，直击短板、重点突破，全力以赴实现建设新时代全球一流银行的工作目标。年末，在中国银行系统内综合绩效得分位列系统第7名。

【社会责任】 2020年，中行东丽支行推动天津东方财信投资集团政府隐性债置换项目落地，作为银团牵头行，成功发放银团贷款15.3亿元，其中中行份额5.6亿元，为东丽区债务化解工作提供有力支持。重点支持驻区小微企业的发展，为缓解小微企业融资难、融资贵的问题，推出税易贷等产品，为小微企业提供免抵押贷款，并承担除贷款利息以外的费用支出。联合天津中小担、科融担保、中关村担保等，加大对科技型小微企业的融资支持，减轻驻区企业负担、降低融资成本。截至年底，为东丽区近40家小微企业提供普惠金融贷款1.4亿元左右。

【金融服务】 2020年，中行东丽支行落实市分行与东丽区签订的《全面战略合作协议》，支持东丽区提升公共服务水平。普及各类便捷金融产品和金融知识，服务当地居民和企事业单位，做好移动金融、代理保险、ETC、社保卡代发等服务，全年累计发放2.25万张社保卡，完成1.56万户社保代发介质转换，社保代发资金量10.02亿元。参与东丽区政府改善营商环境的工作，支持区内基础设施和民生项目建设，为天津滨海国际机场航站楼改造项目、军粮城发电扩建项目、甘建投房地产项目以及城镇化建设项目等提供融资支持，助力东丽区营商环境的提升。全力支持东丽区创建绿色城区，加强对生态型城市建设规划下东丽区关于土地出让项目、污染防治等环境保护项目方面的金融支持，助力东丽区生态城市建设。

【职工福利】 2020年，中行东丽支行继网点免费配餐后，支行本部也实现午餐免费，让全体员工获得实惠。疫情期间采购平价蔬菜鸡蛋、发放食堂自制面食，解决员工后顾之忧；丰富食堂菜品，将福利费用好用足，提升员工获得感、幸福感。配置反洗钱专岗、设置专职传票调阅人员和流动柜员岗，切实减负基层。做好员工慰问工作，建立"困难员工档案"，组织外地员工召开新春座谈会，为退休员工举行荣退仪式，全年慰问退休职工、复员军人和困难职工75人次。关心青年员工成长，定期与青年员工座谈，针对新入行大学生制定2年发展规划，全面提升专业能力，为支行发展储备力量。

【疫情防控】 2020年，中行东丽支行坚决贯彻市分行党委决策部署，疫情期间严格落实体温检测、佩戴口罩、场所消毒、错峰就餐等管控措施，防疫物资配置到位，人员健康管理到位，确保安全生产。向中国银行宝坻支行及区内天津电装电机有限公司、高津(天津)汽车设备有限公司、天津宜家家居有限公司、天津井上高分子材料制品有限公司等10余家重点企业、外贸外资企业赠送口罩4000片。落实市金融局疫情期间养老金代发工作方案,按市分行党委要求致信东丽区委、区政府,主动提供金融服务,得到区政府积极回应。通过税易贷、复工贷等产品发放普惠金融贷款2.2亿元,支持中小微企业复工复产。

(程　鹏)

交通银行天津东丽支行

【简　况】　交通银行股份有限公司天津东丽支行(以下简称"交通银行天津东丽支行")坐落于天津市东丽区利津路36号。2007年11月,成立交通银行股份有限公司天津东丽支行。

2020年,交通银行天津东丽支行在分行党委的坚强领导下,在各级政府、金融监管部门及社会各界的关心和支持下,紧紧围绕提升价值创造、深化改革创新、把握"六个坚持"、实现"六个提升"、抓好"六个工程"的工作理念,支行上下团结一心,戮力前行,积极应对工作中的各项挑战,统筹推进疫情防控和经营发展,坚持用优质服务、可靠产品、专业精神,彰显国有大行的责任与担当。

【聚焦发展】　2020年,交通银行天津东丽支行坚持以价值创造为导向,实现税后经营利润2669万元,人均经营利润达到162万元,实现经济利润1810万元,人均经济利润达到110万元。积极助推大企业发展,为天津天保建设发展有限公

司2个项目发放贷款6159万元;疫情期间为保障国计民生和物价稳定,向民生工程项目发放防疫专项贷款2.26亿元;为促进小企业、个体工商户发展,利用线上抵押贷、税融通等新型线上产品发放个人经营性贷款636万元。

【社会责任】　2020年,交通银行天津东丽支行积极践行社会责任。开展"315消费者权益保护宣传""深入企业、反假宣传""防范电信诈骗"等主题宣传活动4次,助力提升周边居民的金融风险防范能力;为近30家对公企业上门办理社保卡近300张,便捷客户服务;疫情期间响应号召向湖北省武汉市捐款近3000元,坚持做好金融服务工作同时,为厅堂客户免费提供口罩、免洗洗手液、消毒湿巾等防疫物资;组织"向甘肃省天祝县助农扶贫"活动,实现扶贫2582元,体现国有企业的社会担当。

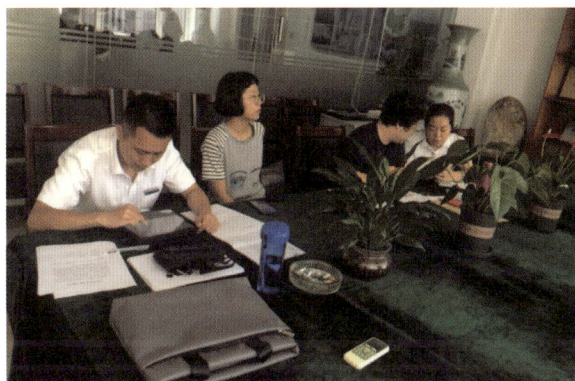

6月30日,交通银行东丽支行员工为对公企业上门办理社保卡
(马娜 摄)

【金融服务】　2020年,交通银行天津东丽支行秉持"一个交行,一个客户"的经营理念,坚持以客户为中心,积极打造一站式、综合化、全方位金融服务体验。通过零售业务和营运业务跨条线联动,持续推进厅堂一体化转型,全面提升零售业务人员的综合服务能力;通过驻点企业外拓社保卡

等集中营销方式,提升公私联动和机动外拓能力,全面打造具有较强综合性服务能力的一流网点。

(马　娜)

中国邮政储蓄银行天津东丽区支行

【简　况】　中国邮政储蓄银行股份有限公司天津东丽区支行(以下简称"邮储银行天津东丽区支行")坐落于天津市东丽区津塘路新世嘉大厦3-1-9、3-1-10。2007年11月,成立中国邮政储蓄银行股份有限公司天津东丽区支行。

2020年,邮储银行天津东丽区支行坚持以习近平新时代中国特色社会主义思想为指导,深入落实总分行工作会议精神,以"六个更加注重"(更加注重主体指标、更加注重当年增量、更加注重量价险效、更加注重拉长"长板"、更加注重案件防控、更加注重干部人才库建设)为引领,统筹推进支行各项经营管理工作快速发展。

【民生服务】　2020年,邮储银行天津东丽区支行牢记初心使命,落实"普惠城乡,让金融服务没有距离"的经营理念。全年,新增VIP客户282户,发放社保卡2074张,手机银行新增激活1803户,快捷绑卡完成3209户,为百姓日常生活提供便捷。通过开展"零元乘地铁"活动,新增信用卡客户2584户,为居民日常出行增进福祉。

【助力复工复产】　2020年,邮储银行天津东丽区支行把疫情防控作为重大政治任务,做好联防联控,积极助力企业复工复产。加强银政企多方沟通协调,仅用2周时间发放3笔疫情应急贷款,金额1.9亿元,为企业恢复生产经营缓解燃眉之急,也为支行赢得"有担当,有韧性,有温度"的口碑。

【创新业务】　2020年,邮储银行天津东丽区支行以公司业务为抓手,为客户量身定制融资方案,创新业务发展,发挥规模效应。全年,新增授信客户9户,新增贷款29.8亿元,新增保函5.4亿元,福费廷6.7亿元、票贴0.34亿元,其中联合承租模式的融资租赁保理业务为邮储银行全国首笔,预付款保函和小微易贷——工程信易贷业务,为邮储银行天津分行首笔。

【风险防控】　2020年,邮储银行天津东丽区支行坚持规范管理、稳健经营,加强全面风险管理体系建设,坚持全面把握各项风险,全程管理各个环节,全员肩负风控责任,落实贷前调查、贷中审查、贷后检查相关制度,为客户提供安全、放心的金融服务。全年,资产不良率为0.44%,总体指标控制在风险限额内,风险防控水平逐步提升。

3月15日,邮储银行天津东丽区支行营业部工作人员跟客户讲解疫情防控有效措施和防范金融诈骗知识

(陆志多　摄)

(马　丽)

浦发银行天津东丽浦智支行

【简　况】　上海浦东发展银行天津东丽浦智支行(以下简称"浦发银行浦智支行")坐落于天津东丽经济技术开发区一纬路24号。2014年11月,成立上海浦东发展银行天津东丽浦智支行。2020年,设有营业网点3个。

2020年,浦发银行浦智支行面对突如其来的疫情,坚持"一手抓防控、一手抓发展",以倡导职业文明为核心,以规范文明、立足本职、自我监控、敬业守信、无私奉献为工作理念,立足于社会主义核心价值观,发挥金融机构职能,完成各项指标。年内,对公一般性存款日均25.26亿;零售一般性存款余额19.8亿元,增幅8.9%;对公有价值客户618户,对公高价值客户117户,零售中高端客户5666户,私行客户59户。

【创新业务】　2020年,浦发银行浦智支行结构调整转型迈向深入。顺利为东丽医院安装发热门诊线下扫码支付设备;成功为某抗疫相关企业发放融资支持一线,实现经济效益社会效益双丰收。成功完成渤钢集团破产重整留债转贷相关工作。"千家万户连接工程"顺利推进,成功营销"卖好车"新经济平台,为支行后续业务发展蓄集能量。成功营销张贵庄街道拆迁款12亿元结算性低成本存款留存。

【社会责任】　2020年,浦发银行浦智支行践行社会责任。全年,宣讲金融知识万里行、消费者权益保护宣传、各种电信诈骗风险警示案例及扫黑除恶专项行动10次,发放宣传材料266份,受众200余人。指派专人在厅堂开展金融知识普及活动,每日对到访厅堂客户进行金融知识业务宣传;以进社区、进企业等形式,开展金融与消保知识集中宣传活动,惠及客户1000余人次,发放宣传折页1000余份。积极响应区金融局号召,采取线上线下联动方式采购扶贫农产品,参与32人次,购买扶贫产品合计人民币7112.4元。

(杨召东)

中信银行天津东丽支行

【简　况】　中信银行股份有限公司天津东丽支行(以下简称"中信银行天津东丽支行")坐落在天津市东丽区张贵庄栖霞道2号、4号。2007年10月,成立中信银行股份有限公司天津东丽支行。2020年,设有营业网点1个。

2020年,中信银行天津东丽支行按照总行建设"最佳综合金融服务企业"发展目标,完善管理措施,加强员工培训,提高服务水平,拓展业务渠道,以"服务东丽发展、融入东丽发展、助推东丽发展"为宗旨,充分发挥自身优势,满足区内居民金融需求,支持和服务东丽经济建设,为百姓、驻区企业、地区发展提供优质服务。

【助力企业发展】　2020年,中信银行天津东丽支行助力企业复工复产。以交易银行信e池产品为依托,为天津天汽模汽车部件有限公司办理低风险电票业务放款,解决企业疫情期间的付款问题,实现支行与上市公司业务合作以及产品落地的突破。深入践行综合服务理念,向中国能源集团北方建设投资有限公司投放 ABS 达 6500 万元,为天津东丽经济技术开发区总公司发行中期票据 2 亿元,借助集团优势协助东丽临空经济区及区农业农村委实现地方债发行,撮合规模约达 60 亿元。

【金融安全】 2020年,中信银行天津东丽支行开展"优化企业服务,金融安全信息送到家"活动,走进 138 家企业进行金融安全知识普及及风险防范工作宣讲。开展中信大讲堂"反洗钱业务专题讲座",向社会公众普及反洗钱基本知识及风险防控重点。发放"重拳出击——严厉打击电信网络诈骗犯罪活动"宣传折页 200 余份,向客户介绍电信网络诈骗常见手段,帮助客户提升反诈意识和维权措施。

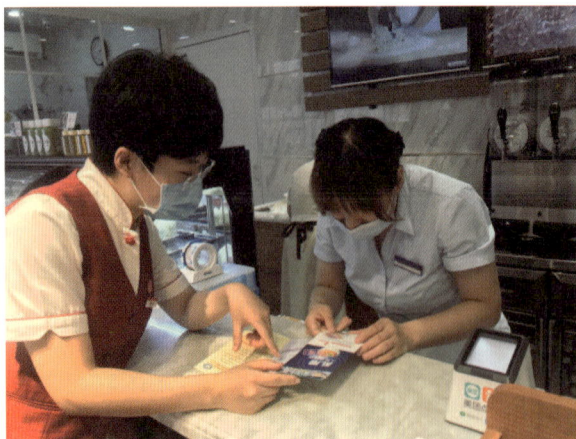
7月13日,中信银行天津东丽支行开展人民币图样使用规范宣传活动 (张莹莹 摄)

【专享产品】 2020年,中信银行天津东丽支行推广针对发薪客户、女性客户、老年群体的各类零售产品。将"开薪易"入企推广的同时,也将稳定型高收益产品送到发薪员工手中,全年新增发薪单位 10 余户,为近千名企事业员工提供发薪

优享产品及福利。针对女性客户,组织客户插花、制作面点、网点沙龙等,讲解新资管下投资策略,成功营销高端全权委托产品 3000 万元。关爱老年客户,组织传统节日敬老爱老沙龙活动,为老年人讲解防范电信网络诈骗的方法和技巧,为老年客户提供专享定期存款产品,实现稳存增存近千万。

(张莹莹)

天津银行东丽支行

【简况】 天津银行股份有限公司东丽支行(以下简称"天津银行东丽支行")坐落于天津市东丽区跃进路 77 号。1993年1月,建立天津银行东丽支行,其前身为东丽城市信用社。1996年,天津城市合作银行东丽支行组建。1998年,更名为天津市商业银行东丽支行。2007年,更名为天津银行股份有限公司东丽支行。2020年,设有管理部门 5 个、营业厅 1 个,下设营业网点 1 个。

2020年,天津银行东丽支行在上级正确领导下,认真贯彻落实各项工作任务,始终坚持以合规管理为前提,以稳健经营为主线,以提升效益为目标,稳中求进、精细管理,持续保持各项业务高质量健康发展。

【业务经营】 2020年,天津银行东丽支行为用信企业承担抵押登记费、房产评估费、抵押房产的保险费等,切实减轻融资企业负担。参加国家级经济技术开发区、国家级自主创新示范区华明片区的对接会等活动,为园区的明星企业解决融资贵、融资难问题。配合区金融局,完成国家营商环境评价企业调查阶段工作。

【内控建设与风险管理】 2020年,天津银行东丽支行完善合规制度与合规文化建设,将事前风险防范与事中、事后监督检查有机结合。梳理制度文件并组织专题学习10余次,对重点操作环节进行强化,通过遴选推送最新典型案例、汇总整理年度风险提示等形式,强化文件要求、加强警示教育。全年,开展大型自定项目检查9次,以条线联动和快速响应的模式,坚持检查发现问题立查立改并全部整改完毕。结合新形势下工作重点对《天津银行东丽支行合规操作奖惩条例》进行修订。

5月20日,天津银行东丽支行召开合规制度与合规文化专题学习　　　　　　　　　　　(田亮　摄)

【零售业务】 2020年,天津银行东丽支行疫情期间支持企业复工复产,成立支小再贷款领导小组,深入静海大邱庄物流集散地、津南小站工业园区等实地自拓营销,为50余家小微企业成功发放1000万元支普惠型小微企业贷款,解决融资问题。完成"百行进万企"工作,以小组上门走访等形式,完成392户小微企业的调研问卷。运用互联网、企查查等大数据平台,积极推广天津银行银税e贷、商超e贷以及天行"用呗"线上自营产品,为30余家中小企业解决融资问题,帮助疫情期间有融资需求的优质小微企业,获得小微企业客户好评。

【社会责任】 2020年,天津银行东丽支行践行社会责任,开展公益宣传和普惠金融活动。深入张贵庄街道、无瑕街道的社区、企业客户,向居民、企业宣传反电信诈骗、反非法集资金融知识。开展"青春在战疫中绽放"主题团日、农村青年创业金融服务系列活动,为社区居民讲解使用手机银行进行便捷的线上操作,讲解惠民金融政策;开展厉行节约拒绝浪费志愿服务,张贴宣传标语,倡导节约光荣、浪费可耻理念。

(丁长伟)

天津农商银行东丽中心支行

【简　况】 天津农村商业银行股份有限公司东丽中心支行(以下简称"东丽中心支行")坐落于天津市东丽区栖霞道54号。1964年12月,成立天津东郊信用合作社联合社。2005年6月,更名为天津东丽农村合作银行。2010年6月,改制重组为天津农商银行东丽支行。2013年5月,更名为天津农村商业银行股份有限公司东丽中心支行。2020年,设有营业网点36家。

2020年,东丽中心支行准确把握新形势,以提高经营效益为中心,以防范风险为重点,坚持"稳中求进"的工作总基调,调整经营策略,转变增长方式,带领全体干部员工开拓创新、锐意进取,各项工作取得新进步、新提升、新发展。

【负债业务】 2020年,东丽中心支行推动存款业务发展,拓宽资金来源,营销居民储蓄存款、吸收结算资金存款。开展"金融夜市第三季"延时服务,举办金融夜市300余场,打好存款与理财产品的组合拳,实现全员营销。持续做好金融服务站考核和管理,提高金融服务站营销揽存能力和业务办理能力,打通社区金融服务的最后一公里。全年,各项存款222.07亿元,比上年增长4.96%。

【资产业务】 2020年,东丽中心支行根据经济形势变化和区委、区政府的战略导向,坚持"抓两头,带中间,以利润为中心"方针不动摇,调整和优化贷款结构。公司条线、普惠条线齐心协力,根据本地区实际情况,充分利用人缘、地缘优势,结合"百行进万企""疫情防控重点保障企业"等融资对接工作,以农委涉农企业名单、菜篮子保供基地、涉猪企业名单为抓手,按照定目标客户、定责任人、定营销方案、定营销进度的"四确定"原则,安排专人对接客户,拓展营销范围,持续开展贷款营销工作,各项贷款达到203.75亿元,比上年增长41.36亿元。

【中间业务】 2020年,东丽中心支行转变发展理念和方式,完善考核机制,加大对中间业务任务目标完成率的挂钩力度,促进中间业务持续、快速、健康发展。根据客户对资金流动性需求,制定个性化金融服务方案,综合营销推介基金、保险、贵金属等产品,帮助客户平衡资金流动性和收益性,完成代理业务收入399.76万元。探索"街道+

社区+网格员+服务站+网点"五位一体营销模式,对中高端客户进行分层维护,举办"感恩母亲节""小小银行家"等高端客户沙龙活动30余次,超过600余名中高端客户参加活动。通过存款、理财、基金、保险业务互动,有效分散客户资产的集中度,深挖高净值客户价值,持续提高客户黏性。加强聚合支付、代发、社保卡等电子类渠道产品的营销力度,提升普惠金融服务质效。

8月5日,东丽中心支行为客户介绍金融相关业务

(张迪 摄)

【安全管理】 2020年,东丽中心支行把握安全生产底线,树立"隐患就是事故,事故就要处理"意识。组织开展反恐和消防安全培训50余次,800人次参加。加强消防安全管理,建设东丽中心支行机关大楼"微型消防站",35家营业网点增设"消防角"36个。加强用电安全管理,坚持一日三查,杜绝用电隐患。深化落实安全主体责任,加强检查频次,通过现场与非现场检查,对安全检查流于形式、走过场、对安全隐患不整改实行"零容忍",加大安全生产责任追究力度,打造安全、稳定、和谐经营环境,全年安全经营。

(邵志伟)

天津华明村镇银行

【简　况】 天津华明村镇银行股份有限公司（以下简称"天津华明村镇银行"）坐落于天津市东丽区华明示范镇EOD总部港A区A段。2010年8月，成立天津东丽村镇银行，2012年5月，更名为天津华明村镇银行股份有限公司。2020年，下设营业网点19家。

2020年，天津华明村镇银行坚持"做小、做散"市场定位，狠抓市场营销，通过合理优化考核模式，充实一线营销人员，充分调动全员营销拓展积极性，各项业务取得明显进展。

【六稳六保】 2020年，天津华明村镇银行加强对普惠金融重点领域支持。聚焦小微企业中相对薄弱的群体和有效的信贷需求，推进普惠"三进"活动，提升"稳企业保就业"工作知名度及群众认可度。解决小微企业"融资难，融资贵"难点，运用人民银行支农支小再贷款政策创新推出"复工贷"，全年复工贷余额7041.5万元，帮助企业克服复工生产难题。

4月7日，天津华明村镇银行向复工复产企业提供金融支持服务　　　　　　　　　　　　　　　（周家佳　摄）

【社会责任】 2020年，天津华明村镇银行积极履行社会责任。为小微企业和重点创业群体提供就业创业、资金扶持等服务，扩大贷款范围，提高贷款额度，对市全日制高校在校生、毕业5年内高校毕业生、退役军人、返乡农民工、下岗失业人员、妇女等群体予以金融支持，加大小额创业担保贷款的投放力度，着力于解决个体工商户尤其是创业人群面临的融资难、融资贵问题。截至年底，累计发放"小额创业贷款"1748笔，贷款金额3.42亿元。

6月5日，天津华明村镇银行工作人员向社区居民宣传防范电信诈骗知识　　　　　　　　　（魏柏婷　摄）

【疫情防控】 2020年，天津华明村镇银行在做好客户及员工的安全保障基础上，创造条件为广大客户办理金融服务。优化线上业务办理流程，积极引导客户在ATM、手机银行、微信、支付宝、网银等途径办理相关业务，减少到实体网点办理，确保人员不扎堆、不聚集，切实保障客户及员工的人身安全。开启网上申贷绿色通道，安排专人24小时盯紧网上申贷平台，全体员工通过朋友圈进行宣传网上申贷平台，让客户足不出户，拿到资金。对受疫情影响严重的行业进行抽贷、压贷、断贷,确保客户资金流稳健,顺利渡过疫情防控期。开展"抗击疫情 华行有爱"爱心捐款活动,全行165名党员、职工进行捐款,募捐善款

4.13万元。

（敖祖东）

本篇责任编校 刘秀芹

邮 政 · 电 力

Post and Electric Power

东丽邮政分公司

【简　况】　中国邮政集团有限公司天津市东丽区分公司(以下简称"东丽邮政分公司")行政业务隶属于中国邮政集团有限公司天津市分公司领导和管理,是承担着普遍服务职能的公用性企业。坐落于天津市东丽区津北公路699号。1952年3月,成立灰堆邮局。1956年3月,改称天津市东郊区邮电局。1958年12月,改称天津市张贵庄邮电局。1960年9月,改称天津市新立村人民公社邮电局。1961年9月,复称天津市张贵庄邮电局。1962年3月,复称天津市东郊区邮电局。1979年9月,改称天津市张贵庄邮电支局。1984年9月,复称天津市东郊区邮电局。1992年3月,更名为天津市东丽区邮电局。1999年1月,改称天津市东丽区邮政局。2015年5月,改为中国邮政集团公司天津市东丽区分公司。2020年4月,更名为中国邮政集团有限公司天津市东丽区分公司。

2020年,东丽邮政分公司坚持"用户至上,员工为本"的价值观,以普遍服务为根本,践行"人民邮政为人民"服务宗旨,立足新发展阶段,贯彻新发展理念,坚持深化改革,深化转型效果,坚持创新发展,推进东丽邮政高质量发展。

【服务民生】　2020年,东丽邮政分公司始终坚持问题导向、民生导向,积极践行社会责任。深入社区、市场和农村乡镇,开展人民币防伪反假、人民币图样使用、防范电信诈骗、反赌防赌等知识宣传26次,发放宣传手册、折页5000余份,受众6000人;开展"名医大讲堂"活动,邀请天津市第一中心医院郭素箴副主任医师,为5个社区居民提供面对面的健康咨询服务;联合新立街道融翰园居委会开展生日会活动,共创和谐社会。

11月13号,东丽邮政分公司融翰园营业所联合新立街道融翰园居委会开展生日会活动　　　　(高虹平　摄)

【网点建设】　2020年,东丽邮政分公司改造街道普遍服务营业场所,履行普遍服务职责。完成融翰园、华新和金桥3处普遍服务营业场所装修改造及迁址工作;完成钢管公司金融及营业网点原址装修改造;完成空港营业部生产处理场地租用改造,新增翔园邮政所1处。全年,新增社保发卡机8台,移动展业设备5台,伸缩式皮带机2台,到件高速扫描设备2台,揽投PDA7台,租用电动车8辆应对"双十一"邮件高峰期的投递运输。全面提升邮件处理效率,实现实名制收寄率100%,开箱验视率100%,包裹快递投递及时妥投率达95%以上,约投挂号及时投递率达90%以上,包快邮件实时反馈率达99%以上,银企账单妥投率达99%,回执回收率达95%。

【绿色邮政】　2020年,东丽邮政分公司认真贯彻习近平生态文明思想,推进绿色包装、绿色运输和绿色金融等三大工程。开展重金属和特定物质超标包装袋专项治理工作,建立包装用品管理台账。加大新型绿色包装箱推广力度,减少胶带使用,杜绝过度包装,确保邮件不再二次包装率达85%,科学打包方法封装比例达90%,营业窗口科学打包比例100%,电子面单使用率100%;减少纸质业务办理,全面打造线上业务,推动网点智能化建设,加强自助设备对柜面现金、非现金交易替代能力。全年,净增手机银行客户1.28万户,发放社保卡8504张,自助发卡机网点布放率达69.23%,租赁新能源车13辆,设立"邮件快件包装废弃物回收箱"布放点24处。

【安全管理】 2020年,东丽邮政分公司压实安全责任,着力提高风险管理的能力,确保全年无安全事故100%。全年,对辖内邮政营业网点实地检查125次,对辖内金融网点实地检查52次,检查覆盖率100%;召开邮银安全联席会议12次,召开消防安全培训会1次,35人参加。严把寄递"源头关""实名关""安检关",完善人防、物防、技防,强化应急处置能力建设,确保重大活动和重要节日安全生产。加强交通安全管理,强化驾驶人员、投递人员的交通安全意识和防御驾驶技能,推进安全宣传教育常态化,利用微信群推送安全教育信息和警示信息,组织召开交通安全培训会2次,46人参加,全面提升员工的安全意识和责任意识。重视舆情、信访、机要通信、"扫黄打非"等工作,制定《天津市东丽区分公司机要通信保密管理制度》《天津市东丽区分公司机要通信安全防范制度》,为机要通信任务保驾护航。

12月21日,东丽邮政分公司召开消防安全培训会

（刘会静　摄）

【抗疫担当】 2020年,东丽邮政分公司全面落实疫情防控主体责任,严格遵守疫情防控规定。建立健全内部防控工作制度、实施方案和应急处置流程;储备充足的疫情防控物资,为员工配备口罩、手套、护目镜,为网点配备消毒用品、洗手液、红外测温仪;履行邮政政治责任、社会责任和经济责任,全公司260余名基层营业员、邮递员始终坚守"战疫"一线,员工上岗率100%,确保各级政府、党政机关、社会群体、个人用户和广大居民能够正常、安全使用邮政服务;辖内各营业网点按照防疫要求每2小时对生产、办公区域和自助机具进行消杀处理,对进厅办理业务的用户开展体温测量并记录用户信息;对投递运输车辆和进出口邮件进行全面消毒处理后再分拣装车,进出邮件都需经过严格的防疫处理后才送到客户手中,确保客户人身安全。

（刘会静）

国网天津东丽公司

【简　况】 国网天津市电力公司东丽供电分

公司(以下简称"国网天津东丽公司")隶属国网天津市电力公司,主要负责天津市东丽区和空港经济区的电网规划、建设、运行维护以及电力销售管理和服务,以建设运营电网为核心业务,承担着保障服务区域更安全、更经济、更清洁、可持续的电力供应职责。1995年8月,成立国网天津市电力公司东丽供电分公司。现管辖变电站33座。其中,110千伏变电站13座,27台主变,容量1350兆伏安;35千伏变电站20座,47台主变,容量908兆伏安。110千伏线路32条,线路总长度170.33千米,其中架空线路170.33千米;35千伏线路22条,线路总长度54.28千米,其中架空线路54.28千米;10千伏配电线路445条,线路总长度3138.86千米,其中架空线路931.09千米,电缆2207.77千米。

2020年,国网天津东丽公司以习近平新时代中国特色社会主义思想为指导,积极应对突如其来的新冠肺炎疫情,在公司党委的正确领导下,凝心聚力、勇于突破,各项工作稳步推进。

【安全生产】 2020年,国网天津东丽公司落实公司疫情防控整体部署,迅速启动响应机制,组织防疫物资采购配置,落实办公场所消杀、人员行程排查等措施,推进常态化科学防控和精准防控,始终确保"零确诊、零疑似"目标。成功应对"2·14"寒潮等极端恶劣天气、1346.49兆瓦历史最大高峰负荷考验;完成世界智能驾驶挑战赛等121项各级各类供电保障任务;高标准实施隔离观察点、空港总医院以及防疫物资生产企业等重要场所常态化保电。开展专项治理三年行动,排查问题、隐患62项,完成9个专业隐患问题排查的全覆盖,制定

问题隐患清单27项,制度清单3项。提高配网运维精益化水平,10千伏线路故障次数下降14.71%,频繁停电投诉次数压降70.42%。

【电网建设】 2020年,国网天津东丽公司与东丽区签订《推进新型基础设施建设 助力能源转型升级战略合作框架协议》,为东丽电网新能源转型发展奠定基础。完成"十四五"配电网规划编制和省级及以上园区专项规划滚动修编工作。实现东丽垃圾电厂110千伏送出工程等3项工程开工、本中一二110千伏线路改造工程等2项工程投产、南孙庄110千伏输变电工程等7项工程按计划节点实施。实施并竣工地铁四号线张贵庄110千伏专用站外部电源线以及地铁十一号线35千伏城排线迁改工程,满足市政重点工程建设用电需求。加快"新基建"工程建设,完成5座公交场站、10座民心工程充电设施建设任务,车联网接入率保持100%。推进配网自动化改造,累计完成278条线路、795个配网自动化点位的改造及相关调试接入。

【经营管理】 2020年,国网天津东丽公司圆满完成天津钢管制造有限公司、天津钢铁集团有限公司历史欠费追缴工作,收回陈欠电费11.61亿元,实现全部结零。巩固陈欠电费回收成果,电费回收率累计完成100%。建立健全电网工程"三清理三提升"(清理在建工程、清理工程物资、清理工程往来款,提升暂估转资效率、提升决算编制效率、提升工程前期费管理质效)工作体系,实现竣工决算任务完成率100%,工程物资库存较年初压降50.39%。持续加大用电稽查的力度和深度,累

计完成稽查增收 551.21 万元、稽查增效 399.8 万元。多措并举对接津南区双桥河镇，全额回收"煤改电"补贴款 200.48 万元。加快推进产业单位转型升级，产业单位实现利润总额 302.45 万元，实现经营业绩较大提升。

【优质服务】 2020 年，国网天津东丽公司高质量完成东丽医院、东丽湖卫生院、天津医科大学总医院空港医院等医疗机构受电系统改造，满足区域疫情防控用电需求。深化"三零、三省"(零上门、零审批、零投资，省时、省力、省钱)服务模式，平均接电时间低压小微企业客户压降至 4.56 天，10 千伏客户压降至 58.45 天，累计为低压小微企业客户投资 39.25 万元，为居民个人充电桩客户投资 463.5 万元，为高压客户投资 804.82 万元。落实国网公司和天津公司阶段性降低用电成本"八项举措""惠企 21 条"等政策，累计为东丽区、空港经济区 1.4 万用电客户节省用电成本 9682 万元。积极推广电费金融服务，实现天津地区"电 e 票"与"电 e 盈"业务的首单落地。推广应用的各项"电 e 金服"产品在国网自有线上平台缴费累计达 2.47 亿元，在公司排名第一。

【人才培养】 2020 年，国网天津东丽公司持续深化"三项制度"改革，聚焦绩效管理等关键环节，发挥薪酬激励作用。拓宽优秀青年员工成长通道，实施第二期"青年先锋"培养工程，在公司技能工匠选拔中，4 名员工入选公司技能工匠，在公司 2020 年青年人才比武中，4 名选手荣获专业第一名。坚持正确用人导向，调整科级人员 40 人次，科级人员平均年龄下降 0.22 岁。加强员工创新能力培养，"基于移动终端和定位技术的工程现场智能管控技术"项目获评公司科学技术进步三等奖；"缩短 OPEN3200 配电自动化系统图模上传至考核系统的时间"QC 项目，获评中质协示范级成果及公司优秀成果一等奖；"基于现代企业人力资本管理的人才供应链体系建设"项目获评公司管理创新三等奖。

（王 浩）

本篇责任编校 刘秀芹

专　文

Special Articles

中共天津市东丽区委2020年工作意见

——中共天津市东丽区第十一届委员会第十一次全体会议通过

（2020年1月2日）

中共天津市东丽区委十一届十一次全体会议认真贯彻党的十九大和十九届二中、三中、四中全会精神，全面落实中央经济工作会议和市委十一届七次、八次全会部署，深入分析面临形势，紧密结合东丽实际，提出2020年工作意见。

一、2020年全区工作总体要求和奋斗目标

1. 准确把握2020年面临的新形势。2020年是全面建成小康社会、"十三五"规划收官之年，是实现第一个百年奋斗目标、为"十四五"发展和实现第二个百年奋斗目标打好基础的关键之年。面对新时代新要求和外部环境的不断变化，要牢牢把握发展大势和发展主动权，更加注重速度、结构、质量、效益相统一，厚植新一轮发展优势，着力谋创新、求突破、补短板、防风险，精准发力、以点带面，付出更加艰辛的努力，毫不懈怠地把各项重点工作抓紧、抓实，不断推进绿色高质量发展落实落地。

2. 2020年全区工作的总体要求。高举习近平新时代中国特色社会主义思想伟大旗帜，持续深入学习贯彻党的十九大和十九届二中、三中、四中全会精神，坚决贯彻党的基本理论、基本路线、基本方略，认真落实习近平总书记对天津工作提出的"三个着力"重要要求和一系列重要指示批示精神，紧扣全面建成小康社会目标任务，坚持稳中求进工作总基调，自觉践行新发展理念，深化供给侧结构性改革，全力落实京津冀协同发展战略，全力打好"三大攻坚战"，全面做好"六稳"工作，统筹推进稳增长、促改革、调结构、惠民生、防风险、保稳定，坚定不移推进东丽绿色高质量发展，确保实现全面建成高质量小康社会和"十三五"规划圆满收官的目标。

3. 全区工作的奋斗目标。2020年，全区各项工作要始终坚持高标准，显著提高经济硬实力、绿色发展软实力、区域综合竞争力，全区人民物质更富足、精神更充实、生活更幸福。

经济实力稳步增强。坚持以绿色高质量发展为牵引，加快构建绿色经济体系，确保经济持续健康发展。实现地区生产总值增长4.5%，奋斗目标

5.1%;一般公共预算收入增长2%,奋斗目标3%;全社会固定资产投资增长12%,奋斗目标15%;居民人均可支配收入增速高于经济增长速度;单位GDP能耗降低率完成市下达节能减排任务;债务风险平稳可控。

城市功能更加完备。以推动全域城市化为抓手,全面提升治理体系和治理能力现代化水平,推进城市高品质、高品位发展。坚持智慧引领,完善城市规划,加快推动还迁区建设,有序推进中心城区功能重组,加快配套基础设施和公共服务设施建设,城市建设和管理明显提升。

生态环境不断改善。坚持绿色发展底色,持续加强环境保护,积极推进生态屏障建设,切实有效解决群众关注的环境问题,打赢蓝天、碧水、净土三大保卫战,减少重污染天数,持续改善全区生态环境质量。

民生福祉持续增进。拓宽群众增收渠道,不断提升群众收入水平。着力优化公共服务供给,公共服务体系更加健全,群众生活更加便利,市民文明素质和城区文明程度显著提升,社会事业发展走在全市前列。

党的建设全面提升。以党的政治建设为统领,牢牢把握全面从严治党要求,严格落实主体责任,党的政治、思想、组织、作风、纪律、制度和廉政建设全面推进,领导班子和干部队伍更加坚强,基层党组织建设更加有力,党员先锋模范作用充分发挥,党的建设科学化水平不断提升。

二、聚焦工作重点,实施"五大攻坚行动"

牢固树立发展意识和底线思维,聚焦重点工作,狠抓责任落实,在重点领域实现新突破。

4.实施债务风险化解攻坚行动。树立过紧日子的思想,优化财政支出结构,严格压缩一般性支出。严控政府债务特别是隐性债务,实行限额管理和预算约束,确保政府隐性债务量和债务率明显下降。加大拆迁工作力度,加快平衡地块出让,尽快回笼资金,降低债务存量。密切与金融机构对接,利用多重金融工具加快债务缓释置换。

5.实施京津冀协同发展攻坚行动。确定2020年为"招商和项目建设年",明确发展思路,理顺招商机制,备足发展后劲。树牢"决胜临空"理念,在引进航空产业项目、深化与机场、民航大学合作方面有实质性突破。建立区委重大项目建设推动机制,切实做好对重点建设项目的联动协调、跟踪服务、落实推进、督查考核工作,解决重点项目建设过程中的困难和问题,推动重大项目建设提质加速。

6.实施营商环境优化攻坚行动。强化"产业第一,企业家老大"理念,持续推进"双万双服促发展"活动,建立科级干部联系服务企业制度。落实国务院《优化营商环境条例》和天津市支持民营经济发展的八条政策措施,充分释放政策红利。严格落实审批承诺制,把企业家满意度测评纳入干部考核体系,建立"向企业汇报"制度,营造"亲""清"政商关系"新生态"。落实各项金融补贴扶持政策,提高金融企业服务地方经济社会发展的积极性。

7.实施创文创卫攻坚行动。将决战"创文""创卫"摆上重要工作位置。建立健全"全民参与,齐抓共管"的长效工作机制,加快推动创建主体向全民创建转变,推动问题整改由治标向治本转变,推动"创文""创卫"工作由重点提升向全面提升转变。

8.实施基层治理攻坚行动。狠抓改革创新"一号工程",着力推进智慧党建统领智慧社会治理改革。积极推进基层治理向农区、园区延伸,实现网格化管理服务全覆盖,着力解决土地管理、城市管理等方面存在的问题,全域优化营商环境、服务环境、发展环境。

三、贯彻落实新发展理念,提高经济发展质量和效益

聚焦产业大而不强、结构全而不优、科技创新力不足的突出问题,加快建立更高水平开放型经济体系,以新发展理念统领经济社会发展。

9.着力推动产业结构优化升级。推进战略性新兴产业加快发展,预计全年实现工业总产值增长4%,规上工业总产值增长0.8%,战略性新兴产业占规上工业比重提高2个百分点。重点关注钢铁和汽车等行业发展,推动工业经济提质增效。做大做强科技服务、电子商务、现代金融、健康养老等高端服务业,服务业增加值增长6.5%。

10.着力实施创新驱动发展战略。加快新动能引育,瞄准一批技术创新、业态创新、模式创新的潜力型企业,实施高成长企业"雏鹰—瞪羚—领军"梯度培育计划和高新技术企业倍增计划。推动产学研合作和科技成果转化,建设市场化的技术转化体系,做实科技成果转化示范区建设。落实人才激励政策,促进"东丽制造"向"东丽智造"

转变。

11.着力促进实体经济做强做优。实施战略性新兴产业提升发展行动,培育人工智能、大数据、智能网联汽车等一批新兴产业集群,努力打造"设计之都"先行区。完善重点经济建设项目协调推动机制,加强对现有企业项目全程动态跟踪服务,壮大存量经济。加快在建项目建设进度,推进国网二期、京东电子商务综合配套基地及结算中心等项目落地,确保中航装甲、地调局水文中心等项目开工建设,晶东航材、普洛斯物流园等项目竣工投产。

四、牢固树立经营城市理念,全面提高城市宜业宜居水平

以实现全面城市化为目标,着力解决设施布局不均衡、服务功能不健全等难点难题,不断提升城市功能和发展水平。

12.强化城市规划引领。持续推进"多规合一,一张蓝图",高标准高质量完成《东丽区国土空间规划》编制。落实生态屏障区规划,重点开展东丽湖、华明、军粮城地区控规修编,做好东丽开发区产业园区整合和规划调整。落实多组团城市发展格局,加快华明智能制造小镇、东丽湖盈康小镇等特色小镇建设,促进城产融合发展。

13.完善城市建设功能。积极推进精准拆迁,全年新完成各类拆迁124万平方米。加快还迁项目及配套设施建设进度,实现还迁2.2万人。持续加快路网建设,贯通方山道等9条道路,完成雪莲路等10条道路主体建设。加快地铁4、10、11号线和京滨城际铁路建设进度,推动海绵城市、综合管廊建设,提升区域承载能力。完成区档案馆新馆改造,积极推动小东庄轻轨站人行天桥等项目,切实解决一批关系群众利益的难点难题。

14.提高城市管理水平。强化现代市场化理念思维,推动东片区域5个街道环卫一体化改革,提升环境卫生水平。落实城市管理"四级督查"机制,加快形成全方位、无死角监督管理新模式。完善"数字化考核+第三方考核+专项考核"相统一的新型城市管理考核评价体系,提升城市管理智能化、精细化、科学化水平。

五、践行绿色发展理念,提高生态建设水平

坚持生态优先,立足解决生态环境建设短板问题,不断满足人民群众日益增长的优美生态环境需要。

15.实施乡村振兴战略。积极推进农村垃圾治理、污水处理、村庄清洁行动,切实改善农村人居环境。积极培育新型农业经营主体,大力发展都市型农业,促进集体经济不断发展壮大,群众收入持续增长。规划建设好"两区五园六基地",加快推进胡张庄乡村振兴示范区建设,构筑现代农业产业体系。完善农用地发展规划,强化农用地管理和使用,严守耕地红线和永久性生态保护红线,严禁出现农地非农化与撂荒行为。稳步推进绿色生态屏障建设,加大屏障区内拆迁力度,完成全年计划造林任务。加强生态屏障区内连通,建设全长8.4公里的林间游览路。

16.坚决打好污染防治攻坚战。打赢蓝天保卫战,持续抓好燃煤、工业、扬尘和机动车等污染源管控。打赢碧水保卫战,不断加强工业、生活、

农业污染源治理,全区基本消除黑臭水体,地表水环境质量达到攻坚目标要求,海河消除劣 V 类。打赢净土保卫战,有效管控农用地和城市建设用地土壤环境风险。

17.加快补齐生态环境建设短板。坚持生活垃圾日产日清工作原则,有效整治各类"脏乱差臭"环境问题。坚持"厕所革命"常态化,加快垃圾转运站、公厕等环卫基础设施建设。建成区生活垃圾综合处理厂,建设大件垃圾和园林绿化垃圾处理设施,实现生活垃圾分类全覆盖。实施中心城区"五横六纵"市容市貌综合整治,树立东丽城市品牌形象。

六、牢固树立宗旨意识,持续提升人民群众的幸福指数

坚持民生导向,不断完善统筹城乡的民生保障制度,高标准高质量落实20项民心工程,全面提升社会事业发展水平。

18.着力提升社会保障水平。落实就业扶持政策,加强创业培训指导,给予创业担保贷款扶持,推动创业带动就业。持续推进全民参保计划和城乡居民养老保障工作,实现养老保障动态全覆盖。精准开展社会救助,强化急难救助和临时救助,依托"救急难"服务平台,实现各部门救助资源统筹共享。

19.深入推进精准扶贫方略。推进对口帮扶甘谷、临潭、皋兰、承德工作向纵深发展,精准聚焦84个深度贫困村、1528个未脱贫户、6116名未脱贫人群及边缘群体,做到"四个不脱",坚持做到帮扶对象、帮扶责任、帮扶举措"三个不变"。做深做

实做细产业扶贫、消费扶贫、就业扶贫,帮助结对县夯实基础、营造环境、汇聚资源、打造优势,实现从基本脱贫走向增收致富。

20.协调推进社会事业发展。加快教育资源布局规划,加大引进优质教育资源,加快推进教育设施建设,新建2所中学、5所小学、5所幼儿园。实施"健康中国行动",有序推进"互联网+医疗健康"服务体系发展,倡导健康文明生活方式,提升居民整体健康素养。新辟、调整优化公交线路12条,不断满足群众出行新需求。注重文化引领,办好"东丽杯"文学评选、"东丽故事汇"主题展演等活动,倾力打造东丽特色文化品牌。

七、扎实推进重点领域改革,充分释放发展活力

针对制约绿色高质量发展重点难点问题,逐步深化综合配套改革,提高运用市场化方式解决难点难题的意识和能力,不断释放发展红利。

21.加快基层治理体系改革创新。把解决"社区之表、农村之实"问题作为重点,深化经济治理方式改革创新,大力发展现代农业,积极发展物业经济。深化居民就业机制改革创新,切实转变群众生产方式。深化集体经济组织改革创新,确保集体经济收益股份化,实现集体经济集约化、市场化发展。深化基层文化机制改革创新,全面提升公民道德素养。

22.深入推进重点领域改革攻坚。启动市场监管、生态环境保护等7个领域综合行政执法改革工作,推动街道赋权减负工作。深化公益类事业单位改革,优化布局结构,强化公益属性,科学

配置公益服务资源,促进公益事业平衡充分发展。

23.全面深化市场化改革。深入推进"一区多园"管理模式,完善"小管委会、大运营公司"运营机制,进一步激发发展活力。创新国有企业改革思路,推动城投集团、滨丽公司混改,低效国企加快"出清"。全面放宽民间投资领域,进一步调整优化国有资本布局,鼓励引导民间资本参与国有企业改革和政府类投资项目建设运营。

八、坚持完善依法治区工作体系,扎实推进法治东丽建设

坚持党的领导、人民当家作主和依法治国有机统一,围绕"凝心聚力",切实加强民主政治建设,推进全面依法治区工作,满足人民群众民主、法治、公平、正义需求。

24.加强民主政治建设。充分发扬民主,完善党委总揽全局、协调各方的领导体制,严格落实民主集中制。支持人大及其常委会充分发挥国家权力机关作用,依法行使监督、重大事项决定、人事任免等职权,加强对"一府一委两院"的监督。支持政府依法行政,加快转变职能,不断增强政府的公信力和执行力。支持政协依章履行职能,充分发挥专门协商机构作用,进一步推动协商民主广泛多层制度化发展。支持法院、检察院开展各项工作,为法院、检察院履职尽责创造良好条件、提供坚强保障。强化党委对工会、共青团、妇联等人民团体的领导,发挥人民团体联系群众、服务群众的作用。积极推动机要、保密、档案、党史、党校等各项工作顺利开展。

25.全力构建大统战工作格局。牢牢把握大

团结大联合本质要求,在"大统战,谋共同"上下功夫。健全完善新时代统一战线工作体制机制,加强思想政治引领,抓好商会、新阶层示范基地、侨胞之家、两岸青年中心等平台建设,不断凝聚人心、凝聚共识、凝聚智慧、凝聚力量,画出东丽绿色高质量发展最大同心圆。

26.深入推进法治建设。强化法治政府建设,完善行政权力制约和监督机制,全力推行行政机关权力清单和责任清单。以贯彻落实"谁执法谁普法"普法责任制为抓手,以"法律六进"为载体,以"检查考核"为动力,扎实推动普法工作深入开展。深化"七五"普法,加大全民普法工作力度,增强全民法治观念,弘扬法治精神、法治文化,促进法治与德治交融并进。

27.扎实做好群众工作。严格落实重大决策事项征求群众意见各项制度,建立决策问责和纠错制度。完善决策风险评估机制,多种渠道广泛集中民智,保障群众在决策中的知情权、参与权和建议权。畅通群众诉求渠道,完善"向群众汇报"制度,充分发挥"民意直通车"平台作用,开展领导基层座谈、涉事部门约谈、百姓即时访谈等活动,把问题化解在基层和萌芽状态。

28.坚决维护社会安全稳定。咬定创建"无黑"区目标,完善落实日常监管措施,形成扫黑除恶治乱长效机制。依法严厉打击违法犯罪,加大对黄赌毒、盗抢骗等违法犯罪的打击力度。健全应急管理体系,完善安全风险防范化解机制,强化应急管理和安全生产工作。坚决防范群体性事件和个人极端事件,强化对涉军、涉众等重点群体和

长期缠访闹访人员的管控。加大援企稳岗力度,落实好根治欠薪工作。狠抓积案化解,压实包案责任,推动信访积案清零和市委移交信访案件高质量办结。

九、严格落实全面从严治党主体责任,为绿色高质量发展提供坚强保障

落实党对一切工作的全面领导,聚焦管党治党宽松软、净化政治生态力度不够大等突出问题,有效解决"层层上热不足"问题,为实现绿色高质量发展提供坚强政治保证。

29.坚守党的初心使命。把"不忘初心、牢记使命"作为加强党的建设的永恒课题和全体党员、干部的终身课题,加强长效机制建设,持续巩固深化主题教育成果。把坚决做到"两个维护"作为政治建设、制度建设的首要,推动全体党员坚定自觉地在思想上政治上行动上同以习近平同志为核心的党中央保持高度一致。坚持以习近平总书记对天津工作提出的"三个着力"重要要求为元为纲,把习近平总书记一系列重要指示批示作为党内重要政治要件,确保党中央重大决策部署落地落实。

30.严格落实主体责任。强化责任落实、压力传导、示范带动,从严从实从细制定2020年各级领导班子和领导干部主体责任"两个清单"。进一步坚持并完善区级领导干部包联工作机制,逐步在全区各级领导干部中推行中心工作和重点任务包联制度,直面问题、狠抓落实。强化第一责任人责任和"一岗双责"意识,加大监督推动力度,确保领导干部以身作则、履职尽责。扎实推进主体责任落实考核评价,对履责不力、考核排名靠后的

单位主要负责同志进行约谈、调整,切实将压力传导到位。

31.坚定不移守正创新。强化思想政治引领,统筹推进党委(党组)三级理论学习中心组学习,推动学习贯彻习近平新时代中国特色社会主义思想不断往深里走、往实里走、往心里走。推进媒体融合发展,构筑全媒体传播矩阵。加强网络舆情监测与应对,提高正面宣传到达率、吸引力。加强公民思想道德建设,落实思政课制度,坚持"五育并举",引导和帮助青少年扣好人生第一粒扣子。增强文化民生感召力,推动公共文化服务体系由广覆盖向高效能转变,打造群众文化特色品牌。

32.打造高素质干部队伍。强化事业为上的用人导向,围绕全区"一区多园"改革、招商引资等重点工作,重点选优配强领导班子。加大干部交流力度,统筹做好培养选拔女干部、少数民族干部、部队转业干部和党外干部工作,用好各年龄段干部,形成干事创业的整体合力。健全完善年轻干部工作机制,抓住"选、育、管、用"等环节,实施"123"战略储备计划和"三个一批"培养计划,不断壮大优秀年轻干部总量。全面做好老干部工作,切实发挥老干部优势。

33.加强基层党组织建设。持续优化社区党组织书记队伍,抓好教育培训管理监督。推动"四无"集体经济组织清理,彻底解决集体经济组织班子问题、管理问题和稳定问题。统筹推动各领域基层党组织建设,扩大基层党组织覆盖面。建立"党的一切工作到支部"的制度机制,深化"五好党支部"标准化、规范化建设,推进企事业单位基层党组织书记与行政负责人"一肩挑",落实基层述职评议考核制度,确保党的领导一根"钢钎"插到底。

34.坚定不移正风反腐。做精做细政治监督,落实《关于加强政治监督的工作方案(试行)》,牢牢把握"两个维护"首要任务,着眼于解决贯彻落实党中央重大决策部署和习近平新时代中国特色社会主义思想不实不力问题,督促各级领导班子和党员领导干部改作风、勇作为、抓落实、反腐败。统筹推进纪律监督、监察监督、派驻监督、巡察监督,强化监督体系建设。突出用好谈话函询,贯通运用"四种形态",增强监督精准度。重拳整治形式主义官僚主义和不作为不担当问题,坚决查处区域内存在的圈子文化、好人主义等违反政治纪律政治规矩问题,推动全区政治生态修复向深处掘进。锲而不舍落实中央八项规定精神,深化纠治"四风",持续整治群众身边的腐败和作风问题,坚决打击黑恶势力"保护伞",形成持续震慑。深入推进"铁案工程"建设,牢牢守住安全底线。持续推进以案促教、以案促改、以案促建,常态化开展警示教育,增强党员干部政治定力、纪律定力、道德定力、抵腐定力。

区委号召,全区各级党组织和领导干部,要始终高举习近平新时代中国特色社会主义思想伟大旗帜,增强"四个意识"、坚定"四个自信"、坚决做到"两个维护",团结带领全区人民,不忘初心,牢记使命,创新竞进,砥砺前行,为实现东丽绿色高质量发展而努力奋斗。

(区委办公室　提供)

东丽区人大常委会2020年工作要点

——东丽区十七届人大常委会第三十次会议通过

（2020年2月14日）

2020年是全面建成小康社会和"十三五"规划收官之年。区人大常委会要高举习近平新时代中国特色社会主义思想伟大旗帜，全面贯彻落实党的十九大和十九届二中、三中、四中全会精神，坚持党的领导、人民当家作主、依法治国有机统一，紧紧围绕市、区委贯彻落实党中央大政方针的决策部署，持续提升依法履职的质量和成效，创新竞进，砥砺前行，为实现东丽绿色高质量发展而努力奋斗。

一、紧紧围绕坚持和完善党的领导制度体系，提高政治站位，建设风清气正的政治机关

人民代表大会制度是坚持党的领导、人民当家作主、依法治国有机统一的根本政治制度安排，坚持党对人大工作的全面领导，是做好新时代人大工作的根本保证和关键所在。要提高政治站位、坚定正确方向，认真贯彻落实《中共中央关于加强党的政治建设的意见》，准确把握国家治理的关键和根本，通过人民代表大会制度，保证党的路线方针政策在各项工作中得到全面贯彻，保证区委的决策部署得到有力执行。主动担起东丽发展的政治之责，聚焦区委"五大攻坚行动"的工作部署，制定推动绿色高质量发展的年度工作方案，明确工作思路和监督重点。年初听取区政府推动绿色高质量发展的具体举措和两院服务绿色高质量发展的工作安排，推动区政府围绕绿色高质量发展、全面城市化、防范化解风险等大事要事，建立具体化指标体系和任务清单。将区政府分解的任务指标纳入监督检查项目，配合区委日常督查，常委会依法开展监督、跟踪工作进展，定期审议任务完成情况，形成依法作出决定、制定履职方案、持续监督问效的工作闭环，推动区委确定的重点工作任务落地生根。要深入学习贯彻党的十九届四中全会和中央经济工作会议精神，认真落实市、区委全会部署，坚定制度自信、履行法定职责，健全完善监督制度，依法决定重大事项，真正把人大制度优势转化为推动绿色高质量发展的治理效能。

二、紧紧围绕坚持和完善中国特色社会主义法治体系，依法履职尽责，建设全面担负起宪法法律赋予的各项职责的工作机关

要切实承担起法定监督职责，注重各项法定职权的综合行使和多种监督形式的有机组合，坚持问题导向，联动开展执法检查、专题询问，强化监督效果，丰富专题询问方式，更好地体现法律的权威性、监督的严肃性。聚焦经济高质量发展。开展《天津市优化营商环境条例》执法检查和专题询问，调研区法院、区检察院支持和促进我区民营经济发展提供司法保障情况，推动科技成果转化和产业提升，持续优化营商环境。听取和审议落实京津冀协同发展要求项目实施情况、加强知识产权保护推进绿色高质量发展和绿色生态屏障建设情况报告，视察调研园区和财政体制改革，推动构建经济高质量发展的体制机制。预算审查监督重点向支出预算和政策拓展，听取和审议计划执行、预决算、审计等方面的报告，加强对国有企业国有资产的专项监督，调研"十四五"规划编制和重大投资项目建设情况，促进公共财政规范有效运行。助力打造高品质生活。围绕打好"三大攻坚战"，听取和审议扶贫工作、债务风险、生态环境保护等方面的报告，开展《土壤污染防治法》执法检查，视察水污染防治及河长制工作落实情况，推动查漏洞、补短板、强弱项工作落实落地。助推全面城市化，更加注重工程进度和质量问题，围绕拆、建、还、管各环节工作依法开展监督，检查《建筑法》《建设工程质量管理条例》贯彻实施情况，并组织专题询问，视察棚户区改造、城市化建设收尾

项目进展、社区治理、还迁区物业管理情况，支持政府夯实全面建成小康社会的工作基础。聚焦人民群众的公共卫生服务需求，结合落实市人大常委会《关于依法做好新型冠状病毒肺炎疫情防控工作切实保障人民群众生命健康安全的决定》和《关于禁止食用野生动物的决定》，听取和审议公立医院发展情况报告，检查传染病防治法在我区贯彻实施情况，视察社区卫生机构运行和全国卫生区创建情况，提高全区人民群众生命健康安全意识，切实保障人体健康和公共卫生。开展《学校安全条例》《天津市预防和治理校园欺凌若干规定》执法检查，视察旅游文化事业发展，推动发展改革成果更多更公平惠及全区人民。促进社会高效能治理。紧扣法治东丽建设，听取和审议法治政府建设和普法工作情况报告，调研区法院、区检察院扫黑除恶专项工作开展情况，助推全面依法治区。紧扣文明东丽建设，联动开展《天津市文明行为促进条例》执法检查和专题询问，视察食品安全示范区创建以及垃圾分类、收集和处置情况，推动文明城区创建。紧扣平安东丽建设，开展《安全生产法》执法检查，针对发现的问题组织专题询问，为安全生产工作提供更有力的法治支撑，保障人民群众的生产生活安全。

三、紧紧围绕坚持和完善人民当家作主保障体系，发挥代表作用，建设同人民群众保持密切联系的代表机关

要落实加强改进代表工作的各项措施，完善代表履职监督机制，丰富联系代表方式，加强代表培训，提高保障服务水平，支持代表紧贴绿色高质

量发展大局依法履职。完善常委会、专委会重要工作情况向代表通报制度,持续推动代表参与常委会、专委会工作,不断拓宽代表履职渠道。健全代表建议办理机制,规范建议办理工作,推行代表建议网上办理,强化现场督办、专题询问和协调推动,努力使建议办理过程成为推动"一府一委两院"改进工作的过程。推动代表履职服务中心、代表之家、代表联络站建设与社区治理深度融合,更好发挥代表履职平台作用。实施民心工程人大代表票决制,结合监督工作、代表建议办理,对民心工程实施情况开展全项目和全过程的跟踪监督,扎实推动重大民生项目落地,增强民生福祉。

四、紧紧围绕坚持和完善人大工作体系,强化自身建设,建设让党放心、让人民群众满意的模范机关

要全面学习领会习近平新时代中国特色社会主义思想特别是关于坚持和完善人民代表大会制度的重要思想,巩固深化主题教育成果,形成不忘初心、牢记使命的长效机制,完善并落实好五个层面联动的学习制度,坚持会前学法、加强履职培训、深化理论研究,不断增强坚持和完善根本政治制度的政治自觉。要健全人大履职规范,全面梳理现有制度,完善专项工作程序,推动各项工作有序高效运转。要主动适应全面从严治党要求,完善常委会党组和机关党组议事规则,健全党建工作制度,推进党内政治生活正常化、规范化。要提升人大工作整体水平,积极宣传人民代表大会制度在东丽的生动实践,坚持问题导向,深化调查研究,推动成果转化。加强人大街道工委建设,健全完善工作机制,明确职能作用,加大培训力度,确保基层人大工作机构和平台在加强社会治理、联系服务群众、解决民生问题等方面有效发挥作用。

(区人大办公室　提供)

中共政协东丽区委员会党组2020年工作要点

——东丽区政协第九届第九十次党组会议通过

（2020年3月24日）

2020年区政协党组要在区委坚强领导下，坚持以习近平新时代中国特色社会主义思想为指导，深入学习贯彻中共十九大和十九届二中、三中、四中全会精神，深入贯彻落实中央政协工作会议精神和天津市委政协工作会议精神，贯彻落实区委十一届十次、十一次全会精神，增强"四个意识"、坚定"四个自信"、坚决做到"两个维护"，把坚持和发展中国特色社会主义作为巩固共同思想政治基础的主轴，把服务实现"两个一百年"奋斗目标和推进东丽绿色高质量发展作为工作主线，把加强思想政治引领、广泛凝聚共识作为中心环节，坚持团结和民主两大主题，认真履行政治责任、主体责任，团结带领参加区政协的各党派团体和各族各界人士，为加快建设美丽东丽作出新的贡献。

一、坚持党对人民政协的全面领导，确保政协工作正确的政治方向

1.认真履行政治领导责任。深入学习贯彻落实中央政协工作会议精神，贯彻落实《中共中央关于新时代加强和改进人民政协工作的意见》，坚持

区委领导，严格执行重大问题请示报告制度。做好召开区委政协工作会议的筹备工作。进一步提升党组对政协工作的领导能力，发挥把方向、管大局、保落实的领导作用，积极担负起把党中央和市委、区委决策部署与对人民政协工作要求落实下去、把东丽各党派团体、各族各界人士智慧和力量凝聚起来的政治责任。

2.严格落实全面从严治党主体责任。认真贯彻新时代党的建设总要求，贯彻落实中共中央《关于加强新时代人民政协党的建设工作的若干意见》，坚持全面从严治党工作与做好政协工作一体部署、一体落实、一体检查、一体考核，认真研究制定全面从严治党责任清单、任务清单，签字背书，履行好党组领导班子的主体责任、党组主要负责同志的第一责任人职责和班子成员"一岗双责"，层层压实责任，确保任务落实，实现党的组织对党员委员的全覆盖、党的工作对政协委员的全覆盖。

3.强化创新理论武装。坚持学习制度和创新完善，建立学习习近平新时代中国特色社会主义

思想座谈会制度,深入学习贯彻习近平新时代中国特色社会主义思想,及时学习贯彻习近平总书记最新重要讲话和指示批示精神,牢固树立"四个意识",坚定"四个自信",坚决落实"两个维护",自觉在思想上政治上行动上同以习近平同志为核心的党中央保持高度一致。

4.加强党组自身建设。严格执行新形势下党内政治生活的若干准则和廉洁自律准则,严格贯彻落实中央八项规定及其实施细则精神和区委要求,落实党组成员个人重大事项主动报告、重要情况及时反映等各项工作制度,认真落实党组议事决策规则,增强领导班子团结和活力。

二、围绕中心、服务大局,充分发挥专门协商机构作用

5.聚焦中心任务开好重要协商会议。围绕贯彻落实新发展理念,统筹推进"五位一体"总体布局、协调推进"四个全面"战略布局在东丽的实施,紧扣解决好发展不平衡不充分的问题,更好满足人民日益增长的美好生活需要,认真落实在区委领导下会同政府、政协制定年度协商工作计划制度,制定好年度协商工作计划。抓好重点协商议政活动,围绕贯彻落实新发展理念、推动东丽绿色高质量发展召开专题议政性常委会议;针对为科学编制"十四五"规划建言献策、推进落实我区成长企业梯度培育计划和高科技企业倍增计划、推进全域城市化建设分别开展专题协商。运用双月协商座谈会、对口协商等形式,就优化营商环境、推动我区文化活动深入开展、建设食安东丽、保障职工合法权益、落实医疗保障制度等社会关注及

关系群众切身利益的问题,在深入调研的基础上协商资政,为推进绿色高质量发展和增进民生福祉建言献策、发声出力。做好市政协安排的有关协商议题的落实工作。

6.抓实民主监督工作。发挥寓监督于协商之中的优势,围绕推动创文创卫工作深入开展、促进重点项目建设攻坚、都市特色农业发展、垃圾转运处理、提案办理落实等议题,开展协商式监督视察调研活动,助推区委、区政府相关决策部署落实。加强特邀监督员工作的组织领导和制度化、规范化、程序化建设,进一步规范工作机制,支持特邀监督员积极发挥民主监督作用,认真开展民主监督活动。

7.完善协商议政格局。坚持发扬民主与增进团结相互贯通、建言资政和凝聚共识双向发力,突出专门协商机构特色,组织开好全体会议,抓好会议文件报告审议和分组、联组讨论,共谋发展,发挥其协商履职最高形式作用。进一步形成以全体会议为龙头,以专题议政性常委会议和专题协商会为重点,双月协商座谈会、对口协商会、提案办理协商会常态化、多层次、各方面有序参与的协商议政格局。探索拓展政协参加单位参与政协协商的渠道载体,完善政协专委会同民主党派共同承办协商议政活动、开展联合调研的机制,加强党派协商、党派提案、团体提案、联合调研视察,积极发挥民主党派、人民团体和各界人士作用。推进政协协商向基层延伸,发挥专门委员会、界别、委员学习活动组作用,做好"关键小事"的协商工作。推进协商工作流程再造,落实协商议题操作流程,

营造浓厚协商氛围。

8.加强政协提案工作。认真落实区政协提案工作管理办法和关于提高提案质量的实施方案,发挥提案在协商议政中的重要作用。举办好培训班、座谈会、交流会。做好提案征集工作,推进形成以大会提案为主体、平时提案为补充的提案工作格局。坚持完善和落实政协主席领衔督办促办重点提案,两办牵头督办、督查室和提案委日常督办的提案督办工作机制。加强提案办理协商,加大提案办理视察检查、督促落实和追踪问效,促进提案办理落实,推动提案工作提质增效。

9.加强反映社情民意信息工作。动员委员紧密联系群众,注重从日常工作生活和履职活动中及时发现问题,收集建议,积极撰写报送反映社情民意信息,促进群众关注问题的解决。认真收集整理委员报送的社情民意信息和政协工作信息,及时编印社情民意专刊和政协工作简报,努力提高工作质量。

10.抓实调查研究工作。以落实年度协商工作计划为重要抓手,引导政协委员聚焦区委关于推动绿色高质量发展的各项决策部署,聚焦群众生产生活实事和群众反映强烈的热点、难点民生问题,深入基层、深入群众调查研究,努力形成一批有力度、有分量的调研议政成果,使协商议政、民主监督建立在扎实的调研基础之上,通过提案、社情民意信息、协商会议发言等形式参政议政。

11.做好区委部署的重点工作。认真落实区级领导包联制度,积极参加"双万双服促发展"等活动,帮助街道和企业、社区、集体经济组织谋划发展思路,协调解决制约企业发展、阻碍基层工作和群众普遍关心的热点难点问题。加强与党政部门和街道、社区的联系沟通,为委员知情明政、提出务实建议创造条件。积极参与做好扶贫脱贫对口援建帮扶工作。做好半年经济社会发展情况通报会等组织落实工作。

三、发挥统一战线组织作用,广泛凝聚建设社会主义现代化美丽东丽的正能量

12.加强思想政治引领。认真落实以政协党组理论学习为引领,常委会议、主席会议集体学习,委员学习活动组学习,参加报告会、培训等相配套的学习制度体系,推进学习教育同视察考察、专题调研等履职实践相结合,实现委员学习全覆盖。发挥"重要阵地、重要平台、重要渠道"作用,引导各民主党派、无党派人士、人民团体和各族各界人士、政协委员,深入学习党的创新理论,学习时事政策、中共党史、新中国史和统一战线历史、人民政协历史,加强专题研讨,树立正确的历史观和大局观,坚定"四个自信",增进"四个认同",坚守合作初心使命,共同在习近平新时代中国特色社会主义思想旗帜下携手前进。深入宣传党和国家方针政策,协助党和政府做好协调关系、理顺情绪、化解矛盾、促进和谐、增进团结、凝聚共识的工作,广泛汇聚团结奋斗的正能量。

13.加强团结联络工作。坚持联络走访制度,加强同各民主党派、各人民团体、无党派人士的联系和重大问题、重要情况的交流。进一步拓展同党外知识分子、非公有制经济人士和新的社会阶层人士交往渠道与活动平台,加强沟通联系,广泛听取意见建议,凝聚共识、凝聚智慧、凝聚力量。

14.推进做好民族和宗教工作。认真贯彻落实党的民族政策和宗教工作基本方针,重视发挥民族、宗教界委员的作用,密切与少数民族群众和信教群众的联系,及时反映少数民族群众和信教群众意见建议,开展依法加强宗教事务管理等调研,发挥宗教界人士和信教群众在促进经济社会发展中的积极作用,做好民族团结和宗教和睦工作,把更多的人团结在党的周围。

15.做好港澳台侨工作。认真贯彻中共中央对台工作大政方针和两岸关系和平发展重要部署,密切与驻区港澳台同胞、侨胞的沟通联系,走访侨属、台属、台资企业,关心他们的生活、工作和企业发展,组织港澳台侨界别调研视察、座谈协商,宣传东丽发展成就,鼓励和支持他们投身东丽改革发展。

16.做好委员联系服务工作。认真落实加强与政协委员联系的实施意见,建立和落实区政协党组成员联系中共党员委员和相关界别委员,中共党员委员联系党外委员制度,进一步拓宽和畅通与委员沟通联系的渠道、方法,结合做好区级领导包联工作强化走访联系委员,了解和关心委员工作、生活、学习情况,及时帮助委员解决履职过程中遇到的困难和问题,支持委员立足本岗建功立业。

17.做好联系群众工作。坚持联系基层服务群众工作制度,推动政协委员与界别群众交流互动,让政协工作更加贴近民生、反映民意。支持委员开展送医助学、扶贫帮困、社区服务、拥军优属等社会公益活动,实实在在为群众解难题办实事,以服务群众实际行动为绿色高质量发展凝心聚力。做好委员和各界群众来信来访受理工作。加强对机关联系社区和结对帮扶困难群众工作的指导。

18.做好政协文史资料工作。继续指导《正在消失的村庄》二期项目课题组,深入挖掘我区重点区域素材,年前完成文字编纂,初稿审核等工作。发挥政协文史资料存史、资政、团结、育人作用。

四、加强制度建设,推动政协制度机制更加成熟更加定型

19.建立发挥新型政党制度优势的机制。发挥人民政协作为实行新型政党制度重要政治形式和组织形式作用,做好政协协商同政党协商有关活动在协商议题、时间等方面的衔接工作,支持各民主党派和无党派人士在政协参与区委、区政府重要政策措施讨论协商。建立完善各党派参加政协工作共同性事务的情况通报、座谈交流、联合调研等制度机制。加强与区委相关部门联系沟通,建立各民主党派以本党派名义在政协发表意见、提出建议和开展联合(协同)调研、共同(联动)举办协商活动的机制,探索和建立完善民主党派、无党派人士在政协开展经常性工作的机制,推进合作共事。

20.加强履职工作制度建设。认真梳理中共十八大以来区政协制定的制度规则、工作机制,进行修订完善。进一步完善区政协党组、机关党组工作规则和机关工作制度。进一步建立完善常务委员会自身建设和有关会议组织、履职活动等规则。建立完善政协机关各办(室)、专门委员会向主席会议报告工作,主席会议向常委会议报告工作等制度。进一步完善专门委员会履职工作规则,理顺工作关系,更好发挥专门委员会在政协工作中的基础性作用。推进建立区委、区政府主要领导和分管领导领衔办理、督办提案工作制度机制。建立提案办理质量评价机制,推进提案办理清单制,由提案者、提案承办单位和提案工作机构共同参与对提案办理落实进行评价,推动提案建议办理落实。

五、加强队伍建设,推动政协工作提质增效

21.加强委员队伍建设。按照"懂政协、会协商、善议政""守纪律、讲规矩、重品行"的要求制定落实委员学习教育培训计划,引导委员深刻认识、切实珍惜委员荣誉和政治身份,强化委员意识和责任担当,坚持为国履职、为民尽责的情怀,带头践行社会主义核心价值观,自觉遵守宪法法律和政协章程,严格廉洁自律,全面增强政治能力和履职本领,积极参加协商议政、调研视察活动,履行职责,发挥作用。

22.加强委员管理工作。尊重委员主体地位,认真落实委员履职管理办法,严格落实会议请假、参加调研视察活动等履职工作制度规定,完善委员履职管理档案,做好委员履职情况统计,适时通报委员出席会议和活动情况。强化委员的制度意识,坚决维护和执行制度,当好人民政协制度的参与者、实践者、推动者。加强党员委员教育管理,开展廉洁和警示教育,支持区纪委监委履行监督责任。

23.做好专门委员会和委员学习活动组工作。

坚持联系专门委员会和委员学习活动组工作制度,加强联系、管理、服务和工作指导及督促检查。重视发挥专门委员会的基础性作用,推动各专门委员会务实开展履职工作。积极发挥委员学习活动组教育委员、联系委员、服务委员、组织委员开展履职活动的平台作用,抓实形式多样的学习、调研、视察、监督等活动,年内不少于4次。认真落实专门委员会向主席会议报告工作制度。组织好学习活动组半年和年终工作总结交流。

24.加强政协机关和干部队伍建设。突出政协机关的政治属性,以党的政治建设为统领推进政协机关建设。着力深化理论武装,推动"不忘初心、牢记使命"主题教育常态化、长效化、制度化,强根铸魂。着力夯实基层基础,进一步明确职能职责,全面提高党的建设质量、服务保障质量、办文办会质量、信息化建设质量。开展"文经我手无差错,事交我办请放心"活动,打造过硬干部队伍。着力推进正风肃纪,加强纪律教育,坚决整治不作为不担当和形式主义官僚主义,驰而不息查纠"四风"。加强制度执行监督检查,促进制度刚性约束力有效发挥,努力建设模范机关。

25.落实党建工作责任制。坚持全面从严治党,定期研究党建工作,研究制定年度计划,加强督促检查,严格考核评价。以提升组织力为重点,加强机关党组建设,充分发挥机关党组、党支部战斗堡垒作用和党员先锋模范作用,推进人民政协党的组织和党的工作有效覆盖,为充分发挥政协作用提供组织保障。

(区政协办公室 提供)

东丽区2020年20项民心工程

为深入贯彻落实习近平新时代中国特色社会主义思想,全面贯彻党的十九大和十九届二中、三中、四中全会精神,紧紧抓住群众最急最忧最盼的紧迫问题,把以人民为中心的发展思想落到实处,进一步提高保障和改善民生工作水平,区委、区政府决定实施2020年20项民心工程,努力让群众有更多的获得感。

一、着力完善养老服务。新建、改建5个社区老年人日间照料中心。推进社区老年健康服务,参加家庭医生签约服务老年人达到59,665人,为60岁以上失能、半失能人员提供入户医疗护理服务,达到2334人次。

二、大力发展学前教育。推进幼儿园建设,新增学位1530个。实施11所幼儿园维修改造工程。

三、多措并举促进就业。全年新增就业1.9万人。开展职业技能培训,全年培训1.1万人次。

四、加快还迁工程建设。推进新立示范镇丽恒花苑等42万平方米还迁项目开工建设。实施智慧城项目三组团、新立示范镇、军粮城示范镇二期项目还迁,年内约2.2万人迁入新居。

五、实施社区提升改造。以军粮城示范镇一期、常熟里等还迁房社区和老旧小区为重点,实施外墙和公共设施维修维护,加固住宅阳台,改造管网线路、路灯和室内变电站,提升社区绿化,改善社区环境。

六、完善医疗卫生服务。新建3个社区卫生服务站,建立儿童接种疫苗信息化管理系统。开展心肺复苏技能培训,在火车站、机场、学校等公共场所配备自动体外除颤仪40台。举办"阳光心田"心理健康服务知识讲座10场。

七、精准救助困难群众。落实社会救助政策,保障低收入、特困、政策边缘户等困难群众基本生活。开展职工大病救助和困难职工家庭子女助学工作,为1000名困难职工及农民工免费查体。

八、提升助残服务水平。为符合条件的残疾人发放居家托养服务补贴,免费配发残疾人辅助器具,实施残疾人家庭无障碍改造。

九、丰富群众文化生活。开展第十八届文化

艺术节,举办书画展、演讲、歌舞比赛等活动。实施文化"双百"工程,开展各类文化惠民演出100场、公益文化培训100场。

十、拓展群众健身场所。新建、更新25个社区健身园,建成2个智能健身驿站、8公里健身步道,推进2所学校体育场馆向社会开放。开展全民健身系列活动,举办区级健身活动10次以上。

十一、建设便民商业设施。建成万新街、东丽湖街2个菜市场,新增品牌连锁便利店10个,方便居民就近采购生活必需品。

十二、改善城市停车环境。新建改建停车场9处,增加停车泊位2018个。推动行政事业单位停车场分时段向社会开放。加大违章停车治理力度,有效规范停车秩序,提升道路通行效能。

十三、优化城市公共交通。新辟、调整优化公交线路12条。

十四、实施道路和管网建设。完成雪莲路、香兰路、龙山道、雪莲南路部分路段建设。实施贵环小区燃气并网改造工程。

十五、实施绿化造林工程。重点推动生态屏障区建设,以造林绿化为契机,实施生态修复、生态改造,形成林田水草相结合的自然生态景观。

十六、提升城市管理水平。建成东丽区生活垃圾处理厂,区级大件垃圾处置中心交付使用。提升道路清扫保洁机械化作业范围和水平,提高作业标准,加强考核管理,进一步改善道路环境卫生。

十七、完善社区服务功能。新建新立花园、海雅园社区党群服务中心,建设居民小区新能源汽车公共充电桩60台,建成未成年人"五爱"教育阵地12个。

十八、提升物业管理品质。制定实施加强全区社区物业管理工作的政策文件,以保障房和还迁房小区为重点,选取2~3个试点,推广先进物业管理服务经验,以点带面,推动全区物业管理水平提升。

十九、强化食品安全监管。推进食品生产企业食品安全信息化追溯体系建设,年内完成3家。开展食品安全专项检查,检验检测食品6150批次。

二十、提升消防安全水平。加强社区消防安全管理,改造消防设施,提升社区消防车通道通行能力。在居民社区建设95个电动自行车充电设施。

（区政府办公室　提供）

本篇责任编校　吴俊侠

统计资料

Statistics Data

东丽区2020年国民经济和社会发展统计公报

2020年,面对复杂严峻的国内外形势,特别是新冠肺炎疫情的严重冲击,全区上下坚持以习近平新时代中国特色社会主义思想为指导,全面贯彻落实党的十九大和十九届二中、三中、四中、五中全会及市委十一届八次、九次全会精神,统筹推进新冠肺炎疫情防控和经济社会发展,增强"四个意识"、坚定"四个自信"、做到"两个维护",扎实做好"六稳"工作、全面落实"六保"任务,全区经济稳步回升。

一、综合

2020年,全区实现生产总值650.36亿元,按可比价格计算,比上年增长3.7%,其中,第一产业增加值4.68亿元,下降5%;第二产业增加值267.86亿元,增长4.7%;第三产业增加值377.82亿元,增长3%。三次产业结构为0.7:41.2:58.1。

从全年情况看,全区从一季度负增长10%,到年底正增长3.7%,提升13.7个百分点,位列全市前列,是天津市率先实现经济增长由负转正的区域之一。

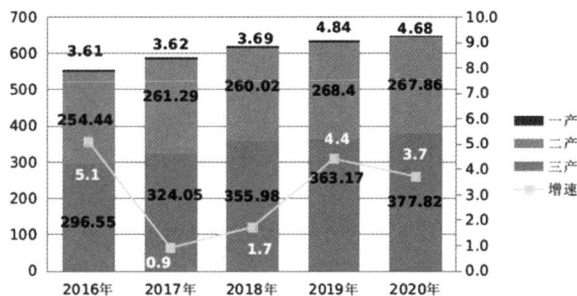

2016-2020年东丽区生产总值(亿元)

财政收入大幅下降。2020年,全区实现一般公共预算收入51.33亿元,下降18.8%。其中,税收收入38亿元,比上年下降17.2%,占一般公共预算收入的74%。从主体税种看,增值税11.83亿元,下降13.3%;企业所得税6.39亿元,下降23%;个人所得税1.14亿元,下降1.2%。全年一般公共预算支出93.82亿元,其中城乡社区支出13.32亿元,教育支出12.33亿元,社会保障和就业支出13.39亿元,卫生健康支出6.47亿元。

民营经济保持活跃。2020年,民营经济增加值232.23亿元,下降1.5%,占全区比重为35.7%。规模以上民营工业企业产值增长8.3%,高于整体水平3.8个百分点,占比为42.4%,提高19.7个百分点;限额以上民营批零企业商品销售额增长5.2%，高于整体水平3.3个百分点，占比为69.8%，提高10.2个百分点;民间投资额增长4.3%，高于全区水平1.2个百分点，比上年提高26.6个百分点。

二、农业

农业生产基本稳定。2020年，全区实现农林牧渔业总产值8.8亿元。全区粮食作物播种面积55791亩，总产量23534吨;蔬菜播种面积14444亩，总产量41025吨;瓜果类播种面积2445亩，总产量6610吨;棉花播种面积1216亩，总产量87吨;肉类总产量729吨，牛奶产量3961吨，禽蛋产量466吨，水产品产量6071吨。

三、工业和建筑业

工业生产稳定增长。2020年，全区实现工业增加值235.08亿元，增长6.2%，高于全市4.9个百分点，全市排名第四，拉动GDP增长2.52个百分点，是全区经济增长最大的动力。全年规上工业自5月实现当月产值增速由负转正，全年产值同比增长4.5%，高于全市平均水平7.3个百分点。从行业上看，27个行业大类中有13个行业实现正增长，占比48.1%，提高8.8个百分点;194家规上企业中，81家实现产值同比正增长，占比41.8%，比上年提高3.9个百分点。

建筑业小幅下降。2020年，全区实现建筑业增加值33.49亿元，下降7.1%。全区具有资质的总承包和专业承包建筑业企业实现产值120.55亿元，下降4.2%;建安投资全年下降21.4%。建筑业企业房屋施工面积1145.13万平方米，其中新开工面积374.03万平方米。截至年末，全区有资质的

建筑企业187家，比上年末增加19家。

四、固定资产投资

固定资产投资保持增长态势。2020年，全区固定资产投资比上年增长3.1%，好于全市平均水平。分产业看:第一产业增长5.37倍，第二产业增长13.4%，第三产业下降11.2%;三次产业投资占总投资的比重分别为13.5:10.1:76.4。从项目看，实体投资增长114.8%，房地产开发投资下降12.1%，基础设施投资增长15%。

五、批发零售和住宿餐饮业

商贸市场持续回暖。2020年，全区实现批发和零售业增加值32.42亿元，增长3.1%。全年实现限上销售额1190.77亿元，增长1.9%，其中通过公共网络实现商品销售额131.06亿元，增长36%，拉动限上销售额增长3.1个百分点。

住宿餐饮业受疫情影响严重。2020年，全区实现住宿和餐饮业增加值7.32亿元，下降23.2%。全年实现住宿和餐饮业营业额10.25亿元，下降27.4%。其中，限额以下住餐业营业额5.62亿元，下降26%，占全区营业额的54.9%;限额以上住餐业营业额4.62亿元，下降29%。

六、交通运输业

交通运输业逐步恢复。2020年，全区实现交通运输、仓储和邮政业增加值63.46亿元，增长1.2%。全区80家规上交通运输业企业在重点行业和新增企业的拉动下，实现营业收入64.87亿元，下降11%，营业利润亏损7.87亿元，下降161.1%，收入利润率下降11.9%，比上年下降12.1个百分点。年末拥有营运汽车1.09万辆，吨位数

达到 15.26 万吨。

七、金融

金融市场规模继续扩大。2020年，全区实现金融业增加值 42.04 亿元，增长 1.8%，占全区 GDP6.5%，比上年提高 0.9 个百分点。年末全区各项存款余额达到 938.85 亿元，比上年下降 2.4%，净减 23.4 亿元；其中，企业存款为 344.5 亿元，下降 15.6%，居民储蓄 589.36 亿元，增长 7.4%。全区各项贷款余额达到 1048.54 亿元，增长 5.8%，新增贷款额 57.77 亿元；其中企业贷款 732.81 亿元，增长 4.8%，新增贷款额 33.77 亿元。

八、开发开放

招商引资工作取得实效。全年引进内资项目 162 个，国内招商引资到位额 174.53 亿元。引进外资项目 16 个，实际利用外资额 0.32 亿美元。

九、教育和科学技术

教育事业均衡发展。2020年，全区实施新时代立德树人工程，推进实验小学集团化办学，引进南开公能、天津逸阳教育集团等优质资源。全年新增 1 所中学、3 所小学和 12 所幼儿园，增加学位近 8000 个。全区现有普通中学 20 所，招生 7154 人、在校生 19683 人、毕业生 5209 人；职业学校 1 所，招生 1363 人、在校生 3267 人、毕业生 839 人；小学 35 所，招生 4207 人、在校生 25221 人、毕业生 3978 人；特殊教育学校 1 所，招生 7 人、在校生 169 人、毕业生 33 人；幼儿园 85 所，招生 6853 人、在园幼儿 15355 人、毕业幼儿 3795 人；托幼点 104 所，招生 1665 人、在园幼儿 4433 人、毕业幼儿 1688 人。

科技创新动能加快集聚。深入实施高新技术企业倍增计划，新增国家高新技术企业 72 家、增长 18.3%。推进科技成果高效转化，科研院所衍生孵化 28 家创新型企业，与清华大学签订高端院深化合作备忘录，构建"一院一园一基金"发展新模式。我区获批国家双创示范基地建设，精益创业工作受到国务院认可。暖车众创空间、执信孵化器获评科技部中国百家特色载体。天津市航空航天人才创新创业联盟落户东丽区，与滨海新区共建生物医药人才创新创业联盟。

十、文化体育、旅游和卫生健康

文化体育事业繁荣发展。实施文化双百工程，举办"东丽杯"文学评奖，不断满足人民群众多样化精神文化需求。全区有区级图书馆 1 个、街道乡村图书馆 8 个，总藏书 36.68 万册；有文化馆 1 个、街道文化中心 11 个、博物馆 1 个。举办第十届全民健身大会，全年新增 3 处健身场所、50 个社区健身园，打造"社区 5 分钟健身圈"，人均体育场地面积达到 2.6 平方米，创建全国全民运动健身模范区。

旅游业健康发展。全年接待游客总量 214.98 万人次，其中，景区景点接待 157.23 万人次，宾馆饭店接待 57.57 万人次，其他接待 0.18 万人次。旅游综合收入 2.4 亿元，其中景区景点综合收入 1.39 亿元，宾馆饭店收入 0.99 亿元，其他收入 0.02 亿元。

卫生服务水平持续提高。2020年，东丽医院与天津市胸科医院等 4 家三级医院建立专科医联体，有序开展"互联网+医疗"体系建设，与天津市第三中心医院、天津中医药大学的合作持续深化。

全区新建5家卫生服务站、5家老年日间照料中心,提供各类延伸服务2000余人次。年末卫生技术人员2680人,其中执业医师和执业助理医师1185人,注册护士735人,药剂和检验人员335人。年末全区实有床位1521张,医疗机构65个,其中医院13个,社区卫生服务中心10个,门诊部39个,妇女儿童保健和计划生育服务中心1个。全年卫健委直属机构总诊疗人次182.29万次,健康检查人数7.62万人次。

十一、城市建设、公用事业和生态环保

城市基础设施不断改善。2020年,全区20条道路竣工通车,新立、金钟污水主管线建成投用,完成海绵城市改造8.87平方千米、雨污分流改造1.44平方千米、绿色生态屏障建设1.56平方千米。

公用事业水平持续提升。区生活垃圾综合处理厂等一批设施投入使用,资源化消纳利用建筑垃圾362.5万立方米,存量建筑垃圾清零,生活垃圾分类处置全覆盖。23家机关事业单位停车场向公众错时开放,新增停车场11座,泊位3340个。建成公交首末站3处,调整优化公交线路12条,贵环小区26年无"气"可用问题彻底解决。

污染防治成效明显。"园区围城"治理圆满收官,"钢铁围城"治理有效推进,$PM_{2.5}$平均浓度下降7.8%,年均值排名全市第三,实现达标天数236天,比上年增加19天。全域黑臭水体基本消除,地表水环境质量改善率达30.6%,考核断面达标率

100%。

十二、人口、居民收入消费和社会保障

人口规模持续扩大。截至2020年末,全区共有常住人口85.7万人,比上年增加8.98万人。年末全区户籍人口44.55万人,比上年增加2.52万人。其中,男性22.06万人,比上年增加1.19万人;女性22.49万人,比上年增加1.33万人。

居民收入小幅提高。全年实现全区居民人均可支配收入41712元,比上年增长3.4%,其中,工资性收入、财产净收入和转移净收入分别比上年增长3.7%、2.4%和5.9%。全区居民人均消费支出26671元,比上年下降9.5%,其中教育文化娱乐、交通通信、衣着和其他用品服务支出分别下降30.1%、15.6%、14.9%和10.5%。

社会保障能力增强。坚持就业优先战略,新增就业2.7万人,本年就业安置率达96.3%,全年培训3.5万人。年末全区参加基本养老保险职工18.59万人;参加基本医疗保险45.56万人,其中参加职工基本医疗保险20.3万人、城乡居民基本医疗保险25.26万人。参加失业保险人数17.66万人,比上年增加1.04万人。年末,全区共有3029人享受城市居民最低生活保障,1658人享受农村居民最低生活保障。

(注:地区生产总值、各行业增加值增长速度按可比价格计算。其他增长速度按现价计算。)

东丽区基本情况

项　目	单　位	合　计
一、全区总面积	平方千米	477.34
二、街道办事处	个	11
三、居民委员会	个	103
四、全区户籍数	户	173380
五、全区户籍人口	人	445479
六、全区常住人口	人	857027
其中:城镇常住人口	人	—
七、城市化率	%	—

东丽区国民经济主要指标完成情况

指　标	单　位	2020年	±%
东丽区生产总值(经营在地口径)	万元	6503567	3.7
1.第一产业	万元	46751	−5.0
2.第二产业	万元	2678591	4.7
3.第三产业	万元	3778224	3.0
财政收入	万元	1523051	−36.1
区级一般预算收入	万元	513312	−18.8
常住居民人均可支配收入	元	41712	3.4
社会消费品零售额	万元	2355167	−4.7
商品销售额	万元	13547368	−4.9
全区固定资产投资	万元	—	3.1
国内招商引资到位额	万元	1745251	3.2
实际利用外资	万美元	3195	—

东丽区生产总值完成情况

项　　目	2020年(亿元)		2019年(亿元)		可比价增速(%)
	现　价	可比价	现　价	可比价	
东丽区生产总值	650.36	609.38	636.40	587.68	3.7
第一产业	4.68	4.26	4.84	4.48	−5.0
农林牧渔业	4.73	4.31	4.89	4.53	−4.7
第二产业	267.86	280.37	268.40	267.78	4.7
工业	235.08	253.01	234.13	238.23	6.2
建筑业	33.49	28.12	34.96	30.26	−7.1
第三产业	377.82	324.75	363.17	315.41	3.0
交通运输邮政业	63.46	59.92	59.98	59.19	1.2
批发零售业	32.42	31.50	32.84	30.55	3.1
餐饮业	7.32	6.12	9.39	7.97	−23.2
金融业	42.04	37.52	40.46	36.86	1.8
房地产业	82.71	63.72	76.86	61.47	3.7
其他行业	149.10	125.16	142.89	118.61	5.5

（区统计局　提供）

东丽区居民人均可支配收入情况

指标名称	人　均(元)	增　速(%)
全区居民人均可支配收入	41712	3.4
1.工资性收入	24611	3.7
2.经营净收入	2336	−7.7
3.财产净收入	4757	2.4
4.转移净收入	10008	5.9

东丽区居民人均消费支出情况

指标名称	人　均(元)	增　速(%)
全区居民人均消费支出	26671	−9.5
1.食品烟酒	7605	−6.0
2.衣着	1775	−14.9
3.居住	6565	−1.1
4.生活用品及服务	1624	−2.6
5.交通和通讯	2776	−15.6
6.教育文化娱乐	2472	−30.1
7.医疗保健	2826	−5.8
8.其他用品和服务	1028	−10.5

（东丽调查队　提供）

本篇责任编校　吴俊侠

光 荣 榜

Honors Roll

国家级先进集体

全国双拥模范城

东丽区

第三批节水型社会建设达标县(区)

东丽区

2016—2020全国优秀科普示范区

东丽区

第六届全国文明单位

东丽区融媒体中心

东丽区消防救援支队

东丽区张贵庄街道詹滨西里社区

天津建城基业集团有限公司

复查确认继续保留荣誉称号的全国文明单位

东丽区人民政府政务服务办公室

国家税务总局天津市东丽区税务局

东丽区交通运输管理局

东丽医院

东丽区学雷锋志愿服务指导中心

天津农村商业银行东丽中心支行

天津安达集团股份有限公司(本部)

东丽区市场监督管理局

复查确认继续保留荣誉称号的全国文明家庭

姚广盛家庭　东丽区张贵庄街道詹滨西里社区

全国推动厂务公开民主管理工作先进单位

东丽区总工会

2020年全国工会职工书屋示范点

天津安达集团股份有限公司工会

全国五四红旗团委

公安东丽分局团委

2020年全国最美抗疫家庭

郑飞家庭　公安东丽分局张贵庄派出所

2020年度全国最美家庭

王恩荣家庭　东丽区华明街道第一社区

第十二届全国五好家庭

张庆芬家庭　东丽区万新街道欣园社区

全国脱贫攻坚先进集体

津都科技集团有限公司

2017—2019周期国家卫生乡镇（县城）

万新街道

无瑕街道

华明街道

金钟街道

军粮城街道

金桥街道

全国司法宣传和通联工作先进单位

东丽区人民法院

2020年全国法院财务统计优秀报表

东丽区人民法院

2018—2019年度全国平安医院工作表现突出集体

东丽区人民检察院第一检察部

全国公共法律服务工作先进集体

东丽区华新街道公共法律服务中心

第34届科技周、全国科普日暨科普集中宣传月被
评为全国科普日优秀活动

东丽区科学技术协会

2020年全国科普日活动优秀组织单位

东丽区科学技术协会

2019年反不正当竞争执法暨"百日行动"典型案件

东丽区市场监督管理局

2018—2019年度全国消协组织消费维权先进集体

东丽区消费者协会

2019年度全国综合减灾示范社区

东丽区万新街道香邑花园社区

国家级先进个人

全国劳动模范

范金亮　天津中电华利电器科技集团有限公司

李　纲　中建二局第三建筑工程有限公司天津
分公司

第24届"中国青年五四奖章"

栾大伟　博奥赛斯（天津）生物科技有限公司

全国向上向善好青年

何珠城　中国民航大学飞行技术学院

全国维护妇女儿童权益先进个人

孙兆敏　东丽区人民法院

第四期中国妇女社会地位调查优秀个人奖

佘云娜　东丽区新立街道民航大学社区

全国抗击新冠肺炎疫情先进个人

钟春德　东丽区卫生健康委

中国红十字会抗击新冠肺炎疫情优秀志愿者

王　蕾　东丽区军粮城医院

全国脱贫攻坚先进个人

严立淼　天津亿联控股集团有限公司

陈中红　宜垦(天津)集团有限公司

全国法院办案标兵

刘冠球　东丽区人民法院

第二届全国检察机关案件管理业务能手

於成洋　东丽区人民检察院

"法治进校园"全国巡讲活动表现突出个人

伍淑平　东丽区人民检察院

全国公共法律服务工作先进个人

庞运桂　　东丽区司法局

全国市场监管系统抗击新冠肺炎疫情先进个人

高志勇　东丽区市场监督管理局综合行政执法

支队

全国优秀河(湖)长

韩宝星　东丽区新立街道办事处

天津市级先进集体

天津市先进基层党组织

天津市民族中学党委

东丽区华明街道第三社区党委

东丽区中医医院党总支

东丽区万新街道临月里社区党委

天津市民族团结进步模范集体

东丽区民族和宗教事务委员会

东丽区人民政府金桥街道办事处

东丽区职业教育中心学校

天津市2017—2019年度绿化工作先进集体

　东丽区人民政府

　东丽区园林管理所

　东丽区林业工作站

　东丽区东丽湖街综合治理中心

天津市模范职工之家

　天津三五汽车部件有限公司工会

　天津市圣方幕墙装饰工程有限公司工会

　天津平高智能电气有限公司工会

天津市模范职工小家

　天津中电华利电器科技集团有限公司工会商务
　　中心工会小组

　伍加贰百晏(天津)餐饮有限公司总经办工会
　　小组

　天津一冶建设工程有限公司工会机关分会

天津市模范集体

　东丽区司法局华新司法所

天津市抗击新冠肺炎疫情模范集体

　东丽区华明街道第三社区

2020年天津市职工教育培训示范点

　天津安达集团股份有限公司教育培训中心

　中冶建工集团(天津)建设工程有限公司教育培
　　训基地

天津市五四红旗团委

　东丽区张贵庄街道团委

　东丽区万新街道团委

　天津市鉴开中学团委

天津市五四红旗团支部

　东丽区东丽湖街道沁水苑社区团支部

　东丽区无瑕街道无瑕花园社区团支部

　东丽区新立街道金域华府社区团支部

天津市五四红旗团支部(抗疫加授)

　公安东丽分局新立派出所团支部

　东丽区金钟街道社区卫生服务中心团支部

　东丽区军粮城街道军丽园社区团支部

2019年度天津市三八红旗集体

　东丽区人民法院刑事审判庭

　东丽区东丽湖街道沁水苑社区党群服务中心

新冠肺炎疫情防控工作天津市三八红旗集体

　东丽区华新街道华丰家园社区党群服务中心

　东丽区张贵庄街道津门里居民委员会

2020年度女性安康公益保险工作业绩优异奖

　东丽区妇女联合会

京津冀最美绿色家庭

　刘常福家庭　东丽区常福家社会工作服务中心

天津市巾帼文明岗

东丽区丰年村街道新泰道社区

东丽区纪委监委案件审理室

天津市巾帼建功先进集体

天津市东丽区华明街道胡张庄村股份经济合作社

东丽区新立街道公共服务劳动保障

2018—2019年度天津市安康杯竞赛活动优胜乡镇街

东丽区万新街道总工会

天津市最美抗疫家庭

左卓男家庭　公安东丽分局军粮城派出所治安巡控队

肖政军家庭　公安东丽分局特警支队一大队

郑飞家庭　公安东丽分局张贵庄派出所社区警务队

郝鹏家庭　天津市小东庄中学

孙金策家庭　天津市东丽区丽景小学

秦景智家庭　天津市东丽区流芳小学

张茜家庭　天津市东丽区第一幼儿园

王铭彗家庭　天津市东丽区冬梅幼儿园

郑义菊家庭　东丽区军粮城街道冬梅轩社区

李春江家庭　东丽区军粮城街道冬梅轩社区

赵德强家庭　东丽区万新街道海颂园社区

王春玉家庭　东丽区华明街道第五社区党群服务中心

2020年度天津市最美家庭

刘常福家庭　东丽区常福家社会工作服务中心

于树岗家庭　东丽区万新街道欣园社区

张志萍家庭　东丽区万新街道荟臻里社区

韩淑英家庭　东丽区华明街道第五社区

魏国俊家庭　东丽区华明街道第四社区

闫桂萍家庭　东丽区华明街道第一社区

于倩家庭　东丽区金钟街道德锦里社区

刘宝珍家庭　东丽区金钟街道新中园社区

刘路樑家庭　东丽区军粮城街道裕岭嘉园社区

王学义家庭　东丽区军粮城街道和顺家园社区

周秀红家庭　东丽区军粮城街道冬梅轩社区

袁茂虎家庭　东丽区无瑕街道春霞里社区

邱金凤家庭　东丽区无瑕街道无瑕花园社区

林宝芬家庭　东丽区金桥街道龙泉里社区

闫顺岗家庭　东丽区金桥街道怡盛里社区

刘文娟家庭　东丽区张贵庄街道先锋里社区

董飞天家庭　东丽区张贵庄街道津门里社区

王怀茂家庭　东丽区丰年街道丰和社区

张燕鸣家庭　东丽医院

刘建元家庭　东丽区东丽湖街道赏湖苑社区

廖承凯家庭　东丽区东丽湖街道沁水苑社区

霍梦珍家庭　东丽区华新街道华丰家园社区

翟瑞雪家庭　东丽区华新街道华富家园社区

天津市巾帼建功先进集体

东丽区新立街道公共服务办公室劳动保障岗

东丽区华明街道胡张庄村股份经济合作社

天津市级先进个人

天津市劳动模范

李修强　东丽区中医医院

王　斌　公安东丽分局治安管理支队二大队

邢维英　东丽区津门小学

赵　宏　天津市鉴开中学

鲁建峰　一重集团天津重工有限公司

范金亮　天津中电华利电器科技集团有限公司

邓　浩　中冶天工集团有限公司三分公司

樊洪起　天津市新容环境工程有限公司

张　淼　天津三五汽车部件有限公司

苏兰格　天津慧通力达建筑装饰工程有限公司

黄祖贵　天津市湖滨盘古基因科学发展有限公司

侯云昌　天津市永昌焊丝有限公司

李树刚　华泰现代农业开发有限公司

杨生军　东丽区军粮城街道东杨台股份经济合作社

袁绪才　东丽区军粮城街道东堼股份经济合作社

曹先明　东丽区先明水产养殖专业合作社

刘金水　东丽区新立街道新兴股份经济合作社

杨宝玲　东丽区华明街道胡张庄村股份经济合作社

寇海忠　东丽区新立街道中营村

杨兰平　天津滨海大新投资有限公司

天津市抗击新冠肺炎疫情劳动模范

袁　静　东丽医院

张燕鸣　东丽医院

齐云雪　东丽区无瑕街道华盛里社区

姚　娜　东丽区张贵庄街道华亭里社区

刘　洁　东丽区金桥街道怡盛里社区

信衍红　公安东丽分局

第二十届天津青年五四奖章提名奖

宁　博　天津纯懿公益帮扶服务中心

天津市优秀共青团员

邢德欣　东丽区军粮城街道春竹轩社区

刘　晴　天津市第一百中学

刘亚军　东丽区丰年村街道综合执法大队

天津市优秀共青团员（抗疫加授）

竺宝迪　东丽医院

宋建新　公安东丽分局交警支队军粮城大队

张成美　东丽区金钟街道轩和里社区

2020年天津向上向善好青年

王晓杰　公安东丽分局打击犯罪侦查支队五

　　　　大队

张振斌　博奥赛斯(天津)生物科技有限公司

天津市优秀共青团干部

李玉峰　东丽区疾病预防控制中心

晁欣彤　共青团东丽区委员会

赵英超　东丽区文化旅游体育局

天津市优秀共产党员

刘　耘　东丽区卫生健康委

袁　静　东丽医院

齐雪云　东丽区无瑕街道华盛里社区

刘乃昆　东丽临空经济区

2019年度天津市三八红旗手

胡玲珺　天津市民族中学

戴媛静　清华大学天津高端装备研究所

王　翠　东丽区新立街道劳动保障服务中心

倪大茹　天津市第一百中学

王　斌　公安东丽分局治安管理支队二大队

王　楠　东丽医院

胡　月　东丽医院

林　翠　东丽医院

天津市扶贫协作和支援合作先进个人

李修强　　东丽中医医院

新冠肺炎疫情防控工作天津市三八红旗手

刘　扬　东丽区无瑕街道无瑕花园社区

王　芳　东丽区万新街道临月里社区

李金华　东丽区万新街道

刘琳琳　东丽区金钟街道

韩美君　东丽区新立街道金域华府社区

王春玉　东丽区华明街道第五社区

祁　香　东丽区张贵庄街道詹滨西里社区

天津市巾帼建功标兵

李鹏盈　东丽医院

吕　楣　东丽中学

天津市民族团结进步模范个人

王绍纯　东丽区纪委监委

许作虎　东丽区无瑕街道春霞里社区

天津市2017至2019年度绿化工作先进个人

韩　毅　东丽区市政园林管理所

吕连明　东丽区军粮城街道

李　鹤　东丽区华明街道

张　伟　东丽区农业农村委

天津市优秀工会工作者

朱建伟　东丽区卫生健康委

刘锡武　东丽区实验小学

天津好人榜

林建国　东丽区税务局

天津市优秀工会积极分子

王　艳　天津安达集团股份有限公司

李春儒　公安东丽分局

天津市优秀工会之友

刘俊岭　东丽区司法局

其他省市级先进个人

新时代"最美逆行者"

张燕鸣　东丽医院

王　楠　东丽医院

胡月同　东丽医院

林　翠　东丽医院

李鹏盈　东丽医院

黄晶晶　东丽医院

张月新　东丽区疾病预防控制中心

于文榕　东丽区疾病预防控制中心

本编责任编校　刘秀芹

附　录

Appendices

东丽区区级领导名单

中共东丽区委

书　记　夏　新

副书记　谢　元　刘　伟

常　委　夏　新　谢　元　刘　伟

　　　　陈友东　刘克强　葛汝凯

　　　　郝树民　陈　媛（女）

　　　　王玉凤（女）　王　军（2020年9月始任）

　　　　黄孝喜（2020年11月始任）

　　　　任锡辉（至2020年11月）

东丽区人大常委会

主　任　孙富霞（女）

副主任　孔宪义　武广华（女）　龚振波

　　　　李　旭　李洪艳（2020年6月始任）

　　　　余明斗（至2020年3月）

东丽区人民政府

区　长　谢　元

副区长　陈友东　张庆岩　王岫遐　李光华

　　　　刘兰凤（女）　闫　峰

政协东丽区委员会

主　席　李大勇

副主席　田先钰　刘茂江　张基建

　　　　张作明　郑　立　路新春（兼）

　　　　刘　萍（女,兼）　方茂东（兼）

东丽区纪律检查委员会

书　记　陈　媛（女）

副书记　李树起　尹会久（2020年9月始任）

　　　　杨　军

东丽区人民法院·东丽区人民检察院

人民法院院长　袁新利

人民检察院检察长　吉树海（至2020年12月）

（区委组织部　提供）

东丽区机关单位及街道电话

单位	电话	单位	电话	单位	电话	单位	电话	单位	电话
区委办	84375861	融媒体中心	58605177	生态环境局	24962607	政府研究室	84376563	张贵庄街道	84371570
人大办	84375227	法院	84937812	住建委	24391128	信访办	84375162	丰年村街道	84930181
政府办	84375008	检察院	84833657	城管委	24945281	人防办	84376855	万新街道	24375928
政协办	84375556	妇联	84373839	运管局	84370967	合作交流办	24982759	无瑕街道	24360652
纪委监委	84375996	团委	84375880	水务局	24983323	政务服务办	24980511	新立街道	84855061
组织部	84375890	工会	84376793	农业农村委	84376595	城市化办	84375003	华明街道	58552777
宣传部	84375896	工商联	84376892	商务局	84375270	机关事务管理中心	84376508	华新街道	84924200
统战部	84375883	科协	84375721	文化旅游体育局	58605158	土地整理中心	84375123	金桥街道	84893033
政法委	84375893	残联	84375997	卫健委	84375340	供销社	24390160	金钟街道	84813992
区委研究室	84375966	发展改革委	84375020	退役军人局	84472719	东方财信	24985370	军粮城街道	84968504
网信办	59909697	教育局	24391225	应急管理局	84375497	城投集团	24841855	东丽湖街道	24880350

续表

单位	电话	单位	电话	单位	电话	单位	电话	单位	电话
编委办	84995328	科技局	24996619	审计局	84375347	东丽税务局	84375085	东丽经济技术开发区	24990531
机关工委	84877763	工信局	84375486	市场监管局	84375926	市规划资源局东丽分局	24841039	东丽临空经济区	58775810
督查室	84376962	民政局	84376810	国资委	84376649	公安东丽分局	24390110		
老干部局	84375194	司法局	84375812	统计局	84375242	消防东丽支队	24967900		
档案馆	84375897	财政局	84375562	医疗保障局	84957558	国家统计局东丽调查队	84873737		
党校	24390635	人力社保局	84995999	金融局	84375032	气象局	84855805-1		

（区政府办公室　提供）

东丽区委文件目录

编　号	标　题	发文日期
津丽党发〔2020〕2号	中共天津市东丽区委常委会2019年工作报告	2020年1月20日
津丽党发〔2020〕3号	中共天津市东丽区委2020年工作意见	2020年1月20日
津丽党发〔2020〕4号	中国共产党天津市东丽区第十一届委员会第十一次全体会议决议	2020年1月20日
津丽党发〔2020〕5号	中共天津市东丽区委关于发扬斗争精神 提高治理能力 夯实绿色高质量发展组织保障和人才支撑的实施意见	2020年1月20日
津丽党发〔2020〕6号	中共东丽区委 东丽区人民政府关于印发《东丽区2020年20项民心工程》的通知	2020年1月20日
津丽党发〔2020〕7号	中共东丽区委 东丽区人民政府关于认真贯彻落实习近平总书记重要指示精神进一步做好新型冠状病毒感染的肺炎疫情防控工作的通知	2020年1月28日
津丽党发〔2020〕8号	中共东丽区委 东丽区人民政府关于认真学习贯彻习近平总书记重要讲话精神统筹推进新冠肺炎疫情防控和经济社会发展工作的通知	2020年3月2日
津丽党发〔2020〕9号	中共东丽区委 东丽区人民政府印发《东丽区关于深入落实"海河英才"行动计划 促进人才优先发展的若干措施》的通知	2020年3月6日
津丽党发〔2020〕10号	中共东丽区委 东丽区人民政府关于印发《东丽经济技术开发区改革实施方案》的通知	2020年3月14日
津丽党发〔2020〕11号	中共天津市东丽区委关于印发《2020年东丽区政党协商计划》的通知	2020年3月12日
津丽党发〔2020〕14号	中共东丽区委印发《东丽区关于解决"社区之表、农村之实"问题的实施方案》的通知	2020年4月20日

编　号	标　题	发文日期
津丽党发〔2020〕15号	中共东丽区委 东丽区人民政府关于印发《东丽区预算绩效管理实施细则》的通知	2020年6月6日
津丽党发〔2020〕18号	中共东丽区委 东丽区人民政府印发《关于进一步加强东丽区规划和土地管理工作的实施意见》的通知	2020年7月18日
津丽党发〔2020〕19号	中共东丽区委 东丽区人民政府印发《东丽区关于整治土地管理方面突出问题"八严禁"的规定》的通知	2020年7月18日
津丽党发〔2020〕21号	中共东丽区委印发《中共东丽区委关于坚决做到"两个维护"的相关措施》的通知	2020年8月14日
津丽党发〔2020〕22号	中共天津市东丽区委常委会2020年半年工作报告	2020年8月18日
津丽党发〔2020〕23号	中国共产党天津市东丽区第十一届委员会第十二次全体会议决议	2020年8月18日
津丽党发〔2020〕24号	中共东丽区委关于解决"社区之表、农村之实"问题的决定	2020年8月18日
津丽党发〔2020〕25号	中共东丽区委印发《中共东丽区委关于深入开展党史、新中国史、改革开放史、社会主义发展史学习教育的实施方案》的通知	2020年8月25日
津丽党发〔2020〕28号	中共东丽区委关于2020年上半年落实全面从严治党主体责任情况的通报	2020年10月26日
津丽党发〔2020〕29号	中共东丽区委 东丽区人民政府印发《关于深化集体经济组织改革做好集体经济组织换届工作的意见》的通知	2020年11月20日
津丽党发〔2020〕31号	中共东丽区委 东丽区人民政府关于调整东丽区无瑕街道等7个街道有关机构编制事项的通知	2020年12月10日

注:编号空缺的文件属不主动公开文件。

（区委办公室　提供）

东丽区委办公室文件目录

编　号	标　题	发文日期
津丽党办发〔2020〕1号	中共东丽区委办公室 东丽区人民政府办公室印发《东丽区关于开展民族团结进步创建工作进一步铸牢中华民族共同体意识的工作措施》的通知	2020年3月6日
津丽党办发〔2020〕2号	中共东丽区委办公室关于印发《政协东丽区委员会2020年协商工作计划》的通知	2020年3月21日
津丽党办发〔2020〕4号	中共东丽区委办公室印发《东丽区2020年以案促教、以案促改、以案促建工作实施方案》的通知	2020年4月2日
津丽党办发〔2020〕5号	关于印发《东丽区深化"不忘初心、牢记使命"主题教育成果制度规范》的通知	2020年5月10日
津丽党办发〔2020〕8号	中共东丽区委办公室 东丽区人民政府办公室印发《东丽区关于加快养老服务发展的实施方案》的通知	2020年7月2日
津丽党办发〔2020〕9号	中共东丽区委办公室印发《东丽区关于加强新时代科协工作的实施方案》的通知	2020年8月31日

注：编号空缺的文件属不主动公开文件。

（区委办公室　提供）

东丽区政府文件目录

编　号	标　题	发文日期
东丽政发〔2020〕1号	东丽区人民政府关于印发《东丽区人民政府领导班子成员调整工作分工的通知》	2020年1月13日
东丽政发〔2020〕2号	东丽区人民政府关于印发《东丽区2020年政府工作报告的通知》	2020年1月23日
东丽政发〔2020〕3号	东丽区人民政府关于印发《东丽区社会保障和救助体系的通知》	2020年1月23日
东丽政发〔2020〕4号	东丽区人民政府关于新型冠状病毒感染肺炎疫情防控期间支持企业发展　做好"六稳"工作的政策意见	2020年2月11日
东丽政发〔2020〕5号	东丽区人民政府关于我区开展第七次全国人口普查的通知	2020年3月10日
东丽政发〔2020〕6号	东丽区人民政府关于切实做好2020年区政府重点工作的通知	2020年3月16日
东丽政发〔2020〕7号	东丽区人民政府关于印发《东丽区健康天津行动实施方案》的通知	2020年7月23日
东丽政发〔2020〕8号	东丽区人民政府关于公布东丽区第三批区级非物质文化遗产代表性项目名录的通知	2020年7月27日
东丽政发〔2020〕9号	东丽区人民政府关于印发《东丽区2020年食品安全监督管理计划(重点工作安排)的通知》	2020年7月30日
东丽政发〔2020〕10号	东丽区人民政府关于印发《东丽区"查漏洞、补短板、还欠账"工作机制的通知》	2020年8月13日
东丽政发〔2020〕11号	东丽区人民政府关于印发《东丽区田长制工作方案的通知》	2020年9月16日

注:编号空缺的文件属不主动公开文件。

（区政府办公室　提供）

东丽区政府办公室文件目录

编 号	标 题	发文日期
东丽政办〔2020〕1号	东丽区人民政府办公室关于印发《东丽区创建首批全国全民运动健身模范区实施方案的通知》	2020年1月10日
东丽政办〔2020〕4号	东丽区人民政府办公室关于印发《东丽区重污染天气应急保障实施方案的通知》	2020年3月12日
东丽政办〔2020〕9号	东丽区人民政府办公室关于成立《东丽区尘肺病防治工作领导小组的通知》	2020年8月9日
东丽政办〔2020〕14号	东丽区人民政府办公室关于印发《东丽区行政规范性文件制定和备案工作规范的通知》	2020年9月15日
东丽政办〔2020〕15号	东丽区人民政府办公室关于印发《天津市东丽区应急救援队伍建设管理办法的通知》	2020年9月15日
东丽政办〔2020〕17号	东丽区人民政府办公室关于印发《东丽区集体土地上非住宅类地上物拆迁补偿资金审核实施细则的通知》	2020年11月29日

注:编号空缺的文件属不主动公开文件。

（区政府办公室 提供）

东丽区学校名录

序号	学校名称	在校生数	教职工数	校　长	学校地址	办公电话
1	天津市东丽区春瑕幼儿园	248	48	赵丽颖	东丽区无瑕街道春霞里12号楼	84471661
2	天津市东丽区德晟幼儿园	298	50	徐京莲	东丽区金钟街道德晟里7号	84929168
3	天津市东丽区德盈幼儿园	272	51	储栢艳	东丽区金钟街道德盈里17号楼	24869367
4	天津市东丽区第二幼儿园	534	75	张秀芳	东丽区福山路26号	24968708
5	天津市东丽区第一幼儿园	481	63	董凤霞	东丽区荣成路9号	24390993
6	天津市东丽区丰年幼儿园	350	59	周　萍	东丽区丰年村街道霞宏道	84934996
7	天津市东丽区钢花幼儿园	341	49	冯　昕	东丽区无瑕街道畅月里小区内	84960456
8	天津市东丽区海颂幼儿园	251	44	付玉英	东丽区东美路与环宇道交口东北侧	84836901
9	天津市东丽区春华幼儿园	312	50	崔伏娟	东丽区华明街道李明庄村明盛园21号	58602105
10	天津市东丽区和顺幼儿园	196	35	张长燕	东丽区军粮城街道和顺园东	65355098
11	天津市东丽区华明第二幼儿园	260	42	刘烈娟	东丽区华明街道辅仁路2号	58237215
12	天津市东丽区华明第一幼儿园	703	92	张子梅	东丽区华明街道华明大道1号	58237203
13	天津市东丽区华新幼儿园	209	48	王　健	东丽区华新街道华四路2号	24926168
14	天津市东丽区军宏幼儿园	219	37	闫　静	东丽区军粮城街道兴农道与金谷大街交口处西北侧	84960018
15	天津市东丽区军丽幼儿园	290	50	宋丽敏	东丽区军粮城街道军丽园31号楼	84854063

序号	学校名称	在校生数	教职工数	校长	学校地址	办公电话
16	天津市东丽区流芳幼儿园	268	46	姜元茹	东丽区华明街道馨园11号	58093198
17	天津市东丽区冬梅幼儿园	232	43	王雪丽	东丽区军粮城街道李台道与富贵路交口处东北侧	84822199
18	中国民航大学幼儿园	206	35	丁 敏	东丽区津北公路2898号	24092783
19	天津市东丽区阿尔法幼儿园有限责任公司	149	30	田 君	东丽区东丽湖街道万科城凭澜苑23号楼	84395883
20	天津市东丽区艾威蒙幼儿园有限公司	69	18	王 丹	东丽区华明街道唐雅苑配建四	84398805
21	天津市东丽区爱优宝幼儿园	177	24	高 娜	东丽区华明街道弘信道雪优花园公建1	15822111565
22	天津市东丽区奥兹城堡幼儿园	249	55	李 炎	东丽区润风家园20号楼1门2门	58711540
23	天津市东丽区保利和乐玫瑰湾幼儿园	270	43	宋 华	东丽区金钟街道保利玫瑰湾（玫瑰湾若比邻旁）	26329881
24	天津市东丽区北方之星海雅幼儿园	59	17	贾 琳	东丽区新立街道海雅园	84390486
25	天津市东丽区北方之星海悦幼儿园	122	22	李帮喜	东丽区迷山路与万山路交口东南侧海悦秋苑小区海明园12号楼西侧	18526576386
26	天津市东丽区北方之星季景幼儿园	185	40	曾 化	东丽区万新街道季景家园小区3号楼南侧	84760805
27	天津市东丽区贝多奇幼儿园	230	27	黄甫敬	东丽区无瑕街道东环路一号	84878169
28	天津市东丽区蓓蕾幼儿园	268	36	张树芬	东丽区利津路金华里增24号	84458705
29	天津市东丽区滨海阳光幼儿园	218	23	杨 静	东丽区无瑕街道秋霞里底商3楼	13702130931
30	天津市东丽区滨海之星艺术幼儿园	48	6	马海艳	东丽区变电所路与先锋路交口	13312167907
31	天津市东丽区滨海之星幼儿园	10	5	杨 静	东丽区新五村路口	13702130931
32	天津市东丽区博雅幼儿园	132	14	李德艳	东丽区金钟街道新中村鑫泰汽配城B区7栋2楼	58855531
33	天津市东丽区博艺幼儿园	297	48	于书美	东丽区华明街道乔园18号	58205088
34	天津市东丽区博远翔翔幼儿园	127	32	李 炎	东丽区华明街道香园11号楼1门	5825097

续表

序号	学校名称	在校生数	教职工数	校长	学校地址	办公电话
35	天津市东丽区博苑翱翔幼儿园有限公司	81	29	李炎	东丽区华明街道橡树湾茗润轩二号公建房	84919389
36	天津市东丽区宸光幼儿园有限公司（天津市东丽区宸光幼儿园）	234	55	吴梦妮	东丽区华新街道华三路80号综合楼	84919966
37	天津市东丽区春晖幼儿园	33	14	王淑娟	东丽区张贵庄街道景欣苑28号楼	84385456
38	天津市东丽区春田花花幼儿园	43	16	张建华	东丽区金钟街道金河家园19-21号底商	18822330060
39	天津市东丽区东旭幼儿园	220	22	张玲娣	东丽区金钟街道便民服务中心2-1	26797928
40	天津市东丽区恩贝英才幼儿园	180	25	唐丽	东丽区张贵庄路北侧秋丽家园35-201-202、204-207	18622607236
41	天津市东丽区丰新幼儿园有限公司	58	11	赵文敏	东丽区津塘公路3号桥金鑫园独栋12号楼-2	84833716
42	天津市东丽区红缨东艺幼儿园有限公司	73	14	白芃	东丽区昆仑路与满江道交口溪水河畔花园17号商业楼	26173958
43	天津市东丽区华博恩贝幼儿园	360	36	邓改玲	东丽区金钟街道北方五金城B6、B7	24919155
44	天津市东丽区华文童蒙幼儿园	319	34	高淑香	东丽区金钟街道大毕庄村西（原村委会）	26110308
45	天津市东丽区华夏未来万科民和巷幼儿园	255	27	张琪	东丽区丰年街道旌智道与航双路交口（旌智道9号）	18512238855
46	天津市东丽区华夏未来幼儿园有限公司	301	63	曲枫	东丽区华明大道17号	84960007
47	天津市东丽区华夏之星幼儿园	90	10	姜彦好	东丽区津塘公路697号（滨海钢材城内4号楼西向）	84998935
48	天津市东丽区霍洛威幼儿园有限公司	72	17	张艳	东丽经济技术开发区二纬路5号	59909086
49	天津市东丽区吉佳乐高幼儿园有限公司	80	20	周佳	东丽区新立街道津塘公路406号	13820885287
50	天津市东丽区家乐幼儿园	90	15	葛文军	东丽区金钟街道徐庄村振东路与徐庄路交口（徐庄村社区卫生院旁）	26748476
51	天津市东丽区金航标幼儿园	205	24	马永军	东丽区双东路2-22号	84833208
52	天津市东丽区金禾宝贝幼儿园	175	24	闫荣娟	东丽区华明街道禾园12-2号	84894718

序号	学校名称	在校生数	教职工数	校长	学校地址	办公电话
53	天津市东丽区金太阳幼儿园	101	13	李德艳	东丽区小东庄东盛园21-1	58855531
54	天津市东丽区金童幼儿园	59	13	高淑香	东丽区金钟街道五金城A7-2	26791770
55	天津市东丽区津星幼儿园	167	28	张　莹	东丽区金钟街道3699号北方五金城B15-205-208、212-214-B16-103、206-210、214-217	84816933
56	天津市东丽区京师幼儿园	195	26	司有苗	东丽区东丽湖街道东丽大道与景萃路交口处东北侧花雨商业广场14#1-2	84977586
57	天津市东丽区精英传奇春竹幼儿园	100	19	张志凤	东丽区军粮城街道春竹轩小区7号楼西侧	84821657
58	天津市东丽区精英传奇军华幼儿园	129	18	孙　悦	东丽区军粮城街道军华园31号楼	24832008
59	天津市东丽区精英传奇军祥幼儿园	191	23	卢　静	东丽区军粮城街道兴农道与丹霞路交口东北侧军祥园小区20号楼西南侧	84851178
60	天津市东丽区快乐宝贝幼儿园	151	14	于媛媛	东丽区新桂路与旌智道交口东南侧蓝庭广场1-44、45	84993758
61	天津市东丽区金桥街阳光实验幼儿园	108	13	邢维娟	东丽区金桥街道津北公路龙港里3号1-2门	84892863
62	天津市东丽区励童幼儿园有限公司(天津市东丽区励童幼儿园)	30	14	李雪芳	东丽区华明街道EOD-5栋	24845238
63	天津市东丽区领航卓越幼儿园	199	15	成利娜	东丽区军粮城街道和顺欣园16号楼C区107号	59002546
64	天津市东丽区绿洲馨园幼儿园	415	63	赵艳丽	东丽区东丽湖街道美娟道与瀚景路交口西侧绿洲馨园15号	60128166
65	天津市东丽区鹏搏千贝幼儿园	70	12	程桂青	东丽区金桥街道东盛园28-8底商	84998938
66	天津市东丽区启蒙幼儿园	142	22	王育红	东丽区明珠花园底商1-2号	18892261282
67	天津市东丽区前程似锦幼儿园有限责任公司	193	37	杨　玲	东丽区跃进路9号	84946777
68	天津市东丽区索菲思幼儿园有限公司	87	17	孙凯云	东丽区新立街道海山南里8-604	24714179

序号	学校名称	在校生数	教职工数	校 长	学校地址	办公电话
69	天津市东丽区天才幼儿园	27	11	贾梅雨	东丽区华明街道华湖苑26号楼	84922019
70	天津市东丽区天杭幼儿园有限公司（天津市东丽区天杭幼儿园）	186	29	徐 晓	东丽区成林道218号院内15楼	84715623
71	天津市东丽区童心幼儿园	151	31	翟广萍	东丽区新立街道津塘公路近401号	24878862
72	天津市东丽区僮心幼儿园	53	18	翟广萍	东丽经济技术开发区一经路14号（A座一楼南侧）	84354676
73	天津市东丽区万科城伊顿慧智双语幼儿园	270	44	赵玉珠	东丽区万科城二期镇中心	24880017
74	天津市东丽区万思乐学幼儿园有限公司	144	47	隋东星	东丽区东丽湖街道东丽大道与东丽湖路交叉口东南角一号房屋	24395110
75	天津市东丽区心贝幼儿园有限公司	57	11	杜 颖	东丽区14-东丽大道1565号	24550120
76	天津市东丽区新蕾幼儿园	80	12	张 菲	东丽区金钟街道昱和里底商8增18-1	84813634
77	天津市东丽区新希望幼儿园	164	35	胡志超	东丽经济技术开发区丽新路10-1号	84858716-819
78	天津市东丽区鑫迪秋丽幼儿园	72	18	魏 薇	东丽区张贵庄路北侧秋丽家园15号楼102、202A	88220022
79	天津市东丽区星星树幼儿园	99	15	赵 平	东丽区昆俞家园35号楼	58205166
80	天津市东丽区阳光幼儿园	75	9	邢维娟	东丽区丰年村街道枫泽园底商7-8号	24955716
81	天津市东丽区跃进路阳光幼儿园	237	34	邢维娟	东丽区张贵庄街道跃进路23号	84833839
82	天津市东丽区哲明幼儿园有限公司	72	29	张埃荔	东丽区蓝庭公寓20号楼-1、2门	24937137
83	天津市东丽区智慧堡幼儿园有限公司	26	8	齐颖慧	东丽区津汉公路北侧（智空间广场1-1-104-105）	18522310336
84	天津市东丽区茱丽亚悦迪幼儿园有限公司	94	33	蒋艳丽	东丽区东丽湖街道万科城碧溪苑配建一	16602267657
85	天津市东丽区卓跃英才幼儿园	62	13	赵彤彤	东丽区丽新路10-2号107	15822707418
86	天津市东丽区华明小学	2372	177	刘权利	东丽区华明街道文辅路2号	84921040

序号	学校名称	在校生数	教职工数	校长	学校地址	办公电话
87	天津市东丽区滨琨小学	1326	101	芦纯英	东丽区津塘公路北大无瑕生活区东	84821601
88	天津市东丽区华新小学	1355	65	宋德江	东丽区华新街道华四路4号	24926991
89	天津市东丽区逸阳文思学校	228	36	李月玲	东丽区华新街道华七道277号	24926288
90	天津市东丽区新源小学	780	75	张会芳	东丽区金桥街道枫悦园公建3号	24362384
91	天津市东丽区实验小学	1441	145	张振池	东丽区先锋路23号	24968573
92	天津市东丽区津门小学	1461	113	刘亚静	东丽区招远路与栖霞道交口	24393606
93	天津市东丽区振华里小学	610	52	张泽琴	东丽区津塘公路233号	84375832
94	天津市东丽区丽泽小学	1831	132	尚俊歆	东丽区丰年村街道富安路	84931630
95	天津钢管公司小学	885	65	韩宝国	东丽区天津钢管公司生活区津华路2号	24802341
96	天津市东丽区苗街小学	597	53	李广春	东丽区军粮城大街	84871289
97	天津市东丽区刘台小学	1024	73	苑树萍	东丽区军粮城街道北区兴业道与军粮城大街交口	84455339
98	天津市东丽区民生小学	544	42	邢晓军	东丽区悦泽家园8区1号楼	65354979
99	天津市东丽区军粮城小学	1000	73	曹付玲	东丽区军粮城街道杨台大街2号	58601693
100	天津市东丽区东羽小学	913	56	王玉全	东丽区金桥街道军粮城二期景云轩公建壹号	59652438
101	天津市东丽区正心小学	230	30	张美玲	东丽区新立街道大郑村	84965838
102	天津市东丽区泥沃小学	241	34	郭玉环	东丽区新立街道泥窝村	24992925
103	天津市东丽区中河小学	181	36	王富财	东丽区津塘公路六号桥北侧	24994613
104	天津市东丽区四合庄小学	546	39	刘学爱	东丽区新立街道四合庄村	24990648

续表

序号	学校名称	在校生数	教职工数	校　长	学校地址	办公电话
105	天津市东丽区新立村小学	557	50	张　晖	东丽区新立村大队旁	84375831
106	天津市东丽区张贵庄小学	563	35	张如起	东丽区新立街道张贵庄村	84375834
107	天津市东丽区李明庄学校	536	43	薛春旺	东丽区昆俞路2号	58601069
108	天津市东丽区北程林小学	406	45	胡秀祥	东丽区万新街道北程林村	84726760
109	天津市东丽区增兴窑小学	354	31	黄成民	东丽区增兴窑村	84760558
110	天津市东丽区丽景小学	702	52	胡玉玲	东丽区万新街道环宇道与致富路交口	84838981
111	天津市东丽区赵沽里小学	146	23	李慧明	东丽区金钟街道赵沽里村南区1号	26323730
112	天津市东丽区大毕庄小学	538	60	葛文娟	东丽区金钟河大街沿199号	26323546
113	天津市东丽区金钟小学	1615	109	于国栋	东丽区金钟街道仁政路2号	26791471
114	天津市东丽区流芳小学	858	52	丁春健	东丽区华明街道馨园10号	58090513
115	天津市东丽区新兴小学	187	21	吴国栋	东丽区新立街道新兴村四通道南1号	224993208
116	天津市东丽区宝元小学	276	25	孙维芳	东丽区新立街道宝元村	24394632
117	天津市东丽区徐庄小学	239	36	袁树霞	东丽区金钟街道徐庄村	26338428
118	天津市东丽区新中村小学	168	28	张世勇	东丽区金钟街道新中村	86374776
119	天津市东丽区工业区小学	218	22	董俊玲	东丽区万新街道杨台村	24373174
120	天津市东丽区刘辛庄回族小学	293	30	董卯新	东丽区金桥街道津北公路南侧民族中学旁	84890181
121	天津市程林中学	394	48	杨海龙	东丽区登州路18号	24710497
122	天津市东丽中学	995	170	甄守平	东丽区招远路南30号	24955169
123	天津市鉴开中学	1561	200	王国权	津塘二线北外环线外1000米	24959236-8075
124	天津市小东庄中学	872	78	姚广静	东丽区军粮城二期	24368063

序号	学校名称	在校生数	教职工数	校 长	学校地址	办公电话
125	天津市大毕庄中学	1068	111	刘亚申	东丽区金钟街道信泰道8号	84824856
126	天津市立德中学	523	53	任家凤	河东区詹庄路6号	24966736
127	天津市滨瑕实验中学	464	59	刘洪亮	东丽区无瑕花园北	60968303
128	天津市华明中学	916	102	刘文华	东丽区华明街道六经路和二纬路交口	60961121
129	天津市东丽区民族中学	211	39	韩宝刚	东丽区一职专西津北公路南	84892612
130	天津市东丽区华新实验学校	616	55	闫桂英	东丽区华新街道华七道277号	84973366-804
131	天津市东丽区华侨城实验学校	1923	88	吴学鸥	东丽区湖滨路1号	24875238
132	天津市东丽区英华学校	702	105	于颖新	东丽区津塘二线先锋路1号	60322116
133	天津市东丽区格瑞思学校	67	18	张 静	东丽经济技术开发区四经路8号天津格瑞思学校	84388383
134	天津市第一百中学	1616	202	郭永强	东丽区津塘二线紫英路2号	84931566
135	天津钢管公司中学	1227	147	杨占峰	东丽区无瑕街道逢春道2号	24801625
136	天津市四合庄中学	1138	149	多志静	东丽区津塘公路四合庄村南1号	24997770
137	天津市军粮城中学	1666	130	牛淑红	东丽区军粮城街道春竹轩	84822098
138	天津市百华实验中学	1303	159	张桂玲	东丽区津塘二线	24845912
139	天津耀华滨海学校	1193	83	刘术岭	东丽区津滨大道雪莲桥南侧登州南路98号	58185689
140	天津市东丽区北大附中东丽湖学校	1228	170	祝会清	东丽区万科城情景大道	59095000
141	天津市东丽区明强特殊教育学校	169	44	吴会新	东丽区丰年村街道丰安路176号	84932192
142	天津市东丽区职业教育中心学校	3267	225	李 鑫	东丽区津汉公路13999号	84892879

（区教育局 提供）

东丽区医疗卫生机构

医院名称	院长（主任）	在职职工数（人）	病床数（张）	地址	电话
东丽医院	赵广海	428	500	津塘公路外环线立交桥东侧	13652140247
东丽中医医院	杨健	195	150	东丽区先锋路33号	13011342399
东丽区军粮城医院	孙广山	119	70	东丽区军粮城街道杨台大街8号	18526132518 24912257
东丽区妇女儿童保健和计划生育服务中心	于成树	82	—	东丽区先锋路一百中学北侧	18602699580 24390182
东丽区无瑕街社区卫生服务中心	杜福祯	38	10	东丽区无瑕街道无瑕花园（三号路北）	18526137110
东丽区新立街社区卫生服务中心	杜云云	43	10	津塘公路四号桥	24390633
东丽区小东庄社区卫生服务中心	张建芬	36	10	东丽区新立街道小东庄悦盛园旁	18202678426
东丽区华明街社区卫生服务中心	刘冠松	106	50	东丽区华明街道华明大道10号	18522254942
东丽区万新街社区卫生服务中心	张洪宝	69	15	东丽区万新街道增兴窑卧龙路52号增1号	84761779
东丽区金钟街社区卫生服务中心	刘继田	52	10	东丽区金钟街道仁政路1号	15722213827
东丽区金桥街社区卫生服务中心	刘宗起	28	10	东丽区军粮城二期怡心里南门	15722052436
东丽区张贵庄街社区卫生服务中心	胡岷	36	—	东丽区福山路与先锋路交口	18622006603
东丽区华新街社区卫生服务中心	韩炳芳	14	50	东丽区华新街道宠贯东道375—1号	18526136571
东丽区东丽湖街社区卫生服务中心	寇兆强	10	20	东丽区东丽湖街道华侨城善水苑1号楼北侧	16602263008
东丽区疾病预防控制中心	韩琨	66	—	东丽经济技术开发区一经路15号	24390633
东丽区卫生计生综合监督所	杨作青	40	—	东丽经济技术开发区一经路15号	24935921
东丽区卫生进修学校	张玉娥	6	—	津塘公路266号	24976874

（区卫生健康委　提供）

东丽区大型餐饮业名录

经营者名称	法定代表人（负责人）	经营面积（平方米）	经营项目	经营场所	联系电话	邮政编码
天津市鸿轩盛宴餐饮有限公司	魏子轩	1000	热食类食品制售；冷食类食品制售	东丽区军粮城街道军秀园底商1-3号	18502682868	300301
天津市滨海渔港酒楼	胡正来	1000	热食类食品制售；冷食类食品制售（含冷荤菜）；自制饮品制售（不含啤酒）（不含泡制酒）	东丽区华明街道南陀村津赤路1号	18722655216	300300
天津市裕德隆餐饮有限公司	郭士琴	1300	预包装食品销售（含冷藏冷冻食品）；特殊食品销售（保健食品）；热食类食品制售；冷食类食品制售（含冷荤菜）；糕点类食品制售（不含裱花蛋糕）；自制饮品制售（不含啤酒）（不含泡制酒）	东丽区新立街道津塘路北侧驯海路西	13920162919	300300
天津东谷尚品餐饮服务有限公司	徐潭锡	1300	预包装食品销售（含冷藏冷冻食品）；热食类食品制售	东丽经济技术开发区二纬路22号东谷园2号楼2门101室	13821982228	300300
天津东丽湖恒大酒店有限公司（会议中心地下厨房）	王杰琳	1401	预包装食品销售（含冷藏冷冻食品）；特殊食品销售（保健食品）；热食类食品制售；冷食类食品制售（含冷荤菜）；糕点类食品制售（不含裱花蛋糕）；自制饮品制售（不含啤酒）（不含泡制酒）	东丽区东丽大道1037号（会议中心地下一层）	18605469932	300300

续表

经营者名称	法定代表人（负责人）	经营面积（平方米）	经营项目	经营场所	联系电话	邮政编码
天津宜家家居有限公司	朱昌来	1812	预包装食品销售（含冷藏冷冻食品）；散装食品销售（不含冷藏冷冻食品）（不含散装熟食销售）；热食类食品制售；冷食类食品制售（含冷荤菜）；糕点类食品制售（不含裱花蛋糕）；自制饮品制售（不含啤酒）（不含泡制酒）	东丽区津塘公路433号	18920167873	300300
天津伯克利酒店管理有限公司	杨连顺	2000	预包装食品销售（含冷藏冷冻食品）；散装食品销售（含冷藏冷冻食品）（不含散装熟食销售）；热食类食品制售；冷食类食品制售	东丽区军粮城工业园区腾飞路增1号	18698168006	300301
天津一品盛宴餐饮有限公司	王 刚	2700	热食类食品制售；冷食类食品制售	东丽区成林道212号	13002295595	300300
天津新升酒店管理有限公司	张 彬	2800	预包装食品销售（含冷藏冷冻食品）；特殊食品销售（保健食品）；热食类食品制售；冷食类食品制售（含冷荤菜）；糕点类食品制售（不含裱花蛋糕）；自制饮品制售（不含啤酒）（不含泡制酒）	东丽区津塘二线一号B区	13612007466	300300
天津瑞富昌物业服务有限公司	刘宝茹	3066	预包装食品销售（含冷藏冷冻食品）；热食类食品制售；自制饮品制售（不含啤酒）（不含泡制酒）	东丽区东丽湖街道科技园7号楼（地下一层至三层）	18222252530	300309

经营者名称	法定代表人（负责人）	经营面积（平方米）	经营项目	经营场所	联系电话	邮政编码
天津市东丽区本源酒楼	杨华军	3800	预包装食品销售（不含冷藏冷冻食品）；特殊食品销售（保健食品）；热食类食品制售；冷食类食品制售（含冷荤菜）；生食类食品制售；糕点类食品制售（不含裱花蛋糕）；自制饮品制售（不含啤酒）（不含泡制酒）	东丽区万新街道南大桥村津滨大道与昆仑路交叉口东北角居然之家南侧	13752049863	300300
天津市东丽区大家乐饭店	王洪平	4000	热食类食品制售；冷食类食品制售	东丽区金钟街道大毕庄工业区津芦公路东	18902137111	300240
天津市银河大酒店有限公司	宋志功	6100	预包装食品销售（含冷藏冷冻食品）；散装食品销售（含冷藏冷冻食品）（不含散装熟食销售）；热食类食品制售；冷食类食品制售（含冷荤菜）；自制饮品制售（不含啤酒）（不含泡制酒）	东丽区津塘公路十号桥北无瑕花园内	13920116000	300300
天津大铁勺餐饮发展有限公司东丽新业广场分店	贾彦超	2158	预包装食品销售（含冷藏冷冻食品）；热食类食品制售；冷食类食品制售（含冷荤菜）；生食类食品制售；自制饮品制售（不含啤酒、不含泡制酒）	东丽经济技术开发区一经路与二纬路交口东北侧（天津东丽阳光新业广场）四层L4-07、L4-08、L4-09、K4-1	15822004079	300300
天津市兴特亨餐饮有限公司	赵凤兴	1200	热食类食品制售；冷食类食品制售	东丽区驯海路航大宾馆内	18222668000	300300

续表

经营者名称	法定代表人（负责人）	经营面积（平方米）	经营项目	经营场所	联系电话	邮政编码
天津市九河食府餐饮有限公司	高荣磊	2168	预包装食品销售（含冷藏冷冻食品）；热食类食品制售；冷食类食品制售（含冷荤菜）；自制饮品制售（不含啤酒、不含泡制酒）	东丽经济技术开发区三经路六号增2号	13602081090	300300
天津金三角餐饮管理有限公司	郝广义	2200	热食类食品制售；冷食类食品制售（含冷荤菜）；生食类食品制售；自制饮品制售（不含啤酒）（不含泡制酒）	东丽区津北公路与驯海路交口南侧	18722023309	300300
天津市友鹏酒家	赵凤旺	3000	热食类食品制售；冷食类食品制售	东丽区津北公路与驯海路交口	15522262228	300300
天津东丽湖恒大酒店有限公司(温泉中心自助餐厅)	王杰琳	1500	预包装食品销售（不含冷藏冷冻食品）；特殊食品销售（保健食品）；热食类食品制售；冷食类食品制售（含冷荤菜）；糕点类食品制售（含裱花蛋糕）；自制饮品制售（不含啤酒）（不含泡制酒）	东丽区东丽大道1037号（温泉中心一层）	18605469932	300300
天津顺景轩餐饮有限公司	郭新旺	2000	预包装食品销售（含冷藏冷冻食品）；热食类食品制售；冷食类食品制售	东丽区万新街道南大桥村津滨大道与昆仑路交叉口东北角居然之家南侧	13516128640	300162
天津市万鹏餐饮服务有限公司	秦万鹏	2600	预包装食品销售（含冷藏冷冻食品）；热食类食品制售；冷食类食品制售	东丽区金钟街道南何庄村金钟公路北	15822071111	300240

经营者名称	法定代表人（负责人）	经营面积（平方米）	经营项目	经营场所	联系电话	邮政编码
天津市东丽区鑫都饭庄	刘秀珍	1950	预包装食品销售（含冷藏冷冻食品）；热食类食品制售；冷食类食品制售	东丽区津塘路七号桥	18822176588	300000
天津君事达餐饮管理有限公司	赵淑真	1500	预包装食品销售（含冷藏冷冻食品）；热食类食品制售	东丽区华明高新技术产业区华丰路6号E座2号楼308室	15864058485	300300
天津金三角餐饮管理有限公司东丽分公司	于长霞	1000	预包装食品销售（不含冷藏冷冻食品）；热食类食品制售；冷食类食品制售（含冷荤菜）	东丽经济技术开发区丽新路10-2号	13212229825	300300
天津津享世纪酒店管理有限责任公司	张 彤	2600	预包装食品销售（含冷藏冷冻食品）；热食类食品制售；冷食类食品制售（含冷荤菜）；糕点类食品制售（不含裱花蛋糕）；自制饮品制售（不含啤酒）（不含泡制酒）	东丽区成林道218号	13001358038	300300

（区市场监管局 提供）

本篇责任编校 吴俊侠

索引

Index

说明：1.本索引采用主题分析索引方法，主题词词首按汉语拼音字母顺序排列；

　　　2.主题词后的数字表示该主题所在的页码，页码后的a或b分别表示一页中的左栏和右栏；

　　　3.本年鉴区情概况、概述、概况、简况、大事记、特载、专记、专文、光荣榜、统计资料及附录部分不作索引。

F

G

H

J

R

S

Z